ナツメ社

本書は、SPI3で出題される全パターンの問題と解法の掲載を目指して、
受検者からの問題報告、ネット情報の収集、類書の研究調査を繰り返して
執筆・制作された網羅系※の問題集です。

※網羅系…試験に出題される問題パターンを残らず掲載することを目指した、問題数が非常に多い本。問題演習の繰り返しによって、高得点で合格できる実力が身についていきます。見開きページで1問しか掲載されていないような、問題数が少ない対策本は、基礎力の習得に役立つことがあっても、SPIに合格するまでの得点力は身につきません。

SPIで高得点を取るための問題集

本書には、**SPI3の綿密な調査結果**を反映した、**再現性の高い問題が大量に収録**されています。「合格点が高い人気企業」に受かるために、**これ以上はない効果的な対策本**といえるでしょう。

本書の特長

- **類書NO.1の問題パターン数。実際に出題された最新問題を再現!!**
- **最頻出・最重要の「推論」分野を244問収録!!**
- **テストセンター・WEBテスティング・ペーパーテスティングに完全対応!!**
- **問題演習の反復で解法・解答を条件反射で導き出せるようになる!!**
- **プロが執筆、理系の現役東大生が解法追加、私立文系卒の編集者が入念にリライト。数学の苦手な方でも素早く解ける解説を実現!!**
- **「言語分野」SPI3受検者の報告に基づく最新の出題語句を収録!!**
- **英語検査【ENG】の再現問題を掲載!!**
- **SPI3の新検査「構造的把握力検査」の再現問題を掲載!!**
- **テストセンター形式の模擬検査で自分の合格判定ができる!**
- **性格検査の模擬検査で自己診断と性格検査対策ができる!**

多くのSPI受検者、採用担当経験者のご協力をいただき、SPI能力検査と性格検査に合格するノウハウを集約することができました。本書掲載の問題を目標時間内で解けるようならSPIの対策は万全といえます。

SPI検査の得点は内定を左右します。本書があなたの内定の一助となれば、これに勝る喜びはありません。あなたが志望企業に採用されることを心より信じ、願っております。

オフィス海【kai】

Part 1 非言語

再現問題数No.1 ◀頻出順&学習効果順に823問※

※原則として解法が似ている分野を集約し、学習効果率を加味しながら受検者からの出題報告が多い順に掲載。

再現問題数No.1◀高得点に直結する559問

Part2 言語

Part 3 英語【ENG】

オプション検査◀語彙(ごい)力をつける163問

SPI解説

日本で最も多く使われている採用テスト

SPIはリクルートが提供している適性検査で、年間1万3,000社以上の企業が利用している、**日本で最も多く使われている採用テスト**です。

現在の**最新バージョンはSPI3**で、SPI3-U（大卒採用向け）・SPI3-G（中途採用向け）・SPI3-H（高卒採用向け）の３種類があります。本書をマスターすることにより、SPI3-Uの大幅な得点アップが期待できます（SPI3-Gも対策可能）。

SPIは、いわゆる就職試験の一種と思われがちですが、**性格検査を含め、面接の資料として利用されることが多い**ことも大きな特徴になっています。

SPI3-Uの検査内容は次の通りです。

◆能力検査…約35分

非言語能力問題（論理・数学問題）と言語能力問題（国語問題）とがあります。

非言語　**「推論」「割合と比」「順列・組み合わせ」「確率」「損益算」「集合」「表の解釈」「特殊算」**など。

言語　**「二語の関係」「語句の意味」「複数の意味」**など。

非言語、言語ともに、知識を問うより思考力を問うことを目的としているため、**いわゆる一般常識問題とはまったく違う問題傾向**になっています。

◆性格検査…約30分（ペーパーテスティングの性格検査は約40分）

行動、意欲、情緒的、社会関係的な側面から、職務に適応しやすいか、ストレスに弱くないかなどを判定します（16ページ参照）。

◆英語【ENG】（オプション検査）**…約20分**

語彙（ごい）力、文法的な理解、読解力を問うもので、中学～高校（大学受験）レベルの問題が出題されます（17ページ参照）。

◆構造的把握力検査（オプション検査）**…約20分**

2013年から追加されたもので、４つ、または５つの選択肢を読んで、問題の解き方や文章構造が似ているものを選ぶ検査です（18ページ参照）。

就職試験に用いられるテストには、企業が独自に作る一般常識などのテストのほか、専門業者が開発・販売している適性検査がたくさんあります。SPIは、その中で最も メジャーな能力検査です。現在では、最新バージョンであるSPI3のテストセンター形式が主流となっています。

SPIはテストセンターが主流

◆実施時期

SPIは、就職活動の初期、セミナー参加後すぐに実施されることがあります。**企業と接触し始める頃には、本書を一通り終えていること**をお勧めします。

◆実施スタイル

実施スタイルには4種類がありますが、大卒のSPI受検で**最も多く使われているのがテストセンター、次にWEBテスティング**です。複数企業に応募した場合、必ずと言っていいほど、この2つのどちらかは受検することになります。

自宅などで性格検査を受検して、能力検査の会場を予約します。能力検査は、専用会場または自宅などのパソコンで受検します。

自宅などのパソコンで、企業が指定する期間内で都合のよい時間に受けます。WEBテスティング独自の問題もあります。

企業のパソコンで受検します。WEBテスティングと似た問題が出題されます。シェアが非常に低いので対策は不要です。

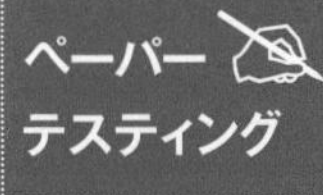

問題冊子とマークシートで受検します。会社説明会と同時に実施されることもあるので、早めの対策が必要です。

◆合格ライン

合格ラインは企業によってまったく違います。応募者の多い企業ほど合格ラインも高いはずですから、人気企業を志望している人、また確実な合格を目指したい人は、**本書による対策が必要**です。

テストセンター対策

テストセンター受検の流れ

❶ 受検依頼企業から、**【受検依頼メール】**が届きます。

❷ メールの指示に従って、自分のパソコンやスマートフォンなどで、能力検査を行う会場の予約と性格検査を行います。**性格検査の検査時間は約30分**です。性格検査が終了すると、受検予約が確定します。能力検査を行う会場を予約する際には、**リアル会場/オンライン会場の選択**ができます。

❸ 予約完了メールの指示に従って、予約日時に受検します。

●リアル会場は、**専用会場に来場して受検**する方法です。受付で**受検票と顔写真付の身分証明書**を提示して入場します。試験会場に入ると、仕切られたテーブルの上に**パソコン、筆記用具、メモ用紙が用意されています**。監督者の説明を受けてから検査開始。言語問題から非言語問題へと途切れなく続く**能力検査**です。**検査時間は約35分**です。

●オンライン会場は、**自宅などのパソコンで受検**する方法です。テストセンターのマイページからログインをして、本人確認や環境の確認を行ってから、有人監督のもと、パソコンで能力検査を受検します。**テストの内容・検査時間などはオンライン会場と同様**です。またパソコン以外では**筆記用具、A4のメモ用紙2枚**が使用できます。スマホや電卓は使用できません。

❹ 受検依頼企業が、検査結果をダウンロードします。

2社目からは結果を使い回せる

２社目からは、自分で前回の出来を判断して、前回結果を送信してすませるか、もう一度受検するかを選ぶことができます。**使い回せるのは前回の結果だけ**です。もう一度受検をすると、前回の結果は消えて最新の成績に上書きされます。

なお、前回の結果を使い回したのか、新たに受検し直したのかは、企業からはわかりません。

テストセンター受検時の注意点や心構えをまとめました。画面操作については、テストセンターのマイページやリクナビで体験できるようになっていますから、心配無用です。
本書をマスターしておけば、テストセンターの能力検査の得点を上げることができます。

テストセンターの受検画面と注意点

出題画面は下の通り。制限時間が過ぎると次の問題に移るので、**制限時間の前に選択肢を選んでおくことが大切**です。

また、答えを1つだけ選ぶ問題と複数選んでよい問題があります。本書では**1つだけを選ぶ選択肢に**○、**複数を選んでよい選択肢に**□を付けてあります。

テストセンターでは、受検者のレベルによって、**出題ジャンル、難易度、問題数が異なりますが、本書をマスターしておけば高得点も可能**です。

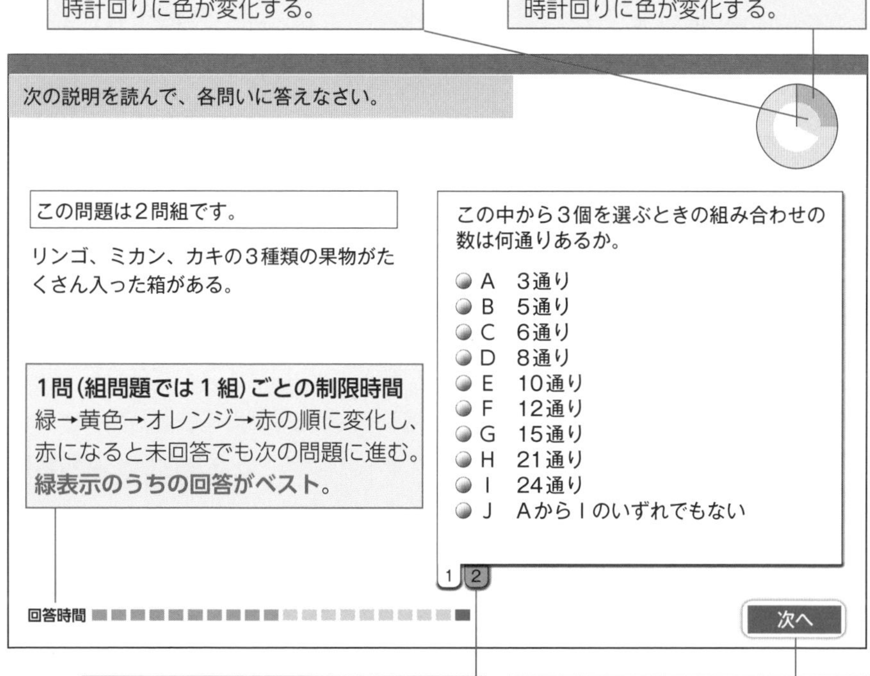
全体の設問数に対する回答数の割合
時計回りに色が変化する。
全体の制限時間に対する経過時間
時計回りに色が変化する。
次の説明を読んで、各問いに答えなさい。
この問題は2問組です。
リンゴ、ミカン、カキの3種類の果物がたくさん入った箱がある。
この中から3個を選ぶときの組み合わせの数は何通りあるか。
A 3通り
B 5通り
C 6通り
D 8通り
E 10通り
F 12通り
G 15通り
H 21通り
I 24通り
J AからIのいずれでもない
1問（組問題では1組）ごとの制限時間
緑→黄色→オレンジ→赤の順に変化し、赤になると未回答でも次の問題に進む。
緑表示のうちの回答がベスト。
1
2
回答時間
次へ
組問題移動タブ
クリックで組問題の中を移動できる。
次の問題に進むボタン
進んだ後は、前の問題に戻れない。

テスト
センター
ペーパー
テスティング
WEB
テスティング

WEBテスティング対策

自宅などのパソコンで受検

SPI3のWEBテストは「WEBテスティング」といい、自宅などのパソコンを使って、WEB上で受検するテストです。

能力検査（言語：約40問と非言語：約20問）と性格検査があり、能力検査に約35分、性格検査に約30分かかります。

テストセンター同様、SPI3-U（大卒採用向け）・SPI3-G（中途採用向け）・SPI3-H（高卒採用向け）の３種類があります。

本書には、「推論【整数の計算】」「熟語の成り立ち」など、WEBテスティング独自の問題も多数収録してあります。

特に非言語では、数値だけを変えた同じパターンの問題が出題されることが多いので、本書で解法をマスターしておくことが、非常に有効な対策となります。

受検前の注意点

企業から、WEBテスティングの受検期間を明示した**【受検依頼メール】**が届きます。受検期間の開始直後と終了直前はアクセスが集中してトラブルが起きることもあるので、できればその期間は避けましょう。また、サーバメンテナンス時間は受検ができません。メンテナンス開始の前からログインできなくなる場合がありますから、途中で受検が中断されないよう、受検時間に注意しましょう。

テストの手続きや説明も含めて1時間30分はかかることを想定し、**落ち着いて回答できる時間を見計らって受検することが大切**です。

受検時には、**手元にメモ用紙、筆記用具、電卓**を用意（オンライン監視型テストでは使用不可）してアクセスします。「環境設定の条件」、「質問集」、「トラブル発生時の連絡先」などを十分に確認してから、テスト画面に移りましょう。

パソコンのWEBカメラなどを通じて、監督者が受検を監視する【オンライン監視型テスト】の場合には、テスト中に携帯電話、モバイル／タブレットPCな

WEBテスティングは、自宅などのパソコンで受検します。テストセンターは筆算で計算しますが、WEBテスティングでは原則として電卓が使えます。また、テストセンターでは選択肢から選ぶ問題が一般的ですが、WEBテスティングの非言語問題では答えを入力する問題がほとんどです。

どの電子機器、時計、電卓、書籍、メモ、鉛筆などの使用が禁止されていることがあります。いずれにしても、テストが始まる前に注意事項をよく読んだうえ、受検環境を整えて取りかかるようにしてください。

WEBテスティングの画面

出題画面は下の通り。テストセンター同様、制限時間が過ぎると次の問題に移るので、**制限時間の前に選択肢を選んでおくことが大切**です。

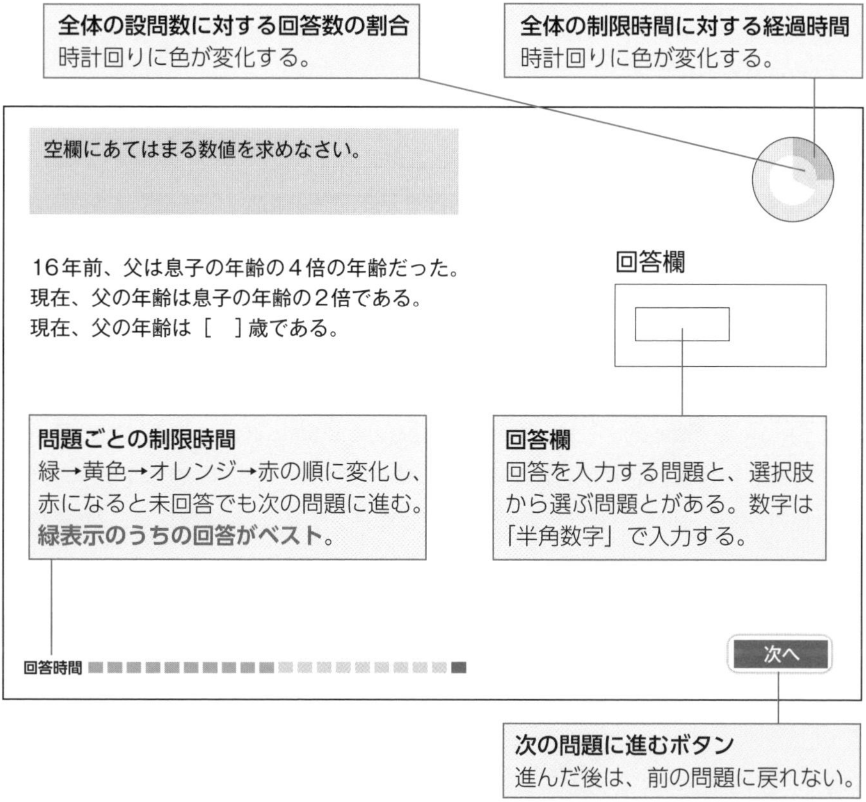

全体の設問数に対する回答数の割合
時計回りに色が変化する。

全体の制限時間に対する経過時間
時計回りに色が変化する。

空欄にあてはまる数値を求めなさい。

16年前、父は息子の年齢の4倍の年齢だった。
現在、父の年齢は息子の年齢の2倍である。
現在、父の年齢は［　］歳である。

回答欄

問題ごとの制限時間
緑→黄色→オレンジ→赤の順に変化し、赤になると未回答でも次の問題に進む。**緑表示のうちの回答がベスト。**

回答欄
回答を入力する問題と、選択肢から選ぶ問題とがある。数字は「半角数字」で入力する。

回答時間

次へ

次の問題に進むボタン
進んだ後は、前の問題に戻れない。

ペーパーテスティングと性格検査

ペーパーテスティングはマークシート式

SPI3のペーパーテストは「ペーパーテスティング」といい、企業の会議室などで行われるマークシート式のテストです。実施比率はSPI全体のうち1割強ですから、就活の最後までペーパーテスティングを受検しないこともあります。

能力検査（非言語・言語）と性格検査があり、能力検査に約70分、性格検査に約40分かかります。

テストセンター同様、SPI3-U（大卒採用向け）・SPI3-G（中途採用向け）・SPI3-H（高卒採用向け）の3種類があります。

問題は、テストセンターと共通する分野が多いのですが、「物の流れ」「グラフの領域」など、ペーパーテスティング独自の分野もありますから、本書でマスターしておきましょう。

SPI3の性格検査

性格検査は、テストセンター形式ではWEB上での事前受検で、自宅のパソコンやスマートフォンで受けます。検査時間は約30分です（ペーパーテスティングでは約40分です）。

行動、意欲、情緒的、社会関係的な側面から、職務に適応しやすいか、ストレスに弱くないかなどを判定します。2013年から始まったSPI3で、性格検査が改訂されて、評価尺度に「社会関係的側面（従順性／回避性／批判性／自己尊重性／懐疑思考性）」と「組織適応性」の2つの分野が追加されました。

PART5に性格検査の対策が掲載されています。

また402～407ページに、**自己診断ができる性格検査が掲載されています。**

英語【ENG】

英語【ENG】

実務的な英語能力を測定する検査です。次のような問題分野があります。

◆同意語─同じ意味の単語を選ぶ問題

◆反意語─反対の意味の単語を選ぶ問題

◆英英辞典─英文の説明に近い意味の単語を選ぶ問題

◆空欄補充─（　）内に適切な単語を入れる問題

◆誤文訂正─誤っているか所を指摘する問題

◆和文英訳─日本文の意味を表す英文を選ぶ問題

◆長文読解─英語の長文読解問題

英語能力検査【ENG】の実施時間は、テストセンターでは約20分、ペーパーテスティングでは約30分です。

英語能力検査【ENG】は、職場で英語を必要とする採用で使われることが基本なので、広く実施されているわけではありません。

PART3に英語【ENG】の再現問題が掲載されています。

インデックスの説明

本書では、各々の形式のテストで出題される分野には**赤いインデックス**、出題されない分野には、**薄いグレーのインデックス**が入っています。

構造的把握力検査

SPI3のオプション検査

「構造的把握力検査（SPI-S）」は、2013年開始のSPI3で登場した検査です。

企業がオプションで選択する検査ですから、必ず受検するというものではなく、人によっては一度も受検しない場合もあります。実施形式はテストセンターのみで、検査時間は約20分です。

構造的把握力検査の検査内容

非言語（数学）系の問題と、言語（国語）系の問題があります。

本書のPart4に再現問題が掲載されています。

◆非言語

SPIの非言語問題で見受けられるような文章題が4つ提示されます。その中で、問題構造が似ている2つを選ぶ形式です。和や差で計算するのか、全体を1として割合を出すのか、比率を計算するのかなど、解法手順や計算方法が似たもの同士を選びます。計算結果まで出す必要はありません。

◆言語

5つの文章が提示されます。その中で、文の構造や内容によって、2つのグループと3つのグループに分けたとき、2つのグループに入るものを選ぶ形式です。内容がどんな要素になっているか、前半と後半がどのようなつながりになっているかなどを見分けて、似たもの同士を選びます。

Part 1

再現問題数No.1

非言語

テストセンター
ペーパーテスティング
WEBテスティング

◉ 問題集の学習では、どれくらい解けたのかという習得レベルの情報が必要不可欠です。問題番号の横にあるチェックボックス（□）に、
○ … 自力で解けた　△ … ケアレスミスで不正解だった　× … わからなかった
などの印を記入し、△と×を受検直前に見なおすことで、高い学習効果が得られます。

◉ わからない問題はすぐに解答・解説を見ましょう。解法が思い浮かばず、アプローチのしようがない問題で考えこむのは時間のムダ！ チェックボックスに×をしてさっと解説を見てしまう方が効率的です。解説を読んで理解できたら、後でもう一度解いてみます。そのときに解けたら、手応えによってチェックボックスに△か○を記入します。わからなかったら、また×を入れて後で復習します。

◉ 掲載されている回答時間は、SPI受検時の回答時間に対応するおおよその目安を表しています。表示時間内に解かないといけないという制限時間ではありません。自分のペースで学習を進めましょう。

01 推論【順序】

受検者からの出題報告がいちばん多いSPI3の超頻出分野。あるグループ内の順序や順位を推理する問題。

再現問題

回答時間▶2問2分

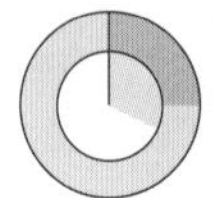

この問題は2問組です

P、Q、R、S、Tの靴の大きさについて、次のことがわかっている。

Ⅰ　5人は1cmずつ大きさが異なり、同じ大きさの人はいない
Ⅱ　PとQの差は1cmである
Ⅲ　RとSの差は2cmである

❶　P、Q、R、S、Tを、靴の大きい順に並べたとき、Tは何番目か。あてはまるものをすべて選びなさい。

- A　1番目
- B　2番目
- C　3番目
- D　4番目
- E　5番目

❷　Pが26cmでRより大きいとき、Sは何cmか。あてはまるものをすべて選びなさい。

- A　21cm
- B　22cm
- C　23cm
- D　24cm
- E　25cm
- F　26cm
- G　27cm
- H　28cm

回答時間

→ 解説　ワンセットになる組み合わせを見つける

❶　5人は1cmずつ大きさが異なっていて、PとQの差は1cm。従って、

・PとQは、間に誰も入らないワンセットになる。大きい順に左から並べる。

PQ または **QP** …①

・RとSの差は2cmなので、間に誰か1人(◯)を入れたワンセットになる。

R◯S または **S◯R**

・連続する**PQ**(または**QP**)は◯には入らないので、◯は残ったTに確定する。

RTS または **STR** …②

・①の**PQ**(または**QP**)と②の**RTS**(または**STR**)を組み合わせる。

PQRTS または **RTSPQ**

PとQ、RとSが逆の場合でも、RとSの間にあるTの位置は変わらない。
従って、Tは2番目か4番目になる。

正解 BD

❷　P＝26cmがRより大きい（PがRより左になる）パターンは、次の4パターン。

①PQRTS…26 25 24 23 22

②PQSTR…26 25 24 23 22

③QPRTS…27 26 25 24 23

④QPSTR…27 26 25 24 23

従って、Sには22、24、23、25cmがあてはまる。

正解 BCDE

ポイント

順序の推論は、複数の条件を組み合わせることで解ける。記号や式を整理して、メモを取りながら解くことが大切。解法のポイントは、次の通り。

- 上位のものから「左→右」へ並べるようにして、手早くメモを取る
- ワンセットになる組み合わせを見つける
- ワンセット同士を組み合わせる
- 組み合わせが決まってから、条件に合う数値をあてはめる
- 選択肢から「すべて選びなさい」とあっても、答えが1つの場合もある

問題演習 推論【順序】

1 あるイベントでP、Q、R、Sの4人がスピーチをすることになった。スピーチをする順番について次のことがわかっている。

Ⅰ　QとRは続けてスピーチをしない
Ⅱ　PはRの次にスピーチをする
Ⅲ　SはQよりあとにスピーチをする

Qのスピーチは何番目か。あてはまるものをすべて選びなさい。

A 1番目　B 2番目　C 3番目　D 4番目

2 V、W、X、Y、Zの5人が、研究発表をする順番をくじで決めた。それについて、次のことがわかっている。

ア　VはYの次である
イ　XはWの次の次だが最後ではない

Zは何番目に発表するか。あてはまるものをすべて選びなさい。

A 1番目　B 2番目　C 3番目　D 4番目　E 5番目

3 P、Q、R、S、T、Uの6人は、ある小学校の1年～6年まで、それぞれの学年の代表者である。それぞれの学年について次のことがわかっている。

Ⅰ　PはQより4学年上である
Ⅱ　RはSより4学年上である
Ⅲ　TはUより1学年上である

Uは何年生か。あてはまるものをすべて選びなさい。

A 1年生　B 2年生　C 3年生　D 4年生　E 5年生
F 6年生

答 別冊1ページ

4 春夫、夏美、秋夫、冬美の４人がいる。春夫と冬美の年齢をたすと、秋夫の年齢になる。春夫の年齢は、夏美よりも高い。次のうち、必ず正しいといえる推論をすべて選びなさい。

- A 秋夫は夏美よりも年齢が高い
- B 秋夫は冬美よりも年齢が低い
- C 春夫と冬美は同じ年齢である
- D A、B、Cの中に必ず正しいといえる推論はない

5 夏休みにP、Q、R、Sの４人が読んだ本の数について、次のことがわかっている。

Ⅰ　QはRより１冊多い
Ⅱ　Qと４冊以上の差がある人はいない
Ⅲ　PとSは４冊の差がある

同数はないとき、Sの読んだ本の数は多い方から何番目か。あてはまるものをすべて選びなさい。

A １番目　B ２番目　C ３番目　D ４番目

6 V、W、X、Y、Zの５人が競走をした。同着はなく、次のことがわかっているとき、５人の順位をAからEの中で１つ選びなさい。

Ⅰ　YはXより早くゴールしたが、１位ではない
Ⅱ　XのタイムはYとVのタイムの平均と同じ
Ⅲ　Zは４位である

選択肢は、左から順に１位、２位、３位、４位、５位とする。

A VYWZX　B WYXZV　C WVXZY　D XWVZY
E AからDのいずれでもない

↑複数を選べる選択肢には■、１つだけを選ぶ選択肢には●がついています。
問題番号の左横にある□は、正誤や習得レベルの情報をメモできるチェックボックスです。

答 別冊１ページ

7 P、Q、R、S、T、Uの6つの野球チームで大会を開いた。その結果、PはQより上位、TはUより上位、QはRより上位、RはSより下位、SはPより下位、PはUより下位で、同じ順位はなかった。これらの条件だけで順位が確定しないチームはどれか。あてはまるものをすべて選びなさい。

A P　B Q　C R　D S　E T　F U

8 I、J、K、L、M、Nの6人が、14時に待ち合わせをした。到着時の様子について、次の発言があった。ただし、同じ時刻に来た人はいなかった。

I　私は遅刻していない
J　Nさんより早く来たが、Iさんより遅かった
K　私は14時10分に着いた
L　私が来たとき、来ていない人が1人だけいた
M　私はIさんより先に来た
N　私は14時ちょうどに来た

Nの発言だけがウソで、Nは遅刻していたとき、遅刻した人はNを含めて何人か。あてはまるものをすべて選びなさい。

A 2人　B 3人　C 4人　D 5人　E 6人

9 W、X、Y、Zの4社の売上を比較したところ、次のことがわかった。

Ⅰ　W社の売上はZ社より多い
Ⅱ　4社の中で売上が最も少ないのはY社ではない

❶ 次のうち、必ず正しいといえる推論をすべて選びなさい。

A W社が売上が最も多い
B X社が売上が最も少ない
C Z社が売上が最も少ない
D A、B、Cには、必ず正しいといえる推論はない

 答 別冊2ページ

❷ 最も少ない情報で４社の売上額の順位を確定するには、Ⅰ、Ⅱのほか、次のどの情報が加わればよいか。必要な情報をすべて選びなさい。

- A Z社の売上はX社より多い
- B Y社の売上はW社より多い
- C W社の売上はX社より多い
- D A、B、Cのすべての情報が加わっても確定できない

10 ある高校で、４クラス対抗駅伝を行い、P、Q、R、Sがそれぞれのクラスの最後の区間を走った。このときの状況について、次のことがわかっている。

Ⅰ 走り始めたのは、Pが最も早く、ついでQ、R、Sの順であった
Ⅱ 区間を走るのにかかった時間はQが最も長く、Pが最も短かった
Ⅲ 同着はなかった

❶ 次のうち、必ず正しいといえる推論をすべて選びなさい。

- A 最初にゴールしたのはPである
- B ３番目にゴールしたのはQである
- C 最後にゴールしたのはRである
- D A、B、Cの中に必ず正しいといえる推論はない

❷ 最も少ない情報で、４クラスの順位を確定するには、Ⅰ～Ⅲのほか、A、B、Cのどれが加わればよいか。必要な情報をすべて選びなさい。

- A PはSよりも先にゴールした
- B Rは２番目にゴールした
- C Sは走り始めより１つ順位を上げてゴールした
- D A、B、Cのすべての情報が加わっても確定できない

答 別冊２ページ

11 P、Q、R、Sという4つの製品の性能について次のことがわかっている。

Ⅰ　PはQの1.2倍性能がよい

Ⅱ　RはSの1.5倍性能がよい

Ⅲ　RはPより性能がよい

❶　Qは性能がよい順で上から何番目か。可能性のある順番をすべて選びなさい。

A 1番目　B 2番目　C 3番目　D 4番目

❷　Ⅰ～Ⅲに加えて次のⅣのことがわかった。

Ⅳ　SはQの1.4倍性能がよい

Pは性能がよい順で上から何番目か。可能性のある順番をすべて選びなさい。

A 1番目　B 2番目　C 3番目　D 4番目

12 P、Q、R、Sという4人の中学生がいる。

Ⅰ　PはQよりも上の学年である

Ⅱ　RはSよりも上の学年である

Ⅲ　PとRは同じ学年ではない

❶　次のうち確実に間違っているものをすべて選びなさい。

A 4人のうち、1年生は2年生より人数が多い

B 4人のうち、2年生は最も人数が多い

C 4人のうち、3年生は2年生よりも人数が多い

❷　最も少ない情報で4人の学年を確定するには、Ⅰ～Ⅲのほか、次のどの情報が加わればよいか。必要な情報をすべて選びなさい。

A Pは2年生である

B Qは2年生である

C Sは1年生である

D A、B、Cのすべての情報が加わっても確定できない

 答 別冊2～3ページ

13 P、Q、R、S、T、Uの6人が、400m競走をした。順位について、次のことがわかっている。

Ⅰ　同時にゴールした者はいなかった
Ⅱ　PはRの1つ上の順位だった
Ⅲ　QはUより3つ上の順位だった
Ⅳ　Sは3位以内に入っていた

❶　2位になる可能性のある者はだれか。あてはまるものをすべて選びなさい。

A P　B Q　C R　D S　E T　F U

❷　Tの順位として可能性があるものをすべて選びなさい。

A 1位　B 2位　C 3位　D 4位　E 5位　F 6位

14 P、Q、R、Sの4人が13時に待ち合わせをした。このときの状況について次のことがわかっている。

Ⅰ　同時についた人はいなかった
Ⅱ　4人のうち2人が待ち合わせ時刻に遅れてきた
Ⅲ　Pはちょうど13時に来た
Ⅳ　Qが来たとき、Sはまだ来ていなかった

❶　次の推論の正誤について、正しいものをAからIの中で1つ選びなさい。

ア　Qは1番目に来た
イ　Pは2番目に来た

A アもイも正しい
B アは正しいがイはどちらともいえない
C アは正しいがイは誤り
D アはどちらともいえないがイは正しい
E アもイもどちらともいえない
F アはどちらともいえないがイは誤り
G アは誤りだがイは正しい
H アは誤りだがイはどちらともいえない
I アもイも誤り

❷　最も少ない情報で、４人が来た順番をすべて確定するには、A、B、Cのどれが加わればよいか。必要な情報をすべて選びなさい。

- A　Pが来たときRはまだ来ていなかった
- B　Qが来たときRはまだ来ていなかった
- C　Sが来たときRはまだ来ていなかった
- D　A、B、Cのすべての情報が加わっても確定できない

15 L、M、N、O、Pの５人が徒競走をした。５人の順位について、次のことがわかっている。ただし同着の人はいなかった。

Ⅰ　LはOより先にゴールした

Ⅱ　MはNより先にゴールした

Ⅲ　Pは３番目にゴールした

❶　次のうち、必ずしも誤りとはいえない推論をすべて選びなさい。

- A　NはOより先にゴールした
- B　OはMより先にゴールした
- C　Nは４番目にゴールした
- D　A、B、Cの中に必ずしも誤りとはいえない推論はない

❷　最も少ない情報で、５人の順位を確定するには、Ⅰ～Ⅲの情報のほかに、A、B、Cのどれが加わればよいか。必要な情報をすべて選びなさい。

- A　MはLより先にゴールした
- B　Nは２番目にゴールした
- C　Oは５番目にゴールした
- D　A、B、Cのすべての情報が加わっても確定できない

16 P、Q、R、Sの４人が３種目の競技を行った。各種目とも、１位は２点、２位は１点、３位以下は０点で、同じ順位の人はいなかった。結果について、次のことがわかっている。

Ⅰ　Pは１種目だけ１位だった

Ⅱ　Rは２種目終了時点で、P、Q、Sより点数が高かった

答 別冊3ページ

❶ 次の推論の正誤について、正しいものをAからＩの中で１つ選びなさい。

ア　Sは１種目だけ１位だった
イ　Rは３種目終了時点で、最低点ではなかった

- A アもイも正しい
- B アは正しいがイはどちらともいえない
- C アは正しいがイは誤り
- D アはどちらともいえないがイは正しい
- E アもイもどちらともいえない
- F アはどちらともいえないがイは誤り
- G アは誤りだがイは正しい
- H アは誤りだがイはどちらともいえない
- I アもイも誤り

❷ 条件Ⅰ、Ⅱに加えて、次のことがわかった。

Ⅲ　Qは３種目とも２位だった

このとき、Rの合計点としてあり得る点数をすべて選びなさい。

- A 1点　B 2点　C 3点　D 4点　E 5点　F 6点

17 昨年と今年、Ｊ、Ｋ、Ｌ、Ｍ、Ｎの５チームがバレーボールの大会を開いた。順位について次のことがわかっている。ただし、複数チームが同じ順位になることはないものとする。

Ⅰ　Ｊは昨年から３つ順位が上がった
Ⅱ　昨年も今年もMはNより１つ上の順位だった
Ⅲ　Ｋの今年の順位は４位だった

❶ 左から今年の１位～５位のチームを並べた。正しい順位を１つ選びなさい。

- A MNJKL　B MJNKL　C JMNKL　D NMKLJ

❷ 最も少ない情報で昨年の順位を確定するには、Ⅰ～Ⅲのほか、次のうちどれが加わればよいか。必要な情報をすべて選びなさい。

- A Ｌは昨年、Ｋよりも下の順位だった
- B Ｌは昨年、５位ではなかった
- C 昨年と今年が同じ順位のチームはなかった
- D A、B、Cのすべての情報が加わっても確定できない

答 別冊3～4ページ

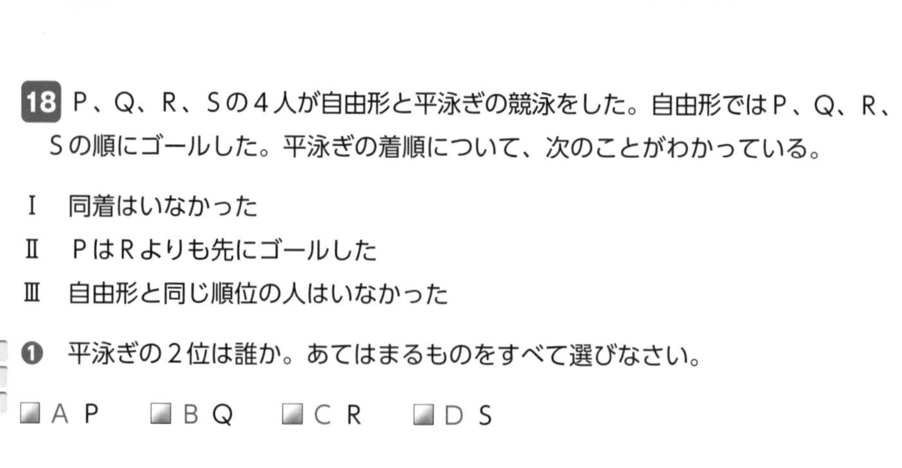

18 P、Q、R、Sの4人が自由形と平泳ぎの競泳をした。自由形ではP、Q、R、Sの順にゴールした。平泳ぎの着順について、次のことがわかっている。

Ⅰ　同着はいなかった
Ⅱ　PはRよりも先にゴールした
Ⅲ　自由形と同じ順位の人はいなかった

❶　平泳ぎの2位は誰か。あてはまるものをすべて選びなさい。

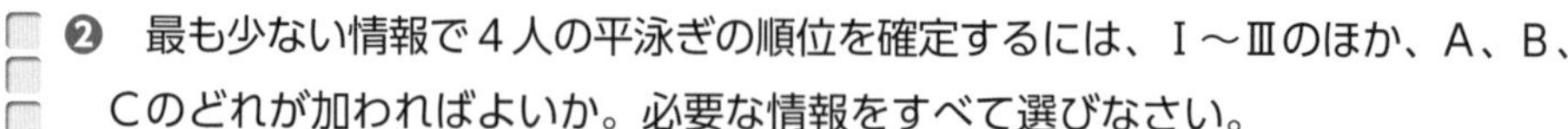

A　P　　B　Q　　C　R　　D　S

❷　最も少ない情報で4人の平泳ぎの順位を確定するには、Ⅰ～Ⅲのほか、A、B、Cのどれが加わればよいか。必要な情報をすべて選びなさい。

A　Qは平泳ぎで自由形より順位を落とした
B　Sは平泳ぎでPより早くゴールした
C　Sは平泳ぎでRより早くゴールした
D　A、B、Cのすべての情報が加わっても確定できない

19 県内の5つの市でモモとブドウの生産量を比較して、多い順に1位から5位までの順位をつけた。モモ4位の市はブドウも4位だったが、これ以外にモモとブドウが同じ順位の市はなかった。また、モモ5位の市はブドウが2位だった。

❶　モモ3位の市のブドウの順位は何位か。あてはまるものをすべて選びなさい。

A　1位　　B　2位　　C　3位　　D　4位　　E　5位

❷　最も少ない情報でモモの1位から5位までの市のブドウの順位を確定するには、A、B、Cのどれが加わればよいか。必要な情報をすべて選びなさい。

A　モモよりブドウの順位が下位の市は2つである
B　モモ1位の市のブドウの順位は3位である
C　モモ2位の市のブドウの順位は1位である
D　A、B、Cのすべての情報が加わっても確定できない

答 別冊4ページ

20 P、Q、R、S、Tの５人が２回競走をした。順位について、次のことがわかっている。なお、２人以上が同じ順位になることはなかった。

Ⅰ　Pは１回目は１位、２回目は３位だった

Ⅱ　Q、R、Sの３人は１回目より２回目に順位が１つだけ上がった

❶　Tの１回目は何位だったか。あてはまるものをすべて選びなさい。

A　1位　　B　2位　　C　3位　　D　4位　　E　5位

❷　最も少ない情報で５人の１、２回目の順位をすべて確定するには、Ⅰ、Ⅱのほか、A、B、Cのどれが加わればよいか。必要な情報をすべて選びなさい。

A　Qは２回ともTより速かった

B　２回目のRのタイムは２回目のQとTの平均タイムと同じだった

C　Sは２回ともPより遅かった

D　A、B、Cのすべての情報が加わっても確定できない

21 ある食堂は、月曜日が定休日で、火曜日から日曜日まで、１週間のランチについて、次の条件を満たすように販売している。

Ⅰ　AランチとBランチを週に２日だけ、Cランチを週に１日だけ販売する

Ⅱ　ランチは１日１種類で、同じランチが２日続かないようにする

Ⅲ　土曜日と日曜日には必ずA、B、Cいずれかのランチを販売する

❶　火曜日、日曜日がBランチ、木曜日がAランチだった。同じ週、Cランチは何曜日か。あてはまるものをすべて選びなさい。

A 月　　B 火　　C 水　　D 木　　E 金　　F 土　　G 日

❷　水曜日がCランチ、金曜日がBランチだった。同じ週、Aランチは何曜日か。あてはまるものをすべて選びなさい。

A 月　　B 火　　C 水　　D 木　　E 金　　F 土　　G 日

答 別冊4～5ページ

22 P、Q、R、S、T、Uの6人が横一列に並んでいる。並び方について、次のことがわかっている。

Ⅰ　PとQの間には1人いる
Ⅱ　SとTの間には3人いる

❶　SとPの間には何人いるか。あてはまるものをすべて選びなさい。

A　0人　B　1人　C　2人　D　3人　E　4人

❷　Uが右端のとき、左端にいるのは誰か。あてはまるものをすべて選びなさい。

A　P　B　Q　C　R　D　S　E　T

23 P、Q、R、S、Tの5店の売上を2日間調査した。各店の売上の順位について次のことがわかっている。

Ⅰ　1日目に売上3位以内に入った3店は、2日目も3位以内だった
Ⅱ　Pは2日目に、1日目より1つ順位を落とした
Ⅲ　Sは2日目に4位だった
Ⅳ　Tは2日ともPより下の順位であった
Ⅴ　Rは2日とも同じ順位であった

❶　2日目のRの順位は何位か。あてはまるものをすべて選びなさい。

A　1位　B　2位　C　3位　D　4位　E　5位

❷　2日目の1位はどの店か。あてはまるものをすべて選びなさい。

A　P　B　Q　C　R　D　S　E　T

❸　最も少ない情報で5店の2日間の順位を確定するには、A、B、Cのどれが加わればよいか。必要な情報をすべて選びなさい。

A　Qは2日ともSより上の順位であった
B　Tは1日目にRの1つ下の順位であった
C　Qは2日目に1日目より1つ順位を上げた
D　A、B、Cのすべての情報が加わっても確定できない

 答 別冊5〜6ページ

24 あるマンションではP、Q、R、S、T、Uの順に６つの宅配ボックスが横一列で並んでいる。このうちの５つのボックスに１個ずつ荷物を入れた。このとき、次のことがわかっている。

P	Q	R	S	T	U

Ⅰ　１番目に荷物を入れたボックスと２番目に荷物を入れたボックスの間に１つボックスがある

Ⅱ　２番目に荷物を入れたボックスと３番目に荷物を入れたボックスは隣同士である

Ⅲ　３番目に荷物を入れたボックスと４番目に荷物を入れたボックスの間に１つボックスがある

Ⅳ　４番目に荷物を入れたボックスと５番目に荷物を入れたボックスは隣同士である

❶　１番目にPに荷物を入れたとき、入れなかったボックスはどれか。あてはまるものをすべて選びなさい。

A Q　　B R　　C S　　D T　　E U

❷　最後にQに荷物を入れたとき、１番目に入れたボックスはどれか。あてはまるものをすべて選びなさい。

A P　　B R　　C S　　D T　　E U

❸　最後にUに荷物を入れたとき、入れなかったボックスはどれか。あてはまるものをすべて選びなさい。

A P　　B Q　　C R　　D S　　E T

ペーパー テスティング

答 別冊６ページ

25 P、Q、R、Sの年齢は、PとQが6歳差、RとSも6歳差、QとRが3歳差である。

❶ 年齢が若い順に並べると、あり得る順番は何通りか。

- A 2通り
- B 4通り
- C 6通り
- D 8通り
- E 12通り
- F 16通り

❷ 最も少ない情報で、4人の年齢の順番を確定するには、A、B、Cのどれが加わればよいか。必要な情報をすべて選びなさい。

- A SはRより若い
- B PとRは3歳差である
- C PとSは9歳差である
- D A、B、Cのすべての情報が加わっても確定できない

26 V、W、X、Y、Zの5人の体重について、次のことがわかっている。

Ⅰ 最も体重が重いVと最も体重が軽い者とは21kg差である
Ⅱ XとYは4kg差、XとZも4kg差である
Ⅲ VとWは12kg差である
Ⅳ WとYは9kg差である

❶ 次の推論の正誤について、正しいものをAからIの中で1つ選びなさい。

ア Xは2番目に体重が重い
イ YとZは同じ体重である

- A アもイも正しい
- B アは正しいがイはどちらともいえない
- C アは正しいがイは誤り
- D アはどちらともいえないがイは正しい
- E アもイもどちらともいえない
- F アはどちらともいえないがイは誤り
- G アは誤りだがイは正しい
- H アは誤りだがイはどちらともいえない
- I アもイも誤り

答 別冊6～7ページ

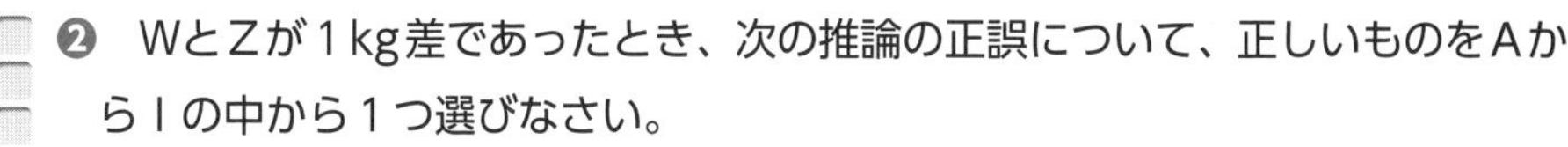

❷ WとZが1kg差であったとき、次の推論の正誤について、正しいものをAからIの中から1つ選びなさい。

カ　VとXの差は15kg以上である
キ　VとZの差は15kg以内である

- A カもキも正しい
- B カは正しいがキはどちらともいえない
- C カは正しいがキは誤り
- D カはどちらともいえないがキは正しい
- E カもキもどちらともいえない
- F カはどちらともいえないがキは誤り
- G カは誤りだがキは正しい
- H カは誤りだがキはどちらともいえない
- I カもキも誤り

27 P、Q、R、Sの4人が、第1、第2、第3、第4レーンまで、順に隣り合った4レーンを使って100m競走をした。4人の順位やレーンについて、次のことがわかっている。

Ⅰ　Qは第1レーンの人の次の次の順位だった
Ⅱ　Rの隣のレーンの人は1位だった
Ⅲ　Sは第4レーンだった
Ⅳ　同じ順位の人はいなかった

第1レーン	第2レーン	第3レーン	第4レーン

❶ Rが第1レーンだったとき、Sの順位は何位か。あてはまるものをすべて選びなさい。

- A 1位
- B 2位
- C 3位
- D 4位

❷ Qが3位のとき、Rの順位は何位か。あてはまるものをすべて選びなさい。

- A 1位
- B 2位
- C 3位
- D 4位

答 別冊7ページ

28 P、Q、R、S、Tの身長について、次のことがわかっている。

Ⅰ　Pは、Qと2cm差、Sと1cm差である
Ⅱ　Qは、Rと4cm差、Tと1cm差である

❶　いちばん背が高いのが170cmのPであったとき、Tの身長は何cmか。あてはまるものをすべて選びなさい。

- A 163cm
- B 164cm
- C 165cm
- D 166cm
- E 167cm
- F 168cm
- G 169cm
- H 170cm

❷　いちばん背が低い人が165cm、いちばん背が高い人が172cmであったとき、Pの身長は何cmか。あてはまるものをすべて選びなさい。

- A 165cm
- B 166cm
- C 167cm
- D 168cm
- E 169cm
- F 170cm
- G 171cm
- H 172cm

29 P、Q、R、S、Tの5人が、クジを引いた。クジは当たりとはずれの2種類で、当たりはずれや引いた順番について、次のことがわかっている。

Ⅰ　はずれは連続しなかった
Ⅱ　最初にはずれを引いたのはPだった
Ⅲ　Qははずれを引き、その次にTが引いた

❶　Rが当たりを引いたとき、Rは何番目に引いたか。あてはまるものをすべて選びなさい。

- A 1番目
- B 2番目
- C 3番目
- D 4番目
- E 5番目

 答 別冊7ページ

❷　最も少ない情報で、5人の順番と当たりはずれを確定するには、Ⅰ～Ⅲの条件のほか、A、B、Cのどれが加わればよいか。必要な情報をすべて選びなさい。

- A　当たりを引いた人は2人だけだった
- B　Pは最初に引いた
- C　Sは当たりを引いた
- D　A、B、Cのすべての情報が加わっても確定できない

30 P、Q、R、S、Tの5人は、週に1日ずつ夜勤をする。夜勤をする曜日について、次のことがわかっている。

Ⅰ　Sは木曜日に夜勤をする
Ⅱ　Pの4日後にRが夜勤をする
Ⅲ　5人はそれぞれ、別の曜日に夜勤をする

❶　Pの翌日にQが夜勤をするとき、Pの夜勤は何曜日か。あてはまるものをすべて選びなさい。

A 月	B 火	C 水	D 木
E 金	F 土	G 日	

❷　Pの2日後にQが夜勤をするとき、Rの夜勤は何曜日か。あてはまるものをすべて選びなさい。

A 月	B 火	C 水	D 木
E 金	F 土	G 日	

02 推論【整数】

SPI3の超頻出分野。カード の数、人数、点数など、数と数の組み合わせを推理する問題。あてはまる選択肢をすべて選ぶ形式が多い。

再現問題　回答時間▶2問2分

この問題は2問組です

1組のトランプから、1から6までのカード、計24枚を取り出し、そこから4枚を抜き出してP、Q、R、Sの4人に1枚ずつ配った。配られた数字について、次のことがわかっている。

Ⅰ　4人の数字をすべてたすと12になる
Ⅱ　Pと同じ数字の人がもう1人だけいる
Ⅲ　Qと同じ数字の人がもう1人だけいる

❶　Rが5のとき、Sはいくつか。あてはまるものをすべて選びなさい。

- A 1
- B 2
- C 3
- D 4
- E 5
- F 6

❷　Sと同じ数字の人がもう1人だけいるとき、Sはいくつか。あてはまるものをすべて選びなさい。

- A 1
- B 2
- C 3
- D 4
- E 5
- F 6

回答時間

解説　条件を組み合わせて候補を絞り込む

❶　４人のうち、ＰとＱには、同じ数字の相手が１人ずついるので、あり得るパターンは次の通り。

① **P＝Q**
② **P＝R、Q＝S**
③ **P＝S、Q＝R**

４人の合計が12で、R＝5なので、
P＋Q＋S＝12－5＝7

パターン	R	P	Q	S	計
①	5	1	1	5	7
	5	2	2	3	7
	5	3	3	1	7
②	5	5	1	1	7
③	5	1	5	1	7

①～③のパターンごとに、Ｐに１から数字をあてはめていけば、数字の組み合わせは表の通り。Ｓの数字は、１、３、５のいずれか。

正解 ACE

❷　❶R＝5の条件はないことに注意する。
Ｐ、Ｑ、Ｒ、Ｓのうち、Ｐ、Ｑ、Ｓが他の「１人だけ」と同じ数字なので、４人とも同数は不適で、同数のペアが２つとなる。**同数のペア２つで合計**12になる組み合わせなので、**異なる数字同士の和は６**。６になる組み合わせは、５と１、４と２（３と３は４人が同数になるので不適）。つまり、**(5・5・1・1)** か **(4・4・2・2)** の２通り。
従って、Ｓの数字は、１、２、４、５のいずれか。

別解▶同数のペア２つで合計12になる組み合わせを表にして考える。求めるのはＳの数字だけなので、右のようにしてＳに１から順に数字をあてはめていき、成り立てばよい。

S	P	Q	R	計
1	1	5	5	12
2	2	4	4	12
3	3	3	3	不適
4	4	2	2	12
5	5	1	1	12

正解 ABDE

ポイント

整数の推論は、簡単な四則演算で解ける。複数の条件を正しく整理することが大切。解法のポイントは、次の通り。

- 合計した数から、個々の数を引く
- 平均の数からおよその目星をつける
- 最大の場合、最小の場合から推測する
- 表にして考えると見落としがない（ただし時間がかかる）
- ２分の１にして整数になる数は偶数　例：16÷2＝8（奇数15÷2＝7.5）

問題演習 推論【整数】

1 P、Q、R、Sの4人に、1人1枚以上、計16枚のカードを配った。カードの枚数は、多い方から順にP、Q、R、Sで、同じ枚数の人はいなかった。このとき、配られたカードが4枚になる可能性のある人をすべて選びなさい。

- A P
- B Q
- C R
- D S

2 15人が紅茶、コーヒー、ジュースのうちから1杯ずつ注文した。これについて次のことがわかっている。

Ⅰ　コーヒーの数はジュースの数の2倍だった

Ⅱ　注文した数が最も多い飲料と最も少ない飲料の差は7杯だった

このとき、紅茶の注文は何杯か。

A 3杯　B 4杯　C 5杯　D 6杯　E 7杯　F 8杯　G 9杯

3 あるプラネタリウムでは、1日3回の上映で合わせて231人の観客がいた。各回の観客数について次のことがわかっている。

Ⅰ　1回あたり最大100人の観客が来場できる

Ⅱ　2回目の観客数は60人だった

次のうち、必ず正しいといえる推論をすべて選びなさい。

- A 1回目は2回目より観客が多い
- B 3回目は2回目より観客が少ない
- C 1回目と3回目の観客数の差は最大29人である

4 図書館で、P、Q、R、Sの4人が合わせて8冊の本を借りた。PとQは合わせて4冊、QとRは合わせて3冊の本を借りた。このとき、借りた本の数が1冊だった人は誰か。あてはまるものをすべて選びなさい。なお、本を1冊も借りなかった人はいないものとする。

- A P
- B Q
- C R
- D S
- E 借りた本の数が1冊だった人はいない

 答 別冊8～9ページ

5 P高校とQ高校が合同で模擬試験を実施したところ、合わせて113人が受験した。受験した男子生徒と女子生徒の人数について、次のことがわかっている。

Ⅰ　男子生徒と女子生徒の差は9人だった

Ⅱ　P高校の女子生徒は、Q高校の女子生徒より2人少なかった

このとき、受験した男子生徒は何人か。

- A 26人
- B 50人
- C 52人
- D 60人
- E 61人
- F AからEのいずれでもない

6 1組のトランプから2と3のカードをすべて取り出し、これら8枚のカードをPとQに4枚ずつ配った。

次のうち、必ず正しいといえる推論はどれか。

ア　Pのマークが2種類なら、Pの数字の合計は10である

イ　Pの数字の合計が11なら、Pのマークは3種類である

ウ　Qの数字の合計が12なら、Qのマークは4種類である

- A アだけ
- B イだけ
- C ウだけ
- D アとイ
- E アとウ
- F イとウ
- G アとイとウ
- H 必ず正しいといえる推論はない

7 1組のトランプからハートの1から6までのカードを取り出して、P、Q、R、S、T、Uの6人に配った。次のことがわかっているとき、カードの数が確定しない人は誰か。あてはまるものをすべて選びなさい。

Ⅰ　Qは奇数でSより大きい数だった

Ⅱ　Tは偶数でRより1つ小さい数だった

Ⅲ　Pが最も小さい数だった

Ⅳ　QはRより大きい数だった

- A P
- B Q
- C R
- D S
- E T
- F U
- G 全員の数が確定する

答 別冊9ページ

8 100人の高校生にP、Q、R、Sという4つの推薦図書から最も好きな推薦図書1冊に投票してもらったところ、次の結果となった。

Ⅰ　投票が多い順にP、Q、R、Sの順序だった
Ⅱ　どの推薦図書にも10票以上入り、無回答はなかった

必ずしも誤りとはいえない推論をすべて選びなさい。

- A　Pへの投票数が50票のとき、Sへの投票数は16票である
- B　Qへの投票数が39票のとき、Rへの投票数は12票である
- C　Rへの投票数が29票のとき、Sへの投票数は10票である
- D　A、B、Cの中に必ずしも誤りとはいえない推論はない

9 1本120円と1本150円の飲料を売っている店で、PとQが複数本の飲料を買った。

❶　Pの支払った金額が840円だったとき、Pが買った120円の飲料は何本か。あてはまるものをすべて選びなさい。

- A　0本
- B　1本
- C　2本
- D　3本
- E　4本
- F　5本
- G　6本
- H　7本

❷　Qの支払った金額が1260円だったとき、Qが買った150円の飲料は何本か。あてはまるものをすべて選びなさい。

- A　0本
- B　1本
- C　2本
- D　3本
- E　4本
- F　5本
- G　6本
- H　7本

10 P、Q、Rの3人が10点満点のテストを受け、次のことがわかっている。

Ⅰ　2人は同じ点数だった
Ⅱ　Pの点数はQより高かった
Ⅲ　3点以下の人はいなかった

答 別冊9～10ページ

❶ Rが8点のとき、Pは何点か。あてはまるものをすべて選びなさい。

A 4点　B 5点　C 6点　D 7点　E 8点
F 9点　G 10点

❷ Rが5点のとき、Qは何点か。あてはまるものをすべて選びなさい。

A 4点　B 5点　C 6点　D 7点　E 8点
F 9点　G 10点

11 1組のトランプからクラブの1から9までのカードを取り出して、P、Q、Rの3人に3枚ずつ配った。配られたカードの数字について次のことがわかっている。

Ⅰ　Pのカードの3つの数字の和は22
Ⅱ　Qのカードの3つの数字の和は15

❶ Pに確実に配られた数字をすべて選びなさい。

A 1　B 2　C 3　D 4　E 5
F 6　G 7　H 8　I 9
J 確実に配られたといえる数字はない

❷ Qに確実に配られた数字をすべて選びなさい。

A 1　B 2　C 3　D 4　E 5
F 6　G 7　H 8　I 9
J 確実に配られたといえる数字はない

12 J、K、L、M、Nの５人ですごろくをした。サイコロをふった回数は、最多が15回で１人、最少が10回で１人だった。サイコロをふった回数について、次のことがわかっている。

Ⅰ　JとKの回数の差は２回だった
Ⅱ　LはMより１回少なかった
Ⅲ　Nは誰かと同じ回数をふった

❶　Lは何回ふったか。あてはまるものをすべて選びなさい。

A 10回　B 11回　C 12回　D 13回　E 14回　F 15回

❷　NがふったJより少ないとき、Nは何回ふったか。あてはまるものをすべて選びなさい。

A 10回　B 11回　C 12回　D 13回　E 14回　F 15回

13 １組のトランプから、ハートの３、ダイヤとスペードの４、ダイヤとクラブの５という合計５枚のカードを取り出して、横一列に並べた。

❶　左から１番目と５番目のカードの数字の和が８、１番目と３番目の差が２だったとき、スペードの位置として考えられる場所は左から何番目か。あてはまるものをすべて選びなさい。

A １番目　B ２番目　C ３番目　D ４番目　E ５番目

❷　左端がスペード、２番目と４番目の数の平均が４だったとき、ハートの位置として考えられる場所は左から何番目か。あてはまるものをすべて選びなさい。

A １番目　B ２番目　C ３番目　D ４番目　E ５番目

14 ある高校の美術部員は３年生が９人、２年生が16人、１年生が10人いる。また、男子は17人、女子は18人いる。

❶　３年生の男子が５人だったとき、２年生の女子は最も多くて何人か。

A　13人　　B　14人　　C　15人　　D　AからCのいずれでもない

❷　２年生の女子が15人だったとき、３年生の男子は最も少なくて何人か。

A　4人　　B　5人　　C　6人　　D　AからCのいずれでもない

15 200人の男女が受けた100点満点のテストを受けた。点数について、次のことがわかっている。

Ⅰ　50点以上の男性は108人いる
Ⅱ　80点未満の女性は76人いる
Ⅲ　80点以上の人は70人いる

❶　80点未満の男性は何人いるか。

A　48人　　B　54人　　C　70人　　D　76人　　E　130人
F　AからEのいずれでもない

❷　80点以上の男性が60人以下のとき、50点未満の男性は最も多くて何人か。

A　4人　　B　5人　　C　6人　　D　7人　　E　8人
F　AからEのいずれでもない

16 和が15になる4つの異なる整数P、Q、R、Sについて、次のことがわかっている。

Ⅰ　Qの2倍とQの2分の1の整数がある
Ⅱ　Sの2倍とSの2分の1の整数がある

❶　次のうち、必ずしも誤りとはいえないものはどれか。

ア　Pは最大の数である
イ　Qは2番目に大きい数である
ウ　Rは3番目に大きい数である

- A アだけ
- B イだけ
- C ウだけ
- D アとイ
- E アとウ
- F イとウ
- G アとイとウ
- H 必ずしも誤りとはいえない推論はない

❷　最も少ない情報でP、Q、R、Sの数が確定するためには、Ⅰ、Ⅱの条件のほかに、次のカ、キ、クのうち、どれが加わればよいか。

カ　PはSよりも小さい
キ　QはSの2倍である
ク　RはQの2倍である

- A カだけ
- B キだけ
- C クだけ
- D カとキ
- E カとク
- F キとク
- G カとキとク
- H カ、キ、クのすべてが加わってもわからない

答 別冊11ページ

17 P、Q、R、S、T、Uの6人が1～6の目があるサイコロをふった。出た目について、次のことがわかっている。

Ⅰ　同じ目を出した人はいなかった
Ⅱ　Qが出した目は奇数で、Sより大きかった
Ⅲ　Tが出した目は偶数で、Rより1つ小さかった

❶　次のうち、必ずしも誤りといえないものをすべて選びなさい。

- A　Pが出した目は1だった
- B　Sが出した目は4だった
- C　Uが出した目は3だった

❷　最も少ない情報で6人の出した目がすべてわかるには、次のどの情報が必要か。あてはまるものをすべて選びなさい。

- A　Pが出した目は6だった
- B　Rが出した目は5だった
- C　Uが出した目は2だった

18 1～7までの7つの整数を、次の条件を満たすように横一列に並べる。

Ⅰ　左から3つの数字の和は12
Ⅱ　右から3つの数字の和は10

❶　左端の数字が4のとき、2の場所としてあり得るのは左から何番目か。あてはまるものをすべて選びなさい。

A　1番目　B　2番目　C　3番目　D　4番目
E　5番目　F　6番目　G　7番目

❷　右端の数字を左端の数字より1つ大きい数になるように置くとき、2の場所は左から何番目か。あてはまるものをすべて選びなさい。

A　1番目　B　2番目　C　3番目　D　4番目
E　5番目　F　6番目　G　7番目

ペーパー
テスティング

答 別冊11～12ページ

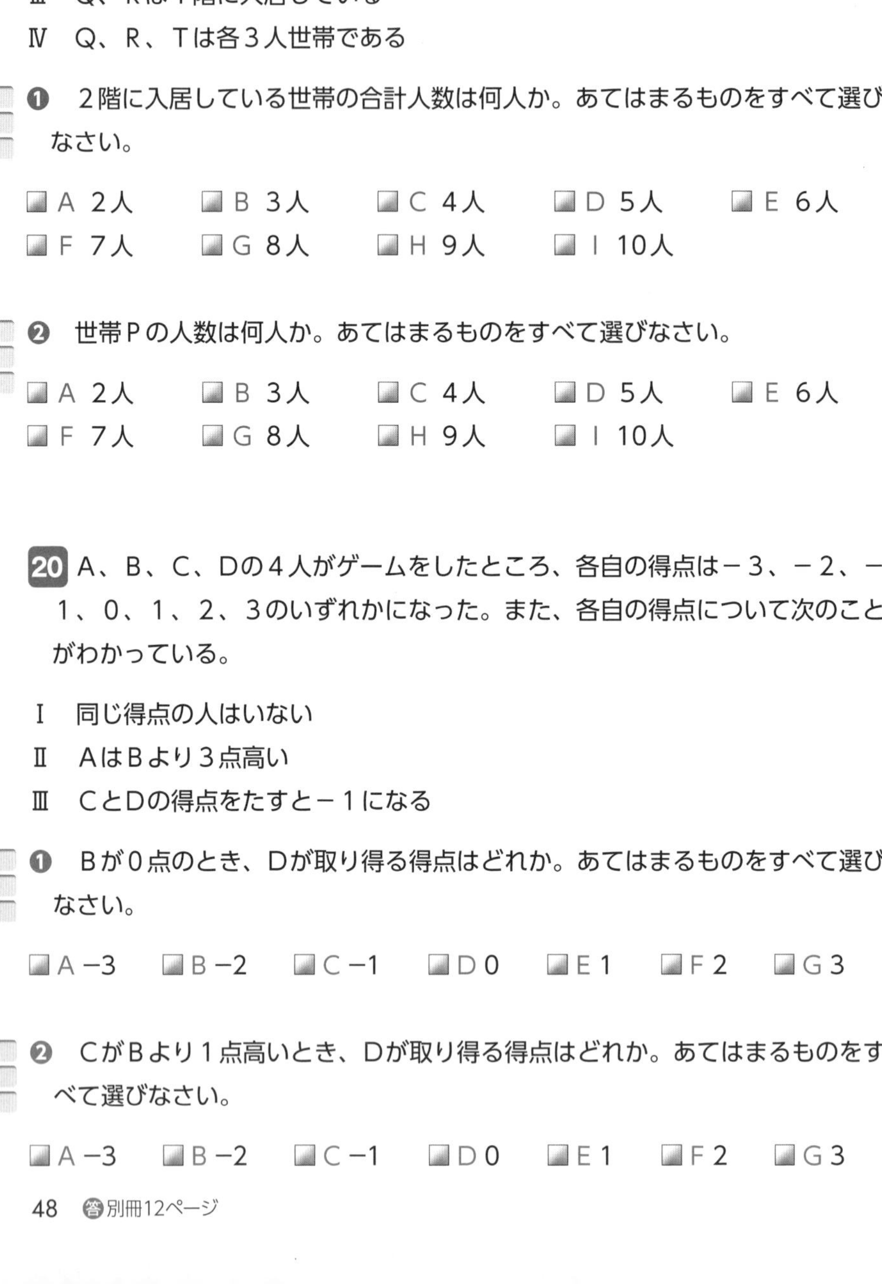

19 3階建てのマンションに、P、Q、R、S、T、Uの6世帯17人が入居している。入居している世帯について、次のことがわかっている。

Ⅰ　単身世帯はない
Ⅱ　1階あたり2世帯が入居している
Ⅲ　Q、Rは1階に入居している
Ⅳ　Q、R、Tは各3人世帯である

❶　2階に入居している世帯の合計人数は何人か。あてはまるものをすべて選びなさい。

A 2人　B 3人　C 4人　D 5人　E 6人
F 7人　G 8人　H 9人　I 10人

❷　世帯Pの人数は何人か。あてはまるものをすべて選びなさい。

A 2人　B 3人　C 4人　D 5人　E 6人
F 7人　G 8人　H 9人　I 10人

20 A、B、C、Dの4人がゲームをしたところ、各自の得点は－3、－2、－1、0、1、2、3のいずれかになった。また、各自の得点について次のことがわかっている。

Ⅰ　同じ得点の人はいない
Ⅱ　AはBより3点高い
Ⅲ　CとDの得点をたすと－1になる

❶　Bが0点のとき、Dが取り得る得点はどれか。あてはまるものをすべて選びなさい。

A −3　B −2　C −1　D 0　E 1　F 2　G 3

❷　CがBより1点高いとき、Dが取り得る得点はどれか。あてはまるものをすべて選びなさい。

A −3　B −2　C −1　D 0　E 1　F 2　G 3

答 別冊12ページ

21 ある遊園地のミニ列車は１両目から５両目まで、全５両ある。この列車の乗車人数について、次のことがわかっている。

Ⅰ　１両あたり、４人から６人が乗車する
Ⅱ　２両目の乗車人数は３両目より少なくする
Ⅲ　１両目と５両目の乗車人数は等しくする

❶　22人で乗るとき、確実に乗っている人数がわかるのは何両目か。あてはまるものをすべて選びなさい。

A　１両目　B　２両目　C　３両目　D　４両目　E　５両目
F　確実にわかる車両はない

❷　28人で乗るとき、確実に乗っている人数がわかるのは何両目か。あてはまるものをすべて選びなさい。

A　１両目　B　２両目　C　３両目　D　４両目　E　５両目
F　確実にわかる車両はない

22 P、Q、R、Sという４世帯の世帯人数について、次のことがわかっている。

Ⅰ　Sの人数は他の３世帯よりも少ない
Ⅱ　Pの人数は４人で、他の３世帯よりも多い
Ⅲ　４世帯を合わせたとき、男女は同数になる

❶　４世帯の合計人数は何人か。あてはまるものをすべて選びなさい。

A 8人　B 9人　C 10人　D 11人　E 12人　F 14人

❷　Qがすべて女性のとき、Pの女性の人数は何人か。あてはまるものをすべて選びなさい。

A　0人　B　1人　C　2人　D　3人　E　4人　F　5人

テストセンター

03 推論【内訳】

SPI3の超頻出分野。あるグループ内の内訳（金銭、物品、期間などの総量に対して項目別に分けられたもの）を推理する問題。

再現問題　回答時間▶2問2分

この問題は2問組です

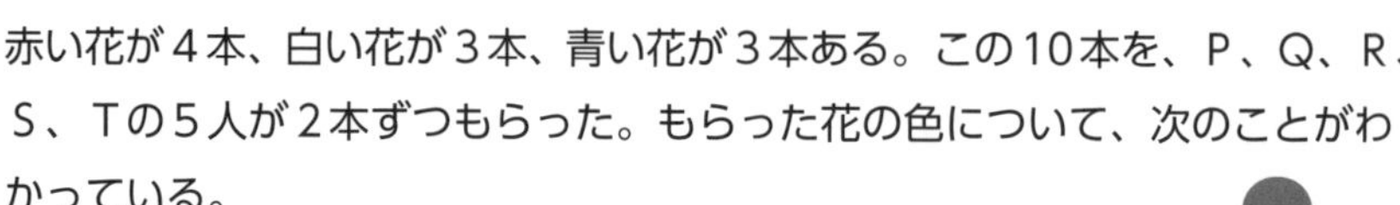

赤い花が4本、白い花が3本、青い花が3本ある。この10本を、P、Q、R、S、Tの5人が2本ずつもらった。もらった花の色について、次のことがわかっている。

Ⅰ　Pがもらった花の色の組み合わせはQと同じだった
Ⅱ　Rがもらった花は2本とも同じ色だった

❶　Rのほか、Sも2本とも同じ色だったとき、Tの色の組み合わせはどれか。あてはまるものをすべて選びなさい。

- A 赤2本
- B 白2本
- C 青2本
- D 赤と白
- E 赤と青
- F 白と青

❷　2本とも同じ色だった人は1人だけで、その人が白い花をもらったとき、Tが必ずもらった色はどれか。あてはまるものをすべて選びなさい。

- A 赤
- B 白
- C 青
- D 確定できない

回答時間

→解説 条件をシンプルにして視覚化する

Ⅰより、Ｐの色の組み合わせはＱと同じ。例えば、「Ｐが赤と白」なら「Ｑが赤と白」で、「赤赤と白白」など、同色のペアが２組になる。

Ⅱより、Ｒは２本とも同じ色なので「赤赤」など同色のペアになる。

❶　Ｒのほかもも２本とも同色なので、「青青」など同色のペアになる。

つまり、赤４本、白３本、青３本の10本のうち、ここまでで同色のペア４組「赤赤・赤赤・白白・青青」の８本が確定できる…確定した色を✔で消す

赤　　白　　青
✔✔✔✔　✔✔|　✔✔|

Ｔの色の組み合わせは、残った**白と青**に確定。

正解　F

❷　２本とも同じ色だった人はＲだけなので、Ｒが「白白」に確定…白白を✔で消す

赤　　白　　青
||||　✔✔|　|||

Ｒ以外の４人がもらった２本は同色ではないため、赤４本は１本ずつ４人に配られて、組み合わせは「赤白」か「赤青」に確定する。従って、Ｔが必ずもらった色は**赤**。

【参考】 ＰとＱの色の組み合わせは同じなので、ＰとＱの２人は「赤青」に確定できる。従って、５人の色の組み合わせは次の通り。

Ｒ…白白
ＰとＱ…赤青
Ｓ…赤白（または赤青）
Ｔ…赤青（または赤白）

正解　A

ポイント

与えられた条件をシンプルにして考える。ＰとＱの色の組み合わせをすべて書き出したりするのは、時間がかかるので避けたい。問われているのはＴの色なので、ＰとＱそれぞれの色は無視して、ＰとＱを合わせた色の数で考えると早い。内訳の解法のポイントは、次の通り。

- 全体から確定した要素や数を引く
- 正しいといえるのは、１つの例外もないときだけ
- すべての内訳を考える必要はない→問われているものがわかればよい

問題演習 推論【内訳】

1 重さの異なる赤、白、青、黒の４個の玉について次のことがわかっている。

Ⅰ　赤玉と白玉の重さの和は青玉の重さと等しい

Ⅱ　白玉は黒玉より重い

次のうち、必ず正しいといえる推論をすべて選びなさい。

- A 赤玉と黒玉の重さの和は白玉の重さより重い
- B 赤玉と黒玉の重さの和は青玉の重さより軽い
- C 赤玉と白玉と黒玉の重さの和は青玉の重さより重い
- D A、B、Cの中に必ず正しいといえる推論はない

2 クラスの40人に得意教科のアンケート調査（複数回答可）を行ったところ、芸術が得意な人は30人、国語が得意な人は29人、体育が得意な人は22人、数学が得意な人は18人という結果が出た。次のうち、必ず正しいといえる推論をすべて選びなさい。

- A 国語と数学の２教科が得意な人は、少なくとも７人いる
- B 芸術と国語と体育の３教科が得意な人は、少なくとも１人いる
- C 芸術と体育と数学の３教科が得意な人は、少なくとも１人いる
- D A、B、Cのいずれも必ず正しいとはいえない

3 P、Q、R、S、Tの５人の子供が、それぞれ将棋部、演劇部、サッカー部、卓球部、陸上部に所属している。これについて次のことがわかっている。

Ⅰ　男子は３人で、そのうち２人が運動部である

Ⅱ　PとQは文化部である

Ⅲ　Rは球技部である

Sが女子で卓球部のとき、必ず正しいといえる推論をすべて選びなさい。

 答 別冊14ページ

A Pは男子である
B Rは男子である
C Tは陸上部である
D A、B、Cの中に必ず正しいといえる推論はない

4 あるバスケットボール部では、4月から9月にかけて月に最低1回は対外試合が行われる。このとき、次のことがわかっている。

Ⅰ 5月は2回だけ対外試合が行われる
Ⅱ 対外試合は月に3回までしか行われない

❶ 対外試合が12回あるとき、5回目の対外試合があると考えられるのは何月か。あてはまるものをすべて選びなさい。

A 4月　B 5月　C 6月　D 7月　E 8月　F 9月

❷ 対外試合が15回あるとき、12回目の対外試合があるのは何月か。あてはまるものをすべて選びなさい。

A 4月　B 5月　C 6月　D 7月　E 8月　F 9月

5 市民センターの会議室は、1日1団体にだけ貸し出される。この会議室を8月1日から8月14日までの期間、団体Pが2日間、団体Qが3日間、団体Rが4日間、団体Sが5日間、それぞれ連続して使用することになっている。

❶ 団体Sが10日～14日に使用するとき、団体Pが使用する初日は何日か。あてはまるものをすべて選びなさい。

A 1日　B 2日　C 3日　D 4日　E 5日
F 6日　G 7日　H 8日　I 9日

❷ 団体Qが10日に使用するとき、7日に使用するのはどの団体か。あてはまるものをすべて選びなさい。

A P　B Q　C R　D S

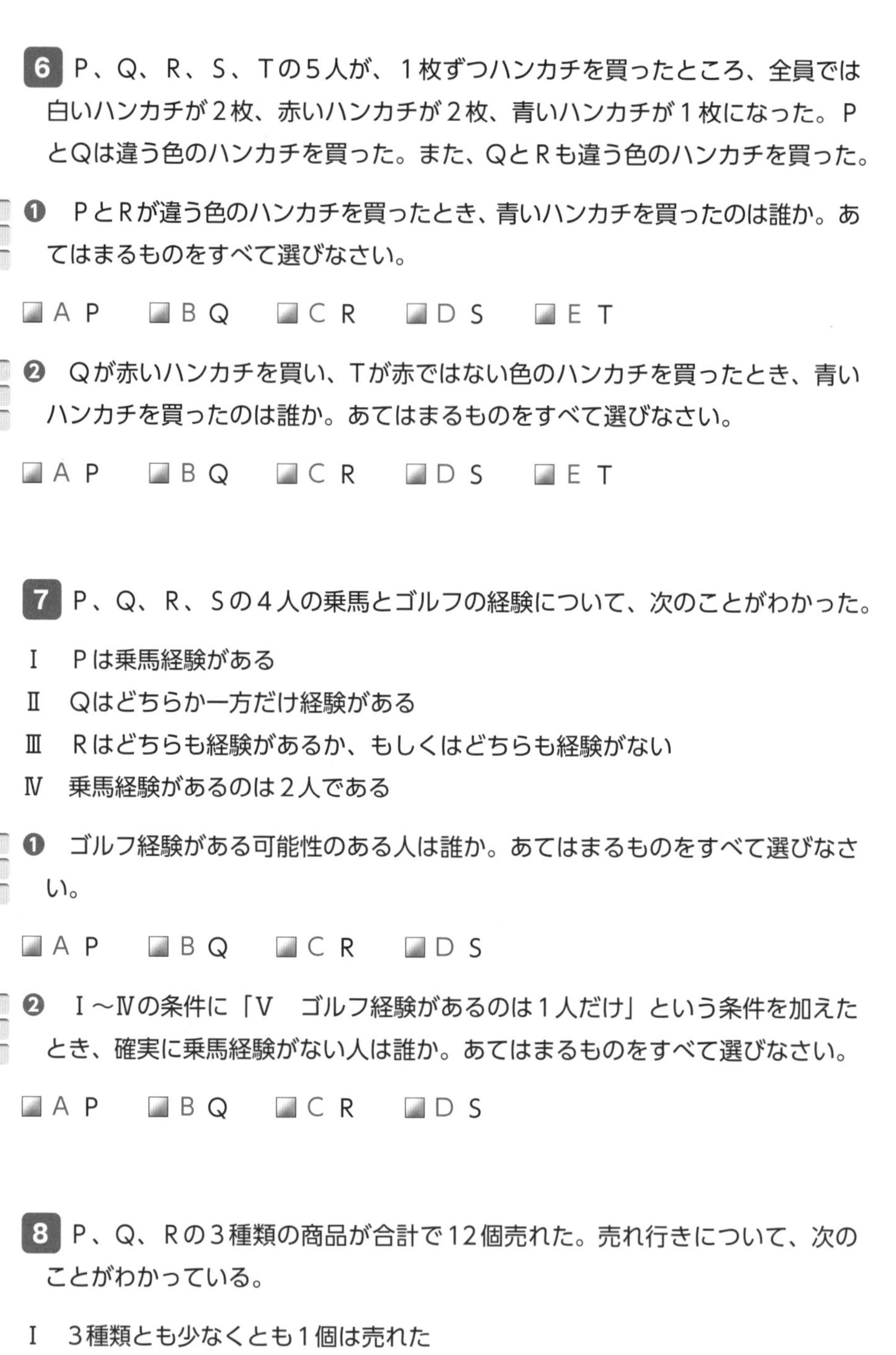

6 P、Q、R、S、Tの5人が、1枚ずつハンカチを買ったところ、全員では白いハンカチが2枚、赤いハンカチが2枚、青いハンカチが1枚になった。PとQは違う色のハンカチを買った。また、QとRも違う色のハンカチを買った。

❶ PとRが違う色のハンカチを買ったとき、青いハンカチを買ったのは誰か。あてはまるものをすべて選びなさい。

A P　B Q　C R　D S　E T

❷ Qが赤いハンカチを買い、Tが赤ではない色のハンカチを買ったとき、青いハンカチを買ったのは誰か。あてはまるものをすべて選びなさい。

A P　B Q　C R　D S　E T

7 P、Q、R、Sの4人の乗馬とゴルフの経験について、次のことがわかった。

Ⅰ　Pは乗馬経験がある
Ⅱ　Qはどちらか一方だけ経験がある
Ⅲ　Rはどちらも経験があるか、もしくはどちらも経験がない
Ⅳ　乗馬経験があるのは2人である

❶ ゴルフ経験がある可能性のある人は誰か。あてはまるものをすべて選びなさい。

A P　B Q　C R　D S

❷ Ⅰ～Ⅳの条件に「Ⅴ　ゴルフ経験があるのは1人だけ」という条件を加えたとき、確実に乗馬経験がない人は誰か。あてはまるものをすべて選びなさい。

A P　B Q　C R　D S

8 P、Q、Rの3種類の商品が合計で12個売れた。売れ行きについて、次のことがわかっている。

Ⅰ　3種類とも少なくとも1個は売れた
Ⅱ　RはQより多く売れた

 答 別冊15～16ページ

❶ 次のうち、必ず正しいといえる推論をすべて選びなさい。

- A Pが5個ならば、Qは3個である
- B Pが7個ならば、Qは2個である
- C Pが8個ならば、Qは1個である
- D A、B、Cの中に必ず正しいといえる推論はない

❷ 次のうち、必ず正しいといえる推論をすべて選びなさい。

- A PとRの数が同じなら、Qは2個である
- B PとQの数が同じなら、Rは8個である
- C Pの数がRの数より多ければ、Qは1個である
- D A、B、Cの中に必ず正しいといえる推論はない

9 P、Q、R、S、Tの5人が教室、廊下、階段の3か所を手分けして掃除した。このとき、次のことがわかっている。

Ⅰ PとQは同じ1か所を掃除した
Ⅱ Rは1人で1か所を掃除した
Ⅲ 階段を掃除したのは2人だけだった

❶ Rが掃除をした場所はどこか。あてはまるものをすべて選びなさい。

A 教室　B 廊下　C 階段

❷ 上の条件以外に、少なくともどの条件が加われば、全員の掃除場所が決まるか。必要な条件をすべて選びなさい。

- A Rは廊下を掃除した
- B Sは教室を掃除した
- C Tは階段を掃除した

答 別冊15〜16ページ

10 P、Q、R、S、T、Uという6人の男女3組が、異性同士でペアになってダンスをする。それについて、次のことがわかっている。

Ⅰ　PとQは異性である

Ⅱ　RとSは同性で、どちらもTとペアではない

❶　Tの性別がわかると、性別がわかる人は誰か。あてはまるものをすべて選びなさい。

A P　B Q　C R　D S　E U　F 性別がわかる人はいない

❷　PとRがペアのとき、Uとペアになるのは誰か。あてはまるものをすべて選びなさい。

A Q　B S　C T　D Uとペアになる人はわからない

11 P、Q、R、Sの4人で、合計15冊の本を借りた。それについて、次のことがわかっている。

Ⅰ　各自が最低1冊は借りた

Ⅱ　Pの借りた冊数はQの2倍である

Ⅲ　RはSよりも多く借りた

❶　次のうち、必ずしも誤りとはいえない推論をすべて選びなさい。

A　Pが最も多く借りた

B　Sは6冊借りた

C　QとSは同じ冊数借りた

D　A、B、Cの中に必ずしも誤りとはいえない推論はない

❷　最も少ない情報で、4人それぞれの借りた冊数を確定するには、Ⅰ～Ⅲの情報のほか、次のどれが加わればよいか。必要なものをすべて選びなさい。

A　5冊借りた人がいる

B　QはSよりも多く借りた

C　同じ冊数を借りた人はいない

D　A、B、Cのすべての情報が加わっても確定できない

答 別冊16～17ページ

12 X、Y、Zの3人が月曜日から土曜日までの間、1人が3日ずつ働き、どの曜日も少なくとも1人は出勤するようにアルバイトのシフトを組むことになった。そのとき、次の条件を満たす必要がある。

Ⅰ　Xは3日連続で出勤する
Ⅱ　Yは1日おきに出勤する
Ⅲ　Zは月曜日と木曜日には休む

❶　Zが土曜日に出勤しない場合、Xが出勤する最初の日は何曜日か。あてはまるものをすべて選びなさい。

A 月曜日　B 火曜日　C 水曜日　D 木曜日　E 金曜日
F 土曜日

❷　XとYが一緒に出勤する日が2日ある場合、Zが必ず出勤するのは何曜日か。あてはまるものをすべて選びなさい。

A 月曜日　B 火曜日　C 水曜日　D 木曜日　E 金曜日
F 土曜日

13 ①から⑧までの番号のついた玉があり、このうち1個だけが違う重さである。

❶　天びんで重さを調べたところ、次の結果になった。AからIのうち正しいものを1つ選びなさい。

Ⅰ　①②の重さの合計は④⑤の合計と等しい
Ⅱ　①②⑦の重さの合計は④⑤⑧の合計より重い
Ⅲ　③④の重さの合計は⑥⑦の合計と等しい

A ①が他より重い　B ②が他より重い　C ③が他より重い
D ④が他より軽い　E ⑤が他より軽い　F ⑥が他より軽い
G ⑦が他より重い　H ⑧が他より軽い
I AからHのうち正しいものはない

答 別冊17ページ

❷　天びんで重さを調べたところ、次の結果になった。AからIのうち正しいものを1つ選びなさい。

Ⅳ　①②の重さの合計は③④の合計より軽い
Ⅴ　③⑤⑥の重さの合計は④⑦⑧の合計より重い

- A ①が他より軽い
- B ①が他より重い
- C ②が他より軽い
- D ②が他より重い
- E ③が他より軽い
- F ③が他より重い
- G ④が他より軽い
- H ④が他より重い
- I AからHのうち正しいものはない

14 赤玉、白玉、青玉が、それぞれ2個ずつ、計6個ある。それらを3個ずつに分けて2つの袋X、Yに入れた。

❶　次のうち、必ず正しいといえる推論をすべて選びなさい。

- A ある色の玉は必ず2個とも同じ袋に入っている
- B Yには、必ず赤玉か白玉が入っている
- C XとYから異なる色の玉を1個ずつ取り出して入れかえると、どちらかの袋に必ず同じ色の玉が2個入っていることになる
- D A、B、Cの中に必ず正しいといえる推論はない

❷　次のうち、必ず正しいといえる推論をすべて選びなさい。

- A Xに赤玉か白玉が入っていれば、Yには必ず青玉が入っている
- B ある色の玉は、必ずXとYの両方に入っている
- C Xに白玉と青玉が入っていれば、Yにはすべて異なる色の玉が入っている
- D A、B、Cの中に必ず正しいといえる推論はない

15 赤、青、白、黄の4種類の玉が各色最低1個、合計で22個ある。これについて、次のことがわかっている。

Ⅰ　8個取り出したところ、青、白、黄のうちの2種類の玉が4個ずつ取れた
Ⅱ　Ⅰに続けて9個取り出したところ、すべて赤玉だった
Ⅲ　最も多い玉の色は赤、最も少ない玉の色は青だった
Ⅳ　同じ個数の色の玉はなかった

答 別冊17～18ページ

❶ 次のうち、必ず正しいといえる推論をすべて選びなさい。

- A 赤玉が9個のとき、青玉は3個である
- B 黄玉が8個のとき、青玉は1個である
- C 白玉が7個のとき、青玉は2個である
- D A、B、Cの中に必ず正しいといえる推論はない

❷ 次のうち、間違っている推論をすべて選びなさい。

- A 青玉は3個以下である
- B 赤玉は13個の場合もある
- C すべてが偶数個のとき、青玉は2個である

16 それぞれ1、2、3、4、5の番号がついた5個の白玉と、同じく1、2、3、4、5の番号がついた5個の赤玉がある。これら10個の玉をよくまぜて、5個ずつ2つの袋PとQに分けた。

❶ 次のうち、必ず正しいといえる推論をすべて選びなさい。

- A Pの玉の番号が4種類のとき、Qの玉の番号も4種類である
- B Pに同じ色の玉が5個入っているとき、PとQで玉を1個入れかえると、Pの玉の番号は4種類になる
- C Pに同じ色の玉がちょうど4個入っているとき、Qの玉の番号は4種類である
- D A、B、Cの中に必ず正しいといえる推論はない

❷ 次のうち、必ず正しいといえる推論をすべて選びなさい。

- A Pの中に5がないとき、Qの中の番号の合計は14より大きい
- B Pの中の番号の合計が11以下のとき、Pには1が2個入っている
- C Pの中の番号の合計が10以下のとき、Qには5が2個入っている
- D A、B、Cの中に必ず正しいといえる推論はない

04 推論【位置関係】

建物、部屋、座席などの方位、並び方、配置などを推理する問題。

再現問題　回答時間▶2問2分

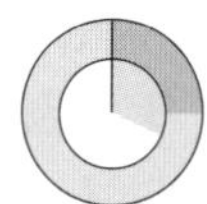

この問題は2問組です

P、Q、R、S、T、U、Vの7人が、アパートの各部屋に1人ずつ住んでいる。アパートは図のような2階建てで、次のことがわかっている。

Ⅰ　202号室は空き部屋である
Ⅱ　RはSの隣に住んでいる
Ⅲ　Qの部屋の真上がPの部屋である
Ⅳ　VはRの真下に住んでいる

201	202	203	204
101	102	103	104

❶　次のうち、必ずしも誤りとはいえない推論はどれか。あてはまるものをすべて選びなさい。

- A　Pは203号室に住んでいる
- B　Tは104号室に住んでいる
- C　Vは103号室に住んでいる
- D　A、B、Cの中には必ずしも誤りとはいえない推論はない

❷　最も少ない情報で7人の部屋がわかるためには、Ⅰ～Ⅳまでのほか、A、B、Cのどれが加わればよいか。必要な情報をすべて選びなさい。

- A　Sの隣は空き部屋である
- B　Tの隣はVである
- C　Uは端部屋である
- D　A、B、Cのすべての情報が加わっても確定できない

回答時間

→解説 確定した位置関係をワンセットにする

❶ 条件をメモしながら考える。

Ⅰ 202は空き部屋 … 202を消す

Ⅱ RはSの隣 … **RS**または**SR**でワンセット

Ⅳ VはRの真下 … R/V でワンセット

従って、**Vは1階、RSまたはSRは2階**に確定。

2階で隣り合った部屋は203と204なので、RS（SR）は203と204。Vは103か104。

Ⅲ Qの真上がP … P/Q でワンセット

Qが101、Pが201に確定する。

必ずしも誤りとはいえない選択肢を選ぶ。

A Pは203ではなく201なので、誤り

B Tは102か103か104なので、誤りとはいえない

C Vは103か104なので、誤りとはいえない

Ⅰより

201	~~202~~	203	204
101	102	103	104

Ⅱ、Ⅳ、Ⅲより

201 P	~~202~~	203 RかS	204 RかS
101 Q	102	103 V？	104 V？

正解 BC

❷ ❶でメモした図をもとに考えていく。

A Sの隣は空き部屋である … Sは203、Rは204、Rの真下のVが104に確定する。

B Tの隣はVである … TもVも確定できない。

C Uは端部屋である … 端部屋の201はP、204はRかS、101はQに決まっている。残った端部屋の**104がUに確定**。すると**103がV、Vの上の203がR**で、**204がS**。残った**102がT**となり、すべての部屋が確定できる。

正解 C

ポイント

決まった位置関係をワンセットにしてメモをすればよい。位置関係の解法のポイントは、次の通り。

- 同じ記号に注目して位置関係を組み合わせる
  - ①PとQが隣同士ならPQまたはQPでワンセット
  - ②Pの隣の隣がRならP○RまたはR○Pでワンセット
  - ①と②を組み合わせると、PQR、QP○R、RQP、R○PQの４通り
- 西を左、東を右にしてメモをする

問題演習

推論【位置関係】

1 O、P、Q、R、S、T、Uは、7階建てのビルの各階に1人ずつ住んでいる。OはPより5階上、QはRより5階上、SはTとUの間の階であるとき、Sは何階に住んでいるか。あてはまるものをすべて選びなさい。

A 1階　B 2階　C 3階　D 4階　E 5階
F 6階　G 7階

2 Aの家はBの家の北西に、Cの家はBの家の北東に、Dの家はAの家の南方でBCの家を結んだ延長上にある。Aの家はDの家の北方100mのところに、Eの家はDの家の東方50mのところにあるとき、Bの家から見てEの家はどの方角にあるか。

A 東　B 西　C 南　D 北
E 南東　F 南西　G 北東　H 北西

3 P、Q、R、Sの4人が図のような5人がけのシートに座っている。PとRの間は空席、PとSは隣同士、QとSは隣同士のとき、Rの席はどこか。あてはまるものをすべて選びなさい。

①	②	③	④	⑤

A ①　B ②　C ③　D ④　E ⑤

4 赤い椅子が2つ、緑の椅子が2つ、青い椅子が1つある。これら5つの椅子を次の条件で横一列に並べた。

Ⅰ　赤い椅子同士は隣り合わない
Ⅱ　青い椅子と赤い椅子は隣り合わない

このとき青い椅子は左から何番目か。あてはまるものをすべて選びなさい。

A 1番目　B 2番目　C 3番目　D 4番目　E 5番目

 答 別冊19ページ

5 P、Q、R、S、Tの5人が2階建てのマンションの各室に1人ずつ住んでいる。下の図のように1階、2階ともに3部屋ずつで、計6部屋のうち空き部屋が1部屋ある。部屋の位置関係について、次のことがわかっている。

2階			
1階			

Ⅰ　PはQの真上に住んでいる
Ⅱ　Tは角部屋である
Ⅲ　Rの隣はSが住んでいる

次のうち、必ず正しいといえる推論をすべて選びなさい。

- A　Pは角部屋である
- B　Rは角部屋である
- C　Tの横は空き部屋である
- D　Rの真上はTである
- E　AからDの中に必ず正しいといえる推論はない

6 酒屋、食堂、花屋、ケーキ屋の4店が東西一列に隣り合って並んでいる。並び方について、次のことがわかっている。

Ⅰ　酒屋は端にある
Ⅱ　ケーキ屋は端ではない
Ⅲ　花屋はいちばん西ではない
Ⅳ　花屋と食堂は隣同士である

次のうち、必ず正しいといえる推論をすべて選びなさい。

- A　酒屋と食堂は隣同士である
- B　花屋とケーキ屋は隣同士である
- C　酒屋は西の端にある
- D　食堂は東の端にある
- E　AからDの中に必ず正しいといえる推論はない

答 別冊19～20ページ

7 学校から駅までの道に等間隔で商店P、Q、R、S、Tがある。5店の並び方について次のことがわかっている。

Ⅰ　学校からの距離はPの方がSより近い
Ⅱ　駅からの距離はQの方がTより遠い
Ⅲ　学校から駅に行く途中、Pの次にRがある

このとき、考えられるQの位置は、学校から近い順に何番目か。あてはまるものをすべて選びなさい。

A　1番目　B　2番目　C　3番目　D　4番目　E　5番目

8 ある町の駅、郵便局、図書館、市役所の位置関係について、次のようなことがわかっている。

Ⅰ　上の4つの建物は直線上にある
Ⅱ　駅と郵便局は500m、また駅と図書館は700m離れている
Ⅲ　図書館から見て、駅は西の方角に、市役所は東の方角にある

必ず正しいといえる推論をすべて選びなさい。

A　西から、郵便局、駅、図書館、市役所の順序で並んでいる
B　郵便局と図書館は200m離れている
C　郵便局から見て、図書館は東の方角にある
D　A、B、Cの中に必ず正しいといえる推論はない

9 下の図の通り、①から⑦まで横一列に7個並んでいるロッカーの中を調べた。最初に真ん中のロッカーを調べた。

ア　次に、4つ隣を調べた
イ　次に、1つ隣を調べた
ウ　次に、2つ右を調べた

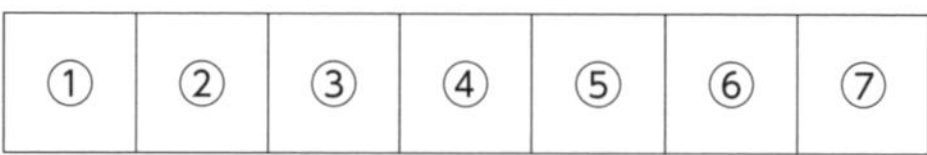

ただし、調べる順番はア、イ、ウの順番とは限らない。このとき、最後に調べる場所はどこか。あてはまるものをすべて選びなさい。

A　①　B　②　C　③　D　④　E　⑤　F　⑥　G　⑦

答 別冊20ページ

10 モグラたたきゲームをした。モグラは横一列に並んだ5つの穴から1回ずつ、計5回出てきた。1回につきどの穴でも1回たたけるが、5回たたいて同じ穴はたたかなかった。これについて次のことがわかっている。

Ⅰ　2回目と4回目だけモグラをたたけた
Ⅱ　両端の穴から出たモグラはたたけなかった
Ⅲ　1回目と2回目は隣同士の穴をたたいた
Ⅳ　4回目は3回目にたたいた穴の2つ隣の穴をたたいた

❶　4回目にたたいた可能性がある穴をすべて選びなさい。

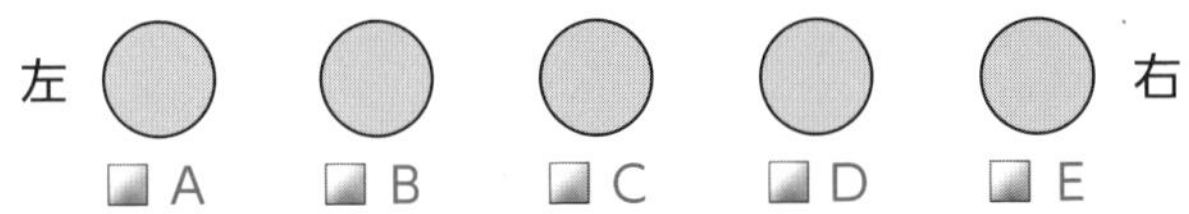

左　右

□A　□B　□C　□D　□E

❷　5回目にたたいた可能性がある穴をすべて選びなさい。

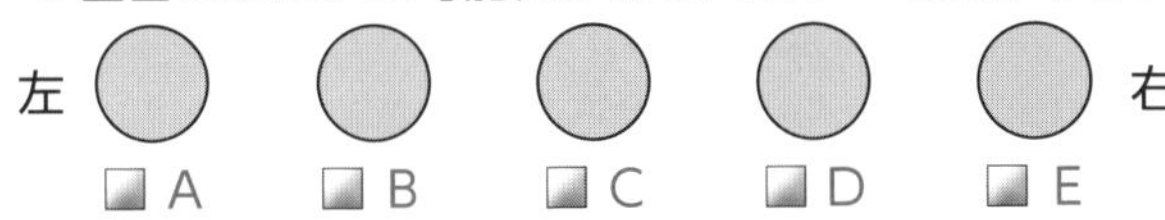

左　右

□A　□B　□C　□D　□E

11 カップ7個を横一列に並べてから、そのうちの1つにサイコロを入れ、次の手順で順番を並びかえた。

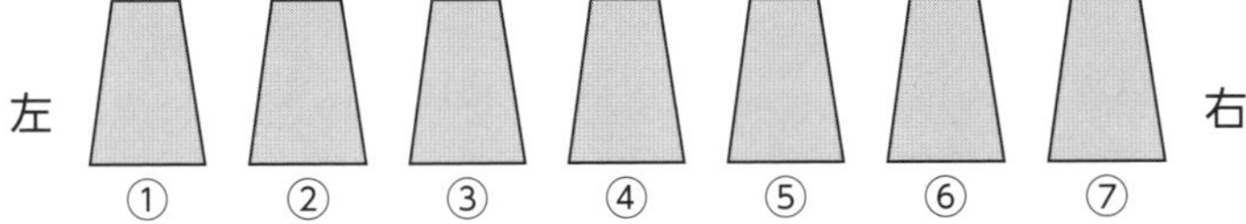

Ⅰ　真ん中を2つ隣と入れかえる
Ⅱ　次に右から2つ目を1つ隣と入れかえる
Ⅲ　次に両端を入れかえる

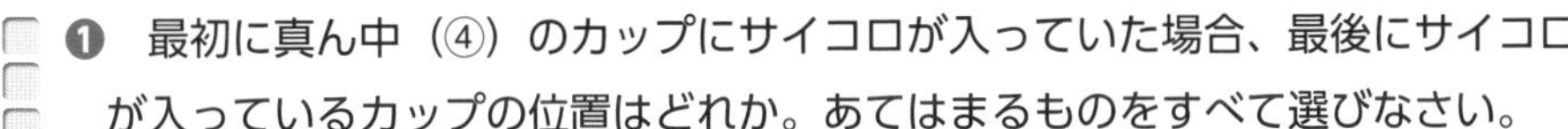
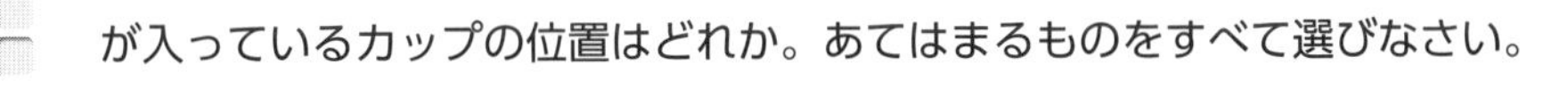

❶　最初に真ん中（④）のカップにサイコロが入っていた場合、最後にサイコロが入っているカップの位置はどれか。あてはまるものをすべて選びなさい。

□A ①　□B ②　□C ③　□D ④　□E ⑤　□F ⑥　□G ⑦

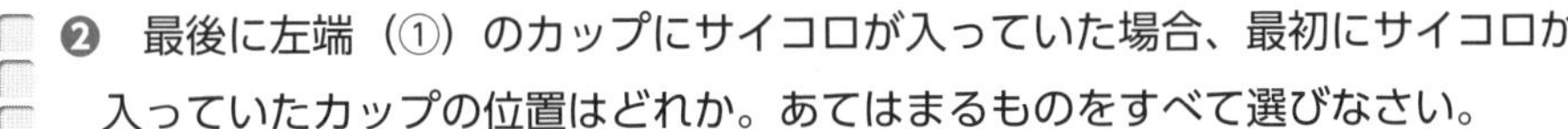

❷　最後に左端（①）のカップにサイコロが入っていた場合、最初にサイコロが入っていたカップの位置はどれか。あてはまるものをすべて選びなさい。

□A ①　□B ②　□C ③　□D ④　□E ⑤　□F ⑥　□G ⑦

答 別冊20ページ

12 P、Q、R、S、Tの５団体が、１号車から８号車までの８つの車両に乗車している。これについて、次のことがわかっている。

Ⅰ　３、４号車のみ喫煙車である
Ⅱ　喫煙車を使用している団体は２団体で、２団体はそれぞれ連続して隣り合っている２車両以上に乗車している
Ⅲ　４号車はRが乗車している
Ⅳ　７号車はQが乗車している

なお、空き車両はなく、複数の団体が同じ車両に乗車していることもない。

1号車	2号車	3号車	4号車	5号車	6号車	7号車	8号車

❶　次のうち、必ずしも誤りとはいえない推論をすべて選びなさい。

A　Qは６号車に乗車している　　B　Pは５号車に乗車している
C　Rは６号車に乗車している
D　A、B、Cの中には必ずしも誤りとはいえない推論はない

❷　最も少ない情報で５団体の乗車車両がわかるためには、ⅠからⅣのほか、A、B、Cのどれが加わればよいか。必要な情報をすべて選びなさい。

A　Tは８号車に乗車している　　B　Rは２つの車両に乗車している
C　Sは３つの車両に乗車している
D　A、B、Cのすべての情報が加わっても確定できない

13 P、Q、R、S、T、Uの６人が６人がけの椅子に横一列に座った。PとQの間には１人、SとTの間には３人が座った。

❶　SとPの間には何人いるか。あてはまるものをすべて選びなさい。

A　0人　　B　1人　　C　2人　　D　3人　　E　4人

❷　Uが端に座ったとき、逆の端に座ったのは誰か。あてはまるものをすべて選びなさい。

A　P　　B　Q　　C　R　　D　S　　E　T

答 別冊21ページ

14 青が３本、赤と黄色が２本ずつ、計７本のポールがある。これを次の条件に従って横一列に並べる。

Ⅰ　同じ色は隣り合わない

Ⅱ　黄色同士は３本以上空ける

❶　青が両端、左から１番目と７番目にあるとき、赤の位置は左から何番目か。あてはまるものをすべて選びなさい。

A　２番目　　B　３番目　　C　４番目　　D　５番目　　E　６番目

❷　黄色が左から３番目のとき、赤の位置は左から何番目か。あてはまるものをすべて選びなさい。

A　１番目　　B　２番目　　C　４番目　　D　５番目　　E　６番目　　F　７番目

15 P、Q、R、S、T、Uという同じサイズの６枚の絵画が、壁に横一列に並んでいる。隣り合う絵画の中心同士の距離は５mである。絵画の並び方について、次のことがわかっている。なお、距離とは絵画の中心同士の距離を指す。

Ⅰ　PとQの距離は５mである

Ⅱ　RとSの距離は10mである

Ⅲ　TはSより右にある

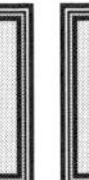

❶　PとRの距離が５mのとき、Pの位置は左から何番目か。あてはまるものをすべて選びなさい。

A　１番目　　B　２番目　　C　３番目　　D　４番目　　E　５番目　　F　６番目

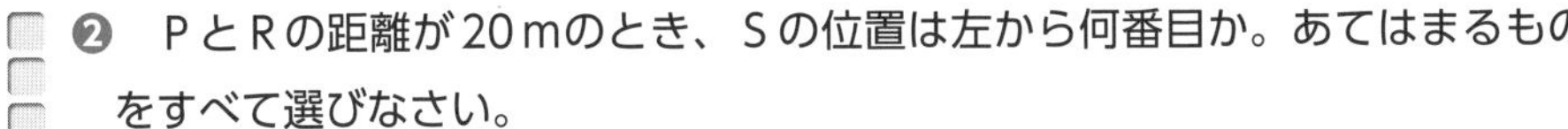

❷　PとRの距離が20mのとき、Sの位置は左から何番目か。あてはまるものをすべて選びなさい。

A　１番目　　B　２番目　　C　３番目　　D　４番目　　E　５番目　　F　６番目

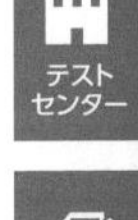

ペーパー
テスティング

05 推論【正誤】

「Pが正しければQも必ず正しい」という推論が成り立つかどうかを推理する問題。正しいとは、例外なくすべての場合に成り立つことをいう。

再現問題

回答時間▶2問2分

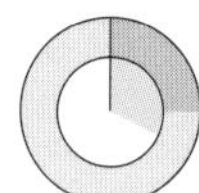

この問題は2問組です

XとYの2人について、次のような3通りの発言があった。

P　XとYは同期でZ高校を卒業した
Q　XとYは同期で高校を卒業した
R　XとYは高校を卒業した

❶　次の推論ア、イ、ウのうち、正しいものはどれか。

ア　Pが正しければQも必ず正しい
イ　Qが正しければRも必ず正しい
ウ　Rが正しければPも必ず正しい

- A　アだけ
- B　イだけ
- C　ウだけ
- D　アとイ
- E　アとウ
- F　イとウ
- G　アとイとウ
- H　正しい推論はない

❷　次の推論カ、キ、クのうち、正しいものはどれか。

カ　Pが正しければRも必ず正しい
キ　Qが正しければPも必ず正しい
ク　Rが正しければQも必ず正しい

- A　カだけ
- B　キだけ
- C　クだけ
- D　カとキ
- E　カとク
- F　キとク
- G　カとキとク
- H　正しい推論はない

回答時間

→ 解説 例外があれば、正しいとはいえない

❶ Pが正しければQも必ず正しいかどうかを例外のあるなしで検証する。

ア P XとYは同期でZ高校を卒業した → Q XとYは同期で高校を卒業した
…例外はないので、必ず正しい

イ Q XとYは同期で高校を卒業した → R XとYは高校を卒業した
…例外はないので、必ず正しい

ウ R XとYは高校を卒業した → P XとYは同期でZ高校を卒業した
…RからはXとYが同期なのか、またZ高校なのかが不明。XとYが同期でない場合、またZ高校でない場合があるので、必ず正しいとはいえない

正解 D

❷ Pが正しければRも必ず正しいかどうかを例外のあるなしで検証する。

カ P XとYは同期でZ高校を卒業した → R XとYは高校を卒業した
…例外はないので、必ず正しい

キ Q XとYは同期で高校を卒業した → P XとYは同期でZ高校を卒業した
…Z高校でない場合があるので、必ず正しいとはいえない

ク R XとYは高校を卒業した → Q XとYは同期で高校を卒業した
…XとYが同期でない場合があるので、必ず正しいとはいえない

正解 A

ポイント

P XとYが**同期でZ高校**を卒業した

Q XとYが**同期で高校**を卒業した（Z高校でない場合がある）

R XとYは**高校**を卒業した（同期でない、またZ高校でない場合がある）

Pが正しければQとRは必ず正しい。
また、Qが正しければRは必ず正しい。
Pの情報はQの情報を含んでおり、Qの情報はRの情報を含んでいる。
ベン図では右の通り。情報量が多いほど、ケースは限定されて、円が内側になっていく。

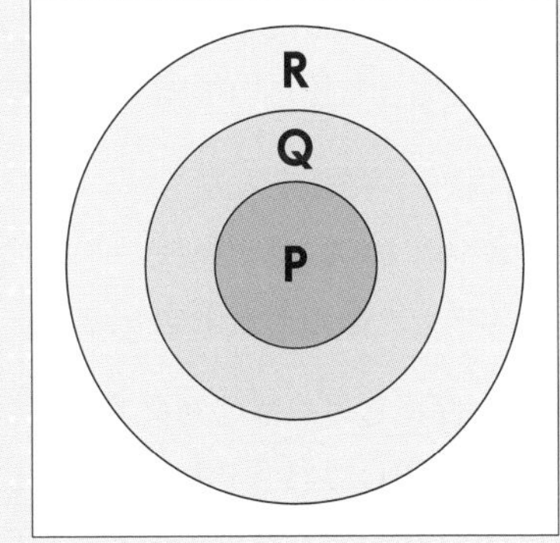

問題演習 推論【正誤】

1 国際会議について、次のような3通りの情報があった。AからCのうち正しい推論を1つ選びなさい。

X　アジアから少なくとも3人の代表が出席する

Y　中国と日本から2人ずつが出席する

Z　アジアから少なくとも2カ国が出席する

- A　Xが正しければZは必ず正しい
- B　Yが正しければXは必ず正しい
- C　Zが正しければYは必ず正しい

2 駅へ向かう道について、次のような3通りの発言があった。AからCのうち正しい推論を1つ選びなさい。

甲　右の道は駅へ続いている

乙　左の道は駅へ続く近道である

丙　右か左の道の少なくとも一方は駅へ続いている

- A　甲が正しければ乙も必ず正しい
- B　乙が正しければ丙も必ず正しい
- C　丙が正しければ甲も必ず正しい

3 P、Q、Rがいっしょに見たテレビ番組について、3通りの報告があった。AからCのうち正しい推論を1つ選びなさい。

P　スポーツ番組を見た

Q　2つ以上の番組を見た

R　スポーツ番組と歌番組を見た

- A　Pが正しければQも必ず正しい
- B　Qが正しければPも必ず正しい
- C　Rが正しければQも必ず正しい

 答 別冊22ページ

4 会議室にいたL、M、Nから、次のような3通りの発言があった。AからCのうち正しい推論を1つ選びなさい。

L　私が最初に会議室を出た
M　私が会議室を出たとき、Lはもう会議室にいなかった
N　私が会議室を出たとき、Lはまだ会議室にいた

- A　Lが正しければMは必ず正しい
- B　Mが正しければLは必ず正しい
- C　Nが正しければMは必ず正しい

5 P、Q、R、Sの4人が、それぞれ図のような土地a、b、c、dを所有している。Pの土地がQを含む2人だけの土地と接しているとき、AからCのうち正しい推論を1つ選びなさい。

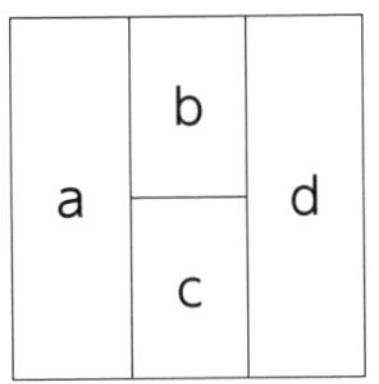

- A　図でRの土地がbであるとき、Qの土地はdである
- B　図でSの土地がQの土地の右に接しているとき、Pの土地はaである
- C　図でRとQの土地が接しているとき、PとRの土地も接している

6 ある4人きょうだいの関係について、P、Q、Rから、次のような3通りの発言があった。なお、末っ子は女性であることがわかっている。AからCのうち正しい推論を1つ選びなさい。

P　末っ子は三女ではない
Q　末っ子には兄が2人いる
R　3番目の年長者は次男

- A　Pが正しければQは必ず正しい
- B　Qが正しければRは必ず正しい
- C　Rが正しければPは必ず正しい

答 別冊22〜23ページ

7 XとYがじゃんけんを1回した。その勝敗について、次のような3通りの発言があった。

P　XがYに勝った
Q　Xがチョキを出し、Yがパーを出した
R　XもYもグーを出していない

❶ 推論ア、イ、ウのうち正しいものはどれか。AからHの中で1つ選びなさい。

ア　Pが正しければQも必ず正しい
イ　Qが正しければRも必ず正しい
ウ　Rが正しければPも必ず正しい

A アだけ　B イだけ　C ウだけ　D アとイ　E アとウ
F イとウ　G アとイとウ　H 正しい推論はない

❷ 推論カ、キ、クのうち正しいものはどれか。AからHの中で1つ選びなさい。

カ　Pが正しければRも必ず正しい
キ　Qが正しければPも必ず正しい
ク　Rが正しければQも必ず正しい

A カだけ　B キだけ　C クだけ　D カとキ　E カとク
F キとク　G カとキとク　H 正しい推論はない

8 1杯のグラスの中のワインについて、次のような情報がある。

P　白ワインが入っている
Q　大さじ1杯の赤ワインが入っている
R　少なくとも白ワインと赤ワインのどちらかが入っている

❶ 推論ア、イ、ウのうち正しいものはどれか。AからHの中で1つ選びなさい。

ア　Pが正しければQも必ず正しい
イ　Qが正しければRも必ず正しい
ウ　Rが正しければPも必ず正しい

A アだけ　B イだけ　C ウだけ　D アとイ　E アとウ
F イとウ　G アとイとウ　H 正しい推論はない

答 別冊23ページ

❷ 推論カ、キ、クのうち正しいものはどれか。AからHの中で1つ選びなさい。

カ　Pが正しければRも必ず正しい
キ　Qが正しければPも必ず正しい
ク　Rが正しければQも必ず正しい

A カだけ　B キだけ　C クだけ　D カとキ　E カとク
F キとク　G カとキとク　H 正しい推論はない

9 ある人が1～6までの目があるサイコロを2回振った。出た目について、次のような3通りの情報があった。

P　出た目の和は7だった
Q　出た目の積は10だった
R　奇数と偶数の目が1つずつ出た

❶ 推論ア、イ、ウのうち正しいものはどれか。AからHの中で1つ選びなさい。

ア　Pが正しければQも必ず正しい
イ　Qが正しければRも必ず正しい
ウ　Rが正しければPも必ず正しい

A アだけ　B イだけ　C ウだけ　D アとイ　E アとウ
F イとウ　G アとイとウ　H 正しい推論はない

❷ 推論カ、キ、クのうち正しいものはどれか。AからHの中で1つ選びなさい。

カ　Pが正しければRも必ず正しい
キ　Qが正しければPも必ず正しい
ク　Rが正しければQも必ず正しい

A カだけ　B キだけ　C クだけ　D カとキ　E カとク
F キとク　G カとキとク　H 正しい推論はない

答 別冊23ページ

06 推論【平均】

平均算を使って解く推論問題。平均は、合計÷個数（人数）で求められる。例えば、20箱にリンゴ100個が入っていたら、1箱の平均は100÷20＝5個。

再現問題　回答時間▶2問2分

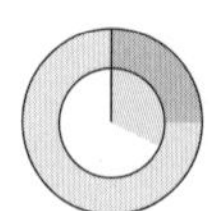

この問題は2問組です

50個のリンゴをP、Q、R、S、Tという5人に配った。配られた個数について、次のことがわかっている。

Ⅰ　同じ個数の人はいない
Ⅱ　P、Q、Rの平均は12個である
Ⅲ　PとRは11個差である
Ⅳ　QとS、QとTはそれぞれ3個差である

❶　10個配られた人はだれか。あてはまるものをすべて選びなさい。

- A　P
- B　Q
- C　R
- D　S
- E　T

❷　Rに配られた個数は多い順で何番目か。あてはまるものをすべて選びなさい。

- A　1番目
- B　2番目
- C　3番目
- D　4番目
- E　5番目

回答時間

→ 解説　平均個数×人数=合計個数

❶　Ⅱより、P、Q、Rの平均は12個なので、P、Q、Rの合計は、

P＋Q＋R＝12×3＝36個

P、Q、R、S、Tは合計50個で、P、Q、Rは合計36個なので、S、Tの合計は、

S+T＝50－36＝14個

Ⅳより、QとS、QとTはそれぞれ3個差なので、SとTは6個差または同じ個数だが、Ⅰより、同じ個数はないので**SとTは6個差**に確定。SとTは合計14個で6個差になる数なので、**4個と10個**。また、それぞれQと3個差なのでQは7個に確定。

P＋Q7＋R＝36個

P＋R＝36－Q7＝29個

Ⅲより、PとRは11個差。PとRは合計29個なので、**9個と20個**。以上より、

P＝9か20、Q＝7、R＝9か20、S＝4か10、T＝4か10

正解 DE

❷　❶より、多い順にP（またはR）、S（またはT）、R（またはP）、Q、T（またはS）。

正解 AC

ポイント

合計÷個数＝平均 … 50個を5箱に全部分けると、平均10個
合計÷平均＝個数 … 50個を平均10個で分けると、5箱に分けられる
平均×個数＝合計 … 平均10個で5箱あれば、合計は50個

「平均」の解法では特に「平均×個数＝合計」の式を使うことが多い。

【参考】SとTが合計14個で6個差のとき、合計14から差6を引いて2で割ると、少ない方の数が求められる。

(14－6)÷2＝4

また、合計14に差6を足して2で割れば多い方が求められる。

(14＋6)÷2＝10

S+T＝14、S＝T±6なので、SにT±6を代入すれば、

T±6+T＝14 → 2T＝14±6 → T＝7±3 → T＝4または10

問題演習 推論【平均】

1 ある図書館で、先週日曜日の利用状況について調べたところ、次のことがわかった。この日、図書館に入館したが本を借りなかった人は何人か。

Ⅰ　入館した人数は300人だった

Ⅱ　貸し出された本は全部で420冊だった

Ⅲ　本を借りた人は、1人あたり平均3冊を借りていた

- A 70人
- B 90人
- C 100人
- D 140人
- E 160人
- F 200人

2 今までのPの漢字テストの平均点は88点だが、次の漢字テストで100点を取ると、平均点は90点になる。Pが今までに受けた漢字テストの回数は何回か。

- A 2回
- B 3回
- C 4回
- D 5回
- E 6回
- F 7回

3 PとQがバスケットボールのフリースローを10投ずつ、3回行った。成功は1点、失敗は0点で計算したところ、次の結果になった。

	1回目	2回目	3回目
P	6点	不明	8点
Q	3点	2点	不明

必ず正しいといえる推論をすべて選びなさい。

- A Pは3回の点数の平均でQに負けない
- B Pの3回の点数の平均が7点のとき、Qに3回合計で6点以上の差をつけて勝つ
- C Qが3回目で1投でも失敗すれば、3回の点数の平均でPに勝てない

 答 別冊24ページ

4 P、Q、R、Sの4人が50点満点のテストを受けた。その結果、次のことがわかっている。

Ⅰ　4人の平均点は40点だった
Ⅱ　PとQの平均点は35点だった
Ⅲ　RはSより6点低い点数だった

必ず正しいといえる推論をすべて選びなさい。

- A　Rの得点は42点である
- B　RとSの平均点は45点である
- C　Sは1番高い点数である

5 ある会社で社員を対象に貯蓄額の調査をしたところ、表のような結果になった。ただし、男性の人数は本社より支社の方が少なく、女性の人数は本社より支社の方が多いものとする。本社の貯蓄額についての推論アとイの正誤について、正しいものをAからIの中で1つ選びなさい。

〈平均貯蓄額〉　(単位：10万円)

	全社	本社	支社
男性	90	□	80
女性	80	□	70

ア　本社の男性の平均貯蓄額は1000万円より少ない
イ　本社全体の平均貯蓄額は900万円以上、1000万円以下である

- A　アもイも正しい
- B　アは正しいがイはどちらともいえない
- C　アは正しいがイは誤り
- D　アはどちらともいえないがイは正しい
- E　アもイもどちらともいえない
- F　アはどちらともいえないがイは誤り
- G　アは誤りだがイは正しい
- H　アは誤りだがイはどちらともいえない
- I　アもイも誤り

答 別冊24～25ページ

6 P、Q、Rという3店のカラオケの30分あたりの料金について、次のことがわかっている。

Ⅰ　3店の平日料金の平均は200円である
Ⅱ　P、Qの2店の平日料金の平均は190円である
Ⅲ　P、Q、Rの3店とも平日より土日の方が料金が高く、3店の土日の料金の平均は250円である

必ず正しいといえる推論をすべて選びなさい。

- A 平日のRの料金は220円である
- B QとR、2店の平日料金の平均が230円であったとすると、Pの平日料金は150円である
- C 3店のうち、平日より日曜日の料金が150円以上高い店はない

7 P店、Q店、R店、S店の1日の売上について、次のようなことがわかった。

Ⅰ　4店の売上平均額は20万円だった
Ⅱ　P店とQ店の売上平均額は18万円だった
Ⅲ　S店の売上額はR店よりも4万円多かった

❶　必ず正しいといえる推論はどれか。AからHの中で1つ選びなさい。

ア　S店の売上額は、4店のうちで最高である
イ　R店の売上額は、4店のうちで最低ではない
ウ　S店の売上額は、P店に比べて6万円高い

- A アだけ　　B イだけ　　C ウだけ
- D アとイ　　E アとウ　　F イとウ
- G アとイとウ
- H 正しいといえる推論はない

 答 別冊25ページ

❷　最も少ない情報で4店それぞれの売上額を確定するには、Ⅰ～Ⅲのほか、次のカ、キ、クのうちどれが加わればよいか。AからHの中で1つ選びなさい。

カ　4店のうち2店は同じ売上額である
キ　P店の売上額は、4店のうちで最低である
ク　P店かQ店の売上額は、R店の7割である

- A カだけ　　B キだけ　　C クだけ
- D カとキ　　E カとク　　F キとク
- G カとキとク
- H カ、キ、クのすべてがわかっても確定できない

8 P、Q、R、S、Tという5店舗に、1点から5点までの5段階で点数がつけられた。各店の点数について、次のことがわかっている。

Ⅰ　Sと同じ点数の店舗が2店舗ある
Ⅱ　5店舗の平均点は3.6点である

❶　P、Q、Rの平均が4点のとき、Tの点数として考えられるのは何点か。あてはまるものをすべて選びなさい。

A 1点　B 2点　C 3点　D 4点　E 5点

❷　1店舗だけが1点だったとき、Sの点数として考えられるのは何点か。あてはまるものをすべて選びなさい。

A 1点　B 2点　C 3点　D 4点　E 5点

答 別冊25～26ページ

9 P、Q、R、Sの４人が国語と英語のテストをした。各テストは100点満点で、４人のうちで同点の者はいなかった。また、４人の国語の得点について次のことがわかっている。

Ⅰ　Sの得点はQよりも低い
Ⅱ　Pの得点は、RとSの平均に等しい
Ⅲ　Rの得点はQよりも低い

❶　国語の得点についての次の推論のうち、必ず正しいといえるものをすべて選びなさい。

- A　Sの得点はPよりも低い
- B　Pの得点はQよりも低い
- C　Pは3番目に高い得点である

❷　Ⅰ～Ⅲのほか、次のことがわかった。

Ⅳ　英語はSの得点が最も低く、Qが２番目に低い
Ⅴ　国語と英語の平均点は、Pが最も低い

このとき、Rの国語と英語の順位を答えなさい。

- A　国語２位、英語１位
- B　国語２位、英語２位
- C　国語３位、英語１位
- D　国語３位、英語２位
- E　国語４位、英語１位
- F　国語４位、英語２位

答 別冊26ページ

10 1問1点、1科目5点満点で、物理、化学、生物の3科目のテストを行ったところ、次の表のような結果になった。

科目(人)＼得点	0点	1点	2点	3点	4点	5点	平均（点）
物理（20）	0人	3人	1人	5人	7人	4人	3.4
化学（16）	3人	0人	5人	4人	2人	2人	2.5
生物（15）	1人	1人	5人	4人	1人	3人	2.8

❶ 物理と化学、2科目での平均点はいくつか（必要なときは最後に小数点以下第三位を四捨五入すること）。

A 2.85　B 2.95　C 3.00　D AからCのいずれでもない

❷ 生物の平均点が3点台になるように、生物を受けた15人に同じ点数を上乗せしたが、最高点が6点になってしまった。そこで、最高点が5点になるよう、上乗せした後の点数にさらに数値xを掛けて補正を行った。補正後の平均点はいくつになったか（必要なときは最後に小数点以下第三位を四捨五入すること）。

A 3.08　B 3.17　C 3.80　D AからCのいずれでもない

11 P、Q、R、S、Tの5冊の本を本棚に横一列に並べた。Pは600円、QとRは各800円、SとTは各1000円である。

❶ 左から1番目と3番目の本の値段の和が1600円、3番目と5番目の差が400円であった。このとき、Qの位置として考えられる位置は左から何番目か。あてはまる位置をすべて選びなさい。

A 1番目　B 2番目　C 3番目　D 4番目　E 5番目

❷ 左から3番目以外の本の値段の平均が850円、2番目と4番目の平均が800円であった。このとき、Rの位置として考えられる位置は左から何番目か。あてはまる位置をすべて選びなさい。

A 1番目　B 2番目　C 3番目　D 4番目　E 5番目

ペーパー
テスティング

答 別冊26ページ

07 推論【勝敗】

勝ち負けや面識（会ったこと）のあるなしに関する推論問題。対戦表や面識表の作り方を覚えておこう。

再現問題　回答時間▶2問2分

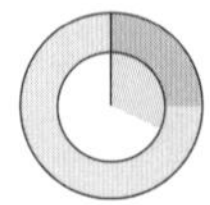

この問題は2問組です

V、W、X、Y、Zの5チームが、それぞれ他のチームと1回ずつ試合をするリーグ戦を行った。結果について、次のことがわかっている。

Ⅰ　VはWとXに勝った
Ⅱ　VとW、XとYの勝ち数は同じだった
Ⅲ　V、W、X、Yの4チームの勝ち数の合計は10勝であった
Ⅳ　引き分けはなかった

❶　Zはどのチームに勝ったか。可能性のあるものをすべて選びなさい。

- A V
- B W
- C X
- D Y
- E どのチームにも勝たなかった

❷　Yはどのチームに勝ったか。可能性のあるものをすべて選びなさい。

- A V
- B W
- C X
- D Z
- E どのチームにも勝たなかった

回答時間 

→ 解説　対戦表で解く

❶　nチームの総当たり戦【それぞれ自分のチーム以外（つまりn－1チーム）と1試合ずつ当たるリーグ戦】の試合数は、

$$_{n}C_{2} = n(n-1) \div 2 \text{ 試合}$$

V、W、X、Y、Zの5チームなので、試合数は全部で、

$$_{5}C_{2} = 5 \times (5-1) \div 2 = 10 \text{ 試合}$$

10試合なので、5チームの勝敗は合わせて10勝10敗となる。
Ⅲより、Zを除くV、W、X、Yで勝ち数の合計が10勝なので、**Zは0勝（4敗）**となる。つまり、Zはどのチームにも勝たなかった。

正解　E

❷　対戦表で考える。
Zは全敗…Zの横の行に×を4個入れる。
VはWとXとZに勝った…Vの横の行に○を3個入れる。

	V	W	X	Y	Z
V	■	○	○		○
W	×	■			○
X	×		■		○
Y				■	○
Z	×	×	×	×	■

VとWの勝ち数は同じ…VとWは3勝で○が3個
XとYの勝ち数は同じ…XとYは2勝で○が2個
表より、**YはVとZに勝った。**

	V	W	X	Y	Z
V	■	○	○	×	○
W	×	■	○	○	○
X	×	×	■	○	○
Y	○	×	×	■	○
Z	×	×	×	×	■

別解▶Ⅰより、VはWとXに勝ったので2勝。Zに勝った1勝を加えて3勝。
Ⅱより、VとW、XとYの勝ち数は同じなので、VとWが3勝、XとYが2勝で合計10勝に確定する。
VはWとXとZに勝ったので、Yに負けたことになる。従って、YはVとZに勝った。

正解　AD

ポイント

勝敗の推論は、条件を表にしていけば解けるものがほとんど。解法のポイントは、次の通り。

- リーグ戦の試合数は、n（n－1）÷2試合
- 対戦表は、横の行が自分のチームから見た勝敗になるように作る

問題演習 # 推論【勝敗】

1 8チームが総当たりで野球の試合を行った。この大会では、勝ち数が多い順に順位が決められる。同じ勝ち数のチームは同順位とする。4位のチームとして考えられる中で最も少ない勝ち数は何勝か。なお、各試合で引き分けはないものとする。

A 1勝　B 2勝　C 3勝　D 4勝　E 5勝
F AからEのいずれでもない

2 L、M、N、Oの4チームがバレーボールで総当たり戦をした。勝敗について、次のことがわかっている。なお、引き分けはないものとする。

Ⅰ　NはMに勝って1勝2敗だった
Ⅱ　LはNとOに勝って2勝1敗だった

次の推論の正誤について、必ず正しいものをすべて選びなさい。

A OはNに勝った
B 3勝したチームはない
C Mは2勝1敗だった
D 1勝2敗のチームは2チームあった

3 W、X、Y、Zの4人が、ⅠまたはⅡのトーナメント表で戦った。

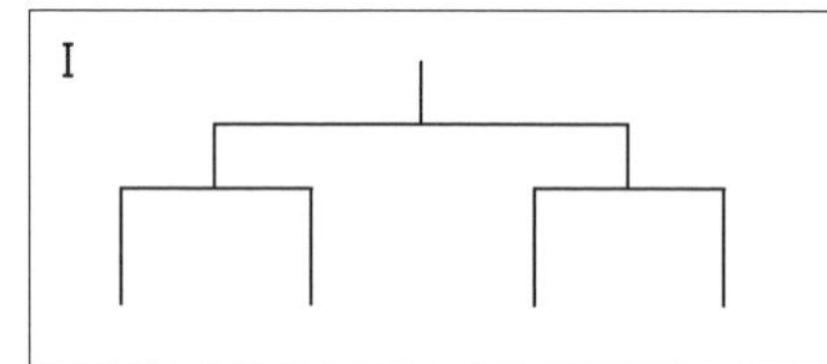

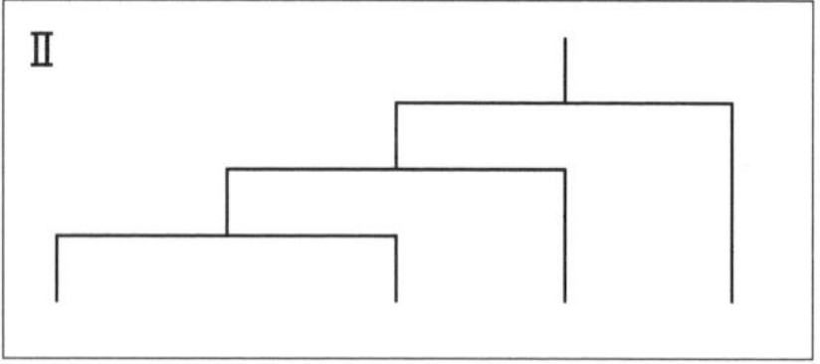

答 別冊27ページ

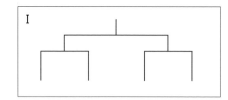

勝敗について、次のことがわかったとき、A、B、Cのうち、必ず正しいといえる推論をすべて選びなさい。

甲　XはYに勝った

乙　WはXに勝った

- A 優勝したのはWである
- B Zは一度しか戦っていない
- C トーナメント表Ⅱのとき、Wは2回戦以降に出場する

4 PとQが、それぞれ1、2、3、4、5と書かれた5枚のカードを持っている。お互いに1枚ずつカードを出し合って、数字が大きい方が勝ち、同じ数字のときは引き分けとする。カードがなくなるまで5回の勝負をする。その結果について、次のことがわかっている。

Ⅰ　Pは4勝1敗だった

Ⅱ　Qは3回目に勝った

Ⅲ　Pは1回目に5を出した

次の推論の正誤について、正しいものをAからIの中で1つ選びなさい。

ア　Pは3回目に「1」を出した

イ　Pは4回目に「4」を出した

- A アもイも正しい
- B アは正しいがイはどちらともいえない
- C アは正しいがイは誤り
- D アはどちらともいえないがイは正しい
- E アもイもどちらともいえない
- F アはどちらともいえないがイは誤り
- G アは誤りだがイは正しい
- H アは誤りだがイはどちらともいえない
- I アもイも誤り

5 P、Q、R、Sの４人について、互いが顔見知りかどうかを確認したところ、次のことがわかった。

Ⅰ　PはR以外と面識がある

Ⅱ　QとSは面識がある

❶　必ず正しいといえる推論をすべて選びなさい。

- A　Sが全員と面識があれば、RはSとだけ面識がある
- B　QがRと面識がなければ、全員と面識があるのはSのみである
- C　Rが2人と面識があれば、全員と面識がある人は２人である

❷　最も少ない情報で４人全員の面識の有無を確定するには、ⅠとⅡのほか、次のうちどれが加わればよいか。必要な情報をすべて選びなさい。

- A　誰とも面識がない人はいない
- B　3人と面識があるのは１人だけである
- C　RはQと面識がある

6 P、Q、R、S、Tの５人で柔道の総当たり戦を行った。引き分けはなく、勝ち数が多い順に順位を決める。結果について、次のことがわかっている。

Ⅰ　RはP、S、Tに勝った

Ⅱ　SはPとTに勝った

Ⅲ　全勝と全敗の人はいなかった

❶　試合数は全部で何試合か。

- A　8試合
- B　10試合
- C　20試合
- D　AからCのいずれでもない

❷　必ず正しいといえる推論をすべて選びなさい。

- A　Sが3勝１敗なら、Qは２勝２敗
- B　Tが2勝2敗なら、Pは１勝３敗
- C　Qが１勝３敗なら、Tは２勝２敗

答 別冊28ページ

❸　最も少ない情報ですべての順位を確定するには、Ⅰ～Ⅲのほか、次のうちどれが加わればよいか。必要な情報をすべて選びなさい。

A　Tは1勝3敗　B　Qは1勝3敗　C　Sは3勝1敗

7 X、Y、Zが3回じゃんけんをした。1回目、2回目はアイコで勝負がつかなかった。3回目は、X1人だけがチョキを出して勝った。なお、アイコとは、3人とも同じものを出したか、グー、チョキ、パーの3つが出た場合をいう。結果について、次のことがわかった。

Ⅰ　Yは3回とも、グー、チョキ、パーのうち違うものを出した
Ⅱ　Xの2回目は、Yの1回目と同じものを出した

2回目のじゃんけんについて、必ず正しいといえる推論をすべて選びなさい。

A　Xはグーを出した　B　Yはチョキを出した　C　Zはパーを出した

8 XとYの2人がじゃんけんの10回勝負をした。このとき、Xはグー4回、チョキ2回、パー4回を出し、Yはグー6回、チョキ2回、パー2回を出していた。1回もアイコがなかった場合、この10回勝負でXは何勝何敗だったか。

A　2勝8敗　B　3勝7敗　C　4勝6敗　D　5勝5敗
E　6勝4敗　F　7勝3敗　G　8勝2敗

9 X、Y、Zが2回じゃんけんをした。勝敗について、次のことがわかった。

Ⅰ　1回目はアイコだった
Ⅱ　2回目はXだけが勝った

なお、アイコとは、3人とも同じものを出したか、グー、チョキ、パーの3つが出た場合をいう。

❶　Xは1回目にグーを、Yは2回目にグーを出した。この場合、1回目と2回目に同じものを出した可能性のある人をすべて選びなさい。

A　X　B　Y　C　Z
D　2回とも同じものを出した人はいない

WEB
テスティング

答 別冊28～29ページ

❷　Yは1回目にチョキを、Zは2回目にパーを出した。この場合、1回目と2回目に同じものを出した可能性のある人をすべて選びなさい。

A　X　　B　Y　　C　Z
D　2回とも同じものを出した人はいない

10 PとQの2人が階段の1段目にいる。じゃんけんをして勝つと2段上がり、引き分けるとそのまま、負けると1段下がる。先に7段目以上に着いたほうが勝ちとする。 なお、1段目にいて負けたときは、降りないで1段目にとどまるものとする。

❶　じゃんけんを2回したとき、Pは何段目にいるか。あてはまるものをすべて選びなさい。

A　1段目　　B　2段目　　C　3段目　　D　4段目　　E　5段目
F　6段目　　G　7段目

❷　Pが5回目で勝ったとき、3回目終了時点でPは何段目にいるか。可能性のあるものをすべて選びなさい。

A　1段目　　B　2段目　　C　3段目　　D　4段目　　E　5段目
F　6段目　　G　7段目

11 K、L、M、Nという4つの村をつなぐ道について、次のことがわかっている。

Ⅰ　KとMを直接つなぐ道がある
Ⅱ　KとNを直接つなぐ道はない
Ⅲ　LとMを直接つなぐ道はない
Ⅳ　MとNを直接つなぐ道がある

 答 別冊29～30ページ

❶　次のうち、必ずしも誤りとはいえない推論をすべて選びなさい。

- A　KからMだけを経由してLへ行くことができる
- B　NからLだけを経由してKへ行くことができる
- C　MからKだけを経由してLへ行くことができる

❷　次のうち、少なくともどの情報が加われば、4つの村を結ぶ道の様子がすべてわかるか。必要な情報をすべて選びなさい。

- A　KからNを経由してMへ行くことはできない
- B　LとNを直接つなぐ道はない
- C　1つの村には、他の村へつながる道が最低1本はある

12 赤チームは白いカードを5枚、白チームは赤いカードを5枚持っている。互いに1枚以上のカードを相手チームに渡したうえで、次のように点数を集計するとき、以下の問いに答えなさい。

Ⅰ　赤チームが持っている赤いカードは2点、白いカードは1点とする

Ⅱ　白チームが持っている赤いカードは1点、白いカードは2点とする

❶　赤チームが3枚のカードを渡し、白チームが3枚以上のカードを渡したとき、赤チームの点数としてあてはまるものをすべて選びなさい。

A　5点　B　6点　C　7点　D　8点　E　9点
F　10点　G　11点　H　12点　I　13点

❷　どちらも相手に1枚以上渡した結果、赤チームの点数が11点になった。白チームの点数としてあてはまるものをすべて選びなさい。

A　5点　B　6点　C　7点　D　8点　E　9点
F　10点　G　11点　H　12点　I　13点

08 推論【割合・濃度】

増減率、濃度、人口密度などに関する推論問題。

再現問題　回答時間▶3問3分

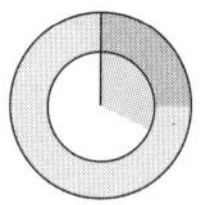

❶〜❸の推論について、正しいものをAからCの中で1つ選びなさい

❶　売上が前年に比べて毎年10%ずつ増加しているとき、売上はこの3年間で当初よりちょうど30%増加したといえる。

- A 正しい
- B どちらともいえない
- C 誤り

❷　甲、乙という2つの食塩水の濃度は、甲10%、乙20%である。甲の食塩水の重さが乙の2倍であるとき、甲に含まれる食塩の量は乙に含まれる食塩の量より多いといえる。

- A 正しい
- B どちらともいえない
- C 誤り

❸　甲、乙という2つの町の人口密度（面積1㎢あたりの人口）は、甲が240、乙が130である。甲が乙の半分の面積であるとき、乙の人口は甲の人口より多いといえる。

- A 正しい
- B どちらともいえない
- C 誤り

回答時間 

→解説　計算しやすい仮の数をあてはめる

❶　当初の売上を**100**とおく。10%の増加は、1.1（110%）を掛けて求める。

1年後…100×1.1＝110

2年後…110×1.1＝121

3年後…121×1.1＝133.1

3年間では当初より**133.1－100＝33.1%**増加したことになる。

正解　C

❷　甲の食塩水の重さが乙の2倍なので、甲の重さを**200**、乙の重さを**100**とおく。

食塩水の重さ×濃度＝食塩の重さ

甲…200×10%＝20

乙…100×20%＝20

甲に含まれる食塩の量は乙に含まれる食塩の量と等しい。

正解　C

❸　甲が乙の半分の面積なので、甲の面積を**1**、乙の面積を**2**とおく。

面積×人口密度＝人口

甲…1×240＝240

乙…2×130＝260

乙の人口は甲の人口より多い。

正解　A

解法のポイントは、次の通り。

- 1、10、100など、計算しやすい仮の数をあてはめる
- 10%の増加は1.1（110%）を掛ける
- 食塩水の重さ×濃度＝食塩の重さ
- 面積×人口密度＝人口

問題演習

推論【割合・濃度】

1 ある8市の公園の合計面積は、この5年間で20%増加している。次の推論の正誤について、必ず正しいものをすべて選びなさい。

- A 8市の公園の合計面積は、毎年4%ずつ増加している
- B 8市の中で公園の合計面積が20%以上増加している市の数と、20%未満しか増加しなかった市の数は等しい
- C 8市の公園の合計面積が5年前に10万haだったとすると、現在の公園の合計面積は12万haである

2 甲、乙、丙という3つの町の人口密度（面積1㎢あたりの人口）を表に示す。甲と乙の面積は等しく、いずれも丙の半分の大きさである。次の推論の正誤について、正しいものをAからIの中で1つ選びなさい。

	人口密度
甲	250
乙	260
丙	370

ア 甲と丙を合わせた地域の人口密度は350よりも多い
イ 乙と丙を合わせた地域の人口は甲の人口の4倍である

- A アもイも正しい
- B アは正しいがイはどちらともいえない
- C アは正しいがイは誤り
- D アはどちらともいえないがイは正しい
- E アもイもどちらともいえない
- F アはどちらともいえないがイは誤り
- G アは誤りだがイは正しい
- H アは誤りだがイはどちらともいえない
- I アもイも誤り

 答 別冊31ページ

3 物質Ｋを溶かした赤い水溶液の濃度を次の２つの式で調べた。

Ⅰ　濃度＝物質の質量÷水の質量×100

Ⅱ　濃度＝物質の質量÷(水の質量＋物質の質量)×100

❶　表は、Ⅰで調べた水溶液P、Q、Rの濃度である。なお、P、Q、Rの重さは等しいとは限らない。次の推論の正誤について、正しいものをAからIの中で1つ選びなさい。

	濃度
P	20%
Q	10%
R	10%

ア　Ⅰで調べるとき、QとRを混ぜるとPと同じ濃度になる

イ　Ⅱで調べるとき、QとRを混ぜるとPの２分の１の濃度になる

- A　アもイも正しい
- B　アは正しいがイはどちらともいえない
- C　アは正しいがイは誤り
- D　アはどちらともいえないがイは正しい
- E　アもイもどちらともいえない
- F　アはどちらともいえないがイは誤り
- G　アは誤りだがイは正しい
- H　アは誤りだがイはどちらともいえない
- I　アもイも誤り

❷　物質Ｋを一定量溶かした水溶液Ｘがある。ここに同じ量の物質Ｋを入れてＸの中のＫの量が２倍になるようにした。このとき、次の推論の正誤について、正しいものをAからIの中で１つ選びなさい。

カ　Ⅰで調べるとき、濃度は元の水溶液Ｘの２倍になる

キ　Ⅱで調べるとき、濃度は元の水溶液Ｘの２倍になる

- A　カもキも正しい
- B　カは正しいがキはどちらともいえない
- C　カは正しいがキは誤り
- D　カはどちらともいえないがキは正しい
- E　カもキもどちらともいえない
- F　カはどちらともいえないがキは誤り
- G　カは誤りだがキは正しい
- H　カは誤りだがキはどちらともいえない
- I　カもキも誤り

答 別冊31ページ

WEBテスティング

09 推論【数式】

WEBテスティングの超頻出分野。解答は数値などを入力する形式がほとんど。電卓を使うことができる（オンライン監視型テストを除く）。

再現問題 回答時間▶2問2分

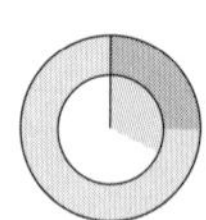

空欄にあてはまる数値を求めなさい。

❶ A、B、C、D、Eはすべて異なる整数であり、以下のことがわかっている。

ア　A＋B＋C－(D＋E)＝45
イ　A＋B＋C＝52
ウ　D－E＝1

このとき、Eは［　　］である。

回答欄

❷ P、Q、Rは正の整数であり、以下のことがわかっている。

ア　P×Q×R＝24
イ　P－Q＝4

このとき、Rは［　　］である。

回答欄

回答時間

→ 解説　方程式・候補・推測を使って解く

❶ 方程式を解いて求める。**方程式に共通する部分**を手掛かりにする。

ア　$A+B+C-(D+E)=45$

イ　$A+B+C=52$

アの$A+B+C$にイの52を代入する。

$52-(D+E)=45$

$D+E=7$

$D=7-E$

ウの$D-E=1$のDに$7-E$を代入する。

$7-E-E=1$

$2E=6$

$E=3$

正解　3

❷ **候補**を挙げて条件を満たす数字を探していく。アの $P\times Q\times R=24$が成り立つ(P、Q、R)の数字の組み合わせは以下の6つ。(順不同)

(24、1、1) (12、2、1) (8、3、1) (6、4、1) (6、2、2) (4、3、2)

イ　$P-Q=4$

アで出した候補の中で、イのように$P-Q=4$になるのは(P、Q)=(6、2)のみ。

よってPが6、Qが2、**Rが2に確定**できる。

別解▶平均値などから推測した具体的な数字をあてはめて正解を探す。

ア　$P\times Q\times R=24$

　$3\times3\times3=27$ …P、Q、Rの平均値がおよそ3になると見当をつける。

イ　$P-Q=4$ …PよりIさいQは、平均値の3より小さい数になると推測できる。

Qが1のときPは5…5は24の約数ではない(掛けて24にならない)ので**不適**。

Qが2のときPは6…$2\times6\times R=24$、$R=2$で適。

正解　2

ポイント

- 方程式を解いて求める…再現問題❶解説
- 候補を挙げて条件を満たす数字を探していく…再現問題❷解説
- 平均値などから推測した具体的な数字をあてはめて正解を探す
　…再現問題❷別解

条件を満たす正答の数字を見つけたら、他の候補は計算しないでよい。

ペーパー
テスティング

問題演習 推論【数式】

以下について、ア、イの情報のうち、どれがあれば[問い]の答えがわかるかを考え、A～Eまでの中から正しいものを1つ選び、答えなさい。

- A アだけでわかるが、イだけではわからない
- B イだけでわかるが、アだけではわからない
- C アとイの両方でわかるが、片方だけではわからない
- D アだけでも、イだけでもわかる
- E アとイの両方があってもわからない

1 X、Y、Zは1から9までの整数のいずれかで、X＞Y＞Zである。
[問い] Yはいくつか。

ア X＞8
イ Z＞6

2 X、Y、Zは1から9までの整数のいずれかで、X＞Y＞Zである。
[問い] Yはいくつか。

ア X＝Y＋4
イ Z＝Y－4

3 X、Y、Zは1から9までの整数のいずれかで、X＞Y＞Zである。
[問い] Yはいくつか。

ア X＝4Y
イ Z＝1/2Y

 答 別冊32ページ

空欄にあてはまる数値を求めなさい。

4 X、Y、Zは1から9までのいずれかの整数であり、以下のことがわかっている。

ア　X＞Y＞Z
イ　X＋Z＝4Y

このとき、Xは［　　］である。

5 2つの整数X、Yがある。XはYより7大きく、Xに10を加えた数はYの2倍に等しい。このとき、Xは［　　］である。

6 X、Y、Zは1から9までの整数のいずれかで、Xは2の倍数、Zは3の倍数である。また、以下のことがわかっている。

ア　X＋Y＝11
イ　Y＋Z＝14

このとき、Yは［　　］である。

答 別冊32ページ

10 WEBテスティング

推論【整数の計算】

WEBテスティングの超頻出分野。電卓の使用が前提で、解答は数値などを入力する形式がほとんど。

再現問題

回答時間▶1問1分

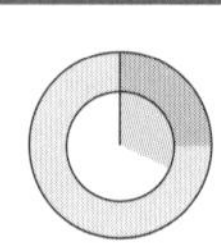

空欄にあてはまる数値を求めなさい。

6で割ると3あまり、10で割ると7あまる正の整数のうち、最も小さい数は［　　］である。

回答欄

回答時間

→解説 一方の条件に合う候補をメモする

一定の範囲内では、**6の倍数より10の倍数の方が数が少ない**という目星が付くので、**10の倍数＋7**の候補をサッとメモする。10＋7から小さい順に、

17、27、37、47…

このうち6の倍数＋3になる（6で割ると3余る）最も小さい数は、

27 ← 6×4＋3＝27

別解▶10で割ると7（10より3小さい数）、6で割ると3（6より3小さい数）あまるので、この整数に**3を足すと、10でも6でも割り切れる**ことになる。答えは、10と6の最小公倍数30から3を引いた27。

正解 27

【参考】「整数の計算」では、一定数を加減することで、両方の条件の数の公倍数になる問題が頻出する。例えば「8で割ると6あまり、11で割ると9あまる正の整数」という問題なら、「2を足すと8と11の倍数になる」と置き換えて考えることができる。

問題演習 推論【整数の計算】

空欄にあてはまる数値を求めなさい。

1 7で割ると6余り、10で割ると5余る正の整数のうち、最小の数は［　　］である。

2 1から150までの整数の中に、2の倍数だが4の倍数でない整数は［　　］個ある。

3 3つの連続する整数があり、最も小さい数を2乗したものは残りの2つの数の積より35小さい。このとき最も小さい数は［　　］である。

4 ある2けたの整数Xについて、以下のことがわかっている。

ア　Xを7で割ると1あまる
イ　Xを11で割ると1あまる

このとき、Xを15で割るとあまりは［　　］である。

5 ビルPの階数はビルQよりも10階低く、またビルQの階数の3/5である。このとき、ビルPは［　　］階建てである。

答 別冊32～33ページ

6 A、B、C、Dの4人がそれぞれ品物を持ち寄って計40品を慈善事業に寄付した。各自が寄付した品数について、以下のことがわかっている。

ア　BはAの2倍の品数でDより多く寄付した
イ　CはBの2倍の品数を寄付した

このとき、Dの寄付した品数は［　　］品である。

7 S、T、Uの3人が10以下の偶数のカードを1枚ずつ持っている。3人のカードの数について次のことがわかっている。

ア　数が大きい順にS、T、Uである
イ　Sのカードの数はTのカードの数の2倍以上である

このとき、Uのカードの数は［　　］である。

8 120円、180円、200円の3種類の菓子をそれぞれ1個以上買ったところ、合計980円で、180円の菓子の数が最も多かった。

このとき、120円の菓子の数は［　　］個である。

9 30人の子供が、リンゴとカキの入った箱の中から好きなものを2個もらった。リンゴを少なくとも1個もらった子供は22人いた。また、箱の中から減ったカキは28個だった。

このとき、リンゴとカキを1個ずつもらった子供は［　　］人である。

10 16個のリンゴをX、Y、Zの3人で分けた。X、Y、Zの順に多くもらい、XとYの個数の差はZの個数に等しい。

このとき、Xがもらったリンゴは［　　］個である。

答 別冊33ページ

11 3けたの整数3■1について、次のことがわかっている。

ア　7の倍数である
イ　9で割ると2余る

このとき、■の値は［　　］である。

12 1から9までの数字が一つずつ書かれた9枚のカードをよく切って、X、Y、Zの3人に3枚ずつ配った。カードの数について次のことがわかっている。

ア　Yのカードの数字の積は18
イ　Zのカードの数字の積は210

このとき、Xのカードの数字のうちで最も大きい数字は［　　］である。

13 100人にアンケートを行って、2つの新製品PとQの知名度を調べた。その結果、Qを知っている人はPを知っている人の3倍で、どちらも知っている人は10人、どちらも知らない人は18人だった。

このとき、Qを知っている人は［　　］人である。

14 P、Q、Rは1号室から18号室までの部屋があるアパートに住んでいる。ただし、4号室、8号室、13号室は空き部屋である。3人の部屋番号について、次のことがわかっている。

ア　3人の部屋番号の合計は41である
イ　Pの部屋番号はQの部屋番号より8大きい

このとき、Rの部屋番号は［　　］である。

答 別冊33～34ページ

以下について、ア、イの情報のうち、どれがあれば[問い]の答えがわかるかを考え、A～Eまでの中から正しいものを1つ選び、答えなさい。

- A アだけでわかるが、イだけではわからない
- B イだけでわかるが、アだけではわからない
- C アとイの両方でわかるが、片方だけではわからない
- D アだけでも、イだけでもわかる
- E アとイの両方があってもわからない

15 正方形のタイル36枚が横長の長方形の枠内に隙間なく並べて貼られている。

[問い] 縦に並んでいる枚数は何枚か。

ア　横に並んでいる枚数は6の倍数ではない
イ　縦に並んでいる枚数は3の倍数ではない

16 チョコとクッキーの詰め合わせがある。 以下のことがわかっている。

[問い] チョコは何個か。

ア　チョコの数はクッキーの数の1.5倍である
イ　チョコの数はクッキーの数より8多い。

17 20個のガムをX、Y、Zの3人ですべて分けた。

[問い] Xは何個もらったか。

ア　YはXの2.5倍、ZはXの1.5倍の数をもらった
イ　Zがもらった数はXより2個多く、Yより4個少なかった

 答 別冊34ページ

18 ある部活には男性56人、女性75人のメンバーがいる。

[問い] 合宿の参加者は男女どちらが多かったか。

ア　男性の25%が合宿に参加しなかった
イ　女性の20%が合宿に参加しなかった

19 1回の受講料が1800円の講習Xと、2500円の講習Yを合わせて10回受けた。ただし、どちらも少なくとも1回は受けたものとする。

[問い] 受講料は合計でいくらか。

ア　講習Yの受講料は10000円以上である
イ　講習Xの受講回数は講習Yの受講回数より多い

20 1から5までの数字が1つずつ書かれた5枚のカードがある。この中から4枚をPとQの2人に2枚ずつ配った。

[問い] 残った1枚のカードの数字はいくつか。

ア　Pのカードの数字の和は5である
イ　Qのカードの数字の和は6である

21 PとQがサイコロを1回ずつ振った。

[問い] Pが出した目はいくつか。

ア　Pが出した目はQが出した目の2倍だった
イ　Qが出した目は奇数だった

答 別冊34～35ページ

以下の問題について、ア、イの情報のうち、どれがあれば[問い]の答えがわかるかを考え、A～Eまでの中から正しいものを1つ選び、答えなさい。

- A アだけでわかるが、イだけではわからない
- B イだけでわかるが、アだけではわからない
- C アとイの両方でわかるが、片方だけではわからない
- D アだけでも、イだけでもわかる
- E アとイの両方があってもわからない

22 P、Q、Rの3本の木があり、平均すると1本当たり70の花が咲いた。

[問い] Pにはいくつの花が咲いたか。

ア　PとQを平均すると70の花が咲いた
イ　QとRを平均すると60の花が咲いた

23 PとQがそれぞれの貯金の半分ずつを出し合って車を購入した。

[問い] Pが出した金額は車の代金のどれだけにあたるか。

ア　Pの貯金は500万円だった
イ　Qの貯金は車の代金と等しかった

24 1鉢200円、350円、500円の花を合わせて3200円分購入した。

[問い] 全部で何鉢買ったか。

ア　200円の花は5鉢買った
イ　500円の花は3鉢買った

 答 別冊35ページ

25 X、Y、Zの3人で5匹の子犬を引き取ることになった。

[問い] Xは何匹引き取ったか。

ア　全員が少なくとも1匹は引き取った
イ　XはZよりも1匹多く引き取った

26 ある人が一昨日、昨日、今日と同じ時刻に気温を測ったところ、3日間とも30度以上で、その平均は33度だった。

[問い] 3日間の中で最も気温が高かったのはどの日か。

ア　昨日は30度だった
イ　今日は35度だった

27 面積が36㎠の長方形ＰＱＲＳがある。

[問い] この長方形の辺ＰＱの長さは何㎝か。

ア　辺ＱＲの長さは辺ＲＳの長さと等しい
イ　長方形ＰＱＲＳの周の長さは24㎝である

11 割合と比

テストセンター、ペーパーテスティング、WEBテスティングで出題される。必ずマスターしておくべき就職試験の最頻出分野。

再現問題 回答時間▶2問2分

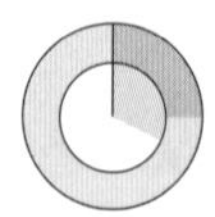

❶ 全社員の40%が30代で、その数は60人である。全社員の10%である20代の社員は何人か。

- A 10人
- B 15人
- C 24人
- D 30人
- E AからDのいずれでもない

❷ P、Q、Rの3人でリンゴを分けた。Pは全体の2/5をもらい、残りをQとRで3：1に分けた。PとRの差が60個のとき、Qは何個もらったか。

- A 72個
- B 108個
- C 124個
- D 160個
- E AからDのいずれでもない

回答時間

→ 解説　60が40%なら、全体は60÷0.4＝150

❶ **40%**（30代）が60人なので、**10%**（20代）は、60人の4分の1。

60 ÷ 4 ＝ 15人

別解①▶60人が全社員の40%にあたるので、全社員の数は、

60 ÷ 0.4 ＝ 600 ÷ 4 ＝ 150人

【参考】 または、60÷0.4＝60×10/4＝15×10＝150。

20代の社員は、全社員150人の中の10%（＝0.1）なので、

150 × 0.1 ＝ 15人

別解②▶20代の社員をx人とすると、

60人：x人＝40%：10%

x＝60 × 10 ÷ 40 ＝ 600 ÷ 40 ＝ 15人

正解　B

❷ Pが2/5なので、QとRの2人分は3/5。Q：R=3：1なので、Qは3/4、Rは1/4。

【参考】 Q：R=3：1のとき、Q+R=3+1=4。Qは4のうちの3なので3/4となる。

$$Q\cdots\frac{3}{5}\times\frac{3}{4}=\frac{9}{20}\qquad R\cdots\frac{3}{5}\times\frac{1}{4}=\frac{3}{20}$$

Pが2/5でRが3/20なので、その差は、

$$\frac{2}{5}-\frac{3}{20}=\frac{8}{20}-\frac{3}{20}=\frac{\cancel{5}^{1}}{\cancel{20}_{4}}=\frac{1}{4}$$

60個が1/4にあたるので、全部で、

$$60\div\frac{1}{4}=60\times4=240\text{個}$$

従って、Qの個数は、

$$\overset{12}{\cancel{240}}\times\frac{9}{\cancel{20}_{1}}=12\times9=108\text{個}$$

正解　B

ポイント

全体80人

男性48人　女性

0.6

- 割合＝内訳÷全体数　→　男性の割合＝48 ÷ 80 ＝ 0.6 ＝ 60%（＝6割）
- 全体数＝内訳÷割合　→　全体数＝48 ÷ 0.6 ＝ 80人
- 内訳＝全体数×割合　→　男性の人数＝80 × 0.6 ＝ 48人

問題演習 割合と比【基本】

1 1/2は5/12の何%か。

A 80%　B 83%　C 115%　D 120%
E AからDのいずれでもない

2 男性社員288人のうちの12.5%と、女性社員275人のうちの8%が静岡県出身者である。男女合わせると静岡県出身者は何人か。

A 58人　B 60人　C 68人　D 72人
E AからDのいずれでもない

3 あるスポーツクラブでは、会員全体の48.0%が平日会員で、平日会員の65.0%が女性である。このとき、男性の平日会員は会員全体の何%か（必要なときは最後に小数点以下第二位を四捨五入すること）。

A 16.8%　B 25.3%　C 31.2%　D 42.0%
E AからDのいずれでもない

4 競技場は、運動公園より40%狭く、児童公園は競技場より70%狭い。このとき、児童公園は運動公園より何%狭いか。

A 75%　B 82%　C 85%　D 88%
E AからDのいずれでもない

5 ある学校で徒歩通学でない生徒が全体の75%いる。そのうちバス通学の生徒の割合は80%で252人である。この学校の全生徒数は何人か。

A 315人　B 350人　C 385人　D 420人
E AからDのいずれでもない

6 ある仕事の30%を終了したところで、当初の仕事の50%にあたる量が追加となった。現在終了している仕事の量は、与えられた仕事全体の何%になるか。

 答 別冊36ページ

A 15%　B 20%　C 30%　D 45%
E AからDのいずれでもない

7 P店で購入している大豆40kgのうち80%は国産で、国産のうち50%が北海道産だった。追加で北海道産の大豆20kgを仕入れると、北海道産の大豆が全体に占める割合はどれだけになるか。

A 56.0%　B 60.0%　C 62.5%　D 65.0%
E AからDのいずれでもない

8 P中学では、スマートフォンを持っていない生徒が全体の2/5である。スマートフォンを持っている生徒のうち1/4は男子で、スマートフォンを持っている女子のうち2/3は中学から持ち始めた。スマートフォンを中学から持ち始めた女子は全体のどれだけか。

A 1/10　B 1/9　C 1/5　D 3/10
E AからDのいずれでもない

9 1か月あたり全体の1/3のデータを入力して3か月で終わらせる予定だったが、最初の1か月で全体の1/4の入力しか終わらなかった。2か月目終了までに予定通りの進行に復帰させるには、2か月目に全データのどれだけを入力すればよいか。

A 5/21　B 1/3　C 5/12　D 11/12
E AからDのいずれでもない

10 牛乳を同じ大きさのコップに分けたところ、コップの4/5の分量ずつ入れると15杯分になった。6/7の分量ずつ入れると何杯分になるか。

A 10杯　B 12杯　C 14杯　D 16杯
E AからDのいずれでもない

11 牛乳をP、Q、Rの3人で分けた。QはPの0.9倍の量を、RはPの0.5倍の量をもらった。このとき、Qがもらった量は全体のどれだけか。

A 1/3　B 3/8　C 4/9　D 5/6
E AからDのいずれでもない

答 別冊36ページ

12 ある本を3日間かけて読み終えた。3日目は2日目の読書量の5/6で、全体の1/3に相当した。最も読書量の多い日は何日目か。

- A 1日目　B 2日目　C 3日目

13 ある中学校では、全校生徒の70%がP小学校出身で、その数は350人である。このとき、全校生徒の25%であるQ小学校出身者は何人か。

- A 80人　B 95人　C 110人　D 125人
- E AからDのいずれでもない

14 2つの正の整数XとYがあり、Xの1/3はYの1/5である。XがYより28小さいとき、Yはいくつか。

- A 42　B 51　C 67　D 70　E AからDのいずれでもない

15 X、Y、Zという3個の時計の値段の合計は15000円である。Yの値段はXの0.6倍、Zの値段はXの0.9倍であるとき、Yの値段はいくらか。

- A 3600円　B 5800円　C 6200円　D 13500円
- E AからDのいずれでもない

16 ある植物園で3連休の客数を調査したところ、1日目は2日目の客数の0.9倍で、3日間合計の27%に相当した。3日目の客数は、3日間合計の何%になるか（必要なときは最後に小数点以下第一位を四捨五入すること）。

- A 21%　B 30%　C 43%　D 45%
- E AからDのいずれでもない

17 野球の試合を8試合したところ、勝率は75%だった。次の7試合中3試合だけに勝つと、15試合で勝率は何%になるか。

- A 15%　B 30%　C 45%　D 60%
- E AからDのいずれでもない

 ㊎別冊37ページ

18 映画と美術館のチケットが6枚ずつ、遊園地のチケットが12枚ある。これをX、Y、Zの3人で分けた。3人がもらったチケットの枚数について以下のことがわかっている。

Ⅰ　美術館のチケットはYだけがもらった
Ⅱ　Zは映画のチケットを、Yは遊園地のチケットをもらわなかった
Ⅲ　Xがもらったチケットの枚数は、映画はYの2倍、遊園地はZの1/3だった

このとき、Xがもらったチケットは合計で何枚か。

A 4枚　B 5枚　C 6枚　D 7枚
E AからDのいずれでもない

19 X中学校の生徒数は、Y中学校の6割である。また、Y中学校の生徒数からZ中学校の生徒数を引いた人数は、X中学校の2割5分にあたる。このとき、X中学校の生徒数は、Z中学校の生徒数の何倍か。

A 10/21倍　B 5/9倍　C 7/11倍　D 12/17倍
E AからDのいずれでもない

20 P店では商品Xと商品Yが合計180個売れて、そのうちの80%がXだった。Q店では商品Xと商品Yが合計300個売れて、そのうちの50%がXだった。Xの売上個数は、2つの店を合計すると何個になるか。

A 242個　B 294個　C 300個　D 308個
E AからDのいずれでもない

21 あるデータの入力を数日に分けて行う。初日に全体の1/12を入力し、数日かけて全体の1/2まで入力が終わった。残り1/2を7日に均等に分けて行うときの1日分の仕事量は、初日の何倍になるか。

A 13/14倍　B 6/7倍　C 3/7倍　D 1/14倍
E AからDのいずれでもない

答 別冊37ページ

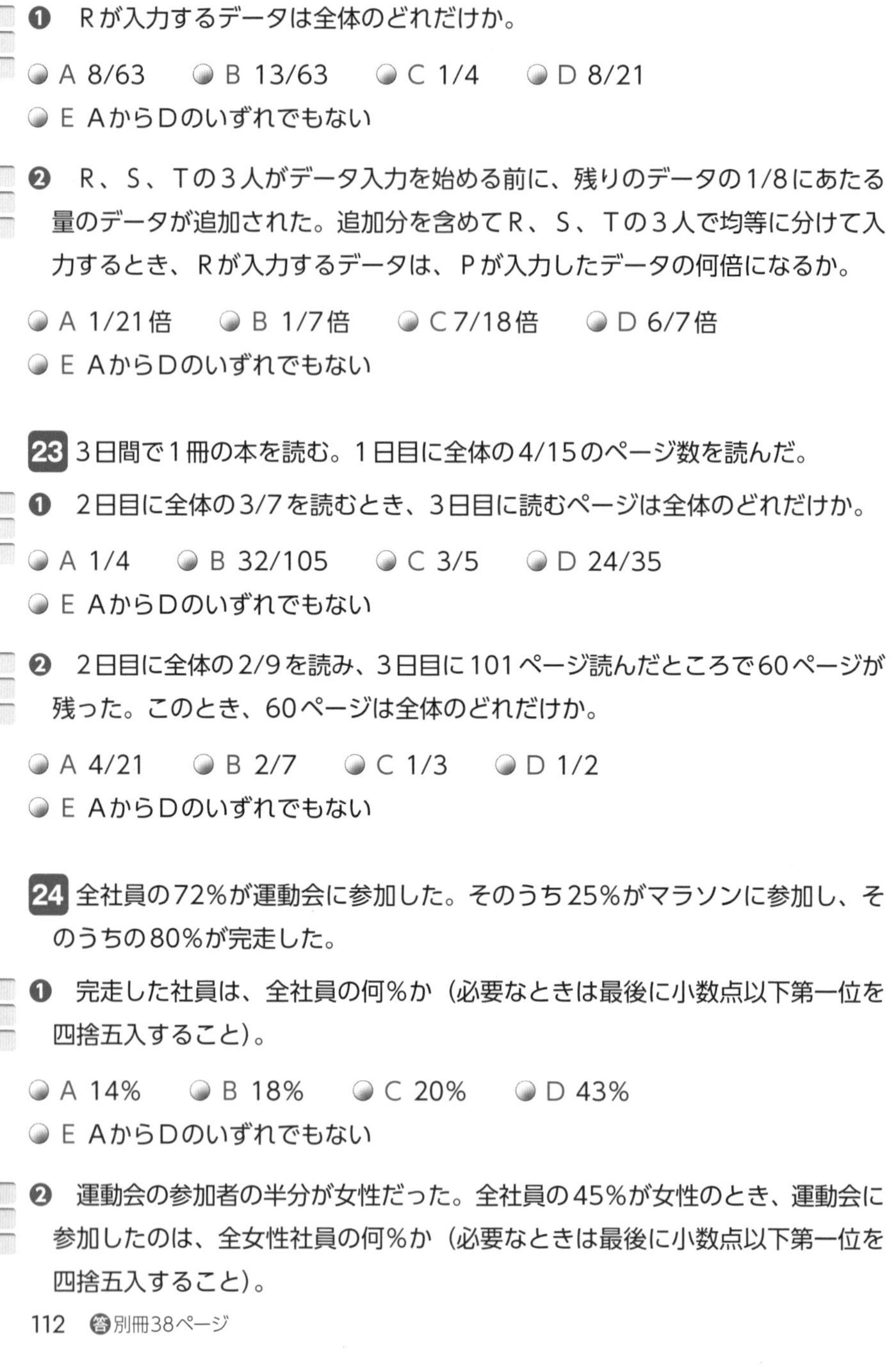

22 P、Q、R、S、Tの5人でデータ入力を行う。Pは全体の1/6、Qは19/42のデータを入力した。残りをR、S、Tの3人で均等に分けて入力したい。

❶ Rが入力するデータは全体のどれだけか。

A 8/63　B 13/63　C 1/4　D 8/21
E AからDのいずれでもない

❷ R、S、Tの3人がデータ入力を始める前に、残りのデータの1/8にあたる量のデータが追加された。追加分を含めてR、S、Tの3人で均等に分けて入力するとき、Rが入力するデータは、Pが入力したデータの何倍になるか。

A 1/21倍　B 1/7倍　C 7/18倍　D 6/7倍
E AからDのいずれでもない

23 3日間で1冊の本を読む。1日目に全体の4/15のページ数を読んだ。

❶ 2日目に全体の3/7を読むとき、3日目に読むページは全体のどれだけか。

A 1/4　B 32/105　C 3/5　D 24/35
E AからDのいずれでもない

❷ 2日目に全体の2/9を読み、3日目に101ページ読んだところで60ページが残った。このとき、60ページは全体のどれだけか。

A 4/21　B 2/7　C 1/3　D 1/2
E AからDのいずれでもない

24 全社員の72%が運動会に参加した。そのうち25%がマラソンに参加し、そのうちの80%が完走した。

❶ 完走した社員は、全社員の何%か（必要なときは最後に小数点以下第一位を四捨五入すること）。

A 14%　B 18%　C 20%　D 43%
E AからDのいずれでもない

❷ 運動会の参加者の半分が女性だった。全社員の45%が女性のとき、運動会に参加したのは、全女性社員の何%か（必要なときは最後に小数点以下第一位を四捨五入すること）。

答 別冊38ページ

A 36%　B 40%　C 66%　D 80%
E AからDのいずれでもない

25 ある会社の総従業員数は500人で、そのうちの3/4は正社員である。

❶ 非正社員のうち1/5が派遣社員である。派遣社員は何人か。

A 25人　B 50人　C 68人　D 75人
E AからDのいずれでもない

❷ 新規雇用によって、正社員だけを今より50人増やした場合、正社員数は総従業員数のどれだけになるか。

A 15/22　B 7/10　C 17/22　D 17/20
E AからDのいずれでもない

26 ある会社の今年の従業員数は、昨年より30%減って630人になった。

❶ 昨年の従業員数は何人か。

A 490人　B 802人　C 850人　D 900人
E AからDのいずれでもない

❷ 男女別では、女性が昨年より40%減り、男性が昨年より20%減った。今年の女性従業員は何人か。

A 250人　B 260人　C 270人　D 430人
E AからDのいずれでもない

27 ある高校の今年の入学者数は309人で、昨年より9人増加した。また、昨年の入学者に比べると、男子は3%減り、女子は15%増えた。

❶ 昨年の男子の入学者数は何人か。

A 164人　B 180人　C 200人　D 262人
E AからDのいずれでもない

❷ 今年の女子の入学者数は何人か。

A 115人　B 160人　C 220人　D 268人
E AからDのいずれでもない

答 別冊38ページ

問題演習

割合と比【応用】

1 ある施設で4月から入場料金を25%アップしたところ、4月の入場者数が昨年に比べて18%減った。4月の入場料金の売上額は、昨年に比べて何%増加したか（必要なときは最後に小数点以下第二位を四捨五入すること）。

A 1.0%　B 1.5%　C 2.0%　D 2.5%
E AからDのいずれでもない

2 ある会社では、社員に占める既婚者の割合が30%だったが、未婚者5人が入社したため既婚者の割合が24%になった。この会社の現在の社員は何人か。

A 5人　B 20人　C 24人　D 25人
E AからDのいずれでもない

3 サークルPの男性部員の割合は20%だったが、女性部員が15人やめたため、男性部員の割合が24%に増えた。現在のサークルPの部員数は何人か。

A 25人　B 50人　C 75人　D 100人
E AからDのいずれでもない

4 ある会社では、従業員のうち80%が男性だった。今年、新規採用で男性を38人、女性を22人増やしたところ、従業員のうちの男性の割合が75%になった。今年の従業員数は何人になったか。

A 80人　B 140人　C 150人　D 200人
E AからDのいずれでもない

5 ある水族館では、先週の土日の合計来場者が800人だった。今週の土曜日は先週の土曜日の10%減だったが、今週の日曜日は先週の日曜日の30%増となり、土日の合計では8%増となった。今週の日曜日の来場者は何人か。

A 144人　B 360人　C 420人　D 468人
E AからDのいずれでもない

 答 別冊39ページ

6 今年、P市で登録されている飼い犬の数は、昨年より10%増えて770匹となった。小型犬は昨年より50%増えて、小型犬以外は昨年の4/5に減った。今年、P市で登録されている小型犬は何匹か。

A 280匹　B 300匹　C 350匹　D 450匹
E AからDのいずれでもない

7 あるコンサートで今年度からチケット代金を20%下げることにした。今年度のチケット売上枚数が前年度より何%増えれば、前年度と同じチケットの売上額を維持できるか。

A 20%　B 25%　C 50%　D 125%
E AからDのいずれでもない

8 姉の貯金額と弟の貯金額の比は3：1だったが、姉が弟に6000円をあげたところ、姉の貯金額と弟の貯金額の比は3：2になった。もともと弟の貯金はいくらだったか。

A 9000円　B 10000円　C 12000円　D 15000円
E AからDのいずれでもない

9 甲店では全売上額の12%を商品Pが占めている。乙店では全売上額の32%を商品Pが占めている。また、2店の売上額の比は、甲：乙＝1：3である。商品Pの売上額は2店の合計売上額の何%になるか。

A 15%　B 21%　C 26%　D 27%
E AからDのいずれでもない

10 P社は男性社員の割合が60%、Q社は男性社員の割合が40%である。PとQの社員を合算すると、男性社員の割合が54%になるとき、Pの人数はQの人数の何倍か（必要なときは最後に小数点以下第二位を四捨五入すること）。

A 0.4倍　B 1.7倍　C 2.1倍　D 2.3倍
E AからDのいずれでもない

テストセンター

ペーパーテスティング

WEBテスティング

答 別冊39〜40ページ

11 P社の女性の割合は54%だったが、P社の2倍の社員数のQ社と合併したところ、合併後の会社では女性の割合が42%になった。Q社の女性の割合は何%だったか（必要なときは最後に小数点以下第一位を四捨五入すること）。

- A 24%　　B 30%　　C 36%　　D 40%
- E AからDのいずれでもない

12 劇団Pは、Pの2倍の人数の劇団Qと合併して劇団Rとなった。劇団Pのときに30%だった男性割合は、劇団Rになって28%に減った。さらに、6人の男性が劇団をやめたため、男性割合が25%に減った。合併前のPの人数は何人だったか。

- A 40人　　B 49人　　C 50人　　D 80人
- E AからDのいずれでもない

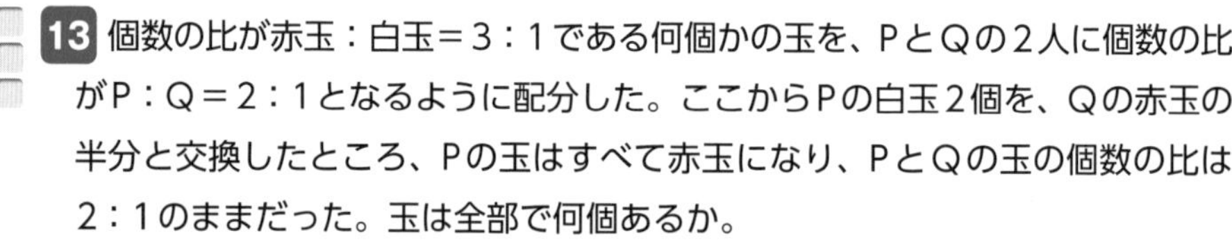

13 個数の比が赤玉：白玉＝3：1である何個かの玉を、PとQの2人に個数の比がP：Q＝2：1となるように配分した。ここからPの白玉2個を、Qの赤玉の半分と交換したところ、Pの玉はすべて赤玉になり、PとQの玉の個数の比は2：1のままだった。玉は全部で何個あるか。

- A 12個　　B 20個　　C 22個　　D 24個
- E AからDのいずれでもない

14 乗車定員が1両200人のX型車両が5両つながった電車Qに、乗車定員が1両250人のY型車両が6両つながった電車Rが連結されて、新たに電車Sとなった。電車Qの乗車率が120%、電車Rの乗車率が60%だったとき、電車Sの乗車率は何%か。なお、乗車率とは乗車定員に対する乗車人数の割合である。

- A 78%　　B 84%　　C 90%　　D 96%
- E AからDのいずれでもない

 答 別冊40～41ページ

15 3つのサークルX、Y、Zがある。

❶　Xは男性50人、女性35人であったが、ここに新加入の20人が加わったため、女性の割合が40%になった。新加入者のうちの何%が女性だったか。

A 35%　B 40%　C 55%　D 60%
E AからDのいずれでもない

❷　Yの男性の割合は64%、Zの男性の割合は50%である。YとZの全員を合計すると140人で、男性の割合は60%になった。Yの男性は何人か。

A 20人　B 32人　C 40人　D 64人
E AからDのいずれでもない

16 ある映画館では、金曜日に380人分、土曜日に600人分のチケットが売れた。この2日間はチケット購入日に限り、チケット1枚でX、Y、Zのいずれかの映画を1回観ることができる。

❶　映画Xを観た人は、金曜日が40%、土曜日が32%だった。2日間合計で、Xを観た人は何%いたか（必要なときは最後に小数点以下第一位を四捨五入すること）。

A 12%　B 20%　C 35%　D 38%
E AからDのいずれでもない

❷　金曜日のチケット購入者のうち、女性は75%、2日間合計のチケット購入者のうち女性は60%だった。土曜日のチケット購入者のうち、女性は何%いたか（必要なときは最後に小数点以下第一位を四捨五入すること）。

A 25%　B 51%　C 53%　D 55%
E AからDのいずれでもない

答 別冊41ページ

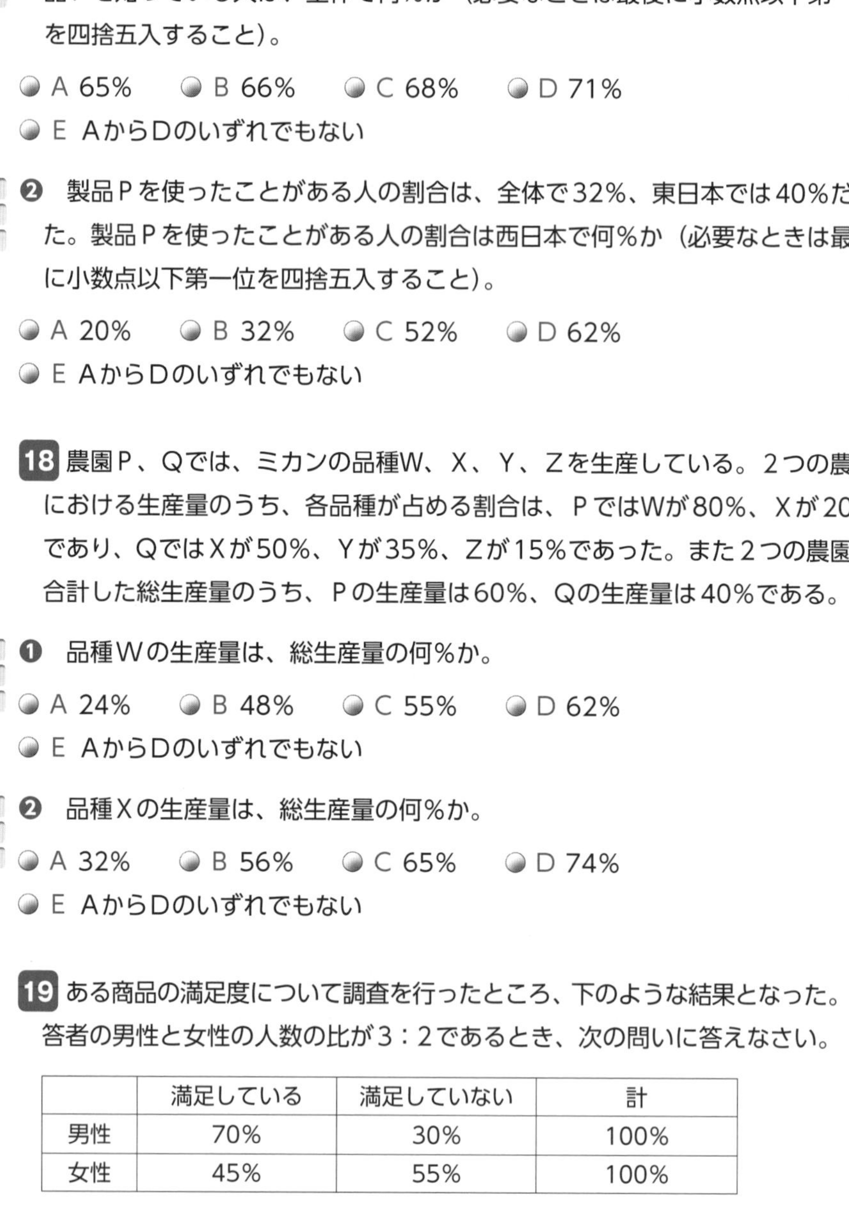

17 製品Pに関するアンケート調査を行ったところ、東日本で450人、西日本で300人から回答を得た。

❶ 製品Pを知っている人の割合は、東日本で80%、西日本で50%だった。製品Pを知っている人は、全体で何%か（必要なときは最後に小数点以下第一位を四捨五入すること）。

A 65%　B 66%　C 68%　D 71%
E AからDのいずれでもない

❷ 製品Pを使ったことがある人の割合は、全体で32%、東日本では40%だった。製品Pを使ったことがある人の割合は西日本で何%か（必要なときは最後に小数点以下第一位を四捨五入すること）。

A 20%　B 32%　C 52%　D 62%
E AからDのいずれでもない

18 農園P、Qでは、ミカンの品種W、X、Y、Zを生産している。2つの農園における生産量のうち、各品種が占める割合は、PではWが80%、Xが20%であり、QではXが50%、Yが35%、Zが15%であった。また2つの農園を合計した総生産量のうち、Pの生産量は60%、Qの生産量は40%である。

❶ 品種Wの生産量は、総生産量の何%か。

A 24%　B 48%　C 55%　D 62%
E AからDのいずれでもない

❷ 品種Xの生産量は、総生産量の何%か。

A 32%　B 56%　C 65%　D 74%
E AからDのいずれでもない

19 ある商品の満足度について調査を行ったところ、下のような結果となった。回答者の男性と女性の人数の比が3：2であるとき、次の問いに答えなさい。

	満足している	満足していない	計
男性	70%	30%	100%
女性	45%	55%	100%

答 別冊41～42ページ

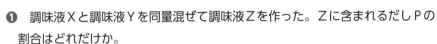

❶ 満足していると回答した男性の人数は全体の何％か。

A 35%　B 42%　C 45%　D 52%
E AからDのいずれでもない

❷ 満足していないと回答した男性が27人のとき、満足していると回答した女性は何人か。

A 27人　B 32人　C 48人　D 55人
E AからDのいずれでもない

20 だしPと醤油Qを3：1で混ぜた調味液Xと、2：3で混ぜた調味液Yがある。

❶ 調味液Xと調味液Yを同量混ぜて調味液Zを作った。Zに含まれるだしPの割合はどれだけか。

A 1/15　B 3/8　C 11/20　D 23/40
E AからDのいずれでもない

❷ 調味液Zを5つの容器に分けるために5等分しようとした。しかし容器が1つ足りなかったので、Zを4等分したところ、1つの容器に入れる量が50cc多くなった。調味液Zは全部で何ccあったか。

A 850cc　B 1000cc　C 1250cc　D 1500cc
E AからDのいずれでもない

21 ある英文中に含まれる単語の数とアルファベットの数を調べたところ、アルファベットのtが156字、eが165字含まれていた。

❶ tを含む単語のうち、30%にはtが2字含まれており、残りの単語にはtが1字しか含まれていなかった。tを含む単語の数はいくつあるか。

A 108　B 112　C 120　D 125
E AからDのいずれでもない

❷ eを含む単語のうち4%の単語にはeが3字、24%の単語にはeが2字だけ含まれており、残りの単語にはeが1字しか含まれていなかった。eを含む単語の数はいくつあるか。

A 108　B 112　C 120　D 125
E AからDのいずれでもない

答 別冊42ページ

12 仕事算

仕事の全体量を1として、各人の仕事の分担量や仕事にかかった日数などを分数計算で求める問題。

再現問題　回答時間▶3問3分

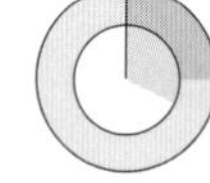

この問題は3問組です

P1人では15日間、Q1人では20日間かかる仕事がある。

❶　この仕事をPとQの2人で行うと、仕事を開始した日から何日目に終わるか。

- A　8日目
- B　9日目
- C　10日目
- D　11日目
- E　AからDのいずれでもない

❷　この仕事をPとQの2人で6日間行い、残りをP1人で行った。仕事を開始した日から何日目に終わったか。

- A　9日目
- B　10日目
- C　11日目
- D　12日目
- E　AからDのいずれでもない

❸　この仕事をPとQの2人で始めたが、途中でQが休んだため、終わるまでにちょうど9日間かかった。Qが休んだのは何日間か。

- A　1日間
- B　2日間
- C　3日間
- D　4日間
- E　AからDのいずれでもない

回答時間

→ 解説　全体量１を１日の仕事量で割れば日数

❶　仕事の全体量を１とする。

P１人では15日間かかるので、Pの１日の仕事量は1/15。

Q１人では20日間かかるので、Qの１日の仕事量は1/20。

２人で行う１日の仕事量は、

$$\frac{1}{15}+\frac{1}{20}=\frac{4+3}{60}=\frac{7}{60}$$

２人で行って、仕事の全体量１が終わるまでにかかる日数は、

$$1\div\frac{7}{60}=1\times\frac{60}{7}=8\frac{4}{7}$$

従って、９日目に終わる。

正解　B

❷　２人で６日間行った仕事量は、

$$\frac{7}{60}\times 6=\frac{7}{10}$$

残りの**1 －7/10=3/10**をP１人が行う日数は、

$$\frac{3}{10}\div\frac{1}{15}=\frac{3}{\cancel{10}_{2}}\times\frac{\cancel{15}^{3}}{1}=\frac{9}{2}=4\frac{1}{2}$$

ここにPとQの２人で行った６日間を加えて、11日目に終わった。

正解　C

❸　Pは最初から終わりまで９日間働いたので、Pが行った仕事量は、

$$\frac{1}{\cancel{15}_{5}}\times\cancel{9}^{3}=\frac{3}{5}$$

残りの１－3/5＝2/5がQの仕事量なので、Qが働いた日数は、

$$\frac{2}{5}\div\frac{1}{20}=\frac{2}{\cancel{5}_{1}}\times\cancel{20}^{4}=8$$

Qは９日のうち８日働いたので、Qが休んだのは１日間。

正解　A

ポイント

仕事の全体量を１とする。【例】Pが５日間かかる仕事がある

- １日の仕事量＝１÷仕事にかかる日数
  【例】Pの１日の仕事量＝１÷５=1/5
- 仕事にかかる日数＝１÷１日の仕事量
  【例】Pが仕事にかかる日数＝１÷1/5=5日間

問題演習 仕事算

1 Pが1人でやると3日、Qが1人でやると5日かかる仕事がある。この仕事を2人でやると、すべての仕事が終わるのは始めてから何日目になるか。

A 1日目　B 2日目　C 3日目　D 4日目
E AからDのいずれでもない

2 S1人だと4時間、T1人だと6時間かかる仕事がある。この仕事を最初の2時間は2人で行ったが、途中からはSだけで行った。途中からS1人で行った仕事量は全体のどれだけか。

A 1/6　B 1/7　C 1/8　D 1/9
E AからDのいずれでもない

3 Aなら60分、Bなら80分かかる仕事をAとBの2人で行い、42分で仕事が終わった。途中、Bだけが休憩したとき、Bの休憩時間は何分か。

A 9分　B 10分　C 15分　D 18分
E AからDのいずれでもない

4 P1人では8日間、Q1人では6日間かかる仕事がある。この仕事をPとQの2人で3日間行い、残りをQ1人で行った。仕事を開始した日から何日目に終わったことになるか。

A 4日目　B 5日目　C 6日目　D 7日目
E AからDのいずれでもない

5 XとYの2人で行うと6時間かかるデータ入力作業がある。この作業をX1人で3時間行ってから、Y1人に引き継いだところ、Yが16時間かかった。このデータ入力をすべてY1人で行うと、どれくらいかかるか。

A 13時間　B 21時間　C 24時間　D 26時間
E AからDのいずれでもない

 答 別冊42～43ページ

6 空の水槽を満たすのに、X管1本で注水すると4分、Y管1本で注水すると6分かかる。X管1本とY管3本で注水すると何分何秒かかるか。

A 45秒　B 1分15秒　C 1分20秒　D 1分45秒
E AからDのいずれでもない

7 空の水槽を満たすのに、X管を使うと5分、Y管を使うと7分かかる。この2本の管を使って注水するとき、1分間の注水量はどれだけか。ただし、満水量は1とする。

A 1/6　B 12/35　C 1/2　D 3/5
E AからDのいずれでもない

8 24ℓの容器がある。この容器に、毎分600ccの水が精製される浄水器から精製水を入れていった。しかし、実際には毎分800ccの水が精製、注水されていたので、予定より早く容器が満杯になった。何分早く満杯になったか（必要なときは最後に小数点以下第一位を四捨五入すること）。

A 8分　B 10分　C 12分　D 14分
E AからDのいずれでもない

9 空の水槽を満たすのに、P管では4時間、Q管では5時間かかる。また、満水の水槽を空にするのに、R管だと6時間、S管だと12時間かかる。

❶ 空の水槽にP管で1時間注水し、その後、P管とQ管で同時に注水する。このとき、空の水槽を満水にするまでにどれだけかかるか。

A 1時間40分　B 2時間40分　C 2時間48分　D 3時間
E AからDのいずれでもない

❷ 空の水槽にP管とQ管で注水しながら、同時にR管とS管で排水をすると、空の水槽を満水にするまでにどれだけかかるか。

A 5時間　B 5時間12分　C 5時間30分　D 5時間45分
E AからDのいずれでもない

ペーパー
テスティング

答 別冊43～44ページ

13 分割払い

総額を１として、分割払いの１回分の支払い額や割合などを分数計算で求める問題。分割手数料などの条件がつく問題もある。

再現問題

回答時間▶2問2分

この問題は２問組です

中古マンションの購入にあたって、契約時に頭金として支払い総額の1/5を業者に支払った。なお、分割手数料や利子はかからないものとする。

❶　リフォーム終了後に総額の1/10を支払い、入居後に残額を７回に分けて均等払いで支払うとき、入居後の１回分の支払い額は頭金のどれだけにあたるか。

- A 1/10
- B 1/3
- C 1/2
- D 2
- E AからDのいずれでもない

❷　リフォーム終了後に頭金の1/7にあたる額を支払い、入居後に残額を９回に分けて均等払いで支払うとき、入居後の１回分の支払い額は総額のどれだけにあたるか。

- A 3/35
- B 1/7
- C 8/45
- D 2/9
- E AからDのいずれでもない

回答時間

→ 解説　何に対する割合なのかに注意する

❶　残額は、支払い総額1から頭金1/5とリフォーム終了後の1/10を引いて、

$$1-\frac{1}{5}-\frac{1}{10}=\frac{10-2-1}{10}=\frac{7}{10}$$

これを7回に分けて均等払いで支払うので、1回分の支払い額は、

$$\frac{7}{10}\div 7=\frac{7}{10}\times\frac{1}{7}=\frac{1}{10}$$

問われているのは、頭金1/5に対する割合なので、

$$\frac{1}{10}\div\frac{1}{5}=\frac{1}{\cancel{10}_{2}}\times\frac{\cancel{5}^{1}}{1}=\frac{1}{2}$$

正解　C

❷　リフォーム終了後に支払う金額は、頭金1/5に対する1/7なので、

$$\frac{1}{5}\times\frac{1}{7}=\frac{1}{35}$$

入居後の残額は、支払い総額1から頭金1/5とリフォーム終了後の1/35を引いて、

$$1-\frac{1}{5}-\frac{1}{35}=\frac{35-7-1}{35}=\frac{27}{35}$$

これを9回に分けて均等払いで支払うので、1回分の支払い額は、

$$\frac{27}{35}\div 9=\frac{\cancel{27}^{3}}{35}\times\frac{1}{\cancel{9}_{1}}=\frac{3}{35}$$

正解　A

ポイント

総額1

頭金 $\frac{1}{5}$　残額 $\frac{4}{5}$

分割払い

総額を1とする。【例】頭金1/5を支払い、残額は5回に分割して均等払い

- 1回分の支払い額の総額に対する割合＝残額÷分割払いの回数

【例】4/5 ÷ 5=4/25

- 1回分の支払い額の頭金に対する割合＝1回の支払い額÷頭金

【例】4/25 ÷ 1/5=4/5

問題演習 分割払い

1 夫の遺産総額の半分を妻が、残り半分を４人の子供が均等に相続する。１人の子供が相続するのは、遺産総額のどれだけにあたるか。

- A 1/12
- B 1/8
- C 1/6
- D 1/4
- E AからDのいずれでもない

2 パソコンの購入時に総額の1/20を支払い、納品時に総額の半分を、次のボーナス時に総額の1/5を支払った。支払い残額は総額のどれだけにあたるか。

- A 1/4
- B 7/20
- C 13/20
- D 1/2
- E AからDのいずれでもない

3 道路の総建設費を国と地方自治体が３：２で負担することになった。この道路が通る地方自治体はA県、B県、C県の３県にまたがっており、県内の走行距離などに応じて負担金の割合が異なる。A県の負担金は総建設費の6/25となっている。

❶ B県とC県の負担金の合計額は、総建設費のどれだけにあたるか。

- A 2/27
- B 4/25
- C 2/7
- D 11/27
- E AからDのいずれでもない

❷ B県の負担金が地方自治体の負担金の3/10であるとき、C県の負担金は総建設費のどれだけにあたるか。

- A 1/54
- B 1/27
- C 1/25
- D 1/9
- E AからDのいずれでもない

 答 別冊44ページ

4 パソコンを分割払いで購入したい。初回に購入価格の1/6を支払い、2回目に初回の3/4を支払った。なお、分割手数料や利子はかからないものとする。

❶ 3回目に残額の1/3を支払うとき、3回目までに支払う額は購入価格のどれだけか。

A 5/36　B 17/72　C 5/12　D 19/36
E AからDのいずれでもない

❷ 3回目に購入価格の7/24を支払うとき、残額は購入価格のどれだけか。

A 5/36　B 17/72　C 5/12　D 19/36
E AからDのいずれでもない

5 17万円のテーブルを購入した。購入時に価格の5/17を支払い、納品時に残額の1/4を支払った。なお、分割手数料や利子はかからないものとする。

❶ 納品時に支払った額は総額のどれだけか。

A 1/17　B 3/17　C 1/4　D 12/17
E AからDのいずれでもない

❷ 納品後の残額は、4回の分割均等払いにしたい。1回あたりの支払い額はいくらか。

A 18500円　B 22500円　C 25000円　D 30000円
E AからDのいずれでもない

答 別冊44～45ページ

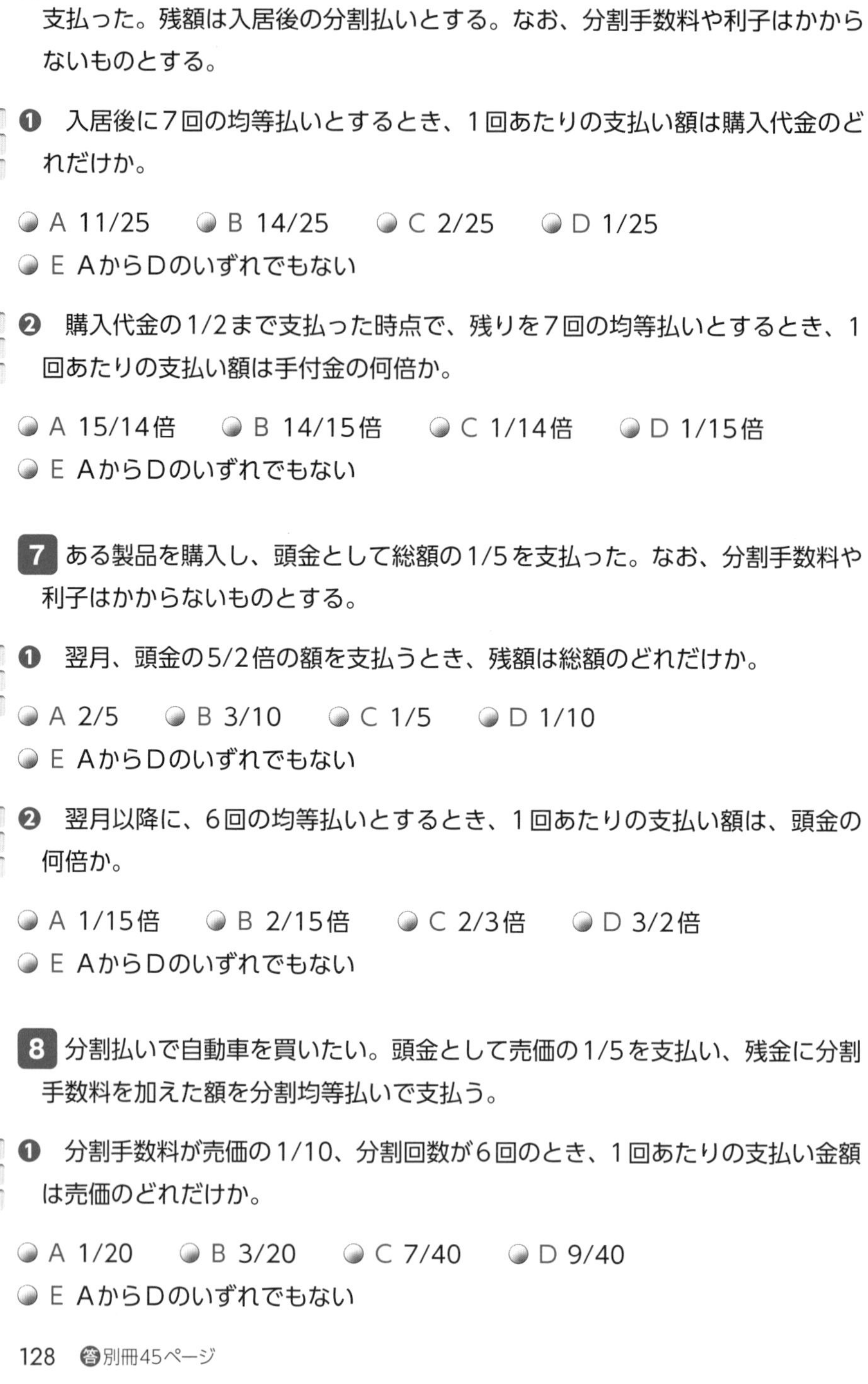

6 中古住宅を購入する。手付金は購入代金の1/15で、契約時に残額の2/5を支払った。残額は入居後の分割払いとする。なお、分割手数料や利子はかからないものとする。

❶ 入居後に7回の均等払いとするとき、1回あたりの支払い額は購入代金のどれだけか。

- A 11/25
- B 14/25
- C 2/25
- D 1/25
- E AからDのいずれでもない

❷ 購入代金の1/2まで支払った時点で、残りを7回の均等払いとするとき、1回あたりの支払い額は手付金の何倍か。

- A 15/14倍
- B 14/15倍
- C 1/14倍
- D 1/15倍
- E AからDのいずれでもない

7 ある製品を購入し、頭金として総額の1/5を支払った。なお、分割手数料や利子はかからないものとする。

❶ 翌月、頭金の5/2倍の額を支払うとき、残額は総額のどれだけか。

- A 2/5
- B 3/10
- C 1/5
- D 1/10
- E AからDのいずれでもない

❷ 翌月以降に、6回の均等払いとするとき、1回あたりの支払い額は、頭金の何倍か。

- A 1/15倍
- B 2/15倍
- C 2/3倍
- D 3/2倍
- E AからDのいずれでもない

8 分割払いで自動車を買いたい。頭金として売価の1/5を支払い、残金に分割手数料を加えた額を分割均等払いで支払う。

❶ 分割手数料が売価の1/10、分割回数が6回のとき、1回あたりの支払い金額は売価のどれだけか。

- A 1/20
- B 3/20
- C 7/40
- D 9/40
- E AからDのいずれでもない

 答 別冊45ページ

❷ 分割手数料が売価の4/35、分割回数が8回のとき、3回目の分割支払いを終えた時点での残額は売価のどれだけか。

A 2/9　B 3/8　C 7/16　D 4/7
E AからDのいずれでもない

9 エアコンの購入時にいくらか頭金を支払い、残額に分割手数料を加えた額を6回の分割均等払いにしたい。なお、分割手数料は残額の1/10とする。

❶ 頭金として購入価格の1/2を支払うとき、分割均等払い1回目の支払い額は購入価格のどれだけになるか。

A 1/12　B 1/11　C 1/10　D 1/9
E AからDのいずれでもない

❷ 分割均等払いの1回分の支払い額が購入価格の1/6になるようにするとき、頭金として購入価格のどれだけを支払えばよいか。

A 1/15　B 1/12　C 1/11　D 2/15
E AからDのいずれでもない

10 分割払いで自動車を購入したい。購入時に頭金としていくらか支払い、購入価格から頭金を引いた残額に利子を加えた額を14回均等払いで支払う。利子は、購入価格から頭金を引いた残額に対して5%である。

❶ 頭金として購入価格の20%を支払うものとすると、分割払いの1回分の支払い額は購入価格のどれだけにあたるか。

A 1/40　B 3/50　C 4/55　D 17/280
E AからDのいずれでもない

❷ 分割払いの1回分の支払い額を購入価格の1/20にするためには、頭金として購入価格のどれだけを支払えばよいか。

A 3/4　B 5/8　C 2/5　D 1/3
E AからDのいずれでもない

14 順列・組み合わせ【基本問題】

SPI3の超頻出分野。順列と組み合わせの公式、余事象、分数の計算は、必ず覚えておくこと。

再現問題

回答時間▶3問3分

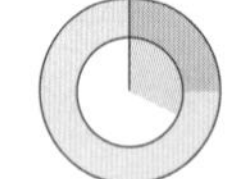

この問題は3問組です

総務部にはG、H、I、Jの男性4人と、K、L、Mの女性3人がいる。

❶ この中から、社員旅行の幹事と副幹事を1人ずつ選びたい。選び方は何通りあるか。

- A 14通り
- B 21通り
- C 35通り
- D 42通り
- E AからDのいずれでもない

❷ この中から、防災担当者を2人選びたい。選び方は何通りあるか。

- A 14通り
- B 21通り
- C 35通り
- D 42通り
- E AからDのいずれでもない

❸ 男性、女性それぞれ少なくとも1人は入れて、当番3人を選びたい。選び方は何通りあるか。

- A 25通り
- B 30通り
- C 35通り
- D 49通り
- E AからDのいずれでもない

回答時間

→解説　順列か組み合わせかを見きわめる

❶　幹事と副幹事を区別して選ぶことは、選んでから順番に並べることと同じなので順列になる。7人から幹事を選ぶのは7通り。副幹事を選ぶのは幹事以外の6人から選ぶ6通りなので、7×6になる。これを公式で表すと、

$$ {}_7P_2 = 7 \times 6 = 42 $$ 通り　←7から1ずつ降りて2回掛ける

●順列の公式は nPr（n個からr個選んで並べる）。Pは Permutation（パーミュテーション）の頭文字。

正解　D

❷　7人から2人を選ぶ組み合わせになる。①〜⑦の7人から2人を選ぶ場合、最初の1人目は①〜⑦の7通り、2人目は1人目を除いた6通りになる。ここで①と②を選ぶとき、順列では①②と②①は区別するが、組み合わせでは区別しない。①②、②①の2通りが、組み合わせでは①・②の1通りになる。これを公式で表すと、

$$ {}_7C_2 = \frac{7 \times 6}{2 \times 1} = 21 $$ 通り　←分子…7から1ずつ降りて2回掛ける　←分母…2から1まで掛ける

●組み合わせの公式は nCr（n個からr個選ぶ）。Cは Combination（コンビネーション）の頭文字。

正解　B

❸　少なくとも「男性1人と女性1人」が入るので、すべての組み合わせの数から、**余事象**である「男性0人」と「女性0人」の場合を引けばよい。すべての組み合わせの数は、

$$ {}_7C_3 = \frac{7 \times 6 \times 5}{3 \times 2 \times 1} = 35 $$ 通り　←分子…7から1ずつ降りて3回掛ける　←分母…3から1まで掛ける

男性0人の組み合わせは、女性3人から3人を選ぶので、**1**通り。
女性0人の組み合わせは、男性4人から3人（4人から選ばれない1人）を選ぶので、

$$ {}_4C_3 = {}_4C_1 = \frac{4}{1} = 4 $$ 通り

従って、**35 − 1 − 4 = 30**通り

正解　B

ポイント

必ず、順列・組み合わせの公式を覚えておく。解法のポイントは、次の通り。
- 区別、順番があれば順列の公式、選ぶだけなら組み合わせの公式で解く
- 問題文に「少なくとも」「〜以上」とあったら、余事象（ある事柄に対してそれが起こらない場合のこと）を使って解くことを考える

問題演習

順列・組み合わせ【基本問題】

1 P、Qの2台の車に7人が分乗することになった。Pには2人、Qには5人が乗るとき、分乗する人の組み合わせは何通りあるか。

A 7通り　B 14通り　C 15通り　D 21通り
E AからDのいずれでもない

2 火曜日から日曜日までの6日間、PとQが交代で各3日ずつ夜勤になる。2人が夜勤を担当する日の組み合わせの数は何通りあるか。

A 10通り　B 15通り　C 20通り　D 25通り
E AからDのいずれでもない

3 ある会社の商品開発部には、部長を含め9人の社員がいる。その中から3人のプロジェクトチームを作りたい。部長はその3人の中に必ず入るようにするとき、プロジェクトチームのメンバーの組み合わせは何通りあるか。

A 14通り　B 28通り　C 56通り　D 84通り
E AからDのいずれでもない

4 ある眼科では、月曜日から金曜日までの5日のうち、P医師が1人で2日、Q医師が1人で3日、外来診療を担当することになっている。2人が外来診療を担当する曜日の組み合わせは何通りあるか。

A 10通り　B 15通り　C 20通り　D 25通り
E AからDのいずれでもない

5 ある日、Pから3回、QとRから1回ずつ電話がかかってきた。電話のかかってきた順番は何通りあるか。

A 20通り　B 40通り　C 60通り　D 120通り
E AからDのいずれでもない

 答 別冊46ページ

6 aabbbcという6つの文字を一列に並べる。並べ方は全部で何通りあるか。

A 60通り　B 120通り　C 240通り　D 720通り
E AからDのいずれでもない

7 サイコロXとサイコロYを同時に振った。出た目の積が3の倍数になる組み合わせは何通りあるか。ただし、「Xが1でYが6」と「Xが6でYが1」は別の組み合わせとして数えるものとする。

A 18通り　B 20通り　C 22通り　D 24通り
E AからDのいずれでもない

8 赤皿3枚、白皿2枚、青皿2枚がある。これをA、B、C、D、E、F、Gの7つに区切られた陳列棚に1枚ずつ飾りたい。皿の並べ方は何通りあるか。ただし、同色の皿に区別はないものとする。

A 60通り　B 105通り　C 210通り　D 5040通り
E AからDのいずれでもない

9 生徒会の執行部は、男子2人と女子3人の5人である。

❶ この5人から、議長、副議長、書記を1人ずつ選びたい。選び方は何通りあるか。

A 12通り　B 24通り　C 60通り　D 120通り
E AからDのいずれでもない

❷ この5人の中から、男子を少なくとも1人は入れて、広報係を3人選びたい。選び方は何通りあるか。

A 7通り　B 9通り　C 10通り　D 12通り
E AからDのいずれでもない

答 別冊46〜47ページ

10 Pが所属する野球チームのメンバーは、全部で12人である。この12人をレギュラー9人と補欠3人に分けたい。

❶ レギュラーの組み合わせは何通りあるか。

A 135通り　B 165通り　C 220通り　D 286通り
E AからDのいずれでもない

❷ Pがレギュラーに入るとき、レギュラーの組み合わせは何通りあるか。

A 135通り　B 165通り　C 220通り　D 286通り
E AからDのいずれでもない

11 P、Q、R、S、T、U、V、Wの8人を5人部屋と3人部屋に振り分ける。

❶ 分け方は何通りあるか。

A 28通り　B 42通り　C 56通り　D 63通り
E AからDのいずれでもない

❷ Qが3人部屋になる分け方は何通りあるか。

A 10通り　B 21通り　C 35通り　D 42通り
E AからDのいずれでもない

12 表と裏のあるコイン1枚を7回投げた。

❶ 表が4回だけ出るような表裏の出方は何通りあるか。

A 24通り　B 35通り　C 70通り　D 840通り
E AからDのいずれでもない

❷ 裏が5回以上出るような表裏の出方は何通りあるか。

A 21通り　B 22通り　C 28通り　D 29通り
E AからDのいずれでもない

答 別冊47ページ

13 男性５人、女性４人の合計９人から５人を選びたい。

❶ 女性を１人だけ選ぶときの組み合わせはいくつあるか。

A 4通り　B 16通り　C 18通り　D 20通り
E AからDのいずれでもない

❷ 少なくとも女性を２人以上選ぶときの組み合わせはいくつあるか。

A 105通り　B 120通り　C 125通り　D 150通り
E AからDのいずれでもない

14 大人２人、子供４人の合計６人から４人を選んでリレーチームを作りたい。

❶ 走る順番は何通りあるか。

A 120通り　B 240通り　C 360通り　D 720通り
E AからDのいずれでもない

❷ 大人２人、子供２人の４人を選ぶとき、走る順番は何通りあるか。

A 24通り　B 144通り　C 192通り　D 288通り
E AからDのいずれでもない

15 日本文学５冊、外国文学３冊から、４冊の推薦図書を選びたい。

❶ 日本文学２冊と外国文学２冊を選ぶとき、選び方は何通りあるか。

A 13通り　B 18通り　C 30通り　D 42通り
E AからDのいずれでもない

❷ 少なくとも外国文学１冊を入れて４冊を選ぶとき、選び方は何通りあるか。

A 14通り　B 35通り　C 50通り　D 65通り
E AからDのいずれでもない

答 別冊47～48ページ

16 P、Q、R、S、Tの5人を、3人チームと2人チームに分けたい。

❶ Qが必ず3人チームに入る組み合わせは何通りあるか。

A 3通り　B 4通り　C 6通り　D 12通り
E AからDのいずれでもない

❷ SとTが同じチームになる組み合わせは何通りあるか。

A 3通り　B 4通り　C 6通り　D 12通り
E AからDのいずれでもない

17 W、X、Y、Zの4人でリレーで走る順番を決める。

❶ 第4走者がZ以外のとき、4人の走る順番は何通りあるか。

A 6通り　B 18通り　C 24通り　D 36通り
E AからDのいずれでもない

❷ WがXの次に走るとき、4人の走る順番は何通りあるか。

A 6通り　B 18通り　C 24通り　D 36通り
E AからDのいずれでもない

18 大人4人、子供2人で記念写真を撮る。

❶ 6人が横一列になって、子供2人が真ん中に入る並び方は何通りあるか。

A 6通り　B 24通り　C 48通り　D 144通り
E AからDのいずれでもない

❷ 前列3人、後列3人で並び、子供2人を前列にする並び方は何通りあるか。

A 6通り　B 24通り　C 48通り　D 144通り
E AからDのいずれでもない

 答 別冊48～49ページ

19 P、Q、R、S、Tの5人が縦一列に並ぶ。

❶ Tが前から3番目で、Tより前にはRがいない並べ方は何通りあるか。

A 6通り　B 12通り　C 24通り　D 48通り
E AからDのいずれでもない

❷ Pより前にQがいて、Pより後ろにTがいる並べ方は何通りあるか。

A 10通り　B 14通り　C 20通り　D 24通り
E AからDのいずれでもない

20 絵画教室には月、水、金のいずれかで週1回、ピアノ教室には火、水、木、金のいずれかで週2回行きたい。

❶ ピアノ教室へ通う曜日の選び方は何通りあるか。

A 4通り　B 6通り　C 8通り　D 12通り
E AからDのいずれでもない

❷ 同じ曜日に2つの習い事が重ならないように通う組み合わせは何通りあるか。

A 11通り　B 12通り　C 22通り　D 24通り
E AからDのいずれでもない

21 男性3人、女性4人のバドミントンクラブがある。

❶ この中から男女のペアを同時に2組選びたい。選び方は何通りあるか。

A 18通り　B 36通り　C 72通り　D 90通り
E AからDのいずれでもない

❷ この中からペアを同時に2組選びたい。選び方は何通りあるか。ただし、男性同士、女性同士のペアがあってもかまわない。

A 35通り　B 70通り　C 105通り　D 140通り
E AからDのいずれでもない

答 別冊49～50ページ

22 6人で旅館に泊まることになった。

❶ 3人部屋、2人部屋、1人部屋に分かれる組み合わせの数は何通りあるか。

A 60通り　B 84通り　C 90通り　D 120通り
E AからDのいずれでもない

❷ 2人ずつ3部屋に分かれて泊まる組み合わせの数は何通りあるか。

A 12通り　B 15通り　C 45通り　D 90通り
E AからDのいずれでもない

23 あるカフェでは、6種類のパンと3種類のジャムの中から、それぞれ種類の異なるものを合計で5種類選ぶことができる。

❶ パンを3種類とジャムを2種類選ぶとき、パンとジャムの組み合わせは何通りあるか。

A 20通り　B 36通り　C 60通り　D 120通り
E AからDのいずれでもない

❷ ジャムが2種類以上ある組み合わせは何通りあるか。

A 60通り　B 75通り　C 125通り　D 900通り
E AからDのいずれでもない

24 あるイベントでは、午前に2つ、午後に5つのワークショップが開催される。

❶ 午前中に2つ、午後に3つ、合計5つのワークショップに参加するときの選び方は何通りあるか。

A 5通り　B 10通り　C 15通り　D 20通り
E AからDのいずれでもない

答 別冊50ページ

❷　午後に4つ以上、午前と午後で合計5つのワークショップに参加するときの選び方は何通りあるか。

A 6通り　B 10通り　C 11通り　D 20通り
E AからDのいずれでもない

25 P、Q、Rの3人で1人ずつ受付を担当し、1人1時間で交代していく。

❶　受付時間が5時間のときの組み合わせは何通りあるか。ただし、一度も受付を担当しない人がいてもよいこととする。

A 24通り　B 48通り　C 96通り　D 243通り
E AからDのいずれでもない

❷　P、Q、Rが最低1時間ずつは担当するとき、受付時間が4時間のときの組み合わせは何通りあるか。

A 9通り　B 12通り　C 18通り　D 36通り
E AからDのいずれでもない

26 3つの観光名所P、Q、Rを巡る旅行をする。どの観光名所にも1泊以上は泊まり、同じ観光名所に2泊以上するときは連続して泊まるものとする。また、どのような順序で巡ってもかまわないものとする。

❶　4泊する場合、どこにいつ泊まるかの組み合わせは何通りあるか。

A 6通り　B 10通り　C 18通り　D 20通り
E AからDのいずれでもない

❷　最初は観光名所Qを訪れることにした。合計で5泊する場合、どこにいつ泊まるかの組み合わせは何通りあるか。

A 6通り　B 8通り　C 10通り　D 12通り
E AからDのいずれでもない

27 ①から⑥の6つのイスが置かれた2つのテーブル、アとイがある。I、J、K、L、M、Nの6人でどちらかのテーブルにまとまって座りたい。

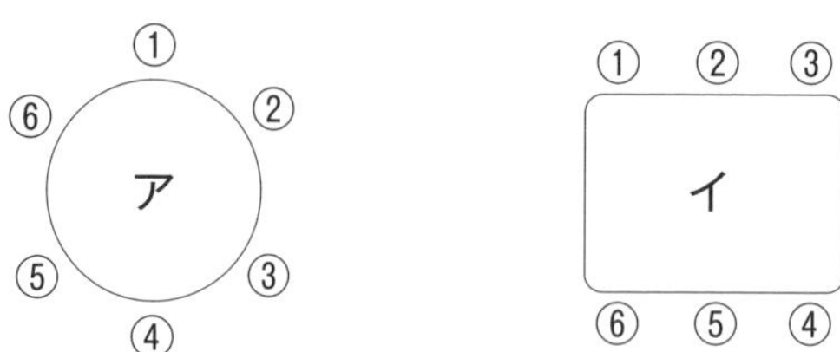

❶ アのテーブルで、⑥にNが座るとき、JとKの2人が向かい合うように6人が座る座り方は何通りあるか。なお、「向かい合う」とは、①と④、②と⑤、③と⑥の位置関係である。

A 24通り　B 48通り　C 72通り　D 144通り
E AからDのいずれでもない

❷ アのテーブルで、KとLが隣同士になるように6人が座る座り方は何通りあるか。

A 72通り　B 144通り　C 288通り　D 360通り
E AからDのいずれでもない

❸ イのテーブルで、KとLが向かい合うように6人が座る座り方は何通りあるか。なお、「向かい合う」とは、①と⑥、②と⑤、③と④の位置関係である。

A 24通り　B 72通り　C 144通り　D 288通り
E AからDのいずれでもない

❹ イのテーブルで、KとLが隣同士にならないように6人が座る座り方は何通りあるか。

A 192通り　B 264通り　C 528通り　D 720通り
E AからDのいずれでもない

 答 別冊51ページ

28 右の図形を塗り分けたい。ただし、線で隣り合う領域には同じ色が使えないものとする。

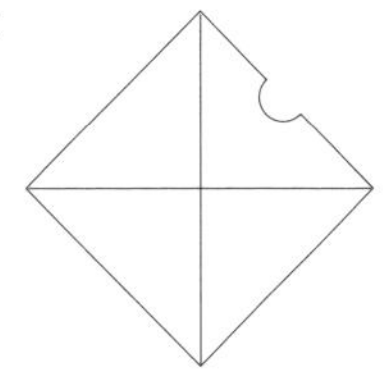

❶ 2色で塗り分けるとき、色の塗り方は何通りあるか。

A 2通り　B 4通り　C 6通り　D 8通り
E AからDのいずれでもない

❷ 3色が使えるとき、色の塗り方は何通りあるか。ただし、3色のうち使わない色があってもよいものとする。

A 9通り　B 18通り　C 36通り　D 72通り
E AからDのいずれでもない

29 次の図形アと図形イの線で囲まれた領域すべてに色を塗る。ただし、線で隣り合う領域には同じ色が使えないものとする。

ア
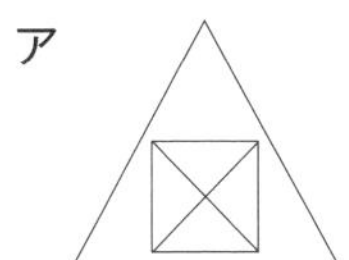

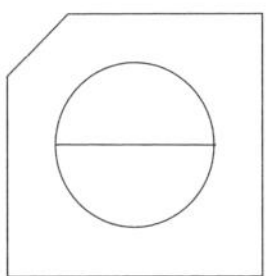

❶ 図形アに色を塗りたい。青、赤、白の3色が使えるとき、色の塗り方は何通りあるか。

A 3通り　B 6通り　C 8通り　D 9通り
E AからDのいずれでもない

❷ 図形イに色を塗りたい。青、赤、白、黄の4色が使えるとき、色の塗り方は何通りあるか。

A 6通り　B 12通り　C 24通り　D 30通り
E AからDのいずれでもない

答 別冊52ページ

30 P、Q、R、Sの4人が1～6の目があるサイコロを1回ずつ振る。

❶　Pがほかの3人よりも小さい目で、Q、R、Sの3人が同じ目となる組み合わせは何通りあるか。

A 15通り　B 28通り　C 36通り　D 56通り
E AからDのいずれでもない

❷　P、Q、R、Sの順に大きくなっていくような組み合わせは何通りあるか。

A 15通り　B 28通り　C 36通り　D 56通り
E AからDのいずれでもない

❸　PとR、QとSがそれぞれ同じ目となる組み合わせは何通りあるか。ただし、4人のサイコロの目が同じであってもよい。

A 15通り　B 28通り　C 36通り　D 56通り
E AからDのいずれでもない

31 P、Q、R、S、T、Uの6人からテニスの試合に出場するメンバーを選ぶ。

❶　6人の中からシングルスに出場する2人を選びたい。選び方は何通りあるか。

A 15通り　B 30通り　C 45通り　D 60通り
E AからDのいずれでもない

❷　6人の中から、シングルスに1人、ダブルスに2人を選ぶことになった。選び方は何通りあるか。ただし、シングルスとダブルスには同じ人が出場してもよいものとする。

A 30通り　B 45通り　C 60通り　D 90通り
E AからDのいずれでもない

❸　❷のとき、Pが少なくとも1回は出場する選び方は何通りあるか。

A 30通り　B 40通り　C 50通り　D 60通り
E AからDのいずれでもない

 答 別冊52～53ページ

32 イギリス、フランス、イタリア、スイス、ドイツの5か国のうちから3か国を選んで旅行したい。

❶ ドイツを入れる選び方は何通りあるか。

A 5通り　B 6通り　C 8通り　D 10通り
E AからDのいずれでもない

❷ 少なくともイギリスかフランスのどちらかを入れる選び方は何通りあるか。

A 8通り　B 9通り　C 10通り　D 11通り
E AからDのいずれでもない

❸ イギリスとフランスのうちどちらか一方だけを入れる選び方は何通りあるか。

A 5通り　B 6通り　C 8通り　D 10通り
E AからDのいずれでもない

33 PとQが4セットを先取したほうが勝つ7セット制の卓球で対戦した。

❶ 6セット目終了以前に決着がつく場合、考えられるパターンは何通りあるか。

A 10通り　B 18通り　C 20通り　D 30通り
E AからDのいずれでもない

❷ 7セット目に決着がつき、Pが勝った。考えられるパターンは何通りあるか。

A 20通り　B 35通り　C 40通り　D 120通り
E AからDのいずれでもない

❸ 最初の4セットのうち、Pが3セット、Qが1セットを取った。ここから、試合の決着がつくまでのパターンは何通りあるか。

A 2通り　B 4通り　C 6通り　D 10通り
E AからDのいずれでもない

テスト センター

ペーパー テスティング

WEB テスティング

答 別冊53ページ

15

順列・組み合わせ

【重複と円順列】

重複順列、重複組み合わせ、円順列の問題。SPI3の難問といえる。

再現問題

回答時間▶3問3分

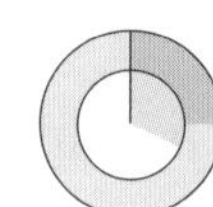

【重複順列】

❶ 1、2、3、4の4つの数字を何度も使えるとき、3けたの整数は何通りできるか。

- A 24通り
- B 32通り
- C 64通り
- D 96通り
- E AからDのいずれでもない

【重複組み合わせ】

❷ 赤、青、黄、緑の4色のボールが、それぞれ10個ある。ここから5個を取り出したい。色の選び方は何通りあるか。

- A 21通り
- B 35通り
- C 42通り
- D 56通り
- E AからDのいずれでもない

【円順列】

❸ 4人が手をつないで輪になる。並び方は何通りあるか。

- A 4通り
- B 6通り
- C 12通り
- D 15通り
- E AからDのいずれでもない

回答時間

→ 解説 順列か組み合わせかを見きわめる

❶ 百の位は1、2、3、4の4通り。十の位も1、2、3、4の4通り。一の位も1、2、3、4の4通り。つまり、4×4×4＝64通り。これを公式で表すと、

$$n^r = 4^3 = 4\times4\times4 = 64\text{通り}$$ ←4を3回掛ける

●重複順列は、異なる**n**個のものから重複を許してr個取ってできる順列の総数。

正解 C

❷ n種類のものからm個を取り出す重複組み合わせの公式 $_{n+m-1}C_m$ を使う。

$$_{n+m-1}C_m = {}_{4+5-1}C_5 = {}_8C_5 = {}_8C_3 = 56\text{通り}$$

●重複組み合わせは、異なる**n**個のものから重複を許して m 個取る組み合わせの総数。

【参考】 5個(○)を仕切り(｜)を使って、赤、青、黄、緑の4種類に分けると考える。

赤　青　黄　緑
○○｜○｜○｜○ ← 赤2個、青1個、黄1個、緑1個

仕切りの位置を下のように変えると、赤を5個取ることになる。

赤　青　黄　緑
○○○○○｜　｜　｜ ← 赤5個、青0個、黄0個、緑0個

○が5個(公式のm)＋｜が3個(公式のn－1)で計8か所あって、8か所のうち3個を仕切り(｜)として選ぶと赤青黄緑(公式のn)の配分が変わるので、8個から3個を選ぶ組み合わせの数$_8C_3$となる。これが、重複組み合わせの公式の意味となっている。

正解 D

❸ n個を円にして並べる円順列の公式 (n－1)！を使う。

$$(n-1)! = (4-1)! = 3! = 3\times2\times1 = 6\text{通り}$$

●円順列は、異なる**n**個(n人)を円にして並べる順列。

【参考】 順列なら$_4P_4$＝**4!**＝4×3×2×1＝24通り。
しかし、円形なので4人をA、B、C、Dとすると、**右の4つの並びは同じもの**となる。同じものを4回重複して数えているので、順列**4!**を**4**で割って、

4! ÷ 4 ＝ (4 × 3 × 2 × 1) ÷ 4 ＝ 3 × 2 × 1 ＝ 6通り

※Aを固定したものと考えて、他の3人B、C、Dの順列 **$_3P_3$ ＝ 6通り**としてもよい。

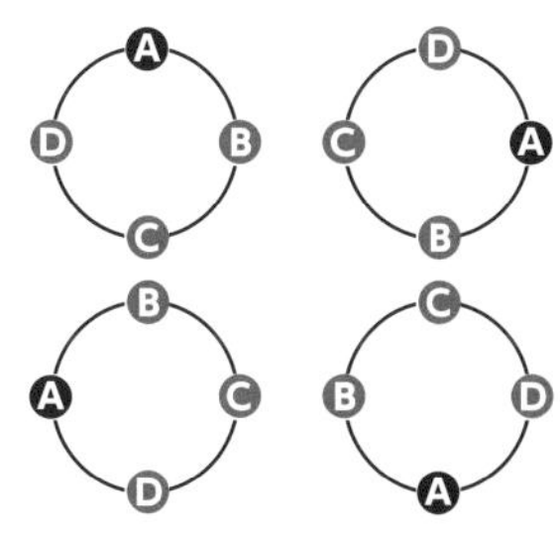

正解 B

問題演習 順列・組み合わせ

【重複と円順列】

1 P、Q、Rという3種類のコーヒーカップがある。それぞれに赤い色と白い色があるとき、次の問いに答えなさい。

❶ P、Q、Rを1個ずつ買うとき、色の選び方は何通りあるか。

A 8通り　B 9通り　C 12通り　D 24通り
E AからDのいずれでもない

❷ P、Q、Rを2個ずつ買うとき、色の選び方は何通りあるか。

A 8通り　B 9通り　C 27通り　D 81通り
E AからDのいずれでもない

2 1、2、3、4、5の5つの数字から、いくつかを選んで自然数を作りたい。ただし、同じ数字を重複して使ってもよいものとする。

❶ 3けたの自然数は何通り作れるか。

A 60通り　B 120通り　C 125通り　D 240通り
E AからDのいずれでもない

❷ 3けたの5の倍数は何通り作れるか。

A 25通り　B 45通り　C 50通り　D 125通り
E AからDのいずれでもない

❸ 5けたで百の位が3、一の位が2になる数は何通り作れるか。

A 60通り　B 125通り　C 240通り　D 250通り
E AからDのいずれでもない

 答 別冊54ページ

3 X、Y、Zという３つの箱にメロンを５個入れる場合、入れ方のパターンは何通りあるか。ただし、使わない箱があってもよい。

A 14通り　B 21通り　C 28通り　D 30通り
E AからDのいずれでもない

4 10円、52円、82円の３種類の切手がたくさんある。ここから５枚を取り出して切手セットを作りたい。選び方の組み合わせは何通りあるか。ただし、各種類最低１枚は選ぶものとする。

A 6通り　B 10通り　C 12通り　D 20通り
E AからDのいずれでもない

5 P、Q、Rという３種類のケーキがある。ここから、６個を選んで詰め合わせを作りたい。

❶ ６個の選び方は何通りあるか。

A 14通り　B 18通り　C 28通り　D 56通り
E AからDのいずれでもない

❷ Pを最低１個は入れて詰め合わせを作るとき、選び方は何通りあるか。

A 13通り　B 20通り　C 21通り　D 49通り
E AからDのいずれでもない

答 別冊54ページ

6 赤、白、黄色のバラがそれぞれ10本ずつある。ここから8本を選んで花束を作りたい。

❶　2色で作るとき、組み合わせは何通りあるか。

A 9通り　B 11通り　C 21通り　D 27通り
E AからDのいずれでもない

❷　3色をそれぞれ最低2本ずつ使うとき、組み合わせは何通りあるか。

A 6通り　B 10通り　C 12通り　D 15通り
E AからDのいずれでもない

❸　少なくとも赤3本は入れるとき、組み合わせは何通りあるか。

A 14通り　B 18通り　C 19通り　D 21通り
E AからDのいずれでもない

7 3種類のケーキの試食会がある。1人3個まで試食ができ、同じ種類のケーキを複数食べてもよい。なお、1人最低1個は試食するものとする。

❶　P1人が試食するときの食べ方は何通りあるか。

A 10通り　B 16通り　C 19通り　D 38通り
E AからDのいずれでもない

❷　PとQが2人あわせて4個試食するとき、PとQが食べるケーキの組み合わせは何通りあるか。

A 24通り　B 48通り　C 96通り　D 144通り
E AからDのいずれでもない

8 赤玉3個、白玉2個、青玉2個がある。

❶　ここから4個を取り出すとき、選び方は何通りあるか。

A 8通り　B 9通り　C 10通り　D 11通り
E AからDのいずれでもない

 答 別冊54～55ページ

❷ ここから5個を取り出すとき、選び方は何通りあるか。

A 4通り　B 5通り　C 6通り　D 12通り
E AからDのいずれでもない

❸ 7個を先頭から順に一列に並べるとき、並べ方は何通りあるか。

A 105通り　B 210通り　C 315通り　D 420通り
E AからDのいずれでもない

9 リンゴ、モモ、カキがそれぞれ1ダースずつある。ただし、リンゴ、モモ、カキの中で区別はないものとする。

❶ ここから2個を取り出すとき、選び方は何通りあるか。

A 6通り　B 9通り　C 12通り　D 18通り
E AからDのいずれでもない

❷ ここから4個を取り出すとき、選び方は何通りあるか。

A 9通り　B 15通り　C 21通り　D 27通り
E AからDのいずれでもない

10 ミカンが5個、キウイが4個、ナシが2個ある。ただし、ミカン、キウイ、ナシの中で区別はないものとする。

❶ ここから4個を取り出したい。選び方は何通りあるか。

A 12通り　B 15通り　C 18通り　D 20通り
E AからDのいずれでもない

❷ ここから5個を取り出したい。選び方は何通りあるか。ただし、各種類最低1個は選ぶものとする。

A 4通り　B 5通り　C 12通り　D 15通り
E AからDのいずれでもない

答 別冊55〜56ページ

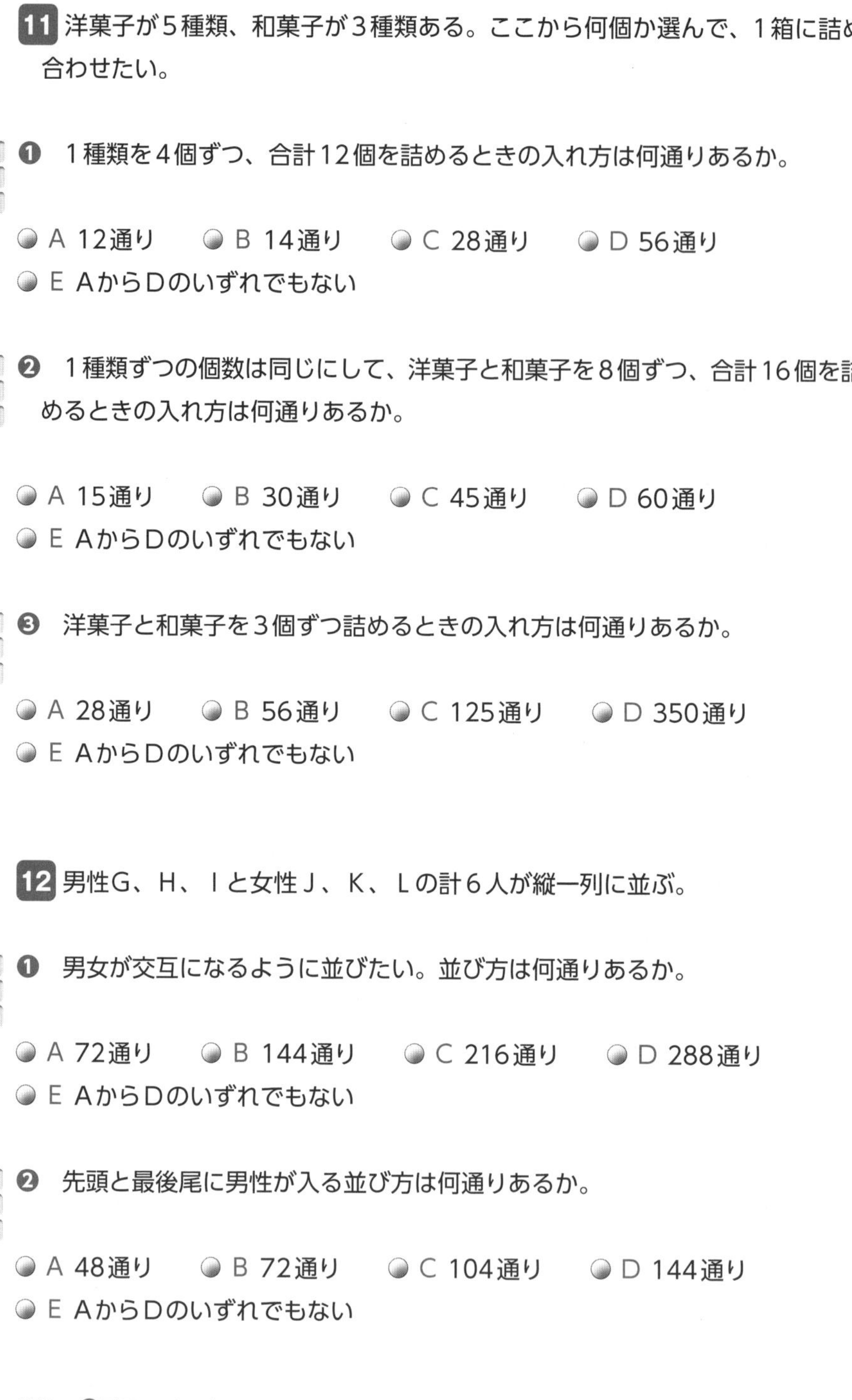

11 洋菓子が5種類、和菓子が3種類ある。ここから何個か選んで、1箱に詰め合わせたい。

❶ 1種類を4個ずつ、合計12個を詰めるときの入れ方は何通りあるか。

A 12通り　B 14通り　C 28通り　D 56通り
E AからDのいずれでもない

❷ 1種類ずつの個数は同じにして、洋菓子と和菓子を8個ずつ、合計16個を詰めるときの入れ方は何通りあるか。

A 15通り　B 30通り　C 45通り　D 60通り
E AからDのいずれでもない

❸ 洋菓子と和菓子を3個ずつ詰めるときの入れ方は何通りあるか。

A 28通り　B 56通り　C 125通り　D 350通り
E AからDのいずれでもない

12 男性G、H、Iと女性J、K、Lの計6人が縦一列に並ぶ。

❶ 男女が交互になるように並びたい。並び方は何通りあるか。

A 72通り　B 144通り　C 216通り　D 288通り
E AからDのいずれでもない

❷ 先頭と最後尾に男性が入る並び方は何通りあるか。

A 48通り　B 72通り　C 104通り　D 144通り
E AからDのいずれでもない

 答 別冊56ページ

❸ 男性3人が連続するように並びたい。並び方は何通りあるか。

A 72通り　B 144通り　C 154通り　D 178通り
E AからDのいずれでもない

❹ JとKが連続する並び方は何通りあるか。

A 120通り　B 240通り　C 360通り　D 480通り
E AからDのいずれでもない

13 大人3人と子供3人が手をつないで並ぶ。大人と子供が交互になるように輪になるとき、並び方は何通りあるか。

A 6通り　B 12通り　C 24通り　D 36通り
E AからDのいずれでもない

14 男子2人と女子4人が手をつないで、6人で輪になる。

❶ 並び方は何通りあるか。

A 4! 通り　B 5! 通り　C 6! 通り　D 7! 通り
E AからDのいずれでもない

❷ 男子2人が向かい合うように6人で輪になるとき、並び方は何通りあるか。

A 12通り　B 24通り　C 48通り　D 60通り
E AからDのいずれでもない

❸ 男子2人が手をつなぐように6人で輪になるとき、並び方は何通りあるか。

A 12通り　B 24通り　C 48通り　D 60通り
E AからDのいずれでもない

答 別冊56〜57ページ

16 確率

SPI3の超頻出分野。すべての場合の数のうちの求める場合の数の割合を確率という。10通りのうちの1つなら、確率は1/10になる。

再現問題　回答時間▶4問4分

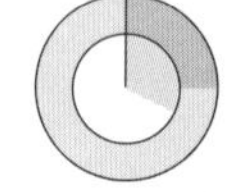

この問題は4問組です

1から6までの目があるサイコロXとサイコロYを同時に振った。

❶　出た目の和が5になる確率はどれだけか。

- A　1/18
- B　1/12
- C　1/9
- D　5/36
- E　AからDのいずれでもない

❷　出た目の積が奇数になる確率はどれだけか。

- A　1/4
- B　1/3
- C　2/3
- D　3/4
- E　AからDのいずれでもない

❸　片方の目だけが6である確率はどれだけか。

- A　1/6
- B　5/18
- C　11/36
- D　1/3
- E　AからDのいずれでもない

❹　少なくとも1つのサイコロの目が6になる確率はどれだけか。

- A　1/6
- B　5/18
- C　11/36
- D　4/9
- E　AからDのいずれでもない

回答時間

→ 解説 「AかつB」と「AまたはB」を見分ける

❶　確率は「求める場合の数÷すべての場合の数」。2つのサイコロの出目は、全部で、6×6＝**36通り…分母（すべての場合の数）**
和が5になる場合は（1と4）（4と1）（2と3）（3と2）の**4通り…分子（求める場合の数）**
すべての場合の数が36通りで、求める場合の数が4通りなので、

$$\frac{4}{36}=\frac{1}{9}$$

● （Xが1、Yが4）と（Xが4、Yが1）は区別する。

正解 C

❷　積が奇数になるのは「奇数×奇数」のとき。奇数になるのは、1～6の6つの数のうち、1、3、5の3つなので3/6=1/2。「奇数かつ奇数」の場合なので、奇数になる確率1/2の積を求める。

$$\frac{1}{2}\times\frac{1}{2}=\frac{1}{4}$$

正解 A

❸　片方の目だけが6になるのは、「（Xが6・Yが6以外）または（Xが6以外・Yが6）」の2通り。従って、この2つの場合の確率の和を求める。

$$\frac{1}{6}\times\frac{5}{6}+\frac{5}{6}\times\frac{1}{6}=\frac{10}{36}=\frac{5}{18}$$

「Xが6またはYが6で1/6＋1/6＝1/3」とするのは間違い。

正解 B

❹　少なくとも1つのサイコロの目が6になるのは、（6・6以外）（6以外・6）（6・6）の場合。これを場合分けするより、余事象である「両方とも6以外になる場合（6以外かつ6以外）」を「すべての場合の確率1」から引いたほうが早い。

$$1-\frac{5}{6}\times\frac{5}{6}=1-\frac{25}{36}=\frac{11}{36}$$

別解▶片方の目だけが6になる確率は❸の通り、10/36。ここに、両方とも6になる確率1/6×1/6=1/36を加えて11/36。

正解 C

ポイント

解法のポイントは、次の通り。
- AかつBの確率 … Aの確率×Bの確率（積の法則）
- AまたはBの確率 … Aの確率+Bの確率（和の法則）
- 少なくともAの確率 … 1－Aが起きない確率（余事象）

問題演習 確率【基本】

1 ある統計によると、Ｐの誕生日に晴れる確率は40％で、Ｑの誕生日に晴れる確率は50％である。このとき、次の質問に答えなさい。

❶ ＰとＱ両方の誕生日に晴れる確率は何％か。

A 9％　B 20％　C 24％　D 25％
E ＡからＤのいずれでもない

❷ ＰとＱどちらの誕生日も晴れない確率は何％か。

A 20％　B 25％　C 30％　D 36％
E ＡからＤのいずれでもない

❸ 少なくともどちらか一方の誕生日に晴れる確率は何％か。

A 30％　B 65％　C 70％　D 80％
E ＡからＤのいずれでもない

❹ どちらか一方の誕生日だけに晴れる確率は何％か。

A 50％　B 60％　C 70％　D 75％
E ＡからＤのいずれでもない

2 Ｐ、Ｑ、Ｒ、Ｓの４人がサイコロを１回ずつ振るとき、ＰとＱ、ＲとＳがそれぞれ同じ目となる確率はどれだけか。４人が同じ目の場合も含むものとする。

A 1/36　B 1/18　C 1/6　D 1/5
E ＡからＤのいずれでもない

3 コインを５回投げたとき、表が１回だけ出る確率はどれだけか。なお、表も裏も同じ確率で出るものとする。

A 1/32　B 1/16　C 5/32　D 3/16
E ＡからＤのいずれでもない

 答 別冊57～58ページ

4 赤玉3個と白玉5個、計8個の玉が入った箱から同時に2個取り出す。このとき、赤玉と白玉が1個ずつである確率はどれだけか。

A 1/15　B 9/28　C 15/28　D 5/7
E AからDのいずれでもない

5 3人用と5人用のテントに8人が分かれて泊まることになり、くじ引きでテントを決めた。8人が順にくじを引いたとき、2番目と5番目と8番目に引いた人が3人用のテントになる確率はどれだけか。

A 1/56　B 1/28　C 3/56　D 3/28
E AからDのいずれでもない

6 2本の当たりくじが入った7本のくじがある。7人が順番にくじを引き、一度引いたくじは戻さないものとする。

❶ 2番目の人が当たりくじを引く確率はどれだけか。

A 1/18　B 1/6　C 2/7　D 7/15
E AからDのいずれでもない

❷ 2番目と3番目の人が当たりくじを引く確率はどれだけか。

A 1/21　B 3/49　C 1/15　D 4/49
E AからDのいずれでもない

7 男性が5人、女性が7人いる。この12人の中からくじで3人の当番を選びたい。

❶ 当番が男性3人になる確率はどれだけか。

A 1/22　B 1/15　C 1/11　D 1/10
E AからDのいずれでもない

❷ 当番が女性2人以上になる確率はどれだけか。

A 3/11　B 3/10　C 7/11　D 7/10
E AからDのいずれでもない

答 別冊58〜59ページ

8 赤玉と白玉が4個ずつ入った箱がある。

❶ 1個ずつ4個の玉を取り出すとき、すべて赤が出る確率はどれだけか。ただし、1度取り出した玉は箱に戻さないものとする。

A 1/70　B 1/35　C 1/30　D 1/18
E AからDのいずれでもない

❷ 1個ずつ3個の玉を取り出すとき、白・赤・白の順に出る確率はどれだけか。ただし、赤玉なら箱に戻し、白玉なら戻さないものとする。

A 3/28　B 6/49　C 1/7　D 12/49
E AからDのいずれでもない

9 赤玉4個、白玉2個が入った箱Xと、赤玉6個、白玉4個が入った箱Yがある。サイコロを振って偶数ならXから、奇数ならYから、玉を1個取り出す。なお、取り出した玉は、そのつど箱に戻してからサイコロを振るものとする。

❶ サイコロを1回だけ振って、白玉が出る確率はどれだけか。

A 11/30　B 3/8　C 5/12　D 11/12
E AからDのいずれでもない

❷ サイコロを2回振って、少なくとも1回は赤玉が出る確率はどれだけか。

A 121/900　B 55/64　C 5/8　D 779/900
E AからDのいずれでもない

10 赤玉が2、白玉が3の割合で入っている袋がある。その赤玉のうちの10%、白玉のうちの20%は当たりである。

❶ 玉を1個取り出して、赤玉の当たりを引く確率はどれだけか。

A 1/50　B 1/25　C 3/50　D 3/25
E AからDのいずれでもない

 答 別冊59ページ

❷　1個目に当たりを引き、それを袋に戻して2個目にも当たりを引く確率はどれだけか。

A 49/2500　B 16/625　C 6/125　D 7/125
E AからDのいずれでもない

11 2本が当たりで3本がはずれのくじを、P、Q、R、S、Tの順番で引く。ただし、一度引いたくじは戻さないものとする。

❶　QとRが当たりを引く確率はどれだけか。

A 1/20　B 1/10　C 3/10　D 2/5
E AからDのいずれでもない

❷　PとRのうちどちらか1人だけが当たりを引く確率はどれだけか。

A 3/20　B 3/10　C 3/5　D 4/5
E AからDのいずれでもない

12 大吉が出る確率が1/10、小吉が出る確率が1/5というおみくじがある。PとQが1回ずつ引く。

❶　Pが大吉で、Qが小吉の確率はどれだけか。

A 1/50　B 1/25　C 1/10　D 3/10
E AからDのいずれでもない

❷　2人とも大吉でも小吉でもない確率はどれだけか。

A 9/100　B 49/100　C 51/100　D 91/100
E AからDのいずれでもない

❸　2人のうち少なくとも1人は大吉か小吉を引く確率はどれだけか。

A 9/100　B 49/100　C 51/100　D 91/100
E AからDのいずれでもない

13 コインP、Qがある。Pは0.40の確率で、Qは0.45の確率で表が出る。

❶ PとQを1回ずつ投げる。PもQも表が出る確率はどれだけか。

A 0.18　B 0.20　C 0.36　D 0.85
E AからDのいずれでもない

❷ Pだけを2回投げる。1回だけ表が出る確率はどれだけか。

A 0.20　B 0.24　C 0.36　D 0.48
E AからDのいずれでもない

14 P、Q、R、S、Tの5枚のカードを裏返して横一列に並べる。

❶ PとTが両端になる確率はどれだけか。

A 1/20　B 1/10　C 1/9　D 1/5
E AからDのいずれでもない

❷ PとRの間が1つ空いている確率はどれだけか。

A 1/20　B 3/20　C 1/5　D 3/10
E AからDのいずれでもない

15 1、2、3、4のカードが2枚ずつ計8枚のカードがある。ここから、PとQの2人に3枚ずつ、R1人に2枚配る。

❶ Rに奇数と偶数のカードが1枚ずつ配られる確率はどれだけか。

A 1/8　B 3/7　C 1/2　D 4/7
E AからDのいずれでもない

❷ Pに3枚とも違う数字のカードが配られる確率はどれだけか。

A 1/16　B 1/8　C 3/7　D 4/7
E AからDのいずれでもない

答 別冊60ページ

16 Pが1、3、5、7の4枚のカード、Qが2、4、6の3枚のカードを持っている。ここから同じ枚数のカードを出し合う。

❶ 1枚ずつ出し合ったとき、Pのほうが大きい数になる確率はどれだけか。

A 1/8　B 1/4　C 1/2　D 2/3
E AからDのいずれでもない

❷ 2枚ずつ出し合ったとき、互いが出した2枚のカードの数の合計が等しくなる確率はどれだけか。

A 1/8　B 1/3　C 2/9　D 5/8
E AからDのいずれでもない

17 スペード、ハート、ダイヤ、クラブの4種類のカードが4枚ずつ、計16枚ある。ここから甲と乙が同時に1枚ずつのカードを引く。

❶ 2人ともスペードを引く確率はどれだけか。

A 1/20　B 1/16　C 1/9　D 1/5
E AからDのいずれでもない

❷ 2人ともハートを引かない確率はどれだけか。

A 1/20　B 1/2　C 11/20　D 3/5
E AからDのいずれでもない

❸ 2人のうち、少なくとも1人がダイヤを引く確率はどれだけか。

A 1/4　B 9/16　C 9/20　D 11/20
E AからDのいずれでもない

❹ 2人の引くカードが同じマークである確率はどれだけか。

A 1/25　B 1/5　C 1/4　D 1/3
E AからDのいずれでもない

答 別冊60～61ページ

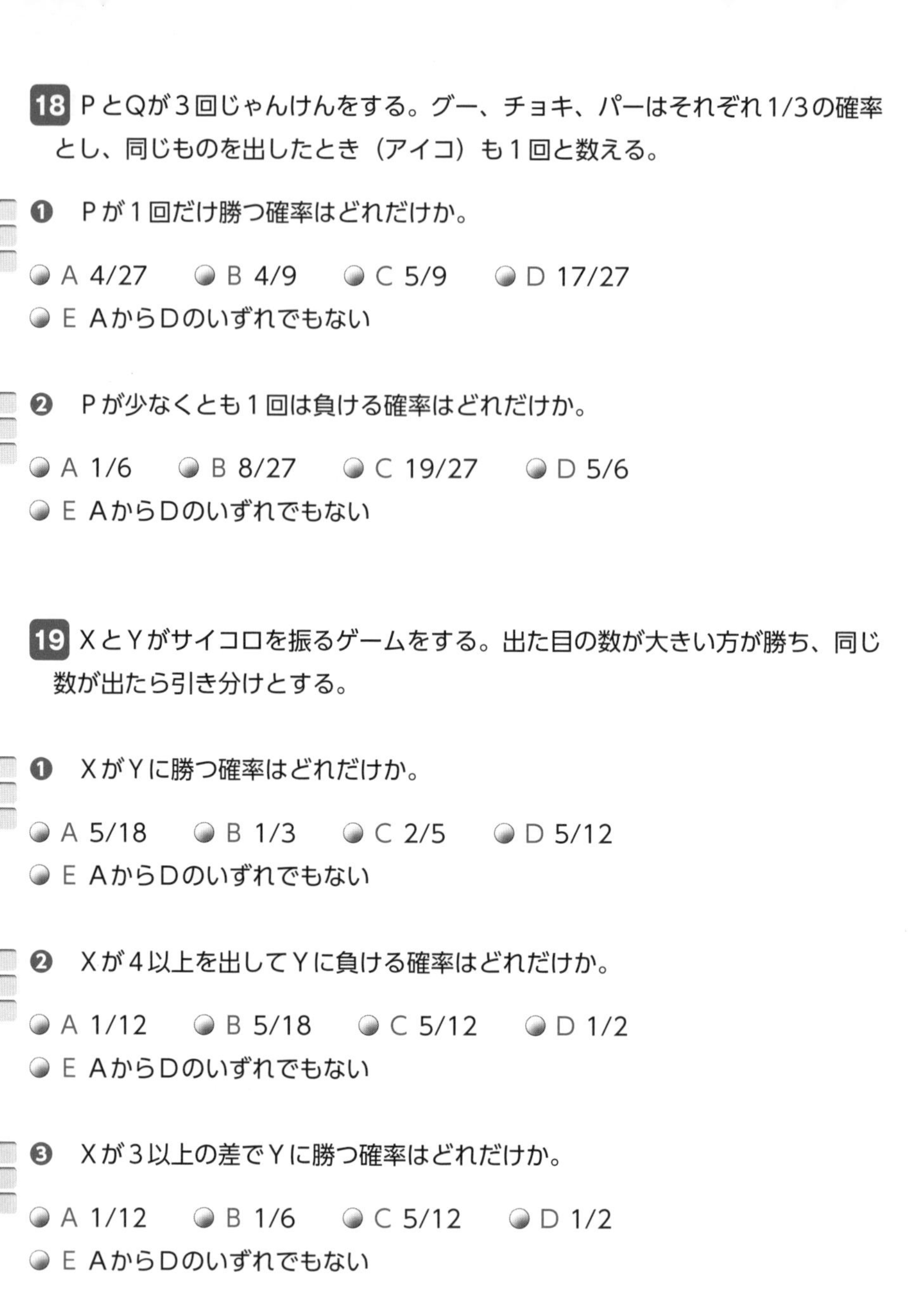

18 PとQが3回じゃんけんをする。グー、チョキ、パーはそれぞれ1/3の確率とし、同じものを出したとき（アイコ）も1回と数える。

❶ Pが1回だけ勝つ確率はどれだけか。

A 4/27　B 4/9　C 5/9　D 17/27
E AからDのいずれでもない

❷ Pが少なくとも1回は負ける確率はどれだけか。

A 1/6　B 8/27　C 19/27　D 5/6
E AからDのいずれでもない

19 XとYがサイコロを振るゲームをする。出た目の数が大きい方が勝ち、同じ数が出たら引き分けとする。

❶ XがYに勝つ確率はどれだけか。

A 5/18　B 1/3　C 2/5　D 5/12
E AからDのいずれでもない

❷ Xが4以上を出してYに負ける確率はどれだけか。

A 1/12　B 5/18　C 5/12　D 1/2
E AからDのいずれでもない

❸ Xが3以上の差でYに勝つ確率はどれだけか。

A 1/12　B 1/6　C 5/12　D 1/2
E AからDのいずれでもない

 答 別冊61～62ページ

問題演習 確率【応用】

回答時間の目安 36問36分

1 あるゲームでは、サイコロを振って出た目の数だけコマを進める。ただし、1を出した場合はスタート地点に戻る。最初に2回サイコロを振った結果、スタート地点から5つ進んだ位置にコマがある確率はどれだけか。

A 1/54　B 1/36　C 1/12　D 1/6
E AからDのいずれでもない

2 クリスマス会で配られたプレゼント1袋の中には、菓子PまたはQが1つと、菓子XまたはYが1つの合計2個がランダムで入っている。プレゼント袋は100袋ある。すべてのプレゼント袋に入っている菓子の個数を合わせると、P 80個、Q 20個、X 70個、Y 30個で計200個になる。このプレゼント袋を1袋もらったとき、菓子QもYも入っていない確率はどれだけか。

A 1/4　B 11/25　C 14/25　D 47/50
E AからDのいずれでもない

3 赤玉が2個、黄玉が3個、青玉が4個、計9個の玉が入っている袋から同時に2個を取り出す。

❶ 青玉を2個取り出す確率はどれだけか。

A 1/9　B 1/8　C 1/6　D 4/9
E AからDのいずれでもない

❷ 赤玉と黄玉を1個ずつ取り出す確率はどれだけか。

A 2/27　B 1/12　C 1/9　D 1/6
E AからDのいずれでもない

答 別冊62ページ

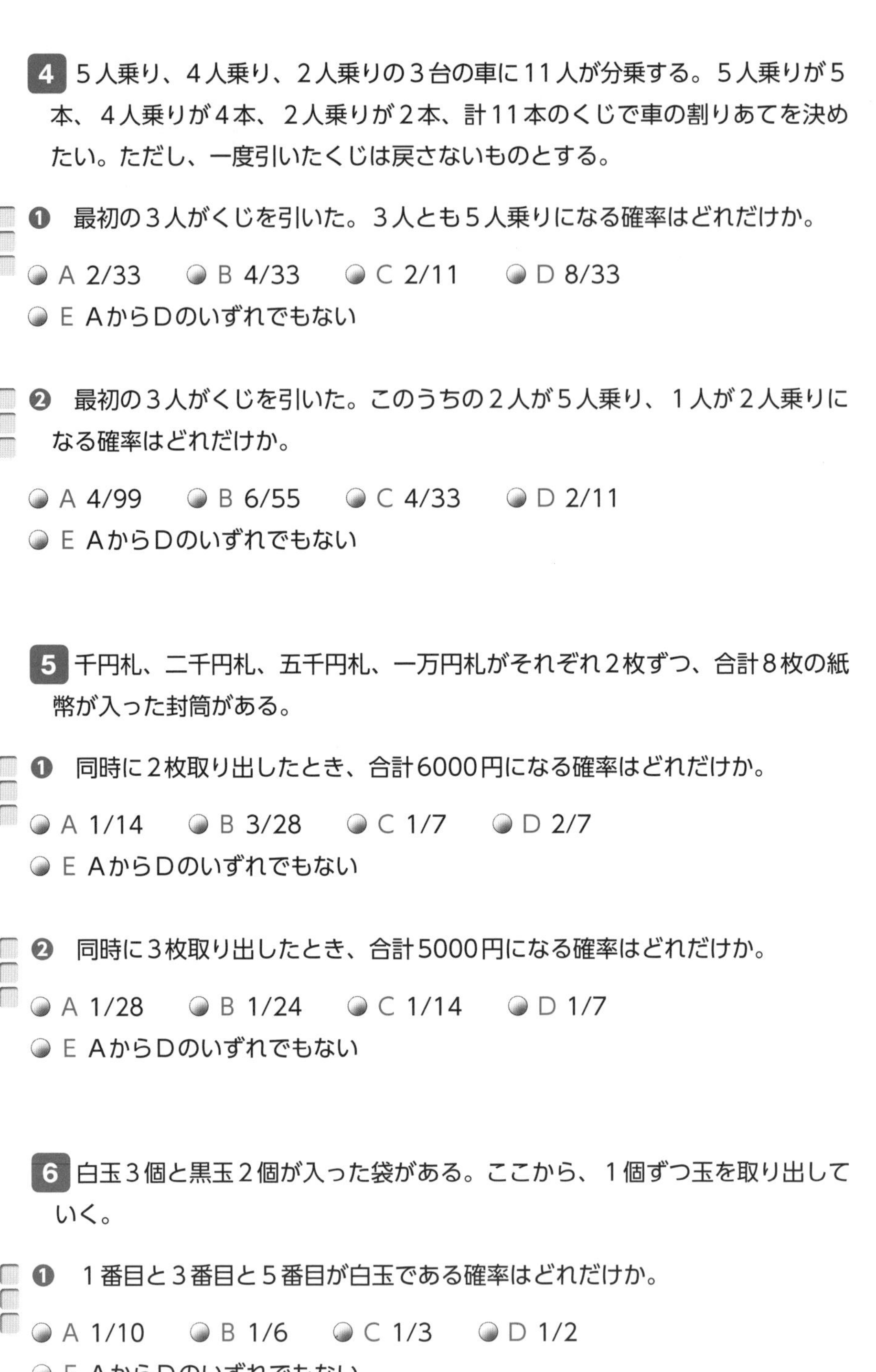

4 5人乗り、4人乗り、2人乗りの3台の車に11人が分乗する。5人乗りが5本、4人乗りが4本、2人乗りが2本、計11本のくじで車の割りあてを決めたい。ただし、一度引いたくじは戻さないものとする。

❶ 最初の3人がくじを引いた。3人とも5人乗りになる確率はどれだけか。

A 2/33　B 4/33　C 2/11　D 8/33
E AからDのいずれでもない

❷ 最初の3人がくじを引いた。このうちの2人が5人乗り、1人が2人乗りになる確率はどれだけか。

A 4/99　B 6/55　C 4/33　D 2/11
E AからDのいずれでもない

5 千円札、二千円札、五千円札、一万円札がそれぞれ2枚ずつ、合計8枚の紙幣が入った封筒がある。

❶ 同時に2枚取り出したとき、合計6000円になる確率はどれだけか。

A 1/14　B 3/28　C 1/7　D 2/7
E AからDのいずれでもない

❷ 同時に3枚取り出したとき、合計5000円になる確率はどれだけか。

A 1/28　B 1/24　C 1/14　D 1/7
E AからDのいずれでもない

6 白玉3個と黒玉2個が入った袋がある。ここから、1個ずつ玉を取り出していく。

❶ 1番目と3番目と5番目が白玉である確率はどれだけか。

A 1/10　B 1/6　C 1/3　D 1/2
E AからDのいずれでもない

 答 別冊62〜63ページ

❷　最初から「黒白黒白」の順番で取り出される確率はどれだけか。

A 1/5　B 1/10　C 1/20　D 1/120
E AからDのいずれでもない

❸　どこかで白い玉が連続して３個取り出される確率はどれだけか。

A 3/5　B 3/7　C 3/10　D 1/20
E AからDのいずれでもない

7 黒い碁石が２個、白い碁石が６個入った袋がある。

❶　同時に３個を取り出すとき、白石が３個になる確率はどれだけか。

A 3/8　B 5/14　C 5/28　D 1/8
E AからDのいずれでもない

❷　同時に３個を取り出すとき、白石が２個以上になる確率はどれだけか。

A 5/14　B 15/28　C 25/28　D 51/56
E AからDのいずれでもない

❸　１個を取り出したら、色を確認して袋に戻す。これを３回繰り返したとき、黒石が１度だけ出る確率はどれだけか。

A 1/32　B 3/64　C 27/64　D 7/16
E AからDのいずれでもない

❹　１個を取り出したら、色を確認して袋に戻す。これを４回繰り返したとき、最後の４回目で３個目の白石が出る確率はどれだけか。

A 27/256　B 9/64　C 39/128　D 81/256
E AからDのいずれでもない

答 別冊63〜64ページ

8 大中小3個のサイコロを同時に投げる。

❶ 出た目の積が偶数になる確率はどれだけか。

A 1/8　B 1/6　C 5/6　D 7/8
E AからDのいずれでもない

❷ 出た目の和が奇数になる確率はどれだけか。

A 1/3　B 1/2　C 3/5　D 7/8
E AからDのいずれでもない

9 1から4までの数字がそれぞれ1つずつ書かれた4枚のカードが2組ある。

❶ 1組のカードをよくきって、左から横一列に4枚並べるとき、左から2番目が2、左から3番目が3になる確率はどれだけか。

A 1/24　B 1/12　C 1/10　D 1/6
E AからDのいずれでもない

❷ 1組のカードを横一列に4枚並べ、その上にもう1組のカードの4枚を並べる。上下のカードの数がすべて同じ順番で並ぶ確率はどれだけか。

A 1/96　B 1/48　C 1/24　D 1/12
E AからDのいずれでもない

10 1から5までの数字がそれぞれ1つずつ書かれた5枚のカードが入った袋がある。ここから3枚のカードを引く。

❶ 同時に3枚引くとき、1と2が両方入っている確率はどれだけか。

A 1/20　B 1/10　C 1/5　D 3/10
E AからDのいずれでもない

 答 別冊64～65ページ

❷　一度引いたカードは戻さず、1枚目を百、2枚目を十、3枚目を一の位において3けたの数を作る。十の位が5になる確率はどれだけか。

A 1/10　B 1/6　C 1/5　D 1/4
E AからDのいずれでもない

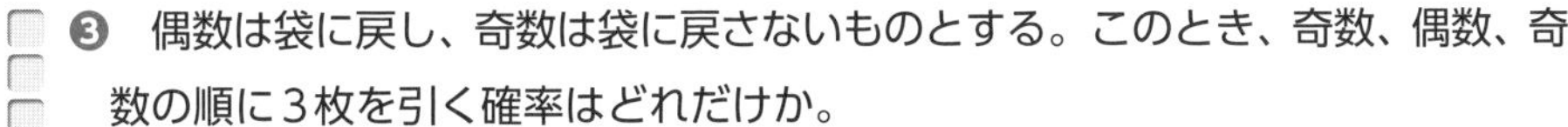

❸　偶数は袋に戻し、奇数は袋に戻さないものとする。このとき、奇数、偶数、奇数の順に3枚を引く確率はどれだけか。

A 1/10　B 3/20　C 1/5　D 3/5
E AからDのいずれでもない

11 赤玉と青玉が5：2の比率で入っている抽選箱があり、赤玉の中には40%、青玉の中には50%の割合で当たりの玉が入っている。1回の抽選で1個取り出し、そのつど玉は中に戻すものとする。

❶　当たりの玉のうち、赤玉：青玉の比率を求めよ。

A 2：1　B 8：5　C 1：3　D 3：4
E AからDのいずれでもない

❷　2回抽選をして、2回ともはずれが出る確率はどれだけか。

A 3/11　B 1/9　C 4/49　D 16/49
E AからDのいずれでもない

❸　2回抽選をして、少なくとも1回は赤玉の当たりが出る確率はどれだけか。

A 5/36　B 11/36　C 24/49　D 25/49
E AからDのいずれでもない

答 別冊65ページ

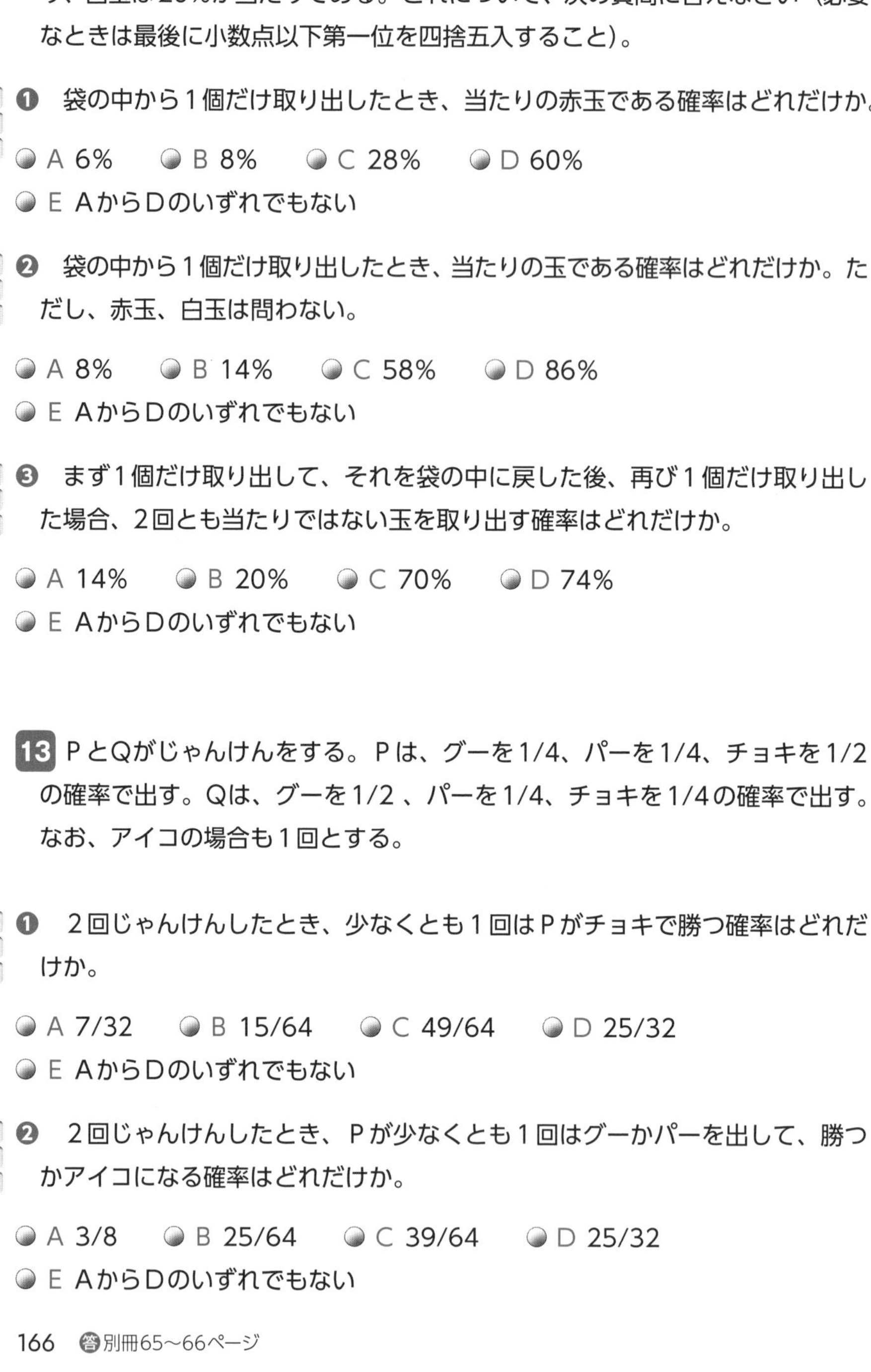

12 ある袋の中に赤玉と白玉が、3：2の割合で入っている。赤玉は10%が当たり、白玉は20%が当たりである。これについて、次の質問に答えなさい（必要なときは最後に小数点以下第一位を四捨五入すること）。

❶ 袋の中から1個だけ取り出したとき、当たりの赤玉である確率はどれだけか。

- A 6%
- B 8%
- C 28%
- D 60%
- E AからDのいずれでもない

❷ 袋の中から1個だけ取り出したとき、当たりの玉である確率はどれだけか。ただし、赤玉、白玉は問わない。

- A 8%
- B 14%
- C 58%
- D 86%
- E AからDのいずれでもない

❸ まず1個だけ取り出して、それを袋の中に戻した後、再び1個だけ取り出した場合、2回とも当たりではない玉を取り出す確率はどれだけか。

- A 14%
- B 20%
- C 70%
- D 74%
- E AからDのいずれでもない

13 PとQがじゃんけんをする。Pは、グーを1/4、パーを1/4、チョキを1/2の確率で出す。Qは、グーを1/2 、パーを1/4、チョキを1/4の確率で出す。なお、アイコの場合も1回とする。

❶ 2回じゃんけんしたとき、少なくとも1回はPがチョキで勝つ確率はどれだけか。

- A 7/32
- B 15/64
- C 49/64
- D 25/32
- E AからDのいずれでもない

❷ 2回じゃんけんしたとき、Pが少なくとも1回はグーかパーを出して、勝つかアイコになる確率はどれだけか。

- A 3/8
- B 25/64
- C 39/64
- D 25/32
- E AからDのいずれでもない

 答 別冊65〜66ページ

14 1から5までの数字が1つずつ書かれた計5枚のカードが2セットある。これをPとQの2人が1セットずつ持ち、1枚ずつ好きなカードを出していく。ただし、1度出したカードはもとに戻さない。

❶ 3枚目に出した2人のカードが一致する確率はどれだけか。

A 1/50　B 1/40　C 1/30　D 1/5
E AからDのいずれでもない

❷ 1枚目から5枚目まで、2人が出すカードの数字の順番がすべて一致する確率はどれだけか。

A 1/360　B 1/180　C 1/120　D 1/100
E AからDのいずれでもない

❸ 2人が5枚のカードからどれか3枚を取り出して3けたの数を作るとき、まったく同じ並びの数になる確率はどれだけか。

A 1/360　B 1/240　C 1/60　D 1/20
E AからDのいずれでもない

❹ Pの出すカードの3枚目が3、5枚目が5になる確率はどれだけか。

A 1/360　B 1/240　C 1/100　D 1/20
E AからDのいずれでもない

15 月曜日、火曜日、水曜日の午前と午後に1回ずつ、計6回の説明会を行う。P、Q、Rの3人がそれぞれ2回ずつ担当することにした。

❶ Pが2回とも午前を担当する確率はどれだけか。

A 1/5　B 1/3　C 2/3　D 4/5
E AからDのいずれでもない

❷ 3人全員がそれぞれ1人で同じ日の午前と午後を担当することになる確率はどれだけか。

A 2/5　B 1/5　C 1/7　D 1/15
E AからDのいずれでもない

答 別冊66～67ページ

17 損益算

原価（仕入れ値）、利益、定価、売値（割引後、実際に売った値段）に関する問題。原価の３割の利益を見込んだ定価のとき、「原価×1.3＝定価」。

再現問題　回答時間▶2問2分

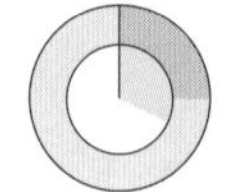

この問題は２問組です

ある果物店では、原価の３割の利益を見込んで定価をつけている。

❶　ミカン１箱の定価が1950円のとき、定価の２割引で販売すると、利益はいくらか。

- A 30円
- B 60円
- C 240円
- D 360円
- E AからDのいずれでもない

❷　イチゴ１パックを定価の１割引で販売すると、利益が85円だった。イチゴ１パックの原価はいくらか。

- A 480円
- B 500円
- C 850円
- D 1000円
- E AからDのいずれでもない

回答時間

→ 解説　原価xの3割の利益がある定価は1.3x円

❶「利益＝売値－原価」なので、売値と原価を出してから差を求める。
売値は定価1950円の2割引（1－0.2＝0.8）なので、

売値 … 1950×0.8＝1560円

定価は原価の3割の利益を見込んだものなので、原価の1.3倍が定価1950円になる。原価は、定価を1.3で割れば求められる。

原価 … 1950÷1.3＝1500円

利益 … 1560－1500＝60円

正解　B

❷ 原価をx円とすると、原価の3割の利益を見込んだ定価は1.3x円となる。定価1.3x円の1割引（1－0.1＝0.9）が売値なので、

売値 … 1.3x×0.9＝1.17x円

売値1.17x円から原価x円を引くと利益が85円になったので、次の式が立てられる。

利益 … 1.17x－x＝85円

0.17x＝85円

原価x … 85÷0.17＝500円

正解　B

ポイント

定価＝原価＋利益と、売値＝定価×(1－割引率)の関係を覚えておく。

- 原価x円の5割の利益を見込んだ定価…x×(1＋0.5)＝1.5x円
- 定価1.5x円の2割引の売値…1.5x×(1－0.2)＝1.2x円
- 売値1.2x円の利益が100円のときの原価x円の求め方
  原価x…1.2x－x＝100円 → 0.2x＝100円 → x＝100÷0.2＝500円

<table>
<tr><td>原価 x円</td><td>利益 0.5x円</td></tr>
<tr><td colspan="2">定価=x+0.5x=1.5x円</td></tr>
<tr><td>2割引の売値
1.5x×(1−0.2)=1.2x円</td><td>割引額
1.5x×0.2=0.3x円</td></tr>
</table>

問題演習 損益算

1 原価750円の商品に150円の利益が出るように定価をつけた。この商品を定価の10%引きで売ったとき、1個あたりの利益はいくらか。

- A 60円
- B 90円
- C 100円
- D 120円
- E AからDのいずれでもない

2 商品Pを定価の15%引きで売ると、定価の10%引きに比べて、利益が135円少なくなる。商品Pの定価はいくらか。

- A 270円
- B 1350円
- C 1400円
- D 2700円
- E AからDのいずれでもない

3 定価の3割引で売ると、200円の利益が出るように定価を設定したい。仕入れ値が850円のとき、定価はいくらにすればよいか。

- A 1050円
- B 1500円
- C 1850円
- D 2000円
- E AからDのいずれでもない

4 1個1200円で仕入れたグラスに4割の利益を見込んで定価をつけたが、売れないので定価の2割5分引で売った。このとき1個あたりの利益はいくらか。

- A 50円
- B 60円
- C 70円
- D 80円
- E AからDのいずれでもない

5 原価に2割5分の利益を見込んだ定価をつけて販売したが、売れないので原価で販売した。これは定価の何%引きになるか。

- A 10%
- B 18%
- C 20%
- D 25%
- E AからDのいずれでもない

 答 別冊67ページ

6 商品Pに原価の60%の利益を見込んで定価をつけたが、売れないので原価の28%の利益を見込んだ売値とした。値引きは定価の何%引きになるか。

A 10%　B 15%　C 18%　D 20%
E AからDのいずれでもない

7 仕入れ値が720円の商品に、330円の利益を乗せて定価を決めた。この商品を値引きしてすべて同じ値段で40個売ったとき、全部で4800円の利益があった。このとき、この商品は定価の何%引きで売られていたか（必要なときは最後に小数点以下第一位を四捨五入すること）。

A 15%　B 20%　C 24%　D 25%
E AからDのいずれでもない

8 原価の1.3倍の定価がつけられている商品Pは、定価の1割引のときの売値より、2割引のときの売値が52円安くなった。商品Pの原価はいくらか。

A 400円　B 425円　C 540円　D 600円
E AからDのいずれでもない

9 原価600円の商品が200個ある。50個を定価の1割引、150個を定価の2割引で売ったときに、78000円の利益が出るようにしたい。定価はいくらにしたらよいか。

A 450円　B 600円　C 1100円　D 1200円
E AからDのいずれでもない

10 商品Pを50個仕入れ、1個800円で30個を、1個1300円で20個を売ったとき、利益が9500円になった。P1個あたりの仕入れ値はいくらか。

A 600円　B 750円　C 810円　D 850円
E AからDのいずれでもない

答 別冊67〜68ページ

11 ある商品を仕入れ値の5割の利益を見込んだ定価をつけて、セールの時に定価の3割引で売った。このときの利益は仕入れ値の何%か。

- A 3%　B 5%　C 8%　D 10%　E AからDのいずれでもない

12 商品Pに仕入れ値の6割の利益を見込んで定価をつけた。これを定価の30%引きで売ったところ、90円の利益が出た。商品Pの定価はいくらか。

- A 750円　B 900円　C 1200円　D 1500円
- E AからDのいずれでもない

13 定価4000円の商品を値引きして売ったところ、仕入れ値の25%にあたる600円の利益を得た。このとき、この商品の値引率は定価の何%か。

- A 10%　B 15%　C 20%　D 25%
- E AからDのいずれでもない

14 定価の2割5分引で販売したときに、原価の2割の利益が出るように定価を設定したい。定価を原価の何倍に設定すればよいか（必要なときは最後に小数点以下第三位を四捨五入すること）。

- A 1.25倍　B 1.50倍　C 1.60倍　D 1.75倍
- E AからDのいずれでもない

15 ある商品を50個仕入れ、仕入れ値の40%の利益をのせて定価をつけた。30個は定価で、20個は定価の30%引きで完売した。この50個の利益は仕入れ値の何%になるか（必要なときは最後に小数点以下第二位を四捨五入すること）。

- A 10.5%　B 16.8%　C 23.2%　D 25.6%
- E AからDのいずれでもない

16 原価320円の品物を120個仕入れ、2割の利益を見込んで定価をつけたが100個しか売れなかった。そこで、残りは定価の半額にして売りつくした。利益は全部でいくらか。

- A 3840円　B 6400円　C 7240円　D 7680円
- E AからDのいずれでもない

答 別冊68ページ

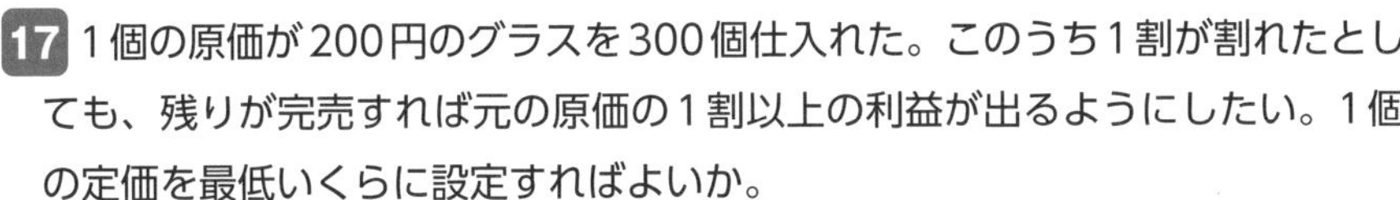

17 1個の原価が200円のグラスを300個仕入れた。このうち1割が割れたとしても、残りが完売すれば元の原価の1割以上の利益が出るようにしたい。1個の定価を最低いくらに設定すればよいか。

- A 199円
- B 220円
- C 239円
- D 245円
- E AからDのいずれでもない

18 品物Pと品物Qを20個ずつ、合計36000円で仕入れた。品物Pは原価の2割、品物Qは原価の4割の利益を見込んだ売値で販売したところ、完売して売上総額が48000円になった。品物Pの売値はいくらか。

- A 600円
- B 720円
- C 1000円
- D 1680円
- E AからDのいずれでもない

19 定価の7割で売った場合でも赤字にならないようにするには、少なくとも原価のどれだけ以上の利益を上乗せして定価を設定する必要があるか。

- A 1/8
- B 2/7
- C 1/3
- D 3/7
- E AからDのいずれでもない

20 P店では、定価の3割引で売ったときに原価の2割の利益が出るように定価を設定している。

❶ 定価900円の品物Mの原価はいくらか。

- A 525円
- B 550円
- C 600円
- D 625円
- E AからDのいずれでもない

❷ 原価2450円の品物Nの定価はいくらか。

- A 3500円
- B 3900円
- C 4200円
- D 4500円
- E AからDのいずれでもない

答 別冊68～69ページ

21 仕入れ値の４割の利益が出るように、定価をつける店がある。

❶ 商品Ｐを定価の１割５分引で売ると、１個あたりの利益が380円になる。定価はいくらか。

- A 1500円　B 1820円　C 2000円　D 2800円
- E AからDのいずれでもない

❷ 商品Ｑを60個仕入れた。50個を定価で売り、10個を３割引で売ったとき、利益の合計が12870円になった。仕入れ値の総額はいくらか。

- A 37050円　B 38400円　C 39000円　D 40500円
- E AからDのいずれでもない

22 ある店では、仕入れ値の２割５分の利益を見込んで定価を設定する。

❶ 商品Ｐが１個売れ残ったので、定価の６割引で売ったところ、400円の損失が出た。このときＰの仕入れ値はいくらか。

- A 800円　B 1200円　C 1600円　D 1800円
- E AからDのいずれでもない

❷ 商品Ｑが１個売れ残ったので、定価の300円引きで売ったところ、仕入れ値の１割の利益が得られた。Ｑの仕入れ値はいくらか。

- A 1700円　B 2000円　C 2300円　D 2500円
- E AからDのいずれでもない

答 別冊69ページ

23 ある店では原価の4割の利益が出るように定価を設定している。また、セール中は商品Xは定価の2.5割引、商品Yは定価の2割引で販売する。

❶　商品Xを100個仕入れて、30個を定価、残りをセールで売ったとき、売上の合計が150150円だった。商品Xの原価はいくらか。

- A 1300円
- B 1420円
- C 1540円
- D 1600円
- E AからDのいずれでもない

❷　商品Yを60個仕入れて、40個を定価、残りをセールで売ったとき、利益の合計が37720円だった。商品Yの原価はいくらか。

- A 1850円
- B 1900円
- C 2050円
- D 2500円
- E AからDのいずれでもない

24 すべての商品を100円で売る店がある。

❶　商品Pの原価は65円、商品Qの原価は45円である。合計200個で10200円以上の利益を出すためには、Qを何個以上売ればよいか。

- A 40個
- B 80個
- C 120個
- D 160個
- E AからDのいずれでもない

❷　商品Rは原価が5%上がったため、利益が20%下がった。5%上がったときの原価はいくらか。

- A 80円
- B 84円
- C 90円
- D 94円
- E AからDのいずれでもない

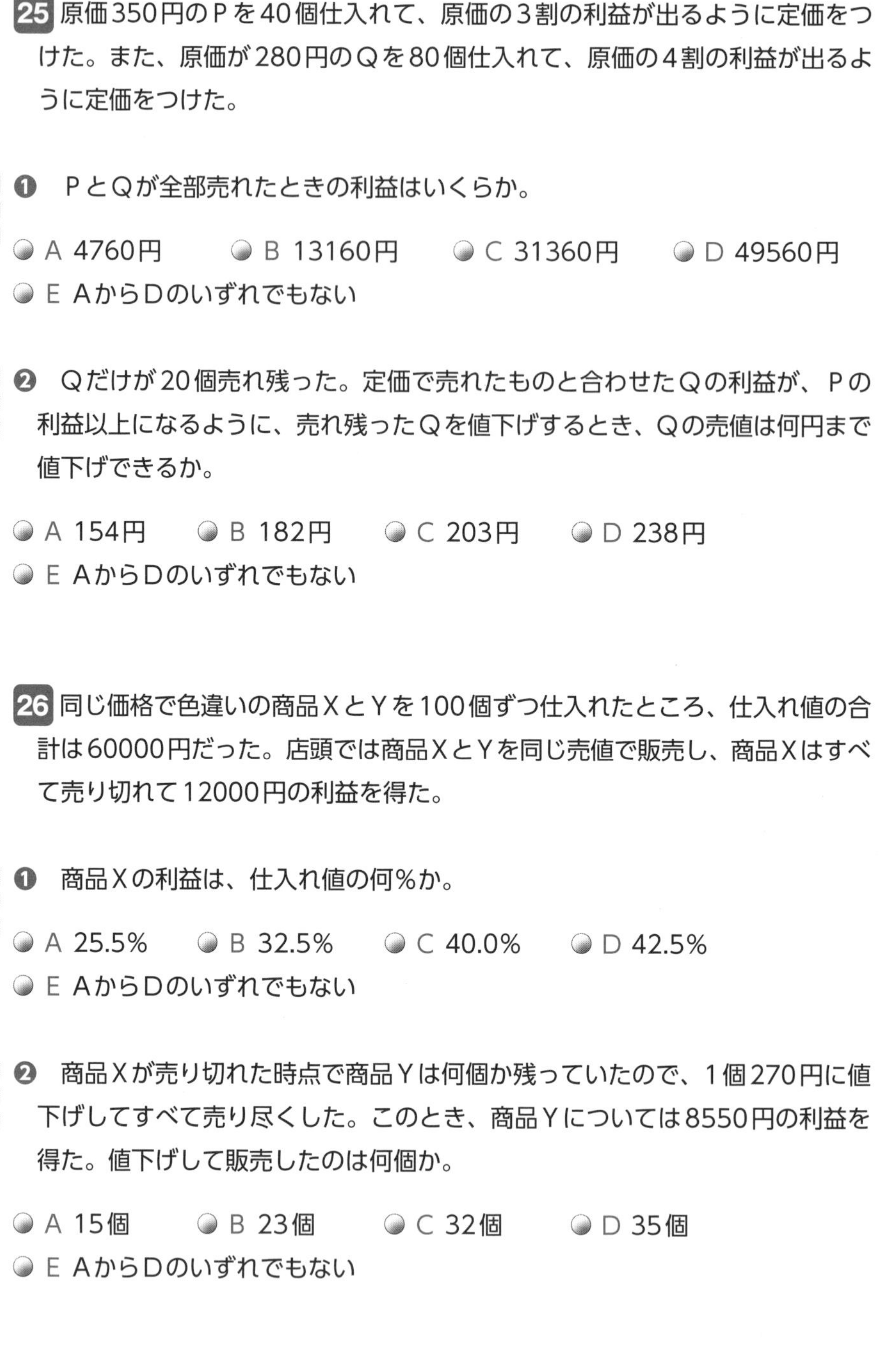

25 原価350円のPを40個仕入れて、原価の3割の利益が出るように定価をつけた。また、原価が280円のQを80個仕入れて、原価の4割の利益が出るように定価をつけた。

❶ PとQが全部売れたときの利益はいくらか。

A 4760円　B 13160円　C 31360円　D 49560円
E AからDのいずれでもない

❷ Qだけが20個売れ残った。定価で売れたものと合わせたQの利益が、Pの利益以上になるように、売れ残ったQを値下げするとき、Qの売値は何円まで値下げできるか。

A 154円　B 182円　C 203円　D 238円
E AからDのいずれでもない

26 同じ価格で色違いの商品XとYを100個ずつ仕入れたところ、仕入れ値の合計は60000円だった。店頭では商品XとYを同じ売値で販売し、商品Xはすべて売り切れて12000円の利益を得た。

❶ 商品Xの利益は、仕入れ値の何%か。

A 25.5%　B 32.5%　C 40.0%　D 42.5%
E AからDのいずれでもない

❷ 商品Xが売り切れた時点で商品Yは何個か残っていたので、1個270円に値下げしてすべて売り尽くした。このとき、商品Yについては8550円の利益を得た。値下げして販売したのは何個か。

A 15個　B 23個　C 32個　D 35個
E AからDのいずれでもない

 答 別冊70ページ

27 ある商店では、原価の35%の利益が出るように定価を定める。

❶ 定価の1割引で売ったとき、利益は原価の何%か。

A 12.5%　B 13.5%　C 18.0%　D 21.5%
E AからDのいずれでもない

❷ 定価の1割引で売った場合と、定価の2割引で売った場合では、利益に原価の何%の差が出るか。

A 12.5%　B 13.5%　C 18.0%　D 20.0%
E AからDのいずれでもない

28 ある店で、日曜日にP、Q、Rという3つの商品の売上個数、仕入れ値、売値を調査したところ、下の表の通りだった。このとき、PとQは合計500個売れて、売上利益は26000円だった。

商品	売上個数
P	□個
Q	□個
R	80個

商品1個	仕入れ値	売値
P	190円	250円
Q	150円	190円
R	□円	□円

❶ Pは何個売れたか。

A 150個　B 180個　C 200個　D 300個
E AからDのいずれでもない

❷ Qの利益はRの利益の4倍だった。Rが仕入れ値の2割の利益を見込んだ売値となっていたとき、R1個の売値はいくらか。

A 85円　B 125円　C 150円　D 180円
E AからDのいずれでもない

答 別冊70〜71ページ

18 料金割引

施設の入場や買い物などで、割引されるときの料金や人数を求める問題。

再現問題

回答時間▶3問3分

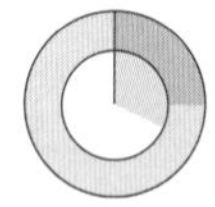

この問題は3問組です

ある水族館の入場料は1人1600円だが、1団体で10人を超えた分については1割引に、100人を超えた分については2割引になる。

❶ 100人の団体が入場するとき、入場料の総額はいくらか。

- A 128000円
- B 145600円
- C 150200円
- D 154800円
- E AからDのいずれでもない

❷ 30人が15人ずつ2つの団体に分かれて入場するときと、30人がまとまって1つの団体として入場するときでは、総額はいくら異なるか。

- A 1600円
- B 1660円
- C 1760円
- D 1800円
- E AからDのいずれでもない

❸ 団体旅行で、入場料の総額を全員で割って入場者全員が同じ料金を支払うことにした。このとき、1人分の入場料が1440円になるのは何人の団体のときか。

- A 105人
- B 110人
- C 125人
- D 145人
- E AからDのいずれでもない

回答時間

→ 解説　割引になるのは11人目から

❶　10人までの料金と、10人を超えた人数分の料金を分けて計算する。

10人…1600×10＝16000円

90人…1600×0.9×90＝129600円

合計…16000＋129600＝145600円

正解　B

❷　割引額の差で計算する。1割引になるのは、15人ずつの2団体なら(15－10)×2＝10人。30人の1団体なら30－10＝20人。割引人数の差は 20－10＝10人。割引額は1人(1600×0.1＝)160円なので、割引額の差＝総額の差は、

160×10＝1600円

別解▶総額の差で計算すると、
30人が15人ずつ2つの団体に分かれて入場するとき…
(1600×10＋1600×0.9×5)×2＝46400円
30人がまとまって1つの団体として入場するとき…
1600×10＋1600×0.9×20＝44800円
差額…46400－44800＝1600円

正解　A

❸　入場料1600円の1割は160円。入場料の額には、次の3種類がある。
1〜10人…1600円(1440＋160円)
11〜100人…1440円
101人以上…1280円(1440－160円)
全員の平均が1440円になったということは、1600円の人と1280円の人が同数いたということなので、全員の人数は、**10＋90＋10＝110人**。
別解▶❶より100人で145600円。全員でx人とすると、
100人を超える分…(x－100)×(1600×0.8)＝(x－100)×1280円
x人の総額…145600＋(x－100)×1280＝1280x＋17600円
1人分の入場料が1440円で、x人の総額は1440x円になるため、
1440x＝1280x＋17600
x＝110人

正解　B

ポイント

- 600円の2割5分引の割引後の額 … 600×(1－0.25)＝450円
  2割＝0.2＝1/5、2割5分＝0.25＝1/4、4割＝0.4＝2/5

問題演習

料金割引

1 あるコピー機のリース料は１か月２万円が基本料金となっている。ただし、7か月以上リースをすると7か月目以降のリース料が基本料金の10%引き、また13か月目以降のリース料は基本料金の20%引きになる。18か月リースをすると、リース料は合計でいくらか。

- A 24.4万円
- B 32.3万円
- C 32.4万円
- D 35.2万円
- E AからDのいずれでもない

2 商品Pは1個1200円だが、200個買うと割引されて総額180000円になる。また、100個買っても割引されるが、定価に対する1個あたりの割引率（%）は200個買ったときより5%小さい。100個買ったときは合計でいくらか。

- A 92000円
- B 94000円
- C 96000円
- D 98000円
- E AからDのいずれでもない

3 1鉢120円の花の鉢がある。10鉢までは定価だが、11〜30鉢は10%引き、31鉢以上は25%引きになる。

❶ 35鉢買ったとき、代金は全部でいくらか。

- A 3150円
- B 3612円
- C 3780円
- D 3810円
- E AからDのいずれでもない

❷ 平均購入価格が1鉢あたり113円になったとき、何鉢買ったか。

- A 18鉢
- B 22鉢
- C 24鉢
- D 32鉢
- E AからDのいずれでもない

4 ある印刷会社では、名刺印刷が1枚15円で、100枚から注文できる。また、301枚以上まとめて注文すると、300枚を超える分について2割引となる。

❶ 500枚注文すると総額はいくらか。

A 5794円　B 5800円　C 6250円　D 6900円
E AからDのいずれでもない

❷ 名刺1枚の値段が13円以下になるようにするには、最低何枚注文すればよいか。

A 600枚　B 900枚　C 901枚　D 1000枚
E AからDのいずれでもない

5 ある施設の入場料は、大人1000円、子供は大人の半額である。また、1つの団体に大人が31人以上いるときは、30人を超えた分の大人と子供全員がそれぞれ2割引になる。

❶ 大人42人の団体が入場するとき、入場料の総額はいくらか。

A 38800円　B 39600円　C 40400円　D 41200円
E AからDのいずれでもない

❷ 大人40人と子供40人で計80人の団体が入場するとき、入場料の総額はいくらか。

A 38000円　B 54000円　C 66000円　D 70000円
E AからDのいずれでもない

答 別冊71～72ページ

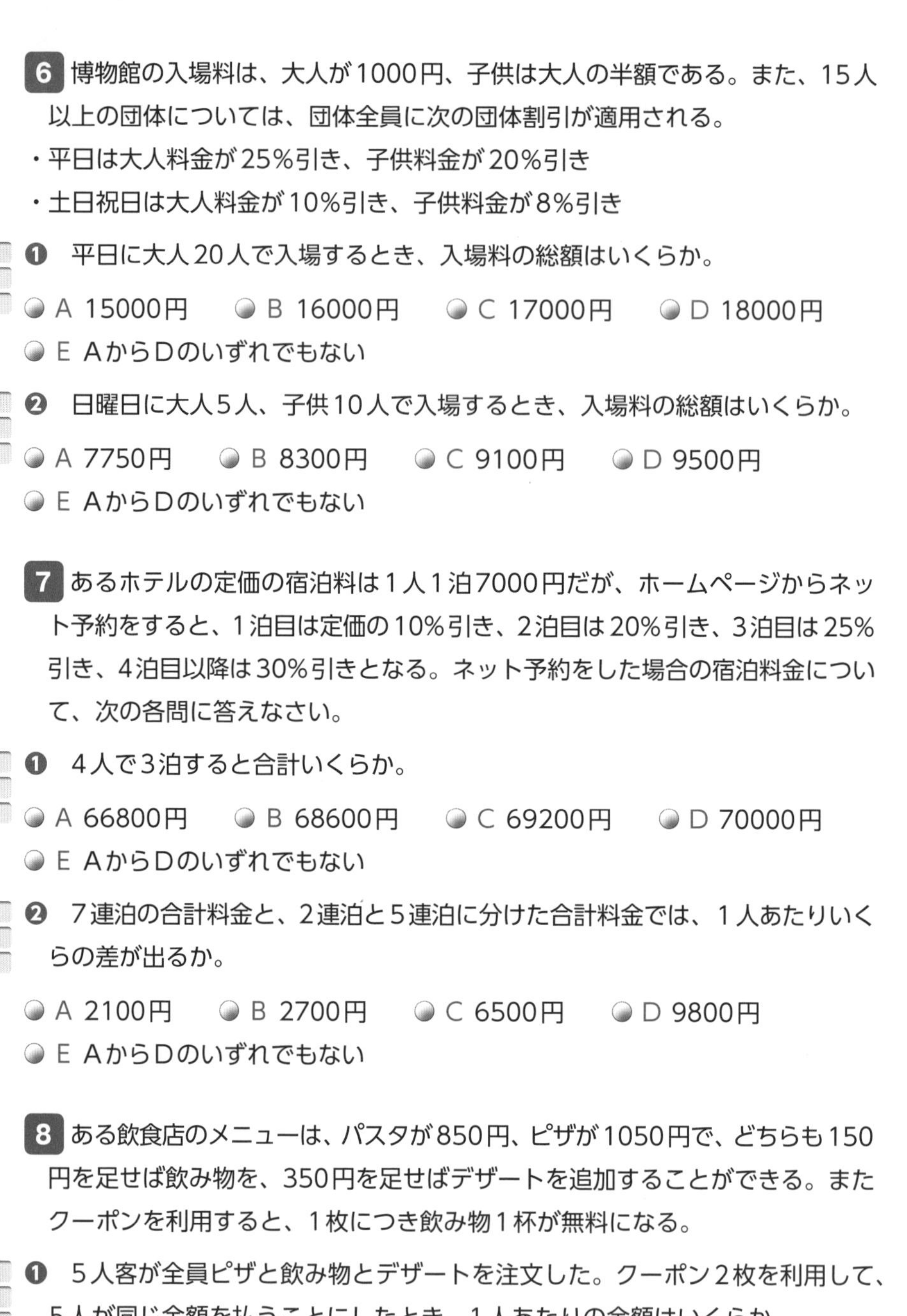

6 博物館の入場料は、大人が1000円、子供は大人の半額である。また、15人以上の団体については、団体全員に次の団体割引が適用される。

・平日は大人料金が25%引き、子供料金が20%引き

・土日祝日は大人料金が10%引き、子供料金が8%引き

❶ 平日に大人20人で入場するとき、入場料の総額はいくらか。

A 15000円　B 16000円　C 17000円　D 18000円

E AからDのいずれでもない

❷ 日曜日に大人5人、子供10人で入場するとき、入場料の総額はいくらか。

A 7750円　B 8300円　C 9100円　D 9500円

E AからDのいずれでもない

7 あるホテルの定価の宿泊料は1人1泊7000円だが、ホームページからネット予約をすると、1泊目は定価の10%引き、2泊目は20%引き、3泊目は25%引き、4泊目以降は30%引きとなる。ネット予約をした場合の宿泊料金について、次の各問に答えなさい。

❶ 4人で3泊すると合計いくらか。

A 66800円　B 68600円　C 69200円　D 70000円

E AからDのいずれでもない

❷ 7連泊の合計料金と、2連泊と5連泊に分けた合計料金では、1人あたりいくらの差が出るか。

A 2100円　B 2700円　C 6500円　D 9800円

E AからDのいずれでもない

8 ある飲食店のメニューは、パスタが850円、ピザが1050円で、どちらも150円を足せば飲み物を、350円を足せばデザートを追加することができる。またクーポンを利用すると、1枚につき飲み物1杯が無料になる。

❶ 5人客が全員ピザと飲み物とデザートを注文した。クーポン2枚を利用して、5人が同じ金額を払うことにしたとき、1人あたりの金額はいくらか。

A 1290円　B 1370円　C 1490円　D 1570円

E AからDのいずれでもない

 答 別冊72ページ

❷　8人客がそれぞれパスタ、ピザのいずれかを注文し、1人は飲み物だけを、3人はデザートだけを、4人は飲み物とデザートを追加注文した。クーポン4枚を利用して、合計金額が10600円だったとき、パスタを頼んだのは何人か。

A 2人　B 3人　C 5人　D 6人
E AからDのいずれでもない

9 プールの利用券は1回a円である。また、切り離して使用できる15枚つづりの回数券を12a円で販売している。なお、余った回数券の払い戻しはしないものとする。

❶　26人が一度に入場するとき、最も安くすむ場合の総額はいくらか。

A 12a円　B 20a円　C 23a円　D 24a円
E AからDのいずれでもない

❷　40人の団体Pと、58人の団体Qが入場する。最も安くすむ場合のPとQの1人あたりの差額はいくらか。

A 13/580×a円　B 7/290×a円　C 11/290×a円
D 23/580×a円　E AからDのいずれでもない

10 公民館は9時から22時まで使用でき、使用料は1時間あたり5000円である。ただし、使用する時間帯によって割引があり、9時から12時までは20%引き、12時から15時までは15%引き、15時から17時までは10%引きとなっている。

❶　13時から3時間使用するとき、使用料はいくらか。

A 8500円　B 13000円　C 14500円　D 15800円
E AからDのいずれでもない

❷　この公民館を連続して5時間使用したところ、使用料は21250円であった。何時から何時まで借りていたか。

A 9〜14時　B 10〜15時　C 11〜16時　D 12〜17時
E AからDのいずれでもない

Part 1 非言語・料金割引

テスト センター

ペーパー テスティング

WEB テスティング

19 代金精算

貸し借りをしたときの精算額や商品の代金を求める問題。問題文の読み間違いさえなければ、比較的簡単に解けるはず。出題例は少ないが2020年以降のSPI WEBテスティングでも出題が確認されている。

再現問題

回答時間▶2問2分

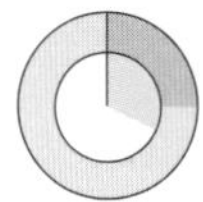

この問題は2問組です

PはQに5000円、Rに2500円の借金があり、RはQに2000円の借金がある。ある日、共通の友人への新築祝いに、Pが17000円で照明器具を、Qが7000円で植木鉢を買った。これらの代金はP、Q、Rの3人で同額ずつ負担することにした。

❶ 3人の貸し借りがなくなるように次の方法で精算することにした。このとき、（a）円はいくらか。

・RがQに（a）円を支払い、その後で、QがPに（b）円を支払う。

- A 6500円
- B 7500円
- C 8000円
- D 8500円
- E AからDのいずれでもない

❷ 実際には、3人でタクシーに乗って帰り、その代金をRが支払ったので、次のように精算がすんだ。このときタクシー代はいくらだったか。

・PがQに500円支払い、RがQに3500円支払った。

- A 4000円
- B 5000円
- C 5600円
- D 6000円
- E AからDのいずれでもない

回答時間

→解説　平均額と1人の支払い額の差額を求める

❶　3人の貸し借り関係を図にまとめたりしてはいけない。時間がたりなくなるばかりか、混乱のもとになる。設問で問われている「Rの支払い」だけで計算する方法が最速。Rが払う精算額a円は、平均額（1人分）からRが支払っていた額を引けば求められる。
平均額は、合計額（照明器具代＋植木鉢代）を3人で割れば出る。

(17000＋7000)÷3＝8000円

RはPに2500円貸し、Qから2000円借りがあったので、支払っているのは、

2500－2000＝500円

平均額8000円からRが支払っている500円を引けば、Rの精算額になる。

8000－500＝7500円

正解　B

❷　これも1人の支払いに着目する。例えば、Pは照明器具17000円と精算額500円を支払っていて、QとRから5000円＋2500円＝7500円の借りがあったので、

17000＋500－7500＝10000円…平均額（1人分）

を払っている。10000円が3人の平均額となるが、❶でタクシー代を除く平均額は8000円だったので、1人分の負担が2000円増えている。従って、タクシー代は、

2000×3＝6000円

別解▶平均額10000円まで出たので、総額は10000×3＝30000円。これは3人で精算する「照明器具＋植木鉢＋タクシー代」と同額なので、タクシー代は、

30000－17000－7000＝6000円

正解　D

ポイント

1人の支払った金額と平均額との差が精算額になる。
- 貸借があるとき、貸しはプラス、借りはマイナスで支払い額を計算する
  1000円貸し、500円借り、代金2000円を支払ったとき、支払った額は、
  1000－500＋2000＝2500円
- 平均額＝合計額÷人数
  6000円を3人で割り勘するとき、平均額（1人分の負担額）は、
  6000÷3＝2000円

問題演習 代金精算

1 X、Y、Zの3人がレストランで食事をした。3人の食事代は14000円で、Xが10000円、Yが4000円を支払った。その後で入った喫茶店では、3人のコーヒー代1300円をZがまとめて支払った。3人が同額ずつ負担するためには、YとZはXにそれぞれいくら支払えばよいか。

- A Yは2800円、Zは4800円
- B Yは800円、Zは2800円
- C Yは1500円、Zは3900円
- D Yは1100円、Zは3800円
- E AからDのいずれでもない

2 P、Q、Rの3人がスキーに行った。Pが全員のホテル代93000円を支払い、Qが全員の交通費34200円を支払い、Rが全員のリフト使用料を支払った。帰ったあとで精算したところ、Qは9100円、Rは40600円をそれぞれPに支払うことになった。このとき1人あたりのリフト使用料はいくらか。

- A 800円
- B 900円
- C 1000円
- D 2700円
- E AからDのいずれでもない

3 SとTの2人が、割り勘で食事をした。SはTから10000円を預かってレジに行ったが、代金は12000円だったので、Sが2000円を上乗せして支払った。なお、TはSにもともと5000円の借金があった。

❶ 精算時、SがTに「あなたから10000円を預かっていたが、5000円貸していたので、5000円をもらったことになる。支払いでは私が2000円出したので、差額の3000円を折半して1500円をあなたに払えば精算できるね」と言った。このように精算すると、Sはいくら得をするか、または損をするか。

- A 500円得をする
- B 1500円損をする
- C 2000円損をする
- D 2500円損をする
- E AからDのいずれでもない

 答 別冊73ページ

❷ 本当はどのように精算をすれば、貸し借りがなくなるか。

- A SがTに1500円払う
- B TがSに500円払う
- C TがSに1000円払う
- D TがSに1500円払う
- E AからDのいずれでもない

4 L、M、Nの３人が同額ずつお金を出し合って友人にプレゼントを贈ることにした。このとき、LはMに1000円を貸していた。NはMに4000円を貸していた。プレゼントはMが買いに行くことになっていたが、仕事で行けなかったため、NがMから10000円を預かって買いに行った。

❶ Nが7500円のプレゼントを買ってお釣りは自分でもらった場合、後で貸し借りがなくなるように精算するためには、Nはいくら払えばよいか。

- A 500円
- B 1000円
- C 1500円
- D 2500円
- E AからDのいずれでもない

❷ Nがいくらかを上乗せして10000円以上のプレゼントを買ったところ、精算時にはLがMに200円、Nに3600円を支払うことになった。この場合、プレゼントの値段はいくらだったか。

- A 12600円
- B 13500円
- C 14400円
- D 15000円
- E AからDのいずれでもない

5 XはYに5000円を預けてネクタイを１本買ってきてもらうことにした。Yは3500円の青のネクタイと3000円の緑のネクタイを買い、Xが選ばなかった方を自分のものにすることにした。もともとYはXに4000円を貸していた。

❶ Xが青のネクタイを選んだとき、貸し借りを含めてどう精算すればよいか。

- A YがXに2000円払う
- B YがXに2500円払う
- C XがYに2000円払う
- D XがYに2500円払う
- E AからDのいずれでもない

❷ Xが緑のネクタイを選んだとき、貸し借りを含めてどう精算すればよいか。

- A YがXに2000円払う
- B YがXに2500円払う
- C XがYに2000円払う
- D XがYに2500円払う
- E AからDのいずれでもない

答 別冊73～74ページ

20 速度算

速度は、単位時間あたりに進む距離を表す単位なので、速度＝距離÷時間。
時速は1時間あたりに何km進むかを表すので、km/時となる。

再現問題

回答時間▶3問3分

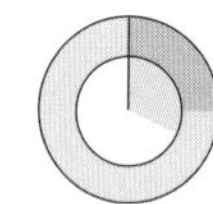

この問題は3問組です

甲は3km/時で、乙は5km/時で歩く。甲がX地点からY地点まで歩いて40分かかるとき、次の各問いに答えなさい。
※以下、「速度算」の問題では速度は常に等速度（一定）であるものとする。

❶　X地点とY地点の距離は何kmか。

- A 1km
- B 2km
- C 4.5km
- D 120km
- E AからDのいずれでもない

❷　甲がX地点からY地点に向かって、乙がY地点からX地点に向かって同時に歩き始めるとき、何分後に2人は出会うか。

- A 7.5分
- B 15分
- C 30分
- D 60分
- E AからDのいずれでもない

❸　甲がX地点から歩き始めた5分後に、乙が甲を追ってX地点を出発するとき、乙は何分後に甲に追いつくか。

- A 7.5分
- B 15分
- C 30分
- D 60分
- E AからDのいずれでもない

回答時間

→ 解説　出会い算は和、追いつき算は差

❶　X地点とY地点の距離は、速度3km/時の甲が40分かかる。まず、単位をそろえる。「分」を「時」にするので、40分を60で割る。

$$40 \div 60 = \frac{40}{60} = \frac{2}{3}\text{時間}$$

距離＝速度×時間 … $3 \times \frac{2}{3} = 2\text{km}$

正解　B

❷　【出会い算】離れた地点から向かい合って進むとき、いつ出会うかという問題。

出会うまでの時間＝離れている距離÷速度の和

❶より2地点の距離は2km。速度の和は、3＋5＝8km/時。

出会うまでの時間（分）は、

2÷8＝0.25時間 →(×60＝)15分

▲「時」を「分」にするので60を掛ける。

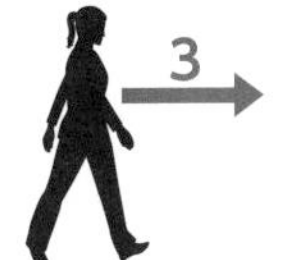

甲と乙の速度の和8で近づく

別解▶甲の速度3×40分＝距離120

距離120を速度の和（5＋3＝8）で近づくので120÷8＝15分。

正解　B

❸　【追いつき算】先に出発した者に、いつ追いつくかという問題。

追いつくまでの時間＝はじめの距離÷速度の差

3km/時の甲が5分間（5/60＝1/12時間）で進んだ距離は、

$$3 \times \frac{1}{12} = \frac{1}{4}\text{km}$$

速度の差は、5－3＝2km/時。

$$\frac{1}{4} \div 2 = \frac{1}{8}\text{時間} \rightarrow (\times 60 =) 7.5\text{分}$$

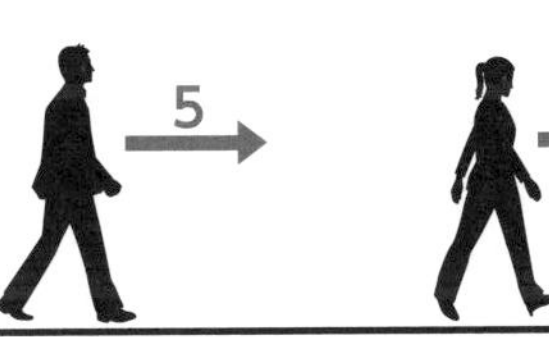

甲と乙の速度の差2で近づく

別解▶甲の速度3×5分＝距離15

距離15を速度の差（5－3＝2）で近づくので15÷2＝7.5分。

正解　A

ポイント

- 速度＝距離÷時間…100kmを2時間で進む速度は、100÷2＝50km/時
- 距離＝速度×時間…50km/時で2時間進む距離は、50×2＝100km
- 時間＝距離÷速度…100kmを50km/時で進む時間は、100÷50＝2時間

問題演習 速度算

1 タクシーに乗ってX駅を14時54分に出発し、14km離れたY駅に15時18分に到着した。タクシーの平均時速は何km/時か。

- A 28km/時
- B 35km/時
- C 38km/時
- D 40km/時
- E AからDのいずれでもない

2 Pは家を出発して12分間は72m/分で歩き、その後132m/分で走り出した。走り始めてから3分で公園に着いたとき、Pが通った家から公園までの距離は何mか。

- A 1260m
- B 1470m
- C 1520m
- D 1880m
- E AからDのいずれでもない

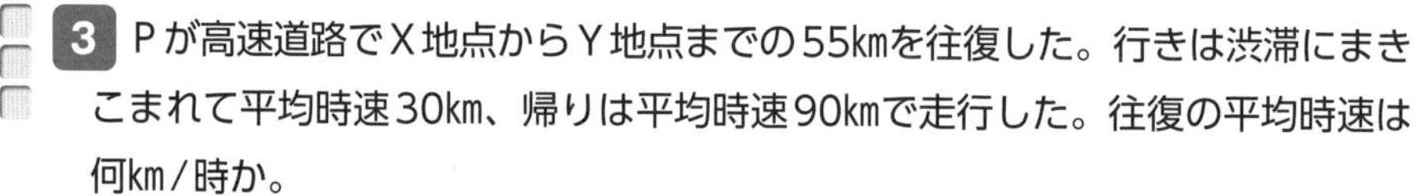

3 Pが高速道路でX地点からY地点までの55kmを往復した。行きは渋滞にまきこまれて平均時速30km、帰りは平均時速90kmで走行した。往復の平均時速は何km/時か。

- A 45km/時
- B 48km/時
- C 50km/時
- D 60km/時
- E AからDのいずれでもない

4 Pが50m/分で歩き始めてから5分後にQが同じ道を歩き出した。Qが出発して10分後にPに追いついたとき、Qの速さは何m/分だったか（必要なときは最後に小数点以下第一位を四捨五入すること）。

- A 55m/分
- B 67m/分
- C 75m/分
- D 80m/分
- E AからDのいずれでもない

5 Pが自宅から2.7km離れた学校へ向かって、1人で4.2km/時で歩いていたところ、友人と一緒になり速度が3.0km/時に落ちて、学校に着くまでに40分かかった。1人で歩いていた時間は何分か。

- A 15分
- B 25分
- C 35分
- D 39分
- E AからDのいずれでもない

 答 別冊74ページ

6 バス停を10時に出発した自転車が4km走った地点で、同じバス停を10時8分に出発して同じ道を走ってきた平均時速20km/時のバスに追いつかれた。自転車の平均時速はいくらか。

A 10km/時　B 12km/時　C 15km/時　D 18km/時
E AからDのいずれでもない

7 子供が自宅から60m/分で歩き始めた。8分後、母が自転車に乗って同じ道を180m/分で子供を追いかけた。母が子供に追いつくのは、母が自宅を出て何分後か。

A 2分後　B 3分後　C 4分後　D 5分後
E AからDのいずれでもない

8 1周1.2kmの池の周囲をPは時計回りに25m/分で、Qは反時計回りに35m/分で、同地点から同時に歩き始めた。2人が出会うとき、Pの歩いた距離は何mになっているか。

A 400m　B 500m　C 600m　D 620m
E AからDのいずれでもない

9 兄は家から図書館まで80m/分、図書館から駅まで60m/分で歩いた。妹は駅から図書館を通って家に帰る同じ道を75m/分で歩いた。家から図書館までの距離は1.6km、家から駅までの距離は4.0kmである。兄が家を出発したのと同時に妹が駅を出発したとき、出発して何分何秒後に出会うか。

A 20分20秒後　B 24分30秒後　C 25分10秒後
D 26分40秒後　E AからDのいずれでもない

10 P地点を出発しQ地点まで2.4km/時で歩いて、Q地点で1時間休んだ。帰りはQ地点からP地点まで4.8km/時で歩いた。出発してPに戻るまで4時間かかったとき、往復の平均時速はいくらか。ただし、休んでいる時間は含めないものとする（必要なときは最後に小数点以下第二位を四捨五入すること）。

A 1.6km/時　B 3.0km/時　C 3.2km/時　D 3.5km/時
E AからDのいずれでもない

答 別冊74〜75ページ

11 R駅とS駅の間は40kmである。40km/時で走行する電車XがR駅を14時15分に出発したところ、RSの中間地点でS駅を14時25分に出発した電車Yとすれ違い始めた。Yの速度は何km/時か。各列車の速度は常に一定とする。

- A 45km/時　B 50km/時　C 55km/時　D 60km/時
- E AからDのいずれでもない

12 全長220mの電車Pが54km/時でトンネルを通過するのに30秒かかった。トンネルの全長は何mか。

- A 220m　B 230m　C 360m　D 450m
- E AからDのいずれでもない

13 時速60kmで走行中のU電車が走り始めてからの走行距離は、同じ速度で走行中のW電車の1.5倍である。U電車が走り始めてからの走行距離は、次のどの条件があればわかるか。

条件ア：1時間前、U電車の走行距離はW電車の2倍だった

条件イ：3時間後、U電車の走行距離はW電車の1.2倍になる

- A アだけでわかるが、イだけではわからない
- B イだけでわかるが、アだけではわからない
- C アとイの両方でわかるが、片方だけではわからない
- D アだけでも、イだけでもわかる
- E アとイの両方があってもわからない

14 ある空港に設置されている動く歩道は、いずれも時速3kmで進む。

❶ 動く歩道の長さが75mのとき、動く歩道の上で動かないままでいると、乗ってから降りるまでに何秒かかるか。

- A 60秒　B 70秒　C 80秒　D 90秒
- E AからDのいずれでもない

❷ 動く歩道の上を時速2.4kmで歩いて進んだところ、乗ってから降りるまでに40秒かかった。この動く歩道の長さは何mか。

- A 50m　B 60m　C 70m　D 80m
- E AからDのいずれでもない

答 別冊75～76ページ

15 4人で駅伝の区間を走った。第1区と第4区はそれぞれ8km、第2区は3km、第3区は5kmである。各区間での通過時間は次の通りだった。

9:15 → 9:45 → 9:54 → 10:10 → (　　)

スタート	第1区 8km	第2区 3km	第3区 5km	第4区 8km	ゴール

❶ 第2区の走者の平均時速はいくらか 。

- A 18km/時
- B 19km/時
- C 20km/時
- D 21km/時
- E AからDのいずれでもない

❷ 第4区の走者は平均時速19.2km/時で走った。このとき、全区間の平均時速はいくらか。

- A 18.0km/時
- B 19km/時
- C 20km/時
- D 21km/時
- E AからDのいずれでもない

16 学校からバスで出発して、PとQの2つの工場を見学して学校に戻る。バスの平均時速40km/時のとき、予定されている時刻表は次の通りである。

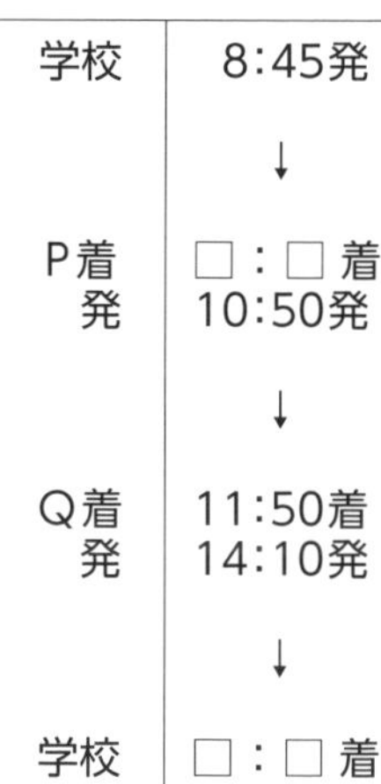

学校	8:45発
	↓
P着 発	□:□着 10:50発
	↓
Q着 発	11:50着 14:10発
	↓
学校	□:□着

❶ 学校からPまでは30kmある。P到着は何時何分か。

- A 9:30
- B 9:35
- C 9:40
- D 9:50
- E AからDのいずれでもない

❷ Pを10分遅れで出発したが、Qには時間通り間に合った。このとき、PQ間の平均時速は何km/時だったか。

- A 44km/時
- B 48km/時
- C 50km/時
- D 52km/時
- E AからDのいずれでもない

❸ Qを予定通り出発したが、渋滞で30分遅れて学校に着いた。Qから学校までの平均時速は20km/時だったとき、Qから学校までの距離は何kmか。

- A 12km
- B 20km
- C 25km
- D 28km
- E AからDのいずれでもない

17 Pは家と学校の間を2往復した。1往復目は徒歩で、行きは5km/時、帰りは3km/時で歩いた。2往復目は自転車で、行き帰りともに15km/時で走った。なお、往路の時速をXkm/時、復路の時速をYkm/時とするとき、往復の平均時速Zkm/時は次の式で表される。2往復全体での平均時速はいくらか。

1/Z＝1/2（1/X＋1/Y）

- A 6.0km/時　B 7.5km/時　C 8.2km/時　D 9.5km/時
- E AからDのいずれでもない

18 楕円形のジョギングコースをPは時速10kmで、Qは時速8kmで走る。同じ地点から反対方向に走り始めたところ、2人は5分後に出会った。

❶ ジョギングコース1周の長さは何kmか。

- A 1.5km　B 2.0km　C 2.5km　D 3.0km
- E AからDのいずれでもない

❷ PとQが同時に同じ地点から同じ方向に走り始めたとき、Pが周回遅れのQに追いつくのは出発してから何分後か。

- A 24分後　B 30分後　C 45分後　D 48分後
- E AからDのいずれでもない

19 PとQは池を囲む1周1.3kmの遊歩道の同じ地点にいる。Pは4.8km/時、Qは3.0km/時で歩き、速度はそれぞれ常に一定とする。

❶ PとQが遊歩道を同時に反対方向に歩き出すと、2人が再び出会うまでにかかる時間は何分か。

- A 6分　B 10分　C 12分　D 15分
- E AからDのいずれでもない

❷ Pが出発してから5分後に、QがPと同じ方向に歩き出した。このまま遊歩道を歩いていくとき、PがQに追いつくのは、Pが歩き出してから何分後か。

- A 30分後　B 32分後　C 35分後　D 37分後
- E AからDのいずれでもない

 答 別冊76〜77ページ

20 P駅からT駅まで電車に乗った。途中Q、R、S駅に各1分間停車した。各駅の発車時間と区間距離は下の通りだった。

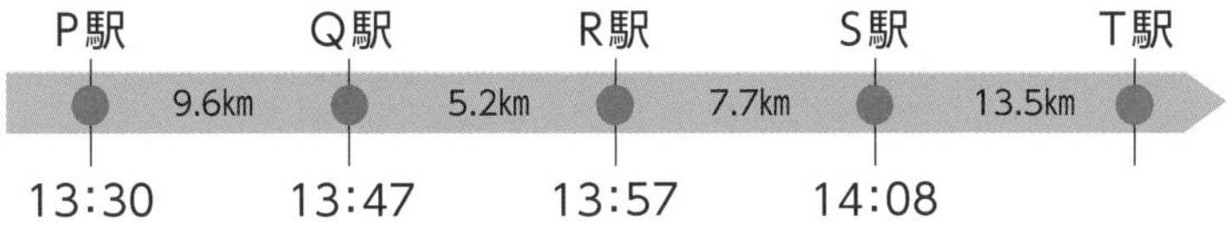

❶ PQ間の電車の平均時速はいくらか。

- A 36km/時
- B 54km/時
- C 64km/時
- D 72km/時
- E AからDのいずれでもない

❷ ST間の電車の平均時速は54km/時である。T駅に到着する時刻は何時何分か。

- A 14：21
- B 14：22
- C 14：23
- D 14：24
- E AからDのいずれでもない

❸ ST間の電車の平均時速は54km/時である。P駅からT駅まで、走行中の電車の平均時速はいくらか。なお、駅での停車時間は走行に含めないものとする。

- A 36km/時
- B 43.2km/時
- C 48.8km/時
- D 56km/時
- E AからDのいずれでもない

21 甲は12時16分にP地点を出発し、12時40分にQ地点に着いた。Q地点で10分休んでから出発し、R地点に13時10分に到着した。

❶ 甲はP地点から平均3km/時で歩き始めたが、途中から平均6.6km/時で走ってQ地点に着いた。PQ間の距離が2.4kmのとき、走った時間は何分か（必要なときは最後に小数点以下第一位を四捨五入すること）。

- A 4分
- B 8分
- C 14分
- D 20分
- E AからDのいずれでもない

❷ 甲はQR間を4.8km/時で歩き通した。このとき、QR間の中間地点でR地点を12時56分に自転車で出発した乙と出会った。乙の平均時速はいくらか（必要なときは最後に小数点以下第一位を四捨五入すること）。

- A 6km/時
- B 9km/時
- C 12km/時
- D 15km/時
- E AからDのいずれでもない

答 別冊77ページ

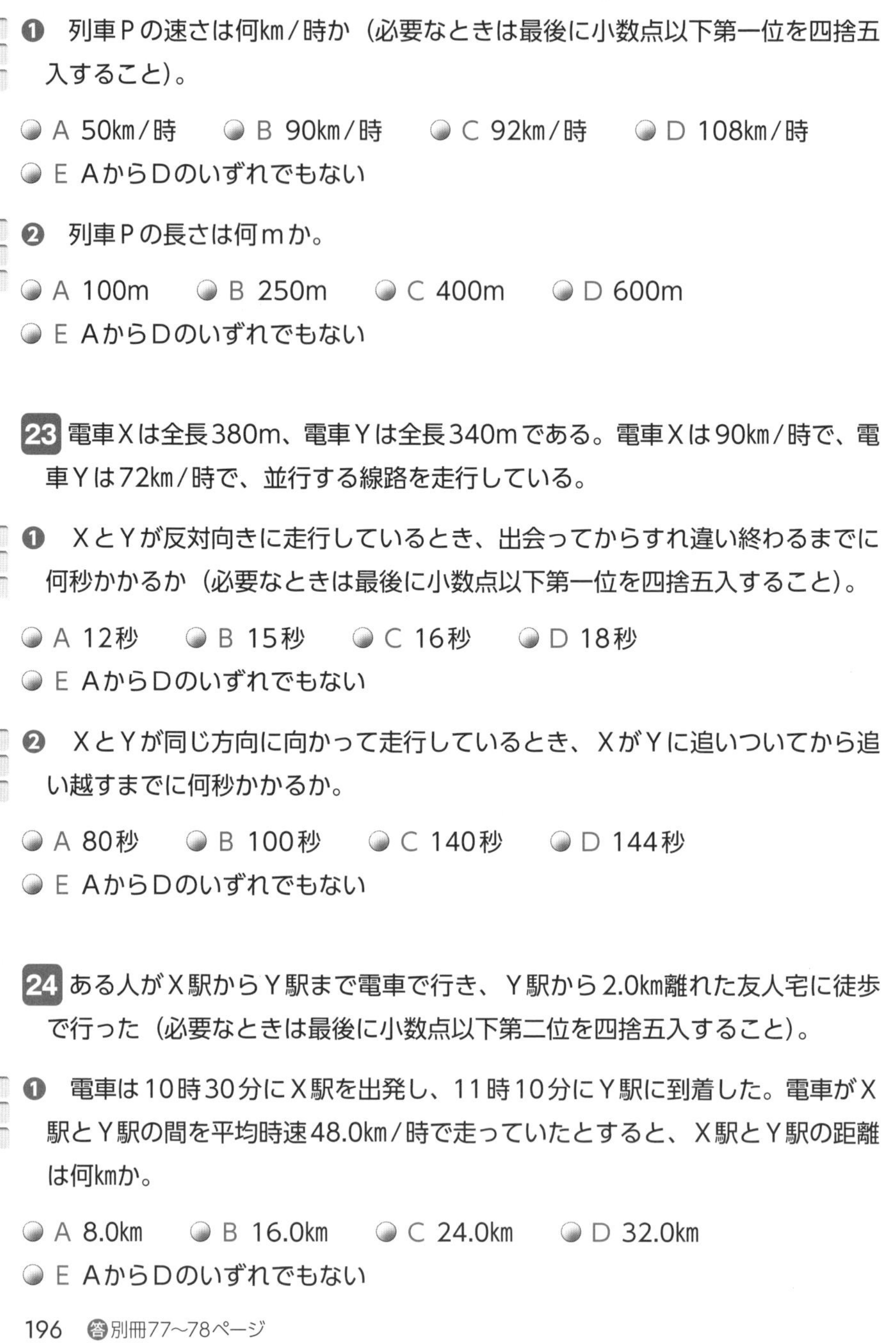

22 列車Pは、長さ350mの鉄橋を通過するのに20秒、長さ1850mのトンネルを通過するのに70秒かかる。

❶ 列車Pの速さは何km/時か（必要なときは最後に小数点以下第一位を四捨五入すること）。

A 50km/時　B 90km/時　C 92km/時　D 108km/時
E AからDのいずれでもない

❷ 列車Pの長さは何mか。

A 100m　B 250m　C 400m　D 600m
E AからDのいずれでもない

23 電車Xは全長380m、電車Yは全長340mである。電車Xは90km/時で、電車Yは72km/時で、並行する線路を走行している。

❶ XとYが反対向きに走行しているとき、出会ってからすれ違い終わるまでに何秒かかるか（必要なときは最後に小数点以下第一位を四捨五入すること）。

A 12秒　B 15秒　C 16秒　D 18秒
E AからDのいずれでもない

❷ XとYが同じ方向に向かって走行しているとき、XがYに追いついてから追い越すまでに何秒かかるか。

A 80秒　B 100秒　C 140秒　D 144秒
E AからDのいずれでもない

24 ある人がX駅からY駅まで電車で行き、Y駅から2.0km離れた友人宅に徒歩で行った（必要なときは最後に小数点以下第二位を四捨五入すること）。

❶ 電車は10時30分にX駅を出発し、11時10分にY駅に到着した。電車がX駅とY駅の間を平均時速48.0km/時で走っていたとすると、X駅とY駅の距離は何kmか。

A 8.0km　B 16.0km　C 24.0km　D 32.0km
E AからDのいずれでもない

答 別冊77〜78ページ

❷ 友人宅に11時40分に着く予定で、Y駅を11時15分に出発したところ、予定より5分早く着いた。予定通りに着いたときに比べてどれだけ速く歩いたことになるか。

A 0.5km/時　B 1.0km/時　C 1.2km/時　D 1.5km/時
E AからDのいずれでもない

❸ 帰り道、友人宅を出発して平均時速4.5km/時でY駅に向かって歩いていたが、出発してから8分後に忘れ物を取りに走って戻った。友人宅で忘れ物を6分間探した後、車でY駅まで送ってもらったため、最初に友人宅を出てから25分後にY駅に着いた。車の平均時速が20km/時であったとすると、友人宅へ走っていたときの平均時速は何km/時か。

A 6.0km/時　B 7.2km/時　C 10.0km/時　D 13.3km/時
E AからDのいずれでもない

25 下の表は、QR間を並行して走行する列車甲と列車乙の時刻表である。甲はQ駅を9時23分に出発し、R駅に着く。乙はR駅を9時15分に出発し、Q駅に着く。QR間は24kmである。

	列車甲	列車乙	
	↓	↑	
Q駅着	9:20	(　　)	発
Q駅発	9:23	(　　)	着
	↓	↑	
R駅着	(　　)	9:15	発

❶ 甲と乙がともに45km/時で走行するとき、甲は何時何分にQR間で乙とすれ違い始めるか。

A 9時35分　B 9時45分
C 9時52分　D 9時55分
E AからDのいずれでもない

❷ 乙が甲の1.2倍の速度で走行するとき、9時35分にQR間で甲と乙がすれ違い始めた。乙の速度は何km/時か。

A 40km/時　B 48km/時　C 50km/時　D 52km/時
E AからDのいずれでもない

21 集合

調査の集計結果などから、特定の項目に該当する人数や該当しない人数を求める問題。ベン図の書き方を覚えておけば解ける。

再現問題

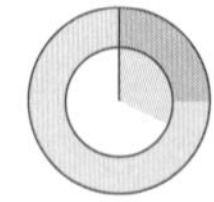

この問題は3問組です

社員100人に購読している新聞のアンケート調査を行った。その結果、P新聞を購読している人は30人、Q新聞を購読している人は40人、R新聞を購読している人は50人いた。また、PとQの両方を購読している人は10人、Rだけ購読している人は35人いた。

❶ PとQのうちで、どちらか片方だけ購読している人は何人か。このとき、R新聞の購読は無関係とする。

- A 45人
- B 48人
- C 50人
- D 60人
- E AからDのいずれでもない

❷ P、Q、Rのいずれも購読していない人は何人か。

- A 5人
- B 10人
- C 12人
- D 15人
- E AからDのいずれでもない

❸ 3紙のうちQだけ購読している人が、3紙のうちQとRだけ購読している人の1.5倍いたとき、Qだけ購読している人は何人か。

- A 12人
- B 15人
- C 18人
- D 20人
- E AからDのいずれでもない

回答時間

→ 解説　ベン図のかき方をマスターする

❶ 「PとQの両方を購読している10人」は図の部分。「PとQのうちで、どちらか片方だけ購読している人」は部分。

Pだけ購読している…**30 − 10 = 20人**

Qだけ購読している…**40 − 10 = 30人**

合計（どちらか片方だけ購読している人）は、

20 + 30 = 50人

ポイント 30＋40－10＝60人ではない。

P30人の中にも、Q40人の中にも、両方購読している10人がカウントされているので、10人を2回引くことになる。

PQ両方10人
○P 30人
Pだけ
Qだけ
○Q 40人

正解　C

❷ 「①②③④…❶で求めた50人」＋「⑤⑥…PQ両方購読している10人」＋「⑦…Rだけ購読している35人」の合計を、100人から引けば、「⑧いずれも購読していない人」が求められる。

100 − (50 + 10 + 35) = 5人

正解　A

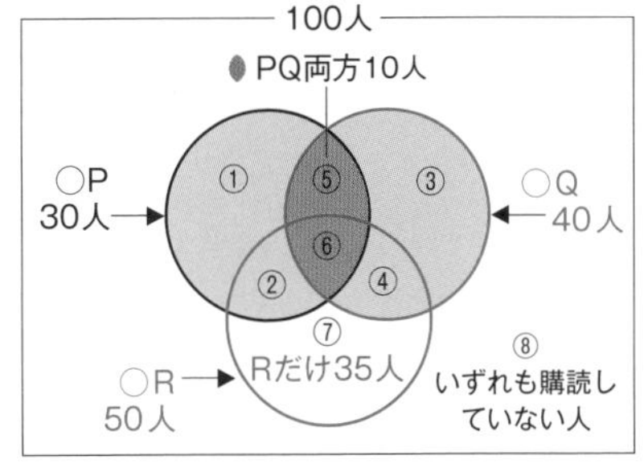

❸ 「③Qだけ購読している人」と「④QとRだけ購読している人」の合計は図の部分で、これは❶で求めた通り30人。その中で「③Qだけ購読している人」は「④QとRだけ購読している人」の1.5倍いる。④をxとすれば、③は1.5xで、次の式が成り立つ。

x + 1.5x = 2.5x = 30人

x = 30 ÷ 2.5 = 12人

③は、xの1.5倍なので、

12 × 1.5 = 18人

正解　C

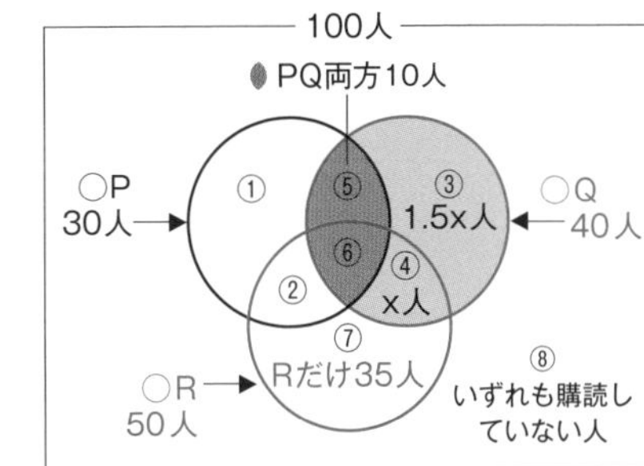

ポイント

●ベン図の円の重なりを読み取る。上図では「②＝PRだけ」、「④＝QRだけ」、「⑤＝PQだけ」、「⑥＝PQR」を購読している人の集合を表す。

問題演習

集合

1 生徒60人のうちで、通学に自転車だけを利用している人は40人、自転車とバスの両方を利用している人は4人、どちらも利用していない人は5人だった。バスだけを利用している人は何人か。

A 11人　B 15人　C 31人　D 35人

E AからDのいずれでもない

2 社員200人を対象に、M新聞とN新聞の購読について調査をした。その結果、M新聞の購読者は90人、N新聞の購読者は62人、M新聞だけの購読者が64人だった。両方購読していない社員は何人か。

A 48人　B 50人　C 74人　D 78人

E AからDのいずれでもない

3 ある展覧会の入場者1000人のうち、展示Xを見学した人は640人、展示Yを見学した人は540人、展示XもYも見学しなかった人は120人だった。このとき、展示XとYのどちらか一方だけ見学した人は何人か。

A 210人　B 450人　C 580人　D 750人

E AからDのいずれでもない

4 84人の子供のうち、算数が好きな子は51人、国語が好きな子は28人だった。どちらか一方だけ好きな子が59人のとき、両方好きな子は何人か。

A 10人　B 20人　C 22人　D 25人

E AからDのいずれでもない

5 あるレストランでランチを食べた120人のうち、サラダをつけた人は81人、デザートをつけた人は46人で、サラダをつけた人のうちの9分の2がデザートもつけた。サラダもデザートもつけなかった人は何人か。

A 7人　B 11人　C 14人　D 21人

E AからDのいずれでもない

 答 別冊79ページ

6 ある美術館の入場者360人のうち、展示Aを観た人は108人、展示Bを観た人は87人だった。また、入場者全体の3分の2は展示AもBも観なかった。このとき、展示Aと展示Bの両方を観た人は何人か。

A 38人　B 46人　C 54人　D 75人
E AからDのいずれでもない

7 生徒190人のうち、カレーライスが好きな子は136人、チャーハンが好きな子は111人で、両方好きな子がカレーライスを好きだと答えた子の5/8いた。このとき、両方好きでない子は何人か。

A 9人　B 15人　C 23人　D 28人
E AからDのいずれでもない

8 a、b、cという3種類のアイスクリームの購入者80人のうち、aを買った人は36人、bを買った人は28人、cを買った人は33人だった。3種類全部を買った人がいなかったとき、2種類を買った人は何人か。

A 10人　B 15人　C 17人　D 21人
E AからDのいずれでもない

9 アルバイト120人の来週の土日の出勤を調査した。土曜日に出勤する人は66人、出勤しない人が54人だった。また、日曜日に出勤する人は79人、出勤しない人は41人だった。

❶ 両日とも出勤しない人は最も多くて何人か。

A 23人　B 41人　C 54人　D 85人
E AからDのいずれでもない

❷ 土曜日は出勤しないで、日曜日だけ出勤する人が23人のとき、両日とも出勤する人は何人か。

A 18人　B 31人　C 43人　D 56人
E AからDのいずれでもない

答 別冊79〜80ページ

10 2日間のセミナーを開催した。1日目、2日目とも参加者が50人ずつで、2日間の参加者を名寄せした名簿を作ったところ72人だった。

❶ 2日間とも参加した人は何人か。

A 12人　B 22人　C 25人　D 28人

E AからDのいずれでもない

❷ 2日間の参加者のうち女性は41人で、そのうち26人が1日目のセミナーに参加した。2日目だけに参加した男性は何人か。

A 5人　B 7人　C 15人　D 22人

E AからDのいずれでもない

11 50人が1回20問の記憶力テストを2回受けた。

❶ 全問正解した人は1回目が10人、2回目が6人だった。2回のうち少なくとも1回は全問正解した人が14人のとき、2回とも全問正解した人は何人か。

A 1人　B 2人　C 4人　D 5人

E AからDのいずれでもない

❷ 10問以上正解した人は1回目が45人、2回目が41人だった。2回とも正解が10問未満の人が4人だったとき、2回とも10問以上正解した人は何人か。

A 25人　B 36人　C 38人　D 40人

E AからDのいずれでもない

12 映画M、Nについての調査を100人に行った。下表は調査結果の一部である。

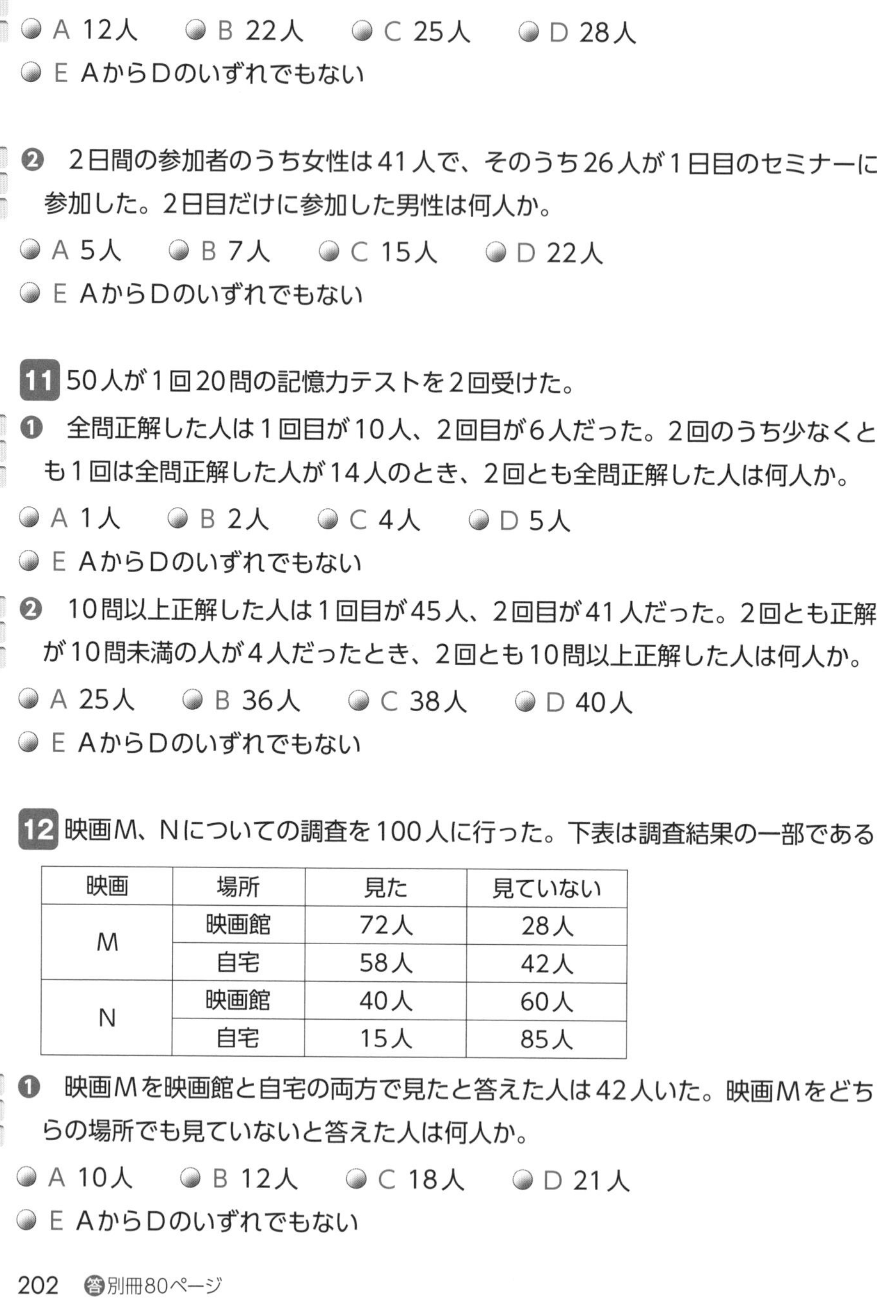

映画	場所	見た	見ていない
M	映画館	72人	28人
	自宅	58人	42人
N	映画館	40人	60人
	自宅	15人	85人

❶ 映画Mを映画館と自宅の両方で見たと答えた人は42人いた。映画Mをどちらの場所でも見ていないと答えた人は何人か。

A 10人　B 12人　C 18人　D 21人

E AからDのいずれでもない

答 別冊80ページ

❷ 映画M、Nを両方とも映画館では見ていないと答えた人が15人いた。映画M、Nのいずれか一方だけを映画館で見たと答えた人は何人か。

A 27人　B 32人　C 45人　D 58人
E AからDのいずれでもない

13 100人の生徒の部活動について調査を行ったところ、次のことがわかった。

Ⅰ　運動部に入っている生徒が42人いる
Ⅱ　文化部に入っている生徒の3分の1は運動部にも入っている
Ⅲ　いずれにも入っていない生徒は18人いる
Ⅳ　運動部のうち球技部の生徒数は、文化部の生徒数の30％である

❶ 文化部だけに入っている生徒は何人か。

A 40人　B 50人　C 54人　D 60人
E AからDのいずれでもない

❷ 球技部の生徒は何人か。

A 12人　B 16人　C 18人　D 20人
E AからDのいずれでもない

14 10店の店舗のうち8店では米、6店では茶、9店では酒を売っている。

❶ 米と茶の両方を売っている店は少なくとも何店舗あるか。

A 1店舗　B 2店舗　C 3店舗　D 4店舗
E AからDのいずれでもない

❷ 米、茶、酒のすべてを売っている店は少なくとも何店舗あるか。

A 1店舗　B 2店舗　C 3店舗　D 4店舗
E AからDのいずれでもない

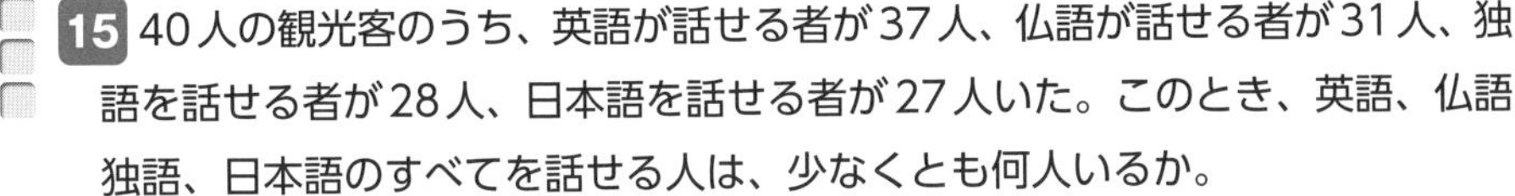

15 40人の観光客のうち、英語が話せる者が37人、仏語が話せる者が31人、独語を話せる者が28人、日本語を話せる者が27人いた。このとき、英語、仏語、独語、日本語のすべてを話せる人は、少なくとも何人いるか。

A 0人　B 2人　C 3人　D 5人
E AからDのいずれでもない

答 別冊80〜81ページ

16 クラス30人のうち、兄がいる生徒は26人、弟がいる生徒は22人、姉がいる生徒は13人、妹がいる生徒は10人である。次のうち、必ず正しいといえる推論をすべて選びなさい。

- A 兄だけいる生徒が3人いる
- B 自分が長子である生徒が少なくとも1人いる
- C 兄と姉の両方がいる生徒が少なくとも11人いる
- D 兄と姉と弟のすべてがいる生徒が少なくとも1人いる
- E 一人っ子が少なくとも1人いる
- F AからEの中に必ず正しいといえる推論はない

17 問1が10点、問2が20点、問3が30点で、60点満点のテストを行った。生徒30人の結果は、次の表の通りである。3問のうち1問だけ正解した生徒が10人いた。問2を正解した生徒は何人か。

得点（点）	10	20	30	40	50	60
人数（人）	4	3	9	6	5	3

A 10人　B 12人　C 15人　D 17人
E AからDのいずれでもない

18 生徒500人の中で科目Pを選んだ生徒は80人、科目Qを選んだ生徒は130人、科目Rを選んだ生徒は250人だった。

❶ 科目Pと科目Q両方を選んだ生徒が60人いた場合、科目Pも科目Qも選んでいない生徒は何人か。

A 350人　B 380人　C 410人　D 420人
E AからDのいずれでもない

❷ 科目Qも科目Rも選んでいない生徒が220人の場合、科目Qと科目Rの両方を選んだ生徒は何人か。

A 80人　B 100人　C 120人　D 135人
E AからDのいずれでもない

 答 別冊81～82ページ

19 テニス部、バレー部、バスケ部、卓球部を合わせると100人で、その内訳は次の通りである。なお、複数の部に入っている生徒はいないものとする。

ア　男子は全部で54名いる
イ　テニス部とバスケ部を合計すると58名である
ウ　バスケ部と卓球部を合計すると28名である
エ　バスケ部の男子は8名、バレー部の男子は18名である
オ　バレー部の女子は14名、卓球部の女子は6名である

❶　バスケ部の女子は何名いるか。

A 2名　B 4名　C 10名　D 16名
E AからDのいずれでもない

❷　テニス部の女子は何名いるか。

A 2名　B 4名　C 10名　D 16名
E AからDのいずれでもない

❸　卓球部の男子は何名いるか。

A 2名　B 4名　C 10名　D 16名
E AからDのいずれでもない

20 ペットショップで顧客100人にイヌ、ネコ、トリを飼っているかどうかの調査を行ったところ、35人がイヌ、33人がネコ、11人がトリを飼っていた。また、12人がイヌとネコを飼っており、7人がトリだけを飼っていた。

❶　ネコだけを飼っている人は最も少なくて何人か。

A 17人　B 21人　C 23人　D 26人
E AからDのいずれでもない

❷　何も飼っていない人は何人か。

A 25人　B 37人　C 44人　D 56人
E AからDのいずれでもない

21 学生100人を対象に、教科と得意分野についてのアンケートを行った。下の表は、アンケート結果の一部である。

質問	回答			
家庭科が好きか	好き	65人	きらい	35人
料理が得意か	得意	40人	得意ではない	60人
体育が好きか	好き	70人	きらい	30人
マラソンが得意か	得意	55人	得意ではない	45人

❶ 家庭科が好きで料理も得意な子が30人いた。家庭科がきらいで料理が得意ではない子は何人か。

A 10人　B 15人　C 20人　D 25人
E AからDのいずれでもない

❷ 家庭科も体育もきらいな子が6人いた。家庭科と体育のいずれか一方だけを好きな子は何人か。

A 41人　B 53人　C 59人　D 61人
E AからDのいずれでもない

❸ 料理もマラソンも得意ではない子が10人いた。少なくともどちらかは得意な子は何人か。

A 70人　B 80人　C 88人　D 90人
E AからDのいずれでもない

22 週末の過ごし方について、300人を対象に調査を行った。下表は、調査結果の一部である。

	はい	いいえ
電車に乗った	60人	240人
買い物をした	210人	90人
外食をした	100人	200人

❶ 買い物をした人のうちの1/5が外食もしたとき、外食をしたが買い物はしなかった人は何人か。

A 16人　B 42人　C 58人　D 90人
E AからDのいずれでもない

 答 別冊83ページ

❷　電車に乗ったが外食はしなかった人は、外食をしたが電車に乗らなかった人の3分の1だったとき、電車に乗ったが外食はしなかった人は何人か。

A 20人　B 30人　C 40人　D 50人
E AからDのいずれでもない

23 試食会で70人に新メニューに関する複数回答可のアンケートをしたところ、Pが好きな人は35人、Qが好きな人は30人、Rが好きな人は16人で、どれも好きではない人はいなかった。

❶　PもQも好きな人は5人だった。Rだけ好きな人は何人か。

A 10人　B 11人　C 12人　D 13人
E AからDのいずれでもない

❷　❶の結果に加えて、P、Q、R全部が好きな人は1人だった。2つ以上のメニューが好きな人は何人か。

A 6人　B 9人　C 10人　D 12人
E AからDのいずれでもない

24 デパートを訪れた200人のうち、ショッピングをした人は180人、レストランに行った人は105人、屋上に行った人は30人であった。

❶　ショッピングをし、かつレストランに行った人が92人の場合、どちらか一方だけをした人は何人か。

A 10人　B 41人　C 92人　D 101人
E AからDのいずれでもない

❷　レストランに行かず、かつ屋上に行かなかった人が76人の場合、レストランに行き、かつ屋上に行った人は何人か。

A 10人　B 11人　C 50人　D 92人
E AからDのいずれでもない

❸　ショッピングをしなかった人は屋上に行かなかった場合、ショッピングをしたが屋上に行かなかった人は何人か。

A 50人　B 100人　C 130人　D 150人
E AからDのいずれでもない

ペーパー
テスティング

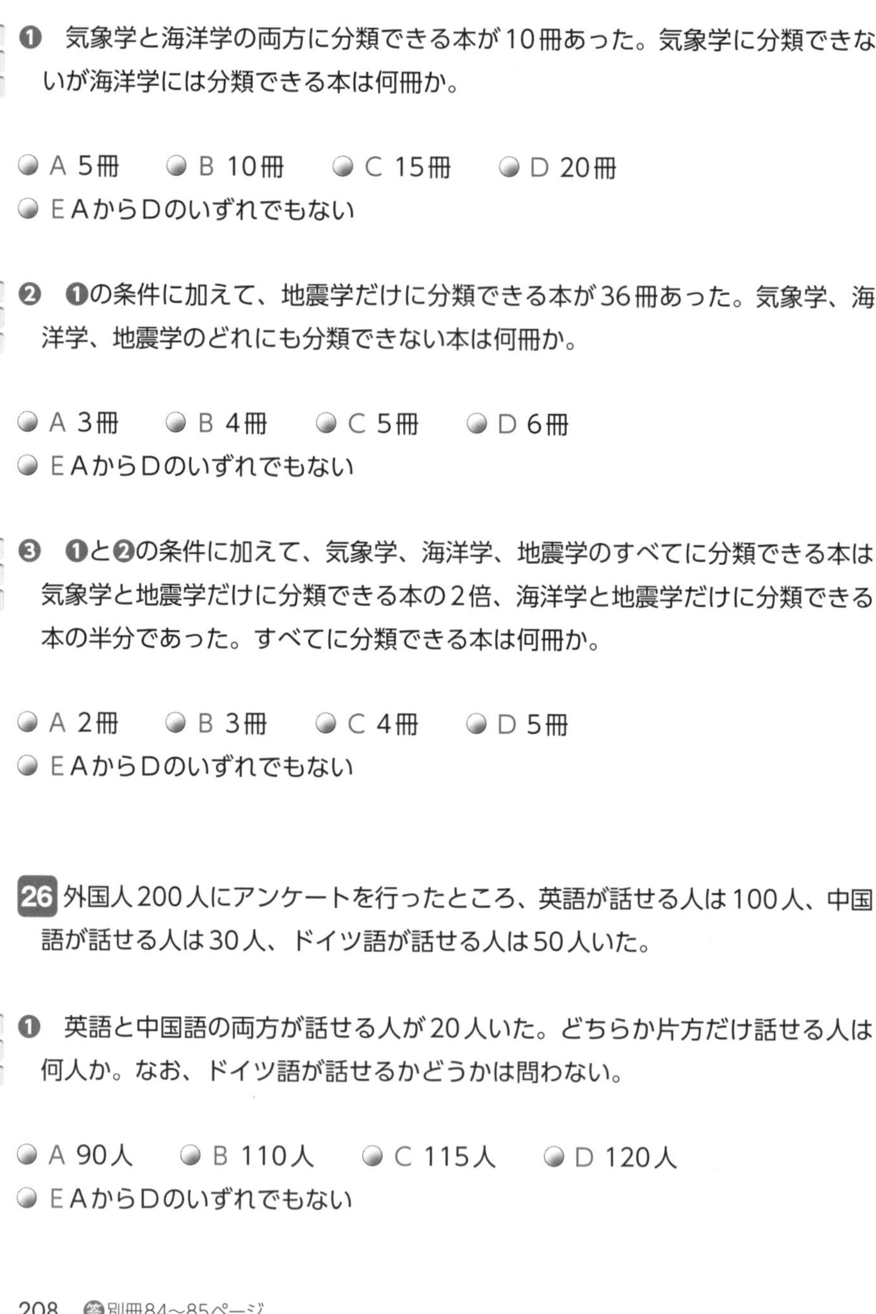

25 120冊の本を分類したところ、気象学に分類できる本が60冊、海洋学に分類できる本が30冊、地震学に分類できる本が50冊あった。

❶　気象学と海洋学の両方に分類できる本が10冊あった。気象学に分類できないが海洋学には分類できる本は何冊か。

- A 5冊
- B 10冊
- C 15冊
- D 20冊
- E AからDのいずれでもない

❷　❶の条件に加えて、地震学だけに分類できる本が36冊あった。気象学、海洋学、地震学のどれにも分類できない本は何冊か。

- A 3冊
- B 4冊
- C 5冊
- D 6冊
- E AからDのいずれでもない

❸　❶と❷の条件に加えて、気象学、海洋学、地震学のすべてに分類できる本は、気象学と地震学だけに分類できる本の2倍、海洋学と地震学だけに分類できる本の半分であった。すべてに分類できる本は何冊か。

- A 2冊
- B 3冊
- C 4冊
- D 5冊
- E AからDのいずれでもない

26 外国人200人にアンケートを行ったところ、英語が話せる人は100人、中国語が話せる人は30人、ドイツ語が話せる人は50人いた。

❶　英語と中国語の両方が話せる人が20人いた。どちらか片方だけ話せる人は何人か。なお、ドイツ語が話せるかどうかは問わない。

- A 90人
- B 110人
- C 115人
- D 120人
- E AからDのいずれでもない

 答 別冊84～85ページ

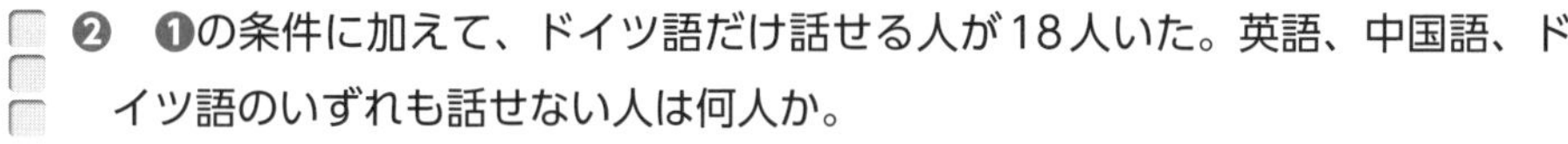

❷　❶の条件に加えて、ドイツ語だけ話せる人が18人いた。英語、中国語、ドイツ語のいずれも話せない人は何人か。

- A 35人　B 42人　C 55人　D 72人
- E AからDのいずれでもない

❸　❶と❷の条件に加えて、中国語だけ話せる人は、英語は話せないが中国語とドイツ語を話せる人の4倍いた。中国語だけ話せる人は何人か。

- A 2人　B 4人　C 5人　D 8人
- E AからDのいずれでもない

27 あるクラス50人の数学、英語、国語の3科目のテストの点数について次のことがわかっている。

- 数学が70点以上の生徒は31人
- 英語が70点以上の生徒は28人
- 国語が70点以上の生徒は27人
- 数学と英語の2科目だけが70点以上の生徒は5人
- 数学と国語の2科目だけが70点以上の生徒は7人
- 3科目すべてが70点以上の生徒は8人

❶　3科目とも70点未満の生徒はいないとき、英語と国語だけが70点以上の生徒は何人いるか。

- A 6人　B 8人　C 10人　D 16人
- E AからDのいずれでもない

❷　英語と国語だけが70点以上の生徒が10人のとき、3科目とも70点未満の生徒は何人いるか。

- A 1人　B 2人　C 4人　D 5人
- E AからDのいずれでもない

22 表の解釈

表を読み取って、あてはまる個数や割合を求める問題。様々な表が出題されるので、本書で表の読み取り方を覚えておくことが大切。

再現問題　回答時間▶2問2分

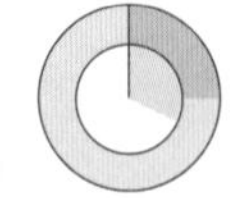

この問題は2問組です

ある有機化合物P、Q、Rは、水素、炭素、酸素、窒素、その他の元素で構成されている。P、Q、Rの1分子中の各元素の原子個数比は下表の通りである。なお、各元素の重量比は、水素を1としたとき、炭素は12、酸素は16、窒素は14であるとする。

	水素	炭素	酸素	窒素	その他	合計
P	61.5%	23.8%	10.1%	3.6%	1.0%	100%
Q	60.0%	25.2%	12.2%	2.4%	0.2%	100%
R	59.2%	20.0%	17.4%	2.0%	1.4%	100%

❶　化合物P 1分子中に占める水素、炭素、酸素、窒素の各元素のうちで、重量が最大のものはどれか。

- A 水素
- B 炭素
- C 酸素
- D 窒素
- E 求められない

❷　化合物R 1分子中の窒素の原子の個数が、化合物Qのそれの1/2であるとき、化合物R 1分子中の炭素の原子の個数は、化合物Qのそれの何倍か（必要なときは、最後に小数点以下第3位を四捨五入すること）。

- A 0.05倍
- B 0.48倍
- C 0.96倍
- D 2.00倍
- E AからDのいずれでもない

回答時間

→ 解説　原子個数比2.0%を2個と考える

❶　各元素の重量比に、表にあるPのそれぞれの原子個数比（＝構成割合）を掛け合わせればよい。「重量比×原子個数比」を概算して最大のものを探す。

	水素1	炭素12	酸素16	窒素14	その他	合計
P	61.5%	23.8%	10.1%	3.6%	1.0%	100%

水素…1×61.5　→計算不要（小さい）
炭素…12×23.8 →230より大
酸素…16×10.1 →約160
窒素…14×3.6　→計算不要（小さい）
以上より、重量が最大のものは、炭素。

正解　B

❷　表で2.0%のRの窒素の原子個数を2個とする。化合物R 1分子中の窒素の原子個数が、化合物Qのそれの1/2なので、Qの窒素の原子個数は2個**の2倍で4個**。

	水素	炭素	酸素	窒素	その他	合計
Q	60.0%	**25.2%**	12.2%	**2.4%**	0.2%	100%
R	59.2%	20.0%	17.4%	2.0%	1.4%	100%

4個が**2.4%**なので、**25.2%**のQの炭素の原子個数は、

$$4\times\frac{25.2}{2.4}=4\times\frac{252}{24}=42\text{個}$$

表で20.0%のRの炭素の原子個数は20個なので、42個で割ればQの何倍かがわかる。
20÷42＝0.476…≒0.48倍
別解▶Q、Rの全体の原子個数をq、rとする。
窒素の個数比は1：1/2＝2：1より、Q：Rは、q×2.4%：r×2.0%＝2：1
内積＝外積より、2r×2＝2.4q×1 → 4r＝2.4q
よって、q：r＝4：2.4
Q、Rの炭素の比は、
4×25.2：2.4×20.0＝100.8：48＝1：0.476…≒0.48倍

正解　B

ポイント

- 1%を1個や1人として計算する
- 基準（1）となる項目をもとに計算する
- 内積＝外積を使う。2x：3y＝1：2のとき、3y×1＝2x×2

テスト
センター

ペーパー
テスティング

WEB
テスティング

問題演習 表の解釈

1 P、Q、Rという3つの商品の12月の売上を調査したところ、下表の通りだった。

【表1】売上個数

商品	売上個数
P	□個
Q	□個
R	300個

【表2】1個の仕入れ値と売値

商品	仕入れ値	売値
P 1個	180円	250円
Q 1個	200円	230円
R 1個	□円	□円

❶ PとQは合計500個売れて売上利益は19000円だった。Pは何個売れたか。

A 50個　B 80個　C 100個　D 110個

E AからDのいずれでもない

❷ ❶のとき、Qの売上利益はRの売上利益の2倍であった。Rが仕入れ値の5割の利益を見込んだ売値となっていたとき、R1個の売値はいくらか。

A 40円　B 60円　C 80円　D 90円

E AからDのいずれでもない

2 下表は、4つの店舗P、Q、R、Sの売り場面積と日用品、食品、衣料品の売り場面積の割合を示したものである。

	P	Q	R	S
合計売り場面積	703㎡	899㎡	1005㎡	810㎡
日用品	12.3%	22.0%	63.8%	12.5%
食品	69.3%	48.5%	21.0%	63.0%
衣料品	18.4%	29.5%	15.2%	24.5%
計	100.0%	100.0%	100.0%	100.0%

❶ 日用品の売り場面積が食品より広い店舗では、日用品の売り場面積は食品のそれの何倍か（必要なときは、最後に小数点以下第二位を四捨五入すること）。

A 2.5倍　B 3.0倍　C 3.8倍　D 4.2倍

E AからDのいずれでもない

答 別冊86ページ

❷　各店舗の衣料品の売り場面積（㎡）を表したグラフは、AからDのうち、どれに最も近いか。なお、グラフの横軸はそれぞれ左からP、Q、R、Sの順に並んでいる。

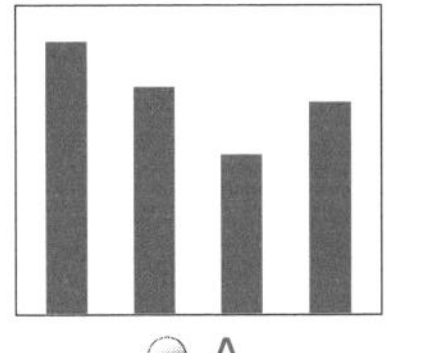
A

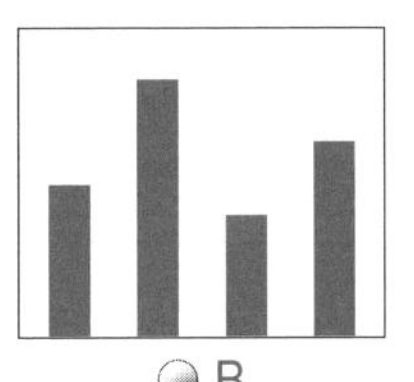
B

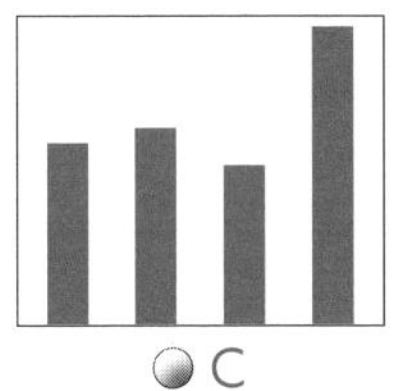
C

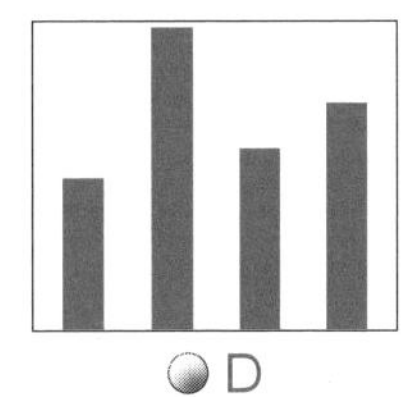
D

3 飲食店P、Q、Rは、3店で食材の一括仕入れをしている。下表は、豚肉、タマネギ、ジャガイモ、キャベツの4種類について各店の仕入れ量（重量）の割合を示したものの一部である。なお、（　　）内はキャベツを1としたときの3店合計の仕入れ量の割合を示している。

	豚肉（1.2）	タマネギ（□）	ジャガイモ（5）	キャベツ（1）
P店	25%	□	□	50%
Q店	40%	60%	□	□
R店	35%	□	X%	□
合計	100%	100%	100%	100%

❶　Q店のタマネギの仕入れ量は、P店の豚肉の仕入れ量と同じだった。このとき、全店合計のタマネギの仕入れ量はキャベツの何倍か。

A 0.25倍　B 0.5倍　C 2倍　D 4倍
E AからDのいずれでもない

❷　R店では、Q店と同じ量のキャベツを仕入れたが、その量はちょうどR店のジャガイモと同じ量になった。このとき、R店のジャガイモの仕入れ割合Xは何%か。

A 5%　B 15%　C 20%　D 35%
E AからDのいずれでもない

答 別冊86ページ

4 ある高校のデザイン科では、実習科目として、前期と後期に、油彩画、水彩画、トレース、製図の中から1科目ずつを自由に選択する。下表は、2年生200人の選択状況を示したものの一部である。例えば、前期に製図、後期に油彩画を選択した者は10人いることがわかる。

前期／後期	油彩画	水彩画	トレース	製図	合計
油彩画	12	15	12	10	49
水彩画	9	12	14	(　)	51
トレース	14	17	15	(　)	52
製図	(　)	(　)	8	(　)	(　)
合計	(　)	(　)	49	48	200

❶　前期か後期に少なくとも1度はトレースを選択した生徒は、全体の何%か（必要なときは、最後に小数点以下第一位を四捨五入すること）。

A 6%　B 24%　C 38%　D 43%
E AからDのいずれでもない

❷　前期に油彩画を選んだ生徒のうちの30%が後期に製図を選択した。その人数は何人か。

A 10人　B 15人　C 17人　D 20人
E AからDのいずれでもない

❸　❷の条件のとき、前後期で少なくとも1度は油彩画か水彩画を選択した生徒は全体の何%か（必要なときは、最後に小数点以下第二位を四捨五入すること）。

A 69.5%　B 75.5%　C 77.5%　D 80.5%
E AからDのいずれでもない

 答 別冊86〜87ページ

5 S乳業はバター、チーズ、クリーム等の乳製品を製造している。次の表は、S乳業の今年度の生産量を製品と工場別の割合で示したものである。また、いちばん右の欄は、S乳業全体の生産量に占める、各工場の生産量の割合を示している。以下の問いに答えなさい（必要なときは、最後に小数点以下第一位を四捨五入すること）。

今年度の各工場での生産量の割合（%）

	バター	チーズ	クリーム	その他乳製品	工場/全体
P工場での割合	30	10	10	50	40
Q工場での割合	40	20	20	20	20
R工場での割合	10	50	30	10	30
その他の工場での割合	20	20	40	20	10
製品/全体	25	（　）	21	（　）	100

❶ S乳業全体の生産量に対する、チーズの生産量の割合は何%か。

A 10%　B 20%　C 25%　D 35%
E AからDのいずれでもない

❷ Q工場のチーズの生産量を3倍にして、他の製品の生産量は変えないとき、Q工場のチーズの生産量がQ工場全体の生産量に占める割合は何%になるか。

A 40%　B 43%　C 52%　D 60%
E AからDのいずれでもない

❸ R工場では、前年度に比べてバターの生産量は2分の1、チーズの生産量は2倍になり、他の製品の生産量は変わりなかった。前年度、R工場全体の生産量に占めるクリーム生産量の比率は何%だったか。

A 32%　B 35%　C 40%　D 43%
E AからDのいずれでもない

答 別冊87ページ

6 P社の商品ア、イ、ウは、W、X、Y、Zの４つの会社が輸送している。表１は、各商品のトラック出荷台数を、表２は、各商品のトラック１台あたりの輸送費を示している。

【表１】商品のトラック出荷台数（台）

	W	X	Y	Z	合計
商品ア	10	18	8	(a)	―
商品イ	11	15	(b)	(c)	40
商品ウ	12	10	10	16	48

【表２】トラック１台あたりの輸送費（万円）

	W	X	Y	Z
商品ア	110	80	150	130
商品イ	80	100	120	110
商品ウ	100	120	110	100

❶ 商品アの輸送費の４社の合計額は5300万円だった。会社Ｚのトラック出荷台数（a）を求めよ。

A 8台　B 10台　C 12台　D 15台
E AからDのいずれでもない

❷ 商品イの輸送費の４社の合計額は4000万円だった。会社Ｙのトラック出荷台数（b）を求めよ。

A 8台　B 10台　C 12台　D 15台
E AからDのいずれでもない

❸ 会社Wについて、商品アのトラック出荷台数を減らすことでＷ全体の輸送費を2860万円以下にしたい。最低トラック何台分減らせばよいか。

A 1台　B 2台　C 3台　D 4台
E AからDのいずれでもない

 答 別冊87ページ

7 表は、X県とY県における年代別の人口割合を百分率で示したものである（2020年調べ）。

		X県	Y県
①	0～14歳	10	20
②	15～39歳	35	45
③	40～64歳	30	20
④	65歳以上	25	15
合計		100	100

❶ X県では10年前に比べて、0～14歳の人口が2/3、40～64歳の人口が1.25倍になり、そのほかの人口は横ばいだった。10年前の時点で、X県の40～64歳の人口割合は何%だったか（必要があれば、最後に小数点以下第二位を四捨五入すること）。

A 12.1%　B 15.2%　C 24.2%　D 25.3%
E AからDのいずれでもない

❷ 図は2000年、2010年、2020年のY県の各年代別人口の推移を2020年を100とした指数で示したものである。2000年におけるY県の各年代別人口を多い順に並べなさい。選択肢の①は0～14歳、②は15～39歳、③は40～64歳、④は65歳以上とする。

A ①、②、③、④
B ①、②、④、③
C ①、③、②、④
D ②、③、①、④
E AからDのいずれでもない

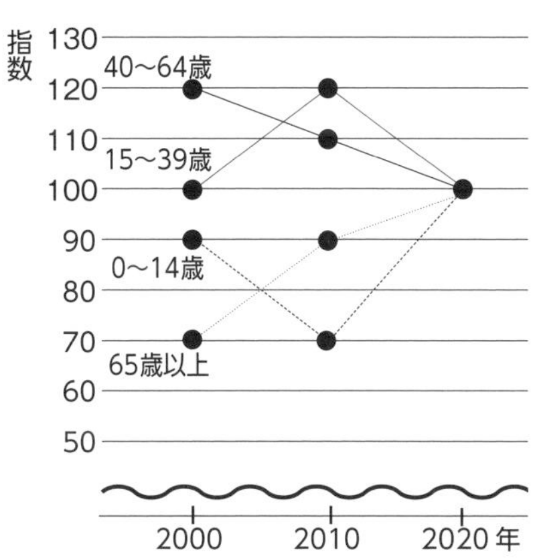

8 表1は、P市、Q市、R市の50キロ圏の距離別人口構成比を示している。表2は、各50キロ圏の人口が3都市50キロ圏の合計人口に対して占める割合を示している。なお、空欄ア、イは8：5である。

【表1】

	P市50キロ圏	Q市50キロ圏	R市50キロ圏
0〜10km	10%	25%	25%
10〜20km	ア	23%	24%
20〜30km	18%	19%	16%
30〜40km	20%	25%	20%
40〜50km	イ	8%	15%
計	100%	100%	100%

【表2】

P市50キロ圏	Q市50キロ圏	R市50キロ圏	計
54%	16%	30%	100%

❶ アは何%か。

A 20%　B 28%　C 32%　D 49%
E AからDのいずれでもない

❷ 次のカ、キ、クのうち、P市0〜10キロ圏の人口より多いところはどこか。

カ　Q市10〜20km　キ　R市0〜10km　ク　R市30〜40km

A カだけ　B キだけ　C クだけ　D カとキ　E カとク
F キとク

❸ R市30キロ圏内の人口を100%として、改めて人口構成比を出すと、R市20〜30kmの人口構成比は何%か（必要なときは、最後に小数点以下第一位を四捨五入すること）。

A 25%　B 28%　C 31%　D 49%
E AからDのいずれでもない

❹ Q市30〜40kmの人口が220万人とすると、3都市50キロ圏の合計人口は何万人か（必要なときは、最後に十万の位を四捨五入すること）。

A 4400万人　B 5500万人　C 6600万人
D 7700万人　E AからDのいずれでもない

 答 別冊88ページ

9 ある遊園地では、毎年2日連続で開催されるイベントがある。過去3年間のイベントの延べ入場者数とその内訳を表1に示している。また、イベントの入場券には「1日入場券」と「2日入場券」があり、入場券の購入者数を表2に示している。なお、「2日入場券」を購入しても2日間とも入場したとは限らないが、入場券を購入して1日も入場しなかった人はいなかったものとする。

【表1】

	一昨年	昨年	今年
延べ入場者数	ア	2800人	3200人
1日目	30%	60%	52%
2日目	70%	40%	48%
計	100%	100%	100%

【表2】

	一昨年	昨年	今年
「1日入場券」購入者	500人	イ	1300人
「2日入場券」購入者	800人	1000人	ウ

❶ 今年、1日目の入場者数は何人か。

A 1456人　B 1536人　C 1664人　D 1760人
E AからDのいずれでもない

❷ 一昨年の2日目の入場者数は、昨年の2日目の入場者数と同じだった。一昨年の延べ入場者数アは何人か。

A 1120人　B 1600人　C 2400人　D 5600人
E AからDのいずれでもない

❸ 昨年の「2日入場券」購入者は、全員2日間とも入場した。表中のイは何人か。

A 240人　B 360人　C 600人　D 800人
E AからDのいずれでもない

❹ 今年の「2日入場券」購入者のうち、90%が2日間とも入場した。表中のウは何人か。

A 947人　B 1000人　C 1258人　D 1500人
E AからDのいずれでもない

ペーパー
テスティング

答 別冊88ページ

10 4つのスキー場W、X、Y、Zで調査を行い、主に利用した交通手段を1つだけあげてもらった。表1は、回答結果にもとづいて、スキー場ごとに利用した交通手段の割合を示したものである。また表2は、スキー場ごとの回答者数が回答者数全体に占める割合を示している。

【表1】利用した交通手段

交通手段	W	X	Y	Z	合計
乗用車	(　)	50%	40%	20%	41%
バス	20%	10%	30%	30%	(　)
電車	(　)	20%	10%	40%	(　)
その他	5%	20%	20%	10%	15%
計	100%	100%	100%	100%	100%

【表2】スキー場ごとの回答者数の割合

	W	X	Y	Z	合計
回答者数	20%	30%	30%	20%	100%

❶ スキー場Xで「電車」と答えた人は、4つのスキー場での回答者数全体の何%か（必要なときは、最後に小数点以下第一位を四捨五入すること）。

A 3%　B 6%　C 10%　D 12%
E AからDのいずれでもない

❷ スキー場Zで「バス」と答えた人は、スキー場Xで「バス」と答えた人の何倍か（必要なときは、最後に小数点以下第二位を四捨五入すること）。

A 0.7倍　B 2.0倍　C 2.3倍　D 3.0倍
E AからDのいずれでもない

❸ スキー場Wで「乗用車」と答えた人は、スキー場Wでの回答者数の何%か（必要なときは、最後に小数点以下第一位を四捨五入すること）。

A 26%　B 34%　C 40%　D 50%
E AからDのいずれでもない

 答 別冊88〜89ページ

❹ スキー場Yで「その他」と答えた人は84人であった。4つのスキー場での回答者数の合計は何人か。

A 420人　B 560人　C 1400人　D 2800人
E AからDのいずれでもない

11 高校生130人に英語と数学のテストをした。下表は、得点の組み合わせに分けて人数を示したものである。

数学＼英語	0〜19点	20〜39点	40〜59点	60〜79点	80〜100点
0〜19点	4	2	1		
20〜39点	6	6	7	5	
40〜59点	2	4	20	11	4
60〜79点		13	12	15	7
80〜100点			3	6	2

❶ 英語で80点以上だった生徒は全体の何％にあたるか。

A 5%　B 10%　C 15%　D 18%
E AからDのいずれでもない

❷ 英語で80点以上だった生徒の、数学の平均点としてあり得るのはどれか（必要なときは、最後に小数点以下第二位を四捨五入すること）。

A 56.8点　B 76.0点　C 78.5点　D 80.5点
E AからDのいずれでもない

❸ 英語と数学、2科目の平均点が30点未満だった生徒は何人から何人の間と考えられるか。

A 0〜4人　B 5〜8人　C 12〜21人　D 15〜23人
E AからDのいずれでもない

ペーパー
テスティング

答 別冊89ページ

12 P、Q、R、Sの4クラスで理科3科目のテストを行った。各クラスの生徒数は、40人ずつである。各クラスの全員が物理、化学、生物のいずれか1科目を選択受験しており、その結果の一部が下表に示されている。

【表1】(各クラスの科目ごとの受験者数)

	P	Q	R	S
物理	11	18	12	9
化学	7	( )	16	( )
生物	22	10	12	(イ)

【表2】(各クラスの科目ごとの平均点)

	P	Q	R	S
物理	64	70	69	62
化学	68	58	(ア)	60
生物	60	67	71	67

❶ Pクラスの、理科の平均点は何点か(必要なときは、最後に小数点以下第二位を四捨五入すること)。

A 61.0点　B 62.5点　C 65.4点　D 69.5点
E AからDのいずれでもない

❷ 4クラスの物理の平均点は何点か(必要なときは、最後に小数点以下第二位を四捨五入すること)。

A 59.0点　B 60.5点　C 64.2点　D 67.0点
E AからDのいずれでもない

❸ Rクラスの3科目の平均点が65.0点のとき、Rクラスの化学の平均点(ア)は何点か(必要なときは、最後に小数点以下第二位を四捨五入すること)。

A 57.5点　B 60.0点　C 61.4点　D 65.8点
E AからDのいずれでもない

❹ Sクラスの3科目の平均点が63.6点のとき、Sクラスの生物の受験者数(イ)は何人か。

A 13人　B 18人　C 21人　D 23人
E AからDのいずれでもない

 答 別冊89〜90ページ

13 ある列車Aは、始発駅のP駅を出発した後、順にQ駅、R駅の2駅に停車して、終点のS駅に到着する。表1は、P駅からQ駅、R駅、S駅までの距離と、乗車駅別にみた各駅での下車人数を示したものである。また、表2は、乗車駅からの距離別の運賃を示している。

【表1】各駅での下車人数

P駅からの距離	乗車／下車	P	Q	R
46km	Q	20人		
94km	R	14人	30人	
144km	S	25人	18人	27人

【表2】距離別運賃表

距離	10kmまで	30kmまで	60kmまで	100kmまで	150kmまで
運賃	160円	320円	400円	580円	700円

❶ Q駅からR駅の間、列車Aに乗っていた人は何人か。

A 56人　B 87人　C 108人　D 166人
E AからDのいずれでもない

❷ S駅で下車した人の乗車運賃の合計はいくらか。

A 38740円　B 40200円　C 46300円　D 51800円
E AからDのいずれでもない

❸ 列車Aの乗車定員数を100人としたとき、P駅からS駅間の3区間の乗車率（乗車人数÷乗車定員数）の平均はどれだけか（必要なときは、最後に小数点以下第二位を四捨五入すること）。

A 52.4%　B 72.0%　C 79.0%　D 88.8%
E AからDのいずれでもない

14 混合気体X、Y、Zがそれぞれ封入されている3つの容器がある。各容器に含まれる気体の構成体積比率（%）は表の通りである。なお、メタンを1.0としたときの比重は（　）内の通りとする。

	気体X	気体Y	気体Z
メタン（1.0）	88.0	90.5	82.2
エタン（1.8）	8.0	6.0	7.3
プロパン（2.8）	1.8	0.0	3.7
ブタン（3.6）	1.5	1.5	3.0
ペンタン（4.5）	0.4	2.0	1.8
その他	0.3	0.0	2.0

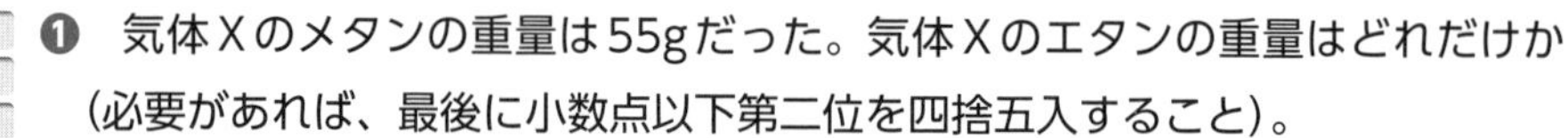

❶ 気体Xのメタンの重量は55gだった。気体Xのエタンの重量はどれだけか（必要があれば、最後に小数点以下第二位を四捨五入すること）。

A 0.7g　B 1.3g　C 5.6g　D 9.0g
E AからDのいずれでもない

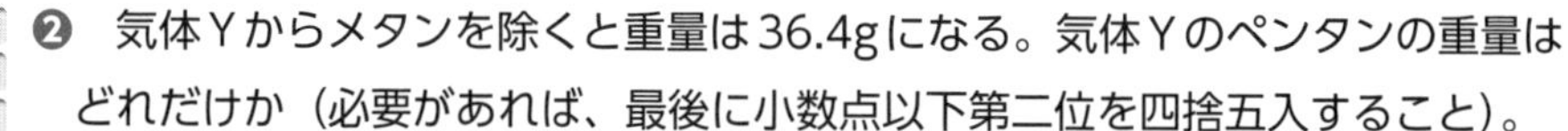

❷ 気体Yからメタンを除くと重量は36.4gになる。気体Yのペンタンの重量はどれだけか（必要があれば、最後に小数点以下第二位を四捨五入すること）。

A 1.2g　B 9.9g　C 13.0g　D 25.8g
E AからDのいずれでもない

❸ 気体Zにおけるブタン：ペンタンの重量比はいくつか。

A 4：3　B 5：3　C 3：4　D 3：5
E AからDのいずれでもない

答 別冊90ページ

15 3種類の水溶液X、Y、Zに含まれる薬品a、b、c、dの重量百分率（%）は表の通りである。

	薬品a	薬品b	薬品c	薬品d
水溶液X	7.0	2.8	3.6	0.7
水溶液Y	5.0	6.4	2.0	2.1
水溶液Z	8.2	2.5	1.8	1.3

❶ ある一定量の水溶液Xに含まれる薬品aの重さが10gのとき、同水溶液に含まれる薬品bの重さは何gか（必要なときは、最後に小数点以下第一位を四捨五入すること）。

A 4g　B 8g　C 16g　D 25g
E AからDのいずれでもない

❷ 水溶液XとYを混合してできる新しい水溶液Pに含まれる薬品dの重量百分率を、水溶液Zのそれと等しくしたい。X：Yをどのような割合で混合すればよいか。

A 1：2　B 4：3　C 3：4　D 4：5
E AからDのいずれでもない

❸ 水溶液XとYを混合して水溶液Qを作った。水溶液Qに含まれる薬品aが24g、薬品cが12gであったとき、水溶液Xは何g混合したか（必要なときは、最後に小数点以下第一位を四捨五入すること）。

A 200g　B 300g　C 400g　D 500g
E AからDのいずれでもない

答 別冊90～91ページ

23 特殊算

鶴亀算、年齢算、数列など、他分野に入らない特殊な問題をまとめてある。方程式で解くと楽に解ける問題も多い。

再現問題

回答時間▶3問3分

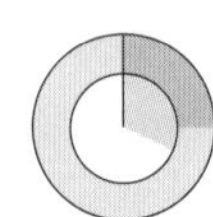

【鶴亀算】

❶ 1本200円のバラと1本400円のユリを合計12本購入したところ、代金が3000円だった。ユリは何本買ったか。

- A 3本
- B 5本
- C 8本
- D 9本
- E AからDのいずれでもない

【過不足算】

❷ リンゴを1人12個ずつ配ると11個余り、15個ずつ配ると7個足りない。リンゴは全部で何個あるか。

- A 56個
- B 65個
- C 72個
- D 83個
- E AからDのいずれでもない

【年齢算】

❸ 現在、父親は45歳で、娘は13歳である。父親の年齢が娘の年齢の3倍になるのは今から何年後か。

- A 2年後
- B 3年後
- C 4年後
- D 5年後
- E AからDのいずれでもない

回答時間

→解説 方程式の解き方をマスターする

❶ ユリをx本、バラを$(12-x)$本とする。このとき、次の式が成り立つ。

$$400x + 200(12 - x) = 3000$$
$$400x + 2400 - 200x = 3000$$
$$200x = 600$$
$$x = 3$$

別解▶鶴亀算で解く。12本全部が200円のバラだとすると12×200＝2400円。実際の金額3000円との差額は、3000－2400＝600円。200円のバラを400円のユリに入れかえるごとに、その差額（400－200＝）200円ずつ、600円の差額をうめていくと考える。ユリの数は、600÷200＝3本。

正解 A

❷ リンゴは、x人に12個ずつ配ると11個余り、15個ずつ配ると7個足りない。

$$12x + 11 = 15x - 7$$
$$3x = 18$$
$$x = 6$$

人数は6人なので、リンゴの個数は12×6＋11＝83個。

別解▶過不足算で解く。12個から「3個」増やして15個配ると、11個の余りが7個不足に変わる。つまり1人「3個」増やすと「18個」の差ができる。差が18個を1人3個の差で割ると、人数6人が求まる。

正解 D

❸ 父も娘もx年後にはともにx歳だけ年をとる。父の45歳にx年を足した年齢が、娘の13歳にx年を足した年齢の3倍になるので、次の式が成り立つ。

$$45 + x = 3(13 + x)$$
$$x = 3$$

別解▶年齢算で解く。父の年齢が娘の年齢の3倍になるので、父の年齢が③、娘の年齢が①、差は③－①＝②。父と娘の年齢の差は45－13＝32歳のまま。差の②が32歳に相当するので、

32÷2＝16歳 … 娘の年齢

従って、16－13＝3で、3年後。

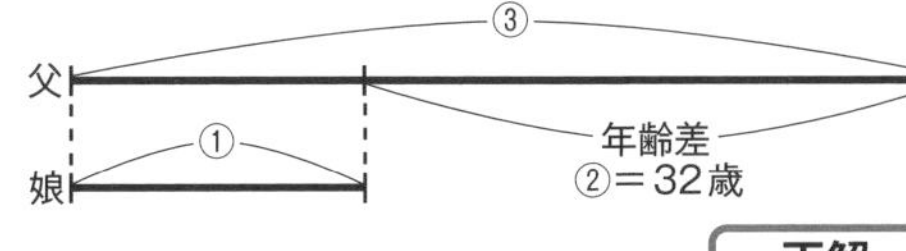

正解 B

問題演習

特殊算

1 82円切手と52円切手を合計30枚買って2200円以内におさまるようにしたい。82円切手をできるだけ多く買うには、82円切手を何枚にすればよいか。

A 20枚　B 21枚　C 22枚　D 23枚
E AからDのいずれでもない

2 1個50円のチョコと1個80円のガムをそれぞれ何個かずつ購入したところ、代金が1120円だった。ガムの方を多く購入したとき、チョコは何個購入したか。

A 3個　B 5個　C 8個　D 9個
E AからDのいずれでもない

3 おはぎを5個入りと8個入りの箱で販売した。5個入りの箱を950円、8個入りの箱を1400円で売ったとき、合計の売上額は8950円だった。5個入りは何箱売れたか。

A 4箱　B 5箱　C 6箱　D 9箱
E AからDのいずれでもない

4 1個200円の商品Pと1個100円の商品Qと1個80円の商品Rを何個かずつ購入して、総額2500円、個数21個だった。商品Rは商品Qの2倍の個数だったとき、商品Qは何個購入したか。

A 3個　B 5個　C 8個　D 9個
E AからDのいずれでもない

5 あるレンタルショップでは、DVD7泊8日の1本のレンタル料が、7月は350円だったが、8月に200円に値下げした。この2か月間の貸出枚数は10000枚で平均レンタル料金は245円だった。7月の貸出枚数は何枚か。

A 2000枚　B 3000枚　C 4000枚　D 5000枚
E AからDのいずれでもない

 答 別冊91〜92ページ

6 1房8本のバナナを70円で50房仕入れた。これを1房160円、1本30円で売った。完売して利益が5940円になったとき、何房をばらさずに売ったか。

A 16房　B 18房　C 21房　D 32房
E AからDのいずれでもない

7 ある旅館に120人が25室に分かれて泊まった。ただし、どの部屋にも4人か5人か6人で泊まったことがわかっている。6人で泊まった部屋が8室だったとき、4人で泊まった部屋は何室か。

A 4室　B 6室　C 13室　D 17室
E AからDのいずれでもない

8 80円、100円、120円のパンがある。どのパンも最低2個ずつ買って合計金額を10000円ちょうどにしたい。最も多い個数を買う場合、何個のパンが買えるか。

A 120個　B 121個　C 122個　D 123個
E AからDのいずれでもない

9 500円玉、100円玉、50円玉、10円玉を全種類組み合わせて、合計14枚で2000円を作るとき、100円玉は何枚必要か。

A 1枚　B 2枚　C 3枚　D 4枚
E AからDのいずれでもない

10 20円のガムと32円のアメを買って450円以内におさめたい。

❶ アメをできるだけたくさん買って合計で15個にするとき、アメは何個買えるか。

A 4個　B 5個　C 6個　D 12個
E AからDのいずれでもない

❷ ガムとアメを最低3個ずつ買って、なるべく多くの個数を買うとき、ガムは全部で何個買えるか。

A 12個　B 15個　C 17個　D 20個
E AからDのいずれでもない

答 別冊92ページ

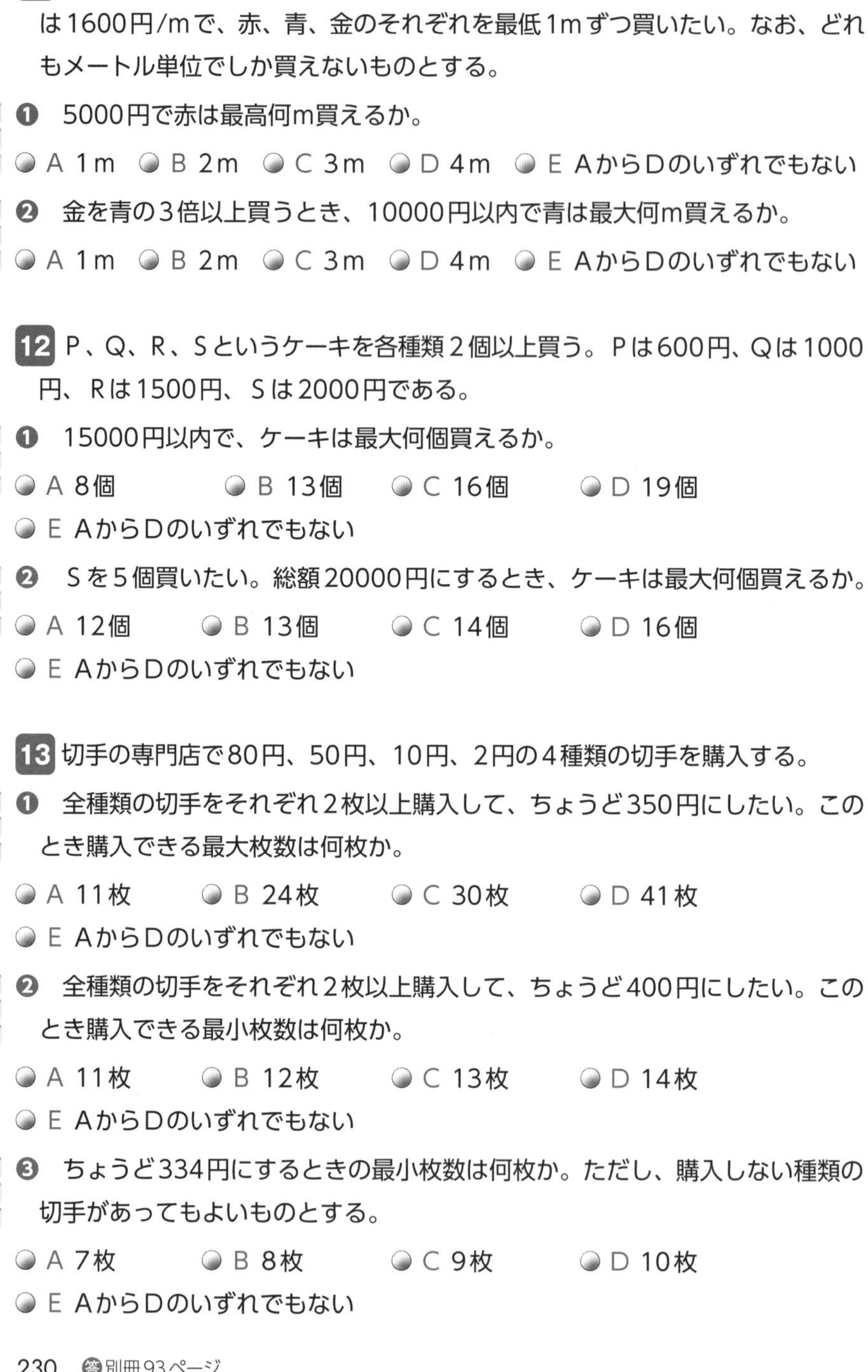

11 赤、青、金の3種類のリボンがある。赤は800円/m、青は1000円/m、金は1600円/mで、赤、青、金のそれぞれを最低1mずつ買いたい。なお、どれもメートル単位でしか買えないものとする。

❶ 5000円で赤は最高何m買えるか。

A 1m　B 2m　C 3m　D 4m　E AからDのいずれでもない

❷ 金を青の3倍以上買うとき、10000円以内で青は最大何m買えるか。

A 1m　B 2m　C 3m　D 4m　E AからDのいずれでもない

12 P、Q、R、Sというケーキを各種類2個以上買う。Pは600円、Qは1000円、Rは1500円、Sは2000円である。

❶ 15000円以内で、ケーキは最大何個買えるか。

A 8個　B 13個　C 16個　D 19個
E AからDのいずれでもない

❷ Sを5個買いたい。総額20000円にするとき、ケーキは最大何個買えるか。

A 12個　B 13個　C 14個　D 16個
E AからDのいずれでもない

13 切手の専門店で80円、50円、10円、2円の4種類の切手を購入する。

❶ 全種類の切手をそれぞれ2枚以上購入して、ちょうど350円にしたい。このとき購入できる最大枚数は何枚か。

A 11枚　B 24枚　C 30枚　D 41枚
E AからDのいずれでもない

❷ 全種類の切手をそれぞれ2枚以上購入して、ちょうど400円にしたい。このとき購入できる最小枚数は何枚か。

A 11枚　B 12枚　C 13枚　D 14枚
E AからDのいずれでもない

❸ ちょうど334円にするときの最小枚数は何枚か。ただし、購入しない種類の切手があってもよいものとする。

A 7枚　B 8枚　C 9枚　D 10枚
E AからDのいずれでもない

 答 別冊93ページ

14 普通の皿ならちょうど40枚、業務用の皿ならちょうど50枚買える持ち金がある。この持ち金で普通の皿と業務用の皿を同数買いたい。

❶ 最大で何枚ずつ買うことができるか。

A 11枚　B 20枚　C 22枚　D 23枚
E AからDのいずれでもない

❷ 最大枚数を買ったとき、おつりが60円だった。持ち金はいくらだったか。

A 4800円　B 5200円　C 5600円　D 6000円
E AからDのいずれでもない

15 25人が、リンゴとミカンの入った箱の中から好きな2個をもらった。リンゴを少なくとも1個もらった人は18人いて、箱から減ったミカンは24個だった。リンゴとミカンを1個ずつもらった人は何人か。

A 5人　B 7人　C 9人　D 10人
E AからDのいずれでもない

16 同じ数のチョコが入っている箱が2箱ある。1箱のチョコを何人かで分けると1人2個ずつで4個余り、2箱のチョコを分けると1人5個ずつで3個余る。このとき1箱に入っているチョコは何個か。

A 8個　B 12個　C 14個　D 18個
E AからDのいずれでもない

17 ある工場見学では、見学者が試供品Xと試供品Yが入った箱から好きな組み合わせで合計2個をもらえる。

❶ 40人が2個ずつもらったとき、箱の中のXが42個減っており、Yを少なくとも1個もらった人が30人いた。XとYを1個ずつもらった人は何人か。

A 12人　B 15人　C 18人　D 22人
E AからDのいずれでもない

❷ 50人が2個ずつもらったとき、箱の中のXが56個減っており、XとYを1個ずつもらった人が32人いた。Yを2個もらった人は何人か。

A 4人　B 6人　C 9人　D 10人
E AからDのいずれでもない

答 別冊93〜94ページ

18 ジョーカーを除いた1組のトランプ52枚から、何枚かを抜き出した。

❶ 10枚ずつ並べると6枚余り、8枚ずつ並べると4枚余った。このときカードは何枚あるか。

A 16枚　B 20枚　C 26枚　D 36枚
E AからDのいずれでもない

❷ 何人かに7枚ずつ配ったら6枚余り、9枚ずつ配ったら4枚足りなかった。このときカードは何枚あるか。

A 23枚　B 27枚　C 41枚　D 48枚
E AからDのいずれでもない

19 母親は現在36歳で、12歳の双子の娘がいる。2人の子供の年齢の和が母親の年齢を超えるのは何年後か。

A 12年後　B 13年後　C 14年後　D 15年後
E AからDのいずれでもない

20 16年前、父は息子の年齢の4倍の年齢だった。現在、父の年齢は息子の年齢の2倍である。現在の父の年齢は何歳か。

A 32歳　B 48歳　C 54歳　D 60歳
E AからDのいずれでもない

21 X、Y、Zという3人兄弟がいる。現在、3人の年齢の合計は28歳で、XはZより5歳上である。5年前のXとZの年齢の合計が現在のYの年齢に等しいとき、現在のYの年齢は何歳か。

A 6歳　B 8歳　C 9歳　D 10歳
E AからDのいずれでもない

22 看護師PとQが勤務する病院は2交替制であり、Pは4日毎（ごと）、Qは5日毎に夜勤になる。あるとき、Pは6月1日に、Qはその翌日に夜勤となった。

❶ 6月以降、はじめてPとQが同じ日に夜勤になる日はいつか。

A 6月12日　B 6月13日　C 6月17日　D 6月21日
E AからDのいずれでもない

 答 別冊94～95ページ

❷　6月以降、2回目にPとQが同じ日に夜勤になるのはいつか。

A 6月27日　B 6月29日　C 7月2日　D 7月7日
E AからDのいずれでもない

23 あるスポーツ施設では入会時に割引ポイントがもらえる。また、施設をn回利用すると、次の関係式で表される割引ポイントf（n）がもらえる。

f（n）＝f（n－1）＋20　（ただしn＞0で、nは自然数）

❶　Pは入会時に100ポイントの割引ポイントをもらった。施設を3回利用したとき、割引ポイントは何ポイントもらえるか。

A 110ポイント　B 120ポイント　C 140ポイント
D 160ポイント　E AからDのいずれでもない

❷　Qが施設を3回利用したときにもらえた割引ポイントが210ポイントだった。Qが入会時にもらえた割引ポイントは何ポイントだったか。

A 120ポイント　B 140ポイント　C 150ポイント
D 160ポイント　E AからDのいずれでもない

24【WEBテスティング】次の文字列は、一定の規則に従って並んでいる。空欄に入る文字または文字列を答えなさい。

❶　5512　（　　　）　5906　6103　6300

解答欄 ［　　　　］（4字以内）

❷　18c　（　　　）　12fgh　09ijkl　06mnopq

解答欄 ［　　　　］（4字以内）

❸　d　t　f　r　h　p　j　（　）　l　l

解答欄 ［　　　　］（1字）

❹　あけ　かせ　さて　（　）　なへ

解答欄 ［　　　　］（2字以内）

❺　s29edc　（　　　）　o17kji　m11nml　k05qpo

解答欄 ［　　　　］（6字以内）

答 別冊95～96ページ

24 情報の読み取り

料金表と割引条件や、数値情報が含まれる長文が提示されて、その資料と一致する選択肢を選ぶテストセンターの問題。

再現問題　回答時間▶2問2分

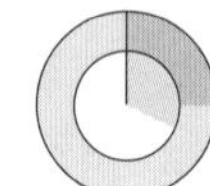

この問題は2問組です

【乗用車1台のレンタル料金】契約は1日(24時間)単位とする

車種	利用場所	基本料金1日	延長料金1日
軽自動車クラス	一般	6000円	5000円／日
	離島	15000円	13000円／日
1500ccクラス	一般	8000円	6000円／日
	離島	22000円	18000円／日

- 7月1日～8月31日は3000円増し、10月1日～12月10日は1000円引き（1台1日あたり）
- キャンセル料は、乗車日の8日前まで無料、7日前は料金の10%、6～3日前は料金の20%、2日前～前日は料金の30%、当日は料金の50%

❶　資料の内容と一致するものは、ア、イ、ウのうちどれか。

ア　7月21日午前10時から7月22日午前8時まで、軽自動車を離島以外で借りると、料金は9000円

イ　4月3日午後1時から4月4日午後9時まで、1500ccの車を離島で借りると、料金は44000円

ウ　11月11日午前10時から11月13日午前9時まで、軽自動車を離島以外で借りると、料金は10000円

- A ア
- B イ
- C ウ
- D アとイ
- E アとウ
- F イとウ

❷　資料の内容と一致するものは、ア、イ、ウのうちどれか。

ア　料金22000円の8日前のキャンセル料は4400円

イ　料金8000円の前日のキャンセル料は2400円

ウ　3月3日午前10時から3月4日午前9時まで、軽自動車を離島で借りる予約をした。これを7日前にキャンセルしたときのキャンセル料は1500円

- A ア
- B イ
- C ウ
- D アとイ
- E アとウ
- F イとウ

回答時間

→ 解説　選択肢の語句や数値を検索する

❶　資料の中から、選択肢の条件に合致する語句と数値を検索する。

ア　**7月21日午前10時から7月22日午前8時まで、軽自動車**を**離島以外**で借りると、料金は9000円…軽自動車、一般（離島以外）、基本料金（24時間以内）で6000円。7月なので3000円増し。

6000＋3000＝9000円 → ○

イ　**4月3日午後1時から4月4日午後9時まで、1500cc**の車を**離島**で借りると、料金は44000円…1500cc、離島、24＋8時間なので「基本料金＋延長料金1日分」

22000＋18000＝40000円 →×

ウ　**11月11日午前10時から11月13日午前9時**まで、**軽自動車**を**離島以外**で借りると、料金は10000円…軽自動車、一般（離島以外）、24＋23時間なので「基本料金＋延長料金1日分」、11月なので1日あたり1000円引き

(6000－1000)＋(5000－1000)＝9000円 →×

正解　A

❷　キャンセル料金を読み取る。

ア　料金22000円の**8日前**のキャンセル料は4400円

8日前までは無料 → ×

イ　料金8000円の**前日**のキャンセル料は2400円…2日前～前日は料金の30%。

8000×0.3＝2400円 → ○

ウ　**3月3日午前10時から3月4日午前9時まで、軽自動車**を**離島**で借りる予約をした。これを**7日前**にキャンセルしたときのキャンセル料は1500円…軽自動車、離島、基本料金（24時間以内）で15000円。7日前は料金の10%。

15000×0.1＝1500円 → ○

正解　F

●問題文から選択肢の内容を検索して、手早く計算することが大切

問題演習 情報の読み取り

1 次の資料を用いて、各問いに答えなさい。

〔日帰りバスツアー／Aコース・大人１名料金〕

出発日	食事付きプラン	食事なしプラン
土日祝日	13000円	8000円
上記以外の平日	11000円	7000円

- 4月29日〜5月5日、8月11日〜8月16日は、上記の1000円増し。
- 2月、6月、9月、11月は、上記の2000円引き。
- 子供（12歳未満）1名の料金は、同伴の大人1名の料金の30%引き。
- キャンセル料は、出発日の7日前までは無料、5〜6日前は料金の10%、2〜4日前は料金の20%、前日は40%、当日は100%。

❶ 資料の内容と一致するものは、ア、イ、ウのうちどれか。

ア　1月の日曜日に、家族4名（大人2名、小学2年生1名、小学5年生1名）で食事付きプランに参加する際、料金の合計は44200円である

イ　5月2日（木曜日）に、家族3名（大人2名、中学2年生1名）で食事なしプランに参加する際、料金の合計は21600円である

ウ　11月の文化の日（祝日・水曜日）に、大人3名で食事なしプランに参加する際、料金の合計は21000円である

- A アだけ　B イだけ　C ウだけ
- D アとイ　E アとウ　F イとウ

❷ 資料の内容と一致するものは、ア、イ、ウのうちどれか。

ア　料金が14000円のとき、出発日の7日前にキャンセルすると、キャンセル料は1400円である

イ　料金が8000円のとき、出発日前日にキャンセルすると、キャンセル料は3200円である

ウ　6月10日（月曜日）の食事付きプランを大人2名で頼んだが、3日前にキャンセルしたとき、キャンセル料は4000円である

- A アだけ　B イだけ　C ウだけ
- D アとイ　E アとウ　F イとウ

 答 別冊96ページ

2 次の資料を用いて、各問いに答えなさい。

ある英会話スクールでは、3つのコースを設定しており、月単位のグループレッスンと時間単位の個人レッスンがある。

【英会話スクールのレッスン（1人あたり）】

コース	グループレッスン		個人レッスン	
日常会話	12000円／月	月・木	2500円／時	木曜以外
ビジネス会話	15000円／月	火・土	2500円／時	火曜以外
トラベル会話	8000円／月	水・金	2000円／時	金曜以外

グループレッスン紹介割引：紹介による入会者は入会後1年間、また紹介者は半年間、グループレッスンのレッスン料が20%引きになる。
継続割引：1年以上受講すると、2年目以降はすべてのレッスン料が10%引きに、4年目以降はすべてのレッスン料が20%引きになる。

❶ 資料の内容と一致するものはどれか。

ア　ビジネス会話コースは木曜日に受講することはできない
イ　友達に紹介されて入会し、トラベル会話コースのグループレッスンを受講する場合、最初の1年間の月謝は6400円である
ウ　金曜日には、日常会話、ビジネス会話、トラベル会話のコースを受講できる

- A アだけ
- B イだけ
- C ウだけ
- D アとイ
- E アとウ
- F イとウ

❷ 個人レッスンの1時間あたりのレッスン料が2000円であるPさんに関するア、イ、ウの情報のうち、ありえるものはどれか。

ア　受講3年目で日常会話コースを選択
イ　受講4年目でビジネス会話コースを選択
ウ　同僚の紹介で入会したばかりでトラベル会話コースを選択

- A アだけ
- B イだけ
- C ウだけ
- D アとイ
- E アとウ
- F イとウ

答 別冊96ページ

3 次の資料を用いて、各問いに答えなさい。

【テーマパーク入場料一覧（12歳以上入場料＝a円）】

	1人あたりの料金（円）
予約割引	0.8a
誕生日割引	0.7a
団体割引	0.8a
子供割引	0.5a

- 予約割引は、前日までに予約した場合、一緒に入場する全員に適用。
- 誕生日割引は、誕生月の本人にのみ適用。
- 子供割引は、11歳以下の児童に適用。
- 団体割引は、8人以上で利用の場合、全員に適用。
- 各割引は、重複適用しない。

❶　資料の内容と一致するものは、ア、イ、ウのうちどれか。

ア　前日に予約した大学生が3人で入場すると、全員20%引きとなる

イ　大人2人と11歳の子供10人が予約なしで入場すると、総額は7a円となる

ウ　3日前に予約した1人を含む大人10人のグループが入場すると、全員が40%引きとなる

- A　アだけ
- B　イだけ
- C　ウだけ
- D　アとイ
- E　アとウ
- F　イとウ

❷　資料の内容と一致するものは、ア、イ、ウのうちどれか。

ア　両親と、誕生月が4月の10歳が、予約して4月に入場する場合、最低の総額は2.1a円である

イ　誕生月が6月の夫と5月の妻が、予約して6月に2人で入場する場合、最低の総額は1.4a円である

ウ　誕生月の者3人を含む10人の大学生が予約なしで入場する場合、最低の総額は8a円である

- A　アだけ
- B　イだけ
- C　ウだけ
- D　アとイ
- E　アとウ
- F　イとウ

 答 別冊97ページ

4 次の文を読んで、各問いに答えなさい。

P社では、2014年から2016年にかけて、特殊塗料AとBの販売量が増加した。特に塗料Aが伸びており、2014年はAとBの販売量合計の2割だったが、翌年は3割、翌々年には6割と飛躍的に増加している。AとBの販売量合計は、2014年には5トン、2015年には16トン、2016年には20トンであった。
Aのkgあたりの価格はBの2分の1に設定されており、2014年のAのみの売上額は1億円、2015年は5億円、2016年は15億円となっている。

❶ 販売量について、文中で述べられていることと一致するものはどれか。

ア 2016年の塗料Aに対する塗料Bの販売量の割合は、2014年のそれの1/4倍になっている
イ 2015年の塗料Bの販売量は、12トン以下である
ウ 塗料Bの販売量は、2014年から2016年にかけて、2倍以上に増えている

- A アだけ
- B イだけ
- C ウだけ
- D アとイ
- E アとウ
- F イとウ

❷ 文中で述べられていることと一致するものはどれか。

ア 2016年の売上額は、塗料Aのほうが塗料Bよりも多い
イ 塗料Bの価格は2014年から2016年まで、毎年上がっている
ウ 2016年の塗料Bの売上額は2014年の2倍以上である

- A アだけ
- B イだけ
- C ウだけ
- D アとイ
- E アとウ
- F イとウ

答 別冊97ページ

5 次の文を読んで、各問いに答えなさい。

> P大学では1年前に人間科学部を、今年は福祉学部を新設した。学部の新設に加えて定員の増加も行い、入学試験合格者数が2年前は140人、1年前は180人、今年は240人と増加している。
> しかし、全学部の受験者数は今年300人で、1年前に比べて80%、2年前に比べると75%にまで減ってしまった。
> なお、合格者に占める女子の割合は、2年前に4割だったものが、1年前は5割に、今年は6割に急増している。

❶ P大学の入学試験について、文中で述べられていることと一致するものはどれか。

ア　2年前に比べると、今年は受験者数が100人以上減ってしまった
イ　1年前の合格率は5割を超えた
ウ　2年前の倍率は、今年の2倍以上だった

- A アだけ　B イだけ　C ウだけ
- D アとイ　E アとウ　F イとウ

❷ P大学の入学試験について、文中で述べられていることと一致するものはどれか。

ア　1年前の女子の合格者数は、2年前のそれの2倍以上である
イ　1年前の女子の受験者数は、2年前のそれの2倍以上である
ウ　今年の男子の合格者数は、2年前の男子の合格者数より多い

- A アだけ　B イだけ　C ウだけ
- D アとイ　E アとウ　F イとウ

 答 別冊97ページ

6 次の文を読んで、各問いに答えなさい。

> 日本の貿易収支は、2011年頃から赤字が続いている。2010年には、輸出が67.4兆円、輸入が60.8兆円であったが、翌年には、輸出が65.5兆円、輸入が68.1兆円、2015年には、輸出が75.6兆円、輸入が78.4兆円となっている。貿易赤字の主な要因としては、円安による輸入財コストの上昇、発電用燃料の需要増加などにより輸入金額が上昇したこと、さらには企業の生産設備の海外移転などで輸出金額が減少したことが考えられる。
> 品目別輸出金額を見ると、1位の自動車は、2015年は12.0兆円、前年は10.9兆円であった。半導体等電子部品は、2015年に3.9兆円で2位であったが、2011年からの4年間は伸び悩み、3位になっていた。一方、鉄鋼は、日系自動車組立拠点向けの鋼板等の輸出が拡大し、2011年に輸出総額の5.5%を占めて、2014年まで2位が続いた。しかし、世界鉄鋼市況の悪化や鉄鋼の過剰供給により減少傾向となり、2015年には3位となっている。

❶ 日本の貿易収支について、文中で述べられていることと一致するものは次のうちどれか。

- A 2015年の輸入金額は、2010年の約1.8倍に増えた
- B 2010年から2015年にかけて、輸出金額が減少している
- C 2010年の貿易収支は、6.6兆円の赤字であった
- D 2015年の貿易収支は、5年前に比べて9兆円以上減少している
- E AからDのいずれでもない

❷ 2010年から2015年の間の、日本から輸出される鉄鋼の輸出金額について、文中で述べられていることと一致するものは次のうちどれか。

- A 2014年から半導体等電子部品に2位の座をゆずった
- B 2011年の輸出金額は、約3.6兆円であった
- C 鋼板等の輸出が、鉄鋼輸出の約30%を占めるようになった
- D 日本の輸出総額に占める鉄鋼の割合が、年々増加している
- E AからDのいずれでもない

25 ペーパーテスティング 物の流れ

経路にそった物や人の流れを式で表すペーパーテスティングの問題。式の立て方を覚えておけば、比較的簡単な分野といえる。

再現問題 回答時間▶2問2分

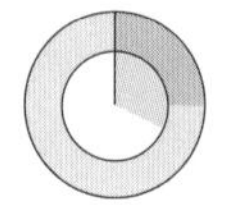

この問題は2問組です

業者Xが出荷する商品のうち比率にしてaが業者Yに納品されるとき、これを次の図で表す。業者X、Yの商品の量をそれぞれX、Yとすると、式 Y＝aX が成り立つ。

X —a→ Y

業者Xが出荷する商品のうち比率aと、業者Yが出荷する商品のうち比率bとが、業者Zに納品されるとき、これを次の図で表す。業者Zに納品される商品の量をZとすると、式 Z＝aX＋bY が成り立つ。

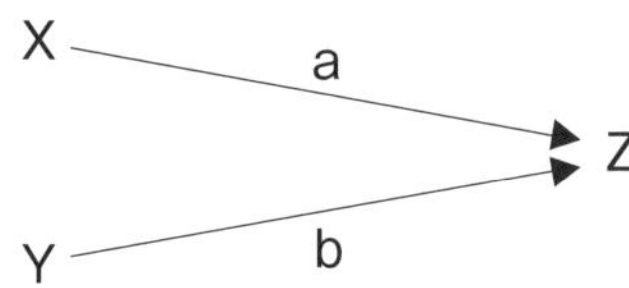

業者Xが出荷する商品のうち比率aが業者Yを経由して、そのうちの比率bが業者Zに納品されるとき、これを次の図で表す。

X —a→ Y —b→ Z

このとき、式 Z＝bY が成り立つ。また、Z＝b(aX)＝abX とも表される。なお、式については以下のような一般の演算が成り立つものとする。

(a＋b)X＝aX＋bX

c(a＋b)X＝acX＋bcX

❶　下の図で、Zを表す式は、次のうちどれか。

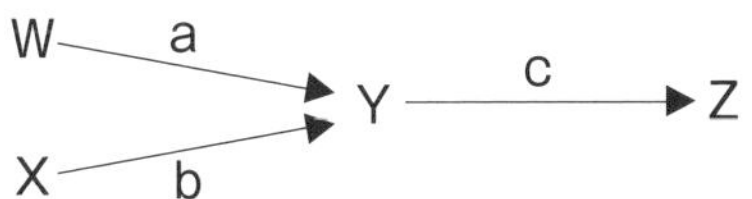

- A $Z=aW+bX+cY$
- B $Z=(ab+c)WX$
- C $Z=acW+bcX$
- D $Z=abWX+cY$
- E AからDのいずれでもない

❷　❶の図で、比率aとbをそれぞれ2倍にした。このとき、業者Zに納品される商品の個数は何倍になるか。

- A 1/2倍
- B 2倍
- C 3倍
- D 4倍
- E AからDのいずれでもない

回答時間

解説　前提条件での式の立て方を覚える

❶　最終到達点のZに近い方から式にする。前提条件より、式①と②が成り立つ。

$Z = cY$ … ①（Zは比率cにYを掛けた数値）

$Y = aW + bX$ … ②（Yは比率aにWを掛けた数値＋比率bにXを掛けた数値）

①のYに②を代入すれば、

$$Z = c(aW + bX) = acW + bcX$$

正解　C

❷　❶より、$Z = acW + bcX$

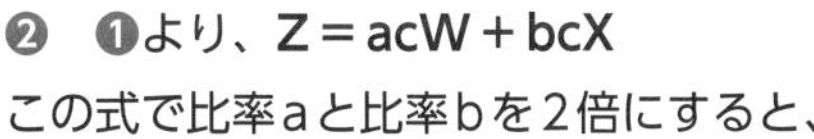

この式で比率aと比率bを2倍にすると、

$$Z = 2acW + 2bcX$$

$$Z = 2 \times (acW + bcX)$$

つまり、業者Zに納品される商品の個数は2倍になる。

正解　B

ペーパーテスティング

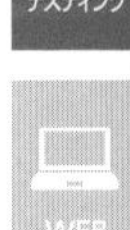

問題演習

物の流れ

1 ある宅配便業者における荷物の流れを下の図に示した。L、M、N、P、Qは集荷所を、s、t、u、v、wは荷物量の比率を表す。例えば、図では集荷所Lに集められた荷物のうち比率sがNに向かうことを示している。

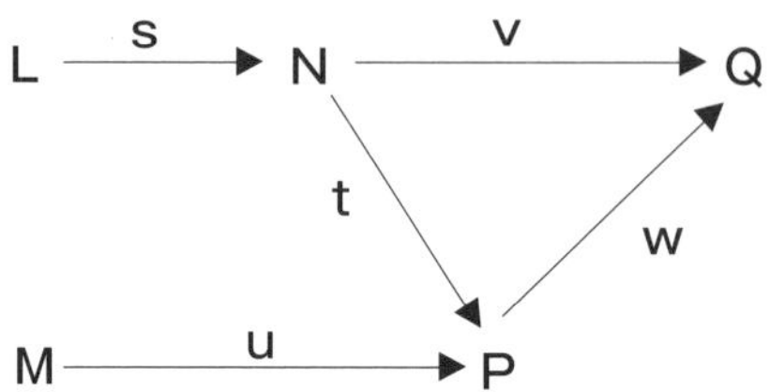

❶ Qを表す式は、次のうちどれか。

ア Q＝sL＋vN＋wP
イ Q＝svL＋wP
ウ Q＝svL＋stwL＋uwM

A アだけ　B イだけ　C ウだけ　D アとイ　E アとウ
F イとウ　G アとイとウ　H アとイとウのいずれでもない

❷ 図におけるそれぞれの比率は、次の通りである。

s＝0.8　t＝0.2　u＝0.4　v＝0.6　w＝0.5

集荷所Lと集荷所Mから送られた荷物の総量が同じ場合、集荷所Lから集荷所Qに送られる荷物量は、集荷所Mから集荷所Qに送られる荷物量に対して、何%にあたるか（必要なときは、最後に小数点以下第二位を四捨五入すること）。

A 35.7%　B 45.0%　C 140.0%　D 280.0%
E AからDのいずれでもない

 答 別冊98ページ

2 ある高速道路の車の流れを下の図に示した。K、L、M、N、P、Qは料金所を、a、b、c、d、e、fは通過した車の台数の比率を表す。例えば、図では料金所Kを通過した車のうち比率aがQに向かうことを示している。

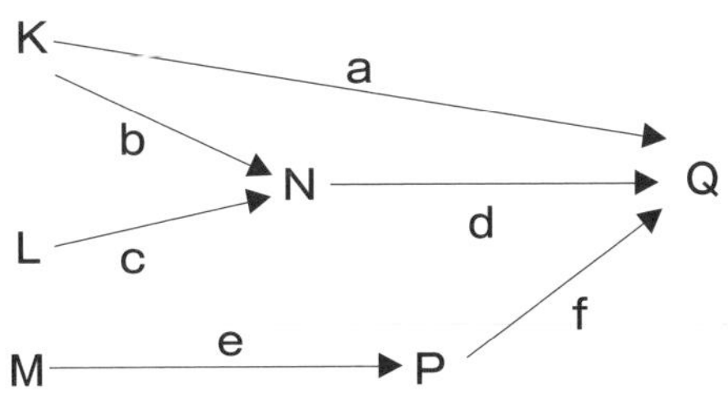

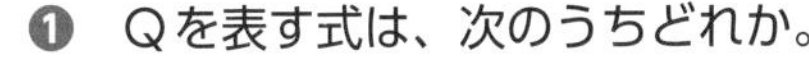

❶ Qを表す式は、次のうちどれか。

ア　Q＝aK＋bdK＋cdL＋fP
イ　Q＝aK＋bK＋dN＋eM＋fP
ウ　Q＝K（a＋bd）＋cdL＋efM

A アだけ　B イだけ　C ウだけ　D アとイ　E アとウ
F イとウ　G アとイとウ　H アとイとウのいずれでもない

❷ 図におけるそれぞれの比率は次の通りである。

a＝0.1　b＝0.5　c＝0.3　d＝0.15　e＝0.5　f＝0.8

料金所Kを通過した車の何％が料金所Qを通過するか（必要なときは、最後に小数点以下第二位を四捨五入すること）。

A 10.0％　B 15.0％　C 17.5％　D 25.0％
E AからDのいずれでもない

❸ 図におけるそれぞれの比率は前問の通りである。料金所Kを通過した車の台数は1000台、料金所Mを通過した車の台数は600台だった。また、料金所Nから料金所Qへ流れた車は、料金所Pから料金所Qへ流れた車より75台少なかった。料金所Lを通過した車は何台か。

A 1200台　B 2000台　C 2400台　D 3000台
E AからDのいずれでもない

26 ペーパーテスティング ブラックボックス

数値を入力すると変換して別の数値で出力するブラックボックスの問題。変換ルールをメモして手早く計算していこう。

再現問題 回答時間▶1問1分

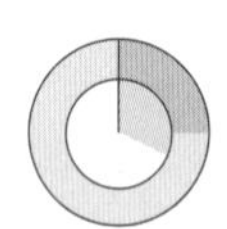

入力信号0、1を次のように変換する装置P、Q、Rがある。

- Pは、0を入力すると1に、1を入力すると0に変換して出力する。

0 → P → 1

- Qは、同時に入力された2つの信号のうち、少なくとも一方が0の場合には0を、2つとも1の場合には1を出力する。

0 →, 1 → Q → 0

- Rは、同時に入力された2つの信号のうち、少なくとも一方が1の場合には1を、2つとも0の場合には0を出力する。

この装置を次の図のように接続してX、Y、Zを入力したところ、最終的には1が出力された。

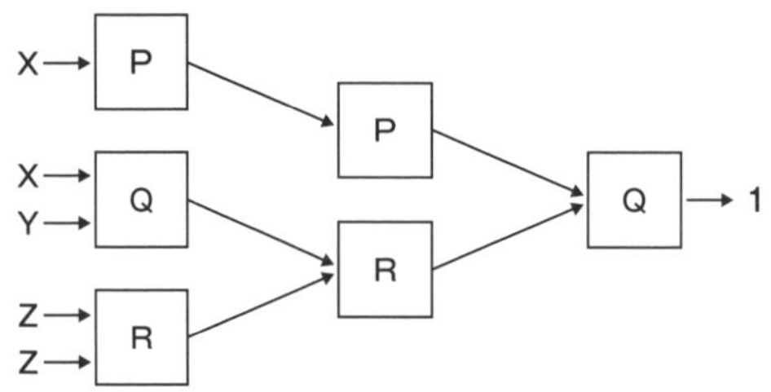

	X	Y	Z
ア	1	0	0
イ	1	1	0
ウ	1	1	1

X、Y、Zにあてはまる組み合わせは、ア、イ、ウのうちどれか。

- A アだけ
- B イだけ
- C ウだけ
- D アとイ
- E アとウ
- F イとウ
- G アとイとウ
- H アとイとウのいずれでもない

回答時間

→ 解説　変換ルールを簡単な記号にして書き込む

装置P、Q、Rの変換ルールをもっと簡単に考えて言い換えると、次のようになる。

P…0を1、1を0にするので、簡単にいえば**「逆」**にする装置。
Q…少なくとも一方が0なら0にするとは、簡単にいえば必ず小さい方を出力する**「小」**の装置。
R…少なくとも一方が1なら1にするとは、簡単にいえば必ず大きい方を出力する**「大」**の装置。
※QとRは、同じ数字が入力されたときは、そのまま出力する。

接続された図の、Pに「逆」、Qに「小」、Rに「大」と書き込む。
次に、表のア、イ、ウの数をあてはめて、左から順に計算していく。最終的に1が出力されるのは、右の通り、イとウのとき。

ア　X＝1、Y＝0、Z＝0

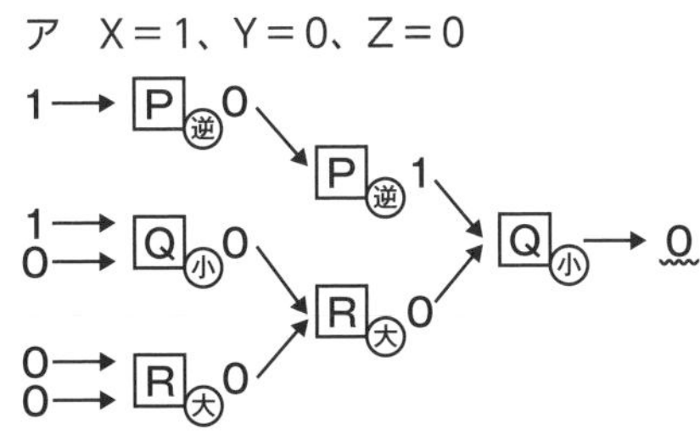

イ　X＝1、Y＝1、Z＝0

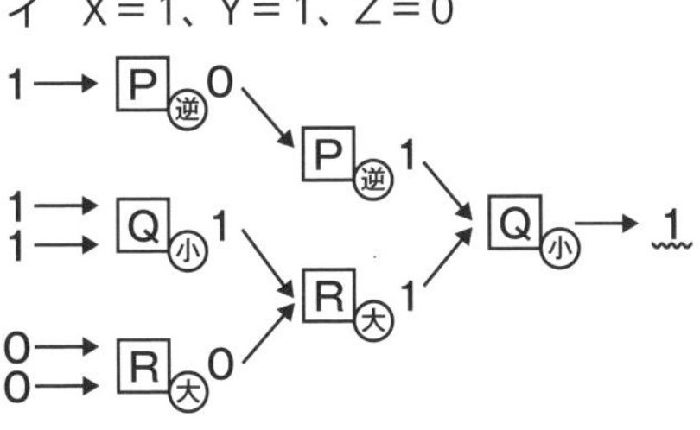

ウ　X＝1、Y＝1、Z＝1

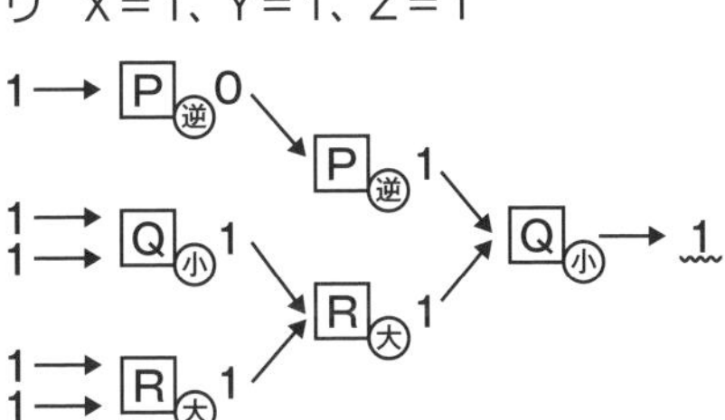

正解　F

ポイント

計算ミスさえしなければ、簡単に解ける。ただし、何度も装置の変換ルールを読み直していると時間がかかるので、次の手順を覚えておこう。

- 問題用紙の図に簡略化した記号を書き込んでから計算する
- 0と1のどちらが出力されるかで「小」「大」などの記号を用いる※

※論理演算に慣れている人は、「NOT」「AND」「OR」などの記号を用いてもよいでしょう。

問題演習

ブラックボックス

1 入力信号0、1を次のように変換する装置P、Q、Rがある。

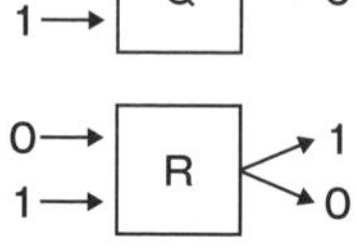

- Pは、同時に入力された2つの信号が同じ数ならば0を、違う数ならば1を出力する。
- Qは、同時に入力された2つの信号のうち、少なくとも一方が0の場合には0を、2つとも1の場合には1を出力する。
- Rは、同時に入力された2つの信号のうち、少なくとも一方が1の場合には3/4の確率で1を出力し、1/4の確率で0を出力する。また2つとも0の場合には0を出力する。

❶ このP、Q、Rを次の図のように接続した。Xが1になる確率はいくらか。

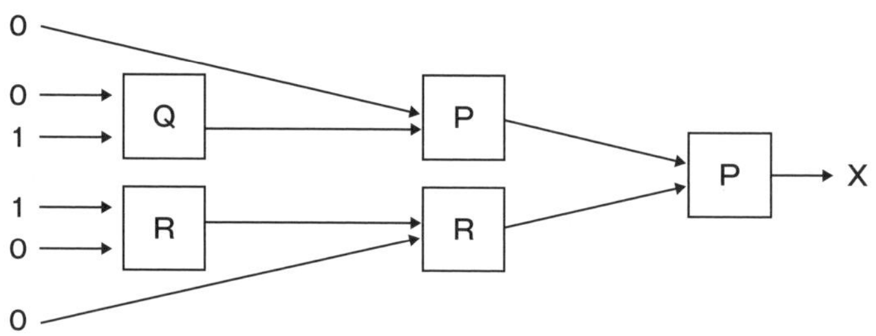

A 3/4　B 2/3　C 3/5　D 9/16　E AからDのいずれでもない

❷ このP、Q、Rを次の図のように接続したところ、Yは1であった。このことに必ずしも矛盾しないのは、次のうちどれか。

ア　入力X_1、X_2、X_3、X_4 は、すべて0である

イ　入力X_1、X_2、X_3、X_4 は、すべて1である

ウ　入力X_1、X_2のいずれか1つが1であり、X_3、X_4は1である

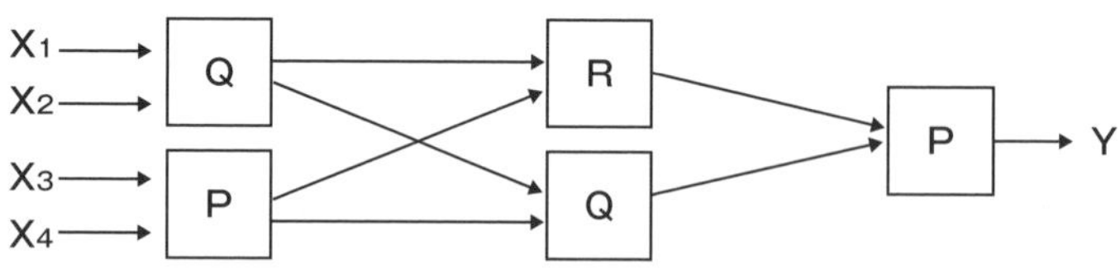

A アだけ　B イだけ　C ウだけ　D アとイ　E アとウ

F イとウ　G アとイとウ　H アとイとウのいずれでもない

 答 別冊99ページ

2 次のように数値を変換する装置Pがある。

●上から入力された数値は2倍する。
●左から入力された数値を2でわって出力する。
●異なる2つの数値が入力されたら、3分の2の確率で大きい方の数値を、3分の1の確率で小さい方の数値を出力する。
●等しい2つの数値が入力されたら、その同じ数値を出力する。

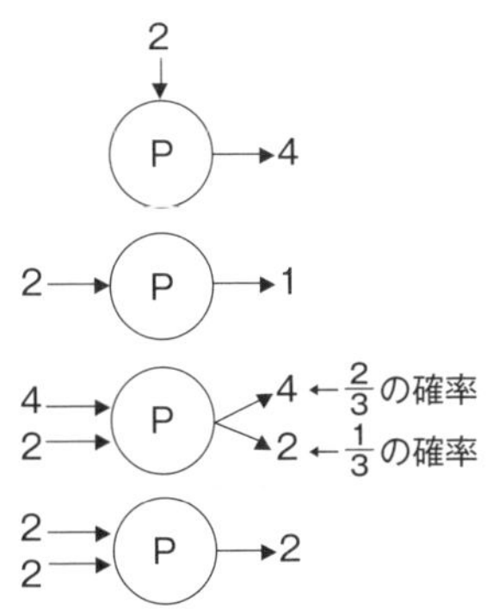

❶ 装置Pを下図のように接続した。W＝3、X＝6、Y＝8を入力したとき、Z＝6となる確率はいくらか。

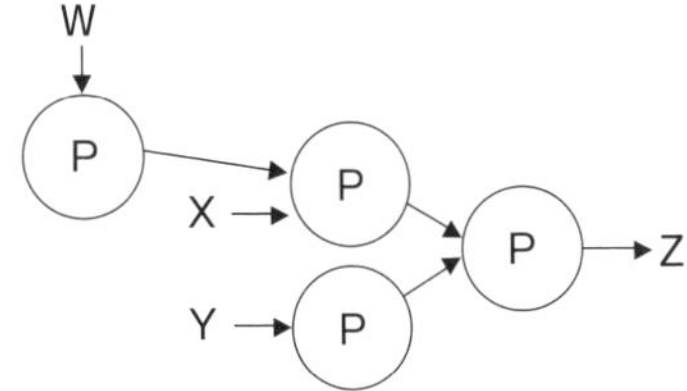

A 1/3　B 2/3　C 4/9　D 5/9
E AからDのいずれでもない

❷ 装置Pを下図のように接続した。W＝20、X＝2、Y＝4を入力したとき、Z＝8となる確率はいくらか。

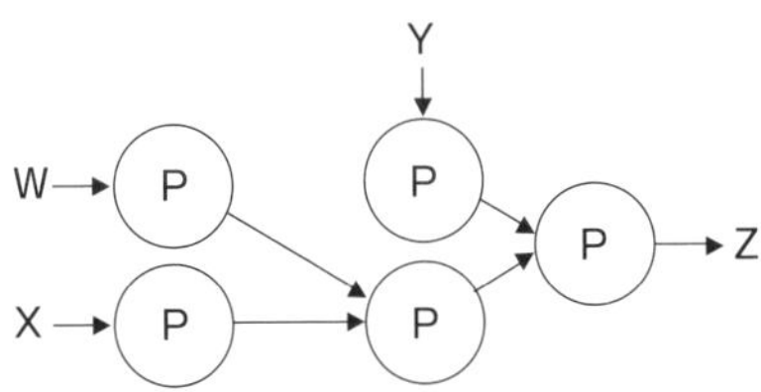

A 2/9　B 4/9　C 7/9　D 8/9
E AからDのいずれでもない

ペーパー
テスティング

答 別冊99ページ

ペーパーテスティング

27 グラフの領域

3式からなる連立不等式が、グラフ上のどの領域を示しているのかを求める問題。式とグラフの読み方がわかれば簡単に解ける。

再現問題　回答時間▶1問1分

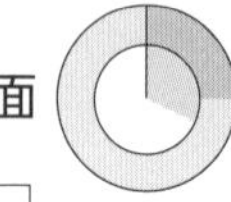

次の3つの式によって示される放物線と直線は、下図のように平面を8つの領域に分ける。

ア　$y=0$

イ　$y=-x+2$

ウ　$y=x^2$

次の3式からなる連立不等式で表される領域はどれか。

カ　$y>0$

キ　$y<-x+2$

ク　$y<x^2$

- A　①だけ
- B　②だけ
- C　③だけ
- D　④だけ
- E　④と⑦
- F　④と⑧
- G　④と⑤と⑧
- H　3式で表される領域は存在しない

回答時間

→ 解説　式とグラフの対応を考える

ア、イ、ウの式がグラフ上のどの線に対応するかを見ていく。

ア　$y=0$　→x軸

イ　$y=-x+2$　→右下がりの直線

ウ　$y=x^2$　→放物線

カ、キ、クは、ア、イ、ウの式の等号（=）を不等号（$>$、$<$）に変えた式になっている。不等号がyに対して開いていればグラフ上の線よりも上の領域。不等号がyに対して閉じていれば下の領域になる。

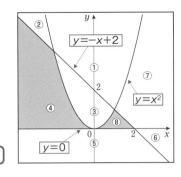

カ　y＞0　　　→x軸より上の領域
（①＋②＋③＋④＋⑦＋⑧）

キ　y＜－x＋2　→右下がりの直線の下の領域
（③＋④＋⑤＋⑧）

ク　y＜x^2　　　→放物線の下の領域
（②＋④＋⑤＋⑥＋⑦＋⑧）

3つの領域が重なるのは④と⑧。

正解　F

ポイント

出題される式とグラフを覚えておこう。

▼y＝aの式は横線　▼x＝aの式は縦線

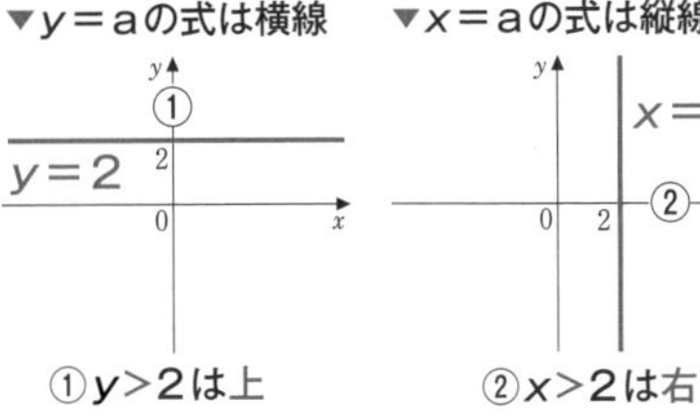

▼y＝xの式は右上がり（－xでは左上がり）

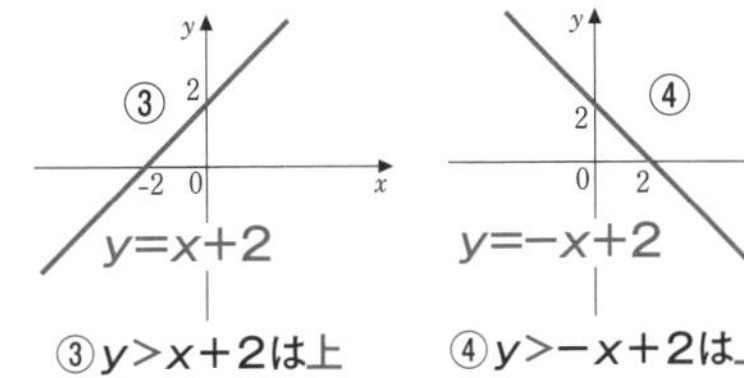

▼$y=x^2$は上開き放物線（$-x^2$なら下開き）

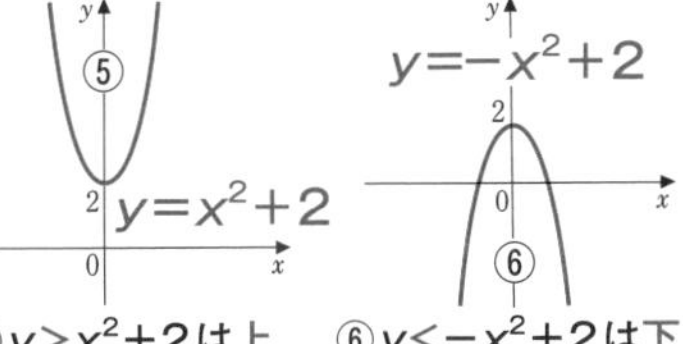

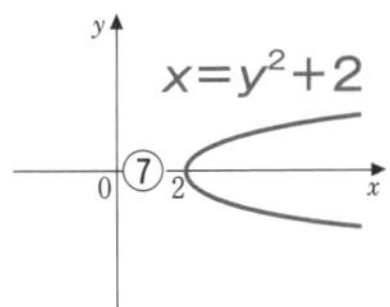

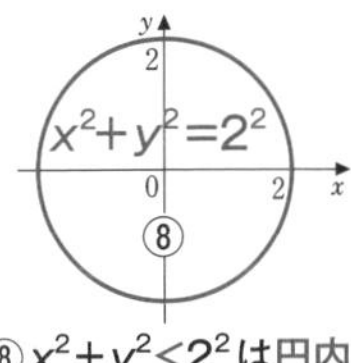

● y>a … yに開いた不等号なら上の領域

● x>a … xに開いた不等号なら右の領域

●迷ったときは（0, 0）などのわかりやすい数値をあてはめてみる。

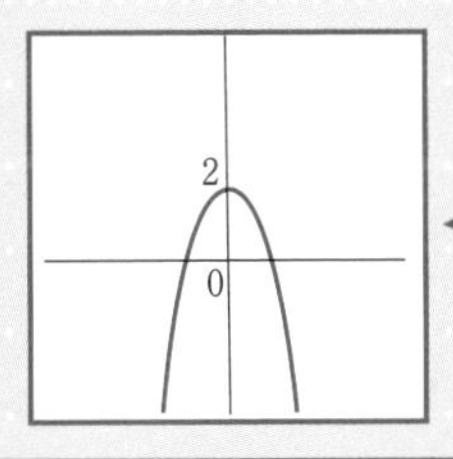

$y>-x^2+2$の領域は、放物線の上か下か？
下の領域内の（0, 0）をxとyにあてはめてみる。
$0>-0^2+2$ となって成り立たないので、
（0, 0）を含まない上の領域と判定できる。

問題演習 グラフの領域

1 ア、イ、ウの3式によって示される直線と放物線は、図のように平面を①から⑨まで9つの領域に分ける。

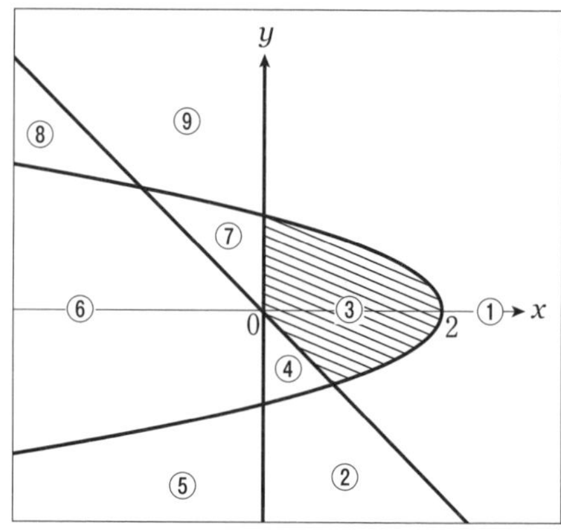

ア　$x=0$

イ　$x=-y$

ウ　$x=-y^2+2$

これらの領域は、ア、イ、ウの3式の等号を適宜不等号に置き換えて得られる1組の連立不等式によって示される。ただし、領域とは図中の太い境界線は含まないものとする。

❶　ア、イ、ウの式の等号をすべて不等号に置き換えて③の領域（図の斜線部分）を表したときに、右開きの不等号（<）がつくのはどれか。

- A　アだけ
- B　イだけ
- C　ウだけ
- D　アとイ
- E　アとウ
- F　イとウ
- G　アとイとウ
- H　アとイとウのいずれでもない

❷　次の3式からなる連立不等式によって表される領域はどこか。

カ　$x<0$

キ　$x<-y$

ク　$x>-y^2+2$

- A　③のみ
- B　⑧のみ
- C　⑤のみ
- D　⑨のみ
- E　⑤と⑧
- F　⑥と⑨
- G　②と⑥と⑨
- H　3式で表される領域は存在しない
- I　AからHのいずれでもない

 答 別冊100ページ

2 ア、イ、ウの3式によって示される直線と円は、図のように平面を①から⑧まで8つの領域に分ける。

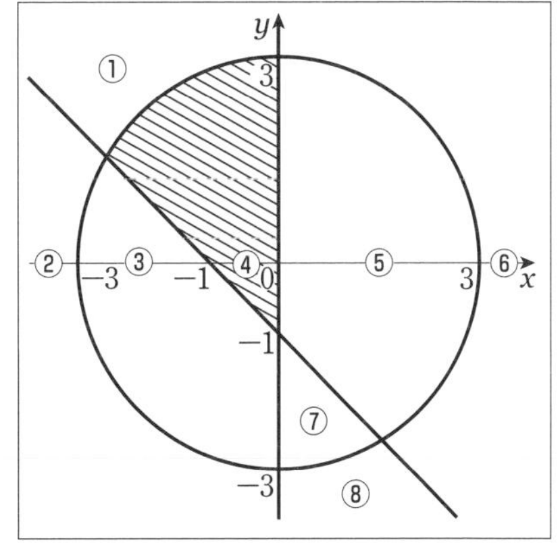

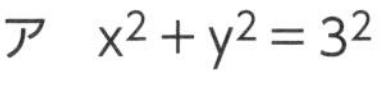

ア　$x^2+y^2=3^2$
イ　$y=-x-1$
ウ　$x=0$

これらの領域は、ア、イ、ウの3式の等号を適宜不等号に置き換えて得られる1組の連立不等式によって示される。ただし、領域とは図中の太い境界線は含まないものとする。

❶　ア、イ、ウの式の等号をすべて不等号に置き換えて④の領域（図の斜線部分）を表したときに、左開きの不等号（>）がつくのはどれか。

A アだけ　B イだけ　C ウだけ　D アとイ　E アとウ
F イとウ　G アとイとウ　H アとイとウのいずれでもない

❷　次の3式からなる連立不等式によって表される領域はどこか。

カ　$x^2+y^2>3^2$
キ　$y<-x-1$
ク　$x<0$

A ①のみ　B ②のみ　C ③のみ　D ⑧のみ
E ②と⑥と⑧　F ②と③と④　G ①と④と⑤
H 3式で表される領域は存在しない　I AからHのいずれでもない

ペーパーテスティング

28 条件と領域

条件が、グラフ上のどの直線やどの点と対応するかを答える問題。条件を数式やグラフに移しかえる方法をマスターしておく。

再現問題　回答時間▶2問2分

この問題は2問組です

溶剤XとYを次の条件で混合する。

a　Xは20ℓ以上とする
b　Xは80ℓ以下とする
c　Yの量はXの50%以上とする
d　Yの量はXの200%以下とする
e　XとYは合計で150ℓ以下とする

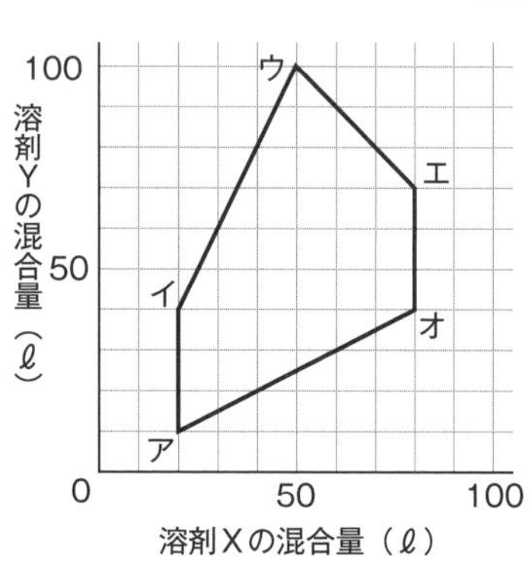

Xを横軸、Yを縦軸にとって図示すると、上記の条件を満たす組み合わせは図の点ア、イ、ウ、エ、オで囲まれた領域で示される。

❶　点イと点ウを通る直線で示される境界はどの条件によるものか。

- A 条件a
- B 条件b
- C 条件c
- D 条件d
- E 条件e

❷　溶剤XとYを混合して60ℓの混合液を作りたい。溶剤の単価は、Xが10ℓで2000円、Yが10ℓで1000円であった。条件内で最も安価な混合液を作ると、いくらになるか。

- A 4000円
- B 8000円
- C 10000円
- D 12000円
- E AからDのいずれでもない

回答時間

→ 解説 グラフの直線を数式に置き換えて考える

❶ 点イは(20, 40)、点ウは(50, 100)を通っており、Yの値がXの値の2倍(200%)になっていることがわかる。式にすると**Y = 2X**で、あてはまるのは、条件d。

正解 D

❷ XとYの合計が60ℓなので、Xが0ℓならYは60ℓ、Yが0ℓならXは60ℓで、グラフでは右図の赤い線のように、点(0, 60)と点(60, 0)を結ぶ直線**X + Y = 60**となる。この線上で、領域内にある値のうち、最も安価な混合液になるのは、安い価格のYが多い(=高い価格のXが少ない)点となる。Yの値が最も多いのは、点イで(20, 40)。

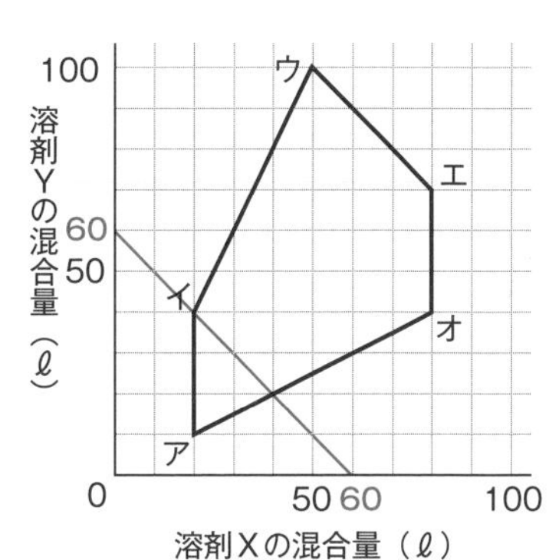

このときの価格は、
X…2000円× 2 = 4000円
Y…1000円× 4 = 4000円
合計…8000円

正解 B

ポイント

●条件とグラフの【直線】を対応させる方法をマスターしておく

a Xは20ℓ以上とする
Xの値が20→X = 20の【アイ】
b Xは80ℓ以下とする
Xの値が80→X = 80の【エオ】
c Yの量はXの50%以上とする
YがXの1/2→Y = $\frac{1}{2}$Xの【アオ】
d Yの量はXの200%以下とする
YがXの2倍の値→Y = 2Xの【イウ】
e XとYは合計で150ℓ以下とする
XとYの合計が150
→X + Y = 150の【ウエ】

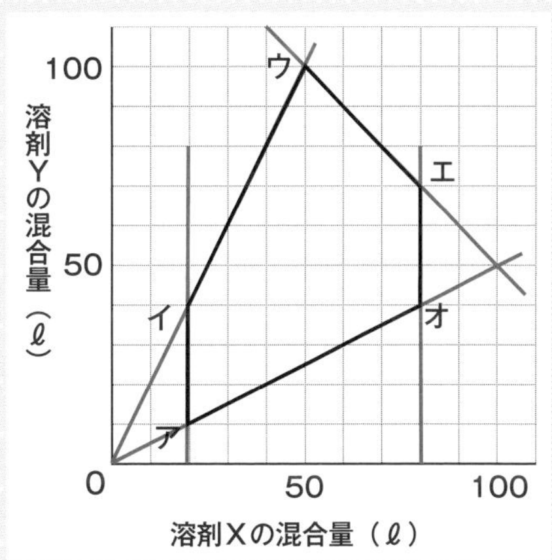

問題演習 条件と領域

1 ある講習会には、Xコースと Y コースの２つがあり、受講人数には以下のような条件がある。

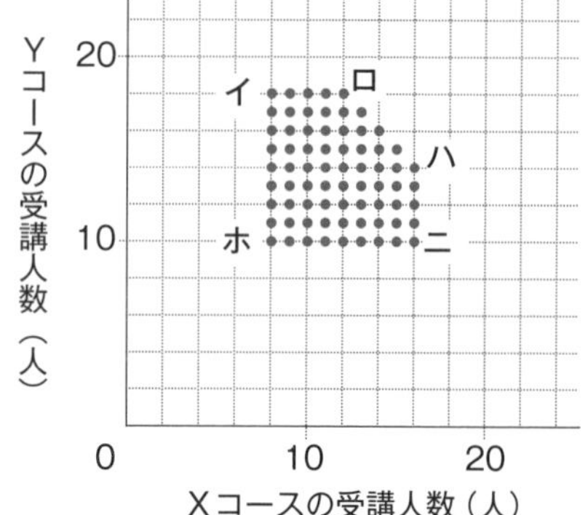

a　両コースの受講人数の和は 30 人以下

b　X コースの受講人数は８人以上

c　Y コースの受講人数は 10 人以上

d　X コースの受講人数は 16 人以下

e　Y コースの受講人数は 18 人以下

X コースの受講人数を横軸、Y コースの受講人数を縦軸にとって図示すると、上の５つの条件を満たすものは図の点●のようになる。

❶　X コースの受講料が 7000 円、Y コースの受講料が 10000 円のとき、受講料が最も多く集まるのはどの点か。

A ロ　B ハ　C ニ　D ホ　E A から D のいずれでもない

❷　a〜e の５つの条件に、「両コースの受講人数の和は 20 人以上」という条件 f が加わったとき、点●の集合が作る図形はどれか。

A 三角形　B 四角形　C 五角形　D 六角形

E A から D のいずれでもない

❸　a〜e の５つの条件に、「Y コースは X コースの受講人数＋２人以内におさめる」という条件 g が加わったとき、点●の集合が作る図形はどれか。

A 三角形　B 四角形　C 五角形　D 六角形

E A から D のいずれでもない

2 ある工場では1個3万円の製品Xと1個5万円の製品Yを生産している。工場の1週間の生産数には以下のような条件が与えられており、図のイ、ロ、ハ、ニ、ホで囲まれる領域で表される。

P　製品Xの生産数は25個以上
Q　製品Yの生産数は30個以上
R　製品Xの生産数は150個以下
S　製品Yの生産数は100個以下
T　製品Yの生産数は製品Xの生産数の3分の1以上

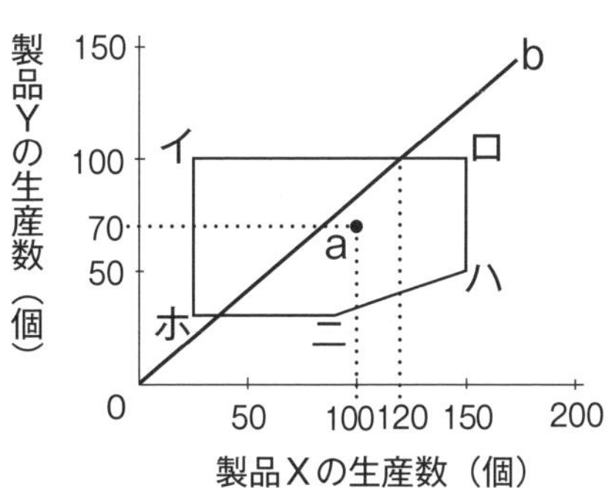

❶　条件Tで定められる境界を表す直線はどれか。

A イロ　B ロハ　C ハニ　D ニホ
E AからDのいずれでもない

❷　点aでの売り上げはいくらか。

A 520万円　B 700万円　C 800万円　D 850万円
E AからDのいずれでもない

❸　P～Tの5つの条件に、さらに「製品Yの生産数は製品Xの生産数のZ倍以上」という条件が加えられ、この条件が直線bで表された。Zはいくつか。

A 5/6　B 1　C 6/5　D 2
E AからDのいずれでもない

❹　P～Tの5つの条件に、さらに「製品Xの生産数と製品Yの生産数の2倍との和は200個以下」という条件を加えた。その領域は、およそどのような形で示されるか。

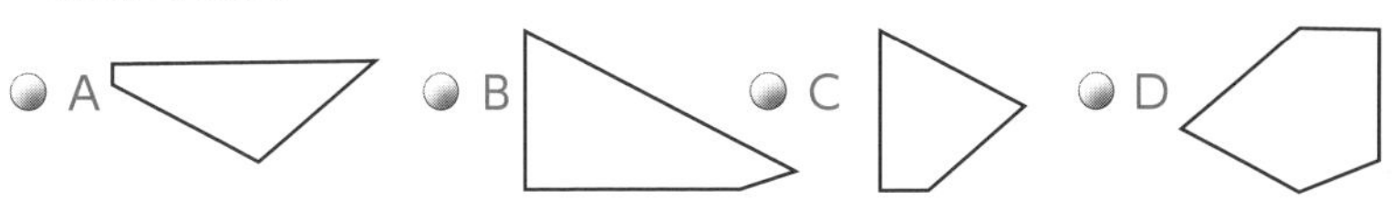

ペーパー
テスティング

答 別冊101ページ

3 ある薬品Mと薬品Nという２つの薬品から、化合物Ｌを以下の条件で作る。

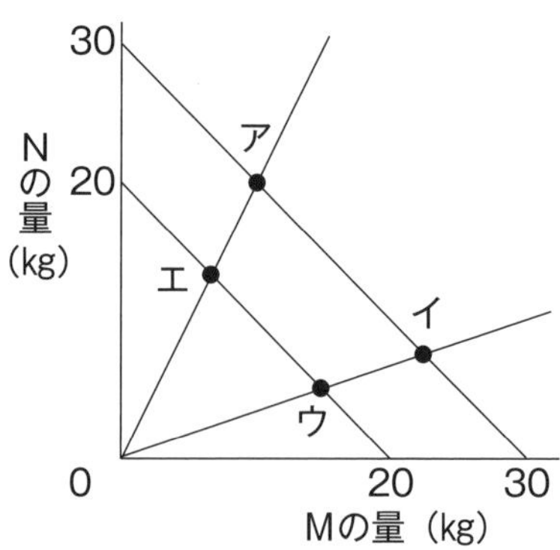

条件Ⅰ　薬品Nは薬品Mの量の４分の１以上、かつ２倍以下
条件Ⅱ　薬品Mと薬品Nの量の和は20kg以上30kg以下

薬品Mの量を横軸に、薬品Nの量を縦軸にとると、条件Ⅰ、Ⅱを満たすのは点ア、イ、ウ、エで囲まれた領域となる。

❶　薬品Nの割合が大きいほど化合物Ｌの接着力が高くなるとき、最も接着力が高い化合物Ｌをいちばん多く作れるのはどの点か。

- A ア　B イ　C ウ　D エ
- E この条件だけではわからない

❷　点ウにおける薬品Mの量はどれだけか。

- A 4kg　B 16kg　C 18kg　D 20kg
- E AからDのいずれでもない

❸　薬品Mと薬品Nを３：２の割合で用いて化合物Ｌをなるべく多く作るとき、薬品Mの量はどれだけか（必要なときは、最後に小数点以下第一位を四捨五入すること)。

- A 12kg　B 15kg　C 18kg　D 21kg
- E AからDのいずれでもない

 答 別冊101～102ページ

4 ある大学では、教養科目、必修科目、専門科目の３種類を、以下に示す条件を満たすように選択しなければならない。

a　全部で18時限選択
b　教養科目は２時限以上選択
c　必修科目は１時限以上選択
d　専門科目は４時限以上選択
e　教養科目は10時限以下で選択

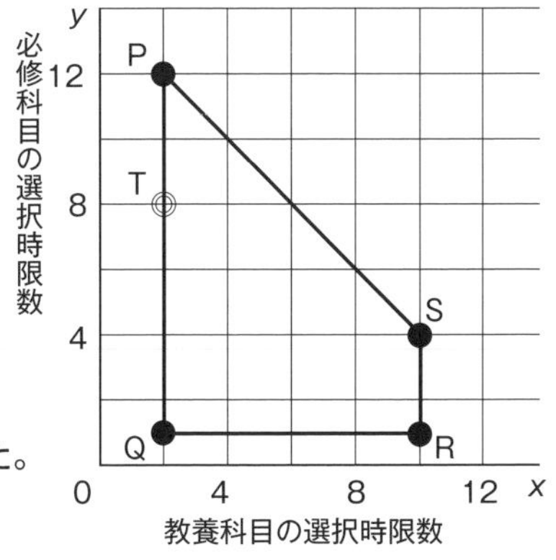

上の５つの条件を満たす領域を図に示した。

❶　点Qと点Rを通る直線で表される境界は、上のどの条件によるものか。

A　aのみ　B　bのみ　C　cのみ　D　dのみ　E　eのみ
F　aとb　G　aとc　H　aとd　I　aとe　J　bとc
K　AからJのいずれでもない

❷　点Pと点Sを通る直線で表される境界は、上のどの条件によるものか。

A　aのみ　B　bのみ　C　cのみ　D　dのみ　E　eのみ
F　aとb　G　aとc　H　aとd　I　aとe　J　bとc
K　AからJのいずれでもない

❸　点P、点Q、点R、点Sのうち、点Tと比べて専門科目の選択時限が多くなるのはどの点か。

A　点Pのみ　B　点Qのみ　C　点Rのみ　D　点Sのみ
E　点Pと点Q　F　点Pと点S　G　点Qと点R　H　点Sと点R
I　AからHのいずれでもない

答 別冊102ページ

5 ある駐車場の新設にあたり、バス、普通車、軽自動車の３つのタイプの駐車台数について、次のような条件を定めた。

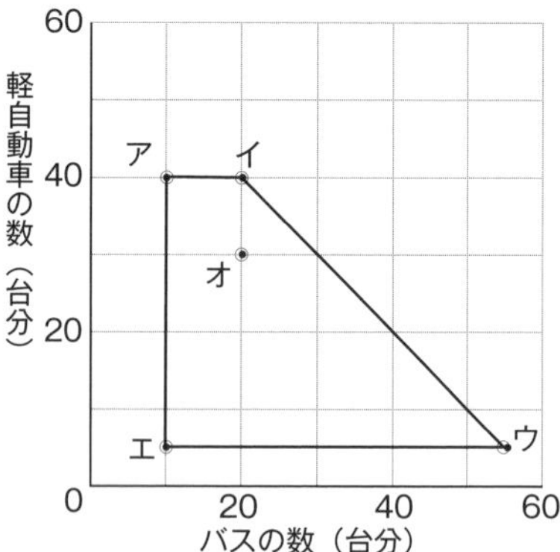

条件a 全部で500台分とする
条件b バスは10台分以上とする
条件c 軽自動車は40台分以下とする
条件d 普通車は440台分以上とする
条件e 軽自動車は5台分以上とする

バスの数を横軸、軽自動車の数を縦軸にとって図示すると、上記の5つの条件を満たす組み合わせは図の点ア、イ、ウ、エで囲まれた領域で示される。

❶ 点イと点ウを通る直線で表される境界は、上のどの条件によるものか。

A aのみ　B bのみ　C cのみ　D dのみ　E eのみ
F aとb　G aとc　H aとd　I aとe　J bとc

❷ 普通車の駐車台数が点オの場合と同じになるのは次のどれか。

A 点アのみ　B 点イのみ　C 点ウのみ
D 点アと点イ　E 点アと点ウ　F 点イと点ウ

❸ 利用料は、バスが5000円、普通車が3000円、軽自動車が2000円である。この駐車場が満車の場合、点ア、イ、ウの中で利用料の合計金額が最も多くなるのはどれか。

A 点アのみ　B 点イのみ　C 点ウのみ
D 点アと点イ　E 点アと点ウ　F 点イと点ウ

❹ 条件a～eに加えて、「条件f　バスは軽自動車の2倍以上とする」という条件が加わった。条件を満たす領域はどの図形で示されるか。

A　B　C　D

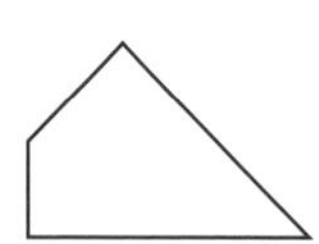
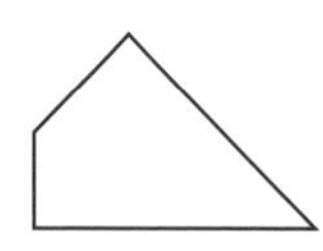
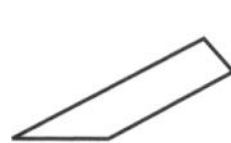

 答 別冊102ページ

Part 2

再現問題数No.1

言語

テストセンター
ペーパーテスティング
WEB テスティング

◉ 問題集の学習では、どれくらい解けたのかという習得レベルの情報が必要不可欠です。
問題番号の横にあるチェックボックス（□）に、
○ … 自力で解けた　△ … ケアレスミスで不正解だった　× … わからなかった
などの印を記入し、△と×を受検直前に見なおすことで、高い学習効果が得られます。

◉ わからない問題はすぐに解答・解説を見ましょう。自分が知らない語句、アプローチのしようがない問題で考えこむのは時間のムダ！ チェックボックスに×をしてさっと解説を見てしまう方が効率的です。解説を読んで理解できたら、後でもう一度解いてみます。そのときに解けたら、手応えによってチェックボックスに△か○を記入します。わからなかったら、また×を入れて後で復習します。

◉ 掲載されている回答時間は、SPI受検時の回答時間に対応するおおよその目安を表しています。表示時間内に解かないといけないという制限時間ではありません。自分のペースで学習を進めましょう。

01 二語の関係

最初に示された二語の関係と同じ二語の関係になる語句を選ぶ【五択】と、最初に示された二語の関係と同じ二語の関係の組み合わせを選ぶ【六択】がある。二語の関係のパターンを覚えておくことが大切。

再現問題 回答時間▶2問1分

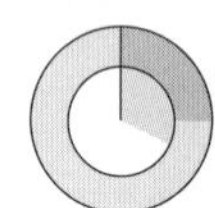

【五択】 最初に示された二語の関係を考えて、同じ関係の対になるよう（ ）にあてはまる言葉を選びなさい。

❶ ドア：ノブ

漢字：（　　）

- A かな
- B つくり
- C 和語
- D 漢語
- E 文字

【六択】 最初に示された二語の関係を考えて、同じ関係のものを選びなさい。

❷ 酸化：還元

ア　弛緩：緊張
イ　殊勝：健気
ウ　遠心：求心

- A アだけ
- B イだけ
- C ウだけ
- D アとイ
- E アとウ
- F イとウ

回答時間

→解説　同じ関係になる語句を選ぶ

❶「ドア：ノブ」と「漢字：(　　)」が同じ関係になるような語句を選ぶ。
ドアとノブの関係は「包含(中に含んでいること)」で、「ドアはノブを含む」「ドアの一部がノブ」などと言いかえられる。
➡同様に「漢字は（　）を含む」と考えながら選択肢を探していけば、「漢字はつくり（漢字の右側の部首）を含む」だけがあてはまる。

正解　B

❷「酸化：還元」と同じ関係の二語の組み合わせを選ぶ。
酸化(酸素と化合すること)と還元(酸化物から酸素を取り去ること)は対義語。
➡ア　弛緩（ゆるむこと）と緊張（ひきしまってゆるみのないこと）は対義語。
イ　殊勝と健気（けなげ）は、どちらも「心がけや行動などが感心なさま」を指す同義語。
ウ　遠心（中心から遠ざかること）と求心（中心に近づこうとすること）は対義語。

正解　E

ポイント

出題される二語の関係を覚えることが最重要。包含の関係は、左の語句が右の語句を含むのか、右の語句に含まれるのかに注意して解答しよう。

関係	具体例	解き方：言いかえの例
包含 含む、含まれる (一種、一部)	季節：初春	季節は初春を含む
	初春：季節	初春は季節に含まれる
	スパナ：工具	スパナは工具に含まれる (スパナは工具の一種)
	自転車：サドル	自転車はサドルを含む (自転車の一部がサドル)
対義語	真実：虚偽	真実と虚偽は対義語（対立する意味）
同義語	本：書物	本と書物は同義語（同じ意味）
並列（同列・仲間）	昭和：平成	昭和と平成はどちらも元号の一種
役目（用途）	ダム：発電	ダムの役目（用途）は発電
一組（ワンセット）	ボルト：ナット	ボルトとナットは一組（ワンセット）
原材料	納豆：大豆	納豆の原材料は大豆
目的語と動詞	薬：調合	薬を調合する

問題演習 二語の関係

問題 最初に示された二語の関係を考えて、同じ関係の対になるよう（ ）にあてはまる言葉を選びなさい。

1 確定：仮定

陥没：（　　）

- A 上昇
- B 興隆
- C 隆起
- D 沈下
- E 隆盛

2 玩味：咀嚼（そしゃく）

邂逅（かいこう）：（　　）

- A 再会
- B 僥倖（ぎょうこう）
- C 一遇
- D 遭遇
- E 謁見

3 平野：盆地

能：（　　）

- A 囲碁
- B 文楽
- C 芸術
- D 芸能
- E 舞台

4 一瞥（いちべつ）：凝視

確認：（　　）

- A 不注意
- B 推定
- C 推理
- D 過信
- E 曖昧（あいまい）

5 享楽：禁欲

穏健：（　　）

- A 厳格
- B 激情
- C 急進
- D 過激
- E 陰険

6 紙：パルプ

豆腐：（　　）

- A 大豆
- B ゆば
- C 納豆
- D 小麦
- E 米

答 別冊103ページ

7 退嬰（たいえい）：進取

うつつ：（　　）
- A 現実
- B 体験
- C 架空
- D 夢
- E 天国

8 小麦：穀物

果樹：（　　）
- A 食糧
- B 畑
- C ミカン
- D 樹木
- E 栽培

9 逓減：漸減

腐心：（　　）
- A 執心
- B 熱心
- C 苦心
- D 会心
- E 改心

10 衰退：繁栄

圧倒的：（　　）
- A 一時的
- B 断片的
- C 絶望的
- D 相対的
- E 比較的

11 委細：概略

模倣：（　　）
- A 特殊
- B 独特
- C 独立
- D 自作
- E 創造

12 斟酌：忖度（そんたく）

傍観：（　　）
- A 対峙（たいじ）
- B 路傍
- C 座視
- D 達観
- E 景観

13 時計：秒針

机：（　　）
- A たんす
- B 家具
- C 学習
- D 椅子
- E 引き出し

14 木枯らし：風

くもり：（　　）
- A 天候
- B 空気
- C 空
- D 温度
- E 晴れ

ペーパー
テスティング

15 応戦：挑戦

率先：（　　）

- A 追求
- B 追認
- C 追随
- D 背後
- E 後生（こうせい）

16 作家：文壇

弁護士：（　　）

- A 登壇
- B 検察官
- C 裁判
- D 弁護
- E 法曹界

17 下書き：清書

草案：（　　）

- A 案文
- B 原案
- C 成案
- D 改案
- E 代案

18 調味料：甘味料

食事：（　　）

- A 主菜
- B 家事
- C 料理
- D 食卓
- E レシピ

19 医者：診療

教師：（　　）

- A 引率
- B 授業
- C 教育
- D 職業
- E 勉学

20 工業：産業

鉛筆：（　　）

- A 筆記
- B 色鉛筆
- C 文房具
- D チョーク
- E 消しゴム

21 比肩：匹敵

慇懃（いんぎん）：（　　）

- A 無礼
- B 丁寧
- C 整然
- D 真心
- E 釈然

22 傾注：没頭

星霜：（　　）

- A 霜柱
- B 光陰
- C 天体
- D 昔日
- E 永遠

 答 別冊104～105ページ

問題 最初に示された二語の関係を考えて、同じ関係のものを選びなさい。

23 のり：接着

ア　ストーブ：暖房
イ　かんな：木工
ウ　衣服：着脱

- A アだけ
- B イだけ
- C ウだけ
- D アとイ
- E アとウ
- F イとウ

24 生物：人間

ア　家禽(かきん)：ニワトリ
イ　海洋：クジラ
ウ　銅：金属

- A アだけ
- B イだけ
- C ウだけ
- D アとイ
- E アとウ
- F イとウ

25 茶道：書道

ア　化学：科学
イ　芸術：美術
ウ　音楽：体育

- A アだけ
- B イだけ
- C ウだけ
- D アとイ
- E アとウ
- F イとウ

26 クレーム：苦情

ア　タスク：危険
イ　リザーブ：予約
ウ　タイアップ：提携

- A アだけ
- B イだけ
- C ウだけ
- D アとイ
- E アとウ
- F イとウ

27 安価：廉価

ア　催促：督促
イ　堅持：墨守
ウ　熟読：卒読

- A アだけ
- B イだけ
- C ウだけ
- D アとイ
- E アとウ
- F イとウ

28 弓：矢

ア　針：糸
イ　のり：はさみ
ウ　太鼓：ばち

- A アだけ
- B イだけ
- C ウだけ
- D アとイ
- E アとウ
- F イとウ

WEB
テスティング

答 別冊105ページ

29 発行：雑誌

ア　投与：薬
イ　投票：選挙
ウ　投入：資本

A アだけ
B イだけ
C ウだけ
D アとイ
E アとウ
F イとウ

30 民事：刑事

ア　和風：古風
イ　洋画：邦画
ウ　異国：隣国

A アだけ
B イだけ
C ウだけ
D アとイ
E アとウ
F イとウ

31 能楽：狂言

ア　建具：障子
イ　長唄：邦楽
ウ　文楽：人形浄瑠璃

A アだけ
B イだけ
C ウだけ
D アとイ
E アとウ
F イとウ

32 干支（えと）：丑（うし）

ア　常緑樹：松
イ　晦日（みそか）：大晦日
ウ　すみれ：草花

A アだけ
B イだけ
C ウだけ
D アとイ
E アとウ
F イとウ

33 缶詰：缶切り

ア　調理：包丁
イ　食器：洗剤
ウ　紙：はさみ

A アだけ
B イだけ
C ウだけ
D アとイ
E アとウ
F イとウ

34 重さ：はかり

ア　大きさ：分度器
イ　時間：時計
ウ　長さ：定規

A アだけ
B イだけ
C ウだけ
D アとイ
E アとウ
F イとウ

35 設計：建築

ア　跳舞：振付
イ　作曲：演奏
ウ　劇：演出

A アだけ
B イだけ
C ウだけ
D アとイ
E アとウ
F イとウ

36 師走：一年

ア　初夏：季節
イ　初春：早春
ウ　新春：新年

A アだけ
B イだけ
C ウだけ
D アとイ
E アとウ
F イとウ

答 別冊106ページ

37 音楽：芸術

ア　平成：元号
イ　書籍：聖書
ウ　漢方：医術

- A　アだけ
- B　イだけ
- C　ウだけ
- D　アとイ
- E　アとウ
- F　イとウ

38 薬剤：治療

ア　わな：捕獲
イ　石けん：洗浄
ウ　自動車：操縦

- A　アだけ
- B　イだけ
- C　ウだけ
- D　アとイ
- E　アとウ
- F　イとウ

39 一般的：個別的

ア　恒常的：永続的
イ　専制的：民主的
ウ　普遍的：特殊的

- A　アだけ
- B　イだけ
- C　ウだけ
- D　アとイ
- E　アとウ
- F　イとウ

40 信用金庫：金融機関

ア　時価：価格
イ　出納：収支
ウ　財産：私財

- A　アだけ
- B　イだけ
- C　ウだけ
- D　アとイ
- E　アとウ
- F　イとウ

41 短歌：俳句

ア　文芸：詩歌
イ　能：狂言
ウ　短歌：下(しも)の句

- A　アだけ
- B　イだけ
- C　ウだけ
- D　アとイ
- E　アとウ
- F　イとウ

42 高座：寄席

ア　舞台：劇場
イ　飛行機：コックピット
ウ　甲板(かんぱん)：船舶

- A　アだけ
- B　イだけ
- C　ウだけ
- D　アとイ
- E　アとウ
- F　イとウ

43 薬：病気

ア　フライパン：包丁
イ　営業：仕事
ウ　傘：雨

- A　アだけ
- B　イだけ
- C　ウだけ
- D　アとイ
- E　アとウ
- F　イとウ

44 派遣：召還

ア　総合：分析
イ　叙情：叙事
ウ　寄与：貢献

- A　アだけ
- B　イだけ
- C　ウだけ
- D　アとイ
- E　アとウ
- F　イとウ

答 別冊107～108ページ

02 語句の意味

下線が引かれた言葉と最も近い意味になる選択肢を選ぶ問題パターン。二字熟語のほか、動詞、副詞、慣用句の意味も出題される。

再現問題　回答時間▶2問1分

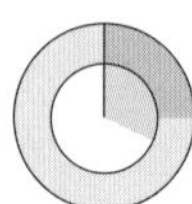

下線部の言葉と意味が最も合致するものを1つ選びなさい。

❶ 広く世に広まること

- A 頒布
- B 流布
- C 散布
- D 公布
- E 伝播

❷ おしなべて男性の方が理屈っぽい

- A ようとして
- B 主として
- C 大して
- D 概して
- E しかして

回答時間

→解説　イメージの異なる選択肢を消去する

❶　選択肢にある熟語の意味から考えて、あてはまらないものを消去していく。

A　頒布（物や資料などを配って広く行き渡らせること）「資料を頒布する」→×

B　流布（広く世の中に広まること）「ばかげたうわさが流布している」→○

C　散布（まき散らすこと）「空から農薬を散布する」→×

D　公布（広く世に知らせること）「憲法を公布する」→×

E　伝播（広く伝わること）「技術が伝播する」→×

➡「広く世に広まる」の意味に最も近いものを考えながら選択肢を見ていくと、まず「頒布」、「散布」が消去できる。また、「公布」は世の中に「知らせること」、「伝播」は「伝わること」であり「広まること」とは意味が合致しない。結果、「流布」があてはまることがわかる。

正解　B

❷　選択肢を下線にあてはめてみて、しっくり収まるものが正解。

D　「概して男性の方が理屈っぽい」がしっくり収まる。

A　ようとして（はっきりしないさま）→×「～行方がつかめない」

B　主として（おもに、もっぱら）→×「会員は～10代の女性ばかりだ」

C　大して（さほど）　→×「～気にしていない」

E　しかして（そして、こうして、それから）→×「～今日に至る」

➡「おしなべて」と「概して」は、どちらも「総じて」「一般的に」「だいたいにおいて」という意味。

正解　D

ポイント

●選択肢の漢字を訓読みしたり、言いかえたりして、意味を考えよう。

例：陰で策動し、活躍すること　　A 跳躍　　B 勇躍　　C 暗躍

A「跳躍」→「跳ぶ」ことと「踊る」こと→×

B「勇躍」→（心が）「勇んで」「踊る」こと→×

C「暗躍」→「暗い所（陰）」で「活躍する」こと→○

●下線部にあてはめて、しっくり収まるものを選ぼう。

例：私には扱いきれない事態　　A ふがいない　　B 手に負えない

A「私にはふがいない事態」→×

B「私には手に負えない事態」→○

日常あまり見かけないような難しい語句や紛らわしい選択肢も多く出題されるため、頻出語句の意味を覚えておくことが大切。

問題演習

語句の意味

問題 下線部の言葉と意味が最も合致するものを1つ選びなさい。

1 夢中になって読みふけること

- A 卒読
- B 耽読
- C 熟読
- D 精読
- E 判読

2 思わず笑ってしまうこと

- A 一笑
- B 嘲笑
- C 苦笑
- D 哄笑
- E 失笑

3 わずかな望みを抱く

- A 一抹（いちまつ）の
- B ささやかな
- C 一縷（いちる）の
- D つましい
- E 取るに足りない

4 はっきりと見て取れること

- A 朦朦（もうもう）
- B 煌煌（こうこう）
- C 滔滔（とうとう）
- D 歴歴（れきれき）
- E 蜿蜿（えんえん）

5 相手からの批判に言い返すこと

- A 反芻（はんすう）
- B 反駁（はんばく）
- C 抗議
- D 口論
- E 論破

6 自由勝手にはねまわること

- A 跳梁（ちょうりょう）
- B 跳躍
- C 躍如
- D 躍動
- E 躍起

 答 別冊108ページ

7 言外（げんがい）の意味

A 大げさ
B ひかえめ
C 言葉に出さない部分
D 本当ではないこと
E 心で思っていること

8 遠慮せずに自分の思うところを言うこと

A 諫言（かんげん）
B 至言（しげん）
C 直言
D 極言
E 進言

9 しだいに減ること

A 軽減
B 加減
C 逓減（ていげん）
D 削減
E 微減

10 他人を威嚇するような態度

A 尊大
B 横柄
C 居丈高
D 鉄面皮
E 傲岸

11 人の心中をおしはかる

A 洞察する
B 明察する
C 推定する
D 配慮する
E 忖度（そんたく）する

12 一部から次々に崩れてだめになる

A 崩壊する
B 瓦解する
C 曲解する
D 破壊する
E 壊滅する

13 優勝者に引けを取らない実力の持ち主

A 呈する
B 類する
C 値する
D 伍（ご）する
E 位する

14 何も見ないで覚えたとおりに言う

A 復唱する
B 銘記する
C 暗記する
D くちずさむ
E そらんずる

Part 2 言語・語句の意味

答 別冊108〜109ページ

15 窮地から脱する方法

- A 妙案
- B 窮余
- C 奇策
- D 端緒
- E 活路

16 一時しのぎにとりつくろう

- A 糊塗（こと）する
- B 揶揄（やゆ）する
- C 粉飾する
- D 虚勢をはる
- E 見栄をはる

17 姑息（こそく）なやり方だ

- A 小心な
- B 卑怯な
- C 急ごしらえの
- D 見せかけの
- E その場しのぎの

18 売上がしだいに低下していく

- A 暫時
- B 漸次
- C 順次
- D 随時
- E 往時

19 しかたがないと思って受け入れる

- A へりくだる
- B あまんずる
- C たえしのぶ
- D もてあそぶ
- E ひらきなおる

20 見破る

- A 喝破（かっぱ）する
- B 看破する
- C 論破する
- D 的中する
- E 読破する

21 仮にも教師がすべきことではない

- A くしくも
- B いやしくも
- C いみじくも
- D からくも
- E はしなくも

22 頼まれてもすぐには受けられない

- A そそくさと
- B ぬけぬけと
- C おめおめと
- D すいと
- E おいそれと

答 別冊109～110ページ

23 困難を乗り越える強い意志

- A 果敢
- B 気概
- C 気勢
- D 志操
- E 英気

24 何もせず一人でぼんやりと

- A つくねんと
- B ぼうっと
- C ぽつねんと
- D しょんぼりと
- E あくせくと

25 おもむろに立ち上がった

- A やおら
- B 不意に
- C とうに
- D 押っ取り刀で
- E たんと

26 多くの経験を積んで円熟すること

- A 老練
- B 老獪（ろうかい）
- C 晩成
- D 老成
- E 成熟

27 身の程をわきまえない

- A ずうずうしい
- B しかつめらしい
- C かしましい
- D おこがましい
- E さしでがましい

28 物を雑に扱うこと。ぞんざい

- A 粗忽（そこつ）
- B 雑然
- C 略式
- D 等閑（なおざり）
- E 粗略

29 取り締まって元気づける

- A 奨励する
- B 督励する
- C 激励する
- D 発憤する
- E 監護する

30 あることだけにかかわって他をおろそかにする

- A ひたる
- B いそしむ
- C かかりきる
- D かまける
- E つきつめる

答 別冊110～111ページ

31 危険が迫っていること

- A 風雲
- B 焦眉
- C 危機
- D 危惧
- E 緊迫

32 物事の詳しい事情

- A 詳密
- B 詳細
- C 些細（ささい）
- D 微細
- E 子細（しさい）

33 あるものごとについて詳しく知っていること

- A 精通
- B 認知
- C 博学
- D 通底
- E 機知

34 心や力を一つのことに集中すること

- A 傾注
- B 殺到
- C 収斂（しゅうれん）
- D 固執
- E 耽溺（たんでき）

35 誤解が生じるような言い方

- A 舌禍
- B 造言
- C 豪語
- D 苦言
- E 語弊

36 得意の絶頂であること

- A 意気衝天
- B 有頂天
- C 絶好調
- D 大いばり
- E 十八番

37 とがめるべきことを見逃すこと

- A 目通し
- B 目白押し
- C 目くじら
- D 目こぼれ
- E 目こぼし

38 職務上の身の処置

- A 職責
- B 処遇
- C 出世
- D 任命
- E 進退

 答 別冊111～112ページ

39 はっきりして明白であるさま

- A 判然
- B 卓抜
- C 潔白
- D 渾然（こんぜん）
- E 歴然

40 どうしようもない状況

- A 抜き差しならない
- B 鼻持ちならない
- C 話にならない
- D ままならない
- E 馬鹿にならない

41 そうするよりほかに仕方がない

- A たわいない
- B かいがない
- C よんどころない
- D 如才ない
- E 始末におえない

42 学問や芸術を深く究めること

- A 研鑽（けんさん）
- B 研修
- C 研究
- D 研磨
- E 碩学（せきがく）

43 どうしようもないことを残念がる

- A 胸を痛める
- B こうべをたれる
- C 腕をこまねく
- D 慚愧（ざんき）にたえない
- E ほぞを噛（か）む

44 ありふれていてつまらないこと

- A 平凡
- B 陳腐
- C 常套（じょうとう）
- D 卓越
- E 悪辣（あくらつ）

45 ある分野や物事の創始者

- A 端緒（たんしょ）
- B 嚆矢（こうし）
- C 皮切り
- D 筆頭
- E 草分け

46 物事の根本。おおもと

- A 要点
- B 大綱
- C 大筋
- D 概要
- E 大局

47 暮らしていくための経済的な手段

- A 経世
- B 経常
- C 会計
- D 家計
- E 生計

48 近い将来、彼は成功するだろう

- A 始終
- B 早晩
- C 適時
- D 近来
- E 常時

49 衰えたり栄えたりすること

- A 消長
- B 変遷
- C 流転
- D 進退
- E 断続

50 物事を一気に成しとげること

- A 一騎当千
- B 一石二鳥
- C 一触即発
- D 一意専心
- E 一気呵成（いっきかせい）

51 容易ならざる事態である

- A ものものしい
- B かいがいしい
- C いたわしい
- D さかしい
- E ゆゆしい

52 働かないでただ遊び暮らすこと

- A 徒食
- B 怠慢
- C 遊興
- D 道楽
- E 放蕩

53 相手の勢いに圧倒されてしりごみする

- A たじろぐ
- B おじけづく
- C 気後れする
- D 二の足を踏む
- E 浮き足立つ

54 危険がなく穏やかで無事なさま

- A 安息
- B 安穏
- C 安逸
- D 安泰
- E 安閑

答 別冊113～114ページ

55 並外れて程度を超えること

- A 莫大
- B 希代
- C 絶大
- D 奇抜
- E 法外

56 せっせと一生懸命に働くさま

- A 営営
- B 追追
- C 揚揚
- D 汲汲
- E 粛粛

57 家業に精を出す

- A いそしむ
- B かこつける
- C そねむ
- D たゆむ
- E はばかる

58 自分の考えで判断、処理すること

- A 決裁
- B 査定
- C 評定
- D 裁量
- E 裁定

59 責任などを問いただす

- A 追求する
- B 追究する
- C 追及する
- D 詰問する
- E 糾弾する

60 事件の経過を詳細に述べる

- A つぶさに
- B かたくなに
- C 過不足なく
- D くまなく
- E あまねく

61 気持ちなどをすべて打ち明ける

- A 披露する
- B 披瀝（ひれき）する
- C 弁明する
- D 供述する
- E 白状する

62 物がたくさんある様子

- A 過剰
- B 裕福
- C 充満
- D 潤沢
- E 富裕

63 学生はすべからく勉学に励むべし

- A すべて
- B いつでも
- C 当然
- D 一生懸命
- E 言うまでもなく

64 入り組んだ事情を調べる

- A 顚末（てんまつ）
- B 過程
- C 実態
- D 経緯
- E 真相

65 二等分にすること

- A 等分
- B 応分
- C 山分け
- D 均分
- E 折半

66 話が上手でよくしゃべること

- A 能弁
- B 雄弁
- C 毒舌
- D 訥弁（とつべん）
- E 詭弁（きべん）

67 かねてからの問題で まだ解決のついてない事柄

- A 順延
- B 未決
- C 内憂
- D 懸案
- E 保留

68 同意して仲間になる

- A 会する
- B 属する
- C 与（くみ）する
- D 配する
- E 介する

69 助力すること

- A 共謀
- B 加勢
- C 連携
- D 結託
- E 参画

70 心がいやしい

- A はしたない
- B がめつい
- C いじきたない
- D つましい
- E さもしい

答 別冊115～116ページ

71 必ずしも

- A とかく
- B あながち
- C いみじくも
- D えてして
- E おそらく

72 誰よりも早く何かをすること

- A 先立つ
- B 先駆ける
- C 先細る
- D 先を争う
- E 先を越す

73 その場に応じたはかりごと

- A 知略
- B 計略
- C 機略
- D 画策
- E 善後策

74 身に余るお言葉

- A 十分な
- B 応分な
- C 過分な
- D 余分な
- E 役不足な

75 ゆらゆら揺れ動く

- A たなびく
- B そよぐ
- C たゆたう
- D はためく
- E ぶれる

76 落ちぶれること

- A 低落
- B 自堕落
- C 退廃
- D 落剥（らくはく）
- E 凋落（ちょうらく）

77 物事の急所

- A 意表
- B 意外
- C 図星
- D 核心
- E 主眼

78 悲しみのあまり声を上げて泣く

- A 号泣する
- B 慟哭（どうこく）する
- C 嗚咽（おえつ）する
- D 忍び泣く
- E むせび泣く

答 別冊116〜117ページ

79 物事に動ぜずゆったり落ち着いているさま

- A 冷静
- B 沈着
- C 静観
- D 悠久
- E 悠然

80 高い所から広く見下ろす

- A 俯瞰(ふかん)する
- B 縦覧する
- C 展望する
- D 概観する
- E 達観する

81 関心を引くようにそれとなく誘いかける

- A 水をさす
- B 水を向ける
- C 呼び水になる
- D 手を回す
- E 打診する

82 体が弱くて病気になりやすいこと

- A 脆弱(ぜいじゃく)
- B 貧弱
- C 軟弱
- D 衰弱
- E 虚弱

83 欲がなくあっさりしているさま

- A 漠然
- B 殺伐
- C 恬淡(てんたん)
- D 相殺
- E 淡泊

84 集まって相談すること

- A 協議
- B 審議
- C 審査
- D 歓談
- E 鼎談(ていだん)

85 文章に無駄が多くしまりのないさま

- A 漫然
- B 杜撰(ずさん)
- C 冗漫
- D 散漫
- E 放漫

86 争いをやめ仲直りすること

- A 和睦
- B 親睦
- C 平和
- D 停戦
- E 講和

 答 別冊117ページ

87 世の中のありさま

- A 世故
- B 世事
- C 世論
- D 世相
- E 風潮

88 子供が機嫌を悪くして泣く

- A しゃくりあげる
- B むずかる
- C すねる
- D わめく
- E だだをこねる

89 心の中で見積りを立てること

- A 策謀
- B 魂胆
- C 心積もり
- D 胸算用
- E 皮算用

90 感心してほめたたえる

- A 詠嘆する
- B 感服する
- C 感嘆する
- D 感激する
- E 感謝する

91 決断をためらいぐずぐずすること

- A 動揺
- B 後退
- C 遅延
- D 逡巡（しゅんじゅん）
- E 不断

92 慎みの態度でしたがうこと

- A 心服
- B 恭順
- C 崇敬
- D 謹慎
- E 屈従

93 自分の欲望や衝動に打ち勝つこと

- A 堅忍
- B 克己
- C 自重（じちょう）
- D 自粛
- E 克服

94 祝いの言葉を述べる

- A たまわる
- B へつらう
- C ことほぐ
- D せつく
- E かしずく

答 別冊118ページ

95 広く知れ渡っていること

- A 知見
- B 周知
- C 留意
- D 知悉（ちしつ）
- E 公開

96 同じ事が続いて飽きること

- A 食傷
- B 飽食
- C 倦怠
- D 退屈
- E 嫌気

97 いちずに努力する

- A けなげに
- B ひたむきに
- C にわかに
- D とこしえに
- E だしぬけに

98 両者の間に入ってとりもつこと

- A 干渉
- B 調停
- C 後見
- D 斡旋
- E 介入

99 うんざりして嫌になること

- A 困惑
- B 嫌悪
- C 辟易（へきえき）
- D 嘆息
- E 困憊（こんぱい）

100 広く物事を知っていること

- A 見識
- B 学識
- C 全知
- D 熟知
- E 博識

101 それとなく知らせること

- A 示唆
- B 教唆
- C 暗黙
- D 明示
- E 啓示

102 損失や損害を埋め合わせる

- A 保証する
- B 保障する
- C 補償する
- D 補充する
- E 補完する

答 別冊118～119ページ

103 物事の中心となる重要な部分

- A 枢軸
- B 必須
- C 緊要
- D 要衝
- E 肝要

104 心の底から信頼している人

- A 腹心
- B 同志
- C 同胞
- D 畏友（いゆう）
- E 桂林

105 ある事を行うよう説き勧めること

- A 推薦
- B 奨励
- C 説得
- D 勧告
- E 説教

106 不審に思って疑う

- A たぶらかす
- B あやぶむ
- C かんぐる
- D いぶかる
- E こだわる

107 瞬間

- A 刹那（せつな）
- B 光陰
- C 突発
- D 発作
- E 一刻

108 いきなり行動すること

- A 韋駄天（いだてん）
- B 理不尽
- C 短兵急（たんぺいきゅう）
- D 無作法
- E 急先鋒

109 町内を見回る

- A 回覧する
- B 巡行する
- C 巡回する
- D 漂泊する
- E 流浪する

110 気にしてこだわる

- A 拘束する
- B 拘泥する
- C 執着する
- D 没頭する
- E 悔悟する

答 別冊119～120ページ

111 遠慮すること

- A 忌憚（きたん）
- B 因循
- C 躊躇（ちゅうちょ）
- D 謙遜
- E 厚意

112 あわてふためく様子

- A 杞憂（きゆう）
- B 混迷
- C 困窮
- D 狼狽（ろうばい）
- E 自失

113 次々に伝わり広まること

- A 伝承
- B 伝播
- C 伝導
- D 喧伝
- E 評伝

114 人の言動を受け入れる広い心

- A 料簡
- B 大器
- C 寛容
- D 器量
- E 度量

115 ある物をしきりに欲しがること

- A 物欲
- B 希求
- C 貪欲（どんよく）
- D 願望
- E 垂涎（すいぜん）

116 偶然に得られる利益や成功を当てにすること

- A 射幸（しゃこう）
- B 山勘
- C 夢見
- D 棚牡丹（たなぼた）
- E 野心

117 何の考えもなく他に賛成すること

- A 拱手傍観（きょうしゅぼうかん）
- B 唯唯諾諾（いいだくだく）
- C 右往左往
- D 付和雷同
- E 意志薄弱

118 障害が多くて物事がうまく進まないこと

- A 難航
- B 難渋
- C 不肖
- D 逆境
- E 暗礁

答 別冊120〜121ページ

119 罪や責任を人になすりつけること

- A 転向
- B 転換
- C 転移
- D 転化
- E 転嫁

120 欠点や失敗を大げさに言う

- A 揚げ足を取る
- B 囃(はや)し立てる
- C 非難する
- D あげつらう
- E おちょくる

121 言い替えたりして詳しく説明すること

- A 指南
- B 喧伝
- C 啓発
- D 解説
- E 敷衍(ふえん)

122 巧みでない

- A つたない
- B ふがいない
- C ぎこちない
- D たわいない
- E おぼつかない

123 春秋に富む

- A 危険が大きい
- B 成功も失敗もある
- C 変化が大きい
- D 若くて将来が長い
- E いろいろな経験を積む

124 工夫をめぐらすこと

- A 意匠
- B 創意
- C 深慮
- D 工面
- E 算段

125 片っ端から侵略すること

- A 侵犯
- B 蚕食
- C 過食
- D 寄食
- E 侵食

126 見え透いたばかげた振る舞い

- A 愚行
- B 茶番
- C 失態
- D 寸劇
- E 狂言

03 複数の意味

複数の意味を持つ名詞・動詞・助詞について、最も近い意味で使われている語句を選択肢の中から１つ選ぶ問題。同音異字や同訓異字、助詞の使い方の違いを見分けること。

再現問題

回答時間▶2問1分

下線部が最も近い意味で使われている語句を１つ選びなさい。

❶ 味をしめる

- A 彼も味なことをやる
- B 味の趣向が違う
- C 味のある作品
- D 勝利の味を覚える
- E 薄味のせんべい

❷ 仕事の山が見える

- A 病状の山を越える
- B 試験の山がはずれる
- C 裏山に登る
- D 本の山がくずれる
- E 見物人の山で見えない

回答時間

→ 解説　明解な意味で言いかえてあてはめる

❶ 味をしめる➡　一度うまくいった経験から得た実感が忘れられず、次回も同様のことを期待するという意味の慣用句。「味」は「実感（経験した感触）」という意味。選択肢の「味」に「実感（経験した感触）」をあてはめてみる。

A　×　意味は「気の利いたこと」

B　×　意味は「飲食物による味覚・あじ」

C　×　意味は「おもしろみ」

D　経験した感触、実感→○

　➡Dは「勝利の（実感）を覚える」として、意味が通る。

E　×　意味は「飲食物による味覚・あじ」

正解　D

❷ 山が見える➡　「最も困難な段階、重要な過程、峠」を乗り切って将来の見通しが立つという意味。選択肢の「山」に「最も困難な段階、重要な過程、峠」をあてはめてみる。

A　最も困難な段階、重要な過程、峠→○

　➡「病状の（最も困難な段階、重要な過程、峠）を越えて回復の見通しが立つ」という意味。

B　×　意味は「予想、勘」

C　×　意味は「周りの土地より著しく高くなった所」

D　×　意味は「高く積み上げた様子」

E　×　意味は「数量が多いこと」

正解　A

ポイント

●下線部をよりわかりやすく、詳しく、明解な意味で言いかえよう。

・よりわかりやすく、より詳しい言葉で言いかえる

　例：車 で 通勤する　→　車 という手段（方法）で 通勤する

・より明確な意味で言いかえる

　例：期限を きる　→　期限を 限定する

例のように設問文を言いかえてみて、これを選択肢にあてはめたとき、「意味」が通ったものが正解となる。

問題演習 複数の意味

問題 下線部の語が最も近い意味で使われているものを１つ選びなさい。

1 先を争う

- A 一寸先は闇
- B 三軒先が私の家だ
- C 旅行先で知り合った
- D 先に立って走り出した
- E 先に着いた方が勝ち

2 頭数をそろえる

- A 山の頭に雪が残る
- B 費用を頭割りする
- C 頭金を支払う
- D 彼女をチームの頭に据える
- E 売上が頭打ちになる

3 教え子に道をとく

- A 駅までの道を教える
- B 彼を救う道をさがす
- C 彼女はその道の達人だ
- D 我が道をいく
- E 人の道からはずれる

4 この道は城に通じる

- A 彼を通じて情報を得る
- B 英語が通じる
- C 敵の内情に通じている
- D 電話が相手先に通じる
- E 一年を通じて温暖な気候

5 みるもの聞くものみな珍しい

- A 医者が病気の子をみる
- B じっと手をみる
- C 正直者が馬鹿をみる
- D 人をみる目がある
- E 読んでみると面白い

6 ひもの結びめがほどける

- A 見ためを気にする
- B 今は季節の変わりめだ
- C 白いめでみる
- D 人を見るめがある
- E 痛いめをみる

 答 別冊122～123ページ

7 どうういうわけか閉まっていた

- A これはわけない仕事だ
- B わけもわからずに読み上げた
- C わけありの男女
- D きらいなわけではない
- E 遅刻したわけを話す

8 勇気がわく

- A やかんの湯がわく
- B 非難がわく
- C 熱戦に場内がわく
- D 議論がわく
- E ウジがわく

9 あたりが明るくなってきた

- A 家から走ってきた
- B 様子を見てきた
- C 何となくわかってきた
- D 幸運がめぐってきた
- E ずっと研究を続けてきた

10 箱の中にある

- A 4人の中に犯人がいる
- B 雨の中を出かける
- C 中をとって500円にしよう
- D 山の中に入る
- E 心の中で思う

11 素肌を出す

- A 父に手紙を出す
- B 新製品を出す
- C 真相を明るみに出す
- D 元気を出す
- E 子供が熱を出す

12 足が地につかない

- A 天地無用
- B こちらには地の利がある
- C 天と地の開きがある
- D 敵地に忍び込む
- E 達人の境地に達した

13 売上減少から閉店にいたった

- A 地平線から朝陽がのぼる
- B 窓から風が入ってくる
- C ここからあそこまで行く
- D この酒は地元の米から作った
- E 寒さから風邪をひいた

14 早寝早起きの習慣がつく

- A 奇妙な看板が目につく
- B 顔に泥がつく
- C 実力がつく問題集だ
- D あっけなく勝負がつく
- E 駅に電車がつく

答 別冊123ページ

15 耳もとに口を寄せる

A 新聞に意見を寄せる
B 信頼を寄せる部下がいる
C 机を窓際に寄せる
D 兄の家に身を寄せる
E 家族の収入を寄せる

16 ストライキで足が奪われる

A サバは足がはやい
B 先方まで足を運ぶ
C 予算から足が出る
D 客の足が遠のく
E 足の便がよい宿

17 腕に覚えがある

A 腕ずくでとり返す
B 友達と腕を組んで歩く
C 料理の腕が上がった
D 腕っ節が強い
E 腕まくりをして働く

18 会社の顔がつぶれる

A 親の顔に泥を塗る
B 集会に顔を出す
C 何くわぬ顔で出社する
D 大きな顔をするな
E 役員が顔をそろえる

19 仕事に幅をもたせる

A 道幅を測る
B 声に幅がある
C 世間に幅をきかせる
D 人間に幅ができる
E 積み上げ幅が大きい

20 天の配剤により悪事があばかれた

A 天にものぼる心地
B 天高く馬肥ゆる秋
C 天から話にならない
D 天は自ら助くるものを助く
E 天にまします我らが父よ

21 クラブの会費をおさめる

A 秘密を胸におさめる
B 戦乱の続く国をおさめる
C 都で学問をおさめる
D 大成功をおさめる
E 税務署に税金をおさめる

22 極端に走る傾向がある

A 南北に走る山脈
B 悪事に走る
C 球がよく走る
D 現場に走る
E むしずが走る

答 別冊124ページ

23 台風をものともせず出かけた

- A ものの数に入らない
- B ものは言いよう
- C ものの1キロと歩かないうち
- D ものがわかっている人
- E ものの見事に成功した

24 一朝ことあるとき

- A 規則を守ること
- B 事件のことは言うな
- C これを食べたことはない
- D ことをなしとげる
- E 彼はことを好む性格だ

25 本日は晴天なり

- A それは本意ではない
- B 本業は作曲家だ
- C 本末転倒
- D 本人に確認します
- E 本能に基づく行動

26 彼は口べただ

- A お口に合いませんか
- B 彼女は口をつぐんだ
- C 仲間と口を合わせる
- D 部長は口が達者だ
- E 世間の口を気にする

27 電車の中で耳に入れた話

- A 耳を動かすことができる
- B 耳に残る曲だ
- C パンの耳を切る
- D 父は耳が遠くなった
- E 彼の消息を耳にした

28 俳優として身を立てる

- A 仕事に身が入らない
- B 最後まで身が持たない
- C 彼は身を持ち崩した
- D 相手の身になって考える
- E 信仰に身をささげる

29 知っていながら空とぼける

- A 電話番号を空で覚える
- B うわの空で聞く
- C 変わりやすい秋の空
- D 旅の空で母を思う
- E 空寝をして聞き耳を立てる

30 知り合いに便宜をはかる

- A 問題の解決をはかる
- B 体重をはかる
- C 役員会にはかる
- D 百メートル走のタイムをはかる
- E 敷地面積をはかる

答 別冊125ページ

31 自分の思うところを述べる

- A　ところを得て活躍する
- B　聞くところによると
- C　仕事が始まったところだ
- D　見たところ異常はない
- E　すんでのところで助かった

32 敷地に柵をまわす

- A　水道の蛇口をまわす
- B　次の人に連絡をまわす
- C　現場に人をまわす
- D　新人を受付にまわす
- E　リボンは二重にまわす

33 海から網をあげる

- A　山菜の天ぷらをあげる
- B　品物を棚にあげる
- C　安くあげることができた
- D　確かな証拠をあげる
- E　妹にほうびをあげる

34 例外を認める

- A　暗がりに人影を認める
- B　生徒の才能を認める
- C　自分の負けを認める
- D　大学への入学を認める
- E　自分の本だと認める

35 船が消息をたつ

- A　国交をたつ
- B　あれから十年がたつ
- C　敵の退路をたつ
- D　新社屋がたつ
- E　明日宿をたつ

36 ブレーキがよくきく

- A　父がジャズをよくきく
- B　この薬はきく
- C　イヌは鼻がよくきく
- D　ここはつけのきく店だ
- E　きくは一時の恥

37 風向きがかわる

- A　世代がかわる
- B　運転を兄にかわる
- C　料理の味がかわる
- D　土地が金にかわる
- E　勤務地がかわる

38 封をあける

- A　グラスをあける
- B　夜があける
- C　目をあける
- D　旅行で家をあける
- E　手をあける

答 別冊126ページ

39 手を打って人を呼ぶ

- A 雨が窓を打っている
- B ヒットを打って走る
- C 脈を打っている
- D 彼が太鼓を打っている
- E 投げを打って転がす

40 分母をはらう

- A 入場料をはらう
- B 垣根をはらう
- C 下宿をはらう
- D 足をはらう
- E 犠牲をはらう

41 美容の効果さえある

- A 呼んでも返事さえしない
- B 英語では挨拶さえできない
- C 靴もないのに雪さえ降ってきた
- D 覚悟さえできていればよい
- E 金さえあればいい

42 果報は寝て待て

- A 安くておいしい
- B 書いて覚える
- C 熱が出て休む
- D 見て見ぬふりをする
- E 話をして帰る

43 みんなから慕われる

- A 出先で雨に降られる
- B 先生が山に行かれる
- C 母が思い出される
- D この山なら登れる
- E 兄の態度にあきれる

44 ただ無事を祈るしかない

- A ただ一度だけでいい
- B これはただではすまない
- C ただ時間だけが過ぎていく
- D 条件はいい。ただ場所が遠い
- E ただの社員ではない

45 二度と失敗は繰り返すまい

- A いくらなんでも行くまい
- B 今年は雪は降るまい
- C 君の経験については問うまい
- D 名手といえどもこれはできまい
- E わからないはずはあるまい

46 病気で出社できない

- A 校則で決まっている
- B 裸で川に飛び込む
- C 本をひもでしばる
- D 自分でまいた種
- E 文化祭の準備で忙しい

答 別冊127ページ

言語分野 頻出語句100

SPI3受検者の報告に基づく
最新の出題語句を収録

●□の中に、右に提示した【意味】に合致する熟語を入れなさい。

			解答
001	□の人	【人が多く集まり住む所。世間】	市井（しせい）
002	市場を□する	【むしろ(席)を巻くように片端から領土を攻め取ること】	席巻（せっけん）
003	□を切り開く	【狭く険しい道。難点。ネック】	隘路（あいろ）
004	□をなめる	【苦しくてつらいこと】	辛酸（しんさん）
005	□を言い張る	【筋の通っていない論。間違いを正しいとする論】	曲論（きょくろん）
006	□にして存じません	【知識が少ないこと。見聞が狭いこと】	寡聞（かぶん）
007	□として対処する	【意志や信念を貫き、物事に動じないさま】	毅然（きぜん）
008	議論の□	【やり返すこと。やりとりすること】	応酬（おうしゅう）
009	正体が□する	【隠れていたことがさらけ出ること＝露顕】	露呈（ろてい）
010	□な例を挙げる	【身近でありふれていること】	卑近（ひきん）
011	□の情を抱く	【かわいそうに思うこと】	憐憫（れんびん）
012	□の権威	【この分野。この専門の筋。この社会】	斯界（しかい）
013	定理から□する	【一般論から特殊なものを推論、説明すること】	演繹（えんえき）
014	□をたまわる	【親しいつきあい。厚いよしみ】	厚誼（こうぎ）
015	□に振る舞う	【気持ちをしっかりと保つさま】	気丈（きじょう）
016	□な手段	【その場しのぎの間に合わせ】	姑息（こそく）
017	日本□の文化	【そのものだけが持っているさま】	固有（こゆう）
018	銃口で□する	【威力をもっておどすこと】	威嚇（いかく）
019	□な振る舞い	【わがままで横暴な態度】	専横（せんおう）
020	□な作業	【こみいっていてわずらわしいこと】	煩雑（はんざつ）
021	本の□を語る	【あらすじ】	梗概（こうがい）
022	□の地を訪れる	【景色の良いことで知られる土地】	名勝（めいしょう）

※問題演習に掲載されていない語句を中心に、出題100語を掲載。

	番号	問題	意味	答え
□	023	他の部族を□する	【好ましくないとして、拒み退けること】	排斥（はいせき）
□	024	相手に□を与える	【あとで証拠となるような言葉】	言質（げんち）
□	025	早起きを□する	【決めたことをその通りに実際に行うこと】	励行（れいこう）
□	026	新興勢力が□する	【勢力が増してくること】	台頭（たいとう）
□	027	□な記録をつける	【細かく丹念なさま】	克明（こくめい）
□	028	□を打ち破る	【古くから伝えられている風習】	因習（いんしゅう）
□	029	兄弟の□を嘆く	【主張の違いによる不和や争い】	確執（かくしつ）
□	030	□作家	【学問・芸術にすぐれた女性】	閨秀（けいしゅう）
□	031	未来を□する	【物事の起こる前にそれを見通すこと】	予見（よけん）
□	032	□的な判断	【思うままに振る舞う心】	恣意（しい）
□	033	□な振る舞い	【道理に外れていてけしからぬこと】	不埒（ふらち）
□	034	官庁に□する	【民間から出て官職につくこと】	出仕（しゅっし）
□	035	難関に□する	【出会うこと。でくわすこと】	逢着（ほうちゃく）
□	036	失敗する□が大きい	【実現する見込み、確率】	公算（こうさん）
□	037	□な解説	【ムダが多くてだらだらと長い様子】	冗長（じょうちょう）
□	038	国の□を担う	【物事や権力の中心となる重要な部分】	中枢（ちゅうすう）
□	039	□な処置	【ためらわず思い切って行うこと】	果断（かだん）
□	040	□朗朗	【声。声の出し方】	音吐（おんと）
□	041	□ない仕上がり	【見劣り。他に比べて劣っていること】	遜色（そんしょく）
□	042	□して見る	【目をこすってよく見ること】	刮目（かつもく）
□	043	盗賊が□する	【自由にのさばり跳ね回ること】	跳梁（ちょうりょう）
□	044	□協議する	【人々が集まって相談すること】	鳩首（きゅうしゅ）
□	045	夏目漱石に□する	【密かに尊敬し、師と仰ぐこと】	私淑（ししゅく）
□	046	士気を□する	【励まして奮い立たせること】	鼓舞（こぶ）
□	047	古典に□している	【ある物事について詳しく知っていること＝精通】	通暁（つうぎょう）
□	048	□を講じる	【何とかその場をしのぐ手段】	便法（べんぽう）

049	各自□に参加する	【自分の思うままであるさま】	随意（ずいい）
050	□な知識をひけらかす	【よく知らない事でも知ったふりをすること】	半可通（はんかつう）
051	□な犯人	【恥知らずで、厚かましいこと＝厚顔】	鉄面皮（てつめんぴ）
052	□の出来ばえ	【他より目立って優れていること】	出色（しゅっしょく）
053	□な言い方	【さしでがましいこと。出過ぎたこと】	僭越（せんえつ）
054	□した所作	【経験を積んで、円熟すること】	老成（ろうせい）
055	因習の□に苦しむ	【足かせと手かせ。自由を束縛するもの】	桎梏（しっこく）
056	内容を□する	【詳しく調べて確かめること】	吟味（ぎんみ）
057	自由主義を□する	【主義・主張などを公然と表すこと】	標榜（ひょうぼう）
058	□な顔で謝る	【かしこまった様子】	神妙（しんみょう）
059	□を放つ	【ひときわ優れた様子。他と違って目立つこと】	異彩（いさい）
060	□の社員	【その集団・地域などに古くからいる人】	古株（ふるかぶ）
061	□して時を待つ	【人の下に従いながら、活躍の機会を待つこと】	雌伏（しふく）
062	意思の□を図る	【意思や考えが支障なく相手に通じること】	疎通（そつう）
063	芸術に□が深い	【その分野についての深い知識や優れた技量】	造詣（ぞうけい）
064	茶道の□	【その道で最も権威のある人＝大家】	泰斗（たいと）
065	□を問いただす	【誤った意見、考え。「謬」は「あやまり」】	謬見（びゅうけん）
066	手がらを□する	【言いふらすこと＝喧伝】	吹聴（ふいちょう）
067	事件を□に規制する	【変化を起こす原因、きっかけ】	契機（けいき）
068	□に構える	【態度や動作が落ち着いていて気の長いこと】	悠長（ゆうちょう）
069	□を果たす	【以前から抱いていた願望】	宿願（しゅくがん）
070	将来を□される人材	【期待を寄せること】	嘱望（しょくぼう）
071	時代の□を見極める	【なりゆき。ある方向へ動く勢い】	趨勢（すうせい）
072	法律の□を定める	【物事のおおもと】	大綱（たいこう）
073	柔道を□する	【武術・芸能などを教え導くこと。指導】	指南（しなん）
074	ご無事で□	【たいへん喜ばしいこと】	重畳（ちょうじょう）

	番号	問題	意味	答え
□	075	挑戦者を□する	【にべもなく拒絶すること】	一蹴（いっしゅう）
□	076	社会の□	【人々を正しい方へと教え導く人】	木鐸（ぼくたく）
□	077	博覧□な人物	【記憶力が優れていること】	強記（きょうき）
□	078	互いに□する	【自分の主張を抑えて相手にゆずること】	譲歩（じょうほ）
□	079	□に扱う	【いい加減で大ざっぱなこと。ぞんざい】	粗雑（そざつ）
□	080	□の限りを尽くす	【気ままに振る舞うこと。酒や女遊びにふけること】	放蕩（ほうとう）
□	081	□な描写	【極めて細かいこと。たいへん綿密なこと】	精緻（せいち）
□	082	学校の□	【組織などの移り変わり＝変遷】	沿革（えんかく）
□	083	□できない問題	【見逃すこと。見過ごすこと】	看過（かんか）
□	084	□する二大勢力	【力に優劣がなく、互いに張り合うこと】	拮抗（きっこう）
□	085	□を合わせる	【ねらいを定めること】	照準（しょうじゅん）
□	086	上司の□にふれる	【天子の怒り。また、目上の人の怒り】	逆鱗（げきりん）
□	087	昭和を□する	【昔を懐かしく思うこと。昔を慕わしく思うこと】	懐古（かいこ）
□	088	□のいたり	【大いに恥じ入ること】	汗顔（かんがん）
□	089	□を制する	【天地の中央。中心の地 ⇔ 辺境】	中原（ちゅうげん）
□	090	□が浅い人物	【慎重に、注意深く考えること】	思慮（しりょ）
□	091	犯人の□をつける	【目当て。こうだろうという見込み】	目星（めぼし）
□	092	企業を□する	【積極的に招き寄せること＝招致】	誘致（ゆうち）
□	093	話が□に入る	【物事が進行しておもしろくなったところ】	佳境（かきょう）
□	094	公私を□する	【厳しく区別すること】	峻別（しゅんべつ）
□	095	奇妙な□を呈する	【ありさま。様子】	様相（ようそう）
□	096	両者の□案に決まる	【良いところを合わせて1つにまとめること】	折衷（せっちゅう）
□	097	□たる態度を保つ	【物事にこだわらず平然としているさま】	超然（ちょうぜん）
□	098	□に悪口を言う	【感情などを隠さずに現すこと】	露骨（ろこつ）
□	099	社長に□する	【気に入られるよう調子を合わせること】	迎合（げいごう）
□	100	人格を□する	【性質や才能を鍛え育てること】	陶冶（とうや）

04 文の並べかえ

順序がバラバラになっている文章や語句を正しい並び方にする問題で、「文節」を並べかえて１つの短文を完成させる問題と、「短文」を並べかえて文章を完成させる問題がある。

再現問題

回答時間▶3問1分

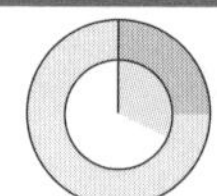

【文節の並べかえ】AからEの語句を空欄［1］から［5］に入れて文の意味が通るようにしたとき、［3］にあてはまるものを選びなさい。

❶ 椅子の背もたれが［1］［2］［3］［4］［5］使われている。

- A 使われるように
- B 様々なものが
- C 衣類などを掛ける
- D 本来と異なる用途で
- E ハンガーとして

【文の並べかえ】次の文を読んで、各問に答えなさい。

ア　一方、海水の蒸発、海氷の生成によって濃くなる。
イ　このように、海水の塩分濃度は様々な要因によって異なってくるのである。
ウ　一般論として、海水の塩分は降水、河川の流入、氷山の融解によって薄まる。
エ　しかし、それ以上に降水量が多くなると、塩分濃度は低くなる。
オ　例えば、赤道付近の海では、海水の蒸発が激しいため塩分濃度が高くなる。

❷ アからオを意味が通るように並べかえたとき、ウの次にくる文章を選びなさい。

A ア	B イ	C エ
D オ	E ウが最後の文	

❸ アからオを意味が通るように並べかえたとき、エの次にくる文章を選びなさい。

A ア	B イ	C ウ
D オ	E エが最後の文	

回答時間

解説 ざっくり読んで文脈を予想し、最初（または最後）から考える

❶ まず、文頭、文末、選択肢にひと通り目を通し、おおよその文脈をつかむ。すると、「椅子の背もたれが［ ］に→A使われるように→B様々なものが→［ ］に使われている」という流れが予測できる。まず、最初にくる語句として、椅子の背もたれが何に使われるかを説明している選択肢を探すと、「C衣類などを掛ける→Eハンガーとして」があてはまる。残った「D本来と異なる用途で」は［5］にあてはまる。正しい順番は、C→E→A→B→D。

正解 A

❷❸ ざっくり読むと「塩分濃度」についての解説文であることがわかる。まず最初の文を見つける。接続語や指示語がない文はウのみなので、先頭はウ。ウの文末「～薄まる」の次は、「ア 一方、～濃くなる」が続く。ウとアで述べたことの具体例にあたるのがエ、オだが、文のつながりを考えると、「オ 塩分濃度が高くなる→エ しかし、それ以上に～塩分濃度が低くなる」の順番になる。最後に結論である「イ このように、海水の塩分濃度は～である」がくる。正しい順番は、ウ→ア→オ→エ→イ。

正解 ❷ A ❸ B

問題演習

文の並べかえ

1 AからEの語句を[1]から[5]に入れて文の意味が通るようにしたとき、[3]にあてはまるものを選びなさい。

灯油は[1] [2] [3] [4] [5]使用を控えなければならない。

- A 黄色や茶色に変色するほかに
- B 紫外線や温度で酸化が促されると
- C 発煙や消火不良などが起こるため
- D 酸っぱい臭いがするようになるが
- E 変質した灯油を暖房器具に使用すると

2 AからEの語句を[1]から[5]に入れて文の意味が通るようにしたとき、[5]にあてはまるものを選びなさい。

幼いころの記憶には実際は[1] [2] [3] [4] [5]想起されるものがある。

- A 積み重なった結果として
- B 自らの記憶であるかのように
- C 映像をみせられたりすることが
- D 記憶に残っていない出来事が
- E 家族から繰り返し話を聞かされたり

3 AからEの語句を[1]から[5]に入れて文の意味が通るようにしたとき、[2]にあてはまるものを選びなさい。

無作為に対象者を選ぶ[1] [2] [3] [4] [5]傾向がある。

- A より極端な結果が出る
- B 世論調査と比較すると
- C インターネット調査の場合は
- D 特定のテーマに関心をもって
- E サイトを閲覧した人が回答する

 答 別冊128ページ

4 AからEの語句を[1]から[5]に入れて文の意味が通るようにしたとき、[3]にあてはまるものを選びなさい。

記録されている資料は[1] [2] [3] [4] [5]難しい。

- A どの解釈が
- B 解釈によって
- C 見定めることが
- D 最も正しいのかを
- E その内容に違いがあり

5 AからEの語句を[1]から[5]に入れて文の意味が通るようにしたとき、[4]にあてはまるものを選びなさい。

明治の[1] [2] [3] [4] [5]圧倒的に多かった。

- A 旧士族の出身者が
- B このプロセスを経て
- C 学制の確立であるが
- D 官僚になっていったのは
- E 革命的システムの変更のひとつが

6 AからEの語句を[1]から[5]に入れて文の意味が通るようにしたとき、[2]にあてはまるものを選びなさい。

海水は[1] [2] [3] [4] [5]潜り込む。

- A 重くなるため
- B 塩分濃度が高いほど
- C 下層の水の下に
- D 高くなると
- E 上層の水の塩分濃度が

答 別冊128〜129ページ

7 AからEの語句を[1]から[5]に入れて文の意味が通るようにしたとき、[1]にあてはまるものを選びなさい。

アメリカ合衆国の[1] [2] [3] [4] [5]所有している。

- A その株式は政府ではなく
- B 民間の金融機関が
- C 連邦準備制度理事会(FRB)は
- D 中央銀行とされる
- E 公的機関ではなく

8 AからEの語句を[1]から[5]に入れて文の意味が通るようにしたとき、[2]にあてはまるものを選びなさい。

コウモリは[1] [2] [3] [4] [5]把握して捕獲する。

- A 暗やみの中を飛行し
- B 形や居場所を
- C その反射音を聞いて
- D 超音波を出しながら
- E 小さな昆虫などの

9 AからEの語句を[1]から[5]に入れて文の意味が通るようにしたとき、[4]にあてはまるものを選びなさい。

企業が[1] [2] [3] [4] [5]と言えるだろう。

- A 集団的倫理を
- B 大事にしていると
- C 社会的倫理よりも
- D 可能性が高まる
- E 不祥事が起きる

10 AからEの語句を[1]から[5]に入れて文の意味が通るようにしたとき、[2]にあてはまるものを選びなさい。

少ない[1] [2] [3] [4] [5]普通である。

- A 作られるものや
- B 反映して高価になるのが
- C 資源を多く使って
- D サービスほど
- E それらの資源の希少性を

11 AからEの語句を[1]から[5]に入れて文の意味が通るようにしたとき、[4]にあてはまるものを選びなさい。

年齢や性別や障害の有無など[1] [2] [3] [4] [5]めざすのがユニバーサル・デザインである。

- A できるだけ多くの人に
- B 使用者の特性を
- C 生活空間の設計を
- D あらかじめ吟味し
- E 適応した製品や

12 AからEの語句を[1]から[5]に入れて文の意味が通るようにしたとき、[4]にあてはまるものを選びなさい。

不特定多数を[1] [2] [3] [4] [5]と呼ばれる。

- A 対象とする
- B オープン型の調査に対して
- C クローズド型
- D アプローチする調査は
- E 事前登録された特定の人に

答 別冊129～130ページ

13 次の文を読んで、各問いに答えなさい。

ア　これらの能力を使って、自分の出した音が障害物に当たって反射してくるのを聞き、距離を測ることまでできるという。

イ　そんなときは、近づかない方が賢明だといえよう。

ウ　なお、馬が怒って威嚇するときは耳を後ろに倒すそうだ。

エ　また、音質の判別能力にも優れている。

オ　馬はその耳を左右別々に動かし、人の聞こえない高音域まで聞くことができる。

❶　アからオを意味が通るように並べかえたとき、イの次にくる文章を選びなさい。

- A ア
- B ウ
- C エ
- D オ
- E イが最後の文

❷　アからオを意味が通るように並べかえたとき、エの次にくる文章を選びなさい。

- A ア
- B イ
- C ウ
- D オ
- E エが最後の文

 答 別冊130ページ

14 次の文を読んで、各問いに答えなさい。

ア　もともと米粉からパンなどを作る技術は10年以上前に確立されていた。

イ　それが今ではパンや麵などにも使用されるようになり、食感の良さや低カロリーという点で人気を集めている。

ウ　最近の麦の高騰でこの価格差が縮まり、食材として広く利用されるようになったのである。

エ　しかし当時は米粉が小麦粉より3倍ほども高価だったために、普及するまでには至らなかった。

オ　米粉は米を製粉した食材で、昔から餅や団子など和菓子の原料に使われていた。

❶　アからオを意味が通るように並べかえたとき、アの次にくる文章を選びなさい。

- A イ
- B ウ
- C エ
- D オ
- E アが最後の文

❷　アからオを意味が通るように並べかえたとき、エの次にくる文章を選びなさい。

- A ア
- B イ
- C ウ
- D オ
- E エが最後の文

05 空欄補充

設問文の中にある空欄に入る適切な言葉を、選択肢から選ぶ問題パターン。空欄が2つある場合は、正しい組み合わせを選ぶ。空欄の前後の文章のつながりに注意して解く。

再現問題

回答時間▶2問1分

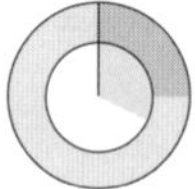

文中の空欄に入る最も適切なものをAからFの中から1つ選びなさい。

❶ 科学は自然の対象を観測し、そこにある種の［　　］を認識し、そこから法則を確立していくわけであるが、その法則は実験によって確かめるというプロセスを絶対的に必要とする。

- A 可能性
- B 規則性
- C 相関性
- D 妥当性
- E 客観性
- F 論理性

文中の空欄①、②に入る最も適切な組み合わせをAからFの中から1つ選びなさい。

❷ 民族性や国民性が［　①　］に形成されているというと意外に思う人が多いかもしれない。しかし、どんな人種の間にも［　②　］な知能の差や性格の差はなく、歴史や気候、社会構造の差が民族性や国民性を生むのである。

- A ①客観的　②主観的
- B ①主観的　②客観的
- C ①後天的　②先天的
- D ①先天的　②後天的
- E ①独創的　②普遍的
- F ①普遍的　②独創的

回答時間

→ 解説　空欄の前後の文脈と適合する語句を選ぶ

❶　空欄の前後の語句から推察できる。「科学は自然の対象を観測し」、「そこにある種の［　　］を認識し」、「そこから法則を確立」する。まず、「自然の対象を観測することによって認識できる対象」としてそぐわない語句をカットする。カットできるのは「可能性」「妥当性」「客観性」「論理性」。次に、そこから法則を確立できる語句として「相関性」はそぐわないのでカットできる。最後に残る「規則性」を［　　］に入れて、文の趣旨が通るかを検証する。

「規則性」➡ 自然の対象を観測することで認識するのが「規則性」で、その「規則性」から法則を確立するというのは、文脈にぴったり合致する。

正解 B

❷　言葉の意味は、

「主観的」➡ 自分だけの見方・感じ方

「客観的」➡ 誰でも（自分だけでなく他の人も）納得できる見方・感じ方

「先天的」➡ 生まれつき備わっていること

「後天的」➡ 生まれたあとで備わること

「独創的」➡ 独自の新しい考えで、物事をつくり出すさま

「普遍的」➡ 多くの物事に共通しているさま

「どんな人種の間にも［　②　］な知能の差や性格の差はなく、歴史や気候、社会構造の差が民族性や国民性を生むのである」から考える。歴史や気候、社会構造の差は「後天的」なものなので、②には「先天的」、①には対義語の「後天的」があてはまることがわかる。

正解 C

ポイント

- 空欄の前後にある語句や文をヒントに意味のつながりを考えよう。
  - 空欄の直前、直後の文がヒントになることが多い。
- 空欄に選択肢を入れて読んでみよう。
  - まず全文を読んであてはまらないものを消去する。
  - 次にいくつかに絞った選択肢を１つずつ空欄に入れて文章を読む。
  - 意味がすっきり通るものを選ぶ。

本試験では、１問に費やせる時間に限りがある。「空欄補充問題」では、問題文をざっと読み、すぐに正しそうな選択肢を空欄にあてはめてみて、意味がスッキリ通るようならOKという感覚で解いていこう。

問題演習 空欄補充

1 文中の空欄に入る最も適切なものを選びなさい。

多くの人は、要らないものを捨てればすっきりする。しかしこれは、処分の［　　］が快楽だということであって、処分という行為自体が快楽かどうかという話とは異なる。

- A 過程
- B 結果
- C 決定
- D 体験
- E 予定
- F 想像

2 文中の空欄に入る最も適切なものを選びなさい。

「荘厳（しょうごん）する」とは、本来、知恵や福徳などの善美をもって仏国土や仏、菩薩の身を飾ることをいう。金、銀、瑠璃などの七法で荘厳された、まばゆいばかりの浄土のイメージは、仏像や仏堂あるいは経典を美しく厳かに飾り立てることによって［　　］された。

- A 芸術化
- B 視覚化
- C 装飾化
- D 通俗化
- E 抽象化
- F 普遍化

3 文中の空欄に入る最も適切なものを選びなさい。

段取りは証明問題でも料理でも大切である。証明問題において「証明すべき命題」は指示されている。それが料理で言えば料理の［　　］である。証明には前提となる仮定があり、これが料理で言うと素材と言える。

- A 腕前
- B 道具
- C 味付け
- D 完成形
- E 献立表
- F 調理法

 答 別冊131ページ

4 文中の空欄に入る最も適切なものを選びなさい。

人類が遺伝子を操作できるようになったのはつい最近のことで、それまでは進化に関しては [　　] な研究はまったくできなかった。進化論は、通常の科学のように理論の当否を実験や観察によって確かめることができないので、一部の人たちから「科学でない」とさえ言われた。

- A 専門的
- B 客観的
- C 論理的
- D 実証的
- E 部分的
- F 全体的

5 文中の空欄に入る最も適切なものを選びなさい。

私たちは普通、メディアは「ニュースを伝達してくれる装置」だと考えている。しかし、実際にはメディアは「情報を過剰に伝えないための装置」である。正確に言えば、[　　] ニュースを排除するために報道機関は存在している。

- A 不快な
- B 不必要な
- C 不正確な
- D 民主的な
- E 興味をひかない
- F 影響力のない

6 文中の空欄①、②に入る最も適切な組み合わせをAからFの中から１つ選びなさい。

日本の森林の約４割は [①] であり、人の手が適切に加えられなければ健全に保てず、環境保全の機能を十分に発揮できない。しかし木材価格の低迷などにより、その [②] が放棄されていることが問題になっている。

- A ①原生林 ②開発
- B ①原生林 ②管理
- C ①私有林 ②開発
- D ①私有林 ②管理
- E ①人工林 ②開発
- F ①人工林 ②管理

答 別冊131ページ

WEBテスティング

06 熟語の成り立ち

提示された二字熟語の前後の漢字の成り立ちを選択肢から選ぶ問題パターン。熟語の成り立ちの種類は全部で5種類。WEBテスティングでは、そのうちの3つと、「どれにもあてはまらない」の全部で4つの選択肢が与えられ、その中からそれぞれあてはまるものを選ぶ。

再現問題

回答時間▶10問2分

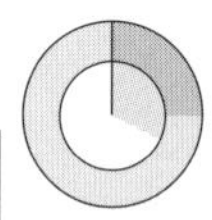

①～⑤の熟語の成り立ち方としてあてはまるものを、それぞれA～Dの中から1つずつ選びなさい。

❶

① 思案
② 疎密
③ 波及
④ 調髪
⑤ 辛勝

- A 似た意味を持つ漢字を重ねる
- B 反対の意味を持つ漢字を重ねる
- C 主語と述語の関係にある
- D AからCのいずれにもあてはまらない

❷

① 架橋
② 代替
③ 気絶
④ 連載
⑤ 因果

- A 主語と述語の関係にある
- B 前の漢字が後の漢字を修飾する
- C 動詞の後に目的語を置く
- D AからCのいずれにもあてはまらない

回答時間

→解説　漢字を訓読みにして、意味で判別する

❶　①思案…思（思う）＝案（案ずる）➡似た意味を持つ漢字同士。②疎密…疎（まばら）⇔ 密（ぎっしりつまっている）➡反対の意味を持つ漢字同士。③波及…「波」が「及ぶ」➡主語と述語の関係。④調髪…「髪」を「調える」➡動詞（調）の後に目的語（髪）を置いているので、選択肢AからCのいずれもあてはまらない。⑤辛勝…「辛くも」「勝つ」または「辛い」「勝利」➡前の漢字（辛）が後の漢字（勝）を修飾。④同様、AからCのいずれにもあてはまらないので、選択肢はD。

正解　①　A　②　B　③　C　④　D　⑤　D

❷　①架橋…「橋」を「架ける」➡動詞の後に目的語を置く。②代替…「代える」＝「替える」➡似た意味を持つ漢字同士。③気絶…「気（意識）」が「絶える（とぎれる）」➡主語と述語の関係。④連載…「連続して（続けて）」「載せる」➡前の漢字が後の漢字を修飾。⑤因果…「原因」⇔「結果」➡反対の意味を持つ漢字同士。

正解　①　C　②　D　③　A　④　B　⑤　D

ポイント

熟語の成り立ちのパターンは以下の５つ。漢字を訓読みにして意味を考えて判断するが、訓読みが難しい場合は、漢字自体の意味や、その漢字を使った熟語に置きかえて、熟語同士の意味から判断するとよい。

選択肢	問題例	解き方：言いかえの例
似た意味を持つ	珠玉	「珠」＝「玉」。「たま」「すぐれたもの」の意
	扶助	「扶養」＝「援助」。「助ける」の意
反対の意味を持つ	往還	「往（いく）」⇔「還（かえる）」
	剛柔	「剛（かたい）」⇔「柔（やわらかい）」
主語と述語の関係	国営	「国（主語）」が「営む（述語）」 ○が○する。
前の漢字が後の漢字を修飾する	淑女	淑（修飾）→ 女　「しとやかな」＋「女性」 ○な○、○の○、○した○。
動詞の後に目的語を置く	遷都	遷（動詞）← 都（目的語）　「うつす」←「都」を ○を○する。
	遅刻	「時刻」に「遅れる」。○に○する。※

※動詞の後に目的語を置く問題では、「～を」だけでなく、「～に」も出題される。

問題演習 熟語の成り立ち

問題 ❶～❺の熟語の成り立ちとしてあてはまるものを、それぞれA～Dの中から1つずつ選びなさい。

1

❶ 幸甚 [　　]
❷ 暗躍 [　　]
❸ 開閉 [　　]
❹ 禁酒 [　　]
❺ 制覇 [　　]

- A 前の漢字が後の漢字を修飾する
- B 反対の意味を持つ漢字を重ねる
- C 動詞の後に目的語を置く
- D AからCのいずれにもあてはまらない

2

❶ 威嚇 [　　]
❷ 殺菌 [　　]
❸ 正解 [　　]
❹ 製造 [　　]
❺ 濃淡 [　　]

- A 反対の意味を持つ漢字を重ねる
- B 前の漢字が後の漢字を修飾する
- C 動詞の後に目的語を置く
- D AからCのいずれにもあてはまらない

3

❶ 益鳥 [　　]
❷ 乗車 [　　]
❸ 赤貧 [　　]
❹ 旋回 [　　]
❺ 方円 [　　]

- A 似た意味を持つ漢字を重ねる
- B 前の漢字が後の漢字を修飾する
- C 動詞の後に目的語を置く
- D AからCのいずれにもあてはまらない

4

❶ 異同 [　　]
❷ 佳作 [　　]
❸ 素顔 [　　]
❹ 造船 [　　]
❺ 媒介 [　　]

- A 反対の意味を持つ漢字を重ねる
- B 前の漢字が後の漢字を修飾する
- C 動詞の後に目的語を置く
- D AからCのいずれにもあてはまらない

 答 別冊132ページ

5

❶ 殉職 [ ]
❷ 歌人 [ ]
❸ 失脚 [ ]
❹ 壮観 [ ]
❺ 怠惰 [ ]

- A 似た意味を持つ漢字を重ねる
- B 反対の意味を持つ漢字を重ねる
- C 前の漢字が後の漢字を修飾する
- D AからCのいずれにもあてはまらない

6

❶ 転居 [ ]
❷ 往復 [ ]
❸ 我流 [ ]
❹ 端末 [ ]
❺ 鈍器 [ ]

- A 主語と述語の関係にある
- B 前の漢字が後の漢字を修飾する
- C 動詞の後に目的語を置く
- D AからCのいずれにもあてはまらない

7

❶ 隔離 [ ]
❷ 功罪 [ ]
❸ 失礼 [ ]
❹ 断絶 [ ]
❺ 挑戦 [ ]

- A 似た意味を持つ漢字を重ねる
- B 前の漢字が後の漢字を修飾する
- C 動詞の後に目的語を置く
- D AからCのいずれにもあてはまらない

8

❶ 延命 [ ]
❷ 偽造 [ ]
❸ 賛否 [ ]
❹ 徹夜 [ ]
❺ 添加 [ ]

- A 似た意味を持つ漢字を重ねる
- B 動詞の後に目的語を置く
- C 前の漢字が後の漢字を修飾する
- D AからCのいずれにもあてはまらない

9

❶ 下車 [ ]
❷ 急病 [ ]
❸ 賞罰 [ ]
❹ 投書 [ ]
❺ 年齢 [ ]

- A 反対の意味を持つ漢字を重ねる
- B 主語と述語の関係にある
- C 動詞の後に目的語を置く
- D AからCのいずれにもあてはまらない

答 別冊132ページ

10

❶ 投票 [　　]
❷ 去年 [　　]
❸ 加筆 [　　]
❹ 培養 [　　]
❺ 伸縮 [　　]

- A 似た意味を持つ漢字を重ねる
- B 反対の意味を持つ漢字を重ねる
- C 動詞の後に目的語を置く
- D AからCのいずれにもあてはまらない

11

❶ 傑作 [　　]
❷ 稽古 [　　]
❸ 多寡 [　　]
❹ 解散 [　　]
❺ 発音 [　　]

- A 反対の意味を持つ漢字を重ねる
- B 前の漢字が後の漢字を修飾する
- C 動詞の後に目的語を置く
- D AからCのいずれにもあてはまらない

12

❶ 決議 [　　]
❷ 諾否 [　　]
❸ 剣道 [　　]
❹ 比肩 [　　]
❺ 皮革 [　　]

- A 似た意味を持つ漢字を重ねる
- B 前の漢字が後の漢字を修飾する
- C 動詞の後に目的語を置く
- D AからCのいずれにもあてはまらない

13

❶ 碁石 [　　]
❷ 指名 [　　]
❸ 当落 [　　]
❹ 貧乏 [　　]
❺ 変色 [　　]

- A 主語と述語の関係にある
- B 前の漢字が後の漢字を修飾する
- C 動詞の後に目的語を置く
- D AからCのいずれにもあてはまらない

14

❶ 腐朽 [　　]
❷ 執務 [　　]
❸ 最大 [　　]
❹ 変心 [　　]
❺ 動静 [　　]

- A 似た意味を持つ漢字を重ねる
- B 反対の意味を持つ漢字を重ねる
- C 前の漢字が後の漢字を修飾する
- D AからCのいずれにもあてはまらない

 答 別冊133ページ

15

❶ 空疎 [　　]
❷ 気楽 [　　]
❸ 昨晩 [　　]
❹ 変装 [　　]
❺ 悲喜 [　　]

- A 反対の意味を持つ漢字を重ねる
- B 主語と述語の関係にある
- C 動詞の後に目的語を置く
- D AからCのいずれにもあてはまらない

16

❶ 公設 [　　]
❷ 輪郭 [　　]
❸ 参加 [　　]
❹ 養蚕 [　　]
❺ 留意 [　　]

- A 反対の意味を持つ漢字を重ねる
- B 主語と述語の関係にある
- C 動詞の後に目的語を置く
- D AからCのいずれにもあてはまらない

17

❶ 継続 [　　]
❷ 国交 [　　]
❸ 山頂 [　　]
❹ 昇天 [　　]
❺ 抑揚 [　　]

- A 似た意味を持つ漢字を重ねる
- B 前の漢字が後の漢字を修飾する
- C 動詞の後に目的語を置く
- D AからCのいずれにもあてはまらない

18

❶ 点火 [　　]
❷ 私選 [　　]
❸ 催促 [　　]
❹ 良否 [　　]
❺ 視線 [　　]

- A 反対の意味を持つ漢字を重ねる
- B 前の漢字が後の漢字を修飾する
- C 動詞の後に目的語を置く
- D AからCのいずれにもあてはまらない

19

❶ 私立 [　　]
❷ 禍福 [　　]
❸ 字典 [　　]
❹ 入学 [　　]
❺ 超越 [　　]

- A 似た意味を持つ漢字を重ねる
- B 反対の意味を持つ漢字を重ねる
- C 主語と述語の関係にある
- D AからCのいずれにもあてはまらない

答 別冊133ページ

20

❶ 屈折 [　　]
❷ 凝視 [　　]
❸ 供給 [　　]
❹ 好漢 [　　]
❺ 苦楽 [　　]

A 反対の意味を持つ漢字を重ねる
B 主語と述語の関係にある
C 前の漢字が後の漢字を修飾する
D AからCのいずれにもあてはまらない

21

❶ 造形 [　　]
❷ 天誅 [　　]
❸ 精密 [　　]
❹ 霧散 [　　]
❺ 尽力 [　　]

A 似た意味を持つ漢字を重ねる
B 主語と述語の関係にある
C 動詞の後に目的語を置く
D AからCのいずれにもあてはまらない

22

❶ 気絶 [　　]
❷ 安泰 [　　]
❸ 敬老 [　　]
❹ 壁画 [　　]
❺ 厳重 [　　]

A 反対の意味を持つ漢字を重ねる
B 前の漢字が後の漢字を修飾する
C 動詞の後に目的語を置く
D AからCのいずれにもあてはまらない

23

❶ 新入 [　　]
❷ 遭遇 [　　]
❸ 真実 [　　]
❹ 修繕 [　　]
❺ 細大 [　　]

A 似た意味を持つ漢字を重ねる
B 主語と述語の関係にある
C 前の漢字が後の漢字を修飾する
D AからCのいずれにもあてはまらない

24

❶ 賢明 [　　]
❷ 干満 [　　]
❸ 架橋 [　　]
❹ 鋭敏 [　　]
❺ 首尾 [　　]

A 似た意味を持つ漢字を重ねる
B 反対の意味を持つ漢字を重ねる
C 動詞の後に目的語を置く
D AからCのいずれにもあてはまらない

 答 別冊134ページ

25
❶ 河岸 [　　]
❷ 話題 [　　]
❸ 取材 [　　]
❹ 純粋 [　　]
❺ 連載 [　　]

A 反対の意味を持つ漢字を重ねる
B 前の漢字が後の漢字を修飾する
C 動詞の後に目的語を置く
D AからCのいずれにもあてはまらない

26
❶ 法則 [　　]
❷ 離合 [　　]
❸ 史跡 [　　]
❹ 破壊 [　　]
❺ 墜落 [　　]

A 似た意味を持つ漢字を重ねる
B 前の漢字が後の漢字を修飾する
C 動詞の後に目的語を置く
D AからCのいずれにもあてはまらない

27
❶ 高貴 [　　]
❷ 捕鯨 [　　]
❸ 欠陥 [　　]
❹ 辛勝 [　　]
❺ 除湿 [　　]

A 反対の意味を持つ漢字を重ねる
B 前の漢字が後の漢字を修飾する
C 動詞の後に目的語を置く
D AからCのいずれにもあてはまらない

28
❶ 策略 [　　]
❷ 実感 [　　]
❸ 真贋 [　　]
❹ 破損 [　　]
❺ 直轄 [　　]

A 反対の意味を持つ漢字を重ねる
B 前の漢字が後の漢字を修飾する
C 主語と述語の関係にある
D AからCのいずれにもあてはまらない

29
❶ 理非 [　　]
❷ 別荘 [　　]
❸ 平均 [　　]
❹ 天命 [　　]
❺ 続出 [　　]

A 似た意味を持つ漢字を重ねる
B 反対の意味を持つ漢字を重ねる
C 前の漢字が後の漢字を修飾する
D AからCのいずれにもあてはまらない

答 別冊134〜135ページ

30

❶ 激烈 [　　　]
❷ 拡大 [　　　]
❸ 炉辺 [　　　]
❹ 火災 [　　　]
❺ 服従 [　　　]

- A 似た意味を持つ漢字を重ねる
- B 反対の意味を持つ漢字を重ねる
- C 前の漢字が後の漢字を修飾する
- D AからCのいずれにもあてはまらない

31

❶ 繁栄 [　　　]
❷ 慎重 [　　　]
❸ 衰微 [　　　]
❹ 逸品 [　　　]
❺ 漸進 [　　　]

- A 似た意味を持つ漢字を重ねる
- B 反対の意味を持つ漢字を重ねる
- C 動詞の後に目的語を置く
- D AからCのいずれにもあてはまらない

32

❶ 披露 [　　　]
❷ 宣伝 [　　　]
❸ 断罪 [　　　]
❹ 側面 [　　　]
❺ 天賦 [　　　]

- A 反対の意味を持つ漢字を重ねる
- B 前の漢字が後の漢字を修飾する
- C 動詞の後に目的語を置く
- D AからCのいずれにもあてはまらない

33

❶ 堪忍 [　　　]
❷ 屈伸 [　　　]
❸ 救済 [　　　]
❹ 圧迫 [　　　]
❺ 概算 [　　　]

- A 似た意味を持つ漢字を重ねる
- B 反対の意味を持つ漢字を重ねる
- C 前の漢字が後の漢字を修飾する
- D AからCのいずれにもあてはまらない

34

❶ 邪推 [　　　]
❷ 併合 [　　　]
❸ 節約 [　　　]
❹ 避難 [　　　]
❺ 厚遇 [　　　]

- A 似た意味を持つ漢字を重ねる
- B 前の漢字が後の漢字を修飾する
- C 動詞の後に目的語を置く
- D AからCのいずれにもあてはまらない

 答 別冊135ページ

35
❶ 自我 [ ]
❷ 署名 [ ]
❸ 稲穂 [ ]
❹ 雨天 [ ]
❺ 円満 [ ]

A 似た意味を持つ漢字を重ねる
B 前の漢字が後の漢字を修飾する
C 動詞の後に目的語を置く
D AからCのいずれにもあてはまらない

36
❶ 顕示 [ ]
❷ 減退 [ ]
❸ 満足 [ ]
❹ 断念 [ ]
❺ 議題 [ ]

A 似た意味を持つ漢字を重ねる
B 前の漢字が後の漢字を修飾する
C 動詞の後に目的語を置く
D AからCのいずれにもあてはまらない

37
❶ 逸脱 [ ]
❷ 遅刻 [ ]
❸ 歓声 [ ]
❹ 延期 [ ]
❺ 拾得 [ ]

A 反対の意味を持つ漢字を重ねる
B 前の漢字が後の漢字を修飾する
C 動詞の後に目的語を置く
D AからCのいずれにもあてはまらない

38
❶ 勤務 [ ]
❷ 雌雄 [ ]
❸ 戦争 [ ]
❹ 哀悼 [ ]
❺ 及第 [ ]

A 似た意味を持つ漢字を重ねる
B 反対の意味を持つ漢字を重ねる
C 前の漢字が後の漢字を修飾する
D AからCのいずれにもあてはまらない

39
❶ 盛衰 [ ]
❷ 互譲 [ ]
❸ 需給 [ ]
❹ 廉価 [ ]
❺ 後悔 [ ]

A 反対の意味を持つ漢字を重ねる
B 前の漢字が後の漢字を修飾する
C 動詞の後に目的語を置く
D AからCのいずれにもあてはまらない

答 別冊135～136ページ

07 長文読解

SPIの長文読解は、文章に書かれていることを読み取れば解ける問題がほとんど。先に問題を読んでから、長文の該当部分を見つけて解いていくとよい。

再現問題　回答時間▶3問3分

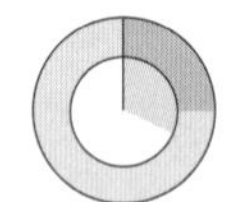

この問題は3問組です

人間をふくめた生物体は、環境を総合的な知識にもとづいて認識し、意志の働きによって行動をおこし、環境の変化に対応してフレキシブルに適応することが出来る開かれたシステムであると考えられ、機械の方は、外部の環境からの指令に対して知識を統合したり、秩序化することが出来ず、況んや「悟」や「意志」の働きをもたず、唯人間が発した指令に従ってのみ動く、閉じたシステムであるとみることが出来る。

一般に機械は規則通りにしか動かない（屢々故障をおこし、時によってはコンピューターの符号の読み違いによって社会全体に波及する大事故をおこす）。つまり同じ動作がくり返されるだけであり、すべての機械による運動、たとえばリモコン操作によって動く新幹線の作動は、同じ軌道をきわめて正確な時間で動き出し、そして制止する。こうした運動の軌跡は、すべて数学的な公式によってわり出され、実験によって測定され、またその結果が正確に出る。

大雑把な言い方をすれば、機械的運動とは、唯それだけのことである。

ところが、一般の動物や人間は、外から命令された通りに必ずしも動くとは限らない。そこには内部にある□性があり（個体の場合）、また複雑な有機体（たとえば、社会機構のようなもの）には、外部における□性があり、これらは、個人ならびに集団の意志によって動く。

私たちは、行動するために目標を立てる。最後の結果に到達するためにはどうしたらよいか。それには環境の中からそれに必要な手懸かりとなるもの（手段）を選び、それらをいかにして配合し、順序立て、それらを組み合わせれば目的が達せられるかの予測を立てる。そこには計画された意図と打算的な頭脳が働き、この過程を経て、計画の実現化が行われる。これは外部から指令されたものではなく、全く個人の中で働く自由意志によって動かされるものである。

自由な行動は、望むがままにそこに知的な糸をつむぎだし、意志は意志としてとどまりながら、漸次成熟の過程をたどる。これが生命の進化というものの性格である（ベルグソン『創造的進化』松浪・高橋訳）。

以上にみたのが、機械と生命体の本質的なちがいである。

入谷敏男『思考と文化』

❶　文中の下線部分、閉じたシステムの意味として、最も適切なものを選びなさい。

- A 意志の働きで行動できるシステム
- B 規則通りに動かないシステム
- C 外部環境からの指令に従順なシステム
- D 環境の変化に適応出来ないシステム
- E 環境を総合的に認識するシステム

❷　文中の空欄［　　］には同じ言葉が入る。最も適切なものを選びなさい。

- A 正確
- B 実現
- C 知能
- D 目的
- E 行動

❸　本文で述べられていることと合致するものはどれか。あてはまるものをすべて選びなさい。

- A 生物体は環境に応じて自由意志で行動する
- B 自由な行動と意志があれば、機械でも漸次成熟し進化する
- C 動物や人間でも規則通りにしか動かないことがある
- D 機械は、必ず外から命令された通りに動く

回答時間

➡解答・解説は次ページ

→ 解説　本文の内容に即して考える

❶　3行目の「開かれたシステム」と対比して考えることがポイント。「環境の変化に対応してフレキシブルに適応することが出来る」＝「開かれたシステム」なので、Dの「環境の変化に適応出来ないシステム」＝「閉じたシステム」が最も適切。Cも迷うところだが、「閉じた」の意味を含んでいないので不適。

正解　D

❷　空欄の周囲の文脈から、「動物や人間は、外から命令された通りに必ずしも動くとは限らない」「個人ならびに集団の意志によって動く」のはなぜかを説明した部分を探す。次の段落に「行動するために目標を立てる」「目的が達せられるかの予測を立てる」などの言葉が見つかるので、Dの「目的」がぴったりあてはまることがわかる。

正解　D

❸　長文から読みとれる主旨や論点、意見などと合致するものを選ぶタイプの問題では、本文に書かれている内容かどうか、本文の内容との食い違いがないか、をチェックする。

■ A 生物体は環境に応じて自由意志で行動する ←本文で繰り返し述べられている。

■ B 自由な行動と意志があれば、機械でも漸次成熟し進化する ←本文に書かれていない。後段に「自由な行動は、望むがままにそこに知的な糸をつむぎだし、意志は意志としてとどまりながら、漸次成熟の過程をたどる」とあるが、これは「生命の進化」について述べたもの。

■ C 動物や人間でも規則通りにしか動かないことがある ←一般論としては正しい意見に思われる選択肢だが、本文には書かれていない。

■ D 機械は、必ず外から命令された通りに動く ←「機械は規則通りにしか動かない」（7行目）「一般の動物や人間は、外から命令された通りに必ずしも動くとは限らない」（15行目）とあり、本文の内容と一致している。

正解　AD

ポイント

解法のポイントは、次の通り。

- 問題文を先に読んでから、該当部分を見つけて解いていく
- 本文に書かれていない内容の選択肢は誤答
- 本文に書かれている内容、またそれを言いかえただけの選択肢は正答

 ※長文読解の問題演習はありません。

Part3

再現問題数No.1
英語【ENG】
テストセンター
ペーパーテスティング

◉ 問題集の学習では、どれくらい解けたのかという習得レベルの情報が必要不可欠です。問題番号の横にあるチェックボックス（□）に、
○ … 自力で解けた　△ … ケアレスミスで不正解だった　× … わからなかった
などの印を記入し、△と×を受検直前に見なおすことで、高い学習効果が得られます。

◉ わからない問題はすぐに解答・解説を見ましょう。意味がわからない英単語について、考えこむのは時間のムダ！ チェックボックスに×をしてさっと解説を見てしまう方が効率的です。解説を読んで理解できたら、後でもう一度解いてみます。そのときに解けたら、手応えによってチェックボックスに△か○を記入します。わからなかったら、また×を入れて後で復習します。

◉ 掲載されている回答時間は、SPI受検時の回答時間に対応するおおよその目安を表しています。表示時間内に解かないといけないという制限時間ではありません。自分のペースで学習を進めましょう。

01 同意語

設問の単語と最も意味が近い英単語を選ぶ問題。出題される単語は、中学～大学受験レベル。ここで、語彙（ごい）力を付けておくことがいちばんの対策。

再現問題 回答時間▶3問1分

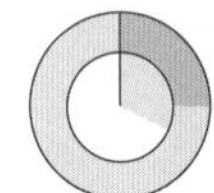

最初の単語と最も意味が近い語を、AからEの中で1つ選びなさい。

❶ compel

- A distract
- B flatter
- C imitate
- D oblige
- E persuade

❷ abrupt

- A sudden
- B prompt
- C gradual
- D brave
- E sensitive

❸ sly

- A acute
- B steep
- C cunning
- D intelligent
- E serene

回答時間

→ 解説　意味の近い語を選ぶ

❶ compel ➡ 「人に強制的に～させる」という意味。これと同じ意味の語を選ぶ。AからEの各語の意味は次の通り。

A distract ➡ 「そらす」
B flatter ➡ 「へつらう」
C imitate ➡ 「まねする」
D oblige ➡ 「人に強制的に～させる」←同意語
E persuade ➡ 「人を説得して～させる」←反意語

正解 D

❷ abrupt ➡ 「突然の」という意味。AからEの各語の意味を確認して、同じ意味の語を選ぶ。

A sudden ➡ 「突然の」←同意語
B prompt ➡ 「迅速な」
C gradual ➡ 「徐々の」←反意語
D brave ➡ 「勇敢な」
E sensitive ➡ 「敏感な」

正解 A

❸ sly ➡ 「ずるい」という意味。AからEの各語の意味を確認して、同じ意味の語を選ぶ。

A acute ➡ 「鋭い」
B steep ➡ 「急な」
C cunning ➡ 「ずるい」←同意語
D intelligent ➡ 「聡明な」
E serene ➡ 「落ち着いた」

正解 C

英語の語句問題は、英単語の意味を知ってさえいれば、即答できる。つまり、できるかぎり出題語句を覚えておくことが何よりの対策となる。本書の出題語句は、すべて覚えておこう。

問題演習

同意語

問題　最初の単語と最も意味が近い語を、AからEの中で1つ選びなさい。

1 dazzling

A calm　B fresh　C unique
D obscure　E sparkling

2 messy

A busy　B tidy　C dingy
D flashy　E fancy

3 divert

A celebrate　B distract　C prolong
D esteem　E hustle

4 trifling

A feeble　B frugal　C meager
D trivial　E deficient

答 別冊137ページ

5 modest

- A aggressive
- B sublime
- C bored
- D complicated
- E humble

6 skeptical

- A distrustful
- B evil
- C seeming
- D wise
- E sterile

7 virtuous

- A erratic
- B eccentric
- C earnest
- D ethical
- E immoral

8 insist

- A discredit
- B defy
- C assert
- D desert
- E admit

9 opportunity

- A chance
- B tact
- C integrity
- D fate
- E wisdom

答 別冊137〜138ページ

10 reverence

- A wealth
- B talent
- C security
- D threat
- E respect

11 refuse

- A beset
- B provoke
- C chase
- D reject
- E descend

12 inquire

- A operate
- B acknowledge
- C confuse
- D investigate
- E cope

13 absurd

- A polite
- B ridiculous
- C brave
- D capable
- E fake

14 apex

- A mountain
- B pass
- C summit
- D hill
- E path

 答別冊138ページ

15 restrict

- A limit
- B ignore
- C refuse
- D exist
- E complain

16 bother

- A punish
- B burst
- C distinguish
- D encounter
- E annoy

17 hurt

- A educate
- B examine
- C injure
- D disappoint
- E impress

18 accurate

- A significant
- B abundant
- C infinite
- D exact
- E slight

19 jealous

- A spiteful
- B envious
- C keen
- D patient
- E heartless

答 別冊138～139ページ

20 ordinary

- A common
- B peculiar
- C thin
- D external
- E useless

21 example

- A survey
- B situation
- C habit
- D instance
- E affair

22 effect

- A result
- B reality
- C fate
- D opportunity
- E luxury

23 eternal

- A marvelous
- B outstanding
- C extreme
- D attractive
- E permanent

24 basic

- A ideal
- B fundamental
- C typical
- D valuable
- E smart

 答 別冊139ページ

25 govern

- A participate
- B perceive
- C argue
- D offer
- E rule

26 generous

- A financial
- B available
- C liberal
- D superior
- E average

27 proper

- A official
- B brief
- C appropriate
- D common
- E certain

28 obvious

- A evident
- B potential
- C primary
- D reasonable
- E fair

29 depend

- A defend
- B deny
- C probe
- D sustain
- E rely

WEB
テスティング

答 別冊140ページ

30 healthy

- A sensitive
- B sound
- C stupid
- D tough
- E unique

31 sum

- A capital
- B consumption
- C debt
- D amount
- E extent

32 establish

- A found
- B command
- C convince
- D ruin
- E manage

33 possess

- A own
- B join
- C commit
- D borrow
- E exchange

34 amusement

- A laughter
- B impression
- C curiosity
- D anxiety
- E pastime

 答 別冊140～141ページ

35 fault

- A instruction
- B exception
- C defect
- D prejudice
- E issue

36 determine

- A educate
- B resolve
- C declare
- D discuss
- E judge

37 vary

- A lessen
- B crush
- C resemble
- D differ
- E include

38 vanish

- A rot
- B contend
- C attach
- D melt
- E disappear

39 genuine

- A active
- B actual
- C real
- D mere
- E expensive

答 別冊141ページ

40 try

- A promote
- B indicate
- C imagine
- D treat
- E attempt

41 provide

- A postpone
- B supply
- C increase
- D affect
- E adopt

42 timid

- A uneasy
- B serious
- C bold
- D sincere
- E cowardly

43 vacant

- A mute
- B empty
- C distant
- D slight
- E plain

44 perish

- A die
- B wound
- C harm
- D aid
- E fulfill

答 別冊141～142ページ

45 vague

- A current
- B evil
- C obscure
- D extreme
- E firm

46 odor

- A appearance
- B smell
- C confidence
- D impression
- E joy

47 moist

- A physical
- B oral
- C bright
- D damp
- E sweaty

48 shape

- A construct
- B size
- C form
- D volume
- E proportion

02 反意語

設問の英単語と反対の意味、対になる意味を表す語を選ぶ問題。うっかり同意語を選ばないように注意する。

再現問題　回答時間▶3問1分

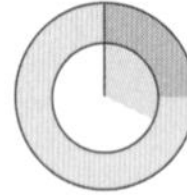

最初の単語と反対の意味の語を、AからEの中で1つ選びなさい。

❶ complex

- A composite
- B mandatory
- C straightforward
- D rough
- E superior

❷ active

- A passive
- B positive
- C artificial
- D lonely
- E effective

❸ accept

- A intend
- B approve
- C refuse
- D debate
- E hesitate

回答時間

→ 解説　反対の意味の語を選ぶ

❶ complex ➡ 意味は「複雑な・複合の」。これと反対の意味の語を選ぶ。AからEの各語の意味は次の通り。

A composite ➡ 「混成の」←同意語
B mandatory ➡ 「強制的な」
C straightforward ➡ 「単純な」←反意語
D rough ➡ 「粗い」
E superior ➡ 「上位の」

正解　C

❷ active ➡ 意味は「積極的な」。これと反対の意味の語を選ぶ。AからEの各語の意味は次の通り。

A passive ➡ 「消極的な」←反意語
B positive ➡ 「肯定的な」
C artificial ➡ 「人工的な」
D lonely ➡ 「孤独な」
E effective ➡ 「効果的な」

正解　A

❸ accept ➡ 意味は「受け入れる」。これと反対の意味の語を選ぶ。AからEの各語の意味は次の通り。

A intend ➡ 「意図する」
B approve ➡ 「賛成する」
C refuse ➡ 「拒絶する」←反意語
D debate ➡ 「討論する」
E hesitate ➡ 「ためらう」

ポイント

●英語で主な反意語のペアを覚えておこう。
●日本語で反対の意味の語句を考えてから、英語にあてはめてみよう。
「同意語」と同様に、英語の「反意語」は、英単語の意味を覚えていないと解答に時間がかかる。出題語句を本書でしっかり覚えておくことが大切だ。

問題演習 反意語

問題 最初にあげた各語の反対の意味の語を、AからEの中で1つ選びなさい。

1 rural

- A suburban
- B country
- C regional
- D artificial
- E urban

2 income

- A commerce
- B trade
- C sum
- D expense
- E profit

3 abstract

- A vague
- B concrete
- C effective
- D creative
- E potential

4 lazy

- A immense
- B proper
- C reasonable
- D idle
- E diligent

 答 別冊143ページ

5 resistance

- A comfort
- B arms
- C instruction
- D force
- E obedience

6 advance

- A arrive
- B retreat
- C permit
- D graduate
- E refuse

7 hide

- A disappear
- B enter
- C disclose
- D demand
- E earn

8 praise

- A applaud
- B approve
- C blame
- D remove
- E waste

9 add

- A spare
- B fine
- C subtract
- D decrease
- E multiply

答 別冊143～144ページ

10 accidental

- A capital
- B intentional
- C rational
- D spiritual
- E material

11 poverty

- A tradition
- B knowledge
- C charge
- D welfare
- E wealth

12 progressive

- A distinctive
- B contrary
- C fanatic
- D conservative
- E alternative

13 deficit

- A value
- B sum
- C plenty
- D surplus
- E purchase

14 defeat

- A miracle
- B victory
- C prosperity
- D benefit
- E burden

 答 別冊144ページ

15 employ

- A conform
- B tolerate
- C dismiss
- D rob
- E apologize

16 aggressive

- A expensive
- B primitive
- C nervous
- D defensive
- E discreet

17 loss

- A gain
- B quantity
- C trend
- D wages
- E harvest

18 bend

- A spread
- B fit
- C mend
- D bind
- E straighten

19 permit

- A forbid
- B enable
- C maintain
- D adopt
- E afford

20 rude

- A radical
- B apt
- C polite
- D gentle
- E ideal

21 absolute

- A enormous
- B legitimate
- C voluntary
- D spontaneous
- E relative

22 ancestor

- A descendant
- B parents
- C citizen
- D grandchildren
- E relative

23 negative

- A aggressive
- B passive
- C sensitive
- D affirmative
- E indecisive

24 hostile

- A plain
- B friendly
- C splendid
- D empty
- E noble

答 別冊145ページ

25 face

- A lead
- B back
- C front
- D surface
- E appearance

26 natural

- A artificial
- B real
- C actual
- D rural
- E universal

27 simple

- A severe
- B specific
- C valuable
- D complicated
- E rough

28 previous

- A last
- B usual
- C immediate
- D recent
- E following

29 benefit

- A luxury
- B tax
- C damage
- D fault
- E disaster

30 temporary

- A maximum
- B sufficient
- C infinite
- D permanent
- E average

31 demand

- A supply
- B greed
- C shortage
- D statistics
- E budget

32 ancient

- A medieval
- B modern
- C archaeological
- D industrial
- E holy

33 verse

- A tune
- B poem
- C drama
- D prose
- E story

34 despise

- A insult
- B justify
- C observe
- D prefer
- E respect

 答 別冊146～147ページ

35 timid

- A clumsy
- B profound
- C vast
- D bold
- E vital

36 consume

- A increase
- B produce
- C proceed
- D prepare
- E gather

37 vice

- A virtue
- B labor
- C courtesy
- D custom
- E progress

38 ease

- A truth
- B duty
- C reality
- D sin
- E difficulty

39 optimism

- A criticism
- B realism
- C pessimism
- D rationalism
- E communism

答 別冊147ページ

40 drunk

- A fair
- B earnest
- C moderate
- D sober
- E selfish

41 dynamic

- A coarse
- B dismal
- C static
- D afraid
- E female

42 innocent

- A guilty
- B wicked
- C supreme
- D decent
- E stupid

43 fertile

- A dense
- B domestic
- C numerous
- D wild
- E barren

44 asleep

- A naked
- B awake
- C foolish
- D visual
- E neat

答別冊147～148ページ

45 destroy

- A invent
- B aid
- C construct
- D polish
- E store

46 union

- A division
- B conflict
- C resource
- D liberty
- E contract

47 abundant

- A precise
- B tiny
- C scanty
- D distant
- E adequate

48 sharp

- A fair
- B boring
- C familiar
- D clockwise
- E dull

答 別冊148ページ

03 英英辞典

最初に提示される英語の説明文に最も意味が近い単語を選ぶ問題。高校レベルの英語力があれば得点できる。

再現問題 回答時間▶2問1分

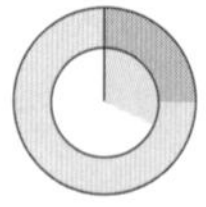

最初にあげた説明文に最も近い意味を表す語を、AからEの中で1つ選びなさい。

❶ to feel sorry for someone because they are in a bad situation

- A withstand
- B betray
- C pity
- D eliminate
- E moan

❷ a person in a court who has the authority to decide how criminals should be punished

- A expert
- B judge
- C gauge
- D norm
- E verdict

回答時間

→ 解説　説明文のニュアンスをつかむ

❶　和訳：困難な状況にある人を気の毒に思うこと。

「to feel～（～と思う）」→to feel sorry（気の毒に思う、かわいそうに思う）

「in～（～の状態・状況に（で））」→in a bad situation（困難な状況に）

A　withstand　➡　「耐える」

B　betray　➡　「裏切る」

C　pity　➡　「哀れむ」

D　eliminate　➡　「取り除く」

E　moan　➡　「うめく」

説明文の「気の毒に思う」の意味にいちばん近いのは、「pity（哀れむ）」。

正解　C

❷　和訳：法廷において被告の罪刑を決定する権限を持った人物。

「court（法廷）」　「authority（権限、権力）」

「decide（決定する）」　「criminal（犯罪者、犯人）」

「punish（罰する）」　「should be～（～であるべき）」

A　expert　➡　「専門家」

B　judge　➡　「裁判官、判事」

C　gauge　➡　「尺度」

D　norm　➡　「規範」

E　verdict　➡　「評決」

文頭の「a person～」で、この文がある人物の説明とわかる。人物に関する選択肢で絞ると「expert」か「judge」。この段階でC～Eは消去できる。「in a court who has the authority to decide」→「法廷内で決定する権限をもつ人物」から、最も適している人物は、「judge（裁判官）」。

正解　B

ポイント

●出題英文を一読して、おおよその意味やニュアンスをつかもう。

難解な英文は出ないが、ある程度英単語の意味がわからないと、紛らわしい選択肢で迷わされることも。ポイントとなる英単語を見つけ、そこから文章全体のニュアンスを酌んで、対応する選択肢を選ぶようにすること。

問題演習

英英辞典

問題 最初にあげた各説明文に最も近い意味をもつものを、それぞれAからEの中で1つ選びなさい。

1 to confer with a view to reaching agreement

- A occupy
- B maintain
- C complain
- D chatter
- E negotiate

2 freedom from pain or trouble

- A amusement
- B ease
- C recreation
- D interval
- E prospect

3 to feel sorry about something you have done or about something that you have not been able to do

- A accuse
- B justify
- C please
- D regret
- E doubt

 答 別冊149ページ

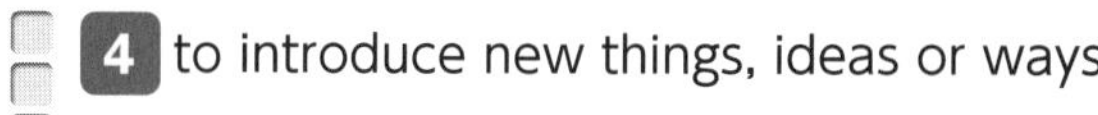
4 to introduce new things, ideas or ways

- A inform
- B intend
- C endeavor
- D develop
- E innovate

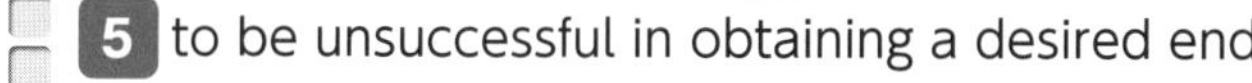
5 to be unsuccessful in obtaining a desired end

- A fail
- B mourn
- C alter
- D respond
- E reject

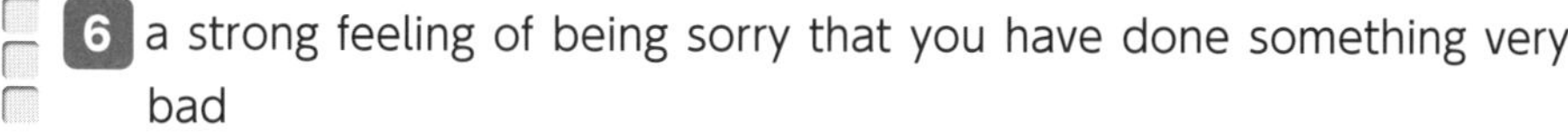
6 a strong feeling of being sorry that you have done something very bad

- A remorse
- B intuition
- C melancholy
- D grief
- E anger

7 a strong desire

- A demand
- B compassion
- C enthusiasm
- D grace
- E aspiration

答 別冊149ページ

04 空欄補充

提示された日本語訳になるように、英文中の空欄に入る適切な英単語を選ぶ問題。英熟語、文法の知識が問われる。どの品詞が入るか、動詞の場合は、自動詞（前置詞が必要）なのか、他動詞（前置詞不要）なのかに着目。

再現問題　回答時間▶1問30秒

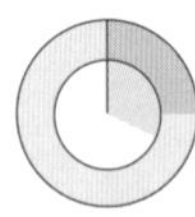

文中の（　　）に入れる語として最も適切なものを、AからEの中で1つ選びなさい。

鈴木先生は、バイパス手術に精通している。

Dr. Suzuki is very（　　　）in bypass operation.

- A interested
- B known
- C excited
- D experienced
- E confused

回答時間

解説　日本語の意味や英文法から判断する

選択肢は全て形容詞として使われる過去分詞。この中で、「精通している」にあてはまる単語を選ぶ。

A　interested in～　➡　「～に興味がある」
B　known　➡　「有名な」
C　excited　➡　「興奮した」
D　experienced in～　➡　「～に経験のある、通じている」
E　confused　➡　「混乱した」

「精通している」に最も意味が近いのは、「experienced」。

正解　D

問題演習 空欄補充

問題 文中の（　　）に入れる語として最も適切なものを、AからEの中で1つ選びなさい。

1 彼は何をやらせても長続きしない。

He can't (　　　) at anything.

- A glance
- B try
- C endure
- D strike
- E stick

2 私は風邪気味だ。

I have a (　　　) cold.

- A sort
- B weak
- C slight
- D small
- E gentle

3 出席は任意であり、必須ではありません。

Attendance is (　　　), not mandatory.

- A required
- B optional
- C possible
- D supposed
- E admitted

答 別冊150ページ

4 ここでタバコを吸ってはいけないはずよ。

You are not (　　　) to smoke here.

- A had
- B made
- C done
- D guessed
- E supposed

5 彼女の服装のセンスは、おしゃれからはほど遠いよ！

Her sense in clothes is (　　　) from fashion!

- A be free
- B not at all
- C far
- D another
- E absolutely

6 今年、洪水で一帯のオレンジに深刻な被害が出た。

This year the flood (　　　) serious damage to the oranges in the area.

- A attacked
- B ruined
- C overflowed
- D caused
- E hurt

 ㊦別冊150ページ

7 そんな仕事、朝飯前だよ。

That job is a piece of (　　　).

- A pie
- B cake
- C chocolate
- D bread
- E breakfast

8 彼女は娘が話し終わるまで待っていた。

She waited (　　　) her daughter had finished speaking.

- A until
- B by
- C before
- D since
- E from

9 もう一度調べてください。

Please look (　　　) it once more.

- A like
- B into
- C out
- D down on
- E after

答 別冊150ページ

05 誤文訂正

英文中に含まれる間違いを下線部の中から指摘する問題。文法や熟語の知識が問われる。不定詞か動名詞か、現在分詞か過去分詞かなど、中学から高校レベルの英文法が出題されることが多い。

再現問題 回答時間▶1問30秒

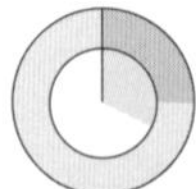

次の英文について、誤っている部分を下線部から1つ選びなさい。

I don't feel (A) like to go out (B) at all (C) today because (D) Texas Rangers lost to (E) New York Yankees yesterday.

回答時間

→ 解説 文法や用い方が間違っているものを探す

feel like ～ingで「～したい気分である」。feel like to do～とはいわない。not～at allは「全然～でない」。"～"の部分は1語の場合もあれば、再現問題のように長い場合もある。

和訳：昨日テキサス・レンジャーズがニューヨーク・ヤンキースに負けたので、僕は今日は全然でかける気にならない。

正解 B

ポイント

● 英文全体を日本語に訳す必要はない。

文意を読み取るために日本語に直しても、英語の誤りは見つけられない。ENGの問題量は案外多いため、1問1問に時間をかけ過ぎないこと。

問題演習 誤文訂正

問題 次の英文について、誤っている部分を下線部から１つ選びなさい。

1 My mother was (A) born (B) and brought up (C) in Kawagoe, Saitama, where (D) is known as (E) the Little Edo.

2 I'm going to (A) buy same (B) bicycle as (C) Mrs. Yamaguchi has. I've seen it on (D) TV and it looked (E) superb.

3 I don't have even slightest (A) idea as to (B) whether (C) this restructuring plans will work (D) or not (E).

4 At (A) the travel agency, you can get some (B) useful informations (C) about (D) where to go (E).

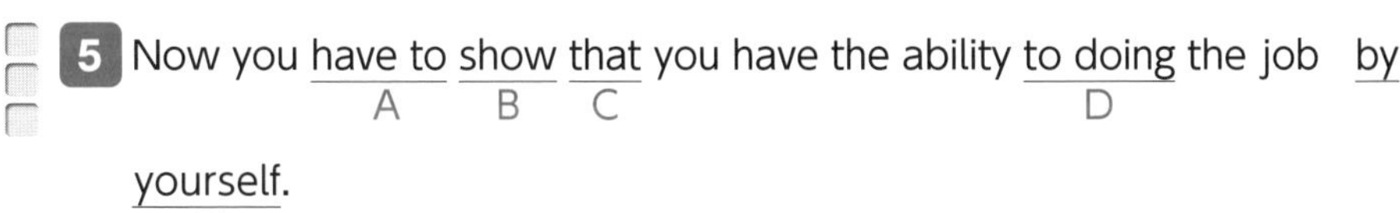

5 Now you have to (A) show (B) that (C) you have the ability to doing (D) the job by yourself (E).

答 別冊151ページ

6 Lucy says that (A) she has just now (B) arrived in (C) London and that (D) she is heading for (E) British Museum.

7 Tom could (A) have avoided (B) that traffic jam and arrived on (C) time if he has left (D) only ten minutes earlier (E).

8 Lately (A) we have (B) great (C) difficulty (D) to handle (E) the teenager.

9 I strongly recommend you (A) to visit (B) some (C) flea markets while (D) your stay in (E) Paris.

10 Thanks (A) to (B) your plan, we are having (C) good time (D) here in (E) Tokyo.

11 There used to (A) have lived (B) an old woman and her daughter in a little village. She outlived (C) her husband and was left alone (D) when her daughter got married (E).

12 I was (A) moved (B) to hear (C) this male singer to sing (D) a (E) Carpenters' song, Superstar.

 答 別冊151～152ページ

13 Have you ever(A) heard(B) that most(C) all of those(D) small towns have(E) no doctors?

14 It has nothing to do(A) with you(B), and it's nothing(C) of(D) your business! Let(E) me alone!

15 The population of Shang-hai is more greater(A) than(B) that(C) of any(D) other city(E) in China.

16 One of(A) the Korean student(B) who visited(C) Tohoku last year has(D) written(E) to us.

17 John has never been(A) to India, and neither(B) his wife has(C). That's why(D) they've(E) decided to make a trip around South Asia.

18 Here I enclose my new book published(A) just(B) three days ago(C). Tell me what(D) you feel(E) about it.

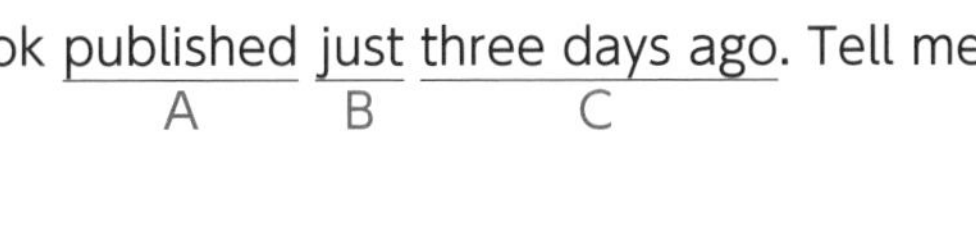

19 Peter has two **dogs**(A), **one**(B) is black, and **another**(C) is white. **Both**(D) of them like me and **every time**(E) I visit him, they come to me and wag their tails.

20 I **remember**(A) the World Cup final **made us**(B) so **exciting**(C) **that**(D) we **couldn't help shouting**(E) at the TV screen.

21 I **am going**(A) to **the**(B) new movie theater next Saturday **with**(C) my friends **if**(D) I **will be**(E) free.

22 **Finding**(A) **herself**(B) **laying**(C) on the rock and **unable**(D) to move, she called out **for**(E) help, but there was no answer.

23 Yesterday I **was**(A) **in a hurry**(B) and forgot **turning**(C) off the light **in the**(D) **bathroom**(E) when I left.

24 **If**(A) you ask me, your pants **is**(B) **too**(C) decorative **to wear**(D) **to**(E) a formal place.

06 和文英訳

提示された日本文の意味を正確に表す英文を選ぶ問題。選択肢の英文は、文法的には正しいが、物事の順番が逆になっていたり、情報の過不足があったり、紛らわしい熟語が用いられていたりするので注意が必要。

再現問題　回答時間▶1問30秒

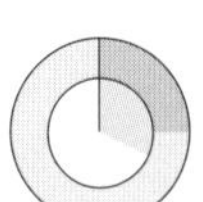

次の日本文の意味を最もよく表している英文を、1つ選びなさい。

ホッチキスはありますか。

- A Did you use a stapler?
- B Do you have a stapler?
- C Do you need a stapler?
- D Is it a stapler?
- E What about a stapler?

回答時間

→ 解説　日本文の意味から考える

「ホッチキスはありますか。」は、「(ホッチキスがあるなら) 買いたい、使いたい、貸りたい」という意味の発言。選択肢の中で、この文意に合う英文を探す。

A　Did you use a stapler?　➡　「あなたはホッチキスを使ったのか？」

B　Do you have a stapler?　➡　「あなたはホッチキスを持っているか？」
(持っているなら売ってください。または貸してください。)

C　Do you need a stapler?　➡　「あなたはホッチキスが必要か？」

D　Is it a stapler?　➡　「それはホッチキスか？」

E　What about a stapler?　➡　「ホッチキスはどうだろう？」

正解　B

問題演習

和文英訳

問題 次の日本語の意味を最もよく表している英文を、１つ選びなさい。

1 京都に来るなら連絡してね。

- A If you were in Kyoto, I could have a word with you.
- B Let me know when you will come to Kyoto.
- C Drop me a line if you come to Kyoto.
- D I'll be in touch with you about your visit to Kyoto.
- E Contact me while you are in Kyoto.

2 大雨のせいで遠足が延期になってしまった。

- A It rained so heavily that we couldn't go on the hike.
- B The heavy rain stopped the hike.
- C The hike was called off because it was raining heavily.
- D The hike was put off because of the heavy rain.
- E The hike will be postponed if it rains heavily.

3 この自動販売機は故障しています。

- A This vending machine is useless.
- B Someone is breaking this vending machine.
- C There is something funny about the vending machine.
- D This vending machine is breaking down.
- E This vending machine is out of order.

 答 別冊153ページ

4 このゲームソフトは飛ぶように売れています。

- A This game software will be on sale very soon.
- B This game software is selling like hot cakes.
- C This game software is sold steadily.
- D This game software is a good bargain.
- E This game software has been sold out.

5 夕方には雨が止んでくれるといいですね。

- A I wish it would stop raining in the evening.
- B I'm afraid it will stop raining in the evening.
- C I don't think it will rain in the evening.
- D I hope it will stop raining in the evening.
- E Fortunately no rain is forecast this evening.

6 彼は昨夜、電気をつけっぱなしで寝てしまった。

- A He went to bed after putting the light on last night.
- B Last night he fell asleep with the light on.
- C Last night he put the light on and went to bed.
- D Last night the light was on when he went asleep.
- E Last night he had fallen asleep before he put the light on.

7 うそだろう。そんなうまい話があるわけがない。

- A No way! Don't tell such an incredible story.
- B It's a lie. I've never heard of such a sweet success.
- C Really? You can't tell such a nice story.
- D I'm suspicious. It's too good to be true.
- E You liar! I don't think you have done it so well.

答 別冊153ページ

8 努力は才能に負けず劣らず不可欠である。

- A Efforts are no less indispensable than ability.
- B Efforts is no more indispensable than ability.
- C Efforts is not more indispensable than ability.
- D Efforts is not indispensable any more than ability.
- E Efforts is not so indispensable as ability.

9 車を運転するときには最大限に慎重を期するべきだ。

- A You should avoid driving if you can't concentrate on it.
- B When you drive your car, please be careful.
- C You have to take care of yourself when driving.
- D Drives very cautiously when you drive.
- E You can't be too careful in driving.

10 図書館は３年後に再建されます。

- A The library will be rebuilt in three years.
- B They are going to build the library in three years.
- C In three years, the next library will be built.
- D In three years, we'll have yet another library.
- E The library must be built again in three years.

11 駅に着くやいなやアンはナンシーに電話した。

- A After arriving at the station, Ann called Nancy.
- B No sooner had Ann arrived at the station than she phoned Nancy.
- C Ann got to the station as soon as she called Nancy.
- D Ann arrived at the station shortly and called up Nancy.
- E Ann had scarcely called Nancy when she reached the station.

12 我々は崩壊の兆しを見逃した。

- A We were misled about the implication of the collapse.
- B There was the collapse indicated, which we witnessed.
- C We had the feeling of the collapse approaching.
- D We missed the chance to get over the crisis.
- E We failed to see the sign of the collapse.

13 それは奇跡だと考えざるを得なかった。

- A I was forced to think it was a miracle.
- B I cannot help but say that it was a miracle.
- C I couldn't help but feel something was a miracle.
- D I needed to consider what was a miracle.
- E I was convinced that it was a miracle.

14 頭のいい人が必ずしも成功するとは限らない。

- A Clever people can't be successful.
- B Those who are clever do not always succeed.
- C There are scarcely any clever people who succeed.
- D People who are clever never succeed.
- E I am sure that clever people succeed.

答 別冊153ページ

07 長文読解

英文を読み、それに関する設問に答える問題パターン。ある程度の長さのある英文中から必要な情報を拾い出す能力が問われる。日本語に訳すことや細部まで読み込むことが求められるわけではない。

再現問題　回答時間▶2問2分

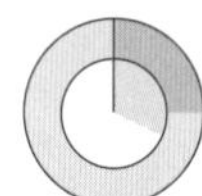

次の英文を読んで、問題に答えなさい。

I need scarcely tell you that the greatest force in England is [　　] opinion —— that is to say, the general national opinion, or rather feeling, upon any subject of the moment. Sometimes this opinion may be wrong, but right or wrong is not here the question. It is the power that decides for or against war; it is the power that decides for or against reform; it is the power that to a very great degree influences English foreign policy.

Lafcadio Hearn, "Literature and Political Opinion" .

❶ Fill in the blank.

- A public
- B political
- C unified
- D monarchial
- E alternative

❷ According to this author, the general national opinion

- A can't be wrong.
- B always drives England to start a war.
- C is now preventing England from starting a big reform.
- D seldom influences foreign policy.
- E is the greatest force.

回答時間

→ 解説 文章のカギとなるキーワードを探す

文中に繰り返し出てくる語（この問題の場合はopinion）がキーワードであり、文章が何について論じているのかを示している可能性が高いと考える。アンダーラインを引くなどしてマークするとわかりやすい。

I need scarcely tell you that the greatest force in England is ＿＿＿ opinion —— that is to say, the general national opinion, or rather feeling, upon any subject of the moment. Sometimes this opinion may be wrong, but right or wrong is not here the question. **It** is the power that decides for or against war; **it** is the power that decides for or against reform; it is the power that to a very great degree influences English foreign policy.

筆者は「＿＿＿opinion」を別の言葉に言いかえながら、筆者の考える「＿＿＿opinion」とはどのようなものかを説明している。「つまり」を意味する「that is to say」以降が直前の内容を言いかえていることに気がつけるかどうかがポイント。文章の展開は、「＿＿＿opinion、つまり the general national opinionが、the greatest force in Englandであり、それ（**it**）は the power that decides for or against war であり、the power that decides for or against reformであり、the power that…influences English foreign policyである」となっている。

【要注意単語リスト】
・scarcely「ほとんど～ない」←否定語であることに注意。
・upon＝on　※opinion upon～で「～についての意見」。
・for or against～「～に賛成か反対か」

❶ Fill in the blank.（空欄を埋めなさい）

A public ➡ 「世間の」 ※public opinionは「世論」

B political ➡ 「政治的な」 C unified ➡ 「統一の」

D monarchial ➡ 「君主の」 E alternative ➡ 「代替的な」

［　　］opinionは2行目でthe general national opinionと言いかえられているので、その意味を表している語を選択肢から選べばよい。

正解 A

❷ According to this author, the general national opinion （筆者によれば、国民の総意は）

A can't be wrong.（間違うことはあり得ない）

B always drives England to start a war.（いつも英国を戦争に駆り立てる）

C is now preventing England from starting a reform.（現在英国が大改革に着手するのを邪魔している）

D seldom influences foreign policy.（外交政策に影響することはほとんどない）

E is the greatest force.（最大の力である）

いずれの選択肢にも本文中の語が含まれている。本文でその語を見つけて前後を読む。Aは3～4行目のSometimes this opinion may be wrongと矛盾。Bは5行目のdecides for or against warのagainstの意味が入っていない。Cは5～6行目のdecides for or against reformから「現在邪魔している」かどうかまでは読み取れない。Dは6～7行目のto a very great degree influences English foreign policyと矛盾している。Eは1行目のthe greatest forceと一致。

正解 E

【和訳】 私が語る必要もほとんどないことであるが、英国の最大の力は世論である。つまり、そのときの問題についての全体的な国民の意見――あるいはむしろ感情――である。時としてこの国民の意見は誤っているかもしれないが、正しいか誤っているかはここでは問題ではない。それは戦争に賛成か反対かを決める力である。それは改革に賛成か反対かを決める力である。それは英国の外交政策に大きく影響を与える力である。

ポイント

●本文を読む前に設問文を読む。

選択肢の単語や数字などから、拾い出すべき情報を把握してから、検索するつもりで英文を読む。ひっかかる語の前後は注意深く読むこと。

※長文読解の問題演習はありません。

Part4

構造的把握力検査

テストセンター

01 構造的把握力検査【非言語】

テストセンターのオプション検査。同じような式で解ける問題や答えの求め方が似ている問題の組み合わせを選ぶ。最後まで計算する必要はない。

再現問題　回答時間▶1問2分

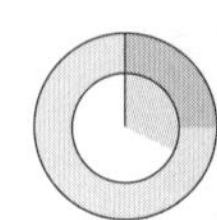

ア～エの中から問題の構造が似ている組み合わせを見つけて、AからFの中で１つ選びなさい。

ア　ジュース25本、サイダー10本を５人で均等に分けるとき、１人それぞれ何本ずつもらえるか。
イ　10人で分けると１人６本ずつもらえるだけの鉛筆がある。12人で分けると１人何本ずつもらえるか。
ウ　赤玉と白玉が各100個必要である。赤玉20個、白玉50個があるとき、あと何個ずつ必要か。
エ　１日に４時間ずつ作業すると15日で終わる仕事がある。この仕事を10日で終わらせるには１日何時間ずつ作業すればよいか。

- A　アとイ
- B　アとウ
- C　アとエ
- D　イとウ
- E　イとエ
- F　ウとエ

回答時間

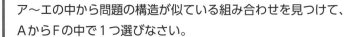

→ 解説　解き方が似ているものを選ぶ

ア　５人で分ける本数を割り算で求める。
　➡ジュースは25÷５＝５本、サイダーは10÷５＝２本もらえる。
イ　鉛筆の全部の数を求めてから、12人に分ける。➡**10×６÷12=5本**
ウ　赤玉と白玉の不足数を、それぞれ引き算で求める。
　➡赤は100－20＝80個、白は100－50＝50個
エ　仕事の全体量を求めてから、10日に分ける。 ➡**４×15÷10＝６時間**
　同じ構造のものは全体数を求めてから算出する解き方のイとエ。

正解　E

問題演習 構造的把握力検査【非言語】

1 ア〜エの中から問題の構造が似ている組み合わせを見つけて、AからFの中で１つ選びなさい。

ア　長女、次女、三女の３人姉妹の貯金は合計で13600円。長女と次女の貯金の比が３：５、次女と三女の貯金の比が３：２のとき、三女の貯金はいくらか。

イ　３つの荷物の重さを量ったところ、ＰとＲの重さの比は９：４、ＱとＲの重さの比は８：５だった。荷物の総重量が194kgのとき、Ｐの重さは何キロか。

ウ　母、兄、弟の３人で父親に16000円の靴を買った。母の出した額と兄弟２人の出した額の比が５：３で、兄と弟の出した額の比が３：２のとき、弟はいくら出したか。

エ　赤、白、紫の３色の花が咲いた。赤と白の花の個数の比は４：５で、白と紫の花の個数の比は３：４であった。赤の花が24個だとしたら、紫の花の数は何個か。

- A アとイ
- B アとウ
- C アとエ
- D イとウ
- E イとエ
- F ウとエ

2 ア〜エの中から問題の構造が似ている組み合わせを見つけて、AからFの中で１つ選びなさい。

ア　No.1からNo.6まで６棟の倉庫の清掃を毎月１棟ずつ番号順に行う。今月No.3の倉庫の清掃を行うと、９か月後の清掃対象はどの棟か。

イ　１台300kgのゲーム機12機をＰビルからＱビルまで運ぶ。１トントラック１台で往復して輸送すると３往復で最高何機まで運び終えるか。

ウ　１番から60番までのリフトが番号順に乗降部分を通過し、20分かけて１周するとき、１番が通過した５分後に通過するのは何番のリフトか。

エ　ある工場では、１班から８班が順に月曜から金曜まで持ち回りで夜勤をする。今週の水曜日に１班が当番だったとすると、来週の金曜日の当番は何班か。

- A アとイ
- B アとウ
- C アとエ
- D イとウ
- E イとエ
- F ウとエ

答 別冊154ページ

3 ア〜エの中から問題の構造が似ている組み合わせを見つけて、AからFの中で1つ選びなさい。

ア　1個200円のパン4個と1個500円のケーキを何個か買い、合計2300円を支払った。ケーキは何個買ったか。

イ　ノート30冊と鉛筆30本を買ったところ、2100円だった。ノート2冊の値段と鉛筆5本の値段が同じだったとき、ノート1冊の値段はいくらだったか。

ウ　1着20000円のスーツを3着と、赤と青のネクタイ1本ずつを買って75000円だった。赤のネクタイは青のネクタイの2倍の金額だったとき、赤のネクタイの値段はいくらだったか。

エ　あるサラダ油には、標準ボトルとその1.5倍量の徳用ボトルがある。標準1つと徳用2つを買ったところ、合計3200gになった。標準ボトルは1本何gか。

- A アとイ
- B アとウ
- C アとエ
- D イとウ
- E イとエ
- F ウとエ

4 ア〜エの中から問題の構造が似ている組み合わせを見つけて、AからFの中で1つ選びなさい。

ア　遊園地の入場料は、10人以上の団体の場合、1割引になる。一般の入場料が1人500円のとき、10人で行くと1人あたりいくらになるか。

イ　500円の弁当を8人分と、80円のお茶を6本、140円のコーヒーを2本注文した。8人で均等割りにすると1人あたりいくらになるか。

ウ　男女10人の宴会で会費が8000円余った。まず女性4人に1000円ずつ返し、残りを全員で均等割りすると、男性にはそれぞれいくら返金されるか。

エ　10人でスキーに行く。電車だと片道1人6000円かかる。マイクロバスを90000円で借りて往復し、その費用を均等割りした場合には、1人あたりいくら安くなるか。

- A アとイ
- B アとウ
- C アとエ
- D イとウ
- E イとエ
- F ウとエ

 答 別冊154ページ

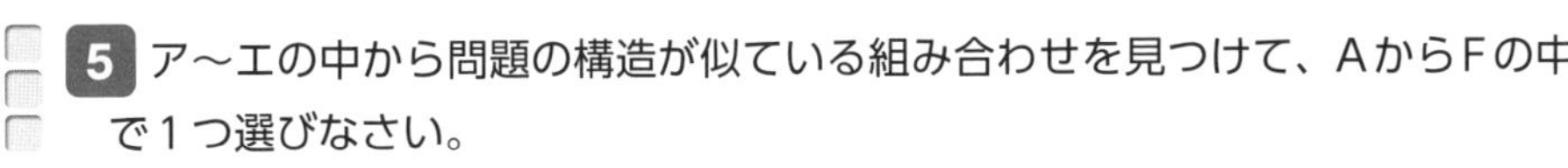

5 ア～エの中から問題の構造が似ている組み合わせを見つけて、AからFの中で1つ選びなさい。

ア　鶏のムネ肉とモモ肉のひき肉を合計500g使って混ぜて、つくね団子を作る。ムネ肉を3割にするとき、モモ肉の分量は何gになるか。
イ　ある会社の男女比は、男性が1に対して女性は4である。女性が8人であるとき、男女比を等しくするためには、男性をあと何人入社させたらよいか。
ウ　あるオフィスビルには18社が入っていて、入居率は72%である。このオフィスビルにはあと何社入居できるか。
エ　青タイル1枚につき白タイルを2枚並べて貼る設計の壁がある。タイルを全部で60枚貼るとき、白タイルは何枚用意すればよいか。

- A アとイ
- B アとウ
- C アとエ
- D イとウ
- E イとエ
- F ウとエ

6 ア～エの中から問題の構造が似ている組み合わせを見つけて、AからFの中で1つ選びなさい。

ア　70個のキャンディーがある。年長組9人と年少組8人に同じ数ずつ配るとき、1人あたり最高何個ずつ配ることができるか。
イ　25人が参加するテニス大会で、500円の参加賞を配ることにした。参加賞の費用はいくらになるか。
ウ　折鶴を1000羽折って入院中のクラスメートに贈ることにした。毎日、男子が100羽、女子が120羽を折ると、千羽鶴になるのは開始から何日目になるか。
エ　1週間にプールへ2時間とスポーツジムへ6時間通うことにした。何週間目に合計が100時間を超えるか。

- A アとイ
- B アとウ
- C アとエ
- D イとウ
- E イとエ
- F ウとエ

答 別冊155ページ

7 ア〜エの中から問題の構造が似ている組み合わせを見つけて、AからFの中で1つ選びなさい。

ア 「1・5・9・13 … 93・97・101」のように、1から101まで等間隔で数字をナンバリングしたカードがある。カードは全部で何枚あるか。

イ 1周4kmの公園内の遊歩道に、80mおきに街路灯を設置することになった。街路灯は何本必要か。

ウ ある花火大会は毎年、8月の第1日曜日と決められている。その日からちょうど120日後に次の年の運営会議が開かれるが、それは何曜日か。

エ 全部で10kmの森林散策路がある。順路を示す案内図を500mおきに設置する場合、散策路の起点と終点の分も入れて、案内図は全部で何枚必要か。

- A アとイ
- B アとウ
- C アとエ
- D イとウ
- E イとエ
- F ウとエ

8 ア〜エの中から問題の構造が似ている組み合わせを見つけて、AからFの中で1つ選びなさい。

ア 1袋3kgの小麦粉と1袋8kgのそば粉を箱詰めして、重さを合計30kgちょうどにしたい。袋の数を最も少なくするには、小麦粉を何袋にすればよいか。

イ 和菓子1個あたり50円、団子1本あたり20円の利益が出る定価にした。両方の利益の合計が2400円、和菓子の利益から団子の利益を差し引いた額が600円だったとき、和菓子は何個売れたか。

ウ 1個80円と120円のクッキーを取り混ぜて合計1000円の贈り物にしたい。120円のクッキーをできるだけ多くするには、80円のクッキーを何個にしたらよいか。

エ 赤玉と白玉を合わせて50個入れた抽選機がある。50人が1回ずつ回して、白玉が出れば商品券が1枚、赤玉だと3枚もらえるようにするには、商品券が74枚必要になるという。白玉は何個あるか。

- A アとイ
- B アとウ
- C アとエ
- D イとウ
- E イとエ
- F ウとエ

答 別冊155ページ

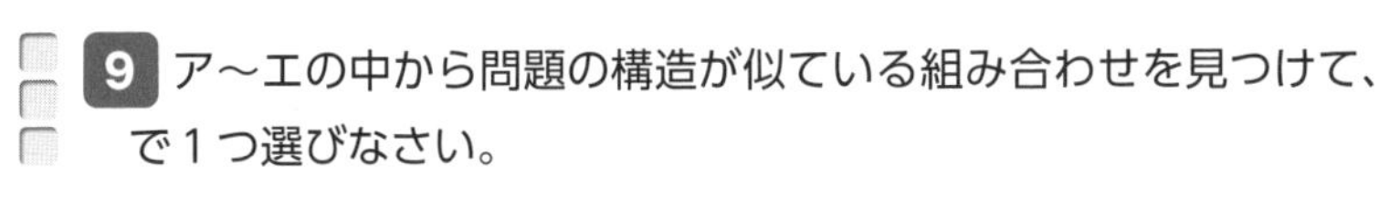

9 ア～エの中から問題の構造が似ている組み合わせを見つけて、AからFの中で1つ選びなさい。

ア　ある家庭の電気代は、1月から4月までの4か月は平均31500円で、5月と6月は平均27000円だった。この6か月の電気代の平均は何円か。

イ　夫は妻より6歳年上で、夫婦の年齢を合計すると90歳である。夫と妻の年齢の平均は何歳か。

ウ　父は毎朝、血圧を測っている。1日目から3日目までの平均が140㎜Hg、4日目と5日目の平均が130㎜Hgだった。1日目から5日目までの平均は何㎜Hgか。

エ　母・姉・妹の3人の体重の平均は54kgで、3人のうちいちばん軽い母の体重は48kgである。姉妹2人の平均体重は何kgか。

- A アとイ
- B アとウ
- C アとエ
- D イとウ
- E イとエ
- F ウとエ

10 ア～エの中から問題の構造が似ている組み合わせを見つけて、AからFの中で1つ選びなさい。

ア　6本の異なる赤ワインと、4本の異なる白ワインの中から、赤白それぞれ2本のワインを買うことにした。選ぶ方法は、全部で何通りあるか。

イ　赤いカードが4枚、青いカードが3枚ある。カード全部を横1列に並べるとき、色の並べ方は全部で何通りあるか。

ウ　男子5人と女子4人の中から、英語スピーチコンテストの代表を3人選ぶとき、発表する順番まで考えると全部で何通りあるか。

エ　ある野球部の部員は全部で15人いる。この中から、キャプテン、副キャプテン、マネージャーを1人ずつ選ぶ場合、方法は全部で何通りあるか。

- A アとイ
- B アとウ
- C アとエ
- D イとウ
- E イとエ
- F ウとエ

答 別冊155～156ページ

02 構造的把握力検査【言語】

テストセンターのオプション検査。文の内容やつながり方など、ある基準で分類したときに、同じグループになる組み合わせを選ぶ。

再現問題　回答時間▶1問1分

ア～オはイルカに関する文章である。言及されている内容によって、グループP（2つ）とグループQ（3つ）に分け、Pに分類されるものを答えなさい。

ア　魚のような外見だが、イルカは立派な哺乳類の仲間である。
イ　イルカの多くは海に生息するが、川や汽水域に生息する種類もいる。
ウ　イルカは、複数匹で群をなして行動することが多い種である。
エ　イルカとクジラに分類上の違いはなく、一般的に体長で区別される。
オ　近年の研究から、イルカはカバ類と近縁の生物だといわれている。

- A　アとイ
- B　アとウ
- C　アとエ
- D　アとオ
- E　イとウ
- F　イとエ
- G　イとオ
- H　ウとエ
- I　ウとオ
- J　エとオ

回答時間

→ 解説　内容で分類する

イルカの何について述べた文章かを読み取る。

ア、エ、オは、イルカの「生物学的な分類」について述べている。→グループQ

イ、ウは、イルカという種の「生態」について述べている。→グループP

正解　E

問題演習

構造的把握力検査【言語】

1 ア～オの文を数が表す意味によって、グループP（2つ）とグループQ（3つ）に分け、Pに分類されるものを答えなさい。

ア　上半期の経常利益は1250万円となった。
イ　16階にある事務所まで階段を上った。
ウ　移動距離の合計は2500キロに達した。
エ　ベスト体重の70キロまで減量した。
オ　出張にかかった交通費は往復で18000円だった。

- A　アとイ
- B　アとウ
- C　アとエ
- D　アとオ
- E　イとウ
- F　イとエ
- G　イとオ
- H　ウとエ
- I　ウとオ
- J　エとオ

2 ア～オを文の前半と後半で述べられている2つの事柄の関係によって、グループP（2つ）とグループQ（3つ）に分け、Pに分類されるものを答えなさい。

ア　大陸から寒気が南下して、日本海側では雪が降った。
イ　連休の初日だから、高速道路は渋滞しているはずだ。
ウ　夏の長雨のせいで、作物の生育が悪くなっている。
エ　長期にわたる円安で、輸入食品が値上げされた。
オ　10時に出発したので、もう到着するころだ。

- A　アとイ
- B　アとウ
- C　アとエ
- D　アとオ
- E　イとウ
- F　イとエ
- G　イとオ
- H　ウとエ
- I　ウとオ
- J　エとオ

答 別冊156ページ

3 ア〜オを言及されている内容によって、グループP（2つ）とグループQ（3つ）に分け、Pに分類されるものを答えなさい。

ア　ジョージ・オーウェルはジャーナリストとしても活躍した作家である。
イ　『薔薇の名前』を書いたウンベルト・エーコは記号学者である。
ウ　日本を代表する彫刻家の高村光太郎は詩集『智恵子抄』の作者である。
エ　『雪国』を英訳したエドワード・サイデンステッカーは日本文学の研究者である。
オ　児童文学作家のミハエル・エンデは『モモ』の作者である。

A アとイ　B アとウ　C アとエ　D アとオ
E イとウ　F イとエ　G イとオ　H ウとエ
I ウとオ　J エとオ

4 ア〜オの会話をYの応え方によって、グループP（2つ）とグループQ（3つ）に分け、Pに分類されるものを答えなさい。

ア　X「ミーティング用の資料はできているかな」
　　Y「コピーは何部用意したらいいですか」
イ　X「打ち合わせは3時からでいいかな」
　　Y「帰社予定が3時半なので、それ以降にしてもらえませんか」
ウ　X「指定席は何人分手配すればいいかな」
　　Y「盆休み前だからはやく予約したほうがいいですね」
エ　X「きょうのランチは何を食べようかな」
　　Y「久しぶりに和食にしましょう」
オ　X「P物産の移転先は誰に聞いたらわかるかな」
　　Y「担当のTさんなら知っていると思いますよ」

A アとイ　B アとウ　C アとエ　D アとオ
E イとウ　F イとエ　G イとオ　H ウとエ
I ウとオ　J エとオ

 答 別冊156ページ

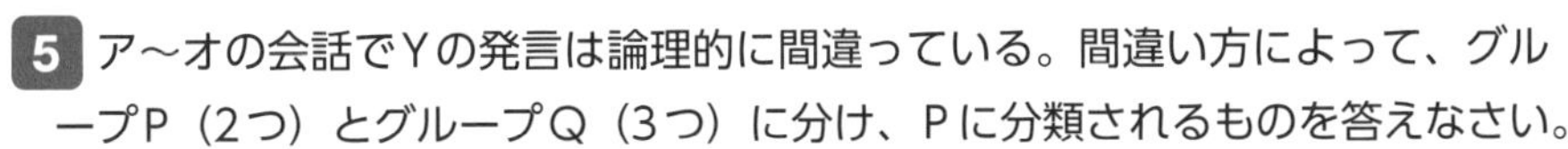

5 ア～オの会話でYの発言は論理的に間違っている。間違い方によって、グループP（2つ）とグループQ（3つ）に分け、Pに分類されるものを答えなさい。

ア　X「男性の育児休業取得者はまだまだ少ないようですね」
　　Y「男性には育児が苦手な人も多いですからね」
イ　X「仕事で成功する人は決断の速い人が多いようです」
　　Y「優柔不断では成功できないのですね」
ウ　X「最近では中高年からの登山がブームになっているそうです」
　　Y「健康維持のために始めるのですね」
エ　X「若者の自動車離れが進んでいるようですね」
　　Y「車の維持にお金がかかるからですね」
オ　X「煙草を吸う人は生活習慣病にかかる傾向が高いようです」
　　Y「生活習慣病にかからないためには、煙草を吸わなければいいのですね」

- A　アとイ
- B　アとウ
- C　アとエ
- D　アとオ
- E　イとウ
- F　イとエ
- G　イとオ
- H　ウとエ
- I　ウとオ
- J　エとオ

6 ア～オは「新雑誌を企画する際にやること」である。課題の性質によって、グループP（2つ）とグループQ（3つ）に分け、Pに分類されるものを答えなさい。

ア　対象とする読者層を決める。
イ　対象とする読者層のニーズを探る。
ウ　雑誌の基本的な理念、コンセプトを定める。
エ　類似雑誌があるかどうかを調べる。
オ　他誌と差別化するポイントを定める。

- A　アとイ
- B　アとウ
- C　アとエ
- D　アとオ
- E　イとウ
- F　イとエ
- G　イとオ
- H　ウとエ
- I　ウとオ
- J　エとオ

答 別冊156ページ

7 ア～オは新設される運動施設に関する記述である。言及されている内容によって、グループP（2つ）とグループQ（3つ）に分け、Pに分類されるものを答えなさい。

ア　屋外施設は夜間照明が完備されており、ナイター利用も可能です。
イ　トレーニングルームでは、目的や健康状態に合わせたプログラムの指導が受けられます。
ウ　会員登録すれば、各施設を割引料金で利用できます。
エ　各施設とも指導員による初級レッスン会が毎土曜日に行われます。
オ　センター棟にはレストランとカフェがあり、食事やお茶を楽しめます。

A アとイ　B アとウ　C アとエ　D アとオ
E イとウ　F イとエ　G イとオ　H ウとエ
I ウとオ　J エとオ

8 ア～オはそれぞれ理由と行動を述べている。行動の性質によって、グループP（2つ）とグループQ（3つ）に分け、Pに分類されるものを答えなさい。

ア　子供が見あたらないので、手分けして探した。
イ　雨が降ってきたので、ベランダの洗濯物を取り込んだ。
ウ　海外旅行の資金を貯めるので、アルバイトを増やした。
エ　座りたいので、次の電車を待った。
オ　母に言われたので、ゲームをやめた。

A アとイ　B アとウ　C アとエ　D アとオ
E イとウ　F イとエ　G イとオ　H ウとエ
I ウとオ　J エとオ

Part 5

性格検査

テストセンター
ペーパーテスティング
WEBテスティング

01 再現質問と判定

性格検査は３部構成で、【第１部】【第３部】では自分がＡとＢのどちらに近いかを選択します。【第２部】では自分にどの程度あてはまるかを答えます。約300問の質問に約30分で回答していきます。

再現質問

回答時間▶8問1分

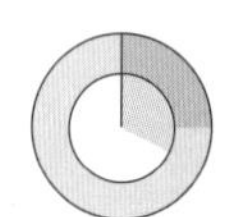

【第１部】【第３部】次の質問は、あなたのふだんの行動や考え方にどの程度あてはまるか。最も近い選択肢を１つ選びなさい。

	A	Aに近い	どちらかといえばAに近い	どちらかといえばBに近い	Bに近い	B
1	人見知りするほうだ					人見知りしないほうだ
2	身体を動かすのが好きだ					身体を動かすのが好きではない
3	あきらめが悪いほうだ					あきらめが早いほうだ
4	考えてから行動する					行動してから考える

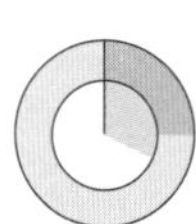

【第２部】次の質問は、あなたのふだんの行動や考え方にどの程度あてはまるか。最も近い選択肢を１つ選びなさい。

		あてはまらない	どちらかといえばあてはまらない	どちらかといえばあてはまる	あてはまる
1	いろいろなことに挑戦するほうだ				
2	人からの評価が気になるほうだ				
3	失敗したときに自分の責任だと思う				
4	感情が表に出やすいほうだ				

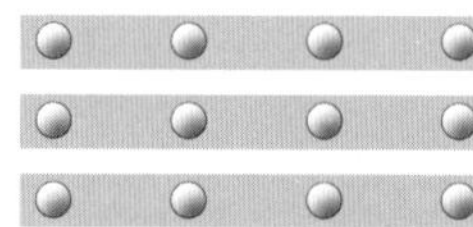

→ 解説　判定（マイナス評価）の例

【**第１部と第３部**】 ＡとＢのどちらにより近いかを４つの段階から選択します。

1　**A** 人見知りするほうだ ⟷ **B** 人見知りしないほうだ

Aに近いを選ぶと、**「社会的内向性」が高い**と判定されます。これは、内気で人と接するのが苦手だというマイナスの評価です。

2　**A** 身体を動かすのが好きだ ⟷ **B** 身体を動かすのが好きではない

Bに近いを選ぶと、**「身体活動性」が低い**と判定されます。これは、動くことが嫌いだというマイナスの評価です。

3　**A** あきらめが悪いほうだ ⟷ **B** あきらめが早いほうだ

Bに近いを選ぶと、**「持続性」が低い**と判定されます。これは、頑張りが続かないというマイナスの評価です。

4　**A** 考えてから行動する ⟷ **B** 行動してから考える

Bに近いを選ぶと、**「慎重性」が低い**と判定されます。これは、軽率な行動をとりがちだというマイナスの評価です。

【**第２部**】 自分の日常の行動や考え方にどの程度あてはまるかを、４つの段階から選択します。

1　いろいろなことに挑戦するほうだ　☜「活動意欲」

「あてはまらない」を選ぶと、**「活動意欲」が低い**と判定されます。これは、のんびり屋で意欲に欠けるというマイナスの評価です。

2　人からの評価が気になるほうだ　☜「敏感性」

「あてはまる」を選ぶと、**「敏感性」が高い**と判定されます。これは、心配性で神経質というマイナスの評価です。

3　失敗したときに自分の責任だと思う　☜「自責性」

「あてはまる」を選ぶと、**「自責性」が高い**と判定されます。これは、悲観的で落ち込みやすいというマイナスの評価です。

4　感情が表に出やすいほうだ　☜「気分性」

「あてはまる」を選ぶと、**「気分性」が高い**と判定されます。これは、気分に左右されがちだというマイナスの評価です。

※上の例は「あてはまる」を選ぶと尺度が高いと判定される質問を掲載していますが、実際の検査では「あてはまる」を選ぶと尺度が低いと判定される質問もあります。

02 性格検査対策

性格検査では、受検者の「性格特徴」、および「職務適応性」と「組織適応性」が診断されます。それによって、企業の風土や職務に対する受検者の適応性を判定し、その結果は入社試験の合否の判断や入社後の人事に活用されます。

→性格特徴の尺度と判定方法

性格特徴は、「行動的側面」「意欲的側面」「情緒的側面」「社会関係的側面」という４つの性格面から診断されます。それらの中には、特に高かったり、特に低かったりすると、マイナス評価となる尺度があります。したがって、その尺度だけは極端なマイナス評価とならないように気をつける必要があります。

次に挙げる尺度のうち、×がついているものがマイナス評価です。例えば、敏感性が高い（心配性で神経質）とマイナス評価になります。×のついている尺度の中でも、特に、敏感性と自責性の２つが高いことは担当者から敬遠される傾向がありますから注意しましょう。

×のついていない尺度は、それほど気にする必要はありません。

❶ 行動的側面

対人関係、課題への取り組み方など、行動にあらわれやすい性格的な特徴です。

尺　度	その尺度が低い場合の特徴 ⟷ その尺度が高い場合の特徴
社会的内向性	外向的で交際が広く浅い ⟷ 内向的で交際が狭く深い×
質問例	「人前で話すことが苦にならない」「人見知りをするほうだ」
内省性	あまり深くは考えない ⟷ 深く考えることを好む
質問例	「考えるよりやってみるほうだ」「じっくり考える仕事がしたい」
身体活動性	×あまり動かず腰が重い ⟷ フットワークが軽くてすぐ動く
質問例	「体を動かすのは好きではない」「外で動きまわるのが好きだ」
持続性	×見切り、あきらめが早い ⟷ 粘り強く頑張る
質問例	「見切りをつけることが大切だ」「最後まで頑張り抜くほうだ」
慎重性	×思い切りがよく軽率 ⟷ 見通しを立てて慎重
質問例	「思い切りよく決断するほうだ」「事前にしっかり計画を立てる」

❷ 意欲的側面

仕事や課題に取り組むときの意欲の高さを測定します。

尺　度	その尺度が低い場合の特徴 ←→ その尺度が高い場合の特徴
達成意欲	現実を受け入れる。無欲 ←→ 目標達成にこだわる。負けず嫌い
質問例	「野心は少ないほうだ」「何事も結果が大切だ」
活動意欲	×のんびり屋で意欲に欠ける ←→ 判断が機敏で意欲的
質問例	「なかなか決断できないほうだ」「すぐに行動に移すほうだ」

❸ 情緒的側面

感じ方、気持ちの整理の仕方など、内面的な特徴です。

尺　度	その尺度が低い場合の特徴 ←→ その尺度が高い場合の特徴
敏感性	小さなことは気にしない ←→ 心配性で神経質×
質問例	「人からの評価を気にしない」「細かいことが気になるほうだ」
自責性	楽観的でくよくよしない ←→ 悲観的で落ち込みやすい×
質問例	「何事にも楽観的な方だ」「何日も悩むことがある」
気分性	感情、気分の起伏が少ない ←→ 気分にムラがある×
質問例	「気分に左右されることが少ない」「感情を表に出すほうだ」
独自性	常識的で周囲と合わせる ←→ 個性的で我が道を行く
質問例	「集団で行動することが好きだ」「常識にとらわれないほうだ」
自信性	和を重視。穏やかで弱気 ←→ 自分重視。自信過剰で強気
質問例	「周囲に合わせることが多い」「自分の意見を通すことが多い」
高揚性	落ち着きがあり感情を出さない ←→ 明るく、自由で調子が良い
質問例	「気が散ることはあまりない」「調子に乗りやすいほうだ」

❹ 社会関係的側面

周囲の人との関わり方、人との距離感など、社会関係にあらわれる特徴です。

尺　度	その尺度が低い場合の特徴 ←→ その尺度が高い場合の特徴
従順性	自分の意見を大切にする ←→ 人の意見に従いがち
質問例	「人の意見に従うことは少ない」「人の意見に従うことが多い」

→次ページに続く

尺　度	その尺度が低い場合の特徴 ←→ その尺度が高い場合の特徴
回避性	人と対立してもかまわない ←→ 人との対立、衝突を避ける
質問例	「意見の違いを明確にすべきだ」「意見の対立は避けるべきだ」
批判性	自分と違う意見を受け入れる ←→ 自分と違う意見を批判する
質問例	「人の間違いは見逃すほうだ」「人の間違いを指摘するほうだ」
自己尊重性	人の意見を気にして動く ←→ 自分の考えを尊重して動く
質問例	「仕事で丁寧な指導を受けたい」「好きなようにやらせてほしい」
懐疑思考性	何事についても信じやすい ←→ 何事についても疑り深い
質問例	「人とすぐに打ち解けるほうだ」「人と打ち解けにくいほうだ」

→職務適応性と組織適応性の尺度と判定方法

性格検査の「職務適応性」「組織適応性」の２つの測定領域は、会社への適応力を評価するもので、それぞれのタイプに受検者がどの程度適しているかを１（適応に努力を要する）から５（適応しやすい）までの５段階で判定されます。この判定は、性格検査の尺度と能力検査の結果から、総合的に判断されているようです。

❺ 職務適応性

14タイプの職務に対して、受検者の適応性を判定します。

タイプ	職務の特徴　(−)低いほうが良い尺度の例　(+)高いほうが良い尺度の例
関係構築	人と接することが多い仕事　(−)社会的内向性、敏感性 (+)高揚性
交渉・折衝	人と折衝や交渉することが多い仕事　(−)気分性、批判性 (+)身体活動性
リーダーシップ	集団をまとめて率いる仕事　(−)気分性、懐疑思考性 (+)達成意欲
チームワーク	周囲と協調、協力して行う仕事　(−)自責性、自信性 (+)回避性、高揚性
サポート	気配りを持って人をサポートする仕事　(−)独自性、批判性 (+)回避性、従順性
フットワーク	フットワークよく活動的に進める仕事　(−)敏感性 (+)身体活動性、活動意欲
スピード対応	テキパキと素早く進める仕事　(−)内省性 (+)身体活動性、活動意欲
柔軟対応	予定外のことへの対応が多い仕事　(−)内省性、敏感性 (+)活動意欲
自律的遂行	自分の考え、判断で進める仕事　(−)気分性 (+)自信性、自己尊重性
プレッシャー耐性	課題へのプレッシャーが大きい仕事　(−)敏感性、自責性 (+)達成意欲

タイプ	職務の特徴 (−)低いほうが良い尺度の例 (+)高いほうが良い尺度の例
着実遂行	粘り強く手堅く進める仕事 (−)高揚性、気分性 (+)持続性、慎重性
発想・チャレンジ	前例のないことに取り組む仕事 (−)自責性 (+)活動意欲、独自性
企画構想	企画やアイデアを生み出す仕事 (−)従順性 (+)独自性、自己尊重性
問題分析	複雑な問題を検討、分析する仕事 (−)高揚性 (+)持続性、内省性

❻ 組織適応性

４タイプの組織風土に対して、受検者の適応性を判定します。

タイプ	風土の特徴	(−)低いほうが良い尺度の例 (+)高いほうが良い尺度の例
創造重視	新しいことに挑戦する創造的な風土 積極的な発案や意見が求められる	(−) 敏感性 (+) 独自性、自信性
結果重視	成果、結果を重視する風土 目標と課題の達成が求められる	(−) 自責性 (+) 達成意欲、自己尊重性
調和重視	チームプレー、調和を重視する風土 協調性が求められる	(−) 自信性、懐疑思考性 (+) 回避性
秩序重視	規則、秩序を重視する風土 計画性や合理性が求められる	(−) 独自性、高揚性 (+) 従順性

※ SPI3 性格検査の診断・判定方法は公開されていません。本書で挙げたものは、他の性格検査、適性検査での判定基準から類推されるものであることをご了承ください。

03 回答時の心構え

●明るい気分のときに受検する

SPIの性格検査は自己申告なので、回答者の自己イメージや回答時の気分、体調によって診断結果が左右されることがあります。例えば、何か失敗をして暗い気分のときなどは、「落ち込むことがよくある」などに「あてはまる」と答えてしまいがちです。これは「自責性」や「敏感性」が高く、ストレスに弱いというマイナス評価につながります。性格検査には、明るく前向きな気分で回答してください。

●常識的に考えて「マイナス」は避ける

すべての尺度で高評価を得ようとすることは、作為的で不自然な回答になることもあるのでお勧めしません。ただ、常識的に考えて次のような人物評価は、どの企業でも共通していますから、ざっくり頭に入れておくと良いでしょう。

最も大切なことは、「神経質で心配性。ストレスに弱い」という評価にならないように気をつけることです。

〈プラスの人物評価〉

・精神的に安定している。タフ
・積極的で、意欲、行動力がある
・慎重で計画にそって実行できる
・課題に対して粘り強く取り組む

〈マイナスの人物評価〉

・神経質で心配性。ストレスに弱い
・消極的で、意欲、行動力に欠ける
・計画性がなく、行き当たりばったり
・気分にムラがあり、根気がない

●理想的な自己イメージをもって回答する

やりたい仕事・職務に就いて活躍している「理想的な自分」をイメージしながら回答するのもコツの１つです。例えば、我慢強さや忍耐力に欠ける人でも、粘り強く、まじめに課題に取り組む自分の姿を念頭に置いて選択肢を選んでいくことで、「着実持続」への適応があるという結果に導くことができます。

●全問に回答する

およそ300問という大量の質問を短い制限時間内に回答させるのには、受検者に考える余裕を与えず、嘘のない回答を引き出そうという意図もあります。未回答が多いと、受検者が考えて作為的に回答したと診断される可能性もあります。

※402ページに、自分で診断できる性格検査を掲載しました。これがマイナスの診断結果にならなければ、性格検査は特に気にする必要はありません。

Part 6

SPI3 模擬検査

●能力検査―27問／回答時間35分 … 392ページ

自己採点で、合格可能性がわかります。

22～27点	A：【人気企業合格ライン】合格する可能性が極めて高い
16～21点	B：【一般企業合格ライン】合格する可能性が高い
10～15点	C：不合格になる可能性がある
0 ～ 9点	D：不合格になる可能性がかなりある

●性格検査―108問／回答時間15分 … 402ページ

マイナス判定が出ない回答ができるようにしておけば大丈夫です。

01 能力検査

最初に示された二語の関係を考えて、同じ関係のものを選びなさい。

❶ マイク：音

ア　キリ：穴
イ　蛇口：水
ウ　レンズ：光

A アのみ	B イのみ
C ウのみ	D アとイ
E アとウ	F イとウ

❷ 書籍：文庫本

ア　全集：単行本
イ　雑誌：週刊誌
ウ　教科書：参考書

A アのみ	B イのみ
C ウのみ	D アとイ
E アとウ	F イとウ

❸ 奇抜：平凡

ア　素直：屈折
イ　意外：意表
ウ　露骨：婉曲

A アのみ	B イのみ
C ウのみ	D アとイ
E アとウ	F イとウ

❹ 感覚：触覚

ア　笑顔：表情
イ　月：衛星
ウ　地方自治体：県

A アのみ	B イのみ
C ウのみ	D アとイ
E アとウ	F イとウ

答 別冊157ページ

下線部の言葉と、意味が最も合致するものを1つ選びなさい。

❺ 路頭に迷う

- A 家出をする
- B ひどく落ちぶれる
- C 行方不明になる
- D 旅先で道に迷う
- E 生活に困窮する

❻ 照れくさく、気恥ずかしく感じる

- A はがゆい
- B おもはゆい
- C もどかしい
- D ふがいない
- E めんぼくない

❼ 様々な事情を考慮する

- A 些事（さじ）
- B 雑多
- C 雑駁（ざっぱく）
- D 諸般
- E 諸処

❽ なりふりかまわず懸命に事にあたっている様子

- A けなげ
- B やみくも
- C ひたむき
- D おおわらわ
- E てんてこまい

答 別冊157ページ

下線部の語が最も近い意味で使われているものを1つ選びなさい。

❾ 忙しいので手を貸してください

- A 敵と手をむすぶ
- B 手をあげる
- C 大役で手に余る
- D 育児に手がかかる
- E ほかに手がない

❿ 一生独身を通す

- A 客を社長室まで通す
- B 法案を通す
- C 山頂まで歩き通す
- D 自転車を先に通す
- E 肉に火を通す

⓫ 頭角をあらわす

- A 全貌をあらわす
- B 名は体をあらわす
- C 功績を世にあらわす
- D 著作をあらわす
- E 図にあらわす

⓬ 別れがつらい

- A 我らが母校
- B 花が美しい
- C 忙しいが引き受けよう
- D 晴れればいいが
- E 英語ができる

 答別冊157〜158ページ

Aから Eの語句を［1］から［5］に入れて文の意味が通るようにしたとき、［3］にあてはまるものを選びなさい。

⑬ 地球に存在する水の［1］［2］［3］［4］［5］すぎない。

- A 97.5%は海水で
- B 利用できる淡水は
- C 人間が飲用や
- D 残りの2.5%に
- E 生活用として

⑭ 日本の家電は［1］［2］［3］［4］［5］結果となっている。

- A 国際基準では評価されず
- B 世界市場を獲得できないため
- C それがブランドの衰退を招く
- D そこに使われている
- E 技術は高いのだが

⑮ 日本人にとっては、［1］［2］［3］［4］［5］すぎなかった。

- A 精神的な支柱で
- B 絶対的な実在である
- C 人為的な仮象に
- D 自然との一体感が
- E 外来の文明様式は

答 別冊158ページ

次の説明を読んで、各問いに答えなさい。

X地点とY地点を結ぶ橋がある。この橋を渡るさい、Pは5.4km/時で、Qは3.0km/時で歩き、Pが橋を渡るのに42分かかる。

⑯ PがX地点からY地点へ、QがY地点からX地点へ同時に橋を渡り始めるとき、橋の上で2人が出会うのは何分後か。

- A 27分後
- B 30分後
- C 36分後
- D 38分後
- E AからDのいずれでもない

⑰ QがX地点から橋を歩き始めて6分後、PがQを追ってX地点から橋を歩き始める。PがQに追いつくのは、Pが出発してから何分後か。

- A 5.5分後
- B 6分後
- C 7.5分後
- D 8分後
- E AからDのいずれでもない

 答 別冊158ページ

次の説明を読んで、各問いに答えなさい。

ある店では、定価の2割引で販売したときに100円の利益が出るように定価を設定している。

⑱ 品物Pを3000円の定価で売ったときの利益はいくらか。

- A 400円
- B 500円
- C 600円
- D 700円
- E AからDのいずれでもない

⑲ 品物Qを定価の1割引で売ったとき、300円の利益があった。品物Qの仕入れ値はいくらか。

- A 850円
- B 1000円
- C 1500円
- D 1800円
- E AからDのいずれでもない

次の説明を読んで、各問いに答えなさい。

P、Q、R、Sの4人で、抹茶1本、あずき2本、ミルク3本、計6本のアイスを食べた。これについて、次のことがわかっている。

Ⅰ　1人が食べた本数は、1本または2本だった
Ⅱ　1人で同じ種類のアイスを2本食べた人はいなかった
Ⅲ　PとQは、少なくとも1本は同じ種類のアイスを食べた
Ⅳ　RとSは、同じ種類のアイスを食べなかった

⑳　Pが少なくともあずき1本を食べたとき、Qが食べた可能性があるものをすべて選びなさい。

- A　抹茶だけ
- B　あずきだけ
- C　ミルクだけ
- D　抹茶とあずき
- E　抹茶とミルク
- F　あずきとミルク

㉑　Rが2本食べたとき、Qが食べた可能性があるものをすべて選びなさい。

- A　抹茶だけ
- B　あずきだけ
- C　ミルクだけ
- D　抹茶とあずき
- E　抹茶とミルク
- F　あずきとミルク

答 別冊158～159ページ

次の説明を読んで、各問いに答えなさい。

あるマンションの１階には５つの部屋が横一列に並んでいて、左から１号室～５号室となっている。ここにＰ、Ｑ、Ｒ、Ｓ、Ｔ、Ｕの６人が住んでいる。空き部屋はなく、住人について次のことがわかっている。

Ⅰ　Ｐの隣の隣にはＴが住んでいる
Ⅱ　ＱとＵは同じ部屋に住んでいる
Ⅲ　３号室にはＳだけが住んでいて、それより右の部屋には２人が住んでいる。

□□□ ㉒　Ｔは何号室か。あてはまるものをすべて選びなさい。

- A　1号室
- B　2号室
- C　3号室
- D　4号室
- E　5号室

□□□ ㉓　Ｕは何号室か。あてはまるものをすべて選びなさい。

- A　1号室
- B　2号室
- C　3号室
- D　4号室
- E　5号室

次の説明を読んで、各問いに答えなさい。

ある会社にP、Q、R、Sの４人が訪れた。訪れた順番について以下のことがわかっている。

Ⅰ　同時に訪れた人はいなかった
Ⅱ　QはRの次に訪れた
Ⅲ　最後に訪れたのはSではなかった

㉔　４人が訪れた順番について、必ずしも誤りとは言えないものはどれか。AからHの中で１つ選びなさい。

ア　Pは３番目に訪れた
イ　Qは２番目に訪れた
ウ　Sは最初に訪れた

- A　アだけ
- B　イだけ
- C　ウだけ
- D　アとイ
- E　アとウ
- F　イとウ
- G　アとイとウ
- H　ア、イ、ウのいずれも誤り

㉕　Ⅰ、Ⅱ、Ⅲのほかに、次のカ、キ、クのうち少なくともどの情報が加われば、４人が訪問した順番がわかるか。AからHの中で１つ選びなさい。

カ　Rは１番目ではない
キ　QはSよりも早く訪れた
ク　QはPよりも早く訪れた

- A　カだけ
- B　キだけ
- C　クだけ
- D　カとキ
- E　カとク
- F　キとク
- G　カとキとク
- H　カ、キ、クのいずれの情報が加わってもわからない

次の説明を読んで、各問いに答えなさい。

12人で、3人部屋、4人部屋、5人部屋の3つの部屋に分かれて泊まることになり、部屋割りはくじで決めることにした。何人部屋かを指定するくじが全部で12本あり、一度引いたくじは戻さない。

㉖　1番目と3番目と5番目にくじを引いた3人が、4人部屋になる確率はどれだけか。

- A　1/11
- B　1/33
- C　1/55
- D　1/66
- E　AからDのいずれでもない

㉗　最後にくじを引いた3人が、3人部屋1人と5人部屋2人になる確率はどれだけか。

- A　2/33
- B　1/11
- C　2/17
- D　3/22
- E　AからDのいずれでもない

答 別冊159ページ

02 性格検査

回答時間の目安
108問15分
判定表▶別冊160ページ

- 1問約8秒、全問15分を目安に、①～④のうち1つを選んでチェックします。
- 終わったら、別冊160ページの「判定表」に結果を記入して自己診断します。

問1 次の質問は、あなたのふだんの行動や考え方にどの程度あてはまるか、最も近い選択肢を1つ選びなさい。

	A	Aに近い	どちらかといえばAに近い	どちらかといえばBに近い	Bに近い	B
1	集まりやパーティで人に紹介されることが多い	④	③	②	①	集まりやパーティで人を紹介することが多い
2	事前に計画を立てるほうだ	④	③	②	①	計画を立てないでとりあえずやってみるほうだ
3	体を動かすことは好きだ	④	③	②	①	体を動かすことは嫌いだ
4	一つのことにじっくり取り組むほうだ	④	③	②	①	いろいろなことに手を出すほうだ
5	話の内容はメモをとるほうだ	④	③	②	①	話の内容は頭で覚えるほうだ
6	目標は大きいほうがいいと思う	④	③	②	①	目標は堅実なほうがいいと思う
7	新しいことには挑戦するほうだ	④	③	②	①	最も無難な方法を取るほうだ
8	人見知りするほうだ	④	③	②	①	初対面から仲良くなれるほうだ
9	決断に時間がかかるほうだ	④	③	②	①	すぐに決断するほうだ
10	外で動き回るほうが好きだ	④	③	②	①	室内にいるほうが好きだ
11	できることならあきらめたくない	④	③	②	①	時にはあきらめも肝心だ

	A	Aに近い	どちらかといえばAに近い	どちらかといえばBに近い	Bに近い	B
12	旅行は事前にしっかりと計画を立てる	④	③	②	①	旅行は行き当たりばったりが面白い
13	やるならトップをねらいたい	④	③	②	①	そこそこできれば満足だ
14	自ら進んでやるほうだ	④	③	②	①	人に言われてからやることが多い
15	人前で話すのは苦手だ	④	③	②	①	人前で話すのは好きだ
16	手順は確認してから組み立てるほうだ	④	③	②	①	手順は組み立てながら考えるほうだ
17	スポーツは何でもやってみたい	④	③	②	①	スポーツはできるだけやりたくない
18	物事をやり通さないと気がすまない	④	③	②	①	物事を途中でやめても気にならない
19	見通しを立ててから行動する	④	③	②	①	やりながら次を考えていく
20	いい結果が出ないと頑張ってもあまり意味がない	④	③	②	①	いい結果が出なくても頑張ったという経験が大切だ
21	行動するまでに時間はかからないほうだ	④	③	②	①	行動するまでに時間がかかるほうだ
22	友達とのつき合いは狭く深いほうだ	④	③	②	①	友達とのつき合いは広く浅いほうだ
23	文章は先に書くことを整理する	④	③	②	①	文章は考えながら書いていく
24	動いているほうが好きだ	④	③	②	①	じっとしているほうが好きだ
25	すぐにあきらめるのはよくない	④	③	②	①	すぐにあきらめることも必要だ
26	先のことはよく考えるべきだ	④	③	②	①	先のことはあまり考えてもしかたない
27	競い合う環境で早く成長していきたい	④	③	②	①	なごやかな環境で着実に成長していきたい
28	今日できることは今日やる	④	③	②	①	明日できることは明日やる

	A	Aに近い	どちらかといえばAに近い	どちらかといえばBに近い	Bに近い	B
29	自分の考えをはっきり表すのは苦手だ	④	③	②	①	自分の考えをはっきり表すのは得意だ
30	物事は慎重にやりたい	④	③	②	①	物事は素早くやりたい
31	行動は機敏なほうだ	④	③	②	①	のんびりしているほうだ
32	辛抱強いほうだ	④	③	②	①	あきらめが早いほうだ
33	新しいことを始めるときは慎重さが必要だ	④	③	②	①	新しいことを始めるときは大胆さが必要だ
34	人の上に立つ仕事がしたい	④	③	②	①	仲間と協力し合う仕事がしたい
35	何かやるときには自分から率先してやるほうだ	④	③	②	①	何かやるときにはあとからついていくほうだ
36	新しい環境では知り合いを作るのに時間がかかる	④	③	②	①	新しい環境ではすぐに知り合いができる
37	周りの人に思慮深い人だと思われている	④	③	②	①	周りの人に活発な人だと思われている
38	空いた時間には体を動かして過ごしたい	④	③	②	①	空いた時間にはゆっくり休んでいたい
39	人から粘り強い人だと言われる	④	③	②	①	さっぱりした人だと言われる
40	仕事では計画を細かく立てることが重要だ	④	③	②	①	仕事では計画よりも思いつきが重要だ
41	野心があるほうだ	④	③	②	①	野心がないほうだ
42	物事の決断は人よりも早い	④	③	②	①	物事の決断は人よりも時間がかかる

問2 次の質問は、あなたのふだんの行動や考え方にどの程度あてはまるか、最も近い選択肢を１つ選びなさい。

	あてはまる	どちらかといえばあてはまる	どちらかといえばあてはまらない	あてはまらない
43 どちらかというと心配性だ	④	③	②	①
44 くよくよと考えるほうだ	④	③	②	①
45 感情が顔に出やすいほうだ	④	③	②	①
46 他人のことは気にしないほうだ	④	③	②	①
47 人から間違いを指摘されると腹が立つ	④	③	②	①
48 みんなが黙っていると何か話したくなる	④	③	②	①
49 目上の人の忠告には素直に従う	④	③	②	①
50 何事も決めつけるような言い方は避ける	④	③	②	①
51 意見が食い違ったら反論するほうだ	④	③	②	①
52 脇にいるより中心にいるほうが自分らしい	④	③	②	①
53 自分の本音は誰にも明かさない	④	③	②	①
54 他人にどう思われているのかが気になる	④	③	②	①
55 問題が起こると自分が悪いのではないかと思う	④	③	②	①
56 熱しやすく冷めやすいほうだ	④	③	②	①
57 みんなと同じことをするのは苦手だ	④	③	②	①
58 反対されても正しいと思うことはやり通す	④	③	②	①
59 大騒ぎすることが好きなほうだ	④	③	②	①
60 他人の意見や考えを受け入れるほうだ	④	③	②	①
61 困難な事はなるべく避けるほうだ	④	③	②	①
62 自分と違う意見を受け入れられない	④	③	②	①

	あてはまる	どちらかといえばあてはまる	どちらかといえばあてはまらない	あてはまらない
63 自分の意見を大事にするほうだ	④	③	②	①
64 他人には自分の本心を見せないほうだ	④	③	②	①
65 取り越し苦労をすることが多い	④	③	②	①
66 何も手につかないほど落ち込むことがある	④	③	②	①
67 思ったことはすぐ口にするほうだ	④	③	②	①
68 他人から干渉されるのは嫌いだ	④	③	②	①
69 他の人よりも自信過剰なほうだ	④	③	②	①
70 人から落ち着きがないと言われる	④	③	②	①
71 命令されたら素直に従うほうだ	④	③	②	①
72 面倒なことはなるべく先延ばしにするほうだ	④	③	②	①
73 他人に対しては誉めるより批判するほうが多い	④	③	②	①
74 自分のやり方の方がうまく事が進むと思う	④	③	②	①
75 人と親しくなるのに時間がかかるほうだ	④	③	②	①
76 不安に感じることが多い	④	③	②	①
77 私は何の役にも立たない人間だと思うことがある	④	③	②	①
78 人が意見を変えると自分も変えたくなる	④	③	②	①
79 人とのつき合いをわずらわしく感じることが多い	④	③	②	①
80 自分と違う意見の人も説得できると思う	④	③	②	①
81 気が散りやすいほうだ	④	③	②	①
82 他人の話にはよく耳を傾ける	④	③	②	①
83 責任ある立場は回避するようにしている	④	③	②	①
84 他人の過失や短所には我慢ができないほうだ	④	③	②	①
85 仕事は自分のスタイルで進めたい	④	③	②	①

	あてはまる	どちらかといえばあてはまる	どちらかといえばあてはまらない	あてはまらない
86 正直であればあるほど損をすると思う	④	③	②	①
87 自分の失敗はいつまでも気になる	④	③	②	①
88 将来に不安を感じることがよくある	④	③	②	①
89 周りからの影響を受けやすいほうだ	④	③	②	①
90 常識にとらわれないほうだ	④	③	②	①
91 自分は有能な人間だと思うときがよくある	④	③	②	①
92 その場の勢いで安請け合いすることがある	④	③	②	①
93 物事の判断は他人に任せるほうが楽だ	④	③	②	①
94 相手と対立するより譲ることの方が多い	④	③	②	①
95 間違っていることに口をつぐむことができない	④	③	②	①
96 他人に指図されるのは好きではない	④	③	②	①
97 他人に対しては用心深く接するほうだ	④	③	②	①
98 ちょっとした一言に傷つくことが多い	④	③	②	①
99 自分を責めて落ち込むことがよくある	④	③	②	①
100 やる気のあるときとないときの差が大きい	④	③	②	①
101 自分は我が道を行くタイプだと思う	④	③	②	①
102 どんな困難も切り抜けられる自信がある	④	③	②	①
103 時々はめをはずしてしまうことがある	④	③	②	①
104 指示は出すより与えられるほうが楽だ	④	③	②	①
105 気がかりなことは考えないようにしている	④	③	②	①
106 自分の意見を通そうとして失敗することがある	④	③	②	①
107 あまり人に指示されたいとは思わない	④	③	②	①
108 他人からの善意には裏があると思う	④	③	②	①

◉著者プロフィール

オフィス海（おふぃす・かい）

◉――学習参考書・問題集、就職対策本、資格試験対策本、実用書、辞典類の企画、執筆、制作を行っている企画制作事務所。1989年設立。

著者に『史上最強 SPI＆テストセンター超実戦問題集』『史上最強の漢検マスター準1級問題集』『史上最強のFP２級AFPテキスト』『史上最強の宅建士テキスト』（いずれもナツメ社）などがある。

本書に関するお問い合わせは、書名・発行日・該当ページを明記の上、下記のいずれかの方法にてお送りください。電話でのお問い合わせはお受けしておりません。

・ナツメ社 webサイトの問い合わせフォーム
　https://www.natsume.co.jp/contact
・FAX（03-3291-1305）
・郵送（下記、ナツメ出版企画株式会社宛て）

なお、回答までに日にちをいただく場合があります。正誤のお問い合わせ以外の書籍内容に関する解説・受験指導は、一切行っておりません。あらかじめご了承ください。

ナツメ社Webサイト
https://www.natsume.co.jp
書籍の最新情報（正誤情報を含む）は
ナツメ社Webサイトをご覧ください。

史上最強 SPI＆テストセンター1700題

著　者　**オフィス海**　　©office kai
発行者　**田村正隆**

発行所　**株式会社ナツメ社**
東京都千代田区神田神保町1-52　ナツメ社ビル1F（〒101-0051）
電話　03（3291）1257（代表）　FAX　03（3291）5761
振替　00130-1-58661
制　作　**ナツメ出版企画株式会社**
東京都千代田区神田神保町1-52　ナツメ社ビル3F（〒101-0051）
電話　03（3295）3921（代表）
印刷所　**ラン印刷社**

<定価はカバーに表示しています>　　Printed in Japan
<落丁・乱丁本はお取り替えします>

別冊 解答・解説集

01 推論【順序】

本文22ページ

1【AC】

ワンセットになる組み合わせから考える。

Ⅱ　PはRの次にスピーチをする…**RP**でワンセット(RとPの間に誰も入らない)

Ⅲ　SはQよりあとにスピーチをする…Q→S(QとSの間に誰か入る可能性もある)

Ⅰ　QとRは続けてスピーチをしない…Q**RP**Sではない

従って、**QSRP**か**RPQS**のどちらかになる。

ポイント **ワンセットになる組み合わせ**をもとにして考えていく。

2【B】

ア　VはYの次である…**YV**でワンセット

イ　XはWの次の次だが最後ではない…**W○X○**でワンセット

アとイを組み合わせると、「**W○XYV**」しかあり得ない。従って、**Zは2番目**。

ポイント ○を使って並べる。

PはQの次…QP

PはQの2人あと(Qの次の次がP)…Q○P

PはQの3学年下(Qの3学年下がP)…Q○○P

3【C】

左から⑥年生→①年生の順番でメモする。

Ⅰ　PはQより4学年上…**P**○○○**Q**

Ⅱ　RはSより4学年上…**R**○○○**S**

Ⅲ　TはUより1学年上…**TU**でワンセット

上記を組み合わせると、

PR④③**QS**　または、

RP④③**SQ**

TUは④③にあてはまるので、Uは3年生。

ポイント 例えば5学年で、AとB、CとDがそれぞれ3学年違いなら、A○○BとC○○D。これを組み合わせるとAC○BDかCA○DBのみ。

4【A】

春、夏、秋、冬で条件を式にすると、

秋＝春＋冬

春＞夏

A　秋＞夏…秋＝春＋冬より秋＞春。春＞夏なので、秋＞夏は必ず正しいといえる

B　冬＞秋…秋＝春＋冬なので、誤り

C　春＝冬…春夫と冬美の年齢の関係は不明なのでどちらともいえない

ポイント メモは簡単にわかりやすく。

春夫、夏美、秋夫、冬美は、「春、夏、秋、冬」や「は、な、あ、ふ」など、速く書ける文字でメモする。「wxyz」や「abcd」に変えるのは、何を指すのか混乱するのでいけない。

5【AD】

Ⅰ　QはRより1冊多い…**QR**でワンセット

Ⅱ　Qと4冊以上の差がある人はいない

Ⅲ　PとSは4冊の差…**P**○○○**S**／**S**○○○**P**

Qと4冊以上の差がある人はいないので、QはⅢの両端ではなく必ずPとSの間に入る。従って、P**QR**SまたはS**QR**P。Sは4番目か1番目。

ポイント ワンセットのQR、P、Sには、正解の他にも違う並びがあるが、PとSが4冊差なのでQRPSやPSQRなどでは、Qと5冊以上の差がある人ができてしまうので不適。

6【B】

①②③④⑤で、早い順にメモする。

Ⅰより、①→Y→Xの順序が確定。

Ⅱより、XがYとVの平均なので、XはYとVの間になる。XのあとにVを書き足す。

① **YXV**

Ⅲより、Zを④の位置に入れる。

① **YXZV**

残ったWが①に確定する。従って、**WYXZV**。

ポイント PがQとRの平均のときは、QPRまたはRPQの順番になる。

7【BD】

上位を左にして、条件を整理する。

P＞Q、T＞U、Q＞R、U＞P

まとめると、

T＞U＞P＞Q＞R

P＞Sなので、Sは4位以下となり、T、U、Pは1、2、3位に確定。

S＞Rなので、Sは4位か5位。Rは6位に確定。

順位が確定しないチームはQとS(4位か5位)。

ポイント 式にして、同じ記号同士をまとめる。

8【BC】

I　私は遅刻していない…遅刻でない

M　私はIさんより先に来た…遅刻でない

K　私は14時10分に着いた…遅刻

N…遅刻

L　私が来たとき、来ていない人が1人だけいた…後ろから2番目なので、LはKとNの間で遅刻

J　Nさんより早く来たが、Iさんより遅かった…IとNの間なので、遅刻かどうかは不明

従って、**遅刻はKLNの3人**、または**JKLNの4人**。

9 ❶【D】

Ⅰ　W社の売上はZ社より多い…W＞Z

Ⅱ　4社の中で売上が最も少ないのはY社ではない…Yは1～3位のどれか。

以上からは、A、B、Cが正しいことは導けない。

❷【AB】

ⅠとA(Z＞X)より、W＞Z＞X。

ⅠとB(Y＞W)より、Y＞W＞Z。

Cより、W＞X。

AとBの情報で、**Y＞W＞Z＞X**が確定する。

10 ❶【A】

A　最も早く走り始めて、かかった時間が最も短いPは必ず1位なので、正しい

BとCは、必ず正しいとはいえない。

❷【BC】

A　PはSよりも先にゴールした…Pは必ず1位なので、P以外の3人の着順は不明

B　Rは2番目にゴールした…PR③④が確定

C　Sは走り始めより1つ順位を上げてゴールした…P②S④が確定

従って、BとCがわかれば**PRSQ**に確定する。

11 ❶【CD】

Ⅰ　PはQの1.2倍性能がよい…P←1.2―Q

Ⅱ　RはSの1.5倍性能がよい…R←1.5―S

Ⅲ　RはPより性能がよい…R P

ⅠとⅢを組み合わせると、RPQ。QとS、PとSのどちらが性能がよいかはわからない。従って、**Qは3番目か4番目**。

❷【C】

ⅠとⅢを組み合わせると、R P←1.2―Q

ここに、R←1.5―Sと、

Ⅳ　SはQの1.4倍性能がよい…S←1.4―Q

が加わる。QよりPは1.2倍、Sは1.4倍なので、

R　　　　P←**1.2**―Q

R←1.5――S←**1.4**――Q

RSPQの順に確定する。Pは3番目。

12 ❶【C】

Ⅰ　PはQよりも上の学年…PQかP②Q

Ⅱ　RはSよりも上の学年…RSかR②S

Ⅲ　PとRは同じ学年ではない…PR①かRP①

Pが③年、Rが③年で分けて整理する。

③年	②年	①年
P	QR	S
P	R	QS
R	PS	Q
R	P	QS

表の4パターンなので、間違っているものはC。

❷【B】

「B Qは2年生である」が加われば、4パターンのうちの③**年P** ②**年QR** ①**年S**に確定できる。

13 ❶【BDE】

Ⅰ 同着なし。

Ⅱ Pは Rの1つ上…「**P R**」は連続する順位のワンセット。

Ⅲ QはUより3つ上…「**Q○○U**」が確定し、**Qは1～3位**、Uは4～6位。

Ⅳ Sは3位以内。

Qの順位で場合分けして考える。

Q1位…**Q○○U○○**。Sが2位か3位に入るので、「**P R**」は5、6位。 → **Q23UPR**

Q2位…○**Q○○U**○。「**P R**」は3、4位なので、Sが1位。 → **SQPRUT**

Q3位…○○**Q○○U**。Sが1位か2位に入るので、「**P R**」は4、5位。 → **12QPRU**

2位になる可能性のある者は、**QST**。

❷【ABCF】

①の解説の通り、Tの順位は**1、2、3、6位**のいずれか。

14 ❶【D】

早く来た1人	13時	遅れて来た2人
R	P	QS
Q	P	RS
Q	P	SR

ア Qは1番目に来た…どちらともいえない

イ Pは2番目に来た…正しい

❷【C】

A、Bだけでは確定できない。

C Sが来たときRはまだ来ていなかった…

❶の表の**Q P S R**の順に確定できる

15 ❶【ABC】

条件より、**L→O**、**M→N**、**Pは③位**に確定。

A 例えば、MN③LOなら正しいが、LO③MNなら誤り。

B 例えば、LO③MNなら正しいが、MN③LOなら誤り。

C 例えば、ML③NOなら正しいが、ML③ONなら誤り。

従って、A、B、Cのいずれも、必ずしも誤りとはいえない。

❷【B】

B Nが②なら、Mは必ず①。Pは③。L→Oなので、Lは④、Oは⑤に確定する。

従って、Bがわかれば**MNPLO**に確定する。AやCがわかっても、順位は確定しない。

16 ❶【D】

Ⅰ Pは1種目だけ1位だった

Ⅱ Rは2種目終了時点でP、Q、Sより点数が高いので、「1位と1位」か「1位と2位」に確定

ア 3種目のうち、Pは1種目だけ1位、Rは1種目か2種目で1位なので、Sが1種目だけ1位かはどちらともいえない

イ Rは2種目終了時点で3点か4点なので、3種目めで0点でも最低3点。3種目の全得点は、**(2＋1)×3＝9点で4人の平均は2.25点**。Rの3点の方が高いので最低点ではない…正しい

❷【D】

Qが3種目とも2位なので、順位は次の通り。

	1種目	2種目	3種目
1位	R	R	P
2位	Q	Q	Q

Rは2種目終了時点でQ(1＋1＝2点)より点数が高いので、2種目とも1位と1位(2＋2＝4点)、Pは3種目めの1位が確定。Rは**1位・1位・3位以下で2＋2＋0＝4点**に確定する。

17 ❶【C】

今年の順位から整理する。

Ⅰ Jは昨年から3つ順位が上がった

…Jは今年①か②(1位が①、2位が②)

非言語 推論【順序】

Ⅱ　昨年も今年もMはNより1つ上
…昨年も今年もMNでワンセット
Ⅲ　Kの今年の順位は4位
…①②③K⑤
Ⅱ、Ⅲより、今年の①②か②③にはワンセットのMNが入るので、Jは②には入れない。従ってJは①、MNは②③に確定する。残ったLは⑤に確定する。
正しい順位は、Cの**JMNKL**。

❷【C】

❶より、今年1位のJは、昨年は3つ下がって4位のはず。また、昨年もMNがワンセット。
昨年は、①MNJ⑤　または MN③J⑤。
A　KMNJLまたはMNKJL
Lの⑤は確定するが、Kが①か③かは確定しない。
B　LMNJK または MNLJK
Lが①か③かは確定しない。
C　今年と昨年を比べる。
今年　JMNKL
昨年　①MNJ⑤…MNが同じ順位なので不適
　　　MN③J⑤…今年⑤のLは違う順位の③に確定。残ったKは⑤に確定。従って、Cだけで**MNLJK**に確定できる。

18 ❶【AD】

自由形はPQRSの順。平泳ぎと自由形で同順はない。自由形1位のPは平泳ぎでRよりも先着なので2位か3位。自由形3位のRは平泳ぎでPより下位なので、4位に確定。Pが平泳ぎ2位の場合と3位の場合の順位を表にする。

	1位	2位	3位	4位
自由形	**P**	**Q**	**R**	**S**
平泳ぎ Pが2位	S	**P**	Q	**R**
	Q	**P**	S	**R**
平泳ぎ Pが3位	Q	S	**P**	**R**

平泳ぎの2位はPかS。

❷【A】

❶の表より、平泳ぎのあり得る順位は、
SPQR、QPSR、QSPR　の3パターン。
A　Qは平泳ぎで自由形（2位）より順位を落とした…**SPQR**に確定できる。
B、Cだけでは確定しない。

19 ❶【AE】

ア　モモ4位の市はブドウも4位。これ以外に、同じ順位の市はない。
イ　モモ5位の市はブドウは2位。
決まっていない順位は次の通り（表の空欄）。
モ①→ブ（①②④を除く）③⑤
モ②→ブ（②④を除く）①③⑤
モ③→ブ（②③④を除く）①⑤
モ③の市のブドウは、**①か**⑤。

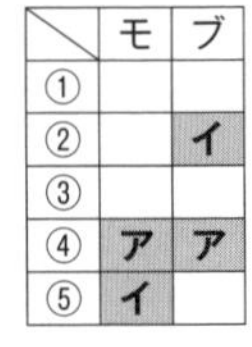

	モ	ブ
①		
②		イ
③		
④	ア	ア
⑤	イ	

❷【C】

A　モモよりブドウの順位が下位の市は2つ
…どの順位も確定しない。
B　モモ1位の市のブドウの順位は3位
…モ①→ブ③以外は確定しない。
C　モモ2位の市のブドウの順位は1位
…モ②→ブ①が確定。❶より、モ③→ブ⑤が確定。次にモ①→ブ③が確定。従って、Cだけですべて確定できる。

20 ❶【D】

Pの1回目1位→2回目3位は確定。
Q、R、Sは順位を1つずつ上げたので、2位→1位、3位→2位、（4位→3位）、5位→4位のいずれかだが、Pが2回目3位なので、（4位→3位）は不可。表にすると次の通り。

	1回目	2回目	メモ
P	1	3	確定
Q R S	2 →	1	
	3 →	2	
	5 →	4	
T	4	5	確定

Tの1回目は4位。

❷【BC】

❶で、PとTの順位が確定している。Q、R、Sのうち、2人の順位が確定すれば全員が決まる。

A　Qは2回ともTより速い→Q1回目は2位か3位、2回目は1位か2位。

B　2回目のRはQとTの平均と同じ→R2回目はQとT5位の間に入るので、2位または4位。

C　Sは2回ともPより遅い→Sは2回目に4位、1回目に順位が1つ低い5位に確定。

	1回目	2回目	メモ
P	1	3	確定
Q R S	2	1	
	3	2	BCより、Rに確定
	5	4	Cより、Sに確定
T	4	5	確定

BとCで1回目**PQRTS**、2回目**QRPST**に確定。

21 ❶【CE】

月曜日は定休日で、土日は必ずランチを販売。

月	火	水	木	金	土	日
×	□	□	□	□	○	○

火、日がBランチ、木がAランチ。

火	水	木	金	土	日
B	□	A	□	○	B

同じランチは続かないので、木がAのとき、水、金はAではない。Aは木と土。

火	水	木	金	土	日
B	□	A	□	A	B

従って、Cランチは水か金。

❷【BDF】

水がCランチ、金がBランチ。

火	水	木	金	土	日
□	C	□	B	○	○

週1回のCが水なので、土日には必ずAかBが入る。金のBの隣にはBは入らないので、土にA、日にBが入る。

火	水	木	金	土	日
□	C	□	B	A	B

従って、Aランチは土と、火か木。

22 ❶【ACE】

Ⅰ　PとQの間には1人いる
…**P○Q／Q○P**

Ⅱ　SとTの間には3人いる
…**S○○○T／T○○○S**

P、Q、R、S、T、Uの6人なので、Ⅱより、
○S○○○T／S○○○T○
○T○○○S／T○○○S○
の4通り。ここに、Ⅰを組み合わせる。

① P**S**Q○○**T**／○**S**P○Q**T**
　Q**S**P○○**T**／○**S**Q○P**T**

② **S**P○Q**T**○／**S**○○P**T**Q
　SQ○P**T**○／**S**○○Q**T**P

①②と左右が逆転したパターンもあるが、「SとPの間には何人いるか」がわかればよいので、ここまでで解答可能。SとPの間の人数は、**0人、2人、4人**。

❷【DE】

Uが右端に来ることができる並び方は、❶で右端が○になっているパターン。

S○○○TU　または、
T○○○SU

従って、左端にいる可能性があるのは、**SとT**。

23 ❶【ACE】

丸数字は順位を表す。Ⅰより、1日目の上位3店①②③＝2日目の上位3店①②③。1日目の下位2店④⑤＝2日目の下位2店④⑤。

Ⅲより、Sは2日目は④なので、1日目④か⑤。
2日目…①②③S⑤

Ⅱ　Pが2日目に1つ順位を落とし、かつ、

Ⅳ　Pが2日ともTより上の順位であるためには、1日目は①か②、2日目は②か③になる。

PとSの順位を中心にまとめると、以下の通り。

・Pが1日目①のとき、

1日目…P②③S⑤／P②③④S
2日目…①P③S⑤

▲Rは2日とも同じ順位なので、**③か**⑤。

・Pが1日目②のとき

1日目…①P③ST／①P③TS

2日目…①②PST

▲Rは2日とも同じ順位なので、①。

❷【BC】

・❶より、Pが1日目①のとき、

2日目…①P③S⑤

この時、Rは③か⑤で、TはPより下の順位。これをあてはめると、次の2パターン。

2日目…①P**R**S**T**

2日目…①P**T**S**R**

従って、2日目①は、残った**Q**。

・❶より、Pが1日目②の時、2日目の①は**R**。従って、2日目の①は**QかR**。

❸【B】

❶❷の解説より、

B　Tは1日目にRの1つ下の順位であったがわかれば、

1日目…PQRTS

2日目…QPRST

に確定できる。A、Cでは、確定できない。

24 ❶【AE】

Ⅰ～Ⅳの条件に従って、1番目のPから順に考えていくと、荷物を入れた順序は次の2通り。×が入れなかったボックスで、**QかU**。

P	Q	R	S	T	U
1	3	2	4	5	×
1	×	2	3	5	4

❷【CE】

5番目のQから順に考えていくと、順序は次の3通り。1番目に入れたのは、**SかU**。

P	Q	R	S	T	U
4	5	3	2	×	1
×	5	4	2	3	1
×	5	4	1	3	2

❸【A】

5番目のUから順に考えていくと、順序は次の2通り。入れなかったボックスは**Pのみ**。

P	Q	R	S	T	U
×	1	3	2	4	5
×	2	3	1	4	5

25 ❶【D】

4人の年齢について、次の上下関係がある。

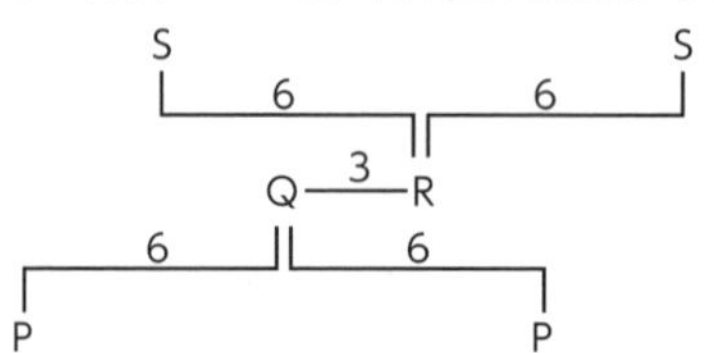

同じ年の者はいない。また、PとQ、RとS、QとRという3つの組み合わせのうち、それぞれどちらが年上かで2通りずつあるので、掛け合わせて、**2×2×2＝8通り**。

❷【AC】

上図で、左から④つ、右から❹つの順番がある。

①PSQR　②PQRS　③SQRP　④QRPS

❶SPRQ　❷SRQP　❸PRQS　❹RQSP

A　SはRより若い…①③❶❷

B　PとRは3歳差である…③④❶❸

C　PとSは9歳差である…③❸

A＋CでSがRより若い③の**SQRP**に確定する。

26 ❶【H】

条件を整理する。以下、左から重い順。

Ⅰ　　V―**21**―最軽量

Ⅱ-1　X―4―Y または Y―4―X

Ⅱ-2　X―4―Z または Z―4―X

Ⅲ　　V―**12**―W

Ⅳ　　W―**9**―Y または Y―9―W

Ⅲの**12**とⅣの**9**の和がⅠの**21**になるので、

V―12―W―9―Y

で、Yが最軽量に確定(V―3―Y―9―Wのパターンは、①を満たさないので検討不要)。

Ⅱで、最軽量のYがXと4kg差なので、

V―12―W―5―X―4―Y

に確定。ⅢよりXとZは4kg差で、XがZより軽いか重いかで、次の2通りが考えられる。

①**V—12—W—1—Z—4—X—4—Y**

②**V—12—W—5—X—4—Y・Z（同体重）**

以上をもとに推論を始める。

ア　①②より、Xは4番目か3番目なので誤り。

イ　①②より、どちらともいえない。

❷【A】

WとZが1kg差なので、順番は上の①に決まる。

カ　VとXは17kg差なので、正しい。

キ　VとZは13kg差なので、正しい。

27 ❶【C】

Rが第1レーンなので、隣の第2レーンが①位。Qは(①位でない)第1レーンの次の次の順位なので、R②位でQは第3レーンで④位。第4レーンの**Sは③位**。第2レーンがPで①位。

❷【BD】

Qが③位なので、Ⅰより、第1レーンが①位。

Ⅱより、Rの隣が①位なので、Rは第2レーン。

Ⅲより、Sは第4レーン。第3レーンは③位のQ。

残る第1レーンがPで①位。**Rは②位か④位**。

ポイント レーンに記号と順位をメモしながら解いていく。

28 ❶【EG】

いちばん背の高いPが170cm。

Ⅰ　PはQと2cm差、Sと1cm差

　Qは170－2＝168cm

Ⅱ　Q(168cm)はRと4cm差、Tと1cm差

従って、Tは、**167cmか169cm**。

❷【BG】

条件にある2cm差、1cm差、4cm差を足すと（172－165＝)7cmとなる。

Ⅰ　Pは、Qと2cm差、Sと1cm差

　S—1—P—2—Q（3cm差）

Ⅱ　Qは、Rと4cm差、Tと1cm差

　Q—4—R（4cm差。Tは無視できる）

組み合わせると、次の順番になる。

S—1—P—2—Q—4—R（計7cm差）

Sがいちばん背が高い172cmなら、Pは**171cm**。

Sがいちばん背が低い165cmなら、Pは**166cm**。

29 ❶【ABCE】

当たりを○(丸数字)、はずれを×とする。

Ⅰ　はずれは連続しなかった→××はない

　※当たりは連続することもあり得る。

Ⅱ　最初にはずれを引いたのはP→××はないので、P○、または○P○でワンセット

Ⅲ　Qははずれ、その次にT→QT[Tは○]でワンセット。また、Ⅱより、QはPより後ろ。

以上より、次の3パターンが考えられる。

⑴　P②③QT[○]　←Rは②か③

⑵　P②QT5[○か×]　←Rは②か5[○]

⑶　①P③QT[○]　←Rは①か③

❷【AC】

上の⑴⑵⑶で考える。本問では、Rの当たりはずれは不明であることに注意する。

A　当たりが2人だけ → ⑴と⑶は当たりが3人なので、⑵でP②QT5[×]に確定。

B　Pは最初に引いた → ⑴か⑵に確定。

C　Sは当たりを引いた → Sは○に確定。

AとCを組み合わせれば、PSQTRに確定する。

30 ❶【ABEF】

Ⅱより、Pの4日後にRなので、**P●●●R**。

Pの翌日にQなので、**PQ●●R**に確定する。

PQ●●Rの前(後でもよい)に●●をつけて、一週間を●●PQ●●Rと表す。4つの●のどれかが**S**の**㊍曜日**になるように、曜日をあてはめる。

●●ＰＱ●●Ｒ（左端の●●は右端でも同じ）

㊍金**土**

水㊍**金**

　　火水㊍

　　月火水㊍

従って、Pの曜日は、**土、金、火、月**。

別解▶次のような表にしても解ける。

月	火	水	木	金	土	日
P	Q	○	S	R	○	○
○	**P**	Q	S	○	R	○
○	R	○	S	**P**	Q	○
○	○	R	S	○	**P**	Q

❷【BCEG】

Pの4日後にRで、Pの2日後にQなので、**P●Q●R**が確定する。P●Q●Rの前(後でもよい)に●●をつけて、一週間を●●P●Q●Rと表す。4つの●のどれかが**Sの㊍曜日**になるように、曜日をあてはめる。

●●P●Q●**R**(左端の●●は右端でも同じ)

㊍金土日月火**水**

㊍金土日月**火**

㊍金土**日**

㊍**金**

従って、Rの曜日は、**水、火、日、金**。

別解▶次のような表にしても解ける。

月	火	水	木	金	土	日
P	○	Q	S	**R**	○	○
○	○	P	S	Q	○	**R**
○	**R**	○	S	P	○	Q
Q	○	**R**	S	○	P	○

02 推論【整数】

◀本文40ページ

1【BC】

16枚を4人に配ったので、平均は16÷4＝4枚。最多のPと最少のSは4枚にはならない。

Q4枚(P>4>R>S)の場合

…P9枚・Q4枚・R2枚・S1枚などで成り立つ。

R4枚(P>Q>4>S)の場合

…P6枚・Q5枚・R4枚・S1枚で成り立つ。

従って、4枚になる可能性があるのは、**QとR**。

ポイント Q4枚＞R2枚＞S1枚、R4枚＞S1枚というように、4枚より少ない人の最少枚数から決めていくとよい。

2【G】

全部で15杯で、

Ⅰ　コーヒーの数はジュースの数の2倍

Ⅱ　最多と最少の差は7杯

最少の数で場合分けして考える。

最少が1杯なら最多は1＋7＝8杯。残りは15－1－8＝6杯 …どの2つを取っても一方が他方の2倍にはならないので**不適**。

最少が2杯なら最多は2＋7＝9杯。残りは15－2－9＝4杯 …**コーヒー4杯、ジュース2杯、紅茶9杯**で条件を満たす。

最少が3杯(以上)なら最多は3＋7＝10杯(以上)。残りが15－3－10＝2杯(以下)になってしまい、3杯が最少にならないので**不適**。

以上より、紅茶の注文は**9杯**。

3【AC】

231人のうち2回目が60人なので、1回目と3回目の合計は、231－60＝171人。1回あたりの来場は100人以下なので、

1回目と3回目の差が最大…(100人、71人)

1回目と3回目の差が最小…(86人、85人)

A　1回目は2回目より観客が多い

…1回目は少なくとも71人なので正しい

B　3回目は2回目より観客が少ない

…3回目は少なくとも71人なので誤り

C　1回目と3回目の観客数の差は最大29人

…100－71＝29人で正しい

4【BC】

①PとQは合わせて4冊なので、次のいずれか。

P2＋Q2　または　**P3＋Q1**

P1＋Q3 ←②よりQ3は不適

②QとRは合わせて3冊なので、次のいずれか。

Q2＋R1　または　**Q1＋R2**
①と②より、
P2＋Q2＋R1＝5冊
P3＋Q1＋R2＝6冊
4人で8冊なので、残ったSは8－5＝3冊、または8－6＝2冊に確定できる。従って、1冊だった可能性があるのは、**QとR**。
別解▶条件通りに表にあてはめる。

P	Q	R	S	計
1	3	**不適**		
2	2	**1**	3	8
3	**1**	2	2	8

合計4　合計3

5【E】

113人から男子生徒と女子生徒の差9人を引いて2で割ると、少ない方の数がわかる。
少ない方… **(113－9)÷2＝52人**
多い方… **52＋9＝61人**
女子生徒が61人だと、Q高校より2人少ないP高校の女子生徒が、
(61－2)÷2＝29.5人
となって割り切れないため不可。**女子52人、男子61人**に確定できる。
【参考】P高校女子をa人とすれば、Q高校女子は(a＋2)人。女子の合計人数は、
a＋(a＋2)＝2a＋2＝2(a＋1)人で偶数。
ポイント 合計から両者の差を引いて2で割ると少ない方が求められる。例えば男子7人と女子3人なら合計10人。差は7－3＝4人。女子は(10－4)÷2＝3人。
合計に両者の差を足して2で割ると多い方が求められる。男子は(10＋4)÷2＝7人。
式では、例えば、X＋Y＝10、X＝Y＋4
Y＋4＋Y＝10　→　2Y＝10－4　→
Y＝(10－4)÷2＝3

6【E】

2と3のカードが、スペード、ハート、ダイヤ、クラブの4種類で8枚。
ア　マークが2種類なら、必ず2が2枚と3が2枚になる。
2×2＋3×2＝10…**正しい**
イ　2と3を4枚使って合計11にするには、2が1枚と3が3枚必要(2＋3×3＝11)。このとき、マークは3種類と4種類の場合がある
…**どちらともいえない**
ウ　12÷4＝3なので、4枚すべてが3。つまり、マークは4種類…**正しい**

7【G】

Ⅰ　Qは奇数でSより大きいので、最小の1ではなく3か5。
Ⅱ　Tは偶数でRより1つ小さいので、最大の6ではなく2か4。Rは1つ大きい3か5。
Ⅲ　Pは最も小さいので1。
Ⅳ　「3か5のQ」が「3か5のR」より大きいので、Qは5、Rは3。Rより1つ小さいTは2に確定する。残った数は4と6。
SはQ(5)より小さいので4。残ったUは6。従って、**全員の数が確定する**。

8【C】

投票が多い順に、P＞Q＞R＞S(10票以上)が100票で成り立てば誤りではない。
A　P50票、S16票…4位のSが16票なら、3位のRは最小17票、2位のQは最小18票。
合計…P50＋Q18＋R17＋S16＝101票
合計が100票にならないので、**誤り**。
B　Q39票、R12票…2位のQが39票なら1位のPは最小でも40票。またRは12票。
S…100－(P40＋Q39＋R12)＝9票
Sが10票以上にならないので、**誤り**。
C　R29票、S10票…3位のRが29票なら、2位のQは最小30票、1位のPは最小31票。
S…100－(P31＋Q30＋R29)＝10票
Sが10票で**成り立つ**。

9 **❶【CH】**

下2桁が**40**なので、**120円2本**で240円（150円4本で600円）。または**120円7本**で840円（150円0本）のどちらか。

❷【CG】

下2桁が**60**なので、120円3本で360円（**150円6本**で900円）。または120円8本で960円（**150円2本**で300円）のどちらか。

10 **❶【EFG】**

PはQより高いので、PとQは違う点数。3人のうち同じ点数の2人は、PとRかQとR。

①PとR（8点）が同じ点数なら、Pは**8点**。

②QとR（8点）が同じ点数なら、Qは8点。Qより高いPは**9点か10点**。

❷【AB】

①PとR（5点）が同じ点数なら、Pは5点。Pより低いQは**4点**。

②QとR（5点）が同じ点数なら、Qは**5点**。

11 **❶【I】**

Ⅰ　Pのカードの3つの数字の和は22…平均は**22÷3＝7.333...**なので、3枚ともかなり上の数字だと推測できる。9を除くと最大でも**8＋7＋6＝合計21**となり、Pの合計22に届かないので、**9はPに確実に配られた**ことになる。

3つの数字の和が22の組み合わせは次の通り。

9＋8＋5＝22

9＋7＋6＝22

従って、Pに確実に配られた数字は9のみ。

❷【J】

Pの数字を除いてから、和が15のQを考える。Pが9＋8＋5のとき、残りは123467。この中の3つで和が15になる組み合わせは、

7＋6＋2＝15

Pが9＋7＋6のとき、残りは123458。この中の3つで和が15になる組み合わせは、

8＋5＋2＝15

8＋4＋3＝15

3つの式の左辺に共通する数字がないので、**Qに確実に配られたといえる数字はない。**

12 **❶【AE】**

JとKの回数の差は2回なので、**J○K（またはK○J）**。LはMより1回少ないので、**ML**。回数は15、14、13、12、11、10の6つがあるが、NはJ、K、L、Mの4人のうち誰かと同じ回数なので、**最多の15と最少の10は必ずJ、K、L、Mいずれかの回数**になる。このときのパターンは、

J 15	**14**	**K 13**	**12**	**M 11**	**L 10**
K 15	**14**	**J 13**	**12**	**M 11**	**L 10**
M 15	**L 14**	**13**	**J 12**	**11**	**K 10**
M 15	**L 14**	**13**	**K 12**	**11**	**J 10**

の4通り。**Lがふった回数は10回か14回。**

❷【BD】

上記の4通りで、NはJより少なくて、誰かと同じ回数なので、**13、11**のいずれか。

13 **❶【BD】**

左から順に①②③④⑤とする。①と③の差が2で、差が2の組み合わせは（3と5）だけなので、**①と③は（3と5）**の組み合わせに確定。①と⑤の和が8なので、①と⑤は（3と5）か（4と4）だが、①が3か5なので、**①と⑤は（3と5）**に確定。ここで3はハート1枚だけなので、だぶっている**①が3に確定**。**③は5**、**⑤は5**に確定して、**3②5④5**。スペードの4は、**②か④**。

❷【BD】

②と④の平均4になる組み合わせは（4と4）か（3と5）だが、①がスペードの4なので、②と④が（4と4）はあり得ない。**②と④は（3と5）**に確定。従って、ハートの3は**②か④**。

14 **❶【B】**

3年生9人のうち、3年生男子は5人なので、3年生女子は、**9－5＝4人**。

女子18人のうち、3年生女子は4人なので、1年生女子と2年生女子の合計は、**18－4＝14人**。2年生は16人いるので、**2年生女子は最も多くて14人**。

❷【C】

2年生16人のうち、2年生女子は15人なので、2年生男子は1人。男子は17人で2年生男子が1人なので、1年生男子と3年生男子の合計は、**17－1＝16人**。3年生男子が最も少ない人数になるのは、1年生10人全員が男子のときなので、**16－10＝6人**。

ポイント 男女別、学年別で整理する。

15 ❶【B】

男女別、点数別に順を追って計算する。

Ⅲ　200人のうち80点以上が70人なので、

80点未満…200－70＝130人

Ⅱ　80点未満130人のうち、80点未満の女性が76人いるので、

80点未満の男性…130－76＝54人

❷【C】

男性の点数別に整理する。

Ⅰ　50点以上の男性は108人なので、80点以上の男性が60人以下ならば、

50点以上80点未満の男性

…**(108－60)＝48人以上**

❶より、80点未満の男性は54人。50点以上80点未満の男性が48人以上なので、

50点未満の男性…**54－48＝6人以下**

ポイント 男女別、点数別で整理する。

16 ❶【D】

2分の1にしても整数になるので、QとSは偶数。またQとSの2倍の数も偶数。

和が15の4つの異なる整数で、上記を満たす組み合わせは**(1・2・4・8)**だけ。**(QとS)は(2と4)**、**(PとR)は(1と8)**の組み合わせに確定できる。よって、アとイは必ずしも誤りとはいえないが、ウは誤り。

【参考】最小の整数をXとおいて式を作ると、

X＋2X＋4X＋8X＝15

これを解くと、X＝1。組み合わせは(1・2・4・8)。

❷【C】

❶より、(QとS)は(2と4)、(PとR)は(1と8)の組み合わせ。

カ　PはSよりも小さい…Pは1。

キ　QはSの2倍…Qは4、Sは2。

ク　RはQの2倍…Rは8、Qは4。Pは1、Sは2。**クだけですべて確定できる。**

ポイント 2分の1にして整数になる数は偶数。

17 ❶【AB】

Ⅱより、Qは1、3、5のいずれか。Sより大きいので1ではない。Qは3または5。Sは1～4。

Ⅲより、Tは2、4、6のいずれか。Rより1つ小さいので6ではない。Tは2または4。このときRは3または5。Sは1～4。以上より、次のいずれかであることがわかる。

①Qが3…Rは5、Tは4。P、S、Uは1、2、6（順不同。SはQの3より小さい1か2）。

②Qが5…Rは3、Tは2。P、S、Uは1、4、6（順不同。SはQの5より小さい1か4）。

A…Pは1となりうるので誤りとはいえない。

B…Sは4となりうるので誤りとはいえない。

C…Uは3となりえないので誤り。

❷【C】

前問の①と②から考える。

A…P＝6が決まり、①②のどちらであるかは確定しない。未確定はQ、R、S、T、U。

B…①であることがわかる。未確定はP、S、U。

C…①であることがわかり、さらにU＝2と決まる。未確定はPとSだが、SはQの3より小さい1か2なので、Sが1、Pが6。P＝6、Q＝3、R＝5、S＝1、T＝4、U＝2が決定する。

18 **❶【EFG】**

1、2、3、4、5、6、7の和は28。

○○○　○　○○○
　12　　　　10

左3つの和が12、右3つの和が10なので、真ん中○は、**28－(12＋10)＝6**とわかる。
左端が④なので、

④○○　⑥　○○○
　12　　　　10

左から2番目と3番目の和は、**12－4＝8**。
1～7の数で合計が8になる組み合わせは、(1と7) (2と6) (3と5)。しかし6は真ん中なので、左から2番目と3番目は**(1と7)か(3と5)**。
従って、2の場所としてあり得るのは、左から**5番目、6番目、7番目**。

❷【BCEFG】

真ん中が⑥で、条件に合う組み合わせを考える。
左端①　→　右端②

①○○　⑥　○○②
　12　　　　10

①○○は①④⑦。○○②は③⑤②で適。
▲2の場所は**7番目**。
左端②　→　右端③

②○○　⑥　○○③
　12　　　　10

②○○は②③⑦か②④⑥だが、③(右端)、⑥(真ん中)とだぶるので不適。
左端③　→　右端④

③○○　⑥　○○④
　12　　　　10

③○○は③②⑦。○○④は①⑤④で適。
▲2の場所は、**2番目か3番目**。
左端④　→　右端⑤

④○○　⑥　○○⑤
　12　　　　10

④○○は④①⑦。○○⑤は②③⑤で適。
▲2の場所は、**5番目か6番目**。

19 **❶【CDEF】**

Ⅰ　単身世帯はないので、どの世帯も2人以上。
Ⅱ　1階あたり2世帯が入居しているので、1階あたり4人以上。
Ⅲ、Ⅳ　QとRは1階。Q、R、Tは3人世帯。
3人世帯のQとRが入る1階は計6人なので、
2階＋3階(P＋S＋T＋U)の人数は、
17－6＝11人
(P＋S＋T3＋U)が各最低2人で11人になる組み合わせは、**(2＋2＋3＋4)**か**(2＋3＋3＋3)**。従って、2階2世帯の組み合わせは、**(2・2) (2・3) (2・4) (3・3) (3・4)**のどれかで、あり得る合計人数は**4、5、6、7人**。

❷【ABC】

❶より、(P＋S＋T3＋U)は、**(2＋2＋3＋4) (2＋3＋3＋3)**のどちらか。従って、Pのあり得る人数は、**2、3、4人**。

20 **❶【ABEF】**

B＝0なので、Bより3点高いAは3点。
C＋D＝－1を満たす組み合わせは、
(C・D)＝(－3・2) (－2・1) (－1・0)
同じ得点の人はいないので、Bとだぶる0の入った**(－1・0)**の組み合わせを除くと、
(－3・2) (－2・1)。
従って、Dの取り得る得点は、**－3、－2、1、2**。

❷【BDE】

AはBより3点高い、CとDの得点を足すと－1、CがBより1点高い。Aが0～3の範囲で、条件を満たすように表にする。

A	B	C	D
0	－3	－2	1
1	－2	－1	0
2	－1	0	－1
3	0	1	－2

Aが2のときは、－1が2人いるので不適。
よって、Dの取り得る得点は、**1、0、－2**。
ポイント すべての場合を考えるときは表にすると、見落としがない。

21 ❶【ABE】

Ⅰ　1両あたり、4人から6人が乗車なので、5両では、**4×5＝20人**から**6×5＝30人**。

Ⅱ　2両目＜3両目なので、2両目が4人なら3両目は5人か6人。2両目が5人なら3両目は6人。5両では**21人〜29人**になる。

Ⅲ　1両目＝5両目

最小21人のとき、1〜5両目は、順に、

4・4・5・4・4

この21人から「1人だけ」増えて22人で乗るときの組み合わせを考える。

・1両目が1人増えると5両目も1人増えるので、不適。

・2両目が1人増えると3両目も1人以上増えるので、不適。

・3両目が1人増える…**4・4・6・4・4**

・4両目が1人増える…**4・4・5・5・4**

・5両目が1人増えると1両目も1人増えるので、不適。

従って、**1、2、5両目は4人に確定**できる。

別解▶条件通りに表にあてはめる。

1両目＝5両目、2両目＜3両目、合計22人

1両目	2両目	3両目	4両目	5両目	合計
4	**4**	**5**	**5**	**4**	**22**
4	**4**	**6**	**4**	**4**	**22**
4	5	6	4	4	23×
5	4	5	4	5	23×

❷【ACE】

最多29人のとき、1〜5両目は、順に、

6・5・6・6・6

この29人から「1人だけ」減って28人で乗る組み合わせを考える。

・1両目が1人減ると5両目も1人減るので、不適。

・2両目が1人減る…**6・4・6・6・6**

・3両目が1人減ると2両目も1人以上減るので、不適。

・4両目が1人減る…**6・5・6・5・6**

・5両目が1人減ると1両目も1人減るので、不適。

従って、**1、3、5両目は6人に確定**できる。

別解▶条件通りに表にあてはめる。

1両目＝5両目、2両目＜3両目、合計28人

1両目	2両目	3両目	4両目	5両目	合計
6	**4**	**6**	**6**	**6**	**28**
6	**5**	**6**	**5**	**6**	**28**
6	4	5	6	6	27×
5	5	6	6	5	27×

22 ❶【CE】

Ⅰ　Sの人数は他の3世帯よりも少ない

Ⅱ　Pの人数は4人で、他の3世帯よりも多い

従って、

P(4人)＞QR＞S(1人か2人)

Ⅲ　4世帯を合わせたとき、男女は同数なので、4世帯の合計人数は必ず偶数になる。

①Sが1人の場合

P・Q・R・S…合計人数

4・3・3・1…11人：×奇数

4・3・2・1…10人：○偶数

4・2・3・1…10人：○偶数

4・2・2・1…　9人：×奇数

②Sが2人の場合

P・Q・R・S…合計人数

4・3・3・2…12人：○偶数

従って、合計人数は**10人か12人**。

❷【ABCD】

❶より、合計人数は次の通り。

P・Q・R・S…合計(半分が女性)

4・**3**・2・1…10人(女性5人)

▲女性5人中Q**3**人で残り2人

4・**2**・3・1…10人(女性5人)

▲女性5人中Q**2**人で残り3人

4・**3**・3・2…12人(女性6人)

▲女性6人中Q**3**人で残り3人

従って、Pの女性の数は**0〜3人**。

03 推論【内訳】

本文52ページ

1【BC】

左から重い順にメモする。そのとき、式の形にすると推測しやすい。

Ⅰ **青＝赤＋白**

Ⅱ **白＞黒←赤は不明**

A 赤と黒の和は白より重い…赤の重さが不明なので、どちらとも言えない。

B 赤と黒の和は青より軽い…青＝赤＋白、白＞黒なので、青＞赤＋黒となり正しい。

C 赤と白と黒の和は青より重い…青＝赤＋白なので、青＜赤＋白＋黒は正しい。

2【AB】

A 全体40人のうち、国語と数学が得意な人の合計が**29＋18＝47人**。**47－40＝7人**で国語と数学が得意な人は少なくとも7人いることになる。従って、必ず正しい。

B 全体40人のうち、芸術と国語が得意な人の合計が**30＋29＝59人**。**59－40＝19人**。ここに体育が得意な人を加えると、**19＋22＝41人**。全体40人との差は、**41－40＝1人**で、芸術と国語と体育が得意な人は少なくとも1人いることになる。従って、必ず正しい。

C 全体40人のうち、芸術と体育が得意な人の合計が**30＋22＝52人**。**52－40＝12人**。ここに数学が得意な人を加えると、**12＋18＝30人**。全体40人との差は、**30－40＝－10人**で、芸術と国語と体育が得意な人は少なくとも**－10人**。0人以下なので、芸術と体育と数学の3教科が得意な人は0人の場合があるということ。少なくとも1人いるという推論は正しいとはいえない。

3【BC】

文化部…将棋部、演劇部

運動部…サッカー部、卓球部、陸上部

球技部…サッカー部、卓球部

男子2人が運動部なので、運動部は男子2人と女子1人。Rの球技部はサッカーか卓球だが、卓球は女子のSなので、**Rは男子**でサッカー部。残る運動部は**陸上部で男子のT**に確定する。文化部の男女**PQは性別も部も確定できない**。

男	男	男	女	女
運動部	運動部	文化部	運動部	文化部
R	T	PQ	S	PQ
サッカー	陸上		卓球	

4 ❶【BCD】

❺回目の対外試合が行われるのが、最も早い場合と、最も遅い場合を考える。試合は1月あたり1～3回で、5月だけ2回。

最も早い場合…4月①②③、5月④❺

最も遅い場合…4月①、5月②③、6月④、7月❺

従って、❺回目の試合があると考えられるのは**5、6、7月**。ちなみに、4月①②、5月③④、6月❺などで、6月に❺回目が来る。

❷【E】

9月に何回行われるかから考える。

⓬回目の対外試合が行われるのが、

最も早い場合…9月1回(⑮)なら、5月の2回を除くと4、6、7、8月の4か月で3回ずつ12回分となり、下表の通り⓬回目は**必ず8月**になる。

4月	5月	6月	7月	8月	9月
①②③	④⑤	⑥⑦⑧	⑨⑩⑪	⓬⑬⑭	⑮

最も遅い場合…9月3回(⑬⑭⑮)なら、その直前の⓬回目は必ず8月になる。下表は一例。

4月	5月	6月	7月	8月	9月
①	②③	④⑤⑥	⑦⑧⑨	⑩⑪⓬	⑬⑭⑮

従って、⓬回目の対外試合があると考えられるのは**8月のみ**。

5 ❶【ADEH】

Sが10～14日なので、残りの1～9日だけで考える。Pは、123456789の最初12と最後**89**。Qが123ならPは**45**。Rが1234ならPが**56**。従って、**Pの初日は、1、4、5、8日**。

別解▶PQRの組み合わせは、3×2＝6通り。

P2 Q3 R4 (P2 R4 Q3) →Pの初日は1日

Q3 P2 R4 →Pの初日は4日

R4 P2 Q3 →Pの初日は5日

Q3 R4 P2 (R4 Q3 P2) →Pの初日は8日

❷【ACD】

3日間連続のQが10日に使うので、

①**8、9、10（11、12、13、14日はR）**または

②**10、11、12（13、14日はP）**

①のとき、前半7日間は、P2日間とS5日間。

7日に使用するのは、PかSのどちらか。

②のとき、前半9日間は、R4日間とS5日間。

7日に使用するのは、RかSのどちらか。従って、**7日に使用する可能性がある団体は、P、R、S**。

6 ❶【ABC】

P≠Q、Q≠R、P≠Rなので、P、Q、Rの3人は必ず違う色を買ったことになる。

従って、**1枚だけの青いハンカチを買った可能性があるのは、P、Q、R**。

ポイント 3人で2つの色では、例えば、

P白≠Q赤

Q赤≠**R白**

P白≠**R赤**

となり、Rが白と赤になって、成り立たない。

❷【ACE】

条件より、P≠Q、R≠Q。Q＝赤、T＝白か青。

Q＝赤なので、残った色は、白白赤青。

P＝Q(赤)以外→白または青

R＝Q(赤)以外→白または青

T＝赤以外→白または青

従って、Sが赤に確定する。**1枚だけの青いハンカチを買った可能性があるのは、P、R、T**。

7 ❶【ABCD】

○経験あり。×経験なし。△どちらでも可。

①Q乗馬経験あり

	乗馬(2人)	ゴルフ
P	○	△
Q	○	×
R	×	×
S	×	△

②Q乗馬経験なしでRどちらも経験なし

	乗馬(2人)	ゴルフ
P	○	△
Q	×	○
R	×	×
S	○	△

③Q乗馬経験なしでRどちらも経験あり

	乗馬(2人)	ゴルフ
P	○	△
Q	×	○
R	○	○
S	×	△

条件より、上の3パターンが考えられ、**全員にゴルフ経験がある可能性がある**。

❷【C】

「Ⅴ　ゴルフ経験があるのは1人だけ」という条件が加わると、❶の③は不適。ゴルフの経験者1人は、①ならPかS、②ならQで適。

従って、**確実に乗馬経験がないのはR**。

8 ❶【C】

P、Q、Rは合計で12個…P＋Q＋R＝12

Ⅰ　3種類とも1個は売れた…0個はない

Ⅱ　RはQより多く売れた…R＞Q

A、B、CのPの数(5個・7個・8個)をあてはめて例外を探す。

A　Pが5個ならば、Qは3個

5＋Q＋R＝12→Q＋R＝7

Q＋R＝7、R＞Qなので、Q2個＜R5個などもあてはまる。Aは必ず正しいとはいえない。

B　Pが7個ならば、Qは2個

7＋Q＋R＝12→Q＋R＝5

Q＋R＝5、R＞Qなので、Q1個＜R4個などもあてはまる。Bは必ず正しいとはいえない。

C　Pが8個ならば、Qは1個

8＋Q＋R＝12→Q＋R＝4

Q＋R＝4、R＞Qなので、Q1個＜R3個だけがあてはまる。Cは必ず正しい。

❷【A】

推論の条件をあてはめて例外を探す。

A　P＝R＝5個ならば、**Q＝12－10＝2個**に確定する。P＝R＝4個(以下)では、Q＝12－8＝4個(以上)になり、Q＜Rを満たさない。Aは必ず正しい。

B　P＝Q＝2個ならば、**R＝12－4＝8個**。また、P＝Q＝1個のときも、**R＝12－2＝10個**で、Q＜Rの条件を満たす。Bは必ず正しいとはいえない。

C　Cの条件はP＞R。ⅡよりR＞Q、従って、大きい順に**P＞R＞Q**となる。しかし、Qが1個でなく2個(P＋R＝10)でも、**P7＞R3＞Q2**が成り立つので、Cは必ず正しいとはいえない。

9 ❶【AB】

5人で3か所を掃除するので内訳は3/1/1か2/2/1だが、「Ⅲ　階段を掃除したのは2人だけ」なので、3/1/1ではなく**2/2/1に確定**。Rは1人で1か所なので、2/2/1は**PQ/ST/Rに確定**。またⅢより、Rは階段ではない。従って、**Rが掃除した可能性があるのは、教室か廊下**。

❷【B】

A　Rは廊下を掃除した…教室2人、廊下R、階段2人となり、PQとSTが不明。

B　Sは教室を掃除した…**教室ST、廊下R、階段PQに確定。Bだけで全員の掃除場所が決まる。**

C　Tは階段を掃除した…教室不明、廊下不明、階段STとなり、PQとRが不明。

10 ❶【CDE】

Ⅰ　PとQは異性

Ⅱ　RとSは同性で、どちらもTとペアではない

男3人と女3人のうち、PとQが異性、RとSが同性なので、TとUは必ずR、Sと異性になる。異性を上下に分けて表すと、次の通り。

◉◉は、PまたはQを表す

═はペアを表す(◉とTがペア)

仮にTが男性とわかると、Uも男性。RとSは女性に確定できる。ただし、PとQの性別は確定できない。従って、**Tの性別がわかると、性別が確定するのは、R、S、U**。Tが女性とわかった場合も性別が確定できる者は同じ。

❷【B】

PとRがペアなので、QとTがペアになる。

Q R S

P T U

従って、残った**SとUがペア**。

11 ❶【AC】

Ⅱ　Pの借りた冊数はQの2倍…P＝2Q

15冊の内訳は、次の4通り。

	P	Q	R＞S
①	2	1	12
②	4	2	9
③	6	3	6
④	8	4	3

A　Pが最も多く借りた…Pの冊数と残りを比べると、③と④のとき、Pが最も多くなる。

B　Sは6冊借りた…R＞S＝6より、Rは7以上で、R＋Sは13以上となるが、①～④いずれも12以下なので、不適。

【参考】個別に見ると、①のとき、S＝6とすると、R＝12－6＝6となり、R＝Sとなるので不適。②のとき、S＝6とすると、R＝9－6＝3となるので不適。③と④はRの冊数が0以下になり

不適。

C　QとSは同じ冊数借りた…①と②のとき、QとSが同じ冊数になる可能性がある。

必ずしも誤りとはいえない推論はAとC。

❷【AB】

❶の①〜④で、R＞Sの組み合わせを書き出す。

	P	Q	R＞S
①	2	1	(11＞1) (10＞2) (9＞3) (8＞4) (7＞**5**)
②	4	2	(8＞1) (7＞2) (6＞3) (**5**＞4)
③	6	3	(**5**＞1) (4＞2)
④	8	4	(2＞1)

A　5冊借りた人がいる→Sが5冊は①、Rが5冊は②③。

B　QはSよりも多く借りた→Q＞Sの可能性があるのは②③④。

C　これだけでは全員の冊数が確定しない。

A(5冊の人がいる)とB(Q＞S)を同時に満たすのは、③の**P＝6、Q＝3、R＝5、S＝1**だけなので、**AとBで全員が確定できる。**

12 ❶【AD】

Zは月木土以外なので、火水金の3日に確定○。Yは1日おきの出勤なので①月水金か②火木土。月〜土まで1人も出勤しない日がないように、3日連続で出勤するXを配置する。

①Yが月水金の場合→Xは木から出勤する◎

	月	火	水	木	金	土
Z	×	○	○	×	○	×
Y	○	×	○	×	○	×
X	×	×	×	◎	◎	◎

②Yが火木土の場合→Xは月から出勤する◎

	月	火	水	木	金	土
Z	×	○	○	×	○	×
Y	×	○	×	○	×	○
X	◎	◎	◎	×	×	×

従って、**Xが出勤する日の最初の曜日としてあり得るのは、月曜日と木曜日。**

❷【BF】

Xは3日連続、Yは1日おきで、3日のうち2日はXとYが一緒に出勤する日になる。

①Yが月水金で、Xが月火水

	月	火	水	木	金	土
Y	○	×	○	×	○	×
X	○	○	○	×	×	×

▲Zは木曜日に休む(木曜日に誰も出勤しない)ため不可。

②Yが月水金で、Xが水木金

	月	火	水	木	金	土
Y	○	×	○	×	○	×
X	×	×	○	○	○	×

▲ZはXとYが休む火曜日と土曜日に出勤する。

③Yが火木土の場合、Xは火水木か木金土

	月	火	水	木	金	土
Y	×	○	×	○	×	○
X	×	○	○	○	×	×
X	×	×	×	○	○	○

▲Zは月曜日に休む(月曜日に誰も出勤しない)ため不可。

13 ❶【H】

「重さが等しい組」にある玉は同じ重さ。

Ⅰ…①②④⑤は同じ重さ

Ⅲ…③④⑥⑦は同じ重さ

従って、**⑧が他と違う重さ**に確定できる。

Ⅱより、④⑤⑧の組の方が軽いので、**⑧が他より軽い玉**だとわかる。

❷【F】

「重さが違う組」にない玉は同じ重さ。

Ⅳ…⑤⑥⑦⑧は同じ重さ

Ⅴ…①②は同じ重さ

従って、**③か④が他と違う重さ**だとわかる。

①②は違う重さの玉ではないので、Ⅳより**③か④は他より重い玉**とわかる。

Ⅴで③が含まれる方が重いので、**③が他より重い玉**だとわかる。

14 ❶【B】

A　X、Yのそれぞれに各色1個ずつ「赤白青」が入っている場合もある…正しいとはいえない。

B　青は2個しかないので、袋の中の3個のうち1個は必ず赤か白になる。例えば、「赤赤白白」のうち、Xに3個「赤赤白」が入ると、Yには「白」が必ず入る…正しい。

C　例えば、Xに「赤赤白」、Yに「白青青」が入っていて、異なる色の赤と青を入れかえるとXもYも「赤白青」になる…正しいとはいえない。

❷【B】

A　例えば、Xに「赤青青」なら、Yに青はない…正しいとはいえない。

B　「赤赤白」のように同色の2個がXに入っていれば、Yは「白青青」で白がXとY両方に必ず入る…正しい。

C　Xに白と青が入っていても、例えばX「白青青」なら、Y「赤赤白」となり、すべて異なる色にならない…正しいとはいえない。

ポイント 例外が1つでもあれば、必ず正しいとはいえない。

15 ❶【B】

Ⅰ　青、白、黄のうちの2種類が最低でも4個ずつあり、各色最低1個で、Ⅳ同じ個数の色はない(「4個・4個」はない)ので、**青、白、黄は(最低の1個・4個・5個)以上ある**ことになる。

1＋4＋5＝10個以上…赤は12個以下

Ⅱ　赤は9個以上

Ⅲ　赤が最多、青が最小

必ず正しいといえる選択肢を探すので、例外があれば不適。合計22個から条件の個数を引くと、

A　22－赤9＝13個…【青2・白5・黄6】の場合でも成り立つ…正しいとはいえない。

B　22－黄8－赤9＝5個…【青1・白4】の場合しかあり得ない…正しい。

C　22－白7－赤9＝6個…【青1・黄5】の場合でも成り立つ…正しいとはいえない。

❷【B】

A　青3個なら、白と黄は最低4個と5個。22－(3＋4＋5)＝10(赤10個)で成り立つ。青4個なら、22－(4＋5＋6)＝7(赤7個)で成り立たない。青は3個以下で正しい。

B　❶で検証した通り、赤は12個以下なので間違っている。

C　すべてが偶数個のとき、青が2個なら【2・4・6・10】計22個の場合が成り立つので正しい。青4個はAで検証した通り、成り立たない(すべて偶数個の場合には【4・6・8・10】計28個になってしまう)。

16 ❶【A】

A　Pの中の番号が4種類なら、「123**44**」のように、必ずどれかちょうど1種類の番号が2つになる。すると、Pに2つある番号「4」はQには入らないので(Pにない番号「5」はQに2つ入るので)、Qは「12355」のように必ず4種類になる…正しい。

B　同じ色の玉5個の番号は「12345」。PとQで1個を入れかえるとき、同じ番号同士を入れかえれば、番号は「12345」のまま5種類なので、必ず正しいとはいえない。

C　Pの中が「赤1赤2赤3赤4白5」なら、Qには「白1白2白3白4赤5」で5種類の数字が入っているので、必ず正しいとはいえない。

❷【C】

A　Pの中に5がないとき、Qの中には5が2個ある。このとき、「11255」＝合計14の場合があるので、必ず正しいとはいえない。

B　Pが合計11以下でも、1が2個入っていない「12233」＝合計11の場合があるので、必ず正しいとはいえない。

C　5が1個でも入ると、最小でも「11225」＝合計11で、10以下にならない。 従って、Pが合計10以下なら、Pには5が入っていない。Qに必ず5が2個入ることになる…正しい。

04 推論【位置関係】

本文62ページ

1【D】

OはPの5階上…O□□□□P（左が上）

QはRの5階上…Q□□□□R

これを組み合わせると、**OQ**5 4 3**PR**または**QO**5 4 3**RP**となる。

5 4 3のうち、SはTとUの間なので、**TSU（またはUST）**に確定。**Sは**4**階**に住んでいる。

ポイント 位置の条件を組み合わせる。

2【C】

位置関係をメモすると、次の通り。

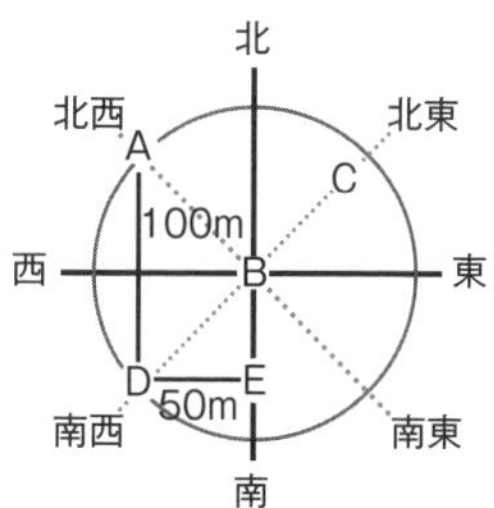

ポイント 北を上、西を左でメモ。

3【AE】

PとRの間は空席…**P×R**または**R×P**

PとSは隣同士…**P S**または**S P**

QとSは隣同士…**Q S**または**S Q**

これらを組み合わせると、**QSP×R** または **R×PSQ**。以上より、**Rの席は両端の①か⑤**。

4【ACE】

条件より、2つある赤い椅子も1つある青い椅子も緑の椅子としか隣り合わないので、配置は□緑□緑□になり、並びは下の3パターン。

青緑赤緑赤

赤緑**青**緑赤

赤緑赤緑**青**

従って、**青は左から1、3、5番目**。

5【AC】

Ⅰ　PはQの真上に住んでいる…PQは縦にワンセット

Ⅱ　Tは角部屋

Ⅲ　Rの隣はSが住んでいる…RS（またはSR）でワンセット

例えば、次のようなパターンがある。

図のSRは逆のRSもある。

①

P	S	R
Q	□	T

②

T	□	P
S	R	Q

上のパターンより、

A　Pは角部屋…必ず正しい

B　Rは角部屋…②だとRは角部屋ではない

C　Tの横は空き部屋…必ず正しい

D　Rの真上はT…Rが2階の場合やRの真上が空き部屋の場合がある

6【E】

西を左にしてメモする。

Ⅰ　酒屋は端にある…………酒□□□　または　□□□酒

Ⅱ　ケーキ屋は端ではない…□ケ□□　または　□□ケ□

Ⅲ　花屋はいちばん西ではない…□花□□　または　□□花□　または　□□□花

Ⅳ　花屋と食堂は隣同士……花食　または　食花

以上より、次の3パターンに限定できる。

酒ケ花食／酒ケ食花／食花ケ酒

A　酒屋と食堂は隣同士である…誤り

B　花屋とケーキ屋は隣同士である…どちらともいえない

C　酒屋は西の端にある…どちらともいえない

D　食堂は東の端にある…どちらともいえない

従って、**必ず正しいといえる推論はない**。

7【ACD】

学校から近い順に並べる。

Ⅰ　学校からの距離はPの方がSより近い
…P→S

Ⅱ　駅からの距離はQの方がTより遠い
…Q→T

Ⅲ　学校から駅に行く途中、Pの次にRがある
…PRでワンセット

ⅠとⅢより、PR→S。

並び順は、学校から近い順に次の6通り。

①**PR→S→Q→T**

②**PR→Q→S→T**

③**PR→Q→T→S**

④**Q→PR→S→T**

⑤**Q→PR→T→S**

⑥**Q→T→PR→S**

Qの場所は、1、3、4番目。

8【C】

4つの建物は直線上にあるので、西を左、東を右としてメモする。

ⅡとⅢより、**駅←700m→図**

Ⅲより、**駅→図→市**

以上から、**駅←700m→図→市**

またⅡより、「駅←500m→郵」だが、これには郵便局が駅の西にある場合と、東にある場合がある。

郵便局←500m→駅←700m→図書館→市役所

駅←500m→郵便局←200m→図書館→市役所

従って、**必ず正しいと言えるのはCだけ**。

9【AC】

最初に真ん中を調べるので、次に4つ隣を調べることはできない。従って、次に調べるのは1つ隣か、2つ右。これを場合分けして最後の場所▒を考える。（■は調べる場所）

●　**1つ隣**□□■□■□□ →

　①**2つ右**□□□□■□■ →

　　4つ隣▒□▒□□□□

　②**4つ隣**■□□□□□■ →

　　2つ右□□▒□□□□

●　**2つ右**□□□□□■□ →

　①**1つ隣**□□□□■□■ →

　　4つ隣▒□▒□□□□

　②**4つ隣**□■□□□□□ →

　　1つ隣▒□▒□□□□

10 ❶【C】

Ⅰ　②回目と④回目だけたたけた

Ⅱ　両端の穴から出たモグラはたたけなかった
…②と④は両端ではない

Ⅲ　①回目と②回目は、隣同士の穴をたたいた
…①②または、②①

Ⅳ　④回目は③回目にたたいた穴の2つ隣の穴をたたいた…③○④または、④○③

以上を組み合わせると、

①②④○③または、③○④②①

❷【BD】

❶の解説より、

①②④⑤③または、③⑤④②①

11 ❶【ABE】

●がサイコロが入った可能性があるカップ。

○○○●○○○→Ⅰ→○●○○○●○→Ⅱ→○●○○●○●→Ⅲ→●●○○○●○○

❷【DFG】

Ⅲ、Ⅱ、Ⅰの順に位置を考える。

●○○○○○○→Ⅲ→○○○○○○○●→Ⅱ→○○○○○●●→Ⅰ→○○○●○●●

12 ❶【AC】

4号車(喫煙車)にRが入るので、連続する5号車もRが確定する。また、2号車、3号車(喫煙車)は同じ団体○が使用する。

1	2	3 喫煙	4 喫煙	5	6	7	8
	○	○	R	R		Q	

A　7号車のQが6号車にも乗車していると、残りは「1」、「2・3」、「8」。これらには、それぞれP、S、Tが乗車していると考えれば成り立つ…必ずしも誤りとはいえない。

B　Pは5号車に乗車している…誤り。

C　Rが連続した「4・5・6」だと、残りは「1」、「2・3」、「8」。これらには、それぞれP、S、Tが乗車していると考えれば成り立つ…必ずしも誤りとはいえない。

❷【AC】

最も多い数の車両が確定するCから見ていく。

C　「Sは3つの車両に乗車している」なら、Sの入る車両は連続した「1・2・3」以外にない。

1	2	3 喫煙	4 喫煙	5	6	7	8
S	S	S	R	R		Q	

ここに、

A　「Tは8号車に乗車」が加われば、残ったPが6号車に確定できる。

1	2	3 喫煙	4 喫煙	5	6	7	8
S	S	S	R	R	P	Q	T

B　「Rは2車両」の情報は不要。

13 ❶【ACE】

・PとQの間には1人が座った…P○Q（またはQ○P）でワンセット

・SとTの間には3人が座った…S○○○T（またはT○○○S）でワンセット

以上を組み合わせる。

①**SP○QT、SQ○PT、TP○QS、TQ○PS**←左右どちらかの端と○にRとUが入る

②**PSQ○○T、QSP○○T、PTQ○○S、QTP○○S**←○○にRとUが入る（**T○○QSP**など、それぞれ左右逆のパターンもある）

以上より、**SとPの間の人数は、0、2、4人。**

❷【DE】

Uが端に座るのは、❶の①の4パターン。

USPRQT、USQRPT、UTPRQS、UTQRPS

Uの逆の端はSかT（Uが右端でも同様）。

ポイント 条件より、配列や順序が決まっている関係はワンセットで考える。

14 ❶【BD】

青が両端のとき、黄色が3本以上空いて、赤が隣り合わないパターンは次の1通り。

青 黄 赤 青 赤 黄 青

従って、**赤の位置は、左から3番目と5番目。**

❷【ABD】

黄色は左から3番目、もう1本の黄色はそこから3本以上空けるので、黄色の位置は次の通り。

○○**黄**○○○**黄**

残りの青3本、赤2本を同じ色が隣り合わないように○に配置すると、次の2通り。

青 赤 黄 青 赤 青 黄

赤 青 黄 青 赤 青 黄

従って、**赤の位置は左から1、2、5番目。**

15 ❶【BDE】

距離5mのPとQは「PQ」「QP」、PとRも「PR」「RP」なので、**QPR**か**RPQ**に確定。RとSの距離は10mなので、間に1枚絵が入る。**R□S**か**S□R**。以上より、次の4通りがある。

①**QPR□S□**

②□**QPR□S**…TがSより右にないので不適

③**S□RPQ□**

④□**S□RPQ**

Pのあり得る位置は、2、4、5番目。

❷【CD】

PとRの距離が20mなので、間に3枚絵が入る。
①P□□□R□
②□P□□□R
③R□□□P□
④□R□□□P
またPQかQP、R□SかS□Rでワンセット。
S→Tなので、次の6通りがある。

①PQSTRU／PQSURT
②QPUSTR／UPQSTR
③RUSTPQ／RUSQPT
Sのあり得る位置は、3、4番目。
ポイント 中心同士の距離が5mで、距離が20mなら、20÷5＝4で間隔が4つ。間に絵が3枚。
□←5→□←5→□←5→□←5→□

05 推論【正誤】

本文70ページ

1【B】

例外があれば、正しいとはいえない。
A　X アジアから少なくとも3人の代表が出席する→Z アジアから少なくとも2カ国が出席する…3人が同じ国かもしれないので**正しいとはいえない。**
B　Y 中国と日本から2人ずつが出席する→X アジアから少なくとも3人の代表が出席する…**正しい。**
C　Z アジアから少なくとも2カ国が出席する→Y 中国と日本から2人ずつが出席する…2カ国が出席しても中国と日本から2人ずつとは限らないので、**正しいとはいえない。**

2【B】

A　甲 右の道は駅へ続いている→乙 左の道は駅へ続く近道である…右の道と左の道に論理的な関係はないので、**正しいとはいえない。**
B　乙 左の道は駅へ続く近道である→丙 右か左の道の少なくとも一方は駅へ続いている…左の道が駅に続いていれば、右か左の道の少なくとも一方は駅へ続いているので**正しい。**
C　丙 右か左の道の少なくとも一方は駅へ続いている→甲 右の道は駅へ続いている…左の道だけが駅へ続いていて、右の道は続いていない場合があるので、**正しいとはいえない。**

3【C】

A　P スポーツ番組を見た→Q 2つ以上の番組を見た…スポーツ番組を見たからといって、2つ以上の番組を見たとは限らないので、**正しいとはいえない。**
B　Q 2つ以上の番組を見た→P スポーツ番組を見た…2つ以上の番組を見たからといって、スポーツ番組を見たとは限らないので、**正しいとはいえない。**
C　R スポーツ番組と歌番組を見た→Q 2つ以上の番組を見た…スポーツ番組と歌番組を見たならば、2つ以上の番組を見たといえるので、**正しい。**

4【A】

A　L 私が最初に会議室を出た→M 私が会議室を出たとき、Lはもう会議室にいなかった…**正しい。**
B　M 私が会議室を出たとき、Lはもう会議室にいなかった→L 私が最初に会議室を出た…N、L、Mの順で部屋を出た場合もあるので、**正しいとはいえない。**
C　N 私が会議室を出たとき、Lはまだ会議室にいた→M 私が会議室を出たとき、Lはもう会議室にいなかった…N、M、Lの順で部屋を出た場合もあるので、**正しいとはいえない。**

5【B】

Pの土地はQを含む2人だけの土地と接しているので、Pはaかdに確定。Qはbかcに確定。

A　Qがdでは、PがQを含む2人だけの土地と接していることにならないので、**誤り**。

B　SがQ(bかc)の右に接しているなら、Sはd。そのときQを含む2人だけの土地と接しているPはaに確定する…**正しい**。

C　RとQ(bかc)が接しているとき、PとRは接している場合(Rがb、Qがc、Pがa)も、接していない場合(Rがa、Qがb、Pがd)も考えられるので、**正しいとはいえない**。

6【C】

A　P末っ子は三女ではない→Q末っ子には兄が2人いる…女女女女なら、末っ子は三女ではなく、兄が2人いないので**正しいとはいえない**。

B　Q末っ子には兄が2人いる→R3番目の年長者は次男…男男女女なら、末っ子には兄が2人いて、3番目の年長者は長女なので、**正しいとはいえない**。

C　R3番目の年長者は次男→P末っ子は三女ではない…3番目の年長者が次男のとき、上から男女男、または女男男になる。そのとき末っ子は次女で、三女ではないので、**正しい**。

7 ❶【B】

ア　XがYに勝つとき、Xがチョキ、Yがパー以外のパターンもあるので、**正しいとはいえない**。

イ　Xがチョキ、Yがパーなら、XもYもグーは出していないので、**正しい**。

ウ　XもYもグーでなくても、XがYに勝つ以外の結果があり得るので、**正しいとはいえない**。

❷【B】

カ　XがYに勝つとき、XかYがグーを出していることもあり得るので、**正しいとはいえない**。

キ　Xがチョキ、Yがパーなら、必ずXがYに勝ったので、**正しい**。

ク　XもYもグーを出していなくても、Xがチョキ、あるいはYがパーでない場合があるので、**正しいとはいえない**。

8 ❶【B】

ア　白ワインが入っていても、赤ワインも入っているとは限らないので、**正しいとはいえない**。

イ　赤ワインが入っていれば、少なくとも白ワインと赤ワインのどちらかが入っているので、**正しい**。

ウ　少なくとも白ワインと赤ワインのどちらかが入っていても、必ず白ワインが入っているとは限らないので、**正しいとはいえない**。

❷【A】

カ　白ワインが入っていれば、少なくとも白ワインと赤ワインのどちらかが入っているので、**正しい**。

キ　赤ワインが入っていても、白ワインも入っているとは限らないので、**正しいとはいえない**。

ク　少なくとも白ワインと赤ワインのどちらかが入っていても、大さじ1杯の赤ワインが入っているとは限らないので、**正しいとはいえない**。

9 ❶【B】

ア　和が7(1＋6、2＋5、3＋4)のとき、積が10とは限らないので、**正しいとはいえない**。

イ　積が10になるのは2×5だけなので、奇数と偶数になり、**正しい**。

ウ　奇数と偶数でも、1＋2＝3などがあり、和が7とは限らないので、**正しいとはいえない**。

❷【D】

カ　和が7(1＋6、2＋5、3＋4)のときは、奇数と偶数なので、**正しい**。

キ　積が10になるのは2×5だけなので、和が2＋5＝7になり、**正しい**。

ク　奇数と偶数でも、1×2＝2などがあり、積が10とは限らないので、**正しいとはいえない**。

06 推論【平均】

本文76ページ

1【E】

全部で420冊で1人あたり平均3冊を借りているので、本を借りた人の人数は、

420÷3＝140人

入館した人数300人から本を借りた人の人数140人を引けば、入館したが本を借りなかった人の人数が求められる。

300－140＝160人

ポイント 平均がわかれば、合計がわかる。

2【D】

Pが今までに受けたテストの回数をn回とすると、n回までの平均点が88点なので、合計は88n点になる。次のテストで100点を取るとn＋1回のテストの平均点が90点になるので、次の式が成り立つ。

88n＋100＝90(n＋1)

90n－88n＝100－90

n＝5

Pがこれまでに受けた漢字テストの**回数は5回。**

別解▶100点と90点の差である10点を、これまでの88点に2点ずつ配分すると90点になるので、10÷2＝5で、88点は5回分。

3【BC】

Pの点数は不明を除いて14点、Qは不明を除いて5点。

A　Pが2回目0点で合計14点、Qが3回目10点で合計15点になり、Pは負ける…**必ず正しいとはいえない。**

B　Pの平均が7点なら合計は7×3＝21点。Qは最高で3＋2＋10＝15点なので、Pと6点の差ができる…**必ず正しい。**

C　Qが3回目で1回失敗すると、最高でも3＋2＋9＝14点となり、(2回目に0点の)Pと引き分けるので、Pには勝てない…**必ず正しい。**

4【AB】

Ⅰ　4人の平均点が40点なので、

4人の合計…40×4＝160点

Ⅱ　PとQの平均点は35点なので、

P＋Q＝35×2＝70点

Ⅲ　RはSより6点低い点数なので、

S＝R＋6点

RとSの合計は「4人合計－PQの合計」なので、

R＋S＝160－70＝90点

S＝R＋6点なので、

R＋R＋6＝90点

R＝42点

S＝42＋6＝48点

以上を推論の材料にする。

A　R＝42点で**正しい。**

B　R＋S＝90点なので、平均45点は**正しい。**

C　Pが50点、Qが20点の場合、Sは2番目になるので、**正しいとはいえない。**

5【B】

ア　男性の本社と支社の人数が同数なら、(本社□＋支社80)÷2＝全社90なので、本社□＝100になる。しかし、男性の人数は「本社より支社の方が少ない」ので、全社平均90と支社平均80の差10より、全社平均90と本社平均□の差の方が小さくなる。つまり、**本社平均は100(単位が10万円なので1000万円)より必ず少なくなる。正しい。**

【参考】男性本社2人、男性支社1人の場合

男性全社合計＝90×3人＝270

男性支社1人で80なので、

男性本社2人の合計…(270－80＝)190

本社平均＝190÷2＝95←100より少ない

イ　アの通り、男性の本社平均は90より多く100より少ない。女性の本社平均は（女性の人数は本社より支社の方が多いので）、90より多いことは確実だが、100以上もあり得る。また男女の人数比が不確定で上限は確定できないので、**どちらともいえない。**

ポイント 2つのグループ（男子と女子、本社と支社など）を合わせた全体の平均は、それぞれのグループの平均の間におさまるが、数が多いほうの平均により近い値となる。
例えば、テストで99人が0点、1人が100点だったときに、100人の平均点は1点。

6【AC】

平日3店合計…200×3＝600円
平日PQ合計…190×2＝380円
平日のR…600－380＝220円
A　**正しい。**
B　Q＋R＝230×2＝460円
　R＝220円なので、
　Q＝460－220＝240円
　P＝600－220－240＝140円
150円でなく140円なので、**正しくない。**
C　平日200円より日曜日250円の方が平均で50円高いので、3店合計では50×3＝150円高い。1店で150円以上高いところがあると、他での上がり幅は0円以下になってしまうが、「3店とも平日より土日の方が料金が高く」とあるので、150円以上高い店はない。**正しい。**

7 ❶【B】

Ⅰ　4店の売上平均額が20万円なので、
4店合計 … 20×4＝80万円
Ⅱ　P店とQ店の売上平均額が18万円なので
PQの合計 … 18×2＝36万円
RとSの合計は「4店合計－PQの合計」なので、
RSの合計 … 80－36＝44万円
Ⅲ　S店はR店より4万円多いので、
R …(44－4)÷2＝20万円
S … 20＋4＝24万円
ア　PかQがS（24万円）より高い場合もあり得るので、**必ず正しいとはいえない。**
イ　平均額18万円であるPとQの両方がR（20万円）以上のはずはないので、**必ず正しい。**
ウ　PがS（24万円）より6万円低い18万円とは確定できないので、**必ず正しいとはいえない。**

❷【F】

カ　4店のうち2店は同じ売上…どの2店なのかが不明
キ　Pは4店のうちで最低…**Q＞Pが確定**
ク　PかQはRの7割…PかQのどちらかはR20万円の7割で（20×0.7＝）14万円、もう1店は36－14＝22万円。
クにキの条件が加われば、P店が14万円、Q店が22万円に確定する。

8 ❶【AC】

5店舗の合計点…3.6×5＝18点
P、Q、Rの合計点… 4×3＝12点
SとTの合計点…18－12＝6点
SとTの点数の組み合わせは、
（1、5）（2、4）（3、3）（4、2）（5、1）
①SとTの点数が異なるとき…Ⅰより、P、Q、Rのうち2店舗がSと同じ点数。残り1店舗の点数を考えると、
S＝1…12－1×2＝10点で、不適。
S＝2…12－2×2＝8点で、不適。
S＝4…12－4×2＝4点で、Sと同じ点数が3店舗になるので、不適。
S＝5…12－5×2＝2点で、条件を満たす。このとき**Tは1点**。
② SとTの点数が等しいとき…Sと**Tは3点**で、P、Q、Rのうち1店舗が3点。残り2店舗の合計点は 12－3＝9点。一方が5点、もう一方が4点で、条件を満たす。
①②より、Tの点数として考えられるのは**1点**

または3点。

❷【DE】

1店舗だけ1点のとき、他の4店舗の合計点は、

18－1＝17点

Ⅰより、残り4店舗のうちSを含む3店舗は同じ点数である。残る1店舗の点数を考える。

③Sが3点以下…残る1店舗の点数は、
17－3×3＝8点以上になるので、不適。

④S＝4… 17－4×3＝5点で、条件を満たす。

⑤S＝5…17－5×3＝2点で、条件を満たす。

③④⑤より、Sの点数として考えられるのは**4点または5点**。

9 ❶【BC】

国語の順位を左から得点が高い順に整理すると、

Ⅰ　Sの得点はQよりも低い…**QS**

Ⅱ　Pの得点はRとSの平均に等しい…**RPS／SPR**

Ⅲ　Rの得点はQよりも低い…**QRPS／QSPR**

となる。Qより低いSとRの平均がPなので、高い順に**Qが1番目、Pが3番目**が確定する。

❷【E】

❶より、**国語…QＲＰＳ／QＳＰＲ**

Ⅳより、**英語…○○QＳ**

国語がQRPSの順番だと、両方最下位になるSが平均点最低のはずだが、平均点最低はPなので、**国語はQSPRに確定**。国語でPより低いRが、平均点最低のPより英語でも低いことはあり得ないので、**英語はRPQSに確定**。

10 ❶【C】

(3.4＋2.5)÷2＝2.95とするのは、物理と化学の人数が違うので間違い。物理と化学の総得点を物理と化学の総人数で割ったものが答え。

(3.4×20＋2.5×16)÷(20＋16)

＝(68＋40)÷36＝3

別解▶物理の平均点は化学の平均点より(3.4－2.5＝)0.9点高い。物理と化学の合計人数(36)と物理の人数(20)の比率は、36：20＝9：5。この比率を点差0.9点に掛けて、化学の平均点2.5に上乗せすれば物理と化学の平均点が出る。

$$0.9\times\frac{5}{9}+2.5=0.5+2.5=3$$

❷【B】

生物の最高点が6点になったのは、1人1点ずつ上乗せしたためと考えられる。生物の平均点2.8点も同様に1点上乗せされることになるので、生物平均点…2.8＋1＝3.8点

最高点6点を5点にするために、全員の点数に数値xを掛けたとあるので、数値xとは、6点を5点にする5/6と考えられる。

従って、補正後の平均点は、

$$3.8\times\frac{5}{6}=3.166\cdots\rightarrow 3.17$$

11 ❶【BD】

本棚の左から①②③④⑤とする。

①・③の和が1600円になる組み合わせは、(600円・1000円)か(800円・800円)。

③・⑤の差が400円になる組み合わせは、(600円・1000円)のみ。

①・③と③・⑤は(600円・1000円)で、共通している③は1冊だけの600円(P)に確定する。そこから、①は1000円、⑤は1000円に確定する。従って、**800円のQは②か④**に入る。

❷【ACE】

③以外の平均が850円なので、

③以外の①②④⑤の合計…850×4＝3400円

5冊合計…600+800×2+1000×2=4200円

従って、③**＝4200－3400＝800円**

平均800円になる②④の組み合わせは、(800＋800)か(600＋1000)だが、③が800円なので、(800＋800)の組み合わせはあり得ない。②④**は(600＋1000)**に確定。残った①⑤は**(800＋1000)**。従って、800円の**Rの位置は**①③⑤と考えられる。

07 推論【勝敗】

本文84ページ

1 【B】

nチームの総当たり戦(リーグ戦)の試合数…

$_nC_2$ = n(n－1)÷2 試合

$_8C_2$ = 8×7÷2＝28試合(勝ち数も28)

4位を最小の勝ち数にするために、1位を全勝の7勝、2位を6勝、3位を5勝と考える。残りは28－7－6－5＝10勝。4位以下は8－3＝5チーム。これを同じ勝ち数とするのが、最も低い勝ち数になるので、

10勝÷5チーム＝2勝

2 【ABD】

ⅠとⅡを表にまとめると以下の通り。

	L	M	N	O
L		×	○	○
M	○		×	
N	×	○		×
O	×		○	

A　表より、OはNに勝っている…**正しい。**

B　どのチームも1敗しているので、3勝したチームはない…**正しい。**

C　M対Oの勝敗が不明…**どちらともいえない。**

D　M対Oの勝敗が、Mの勝ちだとすると、1勝2敗のチームはNとO。Oの勝ちだとすると、1勝2敗のチームはMとN…**正しい。**

3 【BC】

甲と乙より、XはYに勝ってWに負けるので、XとYはWと戦う前に対戦するはずである。これは、表Ⅰでは①の1通り、表Ⅱでは②～⑤の4通りが考えられる。

表Ⅰの場合

①

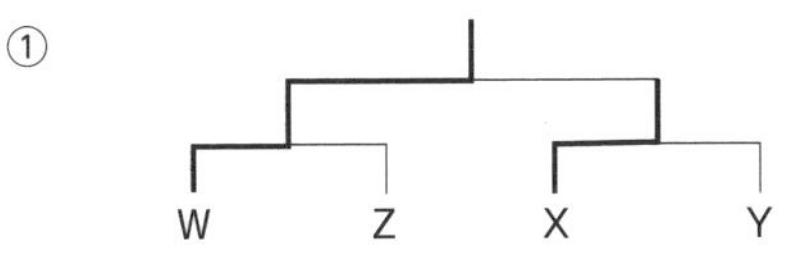

表Ⅱの場合

②

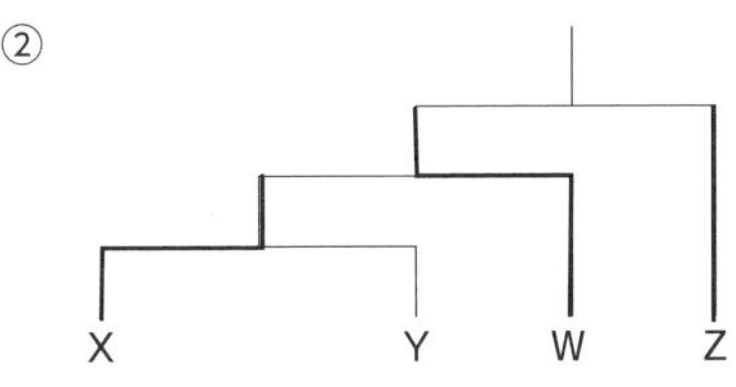

③

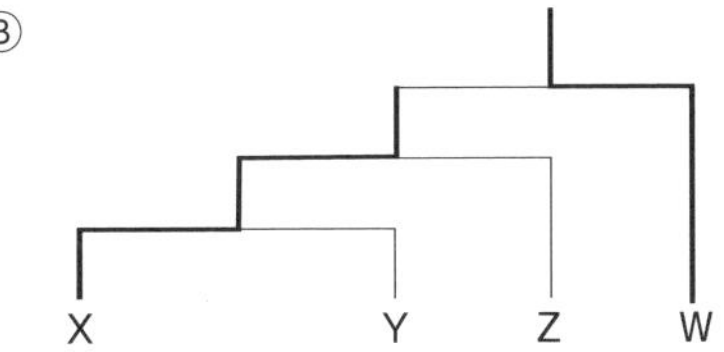

④

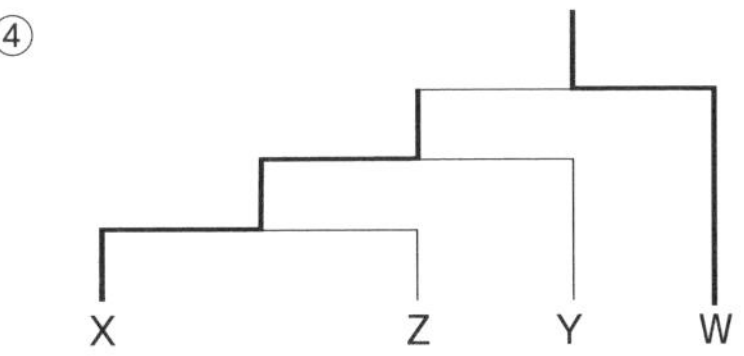

⑤

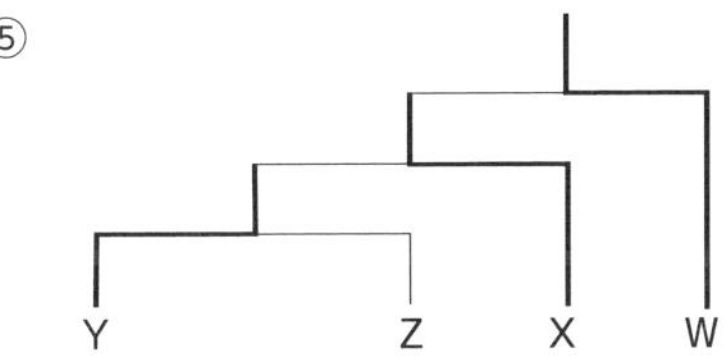

A　②で、WではなくZが優勝する可能性があるので、**必ず正しいとはいえない。**

B　Zはどの場合も1回しか戦わない。**正しい。**

C　トーナメント表Ⅱのときは、②～⑤の通りWは必ず2回戦以降の出場になるので、**正しい。**

別解▶B　全3試合のうち2試合はX対Y、W対Xなので、「Zは一度」は正しい。

C　Xは先にYに勝ってからWに負けるので、「Wの出場は2回戦以降」は正しい。

4【B】

１を出すと負けか引き分けだが、Ｐは４勝１敗なので、Ｐの１敗(３回目：Ｑの１勝)は、Ｐが１を出したときと考えられる。また、５を出すと勝ちか引き分けだが、Ｑは１勝４敗なので、３回目のＱの１勝は、５を出したときと考えられる。Ｐが４勝するには１以外ですべて勝つ必要があるので、Ｐ…２、３、４、５に対してＱ…１、２、３、４となる。確定できるカードの組み合わせは１回目と３回目。

	Ｐ	Ｑ
１回目	５	４
３回目	１	５

２、４、５回目はＰ…２、３、４に対してＱ…１、２、３だが、順番は不明。

ア　Ｐは３回目に「１」を出した…**正しい。**

イ　Ｐは４回目に「４」を出した…**どちらともいえない。**

5 ❶【C】

条件Ⅰ、Ⅱを図にすると、次の通り。

実線が面識がある。
点線①、②が不確定。

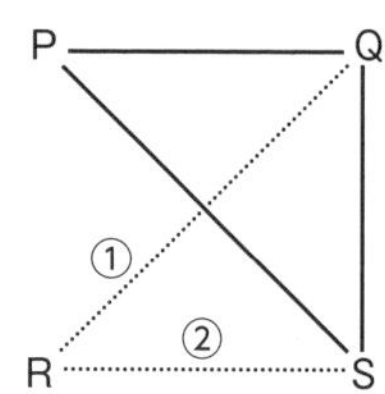

Ａ　Ｓが全員と面識があれば、②が実線になるが、①が不明なので、ＲがＳとだけ面識があるかどうかはわからない…**必ず正しいとはいえない。**

Ｂ　ＱがＲと面識がなければ、①の線が消える。②が点線のままなので、Ｓが全員と面識があるかは不明…**必ず正しいとはいえない。**

Ｃ　Ｒが２人と面識があれば、①②が実線になる。このとき全員と面識がある人はＱとＳの２人……**必ず正しい。**

❷【BC】

Ａ　誰とも面識がない人がいないのなら、①か②の一方、または両方が実線だが、どれが実線かは確定できない。

Ｂ　３人と面識がある１人がＱなのかＳなのかは確定できない。

Ｃ　ＲがＱと面識があれば、①が実線。②は不明。しかし、**ＣとＢを組み合わせると、３人と面識がある１人がＱに確定。②の線はなくなって、４人全員の面識の有無が確定する。**

6 ❶【B】

５人の総当たり戦の試合数…５×(５－１)÷２＝10

❷【B】

Ⅰ～Ⅲの条件を対戦表に書き込むと、次の通り。

	Ｐ	Ｑ	Ｒ	Ｓ	Ｔ
Ｐ		１	×	×	２
Ｑ	３		○	４	５
Ｒ	○	×		○	○
Ｓ	○	６	×		○
Ｔ	７	８	×	×	

Ａ　６が○、４が×になるが、Ｑが２勝２敗(３○、５×、または、３×、５○)とは確定できない。

Ｂ　７と８が○、２と５が×になる。全敗がいないので、１は○で、**Ｐの１勝３敗が確定。**

Ｃ　３と４と５が×、１と６と８が○になるが、Ｔが２勝２敗(７○)とは確定できない。

❸【AB】

Ａ　Ｔは１勝３敗←７と８の一方が○、もう一方は×。

Ｂ　Ｑは１勝３敗←３と４と５が×、１と６と８が○。

Ｃ　Ｓは３勝１敗←６が○、４が×。

ＡとＢで７が×とわかり、すべてが確定できる。

7【C】

わかっている条件から考えていく。３回目は、Ｘ１人だけがチョキを出して勝ったので、

３回目…Ｘチョキ、Ｙパー、Ｚパーに確定。

Ⅰ　Ｙは３回とも、グー、チョキ、パーのうち違

うものを出した…３回目に出したパー以外なので、Yの「１回目→２回目」は、「グー→チョキ」、または「チョキ→グー」。

Ⅱ　Xの２回目は、Yの１回目と同じものを出した…Xの２回目はチョキかグー。

また、条件より２回目はアイコなので、あり得る組み合わせは次の２通り。

	1	**2**	3
X	不明	グー	チョキ
Y	グー	チョキ	パー
Z	不明	**パー**	パー

	1	**2**	3
X	不明	チョキ	チョキ
Y	チョキ	グー	パー
Z	不明	**パー**	パー

２回目のじゃんけんについては、「Zはパーを出した」だけが必ず正しいといえる。

8【E】

アイコがないので、Xのグー4回のとき、Yはチョキとパーを２回ずつ出して**２勝２敗**。残りはXがチョキ２回とパー４回で、Yのグー６回と勝負するので**Xは４勝２敗**。合計して**６勝４敗**。

9 ❶【BC】

・１回目は、Xがグーでアイコなので、

①３人ともグー

②Xはグー、YとZはパーとチョキ

の２通りとなる。

・２回目は、YがグーでXの１人勝ちなので、

Xはパー、YとZはグー

１回目が①…２回とも同じ人はYとZ(グー)

１回目が②…２回とも同じ人はいない

❷【AC】

・１回目は、Yがチョキでアイコなので、

①３人ともチョキ

②Yはチョキ、XとZはグーとパー

の２通りとなる。

・２回目は、ZがパーでXの１人勝ちなので、

Xはチョキ、YとZはパー

１回目が①…２回とも同じ人はX(チョキ)

１回目が②…Zがパーなら２回とも同じ人はZ

１回目が②…Zがグーなら２回とも同じ人はいない

10 ❶【ABCE】

Pの「１回目勝ち」と「１回目引き分けか負け」に場合分けして考える。

１回目勝ち…2段上がって３段目

・2回目勝ち→３段目から２段上がって５段目

・2回目引き分け→そのまま３段目

・2回目負け→３段目から１段下がって２段目

１回目引き分けか負け…１段目のまま

・2回目勝ち→１段目から２段上がって３段目

・2回目引き分けか負け→１段目のまま

従って、**あり得るのは１、2、3、５段目。**

別解▶勝ちを２、引き分けを0、負けを－１とする。２回じゃんけんなので、この数値を合計した数に、１を足す(最初の１段目を加える)。

２＋２＝4　＋１→5段目

２＋０＝2　＋１→3段目

２－１＝1　＋１→2段目

0と－１の組み合わせは、いずれも１段目にとどまる。従って、Pの居場所であり得るのは、1、2、3、５段目。

❷【CDE】

Pは５回目で勝ち、２段上がって７段目以上に着く。従って４回目終了時点で７－２＝５段目か、8－２＝６段目にいる。4回目を場合分けして**３回目終了時点での段数**を考える。

4回目勝ち…5－２＝**３段目**か、６－２＝**４段目**

4回目引き分け…5－０＝**５段目**か、６－０＝**６段目**

4回目負け…5＋１＝**６段目**か、６＋１＝**７段目(７段目では勝負がついてしまうので×)**。従って、3、4、5、６段目。しかし、❶より**２回目終了時点であり得るのは１、2、3、５段目**で、５段目で勝つと７段目に上がって６段目には行けない。従って、Pが５回目で勝つとき、**３回目終了時点であり得るのは3、4、５段目。**

11 ❶【BC】

○は道がある。点線？は道があるかないか不明。

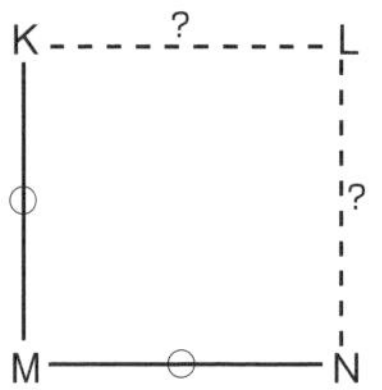

A　KとMをつなぐ道はあるが、MとLをつなぐ道はないので、KからMだけを経由してLには行けない。**必ず誤り。**

B　NとL、LとKをつなぐ道はどちらも不明なので、NからLだけを経由してKへ行けるかはどちらともいえない。従って、**必ずしも誤りとはいえない。**

C　MとKをつなぐ道はあるが、KとLをつなぐ道は不明なので、MからKだけを経由してLへ行けるかはどちらともいえない。従って、**必ずしも誤りとはいえない。**

❷【BC】

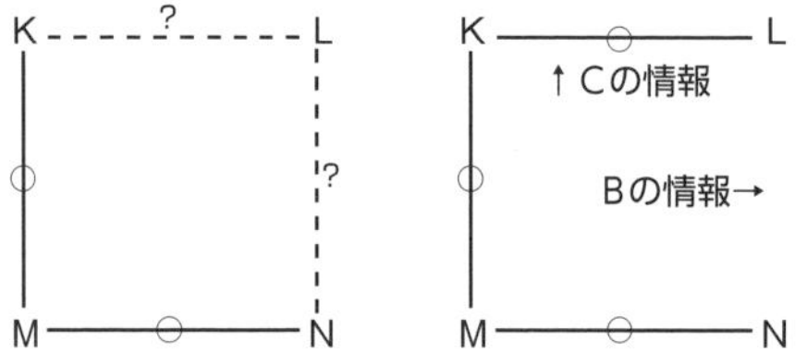

A　KからNを経由してMへ行くことはできない…K→L→N→Mの順でも行けない必要があるので、KLかLN（または両方）をつなぐ道がないことになる。

B　LとNを直接つなぐ道はない…上の右図のように、**LNをつなぐ道がなくなる。**

C　1つの村には、他の村へつながる道が最低1本はある…**LからKまたはNへつながる道があること**が確定できる。

BとCの情報があれば、上の右図のように確定できる。

12 ❶【DFH】

赤チームの点数についての質問なので、赤チームについてのみ考える。

①赤チームが白3枚を渡す

残りは白2枚＝2点

②白チームから赤3枚以上を渡される

赤カード3枚のとき＝6点

赤カード4枚のとき＝8点

赤カード5枚のとき＝10点

①＋②＝**8、10、12点**

❷【AD】

赤チームが11点になるパターンから、白チームの点数を考える。

赤チーム…白3枚3点＋赤4枚8点＝11点

白チーム…白2枚4点＋赤1枚1点＝5点

赤チーム…白1枚1点＋赤5枚10点＝11点

白チーム…白4枚8点＋赤0枚0点＝8点

白チームは、5点か8点。

別解▶最初は、2チームともカードを5枚（5点）ずつ持っている。渡し合った結果、赤チームの赤カードをx枚、白チームの白カードをy枚とする。交換した後の赤チームの点数は11点。

$2x+(5-y)=11$

$2x-y=6$

この解は$1 \leqq x \leqq 5$、$1 \leqq y \leqq 5$を満たす整数で、

$2x-y=6$（←偶数）なので、

yは必ず偶数（2か4）になる。

$x=4$、$y=2$

$x=5$、$y=4$

従って、

・$x=4$、$y=2$の場合

白チームの点数…$(5-x)+2y=$

$(5-4)+2\times2=5$点

・$x=5$、$y=4$の場合

白チームの点数…$(5-x)+2y=$

$(5-5)+2\times4=8$点

08 推論【割合・濃度】

本文92ページ

1【C】

A　最初を100として毎年4%ずつ増加すると、1年目は「100 × 1.04 ＝ 104」、2年目「104 × 1.04＝108.16」で、「4＋4＝8%増加した108」より多くなる。5年間でも20%増加した120より多くなるので、**誤り**。

B　20%を大きく上回る市や逆に大きく下回る市が平均値を動かすことがあるので、数が等しいかどうかは、**どちらともいえない**。

C　最初が10万haなら、5年後には

10×1.2＝12万ha

で、**正しい**。

2【G】

面積を甲1、乙1、丙2とする。

ア　甲(面積1)の人口…250×1＝ 250人

丙(面積2)の人口…370×2＝ 740人

甲と丙を合わせた地域(面積3)の人口密度…

(250＋740)÷3＝330

→350より少ないので誤り。

イ　甲(面積1)の人口…250人

乙(面積1)の人口…260人

丙(面積2)の人口…370×2＝740人

乙と丙の人口合計…**260＋740＝1000人**

であり、**甲250人の4倍なので正しい**。

3 ❶【I】

ア　Iで調べるとき、QとRを混ぜるとPと同じ濃度になる…QもRも10%なので、どう混ぜても10%にしかならない…**誤り**。

【参考】水の質量を仮にQ100g、R200gとおいてI式にあてはめると、

I　濃度＝物質の質量÷水の質量×100

Q　10＝K÷100×100

　K＝10g

R　10＝K÷200×100

　K＝10×200÷100＝20g

I式でQとRを混ぜたときの濃度を計算すると、

(10＋20)÷(100＋200)×100＝10%

イ　IIで調べるとき、QとRを混ぜるとPの2分の1の濃度になる…水の質量をP100gとすると、Pの中のKの量は、

濃度＝物質の質量÷水の質量×100

20＝K÷100×100

K＝20g

II式での濃度は、仮にP100g、Q100g、R200gとすると、

II　物質の質量÷(水の質量＋物質の質量)×100＝濃度

P　20÷(100＋20)×100＝16.6…%

Q　10÷(100＋10)×100＝9.09…%

R　20÷(200＋20)×100＝9.09…%

Q＋RのII式での濃度は、

(10＋20)÷(100＋10＋200＋20)×100

＝30÷330×100＝9.09…%

Pの濃度16.6…%の2分の1の濃度である8.3…%にはならない…**誤り**。

❷【C】

Xを水100g、K 10gとすれば、❶のQと同様、

I式　濃度10%

II式　濃度9.09…%

カ　Kを倍の20gにすると、I式では

　20÷100×100＝20%

となり、濃度も倍になる**…正しい**。

キ　Kを倍の20gにすると、II式では

　20÷(100＋20)×100＝16.6…%

となり、濃度は倍にならない…**誤り**。

09 推論【数式】

本文96ページ

1【B】

ア　X＞8…**X＝9**に確定するがYとZは不明。
イ　Z＞6…**X＞Y＞Z**なので、(X、Y、Z)は(**9、8、7**)に確定できる。よってB「イだけでわかるが、アだけではわからない」

2【C】

ア　X＝Y＋4…Xは9以下なので**Yは5以下**。
イ　Z＝Y－4…Zは1以上なので**Yは5以上**。
アとイの両方で、**Y＝5**に決まり、(X、Y、Z)は(**9、5、1**)に確定できる。よってC「アとイの両方でわかるが、片方だけではわからない」

3【A】

ア　X＝4Y…X＞Y＞Zより**Yは2以上**なので(X、Y、Z)は(**8、2、1**)に確定できる。
イ　Z＝1/2 Y…(Y、Z)は(2、1) (4、2) (6、3) (8、4)の4通りがある。よってA「アだけでわかるが、イだけではわからない」

4【7】

ア　Xは3〜**9**、Yが**2**〜8、Zが1〜**7**。
イ　**X＋Z**は最大で**9＋7＝16＝4Y**なので、**Yは最大で4、最小で2**。アのX＞Y＞Zが成立するのは(**7、2、1**)の場合だけ。**Xは7**。

5【24】

X－7＝Y…①
X＋10＝**2Y**…②
①の**【X－7】**を②の**【Y】**に代入する。
X＋10＝2(**X－7**)
X－2X＝－14－10 → **X＝24**

6【5】

Zは3の倍数なので、3、6、9のいずれか。
Zが3…イよりYは11。1〜9でないので不適。
Zが6…イよりYは8、アよりXは3になるが、Xは2の倍数にならないので不適。
Zが9…イより**Yが5**、アより**Xが6**で適。

10 推論【整数の計算】

本文99ページ

1【55】

求める数をXとする。10で割ると5余るので、一の位は5。7で割ると6余るので、(X－6)は7で割り切れる数。(X－6)の一の位は、Xの一の位である5から6を引くので9。七の段で一の位が9になる最も小さい整数は、7×7＝49。
X＝49＋6＝55

2【38】

150までの整数の中に2の倍数は、
150÷2＝75個
150までの整数の中に4の倍数は、
150÷4＝37.5→37個(38個目は150より大)
2の倍数の数から4の倍数の数を引けば、2の倍数だが4の倍数でない整数の数が求められる。
75－37＝38個

3【11】

3つの連続する整数を**x**、**x＋1**、**x＋2**とする。
$\mathbf{x^2 = (x+1)(x+2) - 35}$
$x^2 = x^2 + 3x + 2 - 35$
$3x + 2 - 35 = x^2 - x^2$
$3x - 33 = 0$ → $\mathbf{x = 11}$
よって**最も小さい数は11**である。

4【3】

7で割っても11で割っても1あまるので、**整数Xから1を引いた数は7と11の公倍数になる**。Xは2けたなので、あてはまる公倍数は77のみ。77に1を足した**78が整数X**。**78を15で割ると3あまる**ので、答えは**3**。

5【15】

P：Q＝3：5（Pが3のとき、Qは5で**差は2**）

PとQの**階数の10の差**が、**比では2の差**なので、

Pの階数…10÷2×3＝15階

別解▶**P＝(P＋10)×3/5**を解いてもよい。

6【5】

アより**B＝2A**、イより**C＝2B**なので、**C＝4A**。Aを1としたときの比は、**A：B：C＝1：2：4**。(A、B、C)は(1、2、4)(2、4、8)(3、6、12)(4、8、16)(5、10、20)。A＋B＋C＋D＝40品で、**BがDより多くなるのは(5、10、20)のみ**。Dの寄付した品数は、**40－5－10－20＝5品**。

7【2】

ア　S＞T＞Uで10以下の偶数→Sは6、8、10、Tは4、6、8、Uは2、4、6のいずれか。

イ　SがTの2倍以上なので、Sは8か10、Tは4に確定。**UはTよりも小さいので2**。

8【2】

条件より、それぞれ1個以上買って、180円が他より多いので、確実に買ったのは、

120＋180×2＋200＝680円

合計980円から680円を引いて、

980－680＝300円

300円になる組み合わせは、120円と180円だけなので、**120円が2個、180円が3個、200円が1個**で合計980円になる。

9【12】

リンゴを少なくとも1個もらった子供は22人なので、リンゴをもらっていない子供は、

30－22＝8人

この8人はカキを2個ずつもらったはずなので、

8×2＝16個

カキは28個減っているので、カキ1つ(とリンゴ1つ)をもらった子供は、

28－16＝12人

10【8】

X＋Y＋Z＝16…①

X－Y＝Z…② → **X－Y－Z＝0**…②'

①と②'を足して、

2X＝16 → X＝8

11【7】

3■1の■に0から順にあてはめて7で割ってみる。最初の301を7で割ると43で余りなし。**301が7の倍数**なので、ここに**70を加えた371も7の倍数**とわかる。301と371を9で割ると、301÷9＝33余り4。**371÷9＝41余り2**。従って、**3■1は371で、■は7**。

別解▶3■1は、一の位が1で7で割り切れる数なので、7×3＝21(一の位が1)より、**7×○3＝3■1**だとわかる。○に入る数字は、7に○×10をかけたときに300～399の範囲になるはずなので、4か5だと推察できる。

7×43＝301　または　7×53＝371

301と371を9で割って、2余る371が正解。

12【8】

Zの積が210になる組み合わせは、

210＝**2×3×5×7**より、**6×5×7**。

Yの積が18になる組み合わせは、**1×2×9**または**1×3×6**だが、6はZに配られているので**1×2×9**。

Xのカードは、残っている**3、4、8**の3枚。

13【69】

Qだけ知っている人＋どちらも知っている10人＋Pだけ知っている人は、100－18＝82人。Qを知っている人はPを知っている人の3倍で、どちらも知っている10人はQを知っている人数にも、Pを知っている人数にもカウントされるので、3P＋P＝82＋10

P＝23　よってQはPの3倍の69人。

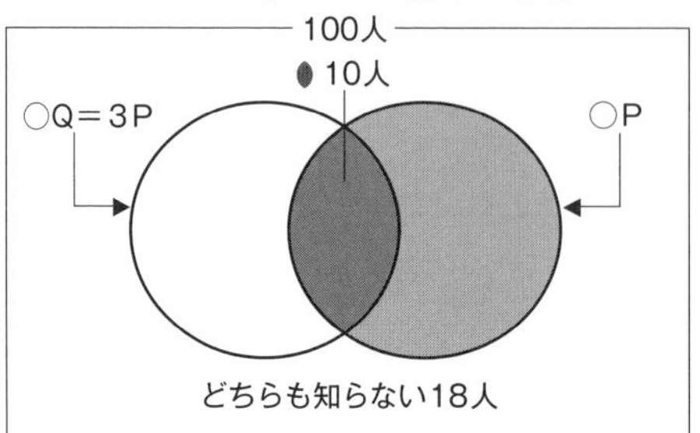

14【15】

ア　3人の部屋番号の合計は41なので、平均は**41÷3＝13.666…**

イ　Pの部屋番号はQの部屋番号より8大きい。

平均が13、14のあたりで、PがQより8大きいので、(P18・Q10) (P17・Q9) (P15・Q7)の組み合わせが考えられる。この組み合わせを41から引けば、Rの部屋番号になる。

41－18－10＝13…13が空き部屋なので不適。

41－17－9＝15…適。

41－15－7＝19…18を超えたので不適。

従って、**Rの部屋番号は15。**

別解▶P＋Q＋R＝41…①

Q＝P－8…②

②を①へ代入する。

P＋(P－8)＋R＝41

2P＋R＝49

49－2P＝R

Pは最大18なので、18から順にあてはめる。

49－2×18＝13…13は空き部屋で不適。

49－2×17＝15…**P17、Q9、R15**で適。

15【A】

横長の長方形(縦＜横)なので、**(縦、横)は(1、36) (2、18) (3、12) (4、9)の4通り。**

ア　横の枚数は6の倍数ではないので**(4、9)に確定**できる。**アだけで確定できる。**

イ　縦の枚数は3の倍数ではないので(1、36) (2、18) (4、9)の**3通りがあり確定できない。**

16【C】

アだけ、イだけの組み合わせは無限にあるのでわからない。アとイの両方で解けるかを考える。

チョコの数をx個、クッキーの数をy個とする。

ア　x＝1.5y

イ　x＝y＋8

1.5y＝y＋8

1.5y－y＝8

y＝16　x＝24　→アとイの両方で確定できる。

17【D】

ア　X+2.5X+1.5X=20 →　**X=4で確定。**

イ　(Z－2)＋(Z+4)+Z=20 → Z=6。

X=Z－2 → **X=4で確定。**

18【B】

ア　参加した男性は56×3/4＝42人。**男女どちらが多いかは確定できない。**

イ　参加した女性は75×4/5＝**60人**。女性が**男性56人より多いのでイだけでわかる。**

19【C】

ア　1回2500円のYの受講回数は、10000÷2500＝4回以上、Xは10－4＝6回以下となるが、**これだけでは受講料は確定できない。**

イ　全部で10回なので、Xは6回以上となるが、**これだけでは受講料の合計はわからない。**

アとイの両方

Xは6回、Yは4回が確定。受講料の合計は、

1800×6＋2500×4＝20800円

20【C】

ア　Pの2枚は(1、4) (2、3)のいずれか。
イ　Qの2枚は(1、5) (2、4)のいずれか。
アとイの両方
Pが(1、4)…Qが(1、5)は1が重複するので不適。Qが(2、4)は4が重複するので不適。
Pが(2、3)…**Qは(1、5)に確定**できる。**残った1枚のカードは4。アとイの両方でわかる。**

21【E】

ア　(P、Q)の組み合わせは(2、1) (4、2) (6、3)。
イ　Qが奇数というだけでPの目はわからない。
アとイの両方
アとイの両方を満たす組み合わせも、(2、1)と(6、3)の2通りがあり、**Pの目は確定できない。アとイでも確定できない。**

22【B】

3本合計では、**70×3＝210**の花が咲いた。
ア　PとQは、合計で70×2＝140。Rが210－140＝70とわかるが、**Pはわからない。**
イ　QとRは、合計で60×2＝120。**Pは210－120＝90に確定**できる。**イだけでわかる。**

23【B】

ア　Pが出したのは貯金の半分の250万円。これが車の代金のどれだけにあたるかは**不明**。
イ　**Qが出したのは車の代金**(Qの貯金と同額)**の半分**。残りの半分はPが出したので**Pが出した金額は車の代金の1/2に確定**できる。**イだけでわかる。**

24【D】

ア　200円5鉢を買ったので、残りは3200－200×5＝2200円。**350円と500円を組み合わせて2200円にするとき、成立する組み合わせは350円が2鉢(合計700円)、500円が3鉢(合計1500円)のときのみ。合計5＋2＋3＝10鉢。アだけで確定**できる。
イ　500円3鉢を買ったので、残りは3200－500×3＝1700円。**200円と350円を組み合わせて1700円にするとき、成立する組み合わせは200円が5鉢(合計1000円)、350円が2鉢(合計700円)のときのみ。合計3＋5＋2＝10鉢。イだけで確定**できる。
アだけでもイだけでもわかる。
別解▶「350と500を組み合わせて2200にする」→10で割って→「35と50で220をつくる」→5で割って→「7と10で44をつくる」と**約分してから解いてもよい。**

25【C】

ア　X、Y、Zが少なくとも1匹ずつ引き取ったことしか**確定できない。**
イ　(X、Y、Z)の組み合わせは、(1、4、0) (2、2、1) (3、0、2)の3通りがあり**確定できない。**
アとイの両方で(2、2、1)とわかる。

26【B】

ア　一昨日か今日が最も気温が高かったことになるが、**どちらかは不明。**
イ　一昨日と昨日の合計温度は33×3－35＝64度。一昨日も昨日も30度以上なので、どちらかが最も高い場合でも最高で64－30＝34度となり、**一昨日も昨日も35度未満**。よって**3日間の中で最も気温が高かったのは、35度の今日と確定**できる。**イだけで確定できる。**

27【D】

ア　**点Rから等しい長さの辺が出ている長方形は正方形になる。**面積が36㎠の正方形なので**1辺6㎝に確定できる。**
イ　縦と横の辺の長さの和は24÷2＝12㎝。**足して12㎝、掛けて36㎠になる縦と横の辺の長さはいずれも6㎝に確定できる。**
アだけでもイだけでも確定できる。

11 割合と比【基本】

本文108ページ

1【D】

$\frac{1}{2}\div\frac{5}{12}=\frac{6}{5}=1.2\rightarrow 120\%$

2【A】

288×0.125＋275×0.08＝36＋22＝58人

3【A】

平日会員のうち65％が女性なので、平日会員のうちの男性の割合は100－65＝35％。平日会員は会員全体の48％なので、**男性の平日会員は、**

0.48×0.35＝0.168=16.8％

4【B】

「競技場が運動公園より40％狭い」とは「競技場は運動公園の60％の広さ」ということ。同様に、「児童公園は競技場の30％の広さ」なので、児童公園は運動公園の**0.6×0.3＝0.18**。18％の広さなので、**児童公園は運動公園より82％狭い。**

5【D】

徒歩通学でない生徒…252÷0.8＝315人

全生徒数…315÷0.75＝420人

6【B】

当初の仕事の量を1とすると、終了した仕事の量は0.3。ここで当初の仕事1の50％が追加になったので与えられた仕事の全体量は1.5。従って、**現在終了している仕事の量は、**

0.3÷1.5＝0.2=20％

7【B】

北海道産の大豆…40×0.8×0.5＝16kg

ここに北海道産を20kg追加するので、

全体…40＋20＝60kg

北海道産…16＋20＝36kg

北海道産の大豆が全体に占める割合は、

36÷60＝0.6=60％

8【D】

持っていない生徒が2/5なので、持っている生徒は3/5。そのうちの1/4が男子なので、女子は3/4。さらにそのうちの2/3が中学から持ち始めたので、これらを掛け合わせればよい。**スマートフォンを中学から持ち始めた女子は、**

$\frac{3}{5}\times\frac{3}{4}\times\frac{2}{3}=\frac{3}{10}$

9【C】

予定なら2か月で2/3終わるところ、実際は1か月目で1/4しか進んでいないので、2か月目に2/3を終わらせるには、

$\frac{2}{3}-\frac{1}{4}=\frac{5}{12}$

の入力をする必要がある。

10【C】

コップに4/5ずつ入れた15杯分の量は、

$\frac{4}{5}\times 15=12$

これを6/7ずつに分けるので、

$12\div\frac{6}{7}=14$**杯**

11【B】

Pの量を1とすると、全体では、

1＋0.9＋0.5＝2.4

全体2.4のうち、Qは0.9なので、

$0.9\div 2.4=\frac{3}{8}$

12【B】

全体の1/3、つまり3日間の平均に相当する3日目が2日目の5/6なので、**最も多い日は2日目**。最も少ない日は1日目。

【参考】

$2日目=\frac{1}{3}\div\frac{5}{6}=\frac{2}{5}$

$1日目=1-\frac{1}{3}-\frac{2}{5}=\frac{4}{15}$

13【D】

350人が70%に相当するので、全校生徒は、

350÷0.7＝500人

Q小学校出身者は、500人の25%なので、

500×0.25＝125人

【参考】1つの式で計算すると、

$350\times\frac{25}{70}=125人$

別解▶「内積＝外積」で、

P：Q＝350：Q＝70：25

Q×70＝350×25より、

Q＝350×25÷70＝125人

14【D】

$\mathbf{\frac{X}{3}=\frac{Y}{5}}$…①

Y＝X＋28…②

①より、$X=\frac{3}{5}Y$

これを②に代入して、

$Y=\frac{3}{5}Y+28$

$\frac{2}{5}Y=28$

Y＝70、X＝42

15【A】

X＋0.6X＋0.9X＝15000円

2.5X＝15000円

X＝6000円

Y＝6000×0.6=3600円

16【C】

3日間合計の27%に相当する1日目が、2日目の0.9倍にあたるので、

2日目(%)…27÷0.9＝30%

3日目(%)…100－27－30＝43%

17【D】

勝ち数は8×0.75＝6で、現時点で6勝2敗。次の3勝を加えると9勝。

9÷15＝0.6＝60%

18【D】

美術館6枚はY。映画6枚はXとYで、XはYの2倍なので**X4枚、Y2枚**。遊園地12枚はXとZで、XはZの1/3倍なので、**X3枚、Z9枚**。

Xがもらった枚数は、**4＋3＝7枚**。

19【D】

Yの生徒数を100人とすれば、Xの生徒数は6割の60人。Xの2割5分は、

60×0.25＝15人

15人が「Y－Z」にあたるので、Zの生徒数は、

100－15＝85人

60人のXは、85人のZの

$\mathbf{60\div85=\frac{12}{17}}$

20【B】

P店で80%の商品X…180×0.8＝144個

Q店で50%の商品X…300×0.5＝150個

合計数…144＋150＝294個

21【B】

1/2を7日均等割で行うので、1日分の量は、

$\mathbf{\frac{1}{2}\div7=\frac{1}{14}}$

初日は全体の1/12なので、

$\mathbf{\frac{1}{14}\div\frac{1}{12}=\frac{6}{7}}$

22 ❶【A】 □□□

データ全体を1とする。Pが1/6、Qが19/42の入力をしたので、残りのデータは、

$$1-(\frac{1}{6}+\frac{19}{42})=1-\frac{13}{21}=\frac{8}{21}$$

これをR、S、Tの3人で均等割するので、

$$\frac{8}{21}\div 3=\frac{8}{63}$$

❷【D】 □□□

❶より、残りは8/21。この1/8が追加された。

$$\frac{8}{21}+(\frac{8}{21}\times\frac{1}{8})=\frac{8}{21}+\frac{1}{21}=\frac{3}{7}$$

これを3人で均等割するので、

$$\frac{3}{7}\div 3=\frac{1}{7}$$

これがP(1/6)の何倍かを求める。

$$\frac{1}{7}\div\frac{1}{6}=\frac{6}{7}$$

23 ❶【B】 □□□

1日目4/15、2日目3/7なので、3日目は、

$$1-(\frac{4}{15}+\frac{3}{7})=\frac{32}{105}$$

❷【A】 □□□

2日目に読み終わった後の残りは、

$$1-(\frac{4}{15}+\frac{2}{9})=\frac{23}{45}$$

これが101＋60＝161ページに相当するので、

全体… $161\div\frac{23}{45}$ **=315ページ**

$$60\div 315=\frac{4}{21}$$

24 ❶【A】 □□□

完走した社員は、

0.72×0.25×0.8＝0.144 → 14%

❷【D】 □□□

全社員100%のうち女性は**45%**で、全社員100%のうち運動会に参加した女性は、

…**0.72×0.5＝36%**

従って、女性社員のうち運動会に参加したのは、

36÷45＝0.8＝80%

25 ❶【A】 □□□

3/4が正社員なので、1/4が非正社員。

非正社員の数＝$500\times\frac{1}{4}$＝125人

非正社員のうち、1/5の派遣社員は、

$125\times\frac{1}{5}$＝25人

別解▶500×0.25×0.2＝25人

❷【C】 □□□

正社員の数＝$500\times\frac{3}{4}$＝375人

ここから正社員を50人増やすと、

正社員の数＝375＋50＝425人

総従業員数=500＋50＝550人

$$425\div 550=\frac{17}{22}$$

26 ❶【D】 □□□

今年の従業員630人は昨年の70%なので、

昨年の従業員=630÷0.7＝900人

❷【C】 □□□

昨年の女性の人数をx人とすると、40%減った今年は0.6x人。昨年の男性は(900－x)人で、20%減った今年は0.8×(900－x)人。

0.6x＋0.8×(900－x)＝630人

x＝450人

今年の女性=450×0.6＝270人

27 ❶【C】 □□□

昨年は300人なので、**昨年の男子をx人**とすると、**昨年の女子は(300－x)人**。そこから男子が3%減り、女子が15%増えて、今年309人になったので、次の式が成り立つ。

x×0.97＋(300－x)×1.15＝309

0.97x＋345－1.15 x＝309

0.18x＝36

x＝200人

❷【A】 □□□

昨年の女子…300－200＝100人

今年は100人から15%増えているので、

100×1.15＝115人

11 割合と比【応用】

本文114ページ

1【D】

昨年4月の料金を1、入場者数を100とおくと、
昨年4月の売上…1×100＝100
今年25%アップした料金は1.25。18%減った入場者数は100－18＝82。
今年4月の売上…1.25×82＝102.5
100から102.5に増えたので、2.5%増加した。

2【D】

以前の全社員数をx人とすると、現在の社員数は(x＋5)人。新入社員は全員未婚者で、既婚者の数は変わらないので、次の式が成り立つ。
0.3x＝0.24(x＋5)
0.06x＝1.2 → x＝20人
現在の社員数…20＋5＝25人

3【C】

現在の部員数をx人とすると、女性部員がやめる前の全体の人数は(x＋15)人。男性部員の人数は変わらないので、次の式が成り立つ。
(x＋15)×0.2＝0.24x
0.04x＝3 → x＝75人

4【D】

昨年の従業員数をx人とおくと、昨年の男性社員は0.8x人、今年の男性の人数は(0.8x＋38)人。今年の全従業員は38＋22＝60人増えたので(x＋60)人。今年の男性の全従業員に対する割合は75%なので、
0.8x＋38＝0.75(x＋60)
x＝140
今年の従業員数…140＋60＝200人

5【D】

先週土日の合計来場者数が800人なので、先週日曜の来場者数をx人とすると、先週土曜の来場者数は(800－x)人。先週土曜の10%減である今週土曜は0.9(800－x)人、先週日曜の30%増である今週日曜は1.3x人、この合計が800人より8%増の800×1.08＝864人なので、
0.9(800－x)＋1.3x＝864
720－0.9 x＋1.3x＝864
0.4x＝144
x＝360人
今週日曜の来場者…360×1.3＝468人

6【D】

昨年…770÷1.1＝700匹
昨年の小型犬をx匹とすると、50%増えた今年は1.5x匹。昨年の小型犬以外は(700－x)匹で、今年はその4/5(＝0.8倍)。今年の飼い犬は770匹なので、
1.5x＋(700－x)×0.8＝770
x＝300匹
今年の小型犬…300×1.5＝450匹

7【B】

チケット代金は20%下げたため、売上額は前年度の0.8倍。現状維持するためには、
1÷0.8＝1.25
売上枚数が値下げ前より25%増えればよい。
別解▶値下げ前の代金を1とすれば、値下げ後は0.8。値下げ前のチケット売上枚数を100枚、値下げ後のチケット売上枚数をx枚とする。値下げ前後の収益が等しくなるようにするので、
1×100＝0.8x → x＝125枚
つまり、25%増えればよい。

8【B】

姉と弟の比は3：1だったので、弟の最初の貯

金額をx円とすると、姉は3x円。姉は6000円あげたので(3x－6000)円、弟は6000円もらったので(x＋6000)円。これが3：2なので、

(3x－6000)：(x＋6000)＝3：2

x＝10000円

9【D】

甲：乙＝1：3なので、2店合計(全体で4)のうち、甲は1/4、乙は3/4の売上となる。

甲のP… $\frac{1}{4}$×0.12＝0.03

乙のP… $\frac{3}{4}$×0.32＝0.24

甲と乙のPの合計…0.03＋0.24＝0.27

別解▶甲の売上を1、乙の売上を3とする。

甲のP…1×0.12＝0.12

乙のP…3×0.32＝0.96

甲と乙のPの合計…0.12＋0.96＝1.08

1.08÷4＝0.27

10【D】

Pの人数をx人、Qの人数をy人とする。

男性の人数…0.6x＋0.4y＝0.54×(x＋y)

0.06x＝0.14y

x＝y×2.33…

Pの人数は、Qの人数の2.3倍。

11【C】

P社の社員数を100人とすると、Q社の社員数は200人。合併後の総社員数は300人となる。Q社の社員に占める女性の割合をxとおくと、女性の人数について次の式が成り立つ。

0.54×100＋200x＝0.42×300

x＝0.36＝36%

12【C】

劇団Rの人数をx人とする。6人がやめる前の男性人数(0.28x人)と、やめた後の男性人数{0.25×(x－6)人}との差は6人なので、

0.28x－0.25×(x－6)＝6

x＝150人

R150人はPの3倍の人数なので、Pは、

150÷3＝50人

別解1▶Pの人数をx人とすると、Qは2x人、合併後の劇団Rは3x人。ここで、Q内での男性割合をyとして、男性人数について式を立てると、

Pの男性人数＋Qの男性人数＝Rの男性人数

0.3x＋y×2x＝0.28×3x…①

また、6人の男性がやめた後は、

0.3x＋y×2x－6＝0.25×(3x－6)…②

0.3x＋y×2xが共通なので、①を②の0.3x＋y×2xへ代入して、

0.28×3x－6＝0.25×(3x－6)

これを解いて、x＝50人

別解2▶選択肢をあてはめて計算する。

A…Pが40人だとRは120人。男性が120×0.28=33.6人。人数なのに整数でないので×。

B…Pが49人だとRは147人。男性が147×0.28=41.16人。整数でないので×。

C…Pが50人だとRは150人。男性が150×0.28=42人。男性6人を引いた144人の25%が男性になり、36人の整数になるので○。

D…Pが80人だとRは240人。男性が240×0.28=67.2人。整数でないので×。

13【D】

赤：白＝3：1(全体4)、P：Q＝2：1(全体3)になるので、4と3の最小公倍数12で考える。赤玉を9a個、白玉を3a個(合計12a個)とすると、Pは8a個、Qは4a個持っている。交換後も個数の比は2：1なので、同じ個数(P2個とQ2個)を交換したことになる。交換後にPの玉は赤玉8a個になり、このときQには持っていた赤玉の半分である2個が残っているので、赤玉は(8a＋2)個。赤玉は全部で9a個なので、

8a＋2＝9a → a＝2

玉の個数…12×2＝24個

14【B】

電車Qは、定員200人のX型車両が5両で乗車率120%なので、

乗車定員…200×5＝1000人

乗車人数…1000×120÷100＝1200人

電車Rは、定員250人のY型車両が6両で乗車率60%なので

乗車定員…250×6＝1500人

乗車人数…1500×60÷100＝900人

電車Sの乗車定員…1000＋1500＝2500人

電車Sの乗車人数…1200＋900＝2100人

電車Sの乗車率…2100÷2500×100＝84%

ポイント (120%＋60%)÷2＝90%としない。

15 ❶【A】

Xは最初、50＋35＝85人。ここに20人加わったので、85＋20＝105人。この40%が女性なので、女性の人数は105×0.4＝42人。新加入の女性は、42－35＝7人。従って、新加入者20人のうち女性の割合は、

7÷20＝0.35＝35%

❷【D】

Yの人数をy人とすると、yの男性は0.64y人。Zの人数は(140－y)人で、Zの男性は0.5×(140－y)人。YとZの合計140人のうち、男性が60%なので、男性は140×0.6＝84人。

0.64y＋0.5×(140－y)＝84

0.64y－0.5y＝84－70

y＝100

Yの男性…100×0.64＝64人

16 ❶【C】

金曜日にXを観た人数…380×0.4＝152人

土曜日にXを観た人数…600×0.32＝192人

2日間の合計…152＋192＝344人

2日間のチケット購入者は380＋600＝980人なので、Xを観た人の割合は、

344÷980＝0.351…＝35.1…%≒35%

❷【B】

金曜日の女性の人数

…380×0.75＝285人

2日間合計の女性の人数

…(380＋600)×0.6＝588人

土曜日の女性の人数…588－285＝303人

土曜日の購入者のうち、女性の割合は、

303÷600＝0.505＝50.5%≒51%

17 ❶【C】

回答者数…450＋300＝750人

製品Pを知っている人

…450×0.8＋300×0.5＝510人

従って、全体に占める割合は、

510÷750＝0.68＝68%

❷【A】

製品Pを使ったことがある人は32%なので、

750×0.32＝240人

東日本の人数…450×0.4＝180人

西日本の人数…240－180＝60人

60÷300＝0.2＝20%

18 ❶【B】

品種Wは農園Pでだけ生産されている。農園Pの生産量は総生産量の60%、その中で品種Wの生産割合は80%なので、

Wの割合…0.6×0.8＝0.48＝48%

❷【A】

農園Pの生産量は総生産量の60%、その中で品種Xの生産量は20%なので、総生産量に占める農園PのXの割合は、

0.6×0.2＝0.12＝12%

農園Qの生産量は総生産量の40%、その中で品種Xの生産量は50%なので、総生産量に占める農園QのXの割合は、

0.4×0.5＝0.2＝20%

農園PのXと農園QのXの割合を足して、

12＋20＝32%

19 ❶【B】

男性と女性の人数の割合が、3：2(全体で5)なので、全体に対する男性の割合は、3÷5＝0.6。この男性のうち、70%が満足したので、

0.6×0.7＝0.42＝42%

❷【A】

満足していないと回答した男性は、全体の

0.6×0.3＝0.18

これが27人なので、全体の人数は、

27÷0.18＝150人

全体に対する女性の割合は、2÷5＝0.4。

満足していると回答した女性の人数は、

150×0.4×0.45＝27人

別解▶満足していないと回答した男性27人は全体の0.18。満足していると回答した女性は全体の0.4×0.45＝0.18。同じ割合なので27人。

20 ❶【D】

XはP：Q＝3：1(全体は4)、YはP：Q＝2：3(全体は5)なので、4と5の最小公倍数20を使って考える。Xを20とすると、XとYを1：1の同量で混ぜたZは40になる。

X…P：Q＝3：1＝15：5

Y…P：Q＝2：3＝8：12

Z40の中で、Pは15＋8＝23を占めるので、

$$23 \div 40 = \frac{23}{40}$$

別解▶Z（X：Y＝1：1、全体は2）に含まれるX（P：Q＝3：1、全体は4）の中のPは、

$$\frac{1}{2} \times \frac{3}{4} = \frac{3}{8}$$

Z(X：Y＝1：1、全体は2)に含まれるY(P：Q＝2：3、全体は5)の中のPは、

$$\frac{1}{2} \times \frac{2}{5} = \frac{1}{5}$$

Zに含まれるPの合計…$\frac{3}{8} + \frac{1}{5} = \frac{23}{40}$

❷【B】

5等分1/5と4等分1/4の差は、

$$\frac{1}{4} - \frac{1}{5} = \frac{1}{20}$$

50cc＝1/20なので、全体は、

$$50 \div \frac{1}{20} = 1000\text{cc}$$

別解▶4つの容器に余分に入れた合計量は、50×4＝200ccで、これが5等分した1つ分にあたるので、全体は200×5＝1000cc。

21 ❶【C】

tを含む単語のうちの30%に2字、70%に1字だけtが含まれている。tを含む単語の数に対するtの数の割合は、

30%×2＋70%＝130%

130%＝156字なので、

tを含む単語の数＝156÷1.3＝120

❷【D】

eを含む単語のうちの4%に3字、24%に2字だけ、残り72%に1字だけeが含まれている。eを含む単語の数に対するeの数の割合は、

4%×3＋24%×2＋72%＝132%

132%＝165字なので、

eを含む単語の数＝165÷1.32＝125

12 仕事算

本文122ページ

1【B】

Pの1日の仕事量は1/3、Qの1日の仕事量は1/5。2人でやるときの1日の仕事量は、

$$\frac{1}{3} + \frac{1}{5} = \frac{8}{15}$$

$$1 \div \frac{8}{15} = \frac{15}{8} = 1\frac{7}{8}$$

1日と7/8日なので、終わるのは2日目。

2【A】

2人の1時間の仕事量…

$\frac{1}{4}+\frac{1}{6}=\frac{5}{12}$

2人で2時間の仕事量…

$\frac{5}{12}\times 2=\frac{5}{6}$

Sが1人でやった仕事量…$\mathbf{1-\frac{5}{6}=\frac{1}{6}}$

3【D】

A1人では1分に1/60、B1人では1分に1/80の仕事をする。Bの休憩時間をx分とすると、2人で仕事をした時間は(42－x)分。仕事量について、次の式が成り立つ。

$\mathbf{(\frac{1}{60}+\frac{1}{80})\times(42-x)+\frac{1}{60}\times x=1}$

x＝18

4【A】

Pの1日の仕事量は1/8、Qは1/6。

2人でやる1日の仕事量…$\frac{1}{8}+\frac{1}{6}=\frac{7}{24}$

2人でやる3日間の仕事量…$\frac{7}{24}\times 3=\frac{7}{8}$

残りの仕事量…$1-\frac{7}{8}=\frac{1}{8}$

Qが残りを行う日数…$\frac{1}{8}\div\frac{1}{6}=\frac{1}{8}\times 6=\frac{3}{4}$日

2人で行った最初の3日間を足して、

$\mathbf{3+\frac{3}{4}=3\frac{3}{4}}$**日間 → 4日目**

5【D】

それぞれの1時間の作業量をx、yとおく。2人で6時間かかる作業をX3時間＋Y16時間で終えたので、次の式が成り立つ。

6(x＋y)＝3x＋16y
3x＝10y
x：y＝10：3

2人(10＋3＝13)で6時間かかる作業をY1人(3)で行うので、

13×6÷3＝26時間

別解▶「X1人で3時間＋Y1人で16時間」を「2人で3時間＋Y1人で13時間」かかると読みかえる。2人で行うと6時間かかる作業なので、2人で行う1時間の作業量は1/6。2人で3時間の作業量は3倍して3/6=1/2。残りは1/2。これをY1人が13時間で作業するので、

Yの1時間の作業量…$\frac{1}{2}\div 13=\frac{1}{26}$

Y1人でデータ入力すべてを行う場合は、

$1\div\frac{1}{26}=26$時間

6【C】

満水量を1とすると、X1本では1分で1/4、Y1本では1/6の注水量となる。

X1本とY3本の1分の注水量

$\mathbf{\cdots\frac{1}{4}+\frac{1}{6}\times 3=\frac{1}{4}+\frac{1}{2}=\frac{3}{4}}$

満水までにかかる時間

$\mathbf{\cdots 1\div\frac{3}{4}=1\times\frac{4}{3}=}$**1分20秒**

7【B】

X1本では1分で1/5、Y1本では1/7の注水量となる。

2本の1分間の注水量…$\mathbf{\frac{1}{5}+\frac{1}{7}=\frac{12}{35}}$

8【B】

24ℓ＝24000ccの容器に、毎分600ccの水を入れるのにかかる時間は、

24000÷600＝40分

24ℓ＝24000ccの容器に、毎分800ccの水を入れるのにかかる時間は、

24000÷800＝30分

時間の差…40－30＝10分

9 **❶【B】**

P管の1時間の注水量は1/4。残りの3/4をP管とQ管で注水する。

P管＋Q管の1時間の注水量… $\frac{1}{4}+\frac{1}{5}=\frac{9}{20}$

$\frac{3}{4}\div\frac{9}{20}=\frac{5}{3}=1\frac{2}{3}$時間 →1時間40分

P管だけの1時間を入れて、2時間40分。

❷【A】

P管＋Q管の1時間の注水量… $\frac{9}{20}$

R管＋S管の1時間の排水量… $\frac{1}{6}+\frac{1}{12}=\frac{1}{4}$

満水になるまでにかかる時間は、

$1\div(\frac{9}{20}-\frac{1}{4})=1\div\frac{1}{5}=5$時間

13 分割払い

本文126ページ

1 **【B】**

遺産総額を1とする。妻が1/2を、残った1/2を4人の子供が均等に相続する。

$\frac{1}{2}\div4=\frac{1}{8}$

2 **【A】**

総額を1とする。購入時1/20＋納品時1/2＋ボーナス時1/5を引けばよい。

$1-(\frac{1}{20}+\frac{1}{2}+\frac{1}{5})=1-\frac{3}{4}=\frac{1}{4}$

3 **❶【B】**

国：地方自治体は3：2なので、地方自治体の負担分は「全体5の中の2」で2/5。A県の負担金は総建設費の6/25なので、B県＋C県の負担金は、

$\frac{2}{5}-\frac{6}{25}=\frac{4}{25}$

❷【C】

地方自治体の負担金は2/5。その3/10を負担するB県の負担金は、

$\frac{2}{5}\times\frac{3}{10}=\frac{3}{25}$

❶よりB県＋C県の負担金は4/25なので、C県の負担金は、

$\frac{4}{25}-\frac{3}{25}=\frac{1}{25}$

4 **❶【D】**

初回に1/6、2回目に初回の3/4なので、2回目までに支払う額は、

$\frac{1}{6}+\frac{1}{6}\times\frac{3}{4}=\frac{1}{6}+\frac{1}{8}=\frac{7}{24}$

3回目は残額の1/3なので、

$(1-\frac{7}{24})\times\frac{1}{3}=\frac{17}{72}$

3回目までに支払う額… $\frac{7}{24}+\frac{17}{72}=\frac{38}{72}=\frac{19}{36}$

❷【C】

初回＋2回目の支払い額は7/24。3回目に購入価格の7/24を払うので、

$\frac{7}{24}+\frac{7}{24}=\frac{14}{24}=\frac{7}{12}$

残額… **$1-\frac{7}{12}=\frac{5}{12}$**

5 **❶【B】**

購入時に5/17を払っているので、

残額… $1-\frac{5}{17}=\frac{12}{17}$

納品時に残額の1/4を払ったので、

$\frac{12}{17}\times\frac{1}{4}=\frac{3}{17}$

❷【B】

納品までに支払った額… $\frac{5}{17}+\frac{3}{17}=\frac{8}{17}$

残額… $1-\frac{8}{17}=\frac{9}{17}$

これを4回均等で払うので、

$\frac{9}{17}\div4=\frac{9}{68}$

支払い額…$170000 \times \frac{9}{68} = 22500$円

6 ❶【C】

手付金は購入代金の1/15なので残額は14/15。契約時に支払った額は残額の2/5なので、

$\frac{14}{15} \times \frac{2}{5} = \frac{28}{75}$

残額…$1 - (\frac{1}{15} + \frac{28}{75}) = \frac{42}{75} = \frac{14}{25}$

これを7回均等で払うので、

$\frac{14}{25} \div 7 = \frac{2}{25}$

❷【A】

残りは1/2。これを7回均等払いなので、

1回あたりの支払い額…$\frac{1}{2} \div 7 = \frac{1}{14}$

手付金は購入代金の1/15なので、

$\frac{1}{14} \div \frac{1}{15} = \frac{15}{14}$

7 ❶【B】

頭金が総額の1/5。翌月は頭金の5/2倍なので、

$\frac{1}{5} \times \frac{5}{2} = \frac{1}{2}$

残額…$1 - (\frac{1}{5} + \frac{1}{2}) = \frac{3}{10}$

❷【C】

翌月以降の支払総額は4/5。これを6回均等割で支払うので、1回あたりの支払い額は、

$\frac{4}{5} \div 6 = \frac{2}{15}$

頭金は、総額の1/5を支払ったので、

$\frac{2}{15} \div \frac{1}{5} = \frac{2}{3}$

8 ❶【B】

残金は売価の4/5、分割手数料は1/10。

残金＋分割手数料…$\frac{4}{5} + \frac{1}{10} = \frac{9}{10}$

これを6回で支払うので、

1回あたりの支払い額…$\frac{9}{10} \div 6 = \frac{3}{20}$

❷【D】

分割手数料は4/35。

残金＋分割手数料…$\frac{4}{5} + \frac{4}{35} = \frac{32}{35}$

これを8回分割で支払うので、

1回あたりの支払い額…$\frac{32}{35} \div 8 = \frac{4}{35}$

分割3回目の支払いを終えた時点での残額は、あと分割5回分が残っているので、

$\frac{4}{35} \times 5 = \frac{4}{7}$

9 ❶【E】

残額は1/2。分割手数料は残額の1/10なので、1/20。従って、

残額＋分割手数料…$\frac{1}{2} + \frac{1}{20} = \frac{11}{20}$

これを6回で均等に分けるので、

$\frac{11}{20} \div 6 = \frac{11}{120}$

❷【C】

購入価格1から頭金xを差し引いた残額は1－x。分割手数料は残額の1/10なので、

残額＋分割手数料

…$(1-x) + \frac{1-x}{10} = (1-x) \times \frac{11}{10}$

これを6回の分割で支払うので、

1回の支払い額…$(1-x) \times \frac{11}{10} \times \frac{1}{6}$

1回分の支払い額＝購入価格1×1/6なので、

$(1-x) \times \frac{11}{10} \times \frac{1}{6} = 1 \times \frac{1}{6}$

$x = \frac{1}{11}$

10 ❶【B】

頭金で20%＝0.2を支払うので、残額は0.8。

利子5%で、0.8×0.05＝0.04。

0.8＋0.04を14等分して支払うので、

1回分の支払い額

…$(0.8 + 0.04) \div 14 = 0.84 \div 14 = 0.06$

$0.06 = \frac{3}{50}$

別解▶残額は0.8＝4/5。そこに利子が5％＝1/20ついた額は、

$\frac{4}{5} \times \frac{21}{20} = \frac{21}{25}$

14等分して、$\frac{21}{25} \div 14 = \frac{21}{25} \times \frac{1}{14} = \frac{3}{50}$

❷【D】

分割で払う総額（利子が付いた残額）は、1/20の14回払いなので、14/20。

利子を除いた残額…$\frac{14}{20} \div \frac{21}{20} = \frac{2}{3}$

残額が2/3なので、

頭金…$1 - \frac{2}{3} = \frac{1}{3}$

別解▶頭金をxとすると、残額は（1－x）円。利子5％がついた額が1/20で14回払いなので、

$(1-x) \times \frac{21}{20} = \frac{1}{20} \times 14 \rightarrow x = \frac{1}{3}$

14 順列・組み合わせ【基本問題】

本文132ページ

1【D】

Pに乗る2人を選べば、残り5人はQに決まる。7人からPに乗る2人を選ぶ組み合わせになる。

$_7C_2 = \frac{7 \times 6}{2 \times 1} = 21$通り

2【C】

片方の夜勤の日を決めれば、残りの日はもう片方の日に決まる。従って、P（またはQ）が6日から3日の夜勤を選ぶ組み合わせの数になる。

$_6C_3 = \frac{6 \times 5 \times 4}{3 \times 2 \times 1} = 20$通り

3【B】

部長が入ることは決まっているので、残り8人から2人を選ぶ組み合わせになる。

$_8C_2 = \frac{8 \times 7}{2 \times 1} = 28$通り

4【A】

5日からP医師の2日を選べば、残り3日はQ医師に決まる。P医師の2日を選ぶ組み合わせは、

$_5C_2 = \frac{5 \times 4}{2 \times 1} = 10$通り

5【A】

P、P、P、Q、Rを1列に並べる順列と考える。Qの順番は5通り。RはQを除いた4通り。残り3回はPの1通りなので、

5×4×1＝20通り

別解▶5回の電話がそれぞれ別人からなら、5人を1列に並べる順列で、$_5P_5$＝5!通り。

この問題では、Pが3回かけているので、5!回中、3!回は同じ並べ方になるため、3!で割る。

5!÷3!＝(5×4×3×2×1)÷(3×2×1)＝20通り

【参考】$_nP_n$＝n!（nの階乗：n以下をすべて掛け合わせる）になる。

6【A】

a2つを6か所のうちの2か所に入れるので$_6C_2$。次にc1つを空いている4か所のうちの1か所に入れるので$_4C_1$。bは残った3か所に自然と決まる。並べ方は、

$_6C_2 \times {}_4C_1 = 60$通り

別解▶6種類の文字なら、6つを1列に並べる順列で6!通りだが、2つのaの並び2!通りと、3つのbの並び3!通りは同じなので2!×3!で割る。

6!÷(2!3!)＝(6×5×4×3×2×1)÷(2×1×3×2×1)＝60通り

7【B】

出た目の積が3の倍数になるのは、XかYが3か6の目のとき。

Xが3…Yが1～6の6通り

Xが6…Yが1～6の6通り

Yが3…Xが1～6の6通りから、だぶっている

Xが3と6の2通りを除くので、4通り。
Yが6…Xが1～6の6通りから、だぶっているXが3と6の2通りを除くので、4通り。従って、
6＋6＋4＋4＝20通り

別解▶積が3の倍数になるのは、少なくとも一方に3か6が出たとき。すべての組み合わせから、余事象【Xが1、2、4、5(4通り)、Yが1、2、4、5(4通り)】を引けば求められる。
6×6－4×4＝36－16＝20通り

8【C】

まず白皿2枚を7か所のうちの2か所に飾るので$_7C_2$。次に青皿2枚を空いている5か所のうちの2か所に飾るので$_5C_2$。赤皿3枚は残った3か所に自然と決まる。並べ方は、
$_7C_2 \times {_5C_2}$＝210通り

9 ❶【C】

5人から区別して3人選ぶので、順列。
$_5P_3 = 5 \times 4 \times 3 = 60$通り

❷【B】

「少なくとも」とあったら、すべての場合の数から余事象を引くことを考える。ここでは、「5人から3人を選ぶ」組み合わせの数から、余事象の「男子を1人も選ばない」組み合わせの数を引く。
「5人から3人を選ぶ」組み合わせの数は、

$$_5C_3 = {_5C_2} = \frac{5 \times 4}{2 \times 1} = 10\text{通り}$$

「男子を1人も選ばない」とは、「3人とも女子」のことなので、女子3人から3人を選ぶ**1通り**。
10－1＝9通り

10 ❶【C】

補欠3人を選べば、レギュラー9人も決まる。

$$_{12}C_3 = \frac{12 \times 11 \times 10}{3 \times 2 \times 1} = 220\text{通り}$$

❷【B】

Pはレギュラーに決まっているので、P以外の11人から補欠3人を選べばよい。

$$_{11}C_3 = \frac{11 \times 10 \times 9}{3 \times 2 \times 1} = 165\text{通り}$$

11 ❶【C】

3人部屋に入る3人を決めれば、残り5人は5人部屋に決まる。8人から3人を選ぶので、

$$_8C_3 = \frac{8 \times 7 \times 6}{3 \times 2 \times 1} = 56\text{通り}$$

❷【B】

3人部屋の1人はQなので、残り7人のうち2人がQと同じ3人部屋になれば、残り5人は5人部屋に決まる。

$$_7C_2 = \frac{7 \times 6}{2 \times 1} = 21\text{通り}$$

12 ❶【B】

コインを7回投げて表が4回だけ出る出方は、

$$_7C_4 = {_7C_3} = \frac{7 \times 6 \times 5}{3 \times 2 \times 1} = 35\text{通り}$$

❷【D】

7回で裏が5回以上出るとは、表が2回以下(2回、1回、0回)と同じ。表が2回出る出方は、

$$_7C_2 = \frac{7 \times 6}{2 \times 1} = 21\text{通り}$$

表が1回出る出方は1～7回のどれかに表が出る**7通り**。表が0回出る出方は7回すべてに裏が出る**1通り**。合計して、
21＋7＋1＝29通り

13 ❶【D】

女性4人から1人選ぶ…$_4C_1$＝4通り
男性5人から4人選ぶ…$_5C_4 = {_5C_1}$＝5通り
従って、**4×5＝20通り**

❷【A】

少なくとも女性を2人以上選ぶので、すべての組み合わせの数から、余事象である「女性1人と0人の場合」を引く。すべての組み合わせの数は、

$$_9C_5 = {_9C_4} = \frac{9 \times 8 \times 7 \times 6}{4 \times 3 \times 2 \times 1} = 126\text{通り}$$

女性0人の組み合わせは、男性5人が選ばれる**1通り**。女性1人の組み合わせは❶より**20通り**。
従って、**126 − 1 − 20 = 105通り**

14 **❶【C】**

順番が関係するので、6人から4人を選んで並べる順列を求める。

$_6P_4 = 6 \times 5 \times 4 \times 3 = 360$通り

❷【B】

大人と子供を分けて考える。大人2人から2人を選ぶ組み合わせの数は、**1通り**。

子供4人から2人を選ぶ組み合わせの数は、

$_4C_2 = \dfrac{4 \times 3}{2 \times 1} = 6$通り

選んだ4人の並べ方は、

$4! = 4 \times 3 \times 2 \times 1 = 24$通り

これらを掛け合わせたものが答え。

$1 \times 6 \times 24 = 144$通り

15 **❶【C】**

日本文学と外国文学を分けて考える。

日本文学5冊から2冊を選ぶ組み合わせは、

$_5C_2 = \dfrac{5 \times 4}{2 \times 1} = 10$通り

外国文学3冊から2冊を選ぶ組み合わせは、

$_3C_2 = {_3C_1} = 3$通り

従って、**$10 \times 3 = 30$通り**

❷【D】

外国文学が1、2、3冊の場合を足し合わせてもよいが、すべての組み合わせの数から、外国文学0冊の場合の組み合わせの数を引いたほうが早い。これなら少なくとも外国文学1冊は選ぶことになる。

すべての組み合わせの数は、

$_8C_4 = \dfrac{8 \times 7 \times 6 \times 5}{4 \times 3 \times 2 \times 1} = 70$通り

外国文学0冊の組み合わせは、日本文学5冊から4冊を選ぶ組み合わせの数なので、

$_5C_4 = {_5C_1} = 5$通り

従って、**70 − 5 = 65通り**

16 **❶【C】**

3人チームの1人はQに決まっているので、4人のうち2人がQと同じチームに入れば、残り2人は自然と他チームになる。Q以外の4人を2人ずつに分ける組み合わせになる。

$_4C_2 = (4 \times 3) \div (2 \times 1) = 6$通り

❷【B】

SとTが2人のチームになる組み合わせは**1通り**。

SとTが3人のチームになる組み合わせは、SとT以外の3人から残りの1人を選ぶので、

$_3C_1 = 3$通り

1 + 3 = 4通り

17 **❶【B】**

第4走者はZ以外なので、W、X、Yのいずれか3通り。第1～3走者は、第4走者以外の3人の順列。従って、

$3 \times {_3P_3} = 3 \times 3! = 3 \times 3 \times 2 \times 1 = 18$通り

❷【A】

XWの2人をワンセットにして考える。

XW、Y、Zの並べ方なので、

$_3P_3 = 3! = 3 \times 2 \times 1 = 6$通り

18 **❶【C】**

並び方…○○●●○○（●が子供）

子供2人は真ん中に固定されているので、残っている大人4人の並び方は、

$4! = 4 \times 3 \times 2 \times 1 = 24$通り

固定されている子供2人の並び方は、**2通り**。

従って、**$2 \times 24 = 48$通り**

❷【D】

並び方…　□（カメラ）
　　　　　●●○（前列は子供2人、大人1人）
　　　　　○○○（後列は大人3人）

前列…大人4人から前列になる1人を選べば、後

列の3人は自然と決まる。前列になる大人1人の選び方は、**$_4C_1$ = 4通り**。

前列3人の並び方は、**3!通り**。

前列…前列になる大人1人の選び方と、前列3人の並び方を掛けて、

4 × 3! = 4 × 3 × 2 × 1 = 24通り

後列…大人3人の並び方は、

3! = 3 × 2 × 1 = 6通り

従って、並び方は、

24 × 6 = 144通り

19 ❶【B】 □□□

Tは前から3番目、Rは前から4番目か5番目。

①Rが前から4番目の場合…●●TR●（左が前）

●にP、Q、Sの3人を並べる順列になるので、

3! = 3 × 2 × 1 = 6通り

②Rが前から5番目の場合…●●T●R

これも、①同様、**6通り**。

従って、**6 + 6 = 12通り**

❷【C】 □□□

5人の並び方は、

5! = 5 × 4 × 3 × 2 × 1 = 120通り

P、Q、Tの3人の並び方は、

3! = 3 × 2 × 1 = 6通り

しかしP、Q、Tの並び順は、Q→P→Tの1通りに確定しているので、

120 ÷ 6 = 20通り

別解1▶RとSの順番から考える。5つある順番から、RとSが入る順番を2つ選ぶことになるので、$_5P_2$ = 20通り。残りのP、Q、Tの3人の順番は、Q→P→Tの1通りに確定しているので、自然と決まる。

別解2▶P、Q、Tの位置は、5か所のうち3か所で、$_5C_3$ = $_5C_2$ = 10通り。ここで選んだ3か所にはQ→P→Tの順で入る（1通り）。残り2か所にRとSが入るので2通り。

10 × 1 × 2 = 20通り

別解3▶Qの位置で場合分けする。●はRとS。

①Qが1番目の場合

QPT●●、QP●●T、Q●●PT、

QP●T●、Q●P●T、Q●PT●←**6通り**

②Qが2番目の場合

●QPT●、●QP●T、●Q●PT←**3通り**

③Qが3番目の場合

●●QPT←**1通り**

合わせて、**6 + 3 + 1 = 10通り**

●●に入るRとSの並び順が、RSとSRの2通りあるので、

10 × 2 = 20通り

20 ❶【B】 □□□

火、水、木、金から2日を選ぶので、

$_4C_2$ = (4 × 3) ÷ (2 × 1) = 6通り

❷【B】 □□□

絵画教室の曜日で場合分けする。

①絵画が月曜日の場合

ピアノは火水木金の4日のうち2回なので、

$_4C_2$ = (4 × 3) ÷ (2 × 1) = 6通り

②絵画が水曜日の場合

ピアノは火木金の3日のうち2回なので、

$_3C_2$ = $_3C_1$ = 3通り

③絵画が金曜日の場合

ピアノは火水木の3日のうち2回なので、

$_3C_2$ = $_3C_1$ = 3通り

従って、**6 + 3 + 3 = 12通り**

21 ❶【B】 □□□

男は3人から2人を選ぶので、

$_3C_2$ = $_3C_1$ = 3通り

女は4人から2人を選ぶので、

$_4C_2$ = (4 × 3) ÷ (2 × 1) = 6通り

選ばれた男2人ABと女2人abのペアの組み合わせは、Aa・BbかAb・Baの**2通り**。

従って、**3 × 6 × 2 = 36通り**

❷【C】 □□□

7人から2組のペアになる4人を選ぶので、

$_{7}C_{4} = {}_{7}C_{3} = \frac{7 \times 6 \times 5}{3 \times 2 \times 1} = 35$**通り**

4人の中でペアを組む組み合わせは、1人に対して3人で3通り。もう1組は残った2人になる。

$35 \times 3 = 105$通り

22 **❶【A】**

6人から1人部屋の1人を選ぶのは、**$_{6}C_{1} = 6$通り**。残った5人から2人部屋の2人を選ぶのは、**$_{5}C_{2}$通り**。残った3人は3人部屋に決まるので、**$_{3}C_{3} = 1$通り**。これらを掛け合わせる。

$_{6}C_{1} \times {}_{5}C_{2} \times {}_{3}C_{3} = 6 \times 10 \times 1 = 60$通り

❷【B】

A室、B室、C室とする。6人からA室2人を選ぶのは$_{6}C_{2}$通り。残り4人からB室2人を選ぶのは$_{4}C_{2}$通り。残り2人からC室2人を選ぶのは1通り。

$_{6}C_{2} \times {}_{4}C_{2} \times 1 = 15 \times 6 \times 1 = 90$通り

この積は90通りだが、ABC3部屋の区別($_{3}P_{3}$通り)はないので(①②がA、③④がB、⑤⑥がCと、⑤⑥がA、①②がB、③④がCは同じ)、

$90 \div {}_{3}P_{3} = 90 \div (3 \times 2 \times 1) = 15$通り

別解▶2人ずつ3部屋に分かれるので、2人ずつのペアにする組み合わせの数と考える。6人を①②③④⑤⑥とする。①のペアは②〜⑥の5通り。①のペアが②のとき、③④⑤⑥を2人ずつのペアにする。③とペアになるのは④⑤⑥の3通り。このとき残る2人がペアになる(1通り)。①のペアが③〜⑥のときも、残り4人を2人ずつのペアにすればよいので、

$5 \times 3 \times 1 = 15$通り

23 **❶【C】**

6種類のパンから3種類を選ぶ。

$_{6}C_{3} = (6 \times 5 \times 4) \div (3 \times 2 \times 1) = 20$通り

3種類のジャムから2種類を選ぶ。

$_{3}C_{2} = {}_{3}C_{1} = 3$通り

$20 \times 3 = 60$通り

❷【B】

ジャムは3種類しかないので、2種類と3種類の2パターンだけ考える。

ジャム2+パン3の組み合わせは、❶で計算した**60通り**($_{3}C_{2} \times {}_{6}C_{3} = 3 \times 20 = 60$通り)。

ジャム3+パン2の組み合わせは、

$_{3}C_{3} \times {}_{6}C_{2} = 1 \times 15 = 15$通り

$60 + 15 = 75$通り

24 **❶【B】**

午前は2つから2つ…**1通り**

午後は5つから3つ…**$_{5}C_{3} = {}_{5}C_{2} = 10$通り**

$1 \times 10 = 10$通り

❷【C】

午後4つと午後5つで場合分けする。

・午後5つから4つ…**$_{5}C_{4} = {}_{5}C_{1} = 5$通り**
　午前2つから1つ…**$_{2}C_{1} = 2$通り**
　$5 \times 2 = 10$通り

・午後5つから5つ…**$_{5}C_{5} = 1$通り**
　$10 + 1 = 11$通り

25 **❶【B】**

1人1時間で交代するので、2時間連続では担当はしない。1時間目を3人のうちの1人が担当したとする(3通り)。2時間目は1時間目以外の2人のいずれか(2通り)。3時間目は2時間目以外の2人のいずれか(2通り)。4時間目は3時間目以外の2人のいずれか(2通り)。5時間目は4時間目以外の2人のいずれか(2通り)。

よって、**$3 \times 2 \times 2 \times 2 \times 2 = 48$通り**

❷【C】

1時間目は3人のうちの1人が担当(**3通り**)。2時間目は1時間目以外の2人のどちらか(**2通り**)。3時間目は残った1人または1時間目の担当者。

①3時間目が残った1人の場合(**1通り**)。4時間目は3時間目以外の2人のいずれか(**2通り**)。

②3時間目が1時間目の担当者の場合(**1通り**)。4時間目は残った1人(**1通り**)。よって、

$(3\times2\times1\times2)+(3\times2\times1\times1)=12+6=18$**通り**

別解▶P、Q、Rが最低1時間ずつ合計4時間のとき、1人が2時間で残り2人が1時間ずつ。2時間になる1人の選び方は$_3C_1$通り＝3通り。連続しない2時間の選び方は(1、3)(1、4)(2、4)番目の3通り。残り2人の順番は、2!＝2通り。従って、3×3×2＝18通り。

26 ❶【C】

以下、1泊を①、2連泊を②、3連泊を③と表す。4泊のときは、②①①の3か所に3つの観光名所を並べることになるので、

$_3P_3=3\times2\times1=6$**通り**

また、②の入れ方が②①①、①②①、①①②という3通りあるので、**6×3＝18通り**

❷【D】

泊まる順序…QPRかQRPの**2通り**。

連泊の仕方は、

3連泊が入る場合…③の入れ方が③①①、①③①、①①③という**3通り**

2連泊が入る場合…①の入れ方が①②②、②①②、②②①という**3通り**

連泊の仕方の合計…**3＋3＝6通り**

従って、**2×6＝12通り**

27 ❶【A】

⑥にNが座るとき、JとKが向かい合う2席は、①④と②⑤の2通り。JとKの座り方はこの2通りそれぞれに(J・K)と(K・J)の2通りがあるので、**2×2＝4通り**

残り3席に3人が座るので、3人の順列で、

$_3P_3=3\times2\times1=6$**通り**

これを掛け合わせて、

4×6＝24通り

❷【C】 

隣り合う2席は、①②、②③、③④、④⑤、⑤⑥、⑥①の6通りで、KLの座り方はこの6通りそれぞれに(K・L)と(L・K)の2通りがあるので、

6×2＝12通り

残り4席に4人が座るので、4人の順列で、

$_4P_4=4\times3\times2\times1=24$**通り**

これを掛け合わせて、

12×24＝288通り

❸【C】

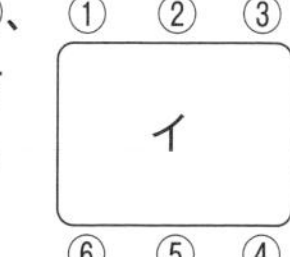

向かい合う2席は、①⑥、②⑤、③④の3通りで、KとLの座り方はこの3通りそれぞれに(K・L)と(L・K)の2通りがあるので、

3×2＝6通り

残り4席に4人が座るので、4人の順列で、

$_4P_4=4\times3\times2\times1=24$**通り**

これを掛け合わせて、

6×24＝144通り

❹【C】

6人のすべての座り方の数から、KとLが隣同士になる座り方の数を引けば求められる。

6人が6席に座る座り方

…$_6P_6=6\times5\times4\times3\times2\times1=720$**通り**

KとLが隣同士になる座り方は、①②、②③、④⑤、⑤⑥の4通りで、その4通りそれぞれに(K・L)と(L・K)の2通りがあるので、

4×2＝8通り

KとL以外の4人が4席に座る座り方は、

$_4P_4=4\times3\times2\times1=24$**通り**。従って、

KとLが隣同士になる座り方…8×24＝192通り

KとLが隣同士にならない座り方

…720－192＝528通り

別解▶Kが①、③、④、⑥の4席のいずれかのとき、Lはその隣(②か⑤)以外の4通りなので、4×4＝16通り。Kが②、⑤の2席のいずれかのとき、Lはその向かい側の3席のいずれかなので、2×3＝6通り。従って、KとLが隣同士にならない座り方は、16＋6＝22通り。これに、残り4人の座り方$_4P_4$＝24通りを掛ける。

22×24＝528通り

28 ❶【A】

2色では、【①④】と【②③】を塗り分けるパターンだけ。2色を2か所に並べる順列なので、

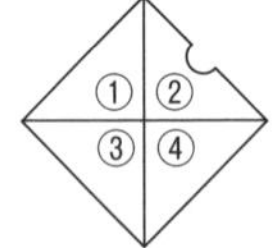

$_2P_2$＝2×1＝2通り

❷【B】

・2色で塗る場合 …【①④】と【②③】の2か所を2色で塗り分けるので、3色から2色を選んで並べる順列で、**$_3P_2$＝3×2＝6通り**

・3色で塗る場合 …【①④】と【②】と【③】の3か所、または【②③】と【①】と【④】の3か所を塗り分ける2通りがある。3色を3か所に並べる順列を2倍して、**$_3P_3$×2＝12通り**

6＋12＝18通り

29 ❶【B】

領域は5つあるが、線で隣り合う領域（色が異なる領域）を考えると、右図の①、②、③の3か所と考えてよい（②同士、③同士は線で隣り合ってはいない）。

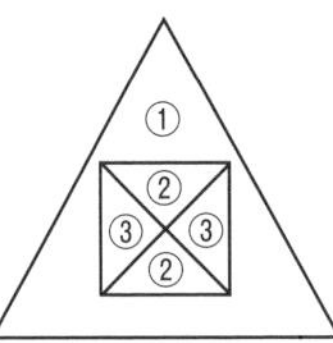

3色を異なる3つの領域に塗るので、

$_3P_3$＝3×2×1＝6通り

別解▶①に青なら、②・③に（赤・白）か（白・赤）の2通り。その2通りは、①が青赤白の3色の場合について、すべて同様に計算できるので、

2×3＝6通り

❷【C】

4色から3色を選んで、図の①、②、③の3か所に塗るので、4個から3個を選んで並べる順列と考えられる。

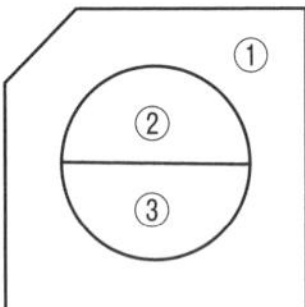

$_4P_3$＝4×3×2＝24通り

別解▶①に青なら、②・③には残った3色のうち2色を使うので、

$_3P_2$＝3×2＝6通り

その6通りは、①が青赤白黄の4色の場合について、すべて同様に計算できるので、

6×4＝24通り

30 ❶【A】

問題文は、1～6の6つの数に、**P＜(QRS)**という大小関係を満たす2つの数（つまり異なる数）の組み合わせはいくつあるか、という意味と同じ。従って、

$_6C_2$＝(6×5)÷(2×1)＝15通り

別解▶Pが1→他の数は2～6の5通り。Pが2→他の数は3～6の4通り。Pが3→他の数は4～6の3通り。Pが4→他の数は5～6の2通り。Pが5→他の数は6の1通り。従って、

5＋4＋3＋2＋1＝15通り

❷【A】

1～6の6つの数の中に、**P＜Q＜R＜S**という大小関係を満たす4つの数の組み合わせはいくつあるか、という意味と同じ。従って、

$_6C_4 = {}_6C_2 = \frac{6\times5}{2\times1} = 15$通り

❸【C】

PとRが同じ目になるのは6通り。QとSが同じ目になるのも6通り。

6×6＝36通り

31 ❶【A】

6人から2人を選ぶので、**$_6C_2$＝15通り。**

❷【D】

シングルスの1人の選び方は、6人から1人選ぶので、**$_6C_1$通り**。

ダブルスに出場する選手の選び方は、6人から2人選ぶので、**$_6C_2$通り**。

$_6C_1$×$_6C_2$＝6×15＝90通り

❸【B】

すべての選手の選び方から、P以外の5人から選手を選ぶ選び方を引く。

❷より、すべての選手の選び方は90通り。

P以外の5人からシングルスとダブルスの選手

を選ぶ選び方は、

$_5C_1 \times {}_5C_2 = 5 \times 10 = 50$通り

Pが少なくとも1回は出場する選び方は、

$90 - 50 = 40$通り

32 ❶【B】

選ぶ3か国のうち、ドイツは決まっているので、結局4か国から2か国を選ぶ組み合わせになる。

$_4C_2 = 6$通り

❷【B】

5か国から3か国を選ぶのは、

$_5C_3 = {}_5C_2 = 10$通り

5か国からイタリア、スイス、ドイツの3か国を選ぶ組み合わせ1通り以外は、少なくともイギリスかフランスが含まれる。従って、

$10 - 1 = 9$通り

別解▶場合分けすると、イギリスとフランス両方を入れる組み合わせは、残り3か国から1か国を選ぶ3通り。イギリスだけを入れる組み合わせは、フランスを除く残り3か国から2か国を選ぶ3通り。フランスだけを入れる組み合わせは、イギリスを除く残り3か国から2か国を選ぶ3通り。従って、$3 + 3 + 3 = 9$通り。

❸【B】

イギリスを入れる場合、フランスは入れないのでイタリア、スイス、ドイツの3か国から2か国を選ぶ組み合わせで、**$_3C_2 = {}_3C_1 = 3$通り**

フランスを入れる場合、イギリスは入れないので、同じく3通り。従って、**$3 + 3 = 6$通り**

別解1▶イギリスとフランスの2か国から1か国を、残り3国から2か国を選ぶ組み合わせで、

$_2C_1 \times {}_3C_2 = 6$通り

別解2▶❷の9通りから、イギリスとフランス両方を入れる組み合わせ（残り3か国から1か国を選ぶ）3通りを引いた6通り。

33 ❶【D】

6セット目終了以前に決着するので、6セット目で決着する場合を含み、7セット目で決着する場合だけを含まない。従って、「すべての組み合わせの数」から、「7セット目に決着する組み合わせの数」を引けばよい。

Pが勝つすべての組み合わせの数…7セットの中からPが勝つ4セットを選べばよい。

$_7C_4 = {}_7C_3 = 35$通り（Qも同じく35通り）

Pが7セット目で勝つ組み合わせの数…6セット目までは必ず3勝3敗なので、1〜6セット目のうちPが勝つ3セットを選べばよい。

$_6C_3 = 20$通り（Qも同じく20通り）

従って、**$35 \times 2 - 20 \times 2 = 30$通り**

別解▶6セット目終了以前に決着がつくので、対戦数は6セット以下となる。Pが勝つケースは、

4セット目で決着…Pが4連勝の1通り。

5セット目で決着…1〜4セットの中でPが勝つ3セットを選べばよい（5セット目はPが勝って4勝）ので、$_4C_3 = {}_4C_1 = 4$通り。

6セット目で決着…1〜5セットの中でPが勝つ3セットを選べばよい（6セット目はPが勝って4勝）ので、$_5C_3 = {}_5C_2 = 10$通り。

以上、Pが勝つケースは$1 + 4 + 10 = 15$通り。

Qが勝つケースも同じく15通りなので、

$15 \times 2 = 30$通り。

❷【A】

❶の解法より、6セット目までは必ず3勝3敗なので、1〜6セット目のうちPが勝つ3セットを選んで、**$_6C_3 = 20$通り**。

❸【B】

すでに決定しているPの3勝、Qの1勝を**PPPQ**（順不同）と表す。

5セット目以降の勝敗を考えると、

PPPQ P（Pが4勝になり決着）

PPPQ QP（Pが4勝になり決着）

PPPQ QQP（Pが4勝になり決着）

PPPQ QQQ（Qが4勝になり決着）

以上、**4通り**が考えられる。

15 順列・組み合わせ【重複と円順列】 ◀本文146ページ

1 ❶【A】

P2色×Q2色×R2色で、**2×2×2＝8通り**。

別解▶3種類それぞれに2色なので、赤と白の2色から3つを選んで並べる重複順列と同じ数になる。2^3＝2×2×2＝8通り

❷【C】

P2個の選び方は、赤赤、赤白、白白の3通り。QもRも同じく3通り。**3×3×3＝27通り**

2 ❶【C】

5つの数字から3つを選んで並べる重複順列。

5^3＝5×5×5＝125通り

❷【A】

一の位が5になれば5の倍数になるので、

百の位…1、2、3、4、5の5通り

十の位…1、2、3、4、5の5通り

一の位…5のみの1通り

5×5×1＝25通り

別解▶一の位が5になれば5の倍数になる。つまり、一の位を除く2けたの数と考えてよい。5つの数字から2つを選んで並べる重複順列。

5^2＝5×5＝25通り

❸【B】

百の位は3、一の位は2に決まっているので、結局、百の位と一の位を除く3けたの数と考えてよい。❶と同様、5つの数字から3つを選んで並べる重複順列になる。

5^3＝5×5×5＝125通り

3 【B】

X、Y、Zという3種類の箱にメロン5個を振り分けるので、3種類から5個を選ぶ重複組み合わせと考えられる。

${}_{3+5-1}C_5 = {}_7C_5 = {}_7C_2$＝21通り

【解説】5個○○○○○を仕切り2個｜｜で、箱X、Y、Zに仕分けると、次のようになる。

○○｜○○｜○　←X2個｜Y2個｜Z1個

○○○○○｜｜　←X5個｜Y0個｜Z0個

メロン5個＋仕切り2個＝合計7個あって、7個のうち2個を仕切りとして選ぶとX、Y、Zへの配分が変わるので、7個から2個を選ぶ組み合わせの数、${}_7C_2$＝21通りになる。これが、重複組み合わせの公式となる。

4 【A】

各種類最低1枚は選ぶので、5枚のうち3枚はすでに決まっている。3種類から残り2枚を取り出す重複組み合わせになる。

${}_{3+2-1}C_2 = {}_4C_2$＝6通り

別解▶○‿○‿○‿○‿○の4か所の‿から2か所を選んで仕切りを入れると考える。

${}_4C_2$＝6通り

5 ❶【C】

3種類から6個を取り出す重複組み合わせ。

${}_{3+6-1}C_6 = {}_8C_6 = {}_8C_2$＝28通り

❷【C】

6個のうち、Pを必ず1個選ぶことは決まっているので、3種類から5個を取り出す重複組み合わせになる。

${}_{3+5-1}C_5 = {}_7C_5 = {}_7C_2$＝21通り

別解▶❶の28通りからPを1個も入れない選び方を引く。Pを1個も入れない選び方は、QとRの2種類から6個を選ぶ重複組み合わせなので、

${}_{2+6-1}C_6 = {}_7C_6 = {}_7C_1$＝7通り

28－7＝21通り

6 ❶【C】

赤と白の2種類から8本を取り出すなら、

${}_{2+8-1}C_8 = {}_9C_8 = {}_9C_1$＝9通り

ここから「赤8本」と「白8本」の1色の組み合わせの2通りを除いて、**9－2＝7通り**
この7通りが、赤と白、赤と黄色、白と黄色の3通りあるので、**7×3＝21通り**
別解▶赤と白なら赤1～7(白7～1)までの7通り。これが赤と黄色、白と黄色のそれぞれにもあるので、7×3＝21通り
❷【A】
3色をそれぞれ少なくとも2本ずつ使うので、赤2本、白2本、黄色2本の計6本は決まっている。3色から残り2本を選ぶ重複組み合わせになる。
$_{3+2-1}C_2 = {_4C_2}$ **＝6通り**
❸【D】
少なくとも赤3本は決まっている。3色から残りの5本を選ぶ重複組み合わせになる。
$_{3+5-1}C_5 = {_7C_5} = {_7C_2}$ **＝21通り**

7 **❶【C】**
食べる個数で場合分けする。同じ種類のケーキを食べてもよいので、2個、3個のときは3種類から選ぶ重複組み合わせになる。
1個…$_3C_1$＝3通り
2個…$_{3+2-1}C_2 = {_4C_2}$＝6通り
3個…$_{3+3-1}C_3 = {_5C_3} = {_5C_2}$＝10通り
以上を合計して、**3＋6＋10＝19通り**
❷【C】
2人で合計4個で、1人3個(3種類)まで。
PとQの組み合わせは、❶の解法を利用して、
P1個＋Q3個…3×10＝30通り
P2個＋Q2個…6×6＝36通り
P3個＋Q1個…10×3＝30通り
以上を合計して、**30＋36＋30＝96通り**

8 **❶【A】**
3種類から選ばれない3個を選ぶ重複組み合わせは、$_{3+3-1}C_3 = {_5C_3} = {_5C_2}$ **＝10通り**
これには、ありえない「白3個」「青3個」のパターンが含まれているので、**10－2＝8通り**。

別解▶何個が同じ色になるかで場合分けする。
・3個が同じ色…白と青は2個しかないので、(赤赤赤・白)(赤赤赤・青)の**2通り**。
・2個が同じで、他の2個も同じ色…(赤赤・白白)(赤赤・青青)(白白・青青)の**3通り**(3色から2色選ぶ組み合わせ＝$_3C_2$通り)。
・2個が同じで、他の2個は違う色…同じ色になる2個の色を決めれば、残り2個の色も決まるので**3通り**。例えば、同じ色が(赤赤)ならば、残り2個の色は(白青)に決まる。
以上を合計して、**2＋3＋3＝8通り**
❷【C】
3種類から選ばれない2個を選ぶ重複組み合わせで、$_{3+2-1}C_2 = {_4C_2}$ **＝6通り**
別解▶何個が同じ色になるかで場合分けする。
・3個が同じ色…3個あるのは赤だけ、残りは白と青が(0・2)(1・1)(2・0)になる**3通り**。
・2個が同じ色…(2・2・1)の組み合わせになるのは、1個にする色だけを選べばよいので**3通り**。以上を合計して、**3＋3＝6通り**。
❸【B】
7か所(①②③④⑤⑥⑦)に対して、白2個は7か所のうちの2か所に入るので、**$_7C_2$通り**。青2個は残った(7－2＝)5か所から2か所に入るので**$_5C_2$通り**。赤3個は残った3か所に入るので**$_3C_3$通り＝1通り**。これらを掛け合わせる。
$_7C_2 \times {_5C_2} \times 1$＝210通り
別解▶区別のある玉の並びは順列で**$_7P_7$＝7!**。しかしこれは、赤3個(3!)、白2個(2!)、青2個(2!)の並びが重複しているので、これを割って、
7!÷3!÷2!÷2!＝210通り

9 **❶【A】**
3種類から2個を選ぶ重複組み合わせ。
$_{3+2-1}C_2 = {_4C_2}$ **＝6通り**
別解▶種類が同じ場合は3種類なので3通り。種類が違う場合は3種類から2個を選ぶので、$_3C_2$＝3通り。3＋3＝6通り

❷【B】

3種類から4個を選ぶ重複組み合わせ。

${}_{3+4-1}C_4 = {}_6C_4 = {}_6C_2 = 15$通り

別解▶4個が同じ種類…リンゴ、モモ、カキの3種類から、4個にする1種類を選ぶので3通り。

3個が同じ種類…3個をリンゴに決めると残り1個はモモかカキの2種類で2通り。モモとカキについても同様に2通りで、2×3＝6通り。

2個が同じで他の2個同士も同じ種類…リンゴ2個＋モモ2個、リンゴ2個＋カキ2個、モモ2個＋カキ2個の3通り（3種類から2種類を選ぶので、${}_3C_2$＝3通りとしてもよい）。

2個が同じで他の2個同士が違う種類…2個をリンゴに決めれば、残り2個はモモとカキで1通り。モモとカキについても同様で、計3通り。

以上を合計して、3＋6＋3＋3＝15通り

10 ❶【A】

3種類から4個を選ぶ重複組み合わせは、

${}_{3+4-1}C_4 = {}_6C_4 = {}_6C_2 = 15$通り

ここからナシを3個以上選ぶ場合の組み合わせ（【ナナナナ】【ナナナミ】【ナナナキ】）を除く。

15－3＝12通り

❷【B】

どれも最低1個は選ぶので、5個のうち3個は（ミキナ）に確定し、残りは2個。

・2個が同じ場合…（ミミ）（キキ）の2通り。

・2個が違う場合…（ミキ）（ミナ）（キナ）の3通り（3種類から2種類を選ぶ${}_3C_2$通り）。

これらを足し合わせて、**2＋3＝5通り**

11 ❶【D】

1種類を4個ずつ、合計12個なので、12÷4＝3種類を選ぶことになる。8種類から3種類を選ぶ組み合わせの数なので、**${}_8C_3 = 56$通り**。

❷【C】

1種類ずつの個数は同じ（どの種類も同じ個数）で、洋菓子8個＋和菓子8個なので、可能な組み合わせは次の2通り。

①洋菓子1種類を8個＋和菓子1種類を8個…洋菓子は5種類から1種類、和菓子は3種類から1種類なので、**5×3＝15通り**

②洋菓子2種類を4個ずつ＋和菓子2種類を4個ずつ…洋菓子は5種類から2種類で${}_5C_2$、和菓子は3種類から2種類で${}_3C_2 = {}_3C_1$なので、

${}_5C_2 \times {}_3C_1 = 30$通り

①と②を合計して、**15＋30＝45通り**

❸【D】

①洋菓子5種類から3個を選ぶので、

${}_{5+3-1}C_3 = {}_7C_3$通り

②和菓子3種類から3個を選ぶので、

${}_{3+3-1}C_3 = {}_5C_3 = {}_5C_2$通り

①と②を掛け合わせて、**${}_7C_3 \times {}_5C_2 = 350$通り**。

12 ❶【A】

男女が交互になる並び方は（男女男女男女）と（女男女男女男）の2通り。この2通りのそれぞれに男性3人の順列と女性3人の順列があるので、

$2 \times {}_3P_3 \times {}_3P_3 = 2 \times 6 \times 6 = 72$通り

❷【D】

両端には男3人から2人を選んで並べるので、

${}_3P_2 = 3 \times 2 = 6$通り

間に入る4人は、両端に選ばれた2人を除いた4人を並べるので、

$4! = 4 \times 3 \times 2 \times 1 = 24$通り

これらを掛け合わせて、**6×24＝144通り**

❸【B】

男の位置は（男男男女女女）（女男男男女女）（女女男男男女）（女女女男男男）の4通り。この4通りに、男だけの順列と女だけの順列があるので、

$4 \times {}_3P_3 \times {}_3P_3 = 144$通り

別解▶【男男男】を1つの固まりと考えると、【男男男】【女】【女】【女】の順列は、

${}_4P_4 = 4 \times 3 \times 2 \times 1 = 24$通り

【男男男】内の順列は、${}_3P_3$＝6通り

24×6＝144通り

❹【B】

JKを１人と考えると、５人の順列になる。

5!＝5×4×3×2×1＝120通り

120通りについて、ＪとＫの並び方は「JK」と「KJ」の２通りがあるので、**120×2＝240通り**。

13【B】

図のような６通りは、回転すると重なるので、すべて❶を先頭にする同一の並びとなる。先頭の大人❶を固定して考える。大人は残り２人❸と❺で2!。子供は３人②と④と⑥で3!。従って、

2!×3!＝2×1×3×2×1＝12通り

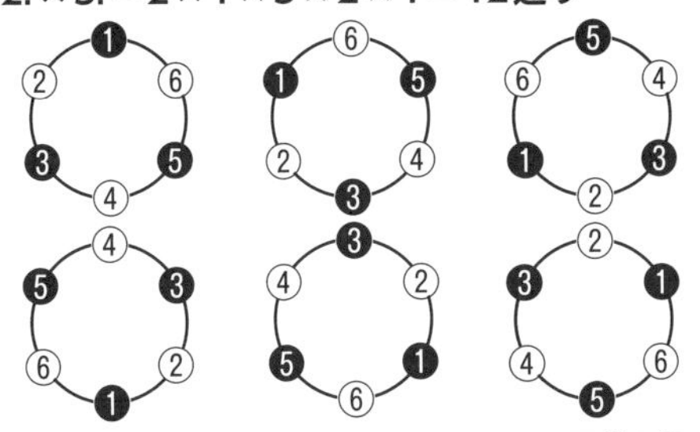

別解▶大人だけで円になり、その間に子供が入ると考える。大人の並び方は(3－1)!＝2!＝2通り。その間に子供３人を並べる順列で3!＝3×2×1＝6通り。従って、2×6＝12通り。

14 ❶【B】

６人の円順列で、**(6－1)!＝5! 通り**。

❷【B】

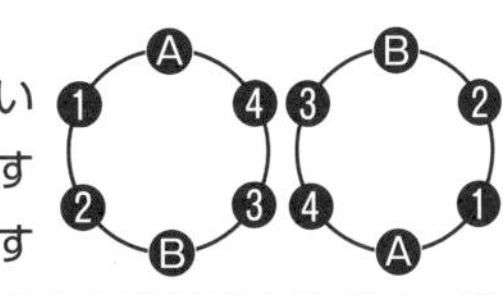

男子の🅐と🅑が向かい合うので、🅐を固定すると🅑の位置は決定する。回転すると🅐と🅑の位置は重なるので、男子の並び方は**１通り**。残る４か所に４人の女子が並ぶ順列は、**${}_4P_4$＝4!＝4×3×2×1＝24通り**。

1×24＝24通り

❸【C】

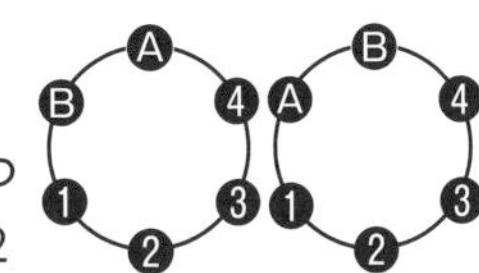

男子の🅐と🅑が手をつなぐので、隣り合う２か所が確定。(🅐🅑)と(🅑🅐)は区別が必要なので**２通り**。残った４か所に４人の女子❶❷❸❹が並ぶ順列は、**${}_4P_4$＝24通り**。

2×24＝48通り

別解▶🅐🅑を１人と考えれば、５人の円順列で、(5－1)!＝4!。(🅐🅑)と(🅑🅐)は区別が必要なので２通り。掛け合わせて、4!×2＝48通り。

16 確率【基本】

本文154ページ

1 ❶【B】

「Ｐの誕生日に晴れる。かつ、Ｑの誕生日に晴れる」なので、２つの場合の確率を掛ける。Ｐは40％(＝0.4)、Ｑは50％(＝0.5)。

0.4×0.5＝0.2 → 20％

❷【C】

Ｐの誕生日に晴れない確率は、1－0.4＝0.6。Ｑの誕生日に晴れない確率は、1－0.5＝0.5。どちらの誕生日も晴れない確率なので、

0.6×0.5＝0.3 → 30％

❸【C】

少なくともどちらか一方の誕生日に晴れる確率は、「すべての場合の確率１」からどちらの誕生日にも晴れない確率(❷)を除いた確率になる。

1－0.3＝0.7→70％

❹【A】

どちらか一方の誕生日だけに晴れるので、両方の誕生日に晴れる確率は含まない。❸の答え0.7から❶の答え0.2を引いた**0.5(50％)**になる。

別解▶Ｐの誕生日だけ晴れる確率は、「Ｐの誕生日に晴れる確率0.4×Ｑの誕生日に晴れない確率0.5＝0.2」。また、Ｑの誕生日だけ晴れる確

率は、「Qの誕生日に晴れる確率0.5×Pの誕生日に晴れない確率0.6＝0.3」。これを合計して、

0.2＋0.3＝0.5 → 50%

2【A】

PとQが同じ目になる確率は、Pが出した1〜6の数のどれかと同じ数をQが出す確率なので1/6、RとSが同じ目になる確率も同じく1/6。

$$\frac{1}{6}\times\frac{1}{6}=\frac{1}{36}$$

別解▶4人の目の組み合わせの数は、6×6×6×6通り…分母。PとQが同じ目(P＝Q)になるのは1〜6の6通り、RとSが同じ目になるのも同じく6通り。この2つの組み合わせなので、6×6通り…分子。従って、確率は、

$$\frac{6\times6}{6\times6\times6\times6}=\frac{1}{36}$$

3【C】

5回投げるときのすべての表裏の出方は、表か裏の2通りが5回なので、

2×2×2×2×2＝32通り…分母

5回のうち1回だけ表が出る組み合わせの数は、

$_5C_1$＝5通り…分子

従って、**5/32**。

別解▶1回目だけに表が出る場合は、1回目は表(確率1/2)、2〜5回目は裏(それぞれ確率1/2)なので、5回とも1/2になる。

$$\frac{1}{2}\times\frac{1}{2}\times\frac{1}{2}\times\frac{1}{2}\times\frac{1}{2}=\frac{1}{32}$$

2〜5回目だけに表が出る場合も同様なので、結局、5回のうち1回だけ表が出る確率は、

$$\frac{1}{32}\times5=\frac{5}{32}$$

4【C】

8個から、玉を2個取り出す取り出し方は、

$_8C_2$＝28通り…分母

このうち赤1個、白1個が出るのは、

$_3C_1$×$_5C_1$＝15通り…分子

従って、**15/28**。

5【A】

くじ引きの確率はくじを引く順番にかかわらず平等である。これを「くじ引きの公平性」という。ある3人が3人用のテントになる確率は何番目に引いても同じなので、確率は、3/8から分母と分子が1ずつ減っていき、

$$\frac{3}{8}\times\frac{2}{7}\times\frac{1}{6}=\frac{1}{56}$$

別解▶8人から3人を選ぶ組み合わせの数は、$_8C_3$＝56通り。特定の3人が選ばれるのはこのうちの1通りなので、1/56。

6 ❶【C】

2番目の人という問題だが、「くじ引きの公平性」より、1番目の人でも同じ確率になる。7本中で当たりが2本なので、**2/7**。

別解▶①1番目が当たりを引く確率は2/7、2番目が当たりを引く確率は1/6。ともに起きる確率は、2/7×1/6＝1/21。

②1番目の人が当たりを引かない確率は5/7、2番目が当たりを引く確率は2/6＝1/3。従って、5/7×1/3=5/21

①と②を足して、2/7。

❷【A】

2番目と3番目という問題だが、「くじ引きの公平性」より、1番目と2番目でも同じ確率になる。

$$\frac{2}{7}\times\frac{1}{6}=\frac{1}{21}$$

別解▶1番目の人が当たりを引かない確率は5/7、2番目と3番目の人が当たりを引く確率は、2/6×1/5=1/15

従って、$\frac{5}{7}\times\frac{1}{15}=\frac{1}{21}$

7 ❶【A】

12人から3人を選ぶ組み合わせの数は、

$_{12}C_3$=220通り…分母

当番が男性3人になる場合は、男性5人から3人を選ぶ組み合わせの数なので、

${}_5C_3 = {}_5C_2 = 10$通り…分子

従って、**10/220=1/22**

❷【C】

12人から3人は❶より**220通り…分母**。女性2人以上になるのは、「①男1と女2」または「②女3」の場合。①男1と女2の選び方は、**${}_5C_1 \times {}_7C_2 = 105$通り**。②女3の選び方は、**${}_7C_3 = 35$通り**。①+②…**105 + 35 = 140通り…分子**。

従って、**140/220=7/11**

別解▶女性が2人以上なので、すべての確率1から男3か、男2と女1の確率を引いてもよい。

8 ❶【A】

8個中、4個が連続して赤玉の確率なので、

$$\frac{4}{8}\times\frac{3}{7}\times\frac{2}{6}\times\frac{1}{5}=\frac{1}{70}$$

別解▶8個から4個を選ぶ組み合わせは、${}_8C_4 = 70$通り…分母。赤4個から4個を選ぶ組み合わせは1通り…分子。

❷【B】

赤なら箱に戻し、白なら戻さない。白・赤・白の順番をそのまま掛け合わせて、

$$\frac{4}{8}\times\frac{4}{7}\times\frac{3}{7}=\frac{6}{49}$$

9 ❶【A】

偶数になる確率は1/2。奇数になる確率も1/2。

Xから白玉が出る確率…$\frac{1}{2}\times\frac{2}{6}=\frac{1}{6}$

Yから白玉が出る確率…$\frac{1}{2}\times\frac{4}{10}=\frac{1}{5}$

$$\frac{1}{6}+\frac{1}{5}=\frac{11}{30}$$

❷【D】

サイコロを2回振って、少なくとも1回は赤玉が出る確率は、すべての確率1から2回とも白玉が出る確率を引いたもの。1回振って白玉が出る確率は、❶の通り11/30。2回目も同じく11/30。2回とも白玉が出る確率は、

$$\frac{11}{30}\times\frac{11}{30}=\frac{121}{900}$$

少なくとも1回は赤玉が出る確率は、

$$1-\frac{121}{900}=\frac{779}{900}$$

10 ❶【B】

赤の確率は2/5で10%(1/10)が当たりなので、

$$\frac{2}{5}\times\frac{1}{10}=\frac{1}{25}$$

❷【B】

1個目当たりは、「赤または白が当たり」の確率。

$$\frac{2}{5}\times\frac{1}{10}+\frac{3}{5}\times\frac{2}{10}=\frac{4}{25}$$

1個目も、2個目も当たりの確率は、

$$\frac{4}{25}\times\frac{4}{25}=\frac{16}{625}$$

11 ❶【B】

「くじ引きの公平性」より、最初の2人が当たる確率と同じ。

$$\frac{2}{5}\times\frac{1}{4}=\frac{1}{10}$$

別解▶5本から2本を引く組み合わせの数は、${}_5C_2 = 10$通り…分母。2本の当たりくじから2本を引くのは1通り…分子。従って、1/10。

❷【C】

5人はすべて同じ確率。ある1人が当たりを引いて、もう1人が当たりを引かない確率は、

$$\frac{2}{5}\times\frac{3}{4}=\frac{3}{10}$$

Pが当たりの場合と、Rが当たりの場合を足して、

$$\frac{3}{10}+\frac{3}{10}=\frac{3}{5}$$

別解▶5本から2本を引く組み合わせの数は、${}_5C_2 = 10$通り…分母。2本の当たりから1本を引くのは、${}_2C_1 = 2$通り。3本のはずれから1本を引くのは、${}_3C_1 = 3$通り。分子はこの2つの積なので、2×3=6通り。従って、6/10=3/5。

12 ❶【A】

Pが大吉(1/10)、Qが小吉(1/5)なので、

$\frac{1}{10}\times\frac{1}{5}=\frac{1}{50}$

❷【B】

大吉でも小吉でもない確率は、

$1-(\frac{1}{10}+\frac{1}{5})=\frac{7}{10}$

2人なので、

$\frac{7}{10}\times\frac{7}{10}=\frac{49}{100}$

❸【C】

余事象である「2人とも大吉でも小吉でもない確率」を全体1から引く。❷より「2人とも大吉でも小吉でもない確率」は49/100。求める確率は、

$1-\frac{49}{100}=\frac{51}{100}$

13 ❶【A】

Pが表の確率は0.40、Qが表の確率は0.45。

0.4 × 0.45 = 0.18

❷【D】

1回目に表、2回目に裏が出る確率は、

0.4 × (1 − 0.4) = 0.24

1回目に裏、2回目に表も0.24なので、

0.24 + 0.24 = 0.48

14 ❶【B】

Pが右端になる確率は1/5。同時にTが左端になる確率は1/4。PとTが左右入れ替わる場合もあるので、PとTが両端になる確率は2倍して、

$\frac{1}{5}\times\frac{1}{4}\times 2=\frac{1}{10}$

❷【D】

PとRの間が1つ空く並び方は次の**3通り**だけ。

P●R□□/□P●R□/□□P●R(PがRの左)

PとR以外の**3枚**のいずれかが●に入り、残った**2枚**が□のどちらかに入るので、**3 × 3 × 2 = 18通り**。同様に、RがPの左の場合も**18通り**。5枚すべての並べ方は、**5! = 120通り**なので、PとRの間が1つ空く確率は、

$\frac{18+18}{120}=\frac{36}{120}=\frac{3}{10}$

別解▶PとRの2枚を配置する場所の選び方は、$_5C_2$ = 10通り。間が1つ空く配置は、上記の通り3通りなので、3/10。

※PとQの左右を区別して考えても同じ。

$\frac{3\times 2}{_5P_2}=\frac{6}{20}=\frac{3}{10}$

15 ❶【D】

Rに配られる2枚のカードの選び方は、

$_8C_2$ = 28通り…分母

奇数と偶数1枚ずつの選び方は、

$_4C_1 \times {}_4C_1$ = 16通り…分子

従って、**16/28 = 4/7**。

❷【D】

余事象は、Pに2枚同じ数字が配られること(3枚とも同じ数字になることはない)。これをすべての場合の確率1から引く。

Pに配られる3枚のカードの選び方は、

$_8C_3$ = 56通り…分母

2枚同じ数字になるのは「1・1」「2・2」「3・3」「4・4」の4通り。残り1枚は6枚からの6通り。

4 × 6 = 24通り…分子

$1-\frac{24}{56}=1-\frac{3}{7}=\frac{4}{7}$

別解▶Pに配られる3枚の組み合わせは$_8C_3$ = 56通り…分母。Pに配られる3つの数字の選び方は、$_4C_3$ = 4通り…(123) (124) (134) (234)。数字はそれぞれ2枚ずつあるので、場合の数は、4×2^3=32…分子。32/56=4/7

16 ❶【C】

Pの1がQの数より大きい数になる確率は、**0**。

Pの3はQの2より大きいので、確率は、

$\frac{1}{4}\times\frac{1}{3}=\frac{1}{12}$

Pの5はQの2と4より大きいので、確率は、

$\frac{1}{4}\times\frac{2}{3}=\frac{2}{12}$

Pの7はQの2と4と6より大きいので、確率は、

$\frac{1}{4}\times\frac{3}{3}=\frac{3}{12}$

以上を合計して、

$0+\frac{1}{12}+\frac{2}{12}+\frac{3}{12}=\frac{6}{12}=\frac{1}{2}$

❷【C】 □□□

すべての組み合わせの数は、

$_4C_2\times{}_3C_2=18$通り…分母

Qの2枚の合計は6か8か10のいずれかになる。Pの2枚の合計が6か8か10になるのは(1、5)(1、7)(3、5)(3、7)の4通りで、それぞれに対してQの1通りが対応するので、

4×1＝4通り…分子

従って、**4/18=2/9**。

別解▶Qが出す2枚の合計は、6か8か10で、確率はそれぞれ1/3。Pの2枚の組み合わせの数は$_4C_2$＝6通り。6通りのうち、Pが、

①合計6になるのは(1・5)の1通りなので1/6。Qが6でPが(1・5)の確率は、

$\frac{1}{3}\times\frac{1}{6}=\frac{1}{18}$

②合計8になるのは(1、7)(3、5)の2通りなので2/6。Qが8でPが(1、7)(3、5)の確率は、

$\frac{1}{3}\times\frac{2}{6}=\frac{2}{18}$

③合計10になるのは(3・7)の1通りなので1/6。Qが10でPが(3・7)の確率は、

$\frac{1}{3}\times\frac{1}{6}=\frac{1}{18}$

①＋②＋③＝$\frac{1}{18}+\frac{2}{18}+\frac{1}{18}=\frac{4}{18}=\frac{2}{9}$

17 ❶【A】 □□□

同時に同じカードは引けないので、スペードを引くのは甲が16枚中4枚、乙が15枚中3枚。

$\frac{4}{16}\times\frac{3}{15}=\frac{1}{20}$

別解▶16枚から2枚を引く組み合わせは、$_{16}C_2$＝120通り…分母。スペード4枚から2枚を引く組み合わせは、$_4C_2$＝6通り…分子。従って、6/120＝1/20。

❷【C】 □□□

2人ともハートを引かない確率(16枚中12枚→15枚中11枚)なので、

$\frac{12}{16}\times\frac{11}{15}=\frac{11}{20}$

❸【C】 □□□

余事象は2人ともダイヤを引かない確率。2人ともある1種類のカードを引かない確率(❷で求めた11/20)を、1から引いて、**9/20**。

❹【B】 □□□

2人ともスペードを引く確率は、❶で求めた1/20。4種類のマークについて同様なので、

$\frac{1}{20}\times4=\frac{1}{5}$

別解▶甲は16枚から何を引いてもよいので、確率は16/16=1。乙は残った15枚のうち、甲が引いたマーク(4－1＝3枚)から引けばよいので、確率は3/15。

$1\times\frac{3}{15}=\frac{3}{15}=\frac{1}{5}$

18 ❶【B】 □□□

1回のじゃんけんでPが勝つ確率は1/3(負け1/3、アイコ1/3)。1回だけ勝つには、他の2回は勝たない(勝たない確率は2/3)ので、

$\frac{1}{3}\times\frac{2}{3}\times\frac{2}{3}=\frac{4}{27}$

1回目だけ、2回目だけ、3回目だけ勝つ場合があるので、これを3倍して、

$\frac{4}{27}\times3=\frac{4}{9}$

❷【C】 □□□

余事象の「Pが1回も負けない確率」を1から引く。負けない確率は、勝ち1/3＋アイコ1/3＝2/3。3回連続負けないので、3回掛ける。

$$1-\frac{2}{3}\times\frac{2}{3}\times\frac{2}{3}=1-\frac{8}{27}=\frac{19}{27}$$

【参考】2人でじゃんけんして、アイコになる確率は1/3。3人でじゃんけんして、アイコになる確率も1/3。4人になると、13/27になる。

19 ❶【D】

2つのサイコロの目の出方は**6×6＝36通り**。XとYが引き分けになるのは、同じ数同士の6通り（図の●）、従って引き分けではなく、XかYが勝つのは、

36－6＝30通り

XとYが勝つ確率は等しいので、2で割って、

30÷2＝15通り。

全36通りでXが勝つ確率は、**15/36＝5/12**。

X＼Y	1	2	3	4	5	6
1	●					
2	■	●				
3	■	■	●			
4	■	■	■	●		
5	■	■	■	■	●	
6	■	■	■	■	■	●

別解1▶（X＞Y）になる目の組み合わせは、（2と1）（3と1〜2）（4と1〜3）（5と1〜4）（6と1〜5）で、1＋2＋3＋4＋5＝15通り（図の■）

別解2▶X＞Yという大小関係が成り立てばよいので、違う数字2つの組み合わせの数（順列ではない）で、$_6C_2$＝15通り。

❷【A】

Xが4以上を出して負けるのは（X＜Y）の数が、（4と5〜6）（5と6）なので、**2＋1＝3通り**。

従って、**3/36＝1/12**。

❸【B】

Xが3以上の差で勝つのは、（4と1）（5と2〜1）（6と3〜1）なので、**1＋2＋3＝6通り**。

従って、**6/36＝1/6**。

16 確率【応用】

本文161ページ

1【C】

2回振るので、サイコロの目の出方は全部で、**6×6＝36通り**。2回で5つ目の位置へとコマが進む組み合わせは、（1→5）（2→3）（3→2）の**3通り**。従って、**3/36＝1/12**。

2【C】

菓子2個の組み合わせは、PX、PY、QX、QYの4通り。QもYも入っていない袋は**PXのみ**。

Pの入っている確率は、**80/100=4/5**。

Xの入っている確率は、**70/100=7/10**。

PXをもらう確率…$\frac{4}{5}\times\frac{7}{10}=\frac{14}{25}$

3 ❶【C】

1個目が青（4/9）で2個目も青（3/8）なので、

$$\frac{4}{9}\times\frac{3}{8}=\frac{1}{6}$$

別解▶9個から2個なので$_9C_2$=36通り…分母。

青4個から2個なので$_4C_2$=6通り…分子。

従って、6/36=1/6。

❷【D】

①（赤→黄）の場合…$\frac{2}{9}\times\frac{3}{8}=\frac{1}{12}$

②（黄→赤）の場合…$\frac{3}{9}\times\frac{2}{8}=\frac{1}{12}$

①または②なので、合計して1/6。

別解▶すべての場合の数は9個から2個を取り出すので、$_9C_2$=36通り…分母。赤2個から1個を取り出すのは$_2C_1$=2通り。黄3個から1個を取り出すのは$_3C_1$=3通り。2つの積、2×3=6…分子。従って、6/36=1/6。

4 ❶【A】

1人目から順に確率を掛け合わせる。くじの数が1本ずつ減っていく。

$\frac{5}{11}\times\frac{4}{10}\times\frac{3}{9}=\frac{2}{33}$

別解▶すべての組み合わせの数は11本から3本を引くので、${}_{11}C_3$＝165通り…分母。5人乗り(5本)から3本を引く組み合わせは、${}_5C_3={}_5C_2$＝10通り…分子。従って、10/165＝2/33。

❷【C】

1人目が2人乗りで、2、3人目が5人乗りを引く確率(2人→5人→5人)は、

$\frac{2}{11}\times\frac{5}{10}\times\frac{4}{9}=\frac{4}{99}$

2人目、3人目が2人乗りを引くときも同じ確率。

$\frac{4}{99}+\frac{4}{99}+\frac{4}{99}=\frac{4}{33}$

別解▶すべての場合の数は、11本から3本を引く組み合わせで、${}_{11}C_3$＝165通り…分母。5人乗り5本から2本を引く組み合わせは、${}_5C_2$＝10通り。2人乗り2本から1本を引く組み合わせは、${}_2C_1$＝2通り。2つの積、10×2=20通り…分子。従って、20/165＝4/33。

5 ❶【C】

2枚で6000円になるのは、千円札＋五千円札の場合。最初に千円札を取り出す確率は8枚中2枚の1/4。次に五千円札を取り出す確率は7枚中2枚の2/7。これを掛け合わせて、

$\frac{1}{4}\times\frac{2}{7}=\frac{1}{14}$

最初に五千円札、次に千円札の場合も同じ確率なので、

$\frac{1}{14}\times 2=\frac{1}{7}$

別解▶8枚中2枚を取り出す組み合わせは、${}_8C_2$＝28通り…分母。千円札と五千円札になるのは、それぞれ2枚中1枚を引くので、${}_2C_1\times{}_2C_1$＝2×2＝4通り…分子。従って、4/28=1/7。

❷【A】

3枚で5000円になるのは(2000円・2000円・1000円)の場合。これは(2・2・1)(2・1・2)(1・2・2)の3通りで、どれも同じ確率。

$\frac{2}{8}\times\frac{1}{7}\times\frac{2}{6}=\frac{1}{84}$

3通りなので3倍して、$\frac{1}{84}\times 3=\frac{1}{28}$

別解▶8枚中3枚を取り出す組み合わせは、${}_8C_3$＝56通り…分母。二千円札2枚と千円札1枚の組み合わせは、${}_2C_2\times{}_2C_1$＝2通り…分子。従って、2/56＝1/28。

6 ❶【A】

白玉を当たりと考えると、1番目と3番目と5番目だが、「くじ引きの公平性」より、1番目と2番目と3番目でも同じ確率になる。

$\frac{3}{5}\times\frac{2}{4}\times\frac{1}{3}=\frac{1}{10}$

別解1▶5個を順番に取り出すとき、3個の白玉を取り出す順番3か所(①②③④⑤のうちの3か所)を決めれば、残り2か所は黒玉に決まる。従って、すべての順番のパターンは、${}_5C_3={}_5C_2$＝10通り。1番目と3番目と5番目が白玉になるパターンは、そのうち1通りだけなので、1/10。

別解2▶1個目から順に計算する。1番目の玉が白である確率は、5個中に白3個で3/5。2番目の玉が黒である確率は、残り4個中黒2個で、2/4。3番目の玉が白である確率は、残り3個中白2個で、2/3。4番目の玉が黒である確率は、残り2個中黒1個で、1/2。5番目の玉が白である確率は、残り1個中白1個で、1/1。

$\frac{3}{5}\times\frac{2}{4}\times\frac{2}{3}\times\frac{1}{2}\times\frac{1}{1}=\frac{1}{10}$

ポイント 異なる5個の並び方ならば、${}_5P_5$＝5!＝120通り。ただし同じ色は順番を入れかえても同じになる。白の並び方は${}_3P_3$＝3!＝6通り。黒の並び方は${}_2P_2$＝2!＝2通り。従って、玉の並び方は、120÷6÷2＝10通り。

❷【B】

最初から「黒白黒白」となる順番は、すべてのパ

ターン10通りのうち1通りだけなので、**1/10**。
【参考】単に「黒白黒白」が現れる確率なら、「白黒白黒白」も入るので10通り中2通りで1/5。

❸【C】

白玉が3つ連続するのは、(黒黒白白白)(白白白黒黒)(黒白白白黒)の3パターン。すべてのパターン10通りのうち3通りなので、**3/10**。
【参考】黒い玉が2つ連続するのは、(黒黒白白白)(白黒黒白白)(白白黒黒白)(白白白黒黒)の4通りなので、確率は4/10=2/5。

7 ❶【B】

白石を1個ずつ3個取り出す確率になる。

$$\frac{6}{8}\times\frac{5}{7}\times\frac{4}{6}=\frac{5}{14}$$

別解▶8個から3個を取り出す組み合わせの数は、${}_8C_3$＝56通り…分母。白6個から3個を取り出す組み合わせの数は、${}_6C_3$＝20通り…分子。従って、20/56=5/14。

❷【C】

白が2個以上とは、白2個または3個の場合。
白2個…(黒白白)(白黒白)(白白黒)の3通り。どれも同じ確率なので、(黒白白)の確率を3倍。

黒白白を3倍…$\frac{2}{8}\times\frac{6}{7}\times\frac{5}{6}\times 3=\frac{15}{28}$

白3個…❶で出した**5/14**

$$\frac{15}{28}+\frac{5}{14}=\frac{25}{28}$$

別解1▶白2個以上の余事象は、白1個以下。
白0個…黒は2個なので、3個は取り出せない。確率は0。
白1個…(白黒黒)(黒白黒)(黒黒白)の3通り。どれも同じ確率なので、(白黒黒)の確率を3倍。

白黒黒を3倍…$\frac{6}{8}\times\frac{2}{7}\times\frac{1}{6}\times 3=\frac{3}{28}$

$$1-0-\frac{3}{28}=\frac{25}{28}$$

別解2▶❶の別解の通り、${}_8C_3$＝56通りが分母。分子は、「白2個・黒1個の場合＋白3個の場合」。白2個・黒1個…白6個中白2個を取り出す${}_6C_2$＝15通りと、黒2個から黒1個を取り出す${}_2C_1$＝2通りを掛け合わせて、15×2＝30通り。
白3個…${}_6C_3$＝20通り。20＋30＝50通りが分子。従って、50/56=25/28。

❸【C】

黒1個になるのは(黒白白)(白黒白)(白白黒)の3通り。どれも同じ確率なので、(黒白白)の確率を3倍する。そのつど石を袋に戻すので、分母、分子の石の数は変わらない。

$$\frac{2}{8}\times\frac{6}{8}\times\frac{6}{8}\times 3=\frac{9}{64}\times 3=\frac{27}{64}$$

❹【D】

4回目で3個目の白が出るので、3回目までに2個の白が出ている。これは(黒白白)(白黒白)(白白黒)の3通りで、❸の確率と同じ27/64。最後の4回目に8個中6個の白を引く確率は、6/8=3/4。これを掛け合わせる。

$$\frac{27}{64}\times\frac{3}{4}=\frac{81}{256}$$

8 ❶【D】

3個のうち、偶数が1つでもあれば積は偶数になる。すべての確率1から、3つとも奇数になる確率(1/2×1/2×1/2=1/8)を引けばよい。

$$1-\frac{1}{8}=\frac{7}{8}$$

❷【B】

出た目の和が奇数になる組み合わせは、(奇、奇、奇)(奇、偶、偶)(偶、奇、偶)(偶、偶、奇)の4通り。偶数になる組み合わせは、(偶、偶、偶)(偶、奇、奇)(奇、偶、奇)(奇、奇、偶)の4通り。出た目の和が奇数になる確率は、**4/8=1/2**。
ポイント 偶数と奇数は対等なので、何個のサイコロを投げたとしても、和が奇数の確率＝和が偶数の確率＝1/2。

9 ❶【B】

1〜4の4枚のうちで2が2番目になる確率は1/4、残り3枚から3が3番目になる確率は1/3。

$$\frac{1}{4}\times\frac{1}{3}=\frac{1}{12}$$

❷【C】

1組目はどんな並びでもよい（例えば4321）。2組目を1組目とまったく同じ順序（4321）に置いていく確率と考える。2組目の1枚目は4枚から4を選ぶ確率なので1/4、2枚目は3枚から3を選ぶ確率なので1/3、……となる。

$$\frac{1}{4}\times\frac{1}{3}\times\frac{1}{2}\times\frac{1}{1}=\frac{1}{24}$$

別解▶1234の数字で作ることができる4けたの数は、数字を4つ並べる順列で、
${}_4P_4$＝4×3×2×1＝24通り
従って、同じ順番になる確率は1/24。

10 **❶【D】**

すべての場合の数は、5枚から順番に関係なく3枚を引く組み合わせの数なので、**${}_5C_3={}_5C_2$＝10通り…分母**。3枚のうち1と2はすでに決まっているので、3、4、5の3枚から1枚を引く組み合わせの数が、起こる場合の数で、**${}_3C_1$＝3通り…分子**。従って、**3/10**。

別解▶1と2以外をXとすると、（12X）の順番になる確率は、1が5枚から1枚、2が4枚から1枚、Xは残り3つの数のどれでもよいので3枚から3枚で、1/5×1/4×3/3＝1/20。（12X）の他に、（1X2）（X12）（21X）などがあり、これらの並び方は${}_3P_3$＝6通り。6通りそれぞれが同じ確率1/20で起こるので、6×1/20＝3/10。

❷【C】

1枚目（百の位）が5になる確率も、2枚目（十の位）が5になる確率も同じなので、1枚目が5になる確率を考えて、**1/5**。

別解1▶1枚目に5でないカードを引く確率…4/5。2枚目に5を引く確率…1/4。3枚目に5でないカードを引く確率…3/3。従って、
4/5×1/4×3/3＝1/5

別解2▶すべての場合の数は、5つの数字から3つの数を選んで並べる順列で、${}_5P_3$＝60通り。十の位の5は決まっているので、百と一の位に入る数字だけを考える。これは5を除いた1〜4の4つの数字から2つの位（数字）を選ぶ順列で、${}_4P_2$＝12通り。従って、12/60=1/5。

❸【B】

1枚目が奇数の確率は3/5。奇数は袋に戻さないので4枚に減る。2枚目偶数の確率は2/4=1/2。偶数は袋に戻すので4枚のまま。3枚目奇数の確率は2/4=1/2。従って、

$$\frac{3}{5}\times\frac{1}{2}\times\frac{1}{2}=\frac{3}{20}$$

11 **❶【A】**

赤玉の当たりは5×0.4＝2。青玉の当たりは2×0.5＝1。当たり玉の赤：青の比率は、**2：1**。

❷【D】

赤：青＝5：2なので、赤5個（当たり2、はずれ3）、青2個（当たり1、はずれ1）と仮定する。全部で7個のうち、はずれは4個なので、2回連続してはずれを引く確率は、

$$\frac{4}{7}\times\frac{4}{7}=\frac{16}{49}$$

❸【C】

余事象である「赤玉の当たりが2回とも出ない」確率をすべての確率1から引く。赤玉の当たりが出ない確率は、5/7。それが2回連続する。

$$1-\frac{5}{7}\times\frac{5}{7}=1-\frac{25}{49}=\frac{24}{49}$$

12 **❶【A】**

赤：白＝3：2なので、赤玉は全体（5）のうちの3で3/5＝0.6。その10%＝0.1が当たりで、
0.6×0.1＝0.06＝6%

❷【B】

赤玉の当たりの割合…全体の**0.06**
白玉の当たりの割合…白玉は全体（5）のうちの2で2/5＝0.4。その20%が当たりなので、
0.4×0.2＝0.08。従って、
0.06＋0.08＝0.14＝14%

❸【D】

当たりが出る確率…❷より0.14。

当たりが出ない確率…1 − 0.14 = 0.86。

2回とも当たりが出ない確率…

0.86 × 0.86 = 0.7396 = 73.96% ≒ 74%

13 ❶【B】

・PとQの出し手と勝敗の確率

P＼Q	グー1/2	パー1/4	チョキ1/4
グー1/4	1/8	1/16	1/16
パー1/4	1/8	1/16	1/16
チョキ1/2	1/4	1/8	1/8

余事象である「2回ともPがチョキで勝たない確率」を1から引く。Pがチョキで Qがパーの確率は1/8なので、Pがチョキで勝たない確率は7/8。

$$1-\frac{7}{8}\times\frac{7}{8}=1-\frac{49}{64}=\frac{15}{64}$$

❷【C】

1回について、Pがグーかパーを出して勝つかアイコになる確率は、上の表より、「PグQチ＋PグQグ＋PパQグ＋PパQパ」で、

$$\frac{1}{16}+\frac{1}{8}+\frac{1}{8}+\frac{1}{16}=\frac{3}{8}$$

それ以外の確率は**5/8**で、これが2回連続で起こる確率を1から引く。

$$1-\frac{5}{8}\times\frac{5}{8}=1-\frac{25}{64}=\frac{39}{64}$$

【参考】上記の「それ以外の確率」は、「①Pがチョキ」または「②Pがグーかパーで負けること」で、①は1/2、②はPグQパの1/16とPパQチの1/16。合計して、5/8になる。

14 ❶【D】

Pが出したカードと同じカードをQが出す確率は5枚の中の1枚なので**1/5**。これは何枚目のカードでも同じ確率になる。

別解▶例えば、3枚目にPが1を出す確率は1/5、Qが1を出す確率も1/5なので、1/5 × 1/5 = 1/25。これは1〜5の5つの数字について同様なので、1/25 × 5 = 1/5。

❷【C】

1枚目同士が一致する確率は1/5。2枚目も一致する確率は、1枚目に出したカードを除いて4枚のうちの1枚なので1/4。3枚目も一致する確率は、1、2枚目に出したカードを除いて1/3。…以下同様。従って、

$$\frac{1}{5}\times\frac{1}{4}\times\frac{1}{3}\times\frac{1}{2}\times\frac{1}{1}=\frac{1}{120}$$

別解▶12345の数字で作ることができる5けたの数は、数字を5つ並べる順列で、

${}_5P_5$ = 5 × 4 × 3 × 2 × 1 = 120通り

従って、同じ順番でQが出す確率は1/120。

❸【C】

1枚目同士が一致する確率は5枚のうちの1枚で1/5。2枚目も一致する確率は、1枚目のカードを除いて4枚のうちの1枚で1/4。3枚目も一致する確率は、1、2枚目に出したカードを除いて1/3。これらの積を求める。

$$\frac{1}{5}\times\frac{1}{4}\times\frac{1}{3}=\frac{1}{60}$$

別解▶作ることができる数は、5つの数字から3つを選んで並べる順列なので、${}_5P_3$ = 5 × 4 × 3 = 60通り。従って、Pが出した3枚と同じ順番でQが出す確率は1/60。

❹【D】

何枚目かは関係ない。1枚目に3、2枚目に5、あと3枚は自由と考えても同じ確率となる。5枚から「3」を選ぶ確率は1/5、次に4枚から「5」を選ぶ確率は1/4。従って、

$$\frac{1}{5}\times\frac{1}{4}=\frac{1}{20}$$

15 ❶【A】

Pが担当する組み合わせは、6回のうち2回で、

${}_6C_2$ = (6 × 5) ÷ (2 × 1) = 15通り…分母

午前は3日あるので、そのうち2日をPが担当する組み合わせは、

$_3C_2 = (3 \times 2) \div (2 \times 1) = 3$**通り…分子**
Pが2回とも午前を担当する確率は、

$$\frac{3}{15}=\frac{1}{5}$$

❷【D】

全部で6か所(下の○)に入る。

	月	火	水
午前	○	○	○
午後	○	○	○

①Pの1つ目はどこでもよい(6/6)。2つ目は1つ目と同じ日なので、1/5。
②Qは残った4回の中で、1つ目はどこでもよい(4/4)。2つ目は1つ目と同じ日なので、1/3。
③Rは自然と残った2回に決まる。

①②③が同時に起こるので、$\frac{1}{5}\times\frac{1}{3}=\frac{1}{15}$

別解▶6回の担当者のすべての並べ方は、$_6P_6 = 6!$通り。しかし、1人2回ずつ担当するので、同じものを含む順列となる。例えば、Pがある曜日の午前と午後に入った場合、「午前P／午後P」と「午後P／午前P」は同じものになるので、P1人につき、$_2P_2 = 2!$通りは同じものとして、すべての並べ方を割る。同様に、Q、Rもそれぞれ、$_2P_2 = 2!$通りは区別できない同じものとして、すべての並べ方を割ると、1人2回ずつ担当したときの並べ方の総数が求められる。
$6! \div (2!2!2!) = 720 \div 8 = 90$通り
3人を各曜日に並べる並べ方は、$_3P_3 = 3! = 6$通り。従って、6／90＝1/15。

17 損益算

本文170ページ

1【A】

定価…750＋150＝900円
売値…900×(1－0.1)＝810円
1個あたりの利益＝810－750＝60円

2【D】

定価の15%－10%＝5%が135円に相当する。
定価…135÷0.05＝2700円

3【B】

定価をx円とする。仕入れ値850円で定価の3割引(0.7x円)で売ると、200円の利益なので、
0.7x－850＝200 → x＝1500円

4【B】

原価1200円の4割増しの定価なので、
定価…1200×1.4＝1680円
売値は定価の2割5分引なので、
売値…1680×0.75＝1260円
利益＝1260－1200＝60円

5【C】

原価を100円とすると、定価は125円。原価100円で販売すると定価から25円引き。
25÷125=0.2 → 定価の20%引き

6【D】

原価を100円とすると、定価は160円。値引き後の売値は、利益が原価の28%なので128円。値引きが、定価160円の何%かを考える。
(160－128)÷160＝0.2 → 定価の20%引き

7【B】

40個で4800円の利益なので、1個の利益は4800÷40＝120円。値引き後の価格は720＋120＝840円。定価は720＋330＝1050円。

840 ÷ 1050 = 0.8→定価の80%（20%引き）

8【A】

原価をx円とすると、定価は1.3x円。その1割は0.13x円。これが52円なので、

0.13x = 52 → x = 400円

9【D】

定価x円の1割引(0.9)で50個、2割引(0.8)で150個売ると、利益が78000円になるので、

0.9x×50+0.8x×150=600×200+78000

45x + 120x = 120000 + 78000

x = 1200円

10【C】

仕入れ値をx円とする。売上＝仕入れ値＋利益。

800 × 30 + 1300 × 20 = 50x + 9500

50x = 40500 → x = 810円

別解▶800円30個分の利益は、

(800 − x) × 30 = (24000 − 30x)円

1300円20個分の利益は、

(1300 − x) × 20 = (26000 − 20x)円

この合計が9500円になるので、

(24000 − 30x) + (26000 − 20x) = 9500

50x = 40500 → x = 810円

11【B】

仕入れ値x円の定価は1.5x円。3割引の売値は、

1.5x × 0.7=1.05x円

利益はx円をオーバーした分なので、**0.05=5%**。

12【C】

仕入れ値x円の定価は1.6x円。30%引きは、

1.6x × 0.7=1.12x円

利益は0.12=12%。利益の90円が仕入れ値の12%にあたるので、

仕入れ値…90 ÷ 0.12 = 750円

定価…750 × 1.6 = 1200円

13【D】

仕入れ値x円の25%が利益600円に相当するので、仕入れ値は、600 ÷ 0.25=2400円。定価4000円のy(率)で売ると利益が600円なので、

4000y − 2400 = 600円

y = 0.75 → 値引率は1−0.75=0.25=25%

14【C】

定価をx円、原価をy円とおくと、

(1 − 0.25)x = 1.2y

x = 1.6y → 1.6倍

別解▶原価を100円とすると、原価の2割の利益が出る売値は、100 × 1.2 = 120円…①

定価をxとすると、定価の2割5分引の売値は、0.75x円…②

①と②は同じ売値なので、120 = 0.75x。

x = 120 ÷ 0.75 = 160円

原価100円で定価160円なので、1.6倍。

15【C】

仕入れ値x円で、定価は1.4x円。売上は、

(1.4x × 30) + (1.4x × 20 × 0.7) = 61.6x円

売上61.6x円で、仕入れ値が50x円なので、

61.6x ÷ 50x = 1.232 → 23.2%の利益

16【A】

仕入れ値…320 × 120=38400円

定価100個の売上…

320 × 1.2 × 100=38400円

半額で売った20個の売上…

320 × 1.2 × 20 ÷ 2=3840円

従って、**利益は3840円**。

17【D】

定価をx円とする。200円のグラス300個の1割が割れても原価の1割の利益が出るので、

200 × 300 × 1.1=x × (300 × 0.9)

x = 200 × 1.1 ÷ 0.9 = 244.44…円

【参考】この問題では仕入れた数は何個でも、答えは245円になる。
別解▶仕入れ値は300×200＝60000円。1割の利益が出る額は、60000×1.1＝66000円。300個のうち1割が割れると残りは、300×0.9＝270個。270個で66000円になればよいので、66000÷270＝244.44…円

18【B】

Pの原価をp、Qの原価をqとすると、20個ずつ仕入れて合計36000円なので、
20p＋20q＝36000…①
Pを原価の1.2倍、Qを1.4倍で20個ずつ販売して売上総額が48000円なので、
(1.2p＋1.4q)×20＝48000
24p＋28q＝48000…②
①と②を解いて、**p＝600円**、**q＝1200円**。
原価600円の2割の利益があるPの売値は、
600×1.2＝720円

19【D】

原価を100円、定価を100+x円とする。定価の7割(0.7)が、100円(原価)以上なら赤字にならないので、
0.7(100＋x)≧100
0.7x≧30 → x≧300/7
原価：x＝100：300/7＝1：3/7

20 ❶【A】

売値…900×0.7＝630円
630円で売ると原価の2割の利益なので、
原価…630÷1.2＝525円
❷【C】
原価2450円の2割の利益が出る売値は、
売値…2450×1.2＝2940円
2940円が定価の3割引(0.7)にあたるので、
定価…2940÷0.7＝4200円
別解▶原価をg、定価をtとするとき、
原価の2割増し＝定価の3割引なので、
1.2g＝0.7t
❶では、tに900を代入して、
1.2g＝0.7×900 → g=525円
❷では、gに2450を代入して、
1.2×2450＝0.7t → t=4200円

21 ❶【D】

Pの仕入れ値x円のとき、定価は1.4x円。
売値…1.4x×(1－0.15)＝1.19x円
利益…1.19x－x＝380円 → x＝2000円
定価…2000×1.4＝2800円
❷【C】
Qの仕入れ値x円のとき、
定価で売った50個の利益…0.4x×50=20x円
定価の3割引(0.7)で売った10個の利益…
(1.4x×0.7－x)×10＝－0.2x円
利益の合計が12870円なので、
20x－0.2x＝19.8x＝12870円 → x＝650円
60個の仕入れ値…650×60＝39000円

22 ❶【A】

仕入れ値x円のとき、定価は1.25x円。
6割引(0.4)の売値…1.25x×0.4＝0.5x円
400円損をしたので、
x－0.5x＝400 → x＝800円
❷【B】
定価1.25x円を300円引きで売ったので、
売値…1.25x－300円
仕入れ値x円の1割の利益が出る売値は1.1x円。
1.25x－300＝1.1x
0.15x＝300 → x＝2000円

23 ❶【A】

原価x円のとき、定価は1.4x円。セールでは定価の2.5割引で、1.4x×0.75＝1.05x円。
定価30個の売上…1.4x×30=42x円
セール70個の売上…1.05x×70=73.5x円

42x+73.5x = 150150円 → x = 1300円

❷【C】

原価y円のとき、定価は1.4y円。セールでは定価の2割引で、1.4y × 0.8 = 1.12y円。

定価40個の利益…(1.4 y − y) × 40=16y円

セール20個の利益…

(1.12 y − y) × 20 = 2.4y円

16y + 2.4y = 37720円 → y = 2050円

24 ❶【D】

P 1個の利益…100 − 65 = 35円

Q 1個の利益…100 − 45 = 55円

Qがx個のとき、Pは(200 − x)個。

合計200個で10200円の利益なので、

55x + 35 × (200 − x) = 10200

x = 160個

❷【B】

Rの元の原価r円のとき、元の利益は(100 − r)円。5%上がった原価は1.05r円で、利益は(100 − 1.05r)円。この利益が20%下がった、つまり元の80%(0.8)になったので、

100 − 1.05r = (100 − r) × 0.8 → r = 80円

値上がり後の原価…80 × 1.05 = 84円

25 ❶【B】

Pの利益…(350 × 0.3) × 40 = 4200円

Qの利益…(280 × 0.4) × 80 = 8960円

利益合計…4200 + 8960 = 13160円

❷【A】

Qの定価60個の利益…

(280 × 0.4) × 60=6720円

値下げ後のQの売値x円20個の利益…

(x − 280) × 20=20x − 5600円

この合計がPの利益4200円以上になるので、

6720 + 20x − 5600 ≧ 4200 → x ≧ 154円

26 ❶【C】

60000円でXとYを100個ずつ仕入れたので、

1個の仕入れ値…60000 ÷ 200 = 300円

X100個で12000円の利益が出たので、

1個の利益…12000 ÷ 100 = 120円

Xの仕入れ値に対する利益率…

120 ÷ 300 = 0.4 = 40%

別解▶XY同数なのでXの仕入れ値は30000円。利益12000円なので、12000 ÷ 30000 = 0.4。

❷【B】

定価での利益は1個120円。商品Yを270円で売った個数をa個とする。

定価で売った分の利益…120(100 − a)円

仕入れ値300円を270円でa個売った分の損失…30a円

この合計が8550円なので、

120(100 − a) − 30a = 8550 → a = 23個

別解▶定価での利益は120円、270円で売ると損失が30円なので、その差は150円。設問より定価で売ったXは12000円の利益が上がり、Yは8550円の利益だったので、利益の差は3450円。従って、3450 ÷ 150 = 23個。

27 ❶【D】

原価x円のとき、定価は1.35x円。定価の1割引で売った場合の売値は、

1.35x × 0.9 = 1.215x → 利益は21.5%

❷【B】

定価の1割引と定価の2割引との差は、定価の1割分。原価xのとき、定価は1.35x円なので、求める差は、

1.35x × 0.1 = 0.135x ← 原価の13.5%

別解▶2割引の売値…1.35x×0.8=1.08x

従って、利益は原価の0.08 = 8%

❶より、定価の1割引で売った場合の利益は原価の21.5%なので、差は21.5 − 8 = 13.5%。

28 ❶【D】

Pをx個とすると、Qは(500 − x)個。

P 1個の利益…250 − 190 = 60円

Q１個の利益…190 − 150 = 40円

60x + 40(500 − x) = 26000 → x = 300

❷【C】

❶より、Qは500 − 300 = 200個売れたので、利益は40 × 200 = 8000円。これがRの４倍なのでRの利益は2000円。

R1個の利益…2000 ÷ 80 = 25円

25円が仕入れ値の２割にあたるので、

R1個の仕入れ値は、25 ÷ 0.2 = 125円

R1個の売値…25 + 125 = 150円

18 料金割引

本文180ページ

1【C】

最初の6か月…2 × 6 = 12万円

7〜12か月目…2 × 0.9 × 6 = 10.8万円

13〜18か月目…2 × 0.8 × 6 = 9.6万円

合計…12 + 10.8 + 9.6 = 32.4万円

別解▶基本料金、10%引き、20%引きがそれぞれ同じ6か月間リースなので、平均10%引き。

2 × 0.9 × 18=32.4万円

2【C】

割引前…1200円× 200個= 240000円

割引後に180000円になるので、

割合…18 ÷ 24 = 0.75→0.25(= 25%)引き

100個では、25%より5%小さい割引になるので20%割引。1200円で100個を購入するときの金額に、1 − 0.2 = 0.8を掛ければ求められる。

1200 × 100 × 0.8 = 96000円

3 ❶【D】

10鉢…120×10=1200円

11〜30鉢…{120×(1−0.1)}×20=2160円

31〜35鉢…{120×(1−0.25)}×5=450円

1200 + 2160 + 450 = 3810円

❷【C】

120円より安いので11鉢以上。30鉢とすると、❶より、1200 + 2160 = 3360円

3360 ÷ 30 = 112円< 113円

30鉢より多くなると平均価格は112円以下なので、求める鉢数xは、11以上30以下となり、

{1200 + (120 × 0.9) × (x − 10)} ÷ x = 113

x = 24鉢

4 ❶【D】

300枚分…15 × 300 = 4500円

301枚〜500枚までの200枚…

15 × 0.8 × 200 = 12 × 200 = 2400円

合計…4500 + 2400 = 6900円

❷【B】

総枚数をx枚とする。❶より、300枚分は4500円。300枚を超える分は、15円の２割引で12円なので、12 × (x − 300)円。この合計をxで割ると13円以下になるので、

{4500 + 12 × (x − 300)} ÷ x ≦ 13

4500 + 12x − 3600 ≦ 13x → x ≧ 900

別解▶値段が１枚15円(300枚)と12円(301枚〜)のものを買って平均13円にしたい。

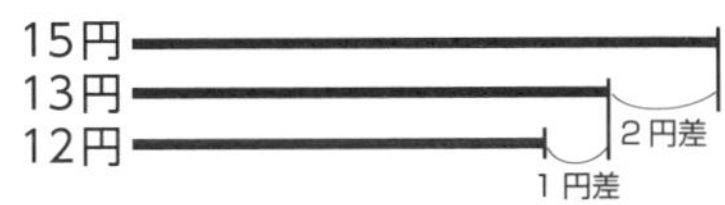

平均の13円と15円は2円差、13円と12円は1円差。1円差の12円を2円差の15円(300枚)の2倍買えば、平均13円になる。

300 + 300 × 2 = 900枚

5 ❶【B】

30人まで…1000×30=30000円

31〜42人…1000×0.8×12=9600円

総額…30000 + 9600 = 39600円

❷【B】
大人30人までは❶の通り、**30000円**。残りは、
31〜40人…1000×0.8×10=8000円
子供は500円で2割引なので、
500 × 0.8 × 40 = 16000円
総額…30000 + 8000 + 16000 = 54000円

6 ❶【A】
1000円の25%引きの20人分で、
1000 × 0.75 × 20 = 15000円
❷【C】
大人…1000 × 0.9 × 5 = 4500円
子供…500 × 0.92 × 10 = 4600円
合計…4500 + 4600 = 9100円

7 ❶【B】
1人1泊目…7000 × (1 − 0.1) = 6300円
1人2泊目…7000 × (1 − 0.2) = 5600円
1人3泊目…7000 × (1 − 0.25) = 5250円
3泊まで…6300 + 5600 + 5250 = 17150円
4人で…17150×4=68600円
❷【A】
1、2、3泊目は❶の通り。
4泊目以降…**7000 × (1 − 0.3) = 4900円**
「7連泊」と「2連泊+5連泊」を比べると、「7連泊」の最初の5連泊と「2連泊+5連泊」の5連泊は同じ料金になる。異なるのは、7連泊の「6+7泊目」と「2連泊」なので、これを比べる。
6+7泊目…4900×2=9800円
2連泊…6300 + 5600 = 11900円
差…11900 − 9800 = 2100円

8 ❶【C】
5人分のクーポン利用前の代金は、
(1050 + 150 + 350) × 5 = 7750円
クーポン2枚で飲み物2杯300円が無料なので、
7750 − 300 = 7450円
1人あたりの金額…**7450 ÷ 5 = 1490円**

別解▶1人…1050 + 150 + 350 = 1550円
1人分のクーポン割引額…300 ÷ 5 = 60円
1550 − 60 = 1490円
❷【A】
飲み物1、デザート3、両方4なので、合計で飲み物5とデザート7。クーポン4枚利用で、飲み物が5 − 4 = 1となる。飲み物とデザートは、
150 × 1 + 350 × 7 = 2600円
パスタx人のとき、ピザ(8 − x)人。合計は、
850x + (8 − x) × 1050 + 2600 = 10600
200x = 400 → x = 2人

9 ❶【C】
回数券なら15人分が12a円。残り11人は11a円なので、**12a + 11a = 23a円** ←回数券2つを買う12a × 2 = 24a円より安い。
❷【A】
40人は、回数券2つ(30人分) + 10人分。
12a × 2 + 10a = 34a円 ←回数券3つ(45人分)の12a × 3 = 36a円より安い。

40人の1人分…$\frac{34}{40}$a = $\frac{17}{20}$a

58人は、回数券4つ(60人分)。
12a × 4 = 48a円 ←回数券3つと13人分の12a × 3 + 13a = 49a円より安い。

58人の1人分…$\frac{48}{58}$a = $\frac{24}{29}$a

差額…$\frac{17}{20}$a − $\frac{24}{29}$a = $\frac{13}{580}$a円

ポイント 回数券は15枚12a円なので、12人で回数券もバラも同じ。13〜15人なら回数券、11人以下ならバラが安い。
40 ÷ 15 = 2余り10(11人以下なのでバラ)
58 ÷ 15 = 3余り13(13人以上なので回数券)

10 ❶【B】
13〜15時の2時間は15%引き…
5000 × (1 − 0.15) × 2 = 8500円
15〜16時の1時間は10%引き…

5000 × (1 − 0.1) × 1 = 4500円
8500 + 4500 = 13000円

❷【C】

各時間帯の1時間あたりの使用料は、
9〜12時20%引き …4000円
12〜15時15%引き…**4250円**
15〜17時10%引き…4500円
17〜22時…5000円
5時間で21250円の1時間あたりの平均は、
21250 ÷ 5 = 4250円 ← 12〜15時と同額
従って、12〜15時の3時間と、前後等しく1時間ずつで、**11〜16時**。

別解▶割引前5時間…5000×5＝25000円。割引後は21250円なので、割引額は25000 − 21250 = 3750円。5%の割引分は5000 × 0.05 = 250円。割引額を割引分で割ると、3750 ÷ 250 = 15→「5%が15個分」割引
20%は5%の4個分なので、割引個数は、
9〜12時20%引き …4個、4個、4個
12〜15時15%引き…3個、3個、3個
15〜17時10%引き…2個、2個
17〜22時…5000円（0個）
5時間で15個分の割引になる範囲を探すと、「4 + 3 + 3 + 3 + 2 = 15」で、11〜16時。

19 代金精算

本文186ページ

1【D】

支払総額…14000円＋1300円＝15300円
平均額（1人分）…15300 ÷ 3 = 5100円
Yの精算額…5100 − 4000 = 1100円
Zの精算額…5100 − 1300 = 3800円

2【B】

リフト1人分をx円とすると、3人分で3x円。
Rの負担額…3x + 40600 円
Qの負担額…34200 + 9100 = 43300円
1人分の負担額は等しいので、
3x + 40600 = 43300
x = 2700 ÷ 3 = 900円
別解▶平均額から求める。
総額…93000＋34200＋3x＝127200＋3x円
平均額（1人分）…
(127200 + 3x) ÷ 3 = 42400 + x円 …①
Pが精算でもらった金額…
9100 + 40600 = 49700円
Pの負担額＝平均額（1人分）
…93000 − 49700 = 43300円…②
①と②は等しいので、
42400 + x = 43300 → x = 900円

3 ❶【D】

Sの支払い…上乗せした額（2000円）とTへの貸し（5000円）で合計7000円。
Tの支払い…Sに預けた額（10000円）とTからの借り（− 5000円）で、合計5000円。
食事代12000円は割り勘なので、
支払うべき額は、12000 ÷ 2 = 6000円
S…6000 − 7000 = − 1000円（もらう）
T…6000 − 5000 = 1000円（払う）
正しく精算すると、TからSへ1000円払う。
SがTに1500円払って精算すると、
Sは1000 + 1500 = 2500円の損。

❷【C】

❶の解説より、TがSに1000円払う。

4 ❶【B】

個別の収支だけを見る。NはMに4000円貸していて、釣り2500円をもらったので、
Nの支払い…＋4000 − 2500 = 1500円
1人あたりが支払うべき額…

7500 ÷ 3 = 2500円

Nは、2500 − 1500 = 1000円(払う)

【参考】L…2500 − 1000 = 1500円(払う)

M…2500−(−1000−4000+10000)=−2500円

(2500円多く払っているので2500円もらう)

❷【C】

Lの精算後の支払い額が、3人の平均額。

Lの支払い…1000 + 200 + 3600 = 4800円

3人の平均額を3倍すればプレゼント代。

4800 × 3 = 14400円

5 ❶【D】

XはYから4000円借りていて、Yに5000円預けた。5000円のうち4000円を返済にあてたと考えると、借金返済後にXはYに1000円預けたことと同じになる。Xが青のネクタイ(3500円)を選んだときは、**3500 − 1000 = 2500円の不足分をXからYに支払えばよい。**

❷【C】

❶と同様。Xが緑のネクタイ(3000円)を選んだときは、**3000 − 1000 = 2000円の不足分をXからYに支払えばよい。**

20 速度算

本文190ページ

1【B】

距離は14㎞。14時54分出発、15時18分到着で所要時間は6 + 18 = 24分(24/60時間)。

$14 \div \frac{24}{60} = 35$㎞/時

2【A】

歩いた距離…72 × 12 = 864m

走った距離…132 × 3 = 396m

家から公園までの距離…864 + 396 = 1260m

3【A】

距離は55 × 2 = 110㎞。行きが55/30時間で、帰りが55/90時間かかったので、往復で、

$\frac{55}{30} + \frac{55}{90} = \frac{220}{90}$時間

平均速度…$110 \div \frac{220}{90} = 45$㎞/時

別解▶往復の平均速度を求める式を使う。

$\frac{1}{v} = \frac{1}{2}(\frac{1}{30} + \frac{1}{90})$ ←問18 参照。

v=45

4【C】

Pが追いつかれるまでの15分で歩いた距離は、

50 × 15 = 750m

Qはこれを10分かけて移動したので、

750 ÷ 10 = 75m/分

5【C】

4.2㎞/時は分速で、4200 ÷ 60 = 70m/分。

1人で歩いた時間をx分とすれば、

1人で歩いた距離…70x m…①

3.0㎞/時は分速で、3000 ÷ 60 = 50m/分。

友人と歩いた時間は(40 − x)分。

友人と歩いた距離…

50 × (40 − x) = **2000 − 50x m**…②

①+②=自宅と学校の距離2700m

70x + 2000 − 50x = 2700m

x = 35分

【参考】時間で計算すると、7/12時間。

6【B】

バスが4㎞を走るのにかかる時間は、

4 ÷ 20 = 0.2時間→0.2 × 60 = 12分

10時8分に出発したバスが12分で自転車に追いついた時刻は10時20分。自転車は10時に出て10時20分に追いつかれたので、20分間で

4㎞、60分間では12㎞、**平均時速は12㎞/時**。

7【C】

子供は、母の出発時に母より60×8＝480m先にいる。母は1分で「母の速度－子供の速度」180－60＝120mずつ近づくので、差が0mになる（追いつく）のは、**480÷120＝4分後**。

8【B】

PとQが出会うまでの距離は池の周囲1200m。2人が出会うまでにかかる時間は、

1200÷(25＋35)＝20分

20分間でPが歩いた距離は、**25×20＝500m**。

9【D】

家から図書館まで1600m。図書館から駅まで4000－1600=2400m。兄が80m/分で図書館に到着するのは1600÷80＝20分後。このとき妹は駅から75×20＝1500m進んでおり、2人の間の距離は、2400－1500＝900m。ここから兄は60m/分、妹は75m/分で歩くので、2人が出会うのは、

900÷(60＋75)＝20/3分＝6分40秒後

出発してからは、**26分40秒後**。

10【C】

(2.4＋4.8)÷2＝3.6とやるのは間違い。

行きと帰りの速度の比は、2.4：4.8＝1：2。かかった時間はその逆比で、2：1。往復時間（4時間－休憩1時間＝）3時間を2：1に分けて行きに2時間、帰りに1時間かかったことがわかる。従って、PQ間は片道4.8×1＝4.8㎞。往復は、4.8×2=9.6㎞で3時間かかったので、

平均速度…9.6÷3＝3.2㎞/時

【参考】PQ間の距離をx㎞とおく。行きの時間(x÷2.4)と帰りの時間(x÷4.8)を足すと、往復（4時間－休憩1時間＝）3時間。式にまとめて、(x÷2.4)＋(x÷4.8)＝3　を解けば4.8㎞。

別解▶往復の平均速度を求める式を使う。

$$\frac{1}{v}=\frac{1}{2}\left(\frac{1}{2.4}+\frac{1}{4.8}\right)$$

←問18 参照。

v=3.2

11【D】

XがRSの中間地点に到達するのにかかる時間は、20㎞を40㎞/時で走行するので、1／2時間＝30分。Xは14時15分出発なので、このとき時刻は14時45分。14時25分に出発したYは、20㎞を20分(1/3時間)で走行したので、

$$20\div\frac{1}{3}=20\times3=60\text{km/時}$$

12【B】

通過算。まず54㎞/時をm/秒にする。

54000÷60÷60＝15m/秒

15m/秒の電車が30秒で移動した距離は、

15×30＝450m

「トンネルを通過する」とは、電車の先端がトンネルに入ってから、電車の末端がトンネルを出るまでのことなので、トンネルを通過する電車の

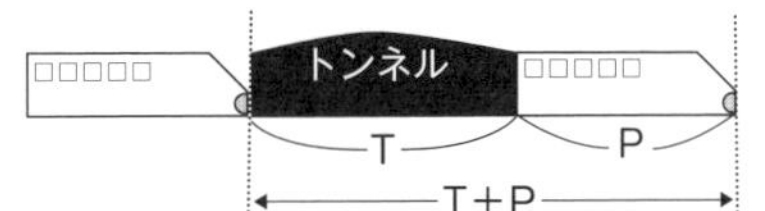

移動距離は「トンネルの長さT＋電車の長さP」、トンネルの長さは「移動距離－電車の長さ」。

450－220＝230m

13【D】

U電車の走行距離をU(㎞)、またW電車の走行距離をW(㎞)とする。U電車の走行距離はW電車の1.5倍なので、**U＝1.5W**。

条件ア：1時間前、U電車の走行距離はW電車の2倍だった

U－1×60＝(W－1×60)×2

U＝2W－60

U＝1.5Wを代入して、1.5W＝2W－60

W＝120㎞

U＝120×1.5＝180km
条件アだけでもわかる。
条件イ：3時間後、U電車の走行距離はW電車の1.2倍になる
U＋3×60＝(W＋3×60)×1.2
U＋180＝(W＋180)×1.2
U－1.2W＝36
U＝1.5Wを代入して、1.5W－1.2W＝36
W＝120km
U＝120×1.5＝180km
条件イだけでもわかる。
最後まで計算しなくても、方程式が立った時点でアだけでもイだけでもわかることが判明する。

14 ❶【D】 □□□
秒速1mは1秒間に1m進むので、1時間(3600秒)では3600m＝3.6km進む。時速3.6kmが秒速1mなので、時速3.6km÷3.6が秒速1m。つまり**時速○km÷3.6＝秒速□m**となる。
時速3kmを秒速□mに換算すると、
3÷3.6＝30/36＝秒速5/6m
75mを秒速5/6mで進むときにかかる秒数は、

$$75\div\frac{5}{6}=75\times\frac{6}{5}=90\text{秒}$$

❷【B】 □□□
時速3kmで動く歩道の上を時速2.4kmで歩いたので、移動速度は3＋2.4で、時速5.4km。
5.4÷3.6＝秒速1.5m
秒速1.5mで40秒かかるので、この動く歩道の長さは、
1.5×40＝60m

15 ❶【C】 □□□
第2区の距離は3kmで、かかった時間は、
54－45＝9分 → (9÷60＝)0.15時間
3÷0.15＝20km/時
❷【A】 □□□
第4区8kmにかかった時間は、

$$8\div19.2=\frac{80}{192}=\frac{25}{60}\text{時間}(=25\text{分})$$

第3区までに55/60時間(＝55分)かかっているので、第4区の25/60を足して、全区間でかかった時間は80/60時間。全長24kmに80/60時間＝4/3時間かかったので、

$$24\div\frac{4}{3}=24\times\frac{3}{4}=18\text{km/時}$$

16 ❶【A】 □□□
30kmを40km/時で走るので、時間は、
30÷40＝3/4時間 → 45分
到着時刻は、8：45から45分後の**9：30**。
❷【B】 □□□
Pを10分遅れて出発したので、11：00発。Qには11：50着だったので、かかった時間は50分＝50/60＝5/6時間。平均40km/時のときの時刻表で1時間かかるはずだったので、PQ間の距離は40km。これを5/6時間で移動したので、PQ間の平均時速は、
40÷5/6＝48km/時
❸【B】 □□□
Qから学校までの距離をx kmとすると、40km/時ではx/40時間、20km/時ではx/20時間かかる。その時間差は30分＝1/2時間なので、

$$\frac{x}{20}-\frac{x}{40}=\frac{1}{2}$$

$$\frac{x}{40}=\frac{1}{2}\rightarrow x=20\text{km}$$

17 【A】 □□□
1往復目の平均時速をZ_1 km/時とすると、

$$\frac{1}{Z_1}=\frac{1}{2}\left(\frac{1}{5}+\frac{1}{3}\right)=\frac{4}{15}$$

1往復目を往路、2往復目を復路と考えて、全行程の平均時速をZ_2 km/時とすると、

$$\frac{1}{Z_2}=\frac{1}{2}\left(\frac{4}{15}+\frac{1}{15}\right)=\frac{1}{6}$$

Z_2＝6km/時

18 ❶【A】

2人が近づく速度は、**10＋8＝18km/時**なので、

1周の長さ…18×$\frac{5}{60}$＝1.5km

❷【C】

同時に走り始めた2人の速度の差は、**10－8＝2km/時**。Pが1周分(1.5km)多く走れば周回遅れのQに追いつく。1.5kmの距離の差が2km/時で縮まっていくと考えて、

1.5÷2＝0.75時間→(0.75×60＝)45分後

19 ❶【B】

Pは分速で4800÷60＝80m/分。Qは分速で3000÷60＝50m/分。近づく速さは80＋50＝130m/分。**池の周囲1300m(1.3km)を130m/分の速さで近づくので10分**かかる。

【参考】時速で計算すると、1.3÷7.8＝13/78＝1/6時間

❷【C】

速さの差は、80－50＝30m/分。5分後のPは、Qより80×5＝400m先にいる。PはQより速いので、Qより1周多く回って5分後に出発したQに後ろから追いつく。従って、1300－400＝900mを30m/分の速さで縮めることになる。

900÷30＝30分

Pが歩き出してからは、**30＋5＝35分後**

20 ❶【A】

PQ間の走行時間は、停車1分を引いて16分。

9.6÷16＝0.6km/分

→ 0.6×60＝36km/時

❷【C】

ST間の走行時間は、

13.5÷54＝0.25時間 →15分

S駅発車14：08の15分後で、**14：23**。

❸【B】

❷より、T駅到着時刻が14：23なので、PT間は、14：23－13：30＝53分かかる。

その間3駅に1分ずつ停車しているので、

走行時間…53－3＝50分→5/6時間

PT間の距離…9.6＋5.2＋7.7＋13.5＝36km

36÷$\frac{5}{6}$＝43.2km/時

21 ❶【D】

歩き3km/時は、3000÷60＝50m/分。

走り6.6km/時は、6600÷60＝110m/分。

24分間(P発12：16～Q着12：40)なので、50m/分で歩いた時間を(24－x)分、110m/分で走った時間をx分とする。PQ間は2400m。

50(24－x)＋110x＝2400 → x＝20分

別解▶50m/分で24分間歩き通した場合には、50m/分×24分＝1200m で、2400mとは1200mの差ができる。この差を走りと歩きの速度の差で割れば、1200mの差がうまり、走った時間が出る。

1200÷(110－50)＝1200÷60＝20分

❷【C】

4.8km/時は、4800÷60＝80m/分。QRが20分間(Q発12：50～R着13：10)かかるので、中間地点までは10分間、距離は80×10＝800m。甲は中間地点で(12：50と13：10の中間の)13：00に乙と出会う。13：00は、乙がR地点を出発してから4分後なので、乙はQR間の半分800mを4分間で移動したことになる。

乙の速さ…800÷4＝200m/分

200×60＝12000＝12km/時

22 ❶【D】

Pが鉄橋350mを通過する移動距離は「Pの長さ＋350m」。Pがトンネル1850mを通過する移動距離は「Pの長さ＋1850m」。Pの長さは同じなので、移動距離の差は、

1850－350＝1500m

かかった時間の差…**70－20＝50秒**

速度…1500÷50＝30m/秒

30 × 60 × 60 ÷ 1000 ＝ 108㎞/時

❷【B】

❶よりPは、鉄橋を通過するのに、30m/秒で20秒かかっているので、移動距離は、

30 × 20 ＝ 600m

これは「鉄橋350m ＋ Pの長さ」なので、

Pの長さ…600 − 350 ＝ 250m

23 ❶【C】

「2つの電車がすれ違う」のは、電車の先端同士が重なってから、電車の末端同士が離れるまで。すれ違い始めてから、すれ違い終わるまでに「2つの電車の長さの和」の分だけ移動する。このとき、すれ違う速度は、2つの電車が向かい合って進むので、2つの電車の「速度の和」になる。

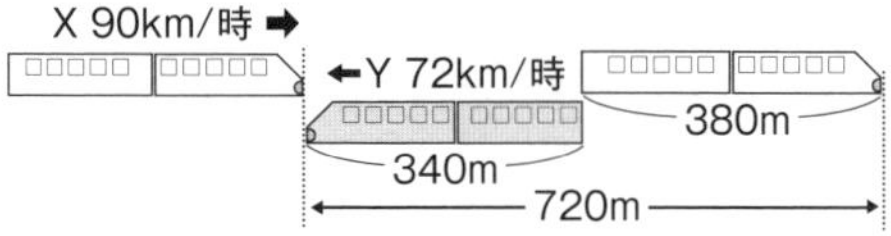

電車の速度の和…90 ＋ 72 ＝ 162㎞/時

→ 162 × 1000 ÷ 60 ÷ 60 ＝ 45m/秒

電車の長さの和…380 ＋ 340 ＝ 720m

時間…720 ÷ 45 ＝ 16秒

❷【D】

移動距離は電車の長さの和で720m。これを2つの電車の速さの差で追い越す。

速さの差…90 − 72 ＝ 18㎞/時

→18 × 1000 ÷ 60 ÷ 60 ＝ 5m/秒

時間…720 ÷ 5 ＝ 144秒

24 ❶【D】

平均時速48.0㎞で40分＝2/3時間かかったので、48.0 × 2/3 ＝ 32.0㎞

❷【C】

予定の11時40分着だと、かかる時間は25分＝5/12時間。実際には、5分早い11時35分着なので、かかった時間は20分＝1/3時間。Y駅から友人宅までは2.0㎞。

予定の速さ…$2 \div \frac{5}{12} = 4.8$㎞/時

実際の速さ…$2 \div \frac{1}{3} = 6.0$㎞/時

速さの差…6.0 − 4.8 ＝ 1.2㎞/時

❸【B】

25分から走っていた時間以外を引く。最初に途中まで歩いた時間が**8分**。忘れ物を探した時間が**6分**。車での移動は、2.0 ÷ 20 ＝ 0.1時間＝**6分**。従って、走っていた時間は、

25 −（8 ＋ 6 ＋ 6）＝ 5分

友人宅を出て8分（2/15時間）歩いた距離は、

$4.5 \times \frac{2}{15} = \frac{9}{15} = \frac{3}{5}$㎞

これを5分（1/12時間）かけて戻ったので、そのときの平均時速は、

$\frac{3}{5} \div \frac{1}{12} = 7.2$㎞/時

25 ❶【A】

乙は9：15にR駅発、8分後の9：23に甲がQ駅発。8分（2/15時間）は乙だけが45㎞/時で走行するので、乙は45 × 2/15 ＝ 6㎞進んでいる。8分後から甲と乙が45 ＋ 45 ＝ 90㎞/時の速さで24 − 6 ＝ 18㎞を近づいていく。

時間…$18 \div 90 = \frac{1}{5}$時間＝12分

9：23の12分後で、**9：35**にすれ違い始める。

❷【B】

9：35までの走行時間は、

9：23発の甲が12分（1/5時間）

9：15発の乙が20分（1/3時間）

甲の速度をv㎞/時、その1.2倍の乙の速度を1.2v㎞/時＝12v/10㎞/時として方程式を立てる。2つの列車で合わせて24㎞を走るので、

$$\frac{1}{5}v + \frac{1}{3} \times \frac{12}{10}v = 24$$

$$\frac{3}{5}v = 24$$

v ＝ 40㎞/時

乙の速度…40 × 1.2 ＝ 48㎞/時

21 集合

本文200ページ

1【A】

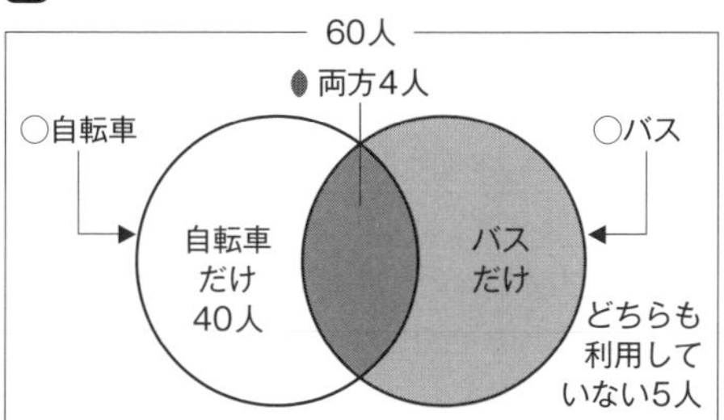

どちらも利用していない人が5人なので、どちらかを利用している人は、**60－5＝55人**。
バスだけは「どちらか利用－自転車だけ－両方」。
55－40－4＝11人

2【C】

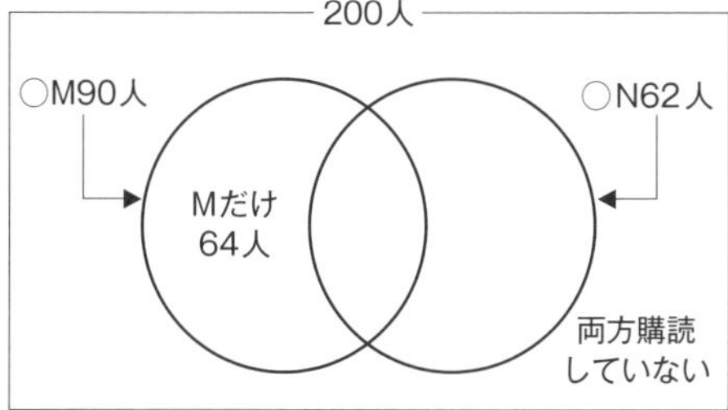

両方購読していない社員の人数は、
200－(64＋62)＝74人

3【C】

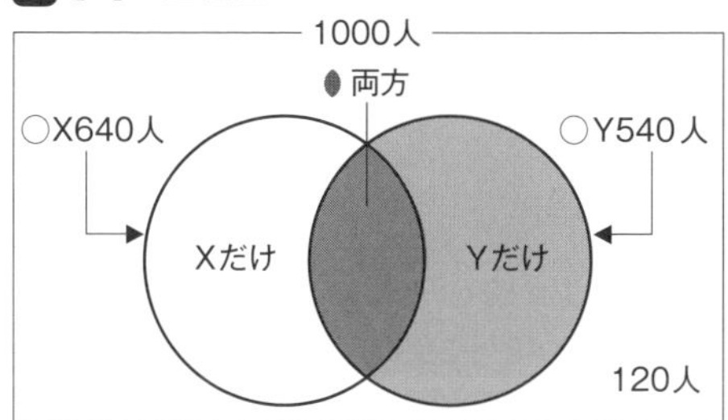

どちらかを見学した人は1000－120＝880人
両方見学した人は、640＋540－880＝300人
どちらか一方だけ見学した人は、
880－300＝580人

4【A】

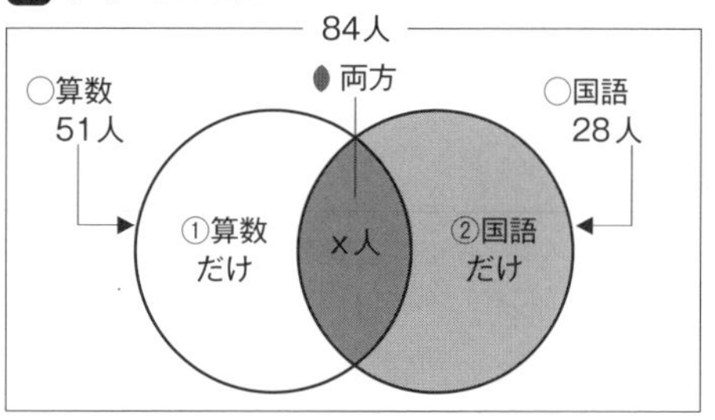

両方好きな子がx人とすると、①は51－x人。②は28－x人。どちらか一方だけ好きな子59人は、①＋②なので、次の式が成り立つ。
(51－x)＋(28－x)＝59 → x＝10人
ポイント 51＋28－x＝59とするのは間違い。算数51人と国語28人それぞれがxを含む。

5【B】

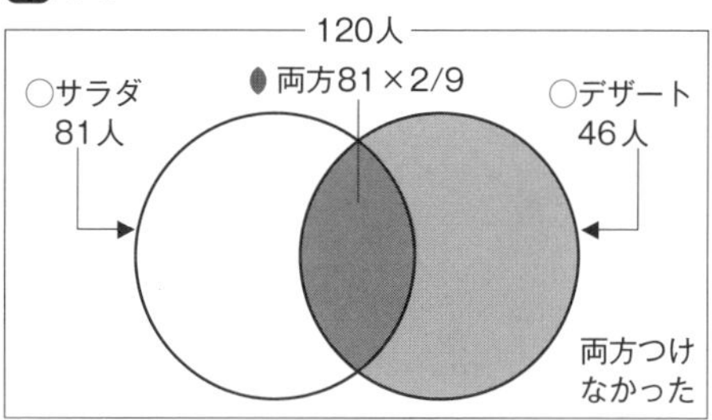

サラダをつけた81人のうち2/9がデザートもつけたので、両方つけたのは81×2/9＝18人。
サラダもデザートもつけなかった人は、
120－(81＋46－18)＝11人

6【D】

両方観なかった人は、360×2/3＝240人。
どちらか観た人は、360－240＝120人。
どちらも観た人は、
108＋87－120＝75人

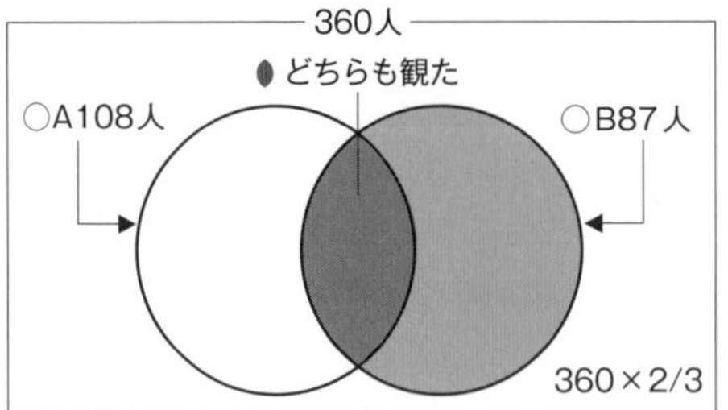

7【D】

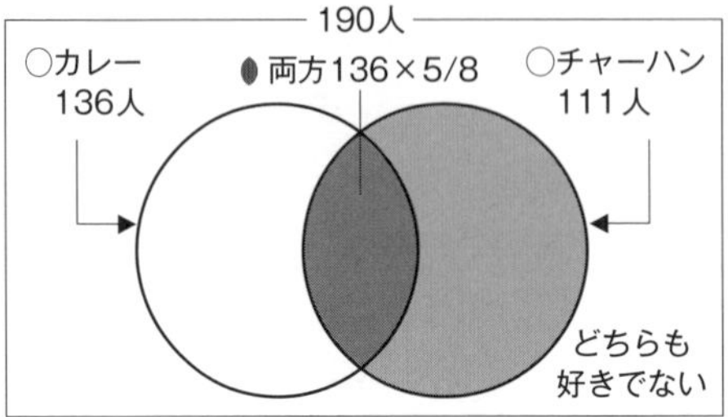

両方好きな子は、カレーライスが好きな子136人の5/8で、136×5/8＝85人。
両方好きでない子は、
190－(136＋111－85)＝28人

8【C】

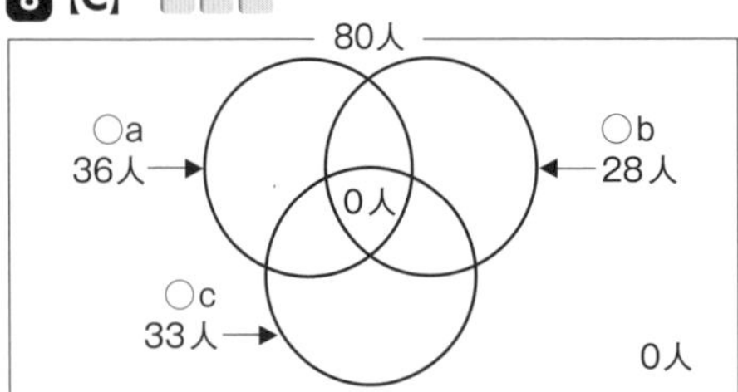

3種類買った人はいないので、36と28と33を足して80を超えた人数は、2種類買っている。
(36＋28＋33)－80＝17人

9 ❶【B】

両日とも出勤しない人が最も多いのは、日曜日に出勤しない41人が全員土曜日にも出勤しない場合なので**41人**。

❷【D】

日曜日に出勤する人は79人。日曜日だけ出勤する人は23人なので、両日とも出勤する人は、
79－23＝56人

10 ❶【D】

2日間の参加人数は50＋50＝100人。名簿の人数は72人なので、2日とも参加した人は、
50＋50－72＝28人

❷【B】

2日目だけ参加した人は、2日目の参加人数50人から2日とも参加した28人を引いた**22人**。
女性41人のうち26人が1日目に参加したので、
2日目だけに参加した女性…41－26＝15人
2日目だけに参加した男性…22－15＝7人

11 ❶【B】

少なくとも1回は全問正解した人が14人なので、2回とも全問正解した人は、
(10＋6)－14＝2人

❷【D】

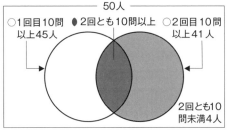

50人
1回目10問以上45人
2回とも10問以上
2回目10問以上41人
2回とも10問未満4人

2回とも10問未満が4人なので、少なくとも1回は10問以上正解した人は、**50－4＝46人**。
従って、2回とも10問以上正解した人は、
45＋41－46＝40人

12 ❶【B】

Mを映画館と自宅の少なくとも一方で見た人は、
72＋58－42＝88人
Mをどちらの場所でも見ていない人は、
100－88＝12人

❷【D】

両方とも映画館では見ていない人は15人。少

なくとも一方を見た人は、**100 − 15 = 85人**
映画館で、映画Mを見た人は72人、映画Nを見た人は40人なので、両方見た人は、
(72 + 40) − 85 = 27人
従って、映画館でいずれか一方のみを見た人は、
85 − 27 = 58人

13 ❶【A】
運動部に入っていない生徒は、100 − 42 = 58人。いずれにも入っていない生徒が18人なので、文化部だけに入っている生徒は、
58 − 18 = 40人
別解▶少なくともどちらかに入っている生徒は、100 − 18 = 82人。文化部に入っている生徒をx人とすると、両方に入っている生徒はx/3人。
$42 + x - \frac{1}{3}x = 82$人 → $x = 60$人
文化部の1/3は運動部にも入っているので、文化部だけに入っているのは、60 × 2/3 = 40人。

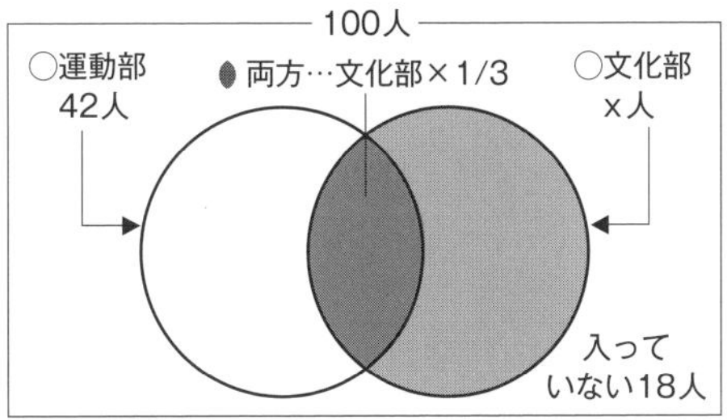

❷【C】
文化部だけに入っている生徒40人は、文化部全体の2/3にあたるので、文化部は、40 ÷ 2/3 = 60人。球技部は、文化部60人の30%なので、
60 × 0.3 = 18人

14 ❶【D】
全部で10店　□□□□□□□□□□
米を売る店8店　□□□□■■■■
茶を売る店6店　■■■■□□
米と茶を売る店　8 + 6 − 10 = 4店（■）
米＋茶…8 + 6 = 14店
全部で10店なので、米と茶の両方を売っている店の数は、少なくとも、**14 − 10 = 4店**。

❷【C】
❶より、米と茶の両方を売っている店の数は、少なくとも4店。この4店に加えて、酒を売っている店を考える。9店で酒を売っているので、
(米＋茶) ＋ 酒 = 4 + 9 = 13店
全部で10店あるので、米、茶、酒のすべてを売っている店の数は、少なくとも、
13 − 10 = 3店

15【C】
①英語37人＋仏語31人＝68人
全員で40人なので、少なくとも、
英語と仏語を両方話せる…68 − 40 = 28人
②独語28人＋日本語27人＝55人
全員で40人なので、少なくとも、
独語と日本語を両方話せる…55 − 40 = 15人
合計…28 + 15 = 43人
すべて話せる人は少なくとも…43 − 40 = 3人

16【D】
A 兄だけいる生徒が3人いる→不明
B 自分が長子（最年長の子）である生徒が少なくとも1人いる→30人のうち、兄なしは30 − 26 = 4人、姉なしは30 − 13 = 17人。兄も姉もなしは、最も少なく見積もると、4 + 17 − 30 = −9人（つまり0人）なので間違い。
C 兄と姉の両方がいる生徒が少なくとも11人いる→30人のうち、兄あり26人、姉あり13人。最も少なく見積もると26 + 13 − 30 = 9人なので間違い。
D 兄と姉と弟のすべてがいる生徒が少なくとも1人いる→Cから兄姉両方は最小9人、弟がいる生徒22人。兄姉弟がいる生徒を最も少なく見積もると**9 + 22 − 30 = 1人なので正しい**。
E 一人っ子が少なくとも1人いる→最も少なく見積もると、0人なので間違い。

17【D】

合計人数が 4＋3＋9＋6＋5＋3=30人なので、1問も正解していない生徒はいない。正解した問題別の人数は、表より次の通り。

①問1だけ正解(10点)…4人
②問2だけ正解(20点)…3人
③問3だけ正解(30点)…9人以内
④問1と問2だけ正解(30点)…9人以内
⑤問1と問3だけ正解(40点)…6人
⑥問2と問3だけ正解(50点)…5人
⑦全問正解(60点)…3人

問2を正解した生徒は、②＋④＋⑥＋⑦。
3問のうち1問だけ正解した人数(10人)は、①＋②＋③の合計なので、①＋②＋③＝10人。
③＝10－①－②＝10－4－3＝3人
得点が30点の人数(9人)は、③＋④の合計なので、
④＝30点の人数－③＝9－3＝6人
従って、求める生徒の数は、
②＋④＋⑥＋⑦＝3＋6＋5＋3＝17人

18 ❶【A】

PとQ、少なくともどちらかを選んだ生徒は、
80＋130－60＝150人
従って、PもQも選んでいない生徒は、
500－150＝350人

❷【B】

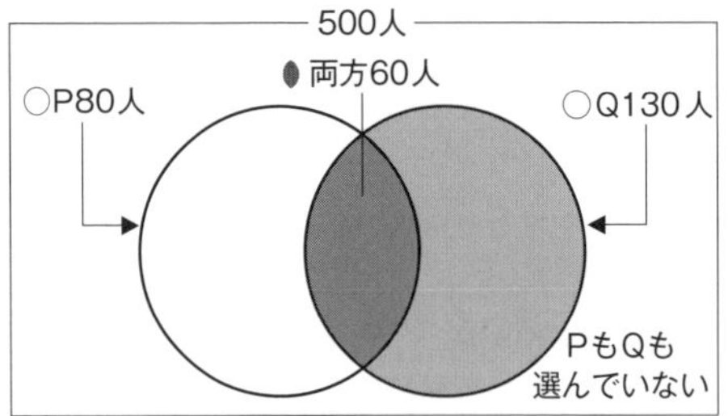

QとR、少なくともどちらかを選んだ生徒は、
500－220＝280人
従って、両方を選んだ生徒は、
130＋250－280＝100人

19 ❶【C】

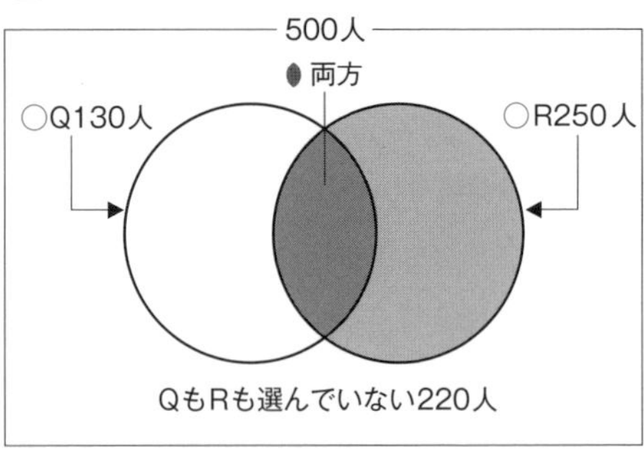

合計100名なので、
ア　男＝54名、女＝46名
イ　テニス部＋バスケ部＝58名、
　　バレー部＋卓球部＝42名
ウ　バスケ部＋卓球部＝28名、
　　テニス部＋バレー部＝72名
エ　**バスケ部男＝8名**、バレー部男＝18名
オ　バレー部女＝14名、卓球部女＝6名
エとオより、バレー部＝18＋14＝32名
ウより、テニス部＝72－32＝40名
イより、卓球部＝42－32＝10名
ウより、**バスケ部＝28－10＝18名**
エより、**バスケ部女＝18－8＝10名**

❷【D】

❶とアとオより、女子の人数に着目すると、
テニス部女＝46－(10＋14＋6)＝16名

❸【B】

❶とオより、**卓球部男＝10－6＝4名**

ポイント わかった人数を表にすると混乱しない。

	合計	男子	女子
テニス部	40	24	16
バレー部	32	18	14
バスケ部	18	8	10
卓球部	10	4	6

20 ❶【A】

33人がネコ、12人がイヌとネコを飼っているので、イヌは飼わずにネコを飼っている人は、
33－12＝21人

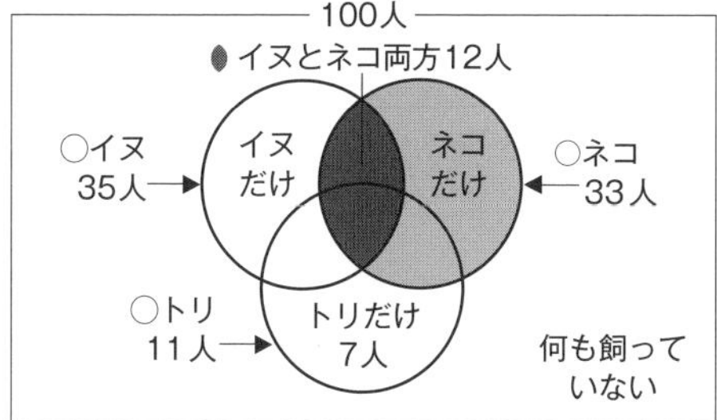

また、トリを飼っている11人のうち、7人がトリだけを飼っているので、トリと「イヌかネコ」を飼っている人は11 − 7 = 4人。この4人がネコも飼っている場合、ネコだけを飼っている人が最小になる。

21 − 4 = 17人

❷【B】

100人からトリだけ飼っている人7人を引いた93人は、イヌ、ネコの少なくとも一方を飼っている人、または何も飼っていない人。

イヌ、ネコの少なくとも一方を飼っている人は、

35 + 33 − 12 = 56人

従って、何も飼っていない人は、

93 − 56 = 37人

21 ❶【D】

家庭科が好きは65人で、料理が得意は40人。このうち家庭科が好きで料理も得意が30人なので、家庭科が好き、または料理が得意な子は、

65 + 40 − 30 = 75人

家庭科がきらいで料理が得意ではない子は、

100 − 75 = 25人

❷【B】

家庭科と体育のいずれか一方だけを好きな子は、「①家庭科だけ好き」と「②体育だけ好き」の和。①と②は、全体100人からそれぞれ①と②以外の人数を引けば求められる。

①= 100 −両方きらい6 −体育好き70 = 24人

②=100−両方きらい6−家庭科好き65=29人

①+②= **24 + 29 = 53人**

❸【D】

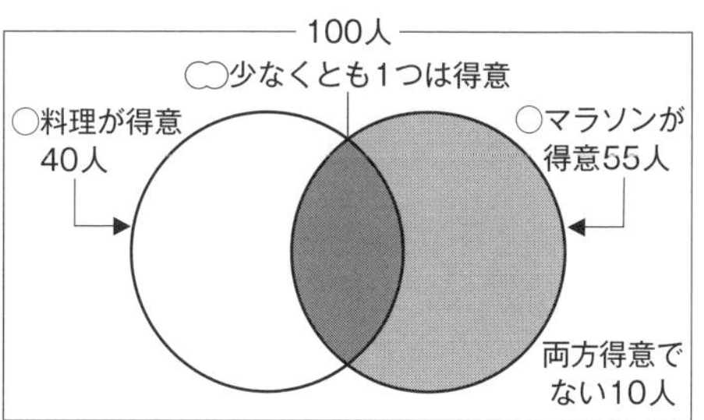

100人のうち、「両方得意ではない10人」以外は、「少なくとも1つは得意」なはずなので、

100 − 10 = 90人

22 ❶【C】

買い物をして外食もした人は、

$$210 \times \frac{1}{5} = 42人$$

外食をしたが買い物はしなかった人は、

100人 − 42人 = 58人

❷【A】

電車と外食だけを見れば、「電車に乗ったが外食しなかった」とは「電車だけ」と同意。また「外食をしたが電車に乗らなかった」は「外食だけ」と同意。電車と外食の両方をした人をx人とすると、

電車だけの人 = (60 − x)人

外食だけの人 = (100 − x)人なので、

$$60 - x = \frac{1}{3}(100 - x)$$

x = 40人

従って、電車に乗ったが外食はしなかった人は、

60 − 40 = 20人

23 ❶【A】

どれも好きではない人は0人なので、Rだけ好きな人は、70人から「PかQが好きな人」を引けば求められる。

70 − (35 + 30 − 5) = 10人

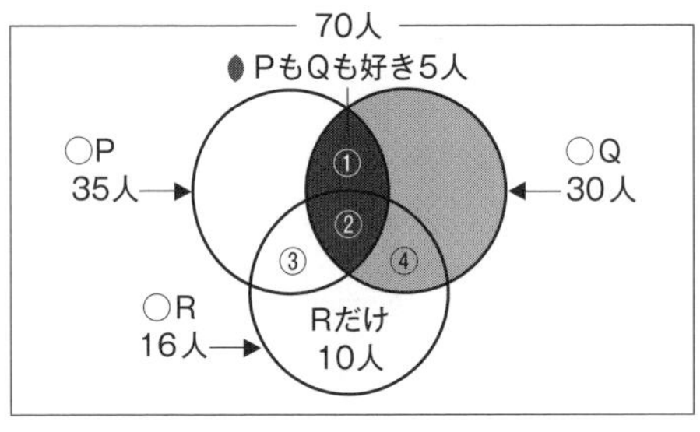

❷【C】

2つ以上のメニューが好きな人は、
上図の①+②+③+④。
①+②…PもQも好き5人
③+④…**16**－Rだけの**10**－②の**1＝5人**
従って、**5+5＝10人**

24 ❶【D】

ショッピングをして、レストランに行かなかった人…180－92＝88人
レストランに行って、ショッピングをしなかった人…105－92＝13人
どちらか一方だけをした人…88＋13＝101人

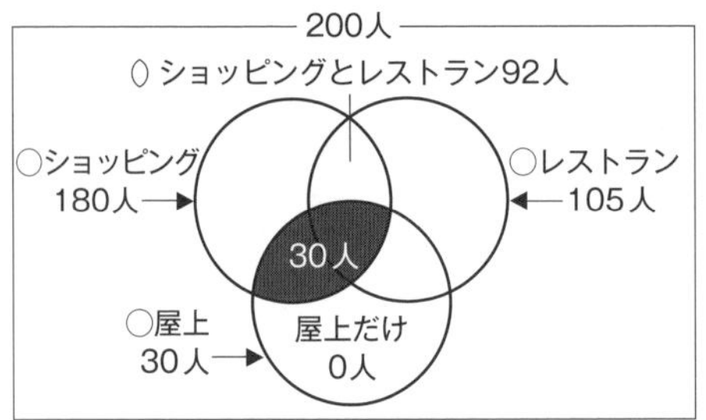

❷【B】

レストランか屋上の両方または片方を利用した人…200－76＝124人
124人の内訳は「レストラン＋屋上－両方」。レストランに行き、かつ屋上に行った人は、
(105＋30)－124＝11人

❸【D】

「ショッピングをしなかった人は屋上に行かなかった」の対偶は、「屋上に行った人は必ずショッピングをした」となり、人数は30人。このため、ショッピングをしたが屋上に行かなかった人は、
180－30＝150人
ポイント ショッピングをしなかった人は屋上に行かなかったので、「屋上だけ」の人は0人。ショッピングと屋上が30人。

25 ❶【D】

海洋学に分類できる本30冊から、気象学と海洋学の両方に分類できる本10冊を引く。
30－10＝20冊

❷【B】

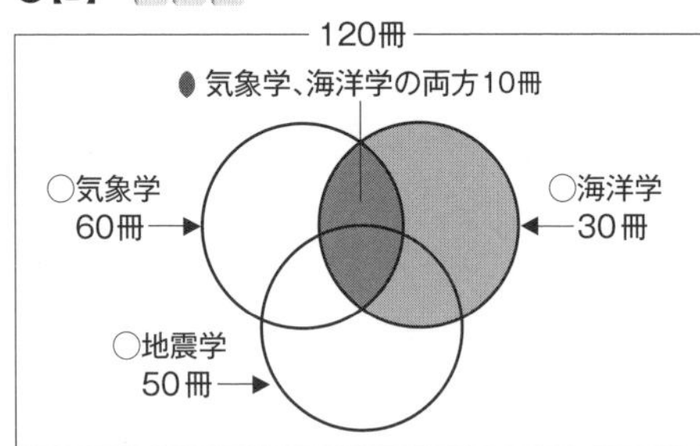

気象学、海洋学、地震学のどれにも分類できない本は、ベン図の円の外側。全部の本120冊から3つの円の部分を引けば求められる。3つの円の部分を重なりがないように合計すると、
「気象学60冊」＋「気象学に分類できないが海洋学には分類できる本20冊（●部分）」＋「地震学だけ36冊」。これを全体120冊から引く。
120－(60＋20＋36)＝4冊

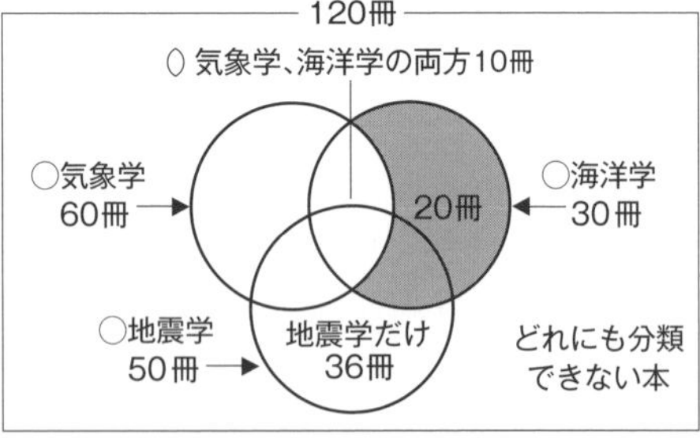

❸【C】

すべてに分類できる本はベン図中央の①。

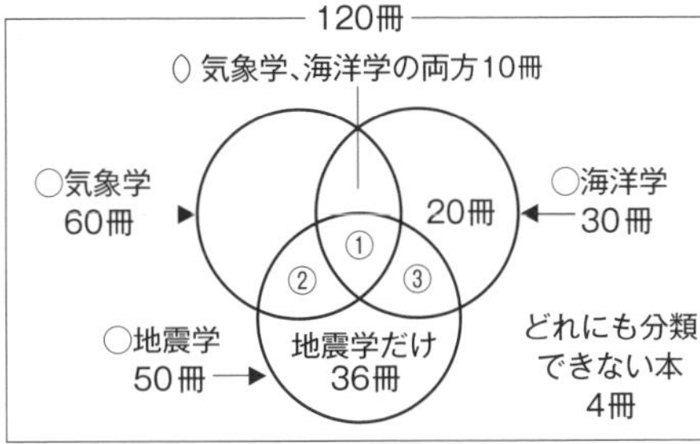

気象学と地震学だけに分類できる本は②。
海洋学と地震学だけに分類できる本は③。
①＋②＋③は、図で「地震学50冊」から「地震学だけ36冊」を引いた14冊になることに注目。この14冊を問題文に従った比率で分けると、

①：②：③＝$1 : \frac{1}{2} : 2 = 2 : 1 : 4$

①は（2＋1＋4＝）7のうち2を占めるので$\frac{2}{7}$。

$14 \times \frac{2}{7} = 4$冊

26 ❶【A】

英語だけ…100－20＝80人
中国語だけ…30－20＝10人

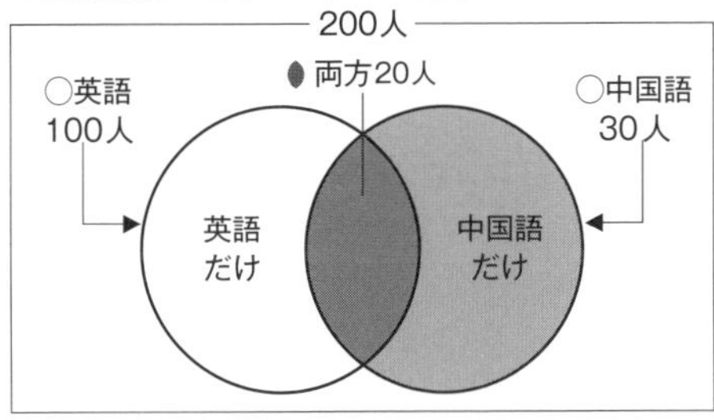

どちらか片方だけ話せる人…80＋10＝90人

ポイント 100＋30－20＝110人ではない。20人は2回引くことになる。

❷【D】

❶の90人＋英中両方20人＋ドイツ語だけ話せる18人の合計を200人から引けばよい。

200－(90＋20＋18)＝72人

❸【D】

次の図で4x＋xは、❶の通り10人。

x＋4x＝10

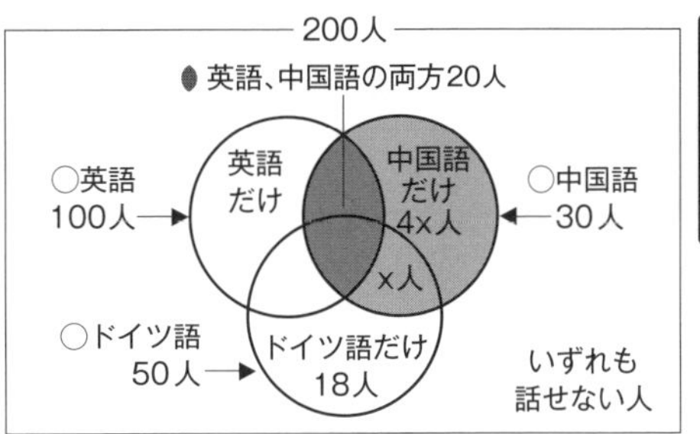

x＝2人
中国語だけ(4x)…2×4＝8人

27 ❶【B】

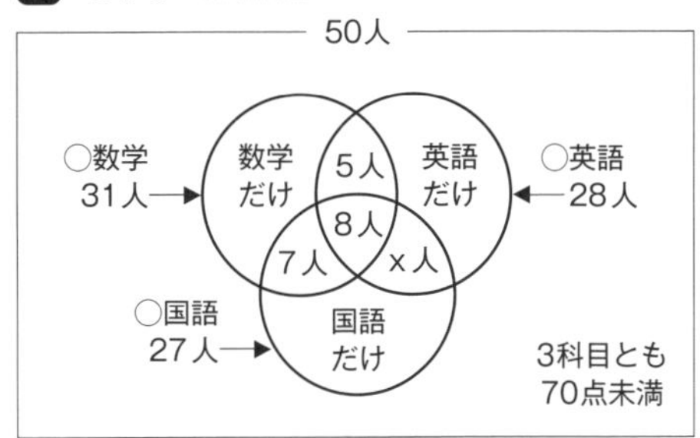

英語と国語だけが70点以上の人をx人とする。
数学70点以上…31人
英語だけ70点以上…28－(5＋8＋x)＝15－x
国語だけ70点以上…27－(7＋8＋x)＝12－x
3科目とも70点未満の生徒はいないとき（0人のとき）、次の式が成り立つ。

31＋(15－x)＋(12－x)＋x＝50－0
x＝8人

❷【B】

上図で円の外側にある「3科目とも70点未満」の生徒は、❶よりx＝8人のときは0人。従って、x＝10人のときは、**10－8＝2人**。

別解▶英語と国語だけが70点以上x人が10人のとき、3科目の少なくともいずれかが70点以上の生徒は、
31＋(15－10)＋(12－10)＋10＝48人
従って、3科目とも70点未満の生徒は、
50－48＝2人

22 表の解釈

本文212ページ

1 ❶【C】

P１個の利益…250－180＝70円

Q１個の利益…230－200＝30円

Ｐx個とすれば、Qは(500－x)。

70x＋30(500－x)＝19000

x＝100個

別解▶500個がQなら、利益は500×30＝15000円。QをPにかえていくと、実際の利益19000円との差4000円が70－30＝40円ずつうまるので、Pの売上個数は、

4000÷40＝100個

❷【B】

Qは500－100＝400個売れたので、利益は、

30×400＝12000円

これがRの利益の２倍なので、Rの利益は6000円。売上個数で割るとR１個の利益は、

6000÷300＝20円

20円が仕入れ値の５割にあたるので、

R１個の仕入れ値…20÷0.5＝40円

R１個の売値…40＋20＝60円

2 ❶【B】

食品より日用品の売り場面積が広い店舗はRのみ。日用品が63.8％で、食品が21.0％なので、

63.8÷21.0＝3.03… → 3.0倍

❷【D】

各店舗の売り場面積×割合を概算すると、

P…703×0.184→700×0.2=約140

Q…899×0.295→900×0.3=約270

R…1005×0.152→1000×0.15=約150

S…810×0.245→800×0.25=約200

従って、Dのようなグラフになる。

3 ❶【B】

全店での仕入れ割合の基準はキャベツの１なので、キャベツに換算する。キャベツ１に対して豚肉は1.2なので、Ｐ店の豚肉25％は、キャベツに換算すれば、**1.2×0.25＝0.3**。このＰ店の豚肉0.3が、全店合計のタマネギ仕入れ量のうちのQ店60％と同じ量に相当するので、全店合計のタマネギ仕入れ量は、**0.3÷0.6＝0.5**。キャベツ１を基準にした0.5なので、**タマネギの仕入れ量はキャベツの0.5倍**。

❷【A】

R店のキャベツとQ店のキャベツは同じ量なので、RとQのキャベツの％も等しくなる。

(100－50)÷2＝25％

	豚肉(1.2)	タマネギ(0.5)	ジャガイモ(5)	キャベツ(1)
P店	25%	□	□	50%
Q店	40%	60%	□	25%
R店	35%	□	X%	25%
合計	100%	100%	100%	100%

「キャベツ(1)の25％だったものが、ジャガイモ(5)のX％と同じ量」なので、

1×25＝5×X

X＝25÷5＝5％

4 ❶【D】

「前期にトレースを選択した生徒49人＋後期にトレースを選択した生徒52人」から、「前期・後期ともにトレースを選択した生徒15人」を引く。

49＋52－15＝86人

86÷200＝0.43 → 43％

❷【B】

前期に油彩画を選んだ生徒のうちの30％が後期に製図を選択したので、「前期に油彩画、後期に製図を選択した生徒」をx人とおくと、「前期に油彩画を選んだ生徒」は、x÷0.3になる。

12＋9＋14＋x＝x÷0.3

x＝15人

❸【C】

前期＼後期	油彩画	水彩画	トレース	製図	合計
油彩画	12	15	12	10	49
水彩画	9	12	14	(16)	51
トレース	14	17	15	t=6	52
製図	x=15	q=9	8	s=16	r=48
合計	y=50	p=53	49	48	200

全体200人から「前後期ともトレースか製図しか選択していない生徒」を引けば、「前後期で少なくとも1度は油彩画か水彩画を選択した生徒」が求められる。❷より、x＝15人なので、前期油彩画の人数の合計yは、

y＝12＋9＋14＋15＝50人

前期水彩画の人数の合計pは、

p＝200－(50＋49＋48)＝53人

q＝53－(17＋12＋15)＝9人

r＝200－(49＋51＋52)＝48人

s＝48－(15＋9＋8)＝16人

t＝52－(14＋17＋15)＝6人

トレースか製図しか選択していない生徒は、

15＋8＋6＋16＝45人 ←上表の■

少なくとも1度は油彩画か水彩画を選択した生徒は、**200－45=155人**。割合は、

155÷200＝0.775→77.5%

5 ❶【C】

各工場でのチーズの生産量の割合に、S乳業全体の生産量に占める各工場の生産量の割合を掛けて、合計する。

0.1×0.4＋0.2×0.2＋0.5×0.3＋0.2×0.1＝0.25＝25%

❷【B】

Q工場内で、チーズの割合を3倍の(20×3=)60にすると、Q工場全体は、100から140に増える。チーズの割合は、

60÷140=0.428… →43%

❸【B】

前年度はバター(今年度10)は2倍の20、チーズ(今年度50)は2分の1の25だった。R工場全体では、今年度100が前年度は、

20＋25＋30＋10＝85

だったことになる。前年度、R工場全体の生産量に占めるクリーム生産量の比率は、

30÷85＝0.352… →35%

6 ❶【C】

商品アのZのトラック出荷台数をa台とする。合計額が5300万円なので、次の式が成り立つ。

10×110＋18×80＋8×150＋130a＝5300

a＝12台

❷【A】

表1で、**c＝40－11－15－b＝14－b**。

合計額が4000万円なので、次の式が成り立つ。

11×80+15×100+120b+110(14−b)=4000

b＝8台

❸【C】

W全体の輸送費は、現在、

10×110＋11×80＋12×100＝3180万円

3180－2860＝320万円

320÷110＝2.9090…

3台分減らせば2860万円以下になる。

7 ❶【C】

X県の2020年の人口を100人とすると、

2020年の0～14歳は10人。

10年前の0～14歳は、

10÷2/3＝15人

2020年の40～64歳は30人。

10年前の40～64歳は、

30÷1.25＝30×4/5＝24人※

※1.25＝125/100＝5/4

その他は横ばいなので、10年前のX県の人口は、2020年より0～14歳が5人多く、40～64歳が6人少ないため、99人となる。

10年前の40〜64歳の人が占める比率は、
24÷99＝0.2424… → 24.2%

❷【D】

問題文の表にあるY県の2020年の人口を100として、2000年の指数を掛ける。
①0〜14歳…20×90＝1800
②15〜39歳…45×100＝4500
③40〜64歳…20×120＝2400
④65歳以上…15×70＝1050
多い順に②、③、①、④。

8 ❶【C】

ア、イの合計は、**100－(10＋18＋20)＝52**。
ア：イ＝8：5なので、アは、(8＋5＝13)のうちの8になる。
52÷13×8＝32

❷【F】

3都市50キロ圏の合計人口(以下、合計人口)に対する、P市50キロ圏の人口の割合は54%。
P市0〜10キロ圏の人口は、そのうち10%なので、合計人口に対する割合は、
0.54×0.10＝0.054＝5.4%
以下同様に、カ、キ、クの合計人口に対する割合を算出して比べる。
カ　0.16×0.23＝0.0368＝3.68%
キ　0.30×0.25＝0.075＝7.5%
ク　0.30×0.20＝0.06＝6.0%
P市0〜10キロ圏の人口より多いのは、**キとク**。

❸【A】

R市30キロ圏内の距離別人口構成比の合計は、
25＋24＋16＝65%
これを100%として考える。
R市20〜30kmの人口構成比は、
16÷65＝0.246…→25%

❹【B】

合計人口に対するQ市30〜40kmの割合は、
0.16×0.25＝0.04
0.04が220万人に相当するので、
220万÷0.04＝5500万人

9 ❶【C】

3200人の52%なので、
3200×0.52＝1664人

❷【B】

昨年の2日目の入場者数は、
2800×0.4＝1120人
これが、一昨年の70%と等しいので、
1120÷0.7＝1600人

❸【D】

昨年の2日入場券購入者は、全員2日間とも入場したので、延べ入場者数で2000人となる。イは、昨年の延べ入場者数2800人から2000人を引けばよいので、
2800－2000＝800人

❹【B】

延べ入場者数は3200人、1日入場券での入場者は1300人なので、2日入場券での入場者数は、3200－1300＝1900人。2日入場券の購入者をx人とすると、その90%(0.9x人)は入場者数に2回、10%(0.1x人)は1回に数えられる。
0.9x×2＋0.1x＝1900人
x＝1000人

10 ❶【B】

全体の回答者数を100人とすると、表2より、スキー場Xの回答者数は30%なので30人。表1より、「電車」と答えた人は20%なので、
30×0.2＝6人
全体の回答者100人のうちの6人なので**6%**。

❷【B】

表1ではZ30%はX10%の3倍だが、表2ではZ20%はX30%の2/3なので、**3×2/3＝2倍**。
別解▶全体の回答者数を100人とすると、表2より、スキー場Zの回答者数は20%なので20人。表1より、「バス」と答えた人は30%なので、20×0.3＝6人。一方、スキー場Xの回答者の

割合は30%で30人。10%が「バス」と答えたので、30×0.1＝3人。従って、Zで「バス」と答えた人は、Xで「バス」と答えた人の6÷3＝2倍。

❸【D】

全体の回答者数を100人として、乗用車の人数をスキー場ごとに算出する。

X＝100×0.3×0.5＝15人

Y＝100×0.3×0.4＝12人

Z＝100×0.2×0.2＝4人

乗用車合計＝100×0.41＝41人

従って、Wで「乗用車」と答えた人は、

41－(15＋12＋4)＝10人

Wの回答者数は**20%＝20人なので、50%**。

❹【C】

スキー場Yの回答者数の割合は全体の30%、そのうち20%が「その他」で、84人なので、

84÷0.3÷0.2＝1400人

11 ❶【B】

数学＼英語	0～19点	20～39点	40～59点	60～79点	80～100点
0～19点	4	2	1		
20～39点	6	6	7	5	
40～59点	2	4	20	11	4
60～79点		13	12	15	7
80～100点			3	6	2

英語で80点以上は、上の表で■の部分。

4＋7＋2＝13人

130人に対する割合は10%。

❷【B】

あり得る平均点は、「あり得る最低点」～「あり得る最高点」の範囲にある。

英語で80点以上の生徒の13人が、

①数学で全員最低点をとった場合は、

・40～59点 → 40点が4人

・60～79点 → 60点が7人

・80～100点 → 80点が2人

このとき数学の平均点は、

(40×4＋60×7＋80×2)÷13

＝740÷13＝56.92… →56.9点

② 数学で全員最高点をとった場合は、

・40～59点 → 59点が4人

・60～79点 → 79点が7人

・80～100点 → 100点が2人

このとき数学の平均点は、

(59×4＋79×7＋100×2)÷13

＝989÷13＝76.07… →76.1点

数学のあり得る平均点は、**56.9点～76.1点の範囲**で、選択肢ではBの76.0点。

❸【C】

英語と数学の平均点が30点未満になるのは、英語と数学の合計が60点未満になる生徒。各得点範囲の英語と数学の最高点の合計が60点未満になるのは、下の表の■部分で、これが生徒の数が最も少ない場合。

4＋2＋6＝12人

各得点範囲の英語と数学の最低点の合計が60点未満になるのは、表の■部分＋■部分で、これが生徒の数が最も多い場合。

12＋1＋6＋2＝21人

従って、**12人～21人**。

数学＼英語	0～19点	20～39点	40～59点
0～19点	4	2	1
20～39点	6	6	7
40～59点	2	4	20
60～79点		13	12
80～100点			3

←■は最高点
19＋19=38点(4人)
39＋19=58点(6人)
19＋39=58点(2人)
←■は最低点
0＋40=40点(1人)
20＋20=40点(6人)
40＋0=40点(2人)

12 ❶【B】

Pクラスの合計点は、

(64×11)＋(68×7)＋(60×22)＝2500点

これをPクラスの人数40人で割る。

2500÷40＝62.5点

❷【D】

4クラスの物理の合計点は、

(64×11)＋(70×18)＋(69×12)＋(62×9)

＝3350点

4クラスの物理の受験者数は、

11＋18＋12＋9＝50人なので、
3350÷50＝67点

❸【A】

Rクラス40人の合計点は、
65×40＝2600点
Rクラスの物理と生物の合計点は、
(69×12)＋(71×12)＝1680点
従って、Rクラスの化学の合計点は、
2600－1680＝920点
化学の受験者数は16人なので、平均点は、
920÷16＝57.5点

❹【B】

Sクラス40人の合計点は、
63.6×40＝2544点
Sクラスの化学と生物の合計点は、
2544－(62×9)＝1986点
Sクラスの生物の受験者数をx人とすると、化学の受験者数は(31－x)人。
化学の合計点＋生物の合計点
＝60×(31－x)＋67x＝1986
x＝18人

13 ❶【B】

Q駅からR駅の間、ずっと列車Aに乗っていた人とは、P駅、またはQ駅から乗車して、R駅、またはS駅で降りた人のことで下の■。

【表1】各駅での下車人数

P駅からの距離	乗車／下車	P	Q	R
46km	Q	20人		
94km	R	14人	30人	
144km	S	25人	18人	27人

14＋25＋30＋18＝87人

❷【A】

どの駅から乗車したかで運賃が変わる。
P駅(144km)…700×25＝17500円
Q駅(144－46＝98km)…580×18＝10440円
R駅(144－94＝50km)…400×27＝10800円
合計…17500＋10440＋10800＝38740円

❸【B】

区間別の乗車率は、
PQ間…(20＋14＋25)÷100＝0.59
QR間…(14＋25＋30＋18)÷100＝0.87
RS間…(25＋18＋27)÷100＝0.7
3区間の乗車率の平均なので、
(59＋87＋70)÷3＝216÷3＝72%

14 ❶【D】

エタンはメタンの1.8倍の比重。気体Xの構成体積比率はメタン88.0%、エタン8.0%で、エタンはメタンの1/11。メタン55gなので、

$$55\times1.8\times\frac{1}{11}=9\text{g}$$

別解▶メタン：エタン(xg)の重量比は、
1.0×88.0：1.8×8.0＝88：14.4＝55：x

従って、$x=\frac{55\times14.4}{88}=5\times1.8=9\text{g}$

❷【C】

気体Yの気体の体積比率を重量比率にする。
エタン…1.8×6.0＝10.8
プロパン…2.8×0.0＝0
ブタン…3.6×1.5＝5.4
ペンタン…4.5×2.0＝9.0
合計…10.8＋0＋5.4＋9.0＝25.2
メタンを除く重量は、36.4gなので、重量比率が9.0/25.2のペンタンの重量は、

$$36.4\times\frac{9.0}{25.2}=36.4\times\frac{5}{14}=13.0\text{g}$$

❸【A】

気体Zのブタンとペンタンの重量比を求める。
ブタン…3.6×3.0＝10.8
ペンタン…4.5×1.8＝8.1
従って、**10.8：8.1=4：3**

15 ❶【A】

水溶液Xのaは7.0、bは2.8なので、2.8÷7

= 0.4倍。aは10gなので、**10 × 0.4 = 4g** 。

❷【B】

薬品dの重量百分率は、Xが0.7%、Yが2.1%で、Zが1.3%。Xをxg、Yをyg混ぜて、Zの1.3%と等しくするので、

$0.7x + 2.1y = 1.3(x + y)$

$4y = 3x$

$x : y = 4 : 3$

別解▶薬品dのXとZの濃度の差は、

1.3 − 0.7 = 0.6　←Xの方がZよりも薄い

薬品dのYとZの濃度の差は、

2.1 − 1.3 = 0.8　←Yの方がZよりも濃い

0.6 : 0.8 = 3 : 4

濃度が濃いYの方を少なくして混ぜれば、Zの濃度になるので、3 : 4の逆数比で、X : Yを4 : 3で混ぜればよい。

❸【B】

Xをxg、Yをyg混合したとする。薬品aは24gなので、表の%より、

$0.07x + 0.05y = 24$

$7x + 5y = 2400$…①

薬品cは12gなので、表の%より、

$0.036x + 0.02y = 12$

両辺を1000倍した後、4で割って

$9x + 5y = 3000$…②

①と②を解いて、**x = 300g**

23 特殊算

本文228ページ

1 【B】

82円切手x枚のとき、52円切手は(30 − x)枚。

$82x + 52(30 - x) \leqq 2200$

$82x - 52x \leqq 2200 - 1560$

$x \leqq 21.33$…枚

82円切手は21枚で2200円におさまる。

別解▶30枚が52円切手だとすると、52 × 30 = 1560円だが、2200 − 1560 = 640円少なくなる。82円と52円の差額は30円なので、1枚入れかえるごとに金額は30円増えることになる。従って、640 ÷ 30 = 21.33…枚。

2 【C】

1120円で、80円のガムだけ買うと、

1120 ÷ 80 = 14個

ガム14個のうちx個をチョコy個と交換して、合計額を1120円のままにする。80x円と50y円を同額にしたいので、80と50の最小公倍数400を割る。

x = 400 ÷ 80 = 5個

y = 400 ÷ 50 = 8個

ガム14個のうち5個を同額400円のチョコ8個と交換すればよい。従って、ガムは14 − 5 = 9個、**チョコ8個**で合計1120円。

3 【B】

5個入りをX個、8個入りをY個とする。

8950円の下二桁が50円なのでXは奇数個とわかる。X1個分950円を引くと8000円。端数50円がないので、**残りのXは偶数個**になる。

X2箱…8000 − 950 × 2 = 6100円

←1400円で割り切れないので不適。

X4箱…8000 − 950 × 4 = 4200円

←4200 ÷ 1400 = 3箱で適。

X6箱以上…同様に考えて不適。

最初の1箱を足して、**Xは、4 + 1 = 5箱**。

4 【B】

RはQの2倍の個数なので、**Qがx個**なら、**Rは2x個**、Pは21 − x − 2x = **21 − 3x個**。

金額は、Qが**100x円**、Rが80 × 2x = **160x円**、Pが200 × (21 − 3x) = **4200 − 600x円**

で、総額2500円。

100x＋160x＋4200－600x＝2500

340x＝1700

x＝5個

5【B】

7月350円の貸出枚数をx枚とすると、8月200円の貸出枚数は(10000－x)枚。

総額…平均245円×10000枚＝2450000円

350x＋200×(10000－x)＝2450000

150x＝450000

x＝3000枚

6【D】

1房70円で仕入れて160円で売るので、

1房8本の利益…160－70＝90円

ばらは30×8＝240円で売るので、

ばら8本の利益…240－70＝170円

房で売った房数をx房、ばら売りの房数を50－x房とすると、次の式が成り立つ。

90x＋170×(50－x)＝5940

80x＝2560

x＝32

7【C】

25室のうち6人部屋8室なので、6×8＝48人は決まっている。残りは120－48＝72人。72人を25－8＝17室に分ける。4人部屋をx室、5人部屋を17－x室として、

4x＋5×(17－x)＝72

x＝13室

別解▶17室全部が4人部屋なら、17×4＝68人。残った72－68＝4人を、1人ずつ4人部屋に振り分けて5人部屋にすればよいので、5人部屋は4室。4人部屋は、17－4＝13室。

8【D】

2個ずつの合計600円を10000円から引く。

10000－600＝9400円

9400÷80＝117.5個←80円**116個**と120円**1個**で9400円になる。

80円を**118個**、100円を**2個**、120円を**3個**買えば**計123個**で10000円ちょうどになる。

9【C】

2000円は十の位が0なので、10円玉は5枚か10枚。10円玉10枚のとき、

枚数…10円玉10枚＋3種類3枚＝13枚

金額…10×10＋500＋100＋50＝750円

残り14－13＝1枚で、2000－750＝1250円は作れないので、10円玉は5枚に決定。

残り枚数…14－5＝9枚

残り金額…2000－50＝1950円

・500円玉1枚の場合…1950－500＝1450円を100円玉と50円玉合計9－1＝8枚で作るには金額が足りないので不適。

・500円玉2枚の場合…1950－1000＝950円を100円玉と50円玉合計9－2＝7枚で作るには金額が足りないので不適。

・500円玉3枚の場合…1950－1500＝450円を100円玉と50円玉合計9－3＝6枚で作る。100円玉x枚、50円玉(6－x)枚として、

100x＋50(6－x)＝450

x＝3枚

10 ❶【D】

15個全部がアメだと、32×15＝480円で、480－450＝30円オーバー。30円の差を、32円のアメから20円のガムにかえることで32－20＝12円ずつうめていくと考える。

ガムは**30÷12＝2.5個以上**(3個で450円以内になる)。**アメは15－3＝12個**。

❷【C】

個数を多くしたいので、高いアメは最低の3個で、残り450－32×3＝354円。残りはガムで**354÷20＝17.7(17個で450円以内)**

11 ❶【C】
3色1mずつの合計代金は、
800 + 1000 + 1600 = 3400円
残りは、5000 − 3400 = 1600円
赤を多く買いたいので、
1600 ÷ 800 = 2m
赤は1 + 2 = 3m 買える。
❷【A】
1mずつで、金を青の3倍なので、代金は、
800 + 1000 + 1600 × 3 = 6600円
残りは、10000 − 6600 = 3400円
追加で青1mと金3m（合計5800円）は買えないので、**買える青は1m。**

12 ❶【C】
各種類2個以上のケーキの代金は、最低で
(600 + 1000 + 1500 + 2000) × 2 = 10200円
残り…15000 − 10200 = 4800円
最も安いPを多く買えば、最も多く購入できる。
4800 ÷ 600 = 8個
合計個数…4 × 2 + 8 = 16個
❷【D】
必ず買うケーキの代金は、
2000 × 5 + (600 + 1000 + 1500) × 2 = 16200円
残り…20000 − 16200 = 3800円
安い方から、P600円3個とQ1000円2個買えばちょうど3800円になるので、合計個数は、
5 + 3 × 2 + 3 + 2 = 16個

13 ❶【D】
80円、50円、10円、2円の切手を最低2枚ずつ買って、一の位が0の350円にするので、2円切手は5の倍数枚必要。その他は2枚ずつで2 × 3 = 6枚で、計11枚。この代金は、
(80 + 50 + 10) × 2 + 2 × 5 = 290円
残り…350 − 290 = 60円
最大枚数にするには、2円切手を買えばよい。
60 ÷ 2 = 30枚
合計枚数…11 + 30 = 41枚
❷【D】
❶同様、必ず買うのは2円切手5枚、その他は2枚ずつで、計11枚290円で、残り110円。
買える最小枚数なので、高い切手から考える。
・80円1枚と10円3枚…計4枚で110円
・50円2枚と10円1枚…**計3枚**で110円
最小枚数…11 + 3 = 14枚
❸【A】
334円にするため、2円切手は2枚で4円分必要。残り330円で、これを80円切手から考える。
330 ÷ 80 = 4余り10
80円4枚と10円1枚。従って、
2 + 4 + 1 = 7枚

14 ❶【C】
普通の皿1枚をx円とすると、持ち金は40x円。
40x円で業務用の皿が50枚買えるので、業務用の皿1枚は**40x ÷ 50 = 0.8x円。**
普通の皿1枚＋業務用の皿1枚 = 1.8x円。
40x ÷ 1.8x = 22.22…枚 ←22枚ずつ買える。
❷【D】
おつりが60円なので
(x + 0.8x) × 22 + 60 = 40x
x = 150円
40x = 40 × 150 = 6000円

15 【D】
リンゴを少なくとも1個もらった人は18人なので、2個ともミカンをもらった人は25 − 18 = 7人いる。この7人でミカン14個。ミカンは24個減ったので、リンゴとミカンを1個ずつもらった人は、
24 − 14 = 10人

16 【C】
1箱を分けると1人2個ずつで4個余るので、
2箱を分けると1人4個ずつで8個余る。

また、問題文より、
2箱を分けると、1人5個ずつで3個余る。
1人に配る数を1個増やすと余りが5個減ったので、人数は5人。1箱のチョコの数は、
5×2＋4＝14個

17 **❶【D】**

40人が2個ずつもらったので、合計80個。このうちXは42個なので、Yは80－42＝38個。38個を少なくともY1個をもらった人30人に1個ずつ配ると8個残る。この8個はYを2個もらった人の分なので、Yを2個もらった人は8人。Yを1個だけもらった人（XとYを1個ずつもらった人）は、
30－8＝22人
別解▶40人のうちYを少なくとも1個もらった人が30人なので、Yをもらわなかった人（Xを2個もらった人）は、40－30＝10人。この10人のXの個数は、10×2＝20個。箱から減ったXは42個なので、Xを2個もらった人の個数20個を引けば、Xを1個だけもらった人（Yも1個もらった人）の個数（人数）がわかる。
42－20＝22人

❷【B】

50人が2個ずつもらったので、合計100個。Xは56個なので、Yは100－56＝44個。XとYを1個ずつもらった人は32人で、このYの数は32個。従ってYを2個もらった人がもらったYの数は、44－32＝12個。求めるのは人数なので、2で割って、
12÷2＝6人

18 **❶【D】**

①10枚ずつ並べると6枚余る数なので、一の位は6に決定する。そこで、6から順に10を足していった数字をメモする。
6、16、26、**36**、46
②8枚ずつ並べると4枚余る数なので、4から順に8を足していった数字をメモする。
4、12、20、28、**36**、…
すると**36**が共通するので、36枚とわかる。
別解1▶10枚ずつ並べると6枚余るので、10の倍数に4足りない枚数。また、8枚ずつ並べると4枚余るので、8の倍数に4足りない枚数。10と8の最小公倍数40から4を引いた36。
別解2▶10枚ずつ並べると6枚余るので、一の位は6。次に、8の倍数に4足りない（4多い）ので、一の位が6で、4足すと8の倍数40（または4引くと8の倍数32）になる36とわかる。

❷【C】

x人に配ったものとして方程式を立てる。
7x＋6＝9x－4
x＝5
人数は5人。配ったカードは、
7×5＋6＝41枚
別解▶同じ人数に7枚ずつ配ると6枚余り、1人に配る枚数を2枚増やして9枚ずつ配ると4枚足りない。配る枚数を1人あたり2枚増やすと、全体で（6＋4＝）10枚の違いが出ることになるので、
人数…10枚÷2枚＝5人
枚数…7×5＋6＝41枚

19 **【B】**

x年後に子供の年齢の和が母親の年齢と等しくなる。そのとき、3人それぞれがx歳だけ年をとっているので、
36＋x＝(12＋x)＋(12＋x)
x＝12　←12年後に等しくなる
子供の年齢の和が母親を超えるのは、**13年後。**
別解▶1年で、母親の年齢は1歳、2人の子供の年齢の和は2歳ずつ増えていくので、差が2－1＝1歳ずつ縮まっていく。現在の子供の年齢の和と母親の年齢との差が36－12×2＝12歳なので、1年で1歳ずつ縮まれば、12年後に等しくなる。従って、超えるのは13年後。

20 【B】

現在、息子の年齢が x 歳なら、父の年齢は $2x$ 歳。父の $2x-16$ が息子の $(x-16)$ の4倍なので、

$2x-16=4(x-16)$

$2x=48$

父 $2x$ は48歳。息子 x は24歳。

21 【C】

X、Y、Zの現在の年齢をそれぞれ x、y、z とする。現在、3人の年齢の合計は28歳なので、

$x+y+z=28$…①

5年前のXとZの年齢の合計は現在のYの年齢なので、

$(x-5)+(z-5)=y$

$x+z-10=y$…②

XはZより5歳上なので、

$x=z+5$…③

③を①と②に代入して、

$y+2z=23$…①'

$y-2z=-5$…②'

$2y=18$

$y=9$

22 ❶【C】

間隔が長い方のQから選択肢のいちばん後の日付までをメモする。

Qは6月2日から5を足していって、

2、7、12、**17**日

Pは6月1日から4を足していって、

1、5、9、13、**17**、21日

共通する**6月17日**が答え。

別解▶Pの6月の夜勤日は、1日から4ずつ増えていく日(1、5、9、13…)なので、4で割ると1余る日付。Qの6月の夜勤日は、2日から5ずつ増えていく日(2、7、12、17…)なので、5で割ると2余る日付。これをもとに、選択肢の日付を暗算すれば6月17日。

※4日毎は間に3日入る。つまり1から順に、

❶②③④❺⑥⑦⑧❾⑩

これに対して、4日おきは間に4日入る。

❶②③④⑤❻⑦⑧⑨⑩

❷【D】

Qは+5でPは+4なので、4と5の「最小公倍数」である20(日後)になる。**6月17日の20日後なので、7月7日**。

別解▶❶に続けて、メモしていく。

23 ❶【D】

$f(n)$ は $f(n-1)$ がわからないと求められないので、入会時のポイント $f(0)$ から順に、$f(1)\to f(2)\to f(3)$ を計算。入会時、つまり施設を $n=0$ 回利用したときに100ポイントもらっているので、

$f(0)=100$

$f(1)=f(1-1)+20=f(0)+20=100+20=120$

$f(2)=f(2-1)+20=f(1)+20=120+20=140$

$f(3)=f(3-1)+20=f(2)+20=140+20=160$

別解1▶前回のポイントである $f(n-1)$ に20ポイントずつ加算されるので、3回利用後のポイントは、$100+20\times3=160$ ポイント。

別解2▶数列の考え方を利用する。$f(n)$ は初項が $f(0)$、公差が20の等差数列なので、

$f(n)=f(0)+20n$

従って、$f(3)=100+20\times3=160$

❷【C】

❶より、3回の施設利用でたまるポイントは、$f(3)-f(0)=160-100=60$ ポイント。従って、Qが入会特典としてもらえたポイントは、

210 − 60 = 150ポイント

24

❶【5709】

上2けたと下2けたで分けて見る。

5512 (5709) 5906 6103 6300

上…55→57→59→61→63(2ずつ増えている)

下…12→09→06→03→00(3ずつ減っている)

別解▶197ずつ離れている等差数列。

❷【15de】

数字とアルファベットを分けて見る。

18c (15de) 12fgh 09ijkl 06mnopq

18→15→12→09→06（3ずつ減っている）

c→de→fgh→ijkl→mnopq（アルファベット順に、1文字ずつ増えている）

❸【n】

1つずつとばして見る。

d t f r h p j (n) l l

d→f→h→j→l（1つとばしのアルファベット順）

t→r→p→n→l（1つとばしのアルファベット逆順）

❹【たね】

1文字ずつとばして見る。

あけ　かせ　さて　(たね)　なへ

あ→か→さ→た→な（あ行→か行→さ行…の順に五十音のあ段が並んでいる）

け→せ→て→ね→へ（か行→さ行→た行…の順に五十音のえ段が並んでいる）

❺【q23hgf】

真ん中の数字と、左右のアルファベットをそれぞれ分けて見る。

s29edc (q23hgf) o17kji m11nml k05qpo

数字…29→23→17→11→05（6ずつ減っている）

頭……s→q→o→m→k（1つとばしのアルファベット逆順）

末尾…edc→hgf→kji→nml→qpo（cdeの逆→fghの逆→ijkの逆→lmnの逆→opqの逆アルファベット順に、3文字ずつが逆になっている）

ポイント 文字列、数列の規則性を見つける。

他の出題例：

a**ij**c**mn**e**( )r**g（**ij**kl**mn**op**qr**なので**q**）

cc**d**c**d**ff**g**f**( )**ii**j**（c**d**とf**g**とi**j**なので**g**）

e**j**f**k**g**j**h**k**i**( )**j**k**k（**j**と**k**を挟んでいるので**j**）

cba fed **ih( )** lkj（逆順の3文字なので**g**）

WEBテスト受検のときに、手元に五十音やアルファベット順と逆順の文字列を用意して、問題文の文字列に印をしていくのもよい。

abcdefghijklmnopqrstuvwxyz

zyxwvutsrqponmlkjihgfedcba

24 情報の読み取り

本文236ページ

1 ❶【A】

ア　日曜／食事付き。子供30%引き

13000×2＋13000×0.7×2＝44200円 →○

イ　5月2日(1000円増し)／平日／食事なし

(7000＋1000)×3＝24000円 →×

ウ　11月(2000円引き)／祝日／食事なし

(8000－2000)×3＝18000円 →×

❷【B】

ア　7日前なので、**キャンセル料は無料** →×

イ　前日のキャンセル料は40%。

8000×0.4＝3200円 →○

ウ　6月(2000円引き)／平日／食事付き

9000円2名。3日前のキャンセル料は20%。

9000×2×0.2＝3600円 →×

2 ❶【F】

ア　ビジネス会話は、火曜以外の個人レッスンなら木曜日にも受講できる →×

イ　**8000×0.8＝6400円** →○

ウ　金曜日の日常会話コースとビジネス会話コースは個人レッスン、トラベル会話コースはグループレッスンが受講できる →○

❷【F】

ア　3年目なので、10%引き。

2500×0.9＝2250円 →×

イ　4年目なので、20%引き。

2500×0.8＝2000円 →○

ウ　紹介割引はグループレッスンのみなので、**割引はなく2000円** →○

3 ❶【D】

ア　予約割引は**0.8a円なので20%引き →○**

イ　子供割引適用者10人は団体割引の人数対象外なので、0.5a × 10 = 5a円。

2a + 5a = 7a円 →○

ウ　予約割引と団体割引は重複適用しないので、**40%引きにはならない →×**

❷【A】

ア　**0.5a + 0.8a × 2 = 2.1a円 →○**

イ　**0.7a + 0.8a = 1.5a円 →×**

ウ　団体割引で10人入る…0.8a × 10 = 8a円
団体割引で8人＋誕生日割引で2人が入る
…**0.8a × 8 + 0.7a × 2 = 7.8a円 →×**

4 ❶【F】

ア　塗料Aに対するBの販売量の割合は、

2014年…0.8(B) ÷ 0.2(A) = 4

2015年…0.7(B) ÷ 0.3(A) = 2.333…

2016年…0.4(B) ÷ 0.6(A) = 0.666…

4の1/4倍なら、2016年の割合は1のはずなので、間違い →×

イ　「AとBの販売量合計は～2015年には16トン」で、Aが3割、Bが7割なので、

Bの販売量…16 × 0.7 = 11.2トン →○

ウ　塗料Bの販売量は、

2014年…5 × 0.8 = 4トン

2016年…20 × 0.4 = 8トン

2倍に増えている →○

❷【F】

ア　2016年の販売量は、A6割、B4割。売上額は、**A…6 × 1 = 6**に対して、**B…4 × 2 = 8**で、**Bの売上額の方が多い →×**

イ　Aのみの売上は1 → 5 → 15(億円)で、販売量は5 × 0.2 = 1 → 16 × 0.3 = 4.8 → 20 × 0.6 = 12(トン)。価格(売上÷販売量)は1 → 5 ÷ 4.8 = 1.04… → 15 ÷ 12 = 1.25となり、Aの価格が毎年上がっている。**Aの2倍に設定されたBの価格も毎年上がっている →○**

ウ　❶のウの通り、2014年のBの販売量は4トン、2016年は8トンで、2倍となっている。イの通り価格は毎年上がっているので、**2016年の売上額は2014年の2倍以上 →○**

5 ❶【E】

ア　「受験者数は今年300人で、～2年前に比べると75%」なので、2年前は300 ÷ 0.75 = 400人で、**100人減っている →○**

イ　合格率＝合格者数÷受験者数

1年前の合格者数…180人

1年前の受験者数…300 ÷ 0.8 = 375人

合格率5割に届いていない →×

ウ　倍率＝受験者数÷合格者数

2年前…400 ÷ 140 = 2.8571…

今年…300 ÷ 240 = 1.25

2.85は1.25の2倍以上 →○

❷【C】

ア　合格者に占める女子の割合は、2年前に4割だったものが、1年前は5割なので、

2年前…140 × 0.4 = 56人

1年前…180 × 0.5 = 90人

従って、**2倍以上ではない →×**

イ　男女別の受験者数については述べられていないので、**一致しない →×**

ウ　男子合格者割合は、「1 − 女子の割合」

2年前…140 × (1 − 0.4) = 84人

今年…240 × (1 − 0.6) = 96人

従って、**今年の方が多い →○**

6 ❶【D】

A　2015年の輸入金額は78.4兆、2010年は60.8兆なので、78.4 ÷ 60.8 = 1.289… →×

B　2015年の輸出金額は75.6兆、2010年は67.4兆なので、増加している →×

C　2010年度の貿易収支は、
輸出67.4 − 輸入60.8 = 6.6兆の黒字 →×

D　Cより、2010年度の貿易収支は6.6兆の

黒字。2015年度の貿易収支は、

輸出75.6－輸入78.4＝－2.8兆(赤字)

－2.8兆－6.6兆＝－9.4兆の減少 →○

❷【B】

A　鉄鋼は2011年から2014年まで2位だったが、2015年に半導体等電子部品に2位の座を譲った →×

B　2011年の総輸出金額は、65.5兆。2011年、鉄鋼は輸出総額の5.5%を占めていたので、

65.5×0.055＝3.6025兆≒3.6兆 →○

C　鋼板等の輸出量や金額についての記述はないので、**何%かわからない** →×

D　「減少傾向となり、2015年には3位」なので、**年々増加しているとは言えない** →×

25 物の流れ

本文244ページ

1 ❶【F】

終点Qから式にする。

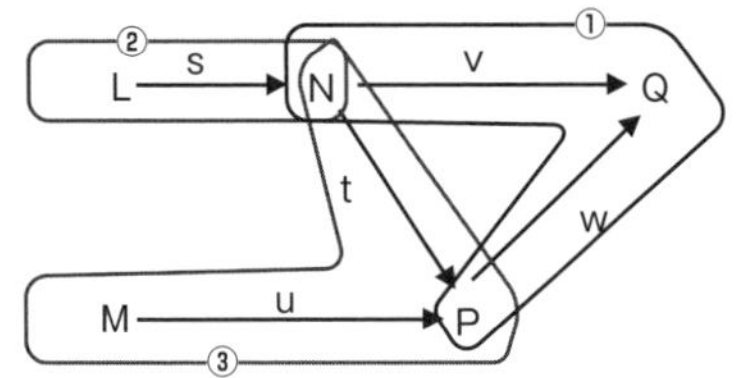

Q＝vN＋wP…①

N＝sL…②

P＝tN＋uM…③

ア　Q＝sL＋vN＋wP←sLとvNがだぶるので×。NはvNで完結しているので、Nの前にあるLの式が入っているのはだぶりになる。

イ　Q＝svL＋wP←①に②を代入した式で○。

ウ　Q＝svL＋stwL＋uwM←①に②と③を代入した式で○。

❷【D】

集荷所LとMから送られた荷物量をそれぞれ100として計算する。

LからQ…svL＋stwL＝(v＋tw)sL

＝100×0.8×(0.6＋0.2×0.5)＝80×0.7＝56

MからQ…uwM＝100×0.4×0.5＝20

56÷20＝2.8→280.0%

【参考】比率がわかればよいだけなので、0.4×0.5のように比率だけで計算してもよい。

2 ❶【E】

Q＝aK＋dN＋fP…①

N＝bK＋cL…②

P＝eM…③

ア　Q＝aK＋bdK＋cdL＋fP

←①に②を代入した式で○。

イ　Q＝aK＋bK＋dN＋eM＋fP

←bKとdN、またeMとfPがだぶるので×。

ウ　Q＝K(a＋bd)＋cdL＋efM

←①に②と③を代入して

Q＝aK＋bdK＋cdL＋efM

これをKでくくると、ウになるので○。

❷【C】

KからQへの経路はa＝0.1と、bd＝0.5×0.15＝0.075の2つ。これを合計する。

0.1＋0.075＝0.175→17.5%

❸【B】

PからQ…efM＝0.5×0.8×600＝240台

NからQ…240－75＝165台

165台のうちK→N→Qと流れた台数bdKは、

0.5×0.15×1000＝75台

165台のうちL→N→Qと流れた台数cdLは、

165－75＝90台

cdL＝0.3×0.15×L＝90台なので、

L＝90÷0.3÷0.15＝2000台

26 ブラックボックス

本文248ページ

1 ❶【D】

P…同じ数のときだけ0なので、「同0」の箱。
Q…一方が0なら0、両方1なら1にするので、小さい方を出力する「小」の箱（両方同じ数字が入力されたときには、そのまま出力する）。
R…一方が1なら3/4の確率で1、1/4の確率で0、両方0なら0にするので、出力が変化する「変」の箱。「変」の箱に注意して計算する。

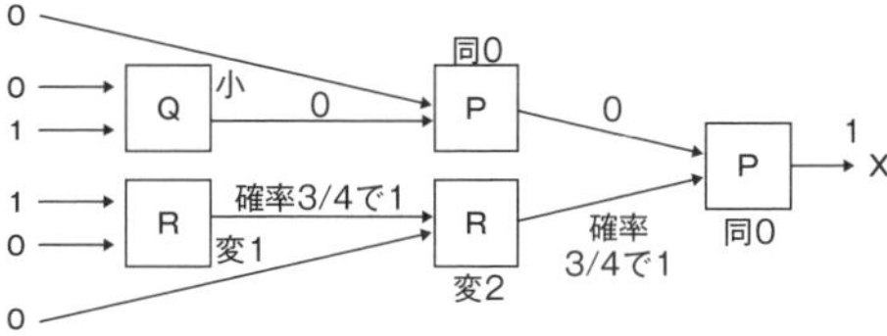

最後の「同0」から1が出力されるには、2つの信号が違う数でなければならないので「変2」の出力は1に決定。「変2」から1が出力される確率は3/4。また、「変2」から1が出力されるには、少なくとも一方が1でなければならないので、「変1」の出力は1に決定。「変1」から1が出る確率は3/4。つまり、最後の「同0」から1が出力される確率は、「変1」と「変2」の両方から連続して1が出力される確率の積となる。

$$\frac{3}{4} \times \frac{3}{4} = \frac{9}{16}$$

❷【B】

それぞれの数値をあてはめて計算すると、Yが1になる可能性があるのはイだけ。

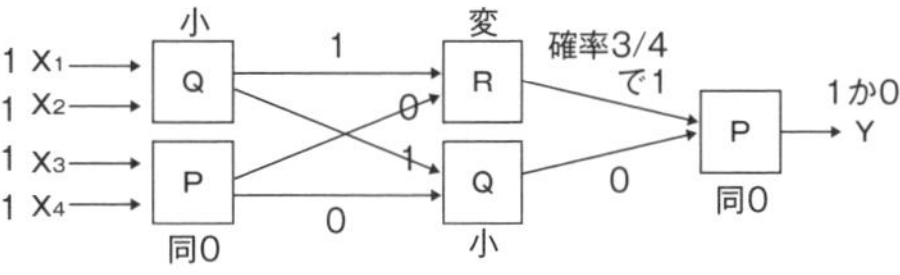

2 ❶【B】

2つの数値が入力されて確率が関係するのは下図のP4。値は下の通り。

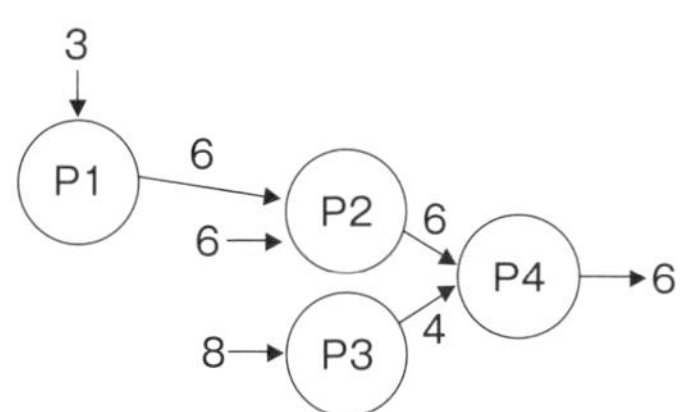

2/3の確率で大きい方の数値を出力する。

❷【B】

Z＝8になるのは、①と②の場合がある。

①

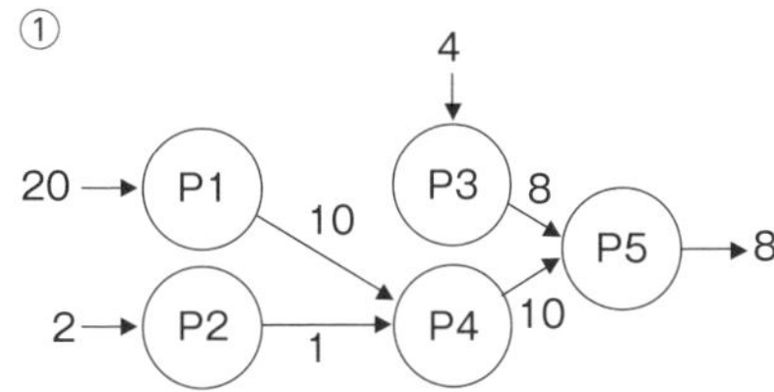

P4で10が出る確率は2/3。P3は必ず8。
P5で8が出る確率は1/3。
これを掛け合わせると、

$$\frac{2}{3} \times \frac{1}{3} = \frac{2}{9}$$

②

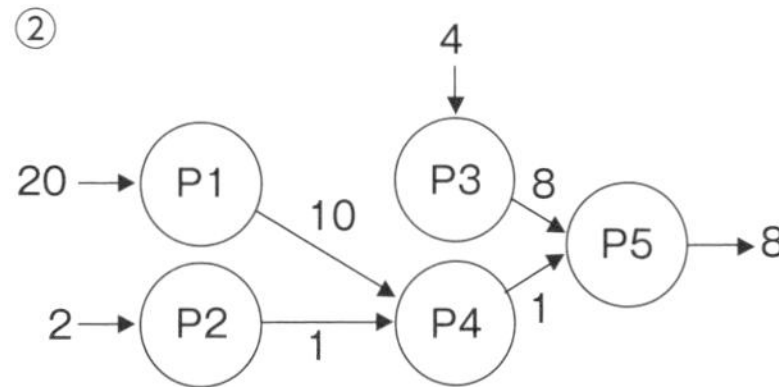

P4で1が出る確率は1/3。P3は必ず8。
P5で8が出る確率は2/3。
これを掛け合わせると、

$$\frac{1}{3} \times \frac{2}{3} = \frac{2}{9}$$

①と②の場合の確率を足して、**4/9**。

27 グラフの領域

本文252ページ

1 **❶【C】**

③の領域がア、イ、ウの3式のグラフのどちら側にあるかを検討する。

ア　$x=0$はy軸。③の領域のxは0より大きいので、**$x>0$←左開きの不等号（グラフの右なのでxに開く不等号）**。

イ　$x=-y$は左上がりの直線。③の領域のxは$-y$よりも大きいので、**$x>-y$←左開きの不等号（グラフの右なのでxに開く不等号）**。

ウ　$x=-y^2+2$の放物線。③の領域にあるxは$-y^2+2$よりも小さいので、**$x<-y^2+2$←右開きの不等号（グラフの左なのでxに閉じる不等号）**。迷ったら放物線の左側の領域にある(0, 0)をxとyにあてはめれば $0<-0^2+2$が成り立つので、右開きの不等号とわかる。

右開きの不等号（<）がつくのはウだけ。

❷【E】

カ、キ、クの領域を個別に考える。

カ　$x<0$ … xに閉じた不等号（xが0より小さい領域）なので、

$x=0$（y軸）の左側の領域。

キ　$x<-y$ … xに閉じた不等号

（xが$-y$より小さい領域）なので、

$x=-y$より左の領域。

ク　$x>-y^2+2$ … xに開いた不等号

（xが$-y^2+2$より大きい領域）なので、

$x=-y^2+2$ より右の領域。

3つの領域の重なる部分は⑤と⑧。

ポイント 領域がどちら側なのか迷ったら、グラフ上の（x, y）の値を式にあてはめてみること。例えば、「ク　$x>-y^2+2$」の式に、グラフ上で明らかに$x=-y^2+2$の放物線より右にある（3, 0）をあてはめれば、$3>-0^2+2$で成り立つので、領域は右とわかる。

2 **❶【B】**

④の領域がア、イ、ウの3式のグラフのどちら側にあるかを検討する。

ア　$x^2+y^2=3^2$は円。④の領域はその内側にあるので右開きの不等号となる。迷ったら円の内側の領域の(0, 0)をxとyにあてはめれば、$0<3^2$となり、右開きだとわかる。

$x^2+y^2<3^2$

イ　$y=-x-1$は右下がりの直線。④の領域はその上にあるのでyに開く左開きの不等号。これも、迷ったら確実にグラフの上の領域にある(0, 0)をあてはめれば$0>-1$となり、左開きだとわかる。

$y>-x-1$

ウ　$x=0$はy軸。④の領域はその左にあるのでxに閉じる右開きの不等号。これは、グラフの左にあるxが0より小さいので、すぐにわかる。

$x<0$

左開きの不等号（>）がつくのはイだけ。

❷【B】

カ、キ、クの領域を個別に考える。

カ　$x^2+y^2>3^2$ …不等号は左開きなので、

$x^2+y^2=3^2$ 円の外側の領域。

キ　$y<-x-1$ …不等号は右開き（yが$-x-1$より小さい領域）なので、

$y=-x-1$の下の領域。

ク　$x<0$ … xに閉じた不等号（xが0より小さい領域）なので、

$x=0$（y軸）より左の領域。

3つの領域の重なる部分は②。

28 条件と領域

本文256ページ

1 ❶【A】

受講人数が最も多く、かつ受講料が高いYコースの人数が多い点を探す。受講人数が最も多いのは、条件a（受講人数の和）の境界を表す線上（ロハを通る直線上）の点で、最大受講人数30人を表している。**Yコースの人数が多いのはロ**。

❷【D】

条件fの領域は、(20, 0)と(0, 20)の点を結んだ直線（下図の❷）の上の領域で、**X＋Y≧20**（変形すると**Y≧－X＋20**）という不等式で表される。

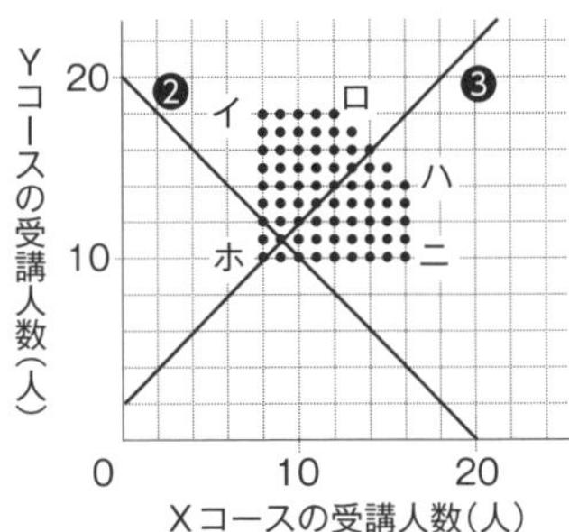

❸【B】

条件gの領域は、(0, 2)の点から始まる右上がりの直線（上図の❸）の下の領域で、**Y≦X＋2**という不等式で表される。

2 ❶【C】

YがXの1/3になっている直線は、ハニ。

❷【E】

点aは、1個3万円の製品Xが100個、1個5万円の製品Yが70個の点。売り上げは、

3×100＋5×70＝650万円

❸【A】

直線bは右上がりの直線の**Y＝ZX**。点(120, 100)を代入すると、100＝120Z。

Z＝5/6

❹【B】

「製品Xの生産数と製品Yの生産数の2倍との和は200個以下」なので、製品Xが200個ならYは0個、製品Xが0個ならYは100個になる。下のグラフで、その2点を結ぶ**グレーの直線の下の領域**になる。

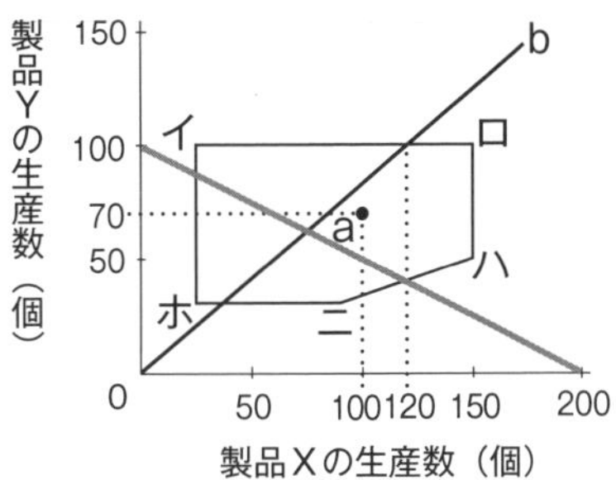

別解▶条件を式にすると、

X＋2Y≦200

変形すると、

$$Y \leqq -\frac{X}{2}+100$$

傾きが－1/2で、切片が100の右下がりの直線であるグレーの線の下の領域となる。

3 ❶【A】

条件Ⅰ…薬品Nは薬品Mの量の4分の1以上、かつ2倍以下。最も接着力が高い化合物Lは、薬品Nが薬品Mの量の2倍のときにできる→直線アエの線上

条件Ⅱ…「薬品M＋薬品N」（つまり化合物Lの量）は20kg以上30kg以下。いちばん多く作れる量は30kg。→直線アイの線上

アエとアイの交点アが正解。

❷【B】

薬品Mの量をx、薬品Nの量をyとおくと、点ウを通る2つの直線を示す式は、

直線イウ…$y=\frac{x}{4}$

直線ウエ…x＋y＝20

2つの式を解いて、**x = 16kg**。

❸【C】

Ⅱより、いちばん多く作れるLの量は30kg。30kgを薬品Mと薬品Nの量の比3：2で作るので、薬品Mの量は3＋2＝5のうちの3で、

$30\times\frac{3}{5}=18$kg

4 ❶【C】

直線QRは「必修科目の選択時限数が1時限」のラインを通っているので、**条件c**。

❷【H】

直線PSは、点(2, 12)と(10, 4)を結ぶので、**x＋y＝14**で、教養科目(x)と必修科目(y)の合計(x＋y)が14時限を示している。**「a 全部で18時限選択」と「d 専門科目は4時限以上選択」の2つの条件が必要**。

❸【B】

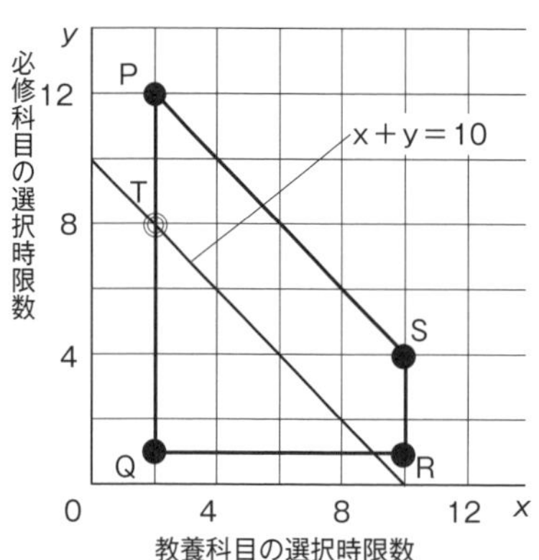

専門科目は18－(x＋y)なので、専門科目を多くするには、x＋yを少なくすればよい。点Tはxが2時限、yが8時限でx＋y＝10時限。10時限より少ないのは、直線x＋y＝10より下の領域になる。グラフ上に、**x＋y＝10**(点Tを通ってPSと平行な右下がりの直線)をひく。それより下にある点は、**Qのみ**。

5 ❶【H】

直線イウは「バス＋軽自動車＝60台分」を表している。このままの条件はないが、条件a「全部で500台分」と条件d「普通車440台分」を合わせれば、**「バス＋軽自動車＝500－440＝60台分」**となる。**条件aと条件dの2つの条件による**。

❷【A】

普通車の駐車台数は、500台分から「バス＋軽自動車」の台数を除いた数なので、「バス＋軽自動車」の台数が点オ(20＋30＝50)と同じなら、普通車の台数も同じ(450台分)になる。従って、**点ア(10＋40＝50)**が正解。ちなみに、点オを通り、直線イウと平行な線上の点は、すべて「バス＋軽自動車」の台数が点オと同じになる。

❸【C】

全部で500台分と決まっているので、料金の高いバスの数が多くて、料金の安い軽自動車の数が少ないほど、合計金額は高くなる。

ア…バス10・軽40・普通450。

イ…バス20・軽40・普通440。

ウ…バス55・軽5・普通440。

ア、イ、ウの中で、バスの数が最も多い(軽自動車の数が最も少ない)のはウ。

❹【D】

バス(x)は軽自動車(y)の2倍以上なので、xの値がyの値の2倍になる直線の式$y=\frac{1}{2}x$で表される線を引く。バスxの数はこの線以上の値(軽自動車yはこの線以下の値)なので、線の下側が条件fを表すことになる。従って、**図形はD**。

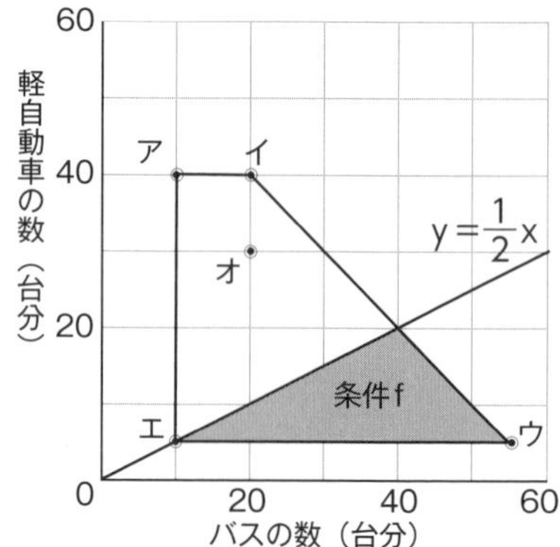

01 二語の関係

本文264ページ

1【C】

「確定…確かに定めること」と「仮定…仮に定めること」は対義語の関係（⇔）。

「陥没…地面などがへこむこと、落ち込むこと」⇔「C隆起…高く盛り上がること、地面が高くなること」。

A上昇…高く上がること。⇔下降

B興隆…勢いが盛んになり栄えること。⇔衰亡

D沈下…沈み下がること。＝陥没

E隆盛…栄えて盛んなこと。⇔衰退

2【D】

「玩味…内容などをよく理解して味わうこと」と「咀嚼（そしゃく）…よく噛むこと。転じて、意味をよく考えて味わうこと」は同義語の関係（＝）。

「邂逅（かいこう）…思いがけなく会うこと。偶然の出あい」＝「D遭遇…思いがけなく会うこと」。

A再会…また会うこと。

B僥倖（ぎょうこう）…偶然に得るしあわせ。

C一遇…一回出会うこと。

E謁見…身分や地位の高い人に会うこと。

3【B】

「平野」と「盆地」は、どちらも地形の一種なので、並列（仲間）の関係。

「能」と並列の関係になるのは「B文楽」。どちらも伝統芸能（舞台芸術）の一種。

「A囲碁」はゲームの一種。「C芸術」「D芸能」「E舞台」は、どれも「能」と並列の関係とはいえない。

4【B】

「一瞥…ちらっと見ること」と「凝視…目をこらしてじっくり見ること」は対義語の関係。

「確認…はっきり確かめること」⇔「B推定…おしはかって定めること」。なお、「確認」の対義語には「推測」「推察」もある。

C推理…手元の証拠をもとに、真相をおしはかること。

5【D】

「享楽…快楽にふけって楽しむこと」と「禁欲…欲望をおさえること」は対義語の関係。

「穏健…おだやかで行き過ぎや極端のないこと」⇔「D過激…極端で激しいこと」。

B激情…激しくわきおこる感情。

E陰険…表面上はよく見せて、心の中に悪意を隠しているさま。

6【A】

「紙」の原材料は「パルプ」。「豆腐」の原材料は「A大豆」。「絹糸」の原材料は「まゆ」も出題あり。

7【D】

「退嬰（たいえい）…新しいことに進んで取り組もうとしないさま」と「進取…自ら進んで新しいに取り組むこと」は対義語の関係。

「うつつ…現実、目がさめていること」⇔「D夢」。「夢かうつつか…夢なのか現実なのか」という表現で用いられることが多い。

8【D】

「小麦」は「穀物」の一種で、包含の関係。

「果樹は（　　）の一種」と考えて選択肢を見ていくと、「果樹」は「D樹木」の一種が正解。

9【C】

「逓減」と「漸減」は、どちらも「次第に減ること」という意味で同義語の関係。

「腐心…ある物事を成し遂げようと心をくだくこと」＝「C苦心」。

10【E】

「衰退…衰え弱まること」と「繁栄…豊かに栄えること」は対義語の関係。
「圧倒的…他より段違いの程度であるさま」⇔「E比較的…他と比べてどちらかと言えば」。
D相対的…他との関係、比較において成り立つさま。⇔絶対的…他と比べようもない状態、存在であるさま。

11【E】

「委細…細かく詳しいこと」と「概略…おおよその内容。あらまし」は対義語の関係。
「模倣…まねること」⇔「E創造…初めて作り出すこと」。
A特殊…限られた範囲だけにあてはまること。⇔普遍…すべてのものにあてはまること。
B独特…そのものだけが特別に持っていること⇔共通…二つ以上の物事のどちらにもあること。
C独立…自分で存在、生活すること。⇔依存…他に頼って存在、生活すること。
D自作…自分で作ること、手作り。⇔代作…本人に代わって作ること。

12【C】

「斟酌…相手の事情や心情をくみとること」と「忖度（そんたく）…相手の心情を推し量ること」は同義語の関係。
「傍観…かかわりを持たずにそばで見ていること」＝「C座視…黙って見ているだけで手出しをしないこと」。「傍」の訓読みは「かたわら」「わき」「そば」など。
A対峙（たいじ）…にらみ合って対立すること
B路傍…みちばた
D達観…全体や本質を見通すこと。また、超然として悟りの心境に達すること
E景観…眺め渡す景色

13【E】

「時計」の一部が「秒針」なので、包含の関係。
「机は（　　）を含む」や「机の一部が（　　）」にあてはまるのは、「E引き出し」。

14【A】

「木枯らし…秋の末から冬の初めにかけて吹く強く冷たい風」は「風」の一種。
「くもり」は「A天候」の一種。

15【C】

「応戦…攻撃にやり返して戦うこと」と「挑戦…戦いをしかけること」は対義語の関係。
「率先…人の先に立って物事を行うこと」⇔「C追随…人の後からついていくこと」。
E後生（こうせい）…後から生まれること。後進。後輩。

16【E】

「作家」は「文壇…作家や批評家の所属する社会」に所属するので、包含の関係。
「弁護士」は、「E法曹界…弁護士、裁判官、検察官などの所属する社会」に所属する。

17【C】

「下書き…清書する前に準備のために書くこと」と「清書…下書きしたものをきれいに書くこと」は対義語の関係。
「草案…文章の下書き、原案」⇔「C成案…できあがった考え、または文案」。
A案文…案として作った文章、下書き。

18【A】

「調味料」は「甘味料」を含む。包含の関係。
「食事」は「A主菜…食事の献立の中で主となる総菜」を含む。

19【C】

「医者」の主な役目は「診療」。
「教師」の主な役目は「C教育」。「A引率」や「B授業」は教師が行う仕事の一部。

20【C】

「工業」は「産業」の一種で、包含の関係。
「鉛筆」は「C文房具」の一種で、包含の関係。
「A筆記」は「鉛筆」の役目。「鉛筆」は「B色鉛筆」の一種(一部)ではなく、「色鉛筆」が「鉛筆」の一種。「鉛筆」と「Dチョーク」はどちらも筆記具(並列)の関係。「鉛筆」と「E消しゴム」はワンセット。

21【B】

「比肩…肩を並べること。同等であること」と「匹敵…能力や価値などが同程度であること」は同義語の関係。
「慇懃(いんぎん)…礼儀正しくて丁寧なこと」=「B丁寧…言動が礼儀正しく、配慮が行き届いていること」。
A無礼…礼儀を欠くこと。失礼。⇔慇懃
E釈然…疑いや迷いが解けてすっきりするさま。

22【B】

「傾注…一つのことに心や力を集中すること」と「没頭…一つのことに熱中すること。あることに頭を突っ込んで夢中になること」は同義語の関係。
「星霜…月日、歳月」。星は1年に天を1周し、霜は毎年必ず降るということからきた言葉。同義語は、「B光陰…月日。年月。時間」。「光」は日、「陰」は月を意味している。

23【A】

のり:接着…のりの役目は接着。
ア　ストーブ:暖房…ストーブの役目は暖房
イ　かんな:木工…かんなは木工に用いるが木工が役目とはいえない。かんなの役目は削ること
ウ　衣服:着脱…衣服の役目は体の保護や衛生などで、着脱ではない

24【A】

生物:人間…生物の一種が人間。
ア　家禽(かきん):ニワトリ…家禽(家畜として飼育される鳥)の一種がニワトリ
イ　海洋:クジラ…海洋の一種がクジラとはいえない。クジラは海洋にすむ
ウ　銅:金属…銅は金属の一種。金属の一種が銅。包含の向きが逆なので不適

25【C】

茶道:書道…並列(仲間)の関係。どちらも伝統技芸の1つ。
ア　化学:科学…包含の関係。化学は科学の中の一分野
イ　芸術:美術…包含の関係。芸術の中の一分野が美術
ウ　音楽:体育…並列(仲間)の関係。どちらも教科の1つ

26【F】

クレーム:苦情…クレームの意味が苦情。
ア　タスク:危険…タスクの意味は危険ではなく、「課せられた仕事、職務」
イ　リザーブの意味は予約
ウ　タイアップの意味は提携

27【D】

安価:廉価…「安い値段」という意味の同義語。
ア　催促:督促…どちらも「物事を早く実行するよううながすこと」という意味で同義語
イ　堅持:墨守…どちらも「固く守ること」という意味で同義語
ウ　熟読:卒読…「熟読…じっくり読むこと」と「卒読…ざっと読むこと」は対義語

28【E】

弓:矢…ワンセットで使うものの関係。
ア　針:糸…ワンセットで使うものの関係
イ　のり:はさみ…並列(仲間)の関係。どちらも文具の一種
ウ　太鼓:ばち…ワンセットで使うものの関係。「ばち」は太鼓を叩くために用いる棒状の道具

29【E】

発行：雑誌…雑誌を発行する。目的語と動詞の関係。

ア　投与：薬…薬を投与する

イ　投票：選挙…「選挙を投票する」とはいえないので不適

ウ　投入：資本…資本を投入する

30【B】

民事：刑事…対義語の関係。事件や裁判の種類で、一般人同士の事件で民事訴訟の対象となるものを民事、刑法の適用によって処罰される事件を刑事という。

ア　和風：古風…和風と古風はどちらも特色や味わいを表す言葉で、対義語ではない

イ　洋画：邦画…「洋画…外国映画。西洋画」と「邦画…日本映画。日本画」は対義語

ウ　異国：隣国…異国は隣国を含む。対義語ではなく包含の関係

31【A】

能楽：狂言…包含の関係。能楽は能と狂言を包含する総称なので、能楽は狂言を含む。

ア　建具：障子…包含の関係。建具はふすまや障子を包含する総称

イ　長唄：邦楽…長唄は邦楽の一種。包含の関係だが、向きが逆なので不適

ウ　文楽：人形浄瑠璃…同義語。文楽は大阪の人形浄瑠璃座である文楽座を示す言葉で、一般には人形浄瑠璃と同義語で、包含ではない

32【D】

干支：丑…包含の関係。干支の中の１つが丑。

ア　常緑樹：松…包含の関係。常緑樹の中の１つが松

イ　晦日：大晦日…包含の関係。晦日（月の最後の日）の中の１つが大晦日（12月の最後の日）

ウ　すみれ：草花…すみれは草花の１つ。包含の関係だが向きが逆なので不適

33【C】

缶詰：缶切り…缶詰を缶切りで加工する（切る・開ける）。「缶詰…加工されるもの」と「缶切り…加工する道具」で、役目の関係の一種。

ア　調理：包丁…「調理を包丁で加工する」とはいえない。調理で使うのが包丁

イ　食器：洗剤…「食器を洗剤で加工する」とはいえない。食器は洗剤で洗う

ウ　紙：はさみ…紙をはさみで加工する（切る）

34【F】

重さ：はかり…重さをはかりではかる。役目の関係の一種。

ア　大きさ：分度器…分度器は大きさではなく角度を測るものなので不適

イ　時間：時計…時間を時計ではかる

ウ　長さ：定規…長さを定規ではかる

35【B】

設計：建築…設計してから（その建物を）建築する。

ア　跳舞：振付…「跳舞してから振付する」とはいえないので不適

イ　作曲：演奏…作曲してから（その曲を）演奏する

ウ　劇：演出…「劇をしてから演出する」とはいえないので不適

36【A】

師走：一年…師走は十二月のこと。一年に含まれるので、包含の関係。

ア　初夏：季節…初夏は季節に含まれるので、包含の関係

イ　初春：早春…同義語。どちらも「春のはじめ」という意味

ウ　新春：新年…同義語。新春の意味は新年

37【E】

音楽：芸術…音楽は芸術の一種。包含の関係。

ア　平成：元号…平成は元号の一種

イ　書籍：聖書…聖書は書籍の一種。包含の向きが逆なので不適

ウ　漢方：医術…漢方は医術の一種

38【D】

薬剤：治療…薬剤の役目は治療。

ア　わな：捕獲…わなの役目は捕獲

イ　石けん：洗浄…石けんの役目は洗浄

ウ　自動車：操縦…自動車の役目は操縦ではないので不適

39【F】

一般的：個別的…対義語。「一般的…広く行き渡っているさま」と「個別的…普遍に対して、個々の場合で異なるさま」。

ア　恒常的：永続的…同義語。どちらも「一定で変わらないこと」という意味

イ　専制的：民主的…対義語。「専制的…トップが独断で判断する」と「民主的…国民が決める。自由や平等が尊重される」

ウ　普遍的：特殊的…対義語。「普遍的…例外なく全体に広く行き渡るさま」と「特殊的…限られた範囲でのみあてはまること」

40【A】

信用金庫：金融機関…信用金庫は金融機関の一種。

ア　時価：価格…時価は価格の一種

イ　出納：収支…「出納…（金銭・物品の）出し入れ。支出と収入」と「収支…（金銭の）収入と支出」は同義語

ウ　財産：私財…私財は財産の一種。向きが逆

41【B】

短歌：俳句…並列（仲間）の関係。どちらも定型詩の一種。短歌は「5・7・5・7・7」、俳句は「5・7・5」だが、短歌が俳句を包含しているとはいえない。

ア　文芸：詩歌…文芸は詩歌を含む

イ　能：狂言…並列（仲間）の関係。どちらも伝統芸能（能楽）の一種

ウ　短歌：下（しも）の句…短歌は下の句を含む。短歌では、初句から三句までの「5・7・5」を「上（かみ）の句」、四句と結句の「7・7」を「下の句」と呼ぶ

42【E】

高座：寄席…高座は寄席の一部。「高座…芸を演じるための一段高い所」は、「寄席…大衆芸能を見せる演芸場」にある舞台。

ア　舞台：劇場…舞台は劇場の一部

イ　飛行機：コックピット…「コックピット…操縦席」は「飛行機」の一部。包含の左右が逆なので不適

ウ　甲板（かんぱん）：船舶…「甲板…船の上部の平らな床、デッキ」は「船舶」の一部

43【C】

薬：病気…薬は病気の時に使う。あるいは、病気になったので薬を使う。

ア　フライパン：包丁…並列（仲間）の関係。どちらも調理道具

イ　営業：仕事…包含の関係。営業は仕事の一種

ウ　傘：雨…傘は雨の時に使う。雨になったので傘を使う

44【D】

派遣：召還…対義語。「派遣…使命を与えておもむかせること」と「召還…派遣した者を呼び戻すこと」。

ア　総合：分析…対義語。「総合…1つにまとめあげること」と「分析…細かな要素に分けて調べること」

イ　叙情：叙事…対義語。「叙情…自分の感情を述べ表すこと」と「叙事…事実をありのままに述べ記すこと」

ウ　寄与：貢献…同義語。「寄与…何かのために役に立つこと」と「貢献…何かに役立つよう尽力すること」

02 語句の意味

本文272ページ

1【B】

「B耽読」の「耽」は「ふける、深入りする」という意味。用法：時間を忘れて耽読する。

A　卒読…ざっと読むこと。読み終えること

C　熟読…じっくり意味を考えながら読むこと

D　精読…細かいところまで丁寧に読むこと

E　判読…判断、推察しながら読むこと

2【E】

「E失笑」は、「笑ってはいけない場面などで、思わず笑ってしまうこと」。

A　一笑…にっこりと少し笑うこと。用法：破顔一笑

B　嘲笑…あざけり笑うこと

C　苦笑…仕方なく笑うこと。にがわらい

D　哄笑（こうしょう）…大口をあけて笑うこと。どっと大声で笑うこと。用法：手をたたいて哄笑する

3【C】

「C一縷（いちる）」は、「1本の糸のように細いもの」で「ごくわずかなさま」を意味する。用法：一縷の望み

A　一抹（いちまつ）の…ほんのわずかの。一縷と異なり、ネガティブな場面で用いる。用法：一抹の不安

B　ささやかな…ひかえめな。粗末な

D　つましい…質素な。用法：つましい暮らし

E　取るに足りない…問題として取り上げる価値もない。用法：取るに足りない議題

4【D】

用法：歴歴たる証拠。

A　朦朦（もうもう）…煙やほこりなどが立ちこめるさま

B　煌煌（こうこう）…きらきら輝くさま

C　滔滔（とうとう）…よどみなく流れるさま

E　蜿蜿（えんえん）…うねうねと長く続くさま

5【B】

「B反駁（はんばく）」の「駁」は「人の説に反対する」という意味。

A　反芻（はんすう）…くりかえし考えたり味わったりすること。用法：詩の一節を反芻する

C　抗議…相手の発言や決定などを不当として、反対すること

D　口論…言い争うこと

E　論破…議論で相手の説を破ること

6【A】

用法：悪鬼が跳梁（ちょうりょう）する。

B　跳躍…飛びはねること。用法：助走をつけて跳躍する

C　躍如…いきいきと目の前に見えるさま。用法：面目躍如

D　躍動…いきいきと動くこと。用法：躍動感あふれる

E　躍起…むきになること。必死なさま。用法：事件のもみ消しに躍起になる

7【C】

「言外（げんがい）」は「直接言葉には出していない部分」なので、「C 言葉に出さない部分」が正解。

8【C】

用法：悪い点を直言（ちょくげん）する。

A　諫言…目上の者をいさめること。目上の者の失敗などを指摘して忠告すること
B　至言…的を射た言葉
D　極言…極端な言い方
E　進言…目上の者に意見を申し述べること。用法：理事会の改革を進言する

9【C】

「C逓減」の「逓」は、「だんだん、次第に」という意味。なお、「漸減」、「累減」も「しだいに減る」という意味の熟語。
A　軽減…負担などを減らして軽くすること
B　加減…適度に調節すること
D　削減…けずって減らすこと
E　微減…わずかに減ること

10【C】

用法：居丈高な振る舞い。
A　尊大…偉そうに人を見下しているさま
B　横柄…いばって、人を無視した態度をとること
D　鉄面皮…恥知らずで厚かましいこと
E　傲岸…おごりたかぶって人を見下すさま

11【E】

用法：相手の気持ちを忖度する。
A　洞察する…観察して物事を見通す
B　明察する…はっきりと見抜く。真相や事態をはっきりと見抜く
C　推定する…根拠をもとにあれこれ考えて決める
D　配慮する…心をくばる。気をつかう

12【B】

「B瓦解する」は、「屋根の瓦の一部が落ちると残りも崩れ落ちるように、物事の一部の崩れから全体がこわれてしまう」という意味。
A　崩壊する…崩れ壊れる
C　曲解する…ねじまげて解釈する
D　破壊する…壊す。壊れる
E　壊滅する…すっかり壊れてなくなる

13【D】

「D伍する」は、「同等である。負けていない」という意味。
A　呈する…差しあげる。表す
B　類する…似ている。共通点がある
C　値する…その値打ちがある
E　位する…その地位、場所をしめる

14【E】

「Eそらんずる」は、「書いたものを見ないで言う」こと。「暗唱する」も同じ意味。
A　復唱する…何度も唱える。繰り返して言う
B　銘記する…心に深く刻みつけて忘れない
C　暗記する…そのまま覚える
D　くちずさむ…詩や歌を思いつくまま口にしたり歌ったりする

15【E】

用法：活路を開く。活路を見出す。
A　妙案…すばらしい思いつき。
B　窮余…苦し紛れ。用法：窮余の一策
C　奇策…予想を超える奇抜なはかりごと
D　端緒…手がかり。糸口。物事の始まり。用法：端緒を開く。端緒をつかむ

16【A】

用法：失策を糊塗する。
B　揶揄する…からかう。「嘲弄する」が同義語
C　粉飾する…飾りつくろう。うわべをとりつくろう。用法：事実を粉飾する
D　虚勢をはる…弱い所を隠して、外見だけ威勢のあるふりをする。からいばりをする
E　見栄をはる…うわべを飾る。外観をつくろう

17【E】

「姑」は「しばらく」、「息」は「休むこと」の意で、「姑息」は「その場しのぎ、その場の間に合わせにすること」。

A　小心な…臆病な。気が小さい

B　卑怯な…気弱で意気地が無い。正々堂々としていない

C　急ごしらえの…急いで作った

D　見せかけの…実際の通りでなく、うわべを取り繕った

18【B】

「漸」は少しずつ進むこと。

A　暫時…しばらくの間。わずかの間。「暫」の訓読みは「しばらく」。用法：暫時休憩します

C　順次…順序に従って物事をするさま。用法：順次面接を行う

D　随時…その時々。好きなときにいつでも。「随」には「付き従う(随行・追随)」、「勝手気まま(気随)」、「思いのまま(随意)」という意味がある。用法：ブログは随時更新していく

E　往時…昔。以前。過ぎ去った時。用法：母校を訪問して往時をしのぶ

19【B】

用法：清貧にあまんずる。

A　へりくだる…相手を敬って自分を低くする

C　たえしのぶ…じっと我慢する

D　もてあそぶ…慰みにする。思うままに操る

E　ひらきなおる…急に態度を変えて厳しくなる。居直る

20【B】

用法：本当の狙いを看破する。

A　喝破する…物事の本質を言い当てる。大声でしかる

C　論破する…相手の説を破る

D　的中する…的に当たる。予測が当たる

E　読破する…終わりまで読み通す

21【B】

「いやしくも」には「仮にも」のほかに、「もしも。用法：いやしくもこれが事実なら」、「いいかげんに。用法：一字一句をいやしくもせず」などの意味もある。

A　くしくも…偶然にも。不思議なことに

C　いみじくも…適切に。とてもうまく

D　からくも…ぎりぎりのところで。用法：からくも逃げ切った

E　はしなくも…思いがけなくも

22【E】

「おいそれと」は「簡単に、すぐには」。

A　そそくさと…落ち着きなく。せわしなく

B　ぬけぬけと…ずうずうしく

C　おめおめと…恥とも思わないで平気で

D　すいと…音もなく、さっと

23【B】

用法：気概を示す。

A　果敢…思い切りがよいさま。決断力の強い様子

C　気勢…意気込んだ気持ち。勢い。用法：気勢をあげる

D　志操…考えなどを固く守る意志。主義・主張を固く守って変えない心。用法：志操堅固な人物

E　英気…すぐれた才気や気性

24【A】

用法：つくねんと座っている。

B　ぼうっと…気持ちが集中していないように。意識が正常でないように

C　ぽつねんと…一人だけでさびしそうに

D　しょんぼりと…力なくさびしそうに

E　あくせくと…こせこせと気ぜわしく

25【A】

「おもむろ」も「Aやおら」も、落ち着いてゆっくり動作を始める様子。

B　不意に…突然。だしぬけに

C　とうに…とっくに。ずっと前に

D　押っ取り刀で…急いで。刀を腰に差す間もなく、手に持ったままであること。用法：押っ取り刀でかけつける

E　たんと…たくさん。用法：たんとおあがり

26【D】

用法：老成した文章。

A　老練…経験を積み物事に慣れて上手なこと

B　老獪（ろうかい）…経験を積んで悪賢いこと

C　晩成…年を取ってから成功すること

E　成熟…十分に成長すること

27【D】

用法：先輩をさしおいておこがましいのですが。

A　ずうずうしい…あつかましい。図太い

B　しかつめらしい…堅苦しくて、もったいぶっている

C　かしましい…うるさい。耳障りだ

E　さしでがましい…出しゃばりだ。人のことに余計な口を出して失礼にあたるような場合に用いる。用法：さしでがましいようですが、一言だけ言わせてください

28【E】

用法：粗略な扱い。「疎略」とも書く。

A　粗忽…思慮が浅く、軽はずみなこと

B　雑然…雑多に入りまじっているさま

C　略式…正式な手続きの一部を省いて手軽にしたやり方

D　等閑…いい加減。おろそか

29【B】

「督」は監督の意。「B督励する」は、監督して（上から取り締まって）励ます（元気づける）こと。

A　奨励する…それを行うように勧める

C　激励する…大いに励ます

D　発憤する…何かに刺激されて精神を奮い起こす

E　監護する…監督し、保護する。用法：未成年者を監護する義務がある

30【D】

「他をおろそかにする」という意味があるのは、「かまける」だけ。用法：遊びにかまけて、勉強がおろそかになる。

A　ひたる…つかる。入りきる

B　いそしむ…熱心につとめる。精を出す。用法：勉学にいそしむ

C　かかりきる…ある一つの事に力を注ぐ

E　つきつめる…思いつめる。きわめる

31【B】

「B焦眉」は、眉を焦がすほど火が迫っているということから、危険が迫っている様子を言う。用法：焦眉の急。

A　風雲…風と雲。何か起こりそうな情勢。用法：風雲急を告げる

C　危機…危ない状況

D　危惧…あやぶみ恐れること

E　緊迫…今にも事が起こりそうな様子

32【E】

用法：事の子細（しさい）を語る。

A　詳密…詳しく細かいこと。細かいところまでよく行き届いていること。もれがないこと。

B　詳細…詳しく細かいこと。細部に至るまで詳しいこと。用法：詳細なメモを残す。詳細に調べる

C　些細（ささい）…わずかで取るに足りないこと

D　微細…非常に細かいこと

33【A】
用法：薬草に精通している。同義語は「通暁（つうぎょう）」。
B　認知…ある事柄をハッキリと認めること
C　博学…広い分野にわたって豊富な知識を持っていること。「博」は「広い」
D　通底…根本的に通じるところがあること
E　機知…その場に応じて働く才知

34【A】
用法：このプロジェクトに全力を傾注する。
B　殺到…多数の人や物が一度にどっと押し寄せること
C　収斂…ちぢむこと。まとまること
D　固執…頑なに意見や態度を変えないこと
E　耽溺…一つに夢中になってほかを顧みないこと

35【E】
「弊」はよくない習慣、害。「語弊」は不適切な言葉の使い方によって生じる弊害という意味。
A　舌禍…自分の言葉から招く災難
B　造言…つくりごと。デマ
C　豪語…自信ありげに大きなことを言うこと
D　苦言…人のためにいさめる言葉

36【B】
用法：金賞を受賞して有頂天になる。
A　意気衝天…意気込みが天を衝（つ）くほど盛んなこと
C　絶好調…調子が非常によいこと
D　大いばり…得意でいばり返っていること
E　十八番…いちばん得意とすること

37【E】
用法：部下の不正を目こぼしする。
A　目通し…全体に目を通すこと
B　目白押し…多くのものがすき間なく並ぶこと
C　目くじら…目の端。目尻。用法：目くじらを立てる
D　目こぼれ…見落とすこと

38【E】
用法：社長に自分の進退を伺う。
A　職責…職務上の責任
B　処遇…待遇、あつかい
C　出世…高い地位を得ること
D　任命…職務を命ずること

39【E】
用法：歴然とした証拠。
A　判然…はっきりとわかること。はっきりとわかるさま
B　卓抜…他のものをはるかに抜いてすぐれていること
C　潔白…心や行いがきれいで正しいこと
D　渾然（こんぜん）…とけ合って区別できないさま

40【A】
刀の抜き差しができないことから、どうにも動きようがない様子。用法：抜き差しならない事態となった。「のっぴきならない」が同義語。
B　鼻持ちならない…言動ががまんできないほど不愉快
C　話にならない…問題にならない。話す価値もない
D　ままならない…思いどおりにならない
E　馬鹿にならない…軽視できない

41【C】
用法：よんどころない理由で早退する。
A　たわいない…しっかりしていない。手ごたえがない
B　かいがない…効き目がない。無駄である
D　如才ない…気がきいていて、抜かりがない
E　始末におえない…手に負えない

42【A】

用法：日夜研鑽（けんさん）を積む。

B　研修…職務上の知識や技能を高めるため、ある期間特別に勉強や実習をすること

C　研究…調べたり、考えたりして、事実などを明らかにすること。

D　研磨…とぎみがくこと

E　碩学（せきがく）…学問が広く深いこと。またその人

43【E】

「ほぞを嚙（か）む」は「どうしようもないことを後悔する」という意味。「ほぞ」は「臍（へそ）」のこと。自分の口で自分の臍を嚙もうとしても届かず嚙めないことから、自分の力が及ばぬことを表す。「慚愧（ざんき）にたえない」は「自分の行いについて、残念で恥ずかしく思うこと」。

44【B】

用法：陳腐なテーマ。

A　平凡…変わったところがなくありふれていること。「つまらない」という意味は含まない

C　常套（じょうとう）…古くからのありふれた方法

D　卓越…他のものより飛び抜けてすぐれていること

E　悪辣（あくらつ）…たちが悪く、あくどいこと

45【E】

用法：業界の草分け。

A　端緒（たんしょ）…始まり。手がかり。

B　嚆矢（こうし）…物事のはじめ。最初。用法：日本の推理小説の嚆矢。

C　皮切り…手始め。物事のしはじめ

D　筆頭…第一番目。文章の書き出し

46【B】

用法：条約の大綱。

A　要点…物事の中心となる重要な点

C　大筋…大まかな所。あらまし

D　概要…物事のおおすじ

E　大局…全体の情勢やなりゆき

47【E】

用法：畜産で生計を立てる。

A　経世…世を治めること

B　経常…一定の状態で続くこと

C　会計…代金の支払い。経済活動状況を、記録・計算・整理して情報化すること

D　家計…一家の収入や支出

48【B】

「B早晩」は、近い将来。遅かれ早かれ。

A　始終…事の始めから終わりまで

C　適時…ちょうどよい時

D　近来…ちかごろ。最近

E　常時…ふだん。いつも

49【A】

用法：文明の消長。

B　変遷…時の流れとともに移り変わること

C　流転…移り変わってやむことがないこと

D　進退…進むことと退くこと。職を辞めるかとどまるかという、身の処置

E　断続…きれたり続いたりすること

50【E】

「呵」は息をふきかける意。「E一気呵成（いっきかせい）」は、ひと息で物事をやり遂げるという意味。用法：一気呵成に台本を書き上げる。

A　一騎当千…一騎で千人の敵を相手にできるほど強いこと

B　一石二鳥…一つのことをして二つの利益を得ること

C　一触即発…ちょっとしたきっかけで大事件に発展しそうな状態。 危機に直面していること

D　一意専心…ほかのことを考えずその事だけに心を集中すること

51【E】
用法：ゆゆしい事態。
A　ものものしい…いかめしい。おおげさだ。用法：ものものしい警備
B　かいがいしい…きびきびしている。けなげだ。用法：かいがいしい妻
C　いたわしい…ふびんだ。かわいそうだ
D　さかしい…利口だ。なまいきだ

52【A】
用法：無為徒食。
B　怠慢…怠けてすべきことをしないこと
C　遊興…面白く遊ぶこと。特に酒を飲み遊ぶこと
D　道楽…趣味を楽しむこと。酒やばくちの遊興にふけること（働く働かないは無関係）
E　放蕩…気ままに振る舞うこと。酒や女遊びにふけること

53【A】
用法：敵の勢いにたじろぐ。
B　おじけづく…おそろしくなってひるむ
C　気後れする…恐れや恥ずかしさからひるむ
D　二の足を踏む…決断が下せないまま実行をためらう
E　浮き足立つ…落ち着きを失う。恐れを感じて逃げ腰になる

54【D】
用法：国家の安泰を祈る。
A　安息…何の心配もなくくつろいで休むこと
B　安穏（あんのん）…心静かに落ち着いていて気楽なこと
C　安逸…気楽に過ごすこと
E　安閑…のんびりして静かな様子。安楽に暮らすさま

55【E】
用法：法外な要求。
A　莫大…程度や数量がきわめて大きいこと
B　希代（きたい）…世にまれ。めったにないこと
C　絶大…きわめて大きいこと
D　奇抜…並外れて異なっていること

56【A】
用法：営営と家業にはげむ。
B　追追…次第次第に。
C　揚揚…得意げなさま。用法：意気揚揚
D　汲汲…その事にだけ一心につとめる様子。用法：蓄財に汲汲とする
E　粛粛…静かなさま。慎むさま。用法：隊列が粛粛と進む

57【A】
用法：家業にいそしむ。
B　かこつける…他の物事のせいにする。こじつける。ことよせる。用法：仕事にかこつけて当番を免除してもらう
C　そねむ…ねたむ
D　たゆむ…ゆるむ。だらける
E　はばかる…遠慮する

58【D】
用法：彼の裁量に任せる。
A　決裁…上位者や上役が部下の出した案の採否を決めること
B　査定…調べて金額・等級などを決めること
C　評定（ひょうてい）…ある尺度に従って評価決定すること
E　裁定…理非・善悪をさばいて決めること

59【C】
用法：当事者の責任を追及する。
A　追求する…追い求める。用法：利益を追求する
B　追究する…どこまでも探究する。用法：真理を追究する。
D　詰問する…厳しく問いつめる

E　糾弾する…不正を問いただして、とがめる

60【A】

「Aつぶさに」は細かく、詳しくという意味。同義語は「つまびらかに」。

B　かたくなに…頑固に。用法：かたくなに口をつぐむ

C　過不足なく…多すぎも少なすぎもしないで

D　くまなく…残らず。徹底的に。用法：くまなく探したが見つからない

E　あまねく…広くすみずみまで。用法：あまねく知れ渡っている

61【B】

用法：心のうちを披瀝(ひれき)する。

A　披露する…公に発表する

C　弁明する…言いわけする

D　供述する…尋問に答える

E　白状する…自分の秘密や罪を申し述べる

62【D】

用法：潤沢な資金。

A　過剰…必要以上に多すぎる様子

B　裕福…財産、生活が豊かなこと

C　充満…いっぱいになる様子

E　富裕…財産がたくさんあること

63【C】

「すべからく」は、「当然、ぜひとも」という意味。

64【D】

「D経緯」は、事の経過や入り組んだ事情。「けいい」、または「いきさつ」と読む。

A　顛末(てんまつ)…最初から最後までの事情

B　過程…物事の進行の道筋

C　実態…実際のありさま

E　真相…本当の事情

65【E】

用法：儲けを折半する。

A　等分…等しい分量に分けること

B　応分…分相応

C　山分け…関係者が均等に分け合うこと。二等分とは限らない

D　均分…同じ割合で分けること

66【A】

用法：能弁な人物。

B　雄弁…話し方が巧みで力強いこと

C　毒舌…皮肉や悪口のこと

D　訥弁(とつべん)…つかえがちで下手な話し方

E　詭弁(きべん)…道理に合わないこじつけの弁論

67【D】

用法：懸案事項。

A　順延…順々に期日を延ばすこと

B　未決…まだ決定していないこと

C　内憂…内部の心配事

E　保留…そのまま保ちとどめておくこと

68【C】

用法：敵方に与(くみ)する。

A　会する…ある場所に集まる。用法：一堂に会する

B　属する…ある集団に加わっている

D　配する…割り当てる。配る

E　介する…両者の間の仲立ちとする。用法：人を介して頼む

69【B】

用法：負けている方に加勢する。

A　共謀…共同で悪事などをたくらむこと

C　連携…連絡を取り合って物事をすること

D　結託…心を通じて事を行うこと。示し合わせてぐるになること。

E　参画…事業・政策などの計画に加わること

70【E】
用法：さもしい了見。
A　はしたない…みっともない
B　がめつい…抜け目がなくて強欲
C　いじきたない…飲食物や金品を欲しがる気持ちが強い
D　つましい…地味で質素である。用法：つましい生活

71【B】
用法：あながち嘘だとも言えない。同義語は「まんざら」。
A　とかく…ともすると。何やかや。いずれにしろ。用法：とかく忘れがちだが
C　いみじくも…適切に。うまく。用法：いみじくも言い当てている
D　えてして…ややもすると。とかく。用法：年下相手だと、えてして油断しがちだ
E　おそらく…きっと。たぶん

72【B】
用法：他校に先駆けて実施する。
A　先立つ…先に行く
C　先細る…衰えていく。減っていく
D　先を争う…われ先に争って進む
E　先を越す…相手に先んじて事を行う

73【C】
「機」はその場に応じた働きを表す。
A　知略…才知に富んだはかりごと
B　計略…人をだまそうとする策略
D　画策…はかりごとを巡らすこと
E　善後策…事件をうまくおさめる方策

74【C】
「身に余る」は、「自分の身分や業績を超えてよすぎる」という意味で、「C過分な」と同義。用法：過分な誉れを賜る。
A　十分な…不足がない
B　応分な…身分や能力にふさわしい
D　余分な…必要や予定より多い
E　役不足な…（実力に比べて）役が軽すぎる

75【C】
用法：小舟がたゆたう。
A　たなびく…横に長くただよう。用法：煙がたなびく
B　そよぐ…風に吹かれてかすかに音を立てて揺れ動く
D　はためく…風に吹かれてひらひら動く
E　ぶれる…正しい位置からずれる

76【E】
「凋」はしぼむ、落ちぶれるという意味。「E凋落（ちょうらく）」で勢いが衰え、落ちぶれるという意味になる。
A　低落…相場・評判などが低くなること
B　自堕落…だらしないこと。ふしだら
C　退廃…文化や社会が乱れて不健全なさま
D　落剥…はげ落ちること

77【C】
用法：図星を指される。
A　意表…考えてもいないこと。用法：意表を突く質問
B　意外…思いがけないこと
D　核心…物事の中心
E　主眼…主要な点。かなめ

78【B】
「声を上げて激しく泣く」という意味では、「A号泣する」も「B慟哭（どうこく）する」も同じだが、悲しみのあまり泣くのは「慟哭する」。
A　号泣する…声を上げて激しく泣く。用法：嬉しくて号泣してしまった
C　嗚咽（おえつ）する…声をつまらせて泣く
D　忍び泣く…声をおし殺して泣く

E　むせび泣く…のどをつまらせるようにして泣く

79【E】

用法：悠然と立ち去る。

A　冷静…感情に動かされないで落ち着いていること

B　沈着…落ち着いていて物事に動じないこと ゆったりしているという意味はない

C　静観…静かに見守ること

D　悠久…果てしなく長く続くこと

80【A】

「**A**俯瞰する」は、高いところから見下ろす、広く全体を見下ろす意味。同義語は「鳥瞰する」。用法：山の上から市街を俯瞰する。

B　縦覧する…自由に見る。用法：名簿を縦覧する

C　展望する…遠くまで見渡す

D　概観する…全体を大ざっぱに見る

E　達観する…広く大きな見通しを持つ

81【B】

用法：話の水を向ける。

A　水をさす…うまくいかないようにじゃまをする

C　呼び水になる…きっかけになる

D　手を回す…ひそかに働きかける

E　打診する…相手の意向を知るため前もって反応をみる

82【E】

用法：虚弱体質。

A　脆弱…もろく弱いこと

B　貧弱…みすぼらしく弱々しいこと

C　軟弱…やわらかくて弱々しいこと

D　衰弱…体が衰え弱るさま

83【C】

「**C**恬淡」は物に執着せず、あっさりしていること。無欲であること。用法：無欲恬淡。

A　漠然…はっきりしないさま

B　殺伐…荒々しくすさみ、温かみのないさま

D　相殺…差し引きゼロにすること

E　淡泊…物事にこだわらずにさっぱりしているさま

84【A】

用法：対策を協議する。

B　審議…よく検討して、可否を相談すること

C　審査…よく調べて、採否・適否・優劣などを決めること

D　歓談…楽しい話し合い

E　鼎談…三人で向かい合って話すこと

85【C】

「冗」の意味は「余分、むだ」。「漫」には、「むやみに広がって締まりがないさま」という意味がある。

A　漫然…ぼんやりとしていること。用法：漫然と立ちすくむ

B　杜撰…いい加減で誤りが多いさま。用法：杜撰な管理が惨事を招いた

D　散漫…ちらばって焦点が定まらないさま。用法：注意散漫

E　放漫…しまりがなくいいかげんなこと。用法：放漫な経営

86【A】

「**A**和睦」の同義語は「和平」。用法：敵国と和睦する。

B　親睦…仲良くすること

C　平和…いさかいがなく、安穏であること

D　停戦…戦いを中止すること

E　講和…交戦国間が合意して戦争を終結し平和を回復すること

87【D】
用法：世相を反映する。
A　世故…世の中の習慣や事情。用法：世故に長ける。世故に暗い
B　世事…世間のこと。俗事
C　世論…世間一般の見方
E　風潮…世間一般の傾向。時勢

88【B】
用法：赤ちゃんがむずかる。
A　しゃくりあげる…声や息を何度も吸い上げるようにして泣く
C　すねる…人に従わず、素直でない不平がましい態度をとる
D　わめく…大声で叫ぶ
E　だだをこねる…無理やわがままを言う

89【D】
用法：明日の売上を胸算用する。
A　策謀…はかりごとをめぐらすこと。計略
B　魂胆…心に持っているたくらみ
C　心積もり…心の中であらかじめ考えておくこと。見積もり、計算という意味はない
E　皮算用…「とらぬ狸の皮算用」から出た言葉。まだ手に入っていないものをそれが手に入ったらどうするか計算すること

90【C】
用法：君の努力には感嘆するよ。
A　詠嘆する…感動したことを表現すること
B　感服する…深く感じて敬服する
D　感激する…感動して強く心を動かされる
E　感謝する…ありがたく思う

91【D】
用法：この期に及んでまだ逡巡（しゅんじゅん）している。
A　動揺…気持ちが落ち着かず不安になること
B　後退…後方へ下がること。衰えること
C　遅延…遅れ、長引くこと
E　不断…決断力に乏しいこと

92【B】
用法：恭順の意を示す。
A　心服…心からの服従や尊敬
C　崇敬…あがめうやまうこと
D　謹慎…言行をつつしむこと。つぐないとして出勤や登校などを差し止める処罰
E　屈従…相手の力に屈伏してしたがうこと

93【B】
用法：克己して学問に励む。
A　堅忍…堅い意志でじっと耐え忍ぶこと
C　自重（じちょう）…自らを重んじること。言動をつつしんで、軽はずみなことをしないこと
D　自粛…自ら進んで、行いや態度を慎むこと
E　克服…努力して困難に打ち勝つこと

94【C】
用法：新春をことほぐ。
A　たまわる…いただく。くださる。用法：お言葉をたまわる
B　へつらう…こびる。おもねる。用法：上役にへつらう
D　せつく…しきりに催促する。せっつく。用法：仕上がりをせつく
E　かしずく…人に仕えて世話をする。用法：王家にかしずく

95【B】
用法：周知の事実。
A　知見…実際に見て知ること。用法：知見を広める
C　留意…心にとめ注意すること
D　知悉…知り尽くしていること。用法：内情を知悉している
E　公開…広く一般に開放すること

96【A】

用法：この手の議論には食傷している。

B　飽食…飽きるほど十分に食べること

C　倦怠…飽きて嫌になること

D　退屈…することがなく暇をもてあますこと

E　嫌気…もう嫌だという気持ち

97【B】

「いちずに」も「Bひたむきに」も、一つのことに専心する様子を表す。

A　けなげに…心がけがよくしっかりしているさま。殊勝なさま

C　にわかに…急に。突然に

D　とこしえに…永遠に

E　だしぬけに…突然に

98【D】

「D斡旋」は、「交渉や商売などで、両者の間に入ってうまくゆくよう取りはからうこと。物事を紹介し世話すること」。用法：就職先を斡旋する。

A　干渉…人のことに立ち入って自分の意思に従わせようとすること

B　調停…第三者が間に入って争いをやめさせること

C　後見…後ろ盾。補佐すること

E　介入…問題に割り込んで関係を持つこと

99【C】

用法：長話に辟易（へきえき）する。

A　困惑…判断がつかずとまどうこと

B　嫌悪…憎みきらうこと

D　嘆息…なげいてため息をつくこと

E　困憊（こんぱい）…困って疲れはてること

100【E】

「博」は「広い」、「識」は「知識」。用法：博識な人

A　見識…すぐれた考え、判断力。用法：見識がある

B　学識…学問の知識

C　全知…完全な知恵。すべてを知ること

D　熟知…よく知っていること。用法：内容を熟知している

101【A】

「A示唆」の同義語は「暗示」。用法：問題解決の示唆を与える。

B　教唆…教えそそのかすこと

C　暗黙…黙っていること

D　明示…はっきりと示すこと

E　啓示…よくわかるように表し示すこと

102【C】

用法：損失を補償する。

A　保証する…責任をもって大丈夫だと請け合う。用法：身元を保証する

B　保障する…生命や財産、権利を保護して守る。用法：身の安全を保障する

D　補充する…足りないものを補ってみたす

E　補完する…足りないものを補い完全にする

103【A】

「A枢軸」の同義語は「枢要」「中枢」。用法：枢軸国。悪の枢軸。

B　必須…必ずなくてはならないこと

C　緊要…非常に大切なこと

D　要衝…重要な場所

E　肝要…とくに大事なこと

104【A】

用法：腹心の部下。

B　同志…志を同じくする人。「同士」は「同じ仲間。互いに同じ種類のもの」

C　同胞…同じ国民、民族

D　畏友…尊敬する友人

E　桂林…文人の仲間

105【D】

用法：辞職を勧告する。

A　推薦…ある事や人を高く評価して採用を促すこと

B　奨励…高く評価して勧めること

C　説得…話して納得させること

E　説教…教訓をたれること

106【D】

用法：夫の行動をいぶかる。

A　たぶらかす…だます。欺く

B　あやぶむ…危なく思う。悪い結果を心配する

C　かんぐる…悪いように推量する

E　こだわる…気にして捕らわれる。気にかける

107【A】

「A刹那」はきわめて短い時間。用法：落下した刹那、気を失う。

B　光陰…月日。歳月

C　突発…突然に起こる様子

D　発作…症状が急に起こること

E　一刻…わずかな時間。瞬間よりは長い時間

108【C】

「C短兵急(たんぺいきゅう)」は、だしぬけ、いきなりであること。非常に急なこと。用法：短兵急な結論。

A　韋駄天(いだてん)…猛烈な勢いで走る人。仏法守護の神の名

B　理不尽…筋道が通らず道理に合わないこと

D　無作法…礼儀にはずれること

E　急先鋒…先頭に立って活動すること

109【C】

「C巡回する」は、見て回る。また、ある目的のため各地をまわり歩く。

A　回覧する…書類などをまわして見る

B　巡行する…各地をめぐり歩く

D　漂泊する…さすらい歩く。流れただよう

E　流浪する…さまよう

110【B】

用法：自分のやり方に拘泥する。

A　拘束する…自由を制限する

C　執着する…心がとらわれて、そこから離れられないこと

D　没頭する…一つの事に熱中する

E　悔悟する…悔いる。後悔する

111【A】

用法：忌憚(きたん)のない意見。

B　因循…ぐずぐずして煮えきらないこと

C　躊躇(ちゅうちょ)…決心がつかず迷うこと

D　謙遜…へりくだること

E　厚意…思いやりのある気持ち

112【D】

用法：突然現れた人物を見て狼狽(ろうばい)する。

A　杞憂(きゆう)…無用な心配。取り越し苦労

B　混迷…複雑に入り組んで、わけがわからなくなる様子

C　困窮…生活・処置に困ること

E　自失…我を忘れてぼんやりすること

113【B】

用法：国中に伝播する。

A　伝承…伝えていくこと

C　伝導…伝え導くこと

D　喧伝…盛んに言いふらすこと。用法：自分の手がらを喧伝してまわる

E　評伝…人物評をまじえた伝記

114【E】

用法：度量のある人物。

A　料簡…考え。気持ち。分別

B　大器…大きな才能。大きな器量

C　寛容…心が広くよく人を許容するさま

D　器量…物事を行う才能、力量。顔立ち

115【E】

「E垂涎」は「(欲しくて)涎を垂らす」の意。

A　物欲…金品に対する欲

B　希求…願い求めること

C　貪欲…欲が深いこと

D　願望…願い望むこと

116【A】

用法：射幸心をあおる。

B　山勘… 勘でやまをはること。あてずっぽう

C　夢見…夢を見ること

D　棚牡丹…思いがけない好運を得ること

E　野心…分を越えるような大きな望み

117【D】

用法：上役の意見に付和雷同する。

A　拱手傍観…何もせずただ見ていること

B　唯唯諾諾…人の言いなりになって従うこと

C　右往左往…あわてふためいて右に行ったり左に行ったりするさま

E　意志薄弱…意志の力が弱いこと

118【A】

用法：作業が難航している。

B　難渋…事の運びに苦労すること

C　不肖…未熟で劣ること。父や師匠に似ないで愚かなこと。用法：不肖の弟子

D　逆境…思うようにならず苦労の多い身の上

E　暗礁…急に遭遇した困難。用法：計画が暗礁に乗り上げる

119【E】

用法：人に責任を転嫁する。

A　転向…方向・方針・思想を変えること

B　転換…違う方向に変えること

C　転移…場所が他にうつること

D　転化…別の状態・物に変化すること

120【D】

「Dあげつらう」には、「物事のよしあしを論じ合う」という意味もある。用法：人のすることをいちいちあげつらう。

A　揚げ足を取る…人の言葉じりをとらえて非難したり、からかったりする

B　囃し立てる…周りから大声で騒ぎ立てる。「冷やかす」意味と「ほめる」意味がある

C　非難する…欠点や失敗を責めとがめる。大げさに言い立てる意味はない

E　おちょくる…からかう

121【E】

「E敷衍」には「押し広げること」、「わかりやすく説明すること」という2つの意味がある。

用法：差別を歴史問題に敷衍して論じる。

A　指南…教え示すこと。指導すること

B　喧伝…盛んに言いはやして世間に広く知らせること

C　啓発…気づかせてより高い認識に導くこと

D　解説…理由・意味などを説明すること

122【A】

用法：つたない文章ですがお目通しください。

B　ふがいない…情けない。意気地がない

C　ぎこちない…動作や話し方が滑らかでない

D　たわいない…思慮分別がない。正気がない

E　おぼつかない…うまくいきそうもない。疑わしい。心もとない

123【D】

「春秋」は年齢、歳月。「春秋に富む」は「年が若くて将来の歳月が長い」という意味。用法：春秋に富む若者。

124【A】

用法：意匠を凝らす。

B　創意…新しい思いつき

C　深慮…深い考え

D　工面…工夫して金銭を用意すること

E　算段…方法を考えて都合をつけること

125【B】

「B蚕食」は、蚕(かいこ)が桑(くわ)の葉を食うように片っ端から他の領域を侵略すること。

A　侵犯…他国の領土や権利などを不法に侵すこと。用法：領空侵犯

C　過食…食べ過ぎること

D　寄食…居候。他家に暮らして世話になること

E　侵食…他の領域を次第におかし損なうこと

126【B】

用法：こんな茶番につきあう暇はない。

A　愚行…おろかな行為

C　失態…失敗して体面を失うこと

D　寸劇…短い簡単な劇。ちょっとした芝居

E　狂言…人をだますために仕組んだ作り事。日本の伝統芸能の一つ

03 複数の意味

本文290ページ

1【D】

先を争う…集団の先頭

A　一寸先は闇…未来。将来

B　三軒先が私の家だ…前方

C　旅行先で知り合った…出かけた場所

D　先に立って走り出した…先頭

E　先に着いた方が勝ち…時間的に早いこと

2【B】

頭数をそろえる…そこに該当する人。「頭数」は「人の数」という意味

A　山の頭に雪が残る…頂上

B　費用を頭割りする…そこに該当する人。「頭割り」は「人数で平等に分けること」

C　頭金を支払う…最初

D　彼女をチームの頭に据える…かしら。トップ

E　売上が頭打ちになる…限度。「頭打ち」は「限度に達してそれ以上上がらない状態」

3【E】

教え子に道をとく…人道。道理。道徳

A　駅までの道を教える…通行する道

B　彼を救う道をさがす…手段。方法

C　彼女はその道の達人だ…分野。方面

D　我が道をいく…目的に至る道筋。人生

E　人の道からはずれる…人道。道理。道徳

4【D】

この道は城に通じる…達する

A　彼を通じて情報を得る…介して。経由して

B　英語が通じる…相手に理解される

C　敵の内情に通じている…よく知っている

D　電話が相手先に通じる…達する

E　一年を通じて温暖な気候…(全体を)通して

5【B】

みるもの聞くものみな珍しい…目で見る

A　医者が病気の子をみる…診断する

B　じっと手をみる…目で見る

C　正直者が馬鹿をみる…〜という目にあう

D　人をみる目がある…評価、判断する

E　読んでみると面白い…「試しにそれを行う」という意味の補助動詞

6【B】

ひもの結びめがほどける…（結んだ）箇所

A　見ためを気にする…（見たところの）様子

B　今は季節の変わりめだ…（変わる）箇所

C　白いめでみる…目つき

D　人を見るめがある…（見定める）能力

E　痛いめをみる…体験

7【E】

どういうわけか閉まっていた…理由。事情

A　これはわけない仕事だ…手間。面倒。「わけない」で「面倒でない。簡単」の意味

B　わけもわからずに読み上げた…意味

C　わけありの男女…（男女間の）いきさつ

D　きらいなわけではない…「〜なわけではない」で、否定をやわらげる言い方

E　遅刻したわけを話す…理由。事情

8【B】

勇気がわく…（感情／判断が）生じる

A　やかんの湯がわく…沸騰する

B　非難がわく…（感情／判断が）生じる

C　熱戦に場内がわく…感情が高ぶり興奮する

D　議論がわく…盛んになる

E　ウジがわく…（小さな虫などが）発生する

9【C】

あたりが明るくなってきた…だんだん〜になった

A　家から走ってきた…ずっと〜した

B　様子を見てきた…〜しに行って帰った

C　何となくわかってきた…だんだん〜になった

D　幸運がめぐってきた…こちらへ近づいた

E　これまで研究を続けてきた…ずっと〜した

10【E】

箱の中にある…限定された範囲の内部。内側

A　４人の中に犯人がいる…ある一定の範囲

B　雨の中を出かける…ある状態の最中

C　中をとって500円にしよう…中間

D　山の中に入る…奥深いところ

E　心の中で思う…限定された範囲の内部。内側

11【C】

素肌を出す…（隠れているものを）露出させる

A　父に手紙を出す…発信する

B　新製品を出す…世の中に発表する

C　真相を明るみに出す…露出させる

D　元気を出す…発揮する

E　子供が熱を出す…発する

12【C】

足が地につかない…（天に対する）地上、地面

A　天地無用…（上と下のうちの）下

B　こちらには地の利がある…位置。立場

C　天と地の開きがある…地上。地面

D　敵地に忍び込む…（特定の）土地、場所

E　達人の境地に達した…状態、状況

13【E】

売上減少から閉店にいたった…〜という原因で

A　地平線から朝陽がのぼる…〜を起点として

B　窓から風が入ってくる…〜を通って

C　ここからあそこまで行く…〜を起点として

D　この酒は地元の米から作った…〜を材料に

E　寒さから風邪をひいた…〜という原因で

14【C】

早寝早起きの習慣がつく…身につく

A　奇妙な看板が目につく…とらえられる

B　顔に泥がつく…付着する

C　実力がつく問題集だ…身につく

D　あっけなく勝負がつく…決着する

E　駅に電車がつく…到着する

15【C】

耳もとに口を寄せる…近づける

A　新聞に意見を寄せる…（情報などを）伝える、与える

B　信頼を寄せる部下がいる…気持ちを持つ

C　机を窓際に寄せる…近づける

D　兄の家に身を寄せる…まかせる、ゆだねる

E　家族の収入を寄せる…合算する

16【E】

ストライキで足が奪われる…交通手段

A　サバは足がはやい…いたみ具合

B　先方まで足を運ぶ…行くこと、歩くこと

C　予算から足が出る…超過分。「足が出る」で「支出が超過する」

D　客の足が遠のく…訪問

E　足の便がよい宿…交通手段

17【C】

腕に覚えがある…技能、技術。「覚えがある」は「自信を持っている」という意味

A　腕ずくでとり返す…腕力

B　友達と腕を組んで歩く…（身体の）腕

C　料理の腕が上がった…技能、技術

D　腕っ節が強い…腕力

E　腕まくりをして働く…「腕まくり」で「袖をまくり上げること」

18【A】

会社の顔がつぶれる…面目。名誉。「顔がつぶれる」は「名誉を傷つけられる」という意味

A　親の顔に泥を塗る…面目。名誉。「顔に泥を塗る」は「名誉を傷つける、恥をかかせる」という意味の慣用句

B　集会に顔を出す…出席。存在

C　何くわぬ顔で出社する…表情。顔つき

D　大きな顔をするな…態度

E　役員が顔をそろえる…出席。存在

19【D】

仕事に幅をもたせる…ゆとり

A　道幅を測る…端から端までの距離

B　声に幅がある…高低の隔たり

C　世間に幅をきかせる…発言力。勢力

D　人間に幅ができる…ゆとり。広さ

E　積み上げ幅が大きい…高低の隔たり

20【D】

天の配剤により悪事があばかれた…万物を支配するもの。神

A　天にものぼる心地…上空。天国

B　天高く馬肥ゆる秋…空

C　天から話にならない…最初

D　天は自ら助くるものを助く…万物を支配するもの。神

E　天にまします我らが父よ…キリスト教の天国

21【E】

クラブの会費をおさめる…納める。納入する

A　秘密を胸におさめる…収める。しまう

B　戦乱の続く国をおさめる…治める。統治する

C　都で学問をおさめる…修める。修得する

D　大成功をおさめる…収める。手に入れる

E　税務署に税金をおさめる…納める。納入する

22【B】

極端に走る傾向がある…かたむく

A　南北に走る山脈…通る。貫く

B　悪事に走る…かたむく

C　球がよく走る…スムーズに動く

D　現場に走る…急いで行く

E　むしずが走る…あらわれて消える

23【A】

台風をものともせず出かけた…問題となる対象

A　ものの数に入らない…問題となる対象

B　ものは言いよう…事柄・物事

C　ものの1キロと歩かないうち…ほんの少し

D　ものがわかっている人…道理

E　ものの見事に成功した…いかにも。非常に

24【E】

一朝ことあるとき…大変な事態。問題。事件

A　規則を守ること…要求・命令を表す

B　事件のことは言うな…物事の状態や経過

C　これを食べたことはない…経験

D　ことをなしとげる…仕事。用件

E　彼はことを好む性格だ…大変な事態。問題

25【D】

本日は晴天なり…当の。ほかならぬその

A　それは本意ではない…本当の。真実の

B　本業は作曲家だ…主要な。中心となる

C　本末転倒…物事の根源、もと

D　本人に確認します…当の。ほかならぬその

E　本能に基づく行動…生まれつきの

26【D】

彼は口べただ…話し方。話す能力

A　お口に合いませんか…味わうものとしての口。味覚

B　彼女は口をつぐんだ…発言

C　仲間と口を合わせる…発言の内容

D　部長は口が達者だ…話し方。話す能力

E　世間の口を気にする…うわさ。評判

27【E】

電車の中で耳に入れた話…(話を)聞くこと

A　耳を動かすことができる…(顔の)耳

B　耳に残る曲だ…聞いた音や声の記憶

C　パンの耳を切る…端の部分。縁

D　父は耳が遠くなった…聴力

E　彼の消息を耳にした…聞くこと。「耳にする」は「聞く」

28【C】

俳優として身を立てる…生活。地位。生計。「身を立てる」は、生計を立てるという意味

A　仕事に身が入らない…やる気。意欲

B　最後まで身が持たない…体力。健康

C　彼は身を持ち崩した…生活。地位。生計

D　相手の身になって考える…立場。気持ち

E　信仰に身をささげる…自分自身。全身全霊

29【E】

知っていながら空とぼける…見せかけ。うそ、いつわり。「空とぼける」は、知らないふりをするという意味で、「空」は接頭語として名詞や動詞、形容詞などにつき、「見せかけ、うそ、いつわり」の意を表す

A　電話番号を空で覚える…何も見ないこと。暗記

B　うわの空で聞く…(ぼんやり集中しない)状態

C　変わりやすい秋の空…天候

D　旅の空で母を思う…場所。境遇

E　空寝をして聞き耳を立てる…見せかけ、うそ、いつわり。「空」は接頭語。ほかに「空笑い」「空涙」なども同じ用法

30【A】

知り合いに便宜をはかる…図る。取り計らう。計画する

A　問題の解決をはかる…図る。取り計らう

B　体重をはかる…量る。重さをはかる

C　役員会にはかる…諮る。意見を問う

D　百メートル走のタイムをはかる…計る。時間をはかる

E　敷地面積をはかる…測る。広さをはかる

31【B】

自分の思うところを述べる…（思っている）内容

A　ところを得て活躍する…よい境遇、環境

B　聞くところによると…（聞いた）内容

C　仕事が始まったところだ…時。時点

D　見たところ異常はない…限り。範囲

E　すんでのところで助かった…場面。段階

32【E】

敷地に柵をまわす…（柵で敷地の）周囲を取り巻く

A　水道の蛇口をまわす…回転させる

B　次の人に連絡をまわす…順に送り渡す

C　現場に人をまわす…人や物を必要とする場所へ移す

D　新人を受付にまわす…配置する

E　リボンは二重にまわす…（リボンで何かの）周囲を取り巻く

33【B】

海から網をあげる…上げる。高所に動かす

A　山菜の天ぷらをあげる…揚げる。油で揚げ物を作る

B　品物を棚にあげる…上げる。高所に動かす

C　安くあげることができた…上げる。範囲内ですませる

D　確かな証拠をあげる…挙げる。表し示す

E　妹にほうびをあげる…上げる。与える

34【D】

例外を認める…（適正であると）許可する

A　暗がりに人影を認める…目にとめる。気づく

B　生徒の才能を認める…よいと判断する。評価する

C　自分の負けを認める…受け入れる

D　大学への入学を認める…許可する

E　自分の本だと認める…見て判断する

35【A】

船が消息をたつ…絶つ。終わりにする。とだえる

A　国交をたつ…絶つ。終わりにする。とだえる

B　あれから十年がたつ…経つ。経過する

C　敵の退路をたつ…断つ。通らなくする。さえぎる

D　新社屋がたつ…建つ。建築される

E　明日宿をたつ…発つ。出発する

36【B】

ブレーキがよくきく…効く。効き目がある

A　父がジャズをよくきく…聴く

B　この薬はきく…効く。効き目がある

C　イヌは鼻がよくきく…利く。働く

D　ここはつけのきく店だ…利く。可能である

E　きくは一時の恥…聞く。たずねる

37【E】

風向きがかわる…違う場所、方向へ移る

A　世代がかわる…交替する。入れ替わる

B　運転を兄にかわる…交代する

C　料理の味がかわる…変化して別の状態になる

D　土地が金にかわる…交換される

E　勤務地がかわる…違う場所、方向へ移る

38【C】

封をあける…開ける。閉じていたものを開く

A　グラスをあける…空ける。からにする

B　夜があける…明ける。日がのぼって明るくなる。朝になる

C　目をあける…開ける。閉じていたものを開く

D　旅行で家をあける…空ける。留守にする

E　手をあける…空ける。予定などを入れないでおく。やる事のない状態にしておく

39【D】

手を打って人を呼ぶ…たたいて音を出す

A　雨が窓を打っている…ぶつかる

B　ヒットを打って走る…（ボールをバットで）たたく

C　脈を打っている…たたいているような動きをする

D　彼が太鼓を打っている…たたいて音を出す

E　投げを打って転がす…動作をする

40【B】

分母をはらう…取り除く。除去する

A　入場料をはらう…支払う

B　垣根をはらう…取り除く。除去する

C　下宿をはらう…引き払う

D　足をはらう…横に勢いよく動かす

E　犠牲をはらう…費やす

41【C】

美容の効果さえある…～までも

A　呼んでも返事さえしない…～すら

B　英語では挨拶さえできない…～すら

C　靴もないのに雪さえ降ってきた…～までも

D　覚悟さえできていればよい…～だけでも

E　金さえあればいい…～だけでも

42【B】

果報は寝て待て…～しながら。～という方法で

A　安くておいしい…～に加えて（並列・添加）

B　書いて覚える…～しながら。～という方法で

C　熱が出て休む…～なので（原因）

D　見て見ぬふりをする…～なのに（逆接）

E　話をして帰る…～してから（推移）

43【A】

みんなから慕われる…受け身を表す助動詞

A　出先で雨に降られる…受け身を表す助動詞

B　先生が山に行かれる…尊敬を表す助動詞

C　母が思い出される…自発（自然と～される）を表す助動詞

D　この山なら登れる…可能を表す助動詞

E　兄の態度にあきれる…「あきれる」という動詞の一部

44【C】

ただ無事を祈るしかない…ひたすら、もっぱら

A　ただ一度だけでいい…わずか

B　これはただではすまない…無事

C　ただ時間だけが過ぎていく…ひたすら

D　条件はいい。ただ場所が遠い…ただし

E　ただの社員ではない…普通、並

45【C】

二度と失敗は繰り返すまい…（繰り返さ）ないつもりだ。打消しの意思

A　いくらなんでも行くまい…（行か）ないだろう。打消しの推量

B　今年は雪は降るまい…（降ら）ないだろう。打消しの推量

C　君の経験については問うまい…（問わ）ないつもりだ。打消しの意思

D　名手といえどもこれはできまい…（でき）ないだろう。打消しの推量

E　わからないはずはあるまい…（はずは）ないだろう。打消しの推量

46【E】

病気で出社できない…～という原因、理由で

A　校則で決まっている…～という基準で

B　裸で川に飛び込む…～という状態で

C　本をひもでしばる…～という手段（道具）で

D　自分でまいた種…～という主体が

E　文化祭の準備で忙しい…～という原因、理由で

04 文の並べかえ

本文302ページ

1【D】

①文頭、文末と選択肢をひととおり読んで、ざっくりとした文脈を考える。「灯油は→B～促されると→変色する・起こる・臭いがする→使用を控えなければならない」という流れがわかる。従って、[1]に入るのはB。

②文末の「～使用を控えなければならない」の直前にあてはまるのは、「C発煙や消火不良などが起こるため」だけ。Cの前には、発煙や消火不良などが起こる状況として、「E変質した灯油を暖房器具に使用すると」があてはまる。

③残りはAとDだが、「A変色するほかに」→「D酸っぱい臭いがする」の順になるので、全体は「灯油は→B→A→D→E→C→使用を控えなければならない」となる。

2【B】

①「幼いころの記憶には実際は」に続く選択肢を探すと「D記憶に残っていない出来事が」があてはまる。

②言葉の関連性を手がかりに、選択肢同士をつなげていく。「E家族から繰り返し話を聞かされたり→C映像をみせられたりすることが→A積み重なった結果として」というつながりが見つかる。また文末の「想起されるものがある」の前には「B自らの記憶であるかのように」がぴったりあてはまる。

③文頭からつなげると、「幼いころの記憶には実際は→D→E→C→A→B→想起されるものがある」となる。

3【D】

①文頭の「無作為に対象者を選ぶ」に続く[1]は、世論調査かインターネット調査のどちらかだが、「Eサイトを閲覧した人が回答する」というインターネット調査を形容する選択肢があるので、[1]には「Cインターネット調査の場合は」ではなく、「B世論調査と比較すると」が入ることがわかる。

②「Cインターネット調査の場合は」の前後を見ていくと、「D特定のテーマに関心をもって→Eサイトを閲覧した人が回答する」がCの前に入り、「Aより極端な結果が出る」がCの後ろに入ることがわかる。

③文頭からつなげると、「無作為に対象者を選ぶ→B→D→E→C→A→傾向がある」となる。

4【A】

①文末の「難しい」の前に入る言葉として、何が難しいのかと考えると、「C見定めることが」があてはまる。

②何を見定めることが難しいのかを考えると、「Aどの解釈が」→「D最も正しいのかを」があてはまる。

③残るB、Eのつながりをみると「B解釈によって→Eその内容に違いがあり」の順とわかる。文頭からつなげると「記録されている資料は→B→E→A→D→C→難しい」となる。

5【D】

選択肢を順につないでいけば、正解にたどり着ける比較的簡単な問題。

①文頭の「明治の」に続く選択肢を探すと「E革命的システムの変更のひとつが」があてはまる。これに、「C学制の確立であるが」が続くことがわかる。

②Cに続けて、「Bこのプロセスを経て→D官僚になっていったのは→A旧士族の出身者が→圧倒的に多かった」が自然につながっていくことがわかる。

③全体は「明治の→E→C→B→D→A→圧倒的に多かった」となる。

6【A】

①文末の「潜り込む」の前には「C下層の水の下に」がぴったりあてはまる。
②選択肢同士の関連性を手がかりに、つながる言葉と言葉を探す。２つの「塩分濃度」に着目すると、「B塩分濃度が高いほど」に続く言葉として、Dの「高くなる〜」はおかしいので、「A重くなるため」がぴったりあてはまる。
③「E上層の水の塩分濃度が」に続く言葉でぴったりくるのは「D高くなると」。「B→A」「E→D」の２組を文章にあてはめると「海水は→B→A→E→D→C→潜り込む」となる。

7【D】

①文頭の「アメリカ合衆国の」に続く選択肢は絞りきれないので、とりあえず置いておく。
②文末の「所有している」の前には、「B民間の金融機関が」がぴったりあてはまる。
③その他の言葉同士のつながりをみると、「D中央銀行とされる→C連邦準備制度理事会（FRB）は→E公的機関ではなく」でひとくくり。「Aその株式は政府ではなく→B民間の金融機関が→所有している」でひとくくりになる。つまり「アメリカ合衆国の→D→C→E→A→B→所有している」となる。

8【A】

①文末の「把握して捕獲する」の前に、「〇〇を」という目的語がくると読むと、ぴったりあてはまるのは、「B形や居場所を」。Bとのつながりから、その前には「E小さな昆虫などの」があてはまる。
②残るA、C、Dで文頭の「コウモリは」に続く選択肢は、「A暗やみの中を飛行し」があてはまりそうだが、「飛行」を形容する「D超音波を出しながら」がAの前に入るとぴったりあてはまる。つまり、「コウモリは→D超音波を出しながら→A暗やみの中を飛行し」でひとくくり。
③最後に残ったCを後半の文章につなげると「Cその反射音を聞いて→E小さな昆虫などの→B形や居場所を→把握して捕獲する」とひとくくりにできる。全体は「コウモリは→D→A→C→E→B→把握して捕獲する」となる。

9【E】

①全体をひととおり読んで、関連づけやすい言葉に着目する。対応していると思われる「集団的倫理」と「社会的倫理」に着目すると、「〇〇よりも〇〇」という流れが予測できる。「C社会的倫理よりも→A集団的倫理を」とつながり、その後に「B大事にしていると」と続けるとぴったりあてはまる。文頭からつなげると、「企業が→C社会的倫理よりも→A集団的倫理を→B大事にしていると」となり、前半がつながった。
②文末の前に、残る選択肢D、Eをあてはめる。「E不祥事が起きる→D可能性が高まる→と言えるだろう」の順番であてはまる。全体は「企業が→C→A→B→E→D→と言えるだろう」となる。

10【A】

①文頭の「少ない」に続く選択肢は、絞りきれないので置いておく。
②文末の「普通である」の前に入る選択肢を、主語と述語の関係で選ぶと、「B反映して高価になるのが」があてはまる。何を反映するかを考えると、「希少性を」がふさわしいので、「Eそれらの資源の希少性を→B反映して高価になるのが→普通である」とつなげると、ぴったりあてはまる。
③文頭と残りの選択肢A、C、Dのつながりを見つける。「少ない→C資源を多く使って→A作られるものや→Dサービスほど」でひとくくりにできる。従って全体は「少ない→C→A→D→E→B→普通である」となる。

11【E】

①文頭の「年齢や性別や障害の有無など」に続く選択肢は、「B使用者の特性を→Dあらかじめ吟味し」まででひとくくり。

②残る選択肢、A、C、Eと文末との語句のつながりを考える。文末の前には、「めざす」の目的語(〜を)がくるはずなので、「Aできるだけ多くの人に→E適応した製品や→C生活空間の設計を」とつなげると、ぴったりあてはまる。従って、全体は「年齢や性別や障害の有無など→B→D→A→E→C→めざすのがユニバーサル・デザインである」となる。

12【D】

①文頭の「不特定多数を」に続くのは「A対象とする」。また、文末の「と呼ばれる」の１つ前は「Cクローズド型」となるのはすぐにわかる。

②選択肢Aの後は、「Bオープン型の調査に対して」がぴったりくる。

③残る選択肢はDとE。不特定多数を対象とするオープン型に対して、特定の人にアプローチするクローズ型という文脈が読み取れることから全体は「不特定多数を→A→B→E→D→C→と呼ばれる」となる。

13 ❶【E】 ❷【A】

①全体をざっくりと読み、馬の能力や特性を説明する文脈に沿うようつなげていく。文頭には、接続詞(また、なお、そんなときは)や指示語(これら)はこないので、「オ 馬はその耳を〜」がくるとわかる。その後には、「馬の耳」の追加情報として「エ また、音質の判別能力にも〜」がぴったりとつながる。

②エの後は、オとエで述べた能力→「これらの能力」と受けているアが続くと予想できるので、「オ→エ→ア これらの能力を使って〜」となる。

③残りの選択肢、イとウは、余情報と考えられ、「ウ なお、馬が怒って威嚇するときは〜→イ そんなときは、近づかない方が賢明だといえよう」とつなげるとぴったりあてはまる。正しい文章のつながりは、「オ→エ→ア→ウ→イ」となる。

14 ❶【C】 ❷【C】

①文頭に接続語や指示語がないのは、オとウ。ただしウには文中に「この価格差」という語句が含まれるため、文頭にふさわしくない。つまり「オ 米粉は米を製粉した食材で〜」が文頭に来る。

②オの「昔から餅や団子」とイの「今ではパンや麺」は対比関係にあり、続けると文脈に沿う。つまりオ→イとつながる。

③次に、「パンや麺などにも使用」→「米粉からパン」という話の流れから、さらに「米粉からパンを作る技術」へと続くと考えられ、「ア もともと米粉からパンなどを作る技術は〜」につながるとわかる。

④「10年以上前に確立していた技術」が普及しなかった理由として、「エ しかし当時は米粉が小麦粉より３倍ほども高価だったために〜」と続けるとぴったりとあてはまる。

⑤エの「３倍ほども高価」とウの「この価格差が縮まり」が対比になっている点に着目すると、エの後に「ウ 最近の麦の高騰でこの価格差が縮まり〜」が続くと考えられる。正しい文章のつながりは、「オ→イ→ア→エ→ウ」となる。

05 空欄補充

本文310ページ

1【B】

多くの人は、要らないものを捨てればすっきりする。しかしこれは、処分の［　　］が快楽だということであって、処分という行為自体が快楽かどうかという話とは異なる。

→「捨てればすっきり」と「処分という行為自体が快楽かどうかという話とは異なる」がヒントになっている。「過程」「決定」「体験」「予定」「想像」はいずれもこの文脈にはそぐわない。「結果」が最も適切である。

2【B】

「荘厳(しょうごん)する」とは、本来、知恵や福徳などの善美を持って仏国土や仏、菩薩の身を飾ることをいう。金、銀、瑠璃などの七法で荘厳された、まばゆいばかりの浄土のイメージは、仏像や仏堂あるいは経典を美しく厳かに飾り立てることによって［　　］された。

→目に見えない「浄土のイメージ」を、美しく厳かに飾り立てることによって具体的に目に見えるようにするという文脈なので、「視覚化」がぴったりあてはまる。

3【D】

段取りは証明問題でも料理でも大切である。証明問題において「証明すべき命題」は指示されている。それが料理で言えば料理の［　　］である。証明には前提となる仮定があり、これが料理で言うと素材と言える。

→証明問題で証明すべき命題が、料理では何にあたるかを考える。命題は、証明問題の最終的な完成した形と考えられるため、選択肢の中では「完成形」が最もあてはまる語句と言える。

4【D】

人類が遺伝子を操作できるようになったのはつい最近のことで、それまでは進化に関しては［　　］な研究はまったくできなかった。進化論は、通常の科学のように理論の当否を実験や観察によって確かめることができないので、一部の人たちから「科学でない」とさえ言われた。

→遺伝子操作によって、進化論が実験や観察によって確かめることができるようになったという文意である。実験や観察によって確かめるということを表す「実証的」が、最も適している。

5【B】

私たちは普通、メディアは「ニュースを伝達してくれる装置」だと考えている。しかし、実際にはメディアは「情報を過剰に伝えないための装置」である。正確に言えば、［　　］ニュースを排除するために報道機関は存在している。

→「情報を過剰に伝えない」ために［　　］ニュースを排除するのだから、「不必要な」が最適。

6【F】

日本の森林の約４割は［　①　］であり、人の手が適切に加えられなければ健全に保てず、環境保全の機能を十分に発揮できない。しかし木材価格の低迷などにより、その［　②　］が放棄されていることが問題になっている。

→選択肢を空欄に入れてみて、意味が合うものを選ぶ。

①人の手が適切に加えられなければ健全に保てない林なので、「人工林」が最適。

②木材価格の低迷などで放棄されていることからは、「開発」も「管理」もあてはまるが、問題となっているのは、「環境保全の機能」なので、「開発」ではなく「管理」がふさわしい。

06 熟語の成り立ち

◀本文314ページ

1 ❶D ❷A ❸B ❹C ❺C

❶幸甚…「幸せ」が「甚だしい」◀主語と述語
❷暗躍…「暗に」「活躍する」◀前が後を修飾
❸開閉…「開く」と「閉じる」◀反対の意味
❹禁酒…「酒」を「禁じる」◀動詞の後に目的語
❺制覇…「覇(はたがしら・天下)」を「制する」◀動詞の後に目的語

2 ❶D ❷C ❸B ❹D ❺A

❶威嚇…どちらも「おどす」◀似た意味
❷殺菌…「菌」を「殺す」◀動詞の後に目的語
❸正解…「正しく」「解く」◀前が後を修飾
❹製造…どちらも「つくる」◀似た意味
❺濃淡…「濃い」と「淡い」◀反対の意味

3 ❶B ❷C ❸B ❹A ❺D

❶益鳥…「益になる」「鳥」◀前が後を修飾
❷乗車…「車」に「乗る」◀動詞の後に目的語
❸赤貧…「真っ赤に(明らかに)」「貧しい」◀前が後を修飾
❹旋回…どちらも「まわる」◀似た意味
❺方円…「方形(四角)」と「円形(丸)」◀反対の意味

4 ❶A ❷B ❸B ❹C ❺D

❶異同…「異なる」と「同じ」◀反対の意味
❷佳作…「佳い」「作品」◀前が後を修飾
❸素顔…「素の」「顔」◀前が後を修飾
❹造船…「船」を「造る」◀動詞の後に目的語
❺媒介…どちらも「仲立ち」◀似た意味

5 ❶D ❷C ❸D ❹C ❺A

❶殉職…「職」に「殉ずる」◀動詞の後に目的語
❷歌人…「和歌を作る」「人」◀前が後を修飾
❸失脚…「脚(土台になるもの、地位)」を「失う」◀動詞の後に目的語
❹壮観…「壮大な」「観(ながめ)」◀前が後を修飾
❺怠惰…どちらも「なまける」◀似た意味

6 ❶C ❷D ❸B ❹D ❺B

❶転居…「居るところ」を「転ずる」◀動詞の後に目的語
❷往復…「行き」と「帰り」◀反対の意味
❸我流…「我(自分本位・わがまま)の」「流儀」◀前が後を修飾
❹端末…「端(はし)」と「末(すえ)」◀似た意味
❺鈍器…「鈍な(堅くて重い)」「器具」◀前が後を修飾

7 ❶A ❷D ❸C ❹A ❺C

❶隔離…「隔てる」と「離す」◀似た意味
❷功罪…「功(てがら)」と「罪」◀反対の意味
❸失礼…「礼」を「失する」◀動詞の後に目的語
❹断絶…どちらも「たつ」◀似た意味
❺挑戦…「戦い」を「挑む」◀動詞の後に目的語

8 ❶B ❷C ❸D ❹B ❺A

❶延命…「命」を「延ばす」◀動詞の後に目的語
❷偽造…「偽の」「つくりもの」◀前が後を修飾
❸賛否…「賛成」と「否(不賛成)」◀反対の意味
❹徹夜…「夜」を「徹する」◀動詞の後に目的語
❺添加…どちらも「そえる」◀似た意味

9 ❶C ❷D ❸A ❹C ❺D

❶下車…「車」を「下りる」◀動詞の後に目的語
❷急病…「急な」「病気」◀前が後を修飾
❸賞罰…「賞」と「罰」◀反対の意味
❹投書…「書」を「投げる」◀動詞の後に目的語
❺年齢…どちらも「とし」◀似た意味

10 ❶C ❷D ❸C ❹A ❺B

❶投票…「票」を「投げ入れる」◀動詞の後に目的語

❷去年…「去った」「年」◀前が後を修飾

❸加筆…「筆」を「加える」◀動詞の後に目的語

❹培養…どちらも「やしなう」◀似た意味

❺伸縮…「伸びる」と「縮む」◀反対の意味

11 ❶B ❷C ❸A ❹D ❺C

❶傑作…「傑出した」「作品」◀前が後を修飾

❷稽古…「古」を「稽(かんが)える」◀動詞の後に目的語

❸多寡…「多い」と「寡(すく)ない」◀反対の意味

❹解散…どちらも「わかれてちる」◀似た意味

❺発音…「音」を「発する」◀動詞の後に目的語

12 ❶C ❷D ❸B ❹C ❺A

❶決議…「議」を「決する」◀動詞の後に目的語

❷諾否…「諾(承諾)」と「否(承諾しない)」◀反対の意味

❸剣道…「剣の」「道」◀前が後を修飾

❹比肩…「肩」を「ならべる」◀動詞の後に目的語

❺皮革…どちらも「かわ」◀似た意味

13 ❶B ❷C ❸D ❹D ❺C

❶碁石…「碁の」「石」◀前が後を修飾

❷指名…「名」を「指定する」◀動詞の後に目的語

❸当落…「当選」と「落選」◀反対の意味

❹貧乏…「貧しい」と「乏しい」◀似た意味

❺変色…「色」を「変える」◀動詞の後に目的語

14 ❶A ❷D ❸C ❹D ❺B

❶腐朽…「腐る」と「朽ちる」◀似た意味

❷執務…「業務」を「執る」◀動詞の後に目的語

❸最大…「最も」「大きい」◀前が後を修飾

❹変心…「心」を「変える」◀動詞の後に目的語

❺動静…「動」と「静」◀反対の意味

15 ❶D ❷B ❸D ❹C ❺A

❶空疎…どちらも「からっぽ」◀似た意味

❷気楽…「気」が「楽である」◀主語と述語

❸昨晩…「昨日の」「晩」◀前が後を修飾

❹変装…「装い」を「変える」◀動詞の後に目的語

❺悲喜…「悲しむ」と「喜ぶ」◀反対の意味

16 ❶B ❷D ❸D ❹C ❺C

❶公設…「公」が「設置する」◀主語と述語

❷輪郭…どちらも「物の外回り」◀似た意味

❸参加…どちらも「参加する」◀似た意味

❹養蚕…「蚕」を「養う」◀動詞の後に目的語

❺留意…「意(考え)」を「留める」◀動詞の後に目的語

17 ❶A ❷D ❸B ❹C ❺D

❶継続…どちらも「引き続く」◀似た意味

❷国交…「国」が「交わる」◀主語と述語

❸山頂…「山の」「頂(いただき)」◀前が後を修飾

❹昇天…「天」に「昇る」◀動詞の後に目的語

❺抑揚…「抑える」と「揚げる」◀反対の意味

18 ❶C ❷D ❸D ❹A ❺B

❶点火…「火」を「点ける」◀動詞の後に目的語

❷私選…「私」が「選ぶ」◀主語と述語

❸催促…どちらも「せきたてる」◀似た意味

❹良否…「良い」と「否(良くない)」◀反対の意味

❺視線…「視る」「線」◀前が後を修飾

19 ❶C ❷B ❸D ❹D ❺A

❶私立…「私」が「立てる」◀主語と述語

❷禍福…「禍(わざわい)」と「福」◀反対の意味

❸字典…「字の」「典(基本となる書物)」◀前が後を修飾

❹入学…「学校」に「入る」◀動詞の後に目的語

❺超越…どちらも「こえる」◀似た意味

20 ❶D ❷C ❸D ❹C ❺A □□□

❶屈折…どちらも「おれまがる」◀似た意味
❷凝視…「凝らして(集中させて)」「視る(見る)」◀前が後を修飾
❸供給…どちらも「足りるようにする」◀似た意味
❹好漢…「好ましい」「漢(男)」◀前が後を修飾
❺苦楽…「苦」と「楽」◀反対の意味

21 ❶C ❷B ❸A ❹B ❺C □□□

❶造形…「形」を「造る」◀動詞の後に目的語
❷天誅…「天」が「誅する(成敗する、罰する)」◀主語と述語
❸精密…どちらも「細かい」◀似た意味
❹霧散…「霧」が「散る」◀主語と述語
❺尽力…「力」を「尽くす」◀動詞の後に目的語

22 ❶D ❷D ❸C ❹B ❺D □□□

❶気絶…「気(意識)」が「絶える(とぎれる)」◀主語と述語
❷安泰…どちらも「無事でやすらか」◀似た意味
❸敬老…「老人」を「敬う」◀動詞の後に目的語
❹壁画…「壁の」「絵画」◀前が後を修飾
❺厳重…「厳しい」と「重々しい」◀似た意味

23 ❶C ❷A ❸A ❹A ❺D □□□

❶新入…「新しく」「入る」◀前が後を修飾
❷遭遇…「遭(あ)う」と「遇(あ)う」。どちらも「思いがけなくであう」◀似た意味
❸真実…どちらも「本当のこと」◀似た意味
❹修繕…どちらも「なおす」◀似た意味
❺細大…「細かい」と「大きい」◀反対の意味

24 ❶A ❷B ❸C ❹A ❺B □□□

❶賢明…どちらも「かしこい」◀似た意味
❷干満…「干(ひ)る(干潮)」と「満ちる(満潮)」◀反対の意味
❸架橋…「橋」を「架ける」◀動詞の後に目的語
❹鋭敏…どちらも「するどい、かしこい」◀似た意味
❺首尾…「首(始め)」と「尾(終わり)」◀反対の意味

25 ❶B ❷B ❸C ❹D ❺B □□□

❶河岸…「河(大きな川)の」「岸」◀前が後を修飾
❷話題…「話の」「題(主題)」◀前が後を修飾
❸取材…「材料」を「取る」◀動詞の後に目的語
❹純粋…どちらも「まじりけがない」◀似た意味
❺連載…「連ねて(連続して)」「載せる(掲載する)」◀前が後を修飾

26 ❶A ❷D ❸B ❹A ❺A □□□

❶法則…「法」と「則(のり)」。どちらも「きまり、おきて」◀似た意味
❷離合…「離れる」と「合わさる」◀反対の意味
❸史跡…「歴史の」「痕跡」◀前が後を修飾
❹破壊…「破る(こわす)」と「壊す」◀似た意味
❺墜落…「墜(お)ちる」と「落ちる」◀似た意味

27 ❶D ❷C ❸D ❹B ❺C □□□

❶高貴…どちらも「たかい」◀似た意味
❷捕鯨…「鯨」を「捕る」◀動詞の後に目的語
❸欠陥…どちらも「足りない」◀似た意味
❹辛勝…「辛うじて」「勝つ」◀前が後を修飾
❺除湿…「湿気」を「除く」◀動詞の後に目的語

28 ❶D ❷B ❸A ❹D ❺B □□□

❶策略…どちらも「はかりごと」◀似た意味
❷実感…「実際に」「感じる」◀前が後を修飾
❸真贋…「真(しん)(ほんもの)」と「贋(にせ)(にせもの)」◀反対の意味
❹破損…「破る(こわす)」と「損(そこ)ねる」◀似た意味
❺直轄…「直接に」「管轄する(とりしまる)」◀前が後を修飾

29 ❶B ❷C ❸A ❹C ❺C

❶理非…「理(道理)」と「非(道理に合わないこと)」◀反対の意味
❷別荘…「別の」「荘(仮の住まい)」◀前が後を修飾
❸平均…どちらも「平らで均一にすること」◀似た意味
❹天命…「天の」「命令」◀前が後を修飾
❺続出…「続いて」「出る」◀前が後を修飾

30 ❶A ❷A ❸C ❹C ❺A

❶激烈…「激しい」と「烈しい」◀似た意味
❷拡大…どちらも「ひろい、ひろがる」◀似た意味
❸炉辺…「炉の」「辺(そば)」◀前が後を修飾
❹火災…「火の」「災害」◀前が後を修飾
❺服従…「服する(従う)」と「従う」◀似た意味

31 ❶A ❷A ❸A ❹D ❺D

❶繁栄…どちらも「豊かにさかえる」◀似た意味
❷慎重…「慎しむ(用心する)」と「重んじる(軽率にしない)」◀似た意味
❸衰微…どちらも「おとろえる」◀似た意味
❹逸品…「逸れる」「品」◀前が後を修飾
❺漸進…「漸く(次第に)」「進む」◀前が後を修飾

32 ❶D ❷D ❸C ❹B ❺D

❶披露…どちらも「見せる、ひろめる」◀似た意味
❷宣伝…「宣べる=(広く告げ知らせる)」と「伝える」◀似た意味
❸断罪…「罪」を「断つ(決める)」◀動詞の後に目的語
❹側面…「側の(横の)」「面」◀前が後を修飾
❺天賦…「天」が「賦与する(さずける)」◀主語と述語

33 ❶A ❷B ❸A ❹A ❺C

❶堪忍…「堪える」と「忍ぶ(我慢する)」◀似た意味
❷屈伸…「屈む(曲がる)」と「伸びる」◀反対の意味
❸救済…「救う」と「済う」◀似た意味
❹圧迫…どちらも「力でおさえつける」◀似た意味
❺概算…「概ねの」「計算」◀前が後を修飾

34 ❶B ❷A ❸A ❹C ❺B

❶邪推…「邪な(正しくない)」「推量、推察」◀前が後を修飾
❷併合…「併せる」と「合わせる」◀似た意味
❸節約…節は「ひかえめにする」、約は「ひきしめる」◀似た意味
❹避難…「災難」を「避ける」◀動詞の後に目的語
❺厚遇…「厚く(てあつく)」「遇する(もてなす)」◀前が後を修飾

35 ❶A ❷C ❸B ❹B ❺A

❶自我…どちらも「自分」◀似た意味
❷署名…「名前」を「署す(書きつける)」◀動詞の後に目的語
❸稲穂…「稲の」「穂」◀前が後を修飾
❹雨天…「雨の」「天気」◀前が後を修飾
❺円満…どちらも「調和がとれていて満ち足りている」◀似た意味

36 ❶B ❷A ❸A ❹C ❺B

❶顕示…「顕らかに」「示す」◀前が後を修飾
❷減退…「減る」、「退く(おとろえる)」◀似た意味
❸満足…どちらも「満ち足りる」◀似た意味
❹断念…「念(思いや気持ち)」を「断つ」◀動詞の後に目的語
❺議題…「討議する」「問題」◀前が後を修飾

37 ❶D ❷C ❸B ❹C ❺D

❶逸脱…「逸れる」と「脱する（はずれる）」◀似た意味

❷遅刻…「時刻」に「遅れる」◀動詞の後に目的語

❸歓声…「歓ぶ」「声」◀前が後を修飾

❹延期…「期日」を「延ばす」◀動詞の後に目的語

❺拾得…「拾う」と「得る（手に入れる）」◀似た意味

38 ❶A ❷B ❸A ❹A ❺D

❶勤務…「勤める」と「務める」◀似た意味

❷雌雄…「雌」と「雄」◀反対の意味

❸戦争…「戦う」と「争う」◀似た意味

❹哀悼…どちらも「心を痛める」◀似た意味

❺及第…「第（基準、試験）に」「及ぶ（達する）」◀動詞の後に目的語

39 ❶A ❷B ❸A ❹B ❺B

❶盛衰…「盛んになる」と「衰える」◀反対の意味

❷互譲…「互いに」「譲る」◀前が後を修飾

❸需給…「（必要なものを）需める」と「給う（与える、足りないものをたす）」◀反対の意味

❹廉価…「廉い（安い）」「価格」◀前が後を修飾

❺後悔…「後で」「悔やむ」◀前が後を修飾

01 同意語

本文328ページ

1【E】

dazzling→「まばゆい」

A calm おだやかな
B fresh 新鮮な
C unique 独特な
D obscure ぼんやりした
E sparkling きらめく

2【C】

messy→「汚い」

A busy 忙しい
B tidy きちんとした
C dingy 薄汚い
D flashy 派手な
E fancy 高級な

3【B】

divert→「そらす」

A celebrate 祝う
B distract そらす
C prolong 延長する
D esteem 尊重する
E hustle 急ぐ

4【D】

trifling→「ささいな」

A feeble 弱い
B frugal つましい
C meager やせた
D trivial ささいな
E deficient 欠けた

5【E】

modest→「謙遜した」

A aggressive 攻撃的な
B sublime 崇高な
C bored 退屈した
D complicated 複雑な
E humble 謙遜した

6【A】

skeptical→「懐疑的な」

A distrustful 疑わしい
B evil 邪悪な
C seeming うわべの
D wise 賢い
E sterile 不毛な

7【D】

virtuous→「有徳の」

A erratic とっぴな
B eccentric 風変わりな
C earnest まじめな
D ethical 道徳的な
E immoral 不道徳な

8【C】

insist→「主張する」

A discredit 疑う
B defy 無視する
C assert 主張する
D desert 見捨てる
E admit 認める

9【A】 □□□

opportunity→「好機」

A chance 好機
B tact 機転
C integrity 高潔
D fate 運命
E wisdom 知恵

10【E】 □□□

reverence→「尊敬」

A wealth 富
B talent 才能
C security 安心
D threat 脅迫
E respect 尊敬

11【D】 □□□

refuse→「拒絶する」

A beset 包囲する
B provoke 怒らせる
C chase おいかける
D reject 拒絶する
E descend 降りる

12【D】 □□□

inquire→「調査する」

A operate 動かす
B acknowledge 認める
C confuse 混乱させる
D investigate 調査する
E cope 対抗する

13【B】 □□□

absurd→「ばかげた」

A polite 礼儀正しい
B ridiculous ばかげた
C brave 勇敢な
D capable 有能な
E fake 偽の

14【C】 □□□

apex→「頂上」

A mountain 山
B pass 山道
C summit 頂上
D hill 丘
E path 小道

15【A】 □□□

restrict→「制限する」

A limit 制限する
B ignore 無視する
C refuse 拒絶する
D exist 存在する
E complain 不平を言う

16【E】 □□□

bother→「悩ます」

A punish 罰する
B burst 破裂する
C distinguish 区別する
D encounter 遭遇する
E annoy 悩ます

17【C】

hurt→「傷つける」

A educate 教育する
B examine 検査する
C injure 傷つける
D disappoint がっかりさせる
E impress 感銘を与える

18【D】

accurate→「正確な」

A significant 重要な
B abundant 豊富な
C infinite 無限の
D exact 正確な
E slight わずかな

19【B】

jealous→「嫉妬深い」

A spiteful 意地悪な
B envious 嫉妬深い
C keen 鋭い
D patient 忍耐力のある
E heartless 冷酷な

20【A】

ordinary→「普通の」

A common 普通の
B peculiar 風変わりな
C thin やせた
D external 外部の
E useless 役にたたない

21【D】

example→「例」

A survey 調査
B situation 事態
C habit 習性
D instance 例
E affair できごと

22【A】

effect→「結果」

A result 結果
B reality 現実
C fate 運命
D opportunity 好機
E luxury 贅沢

23【E】

eternal→「永久の」

A marvelous 驚くべき
B outstanding ずば抜けた
C extreme 極端な
D attractive 魅力的な
E permanent 永久の

24【B】

basic→「基本的な」

A ideal 理想的な
B fundamental 基本の
C typical 典型的な
D valuable 貴重な
E smart 頭の良い

25【E】

govern→「統治する」

A	participate	参加する
B	perceive	感知する
C	argue	論じる
D	offer	提供する
E	rule	統治する

26【C】

generous→「気前のよい」

A	financial	財政の
B	available	利用できる
C	liberal	気前のよい
D	superior	上位の
E	average	平均的な

27【C】

proper→「適切な」

A	official	公の
B	brief	簡潔な
C	appropriate	適切な
D	common	共通の
E	certain	確実な

28【A】

obvious→「明白な」

A	evident	明白な
B	potential	潜在的に
C	primary	最初の
D	reasonable	理にかなった
E	fair	公平な

29【E】

depend→「依存する」

A	defend	守る
B	deny	否定する
C	probe	精査する
D	sustain	支える
E	rely	頼る

30【B】

healthy→「健全な」

A	sensitive	敏感な
B	sound	健全な
C	stupid	馬鹿な
D	tough	頑強な
E	unique	独特な

31【D】

sum→「合計」

A	capital	資本
B	consumption	消費
C	debt	借金
D	amount	総額
E	extent	程度

32【A】

establish→「創立する」

A	found	創立する
B	command	命じる
C	convince	納得させる
D	ruin	破滅させる
E	manage	運営する

33【A】

possess→「所有する」

A　own　所有する
B　join　参加する
C　commit　委託する
D　borrow　借りる
E　exchange　交換する

34【E】

amusement→「娯楽」

A　laughter　笑い
B　impression　印象
C　curiosity　好奇心
D　anxiety　心配
E　pastime　娯楽

35【C】

fault→「欠点」

A　instruction　指導
B　exception　例外
C　defect　欠点
D　prejudice　偏見
E　issue　問題

36【B】

determine→「決心する」

A　educate　教育する
B　resolve　決心する
C　declare　宣言する
D　discuss　議論する
E　judge　判断する

37【D】

vary→「異なる」

A　lessen　減らす
B　crush　おしつぶす
C　resemble　似ている
D　differ　異なる
E　include　含む

38【E】

vanish→「消える」

A　rot　腐る
B　contend　争う
C　attach　くっつける
D　melt　溶ける
E　disappear　消える

39【C】

genuine→「本物の」

A　active　積極的な
B　actual　実際の
C　real　本物の
D　mere　単なる
E　expensive　高価な

40【E】

try→「試みる」

A　promote　促進する
B　indicate　指し示す
C　imagine　想像する
D　treat　扱う
E　attempt　試みる

41【B】

provide→「供給する」

A	postpone	延期する
B	supply	供給する
C	increase	増加する
D	affect	影響する
E	adopt	採用する

42【E】

timid→「臆病な」

A	uneasy	不安な
B	serious	真剣な
C	bold	大胆な
D	sincere	誠実な
E	cowardly	臆病な

43【B】

vacant→「空(から)の」

A	mute	無言の
B	empty	空(から)の
C	distant	遠い
D	slight	わずかな
E	plain	わかりやすい

44【A】

perish→「死ぬ」

A	die	死ぬ
B	wound	傷つける
C	harm	危害を加える
D	aid	助ける
E	fulfill	(約束などを)果たす

45【C】

vague→「あいまいな」

A	current	現時の
B	evil	邪悪な
C	obscure	不明瞭な
D	extreme	極端な
E	firm	堅固な

46【B】

odor→「におい」

A	appearance	外見
B	smell	におい
C	confidence	自信
D	impression	印象
E	joy	喜び

47【D】

moist→「湿気の多い」

A	physical	身体の
B	oral	口頭の
C	bright	輝いている
D	damp	湿っぽい
E	sweaty	汗びっしょりの

48【C】

shape→「形」

A	construct	組み立てる
B	size	大きさ
C	form	形
D	volume	体積
E	proportion	比率

02 反意語

本文340ページ

1【E】

rural→「田舎の」

A	suburban	郊外の
B	country	田舎の
C	regional	地域の
D	artificial	人工的な
E	urban	都会の

2【D】

income→「収入」

A	commerce	商業
B	trade	貿易
C	sum	合計
D	expense	支出
E	profit	収益

3【B】

abstract→「抽象的な」

A	vague	漠然とした
B	concrete	具体的な
C	effective	効果的な
D	creative	創造的な
E	potential	潜在的な

4【E】

lazy→「怠惰な」

A	immense	巨大な
B	proper	適切な
C	reasonable	道理にかなった
D	idle	怠けた
E	diligent	勤勉な

5【E】

resistance→「抵抗」

A	comfort	安楽
B	arms	武器
C	instruction	指導
D	force	力
E	obedience	服従

6【B】

advance→「前進する」

A	arrive	到着する
B	retreat	退却する
C	permit	許可する
D	graduate	卒業する
E	refuse	拒否する

7【C】

hide→「隠す」

A	disappear	消える
B	enter	入る
C	disclose	あばく、開示する
D	demand	要求する
E	earn	得る

8【C】

praise→「賞賛する」

A	applaud	拍手喝采（はくしゅかっさい）する
B	approve	賛成する
C	blame	非難する、批判する
D	remove	除去する
E	waste	浪費する

9【C】

add→「合算する」

A spare 割く
B fine 罰金を科する
C subtract 引き算をする
D decrease 減少する
E multiply 掛け算をする

10【B】

accidental→「偶然の」

A capital 主要な
B intentional 故意の
C rational 合理的な
D spiritual 精神の
E material 物質の

11【E】

poverty→「貧乏」

A tradition 伝統
B knowledge 知識
C charge 請求額
D welfare 福祉
E wealth 富

12【D】

progressive→「進歩的な」

A distinctive 特徴的な
B contrary 反対の
C fanatic 熱狂的な
D conservative 保守的な
E alternative 二者択一的な

13【D】

deficit→「赤字」

A value 価値
B sum 合計
C plenty 豊富
D surplus 黒字
E purchase 購入

14【B】

defeat→「敗北」

A miracle 奇跡
B victory 勝利
C prosperity 繁栄
D benefit 利益
E burden 重荷

15【C】

employ→「雇う」

A conform 従う
B tolerate 我慢する
C dismiss 解雇する
D rob 奪う
E apologize 詫びる

16【D】

aggressive→「攻撃的な」

A expensive 高価な
B primitive 原始的な
C nervous 神経質な
D defensive 守備的な
E discreet 慎重な

17【A】

loss→「損失」

A	gain	利益
B	quantity	量
C	trend	傾向
D	wages	賃金
E	harvest	収穫

18【E】

bend→「曲げる」

A	spread	広げる
B	fit	合う
C	mend	直す
D	bind	縛る
E	straighten	伸ばす

19【A】

permit→「許可する」

A	forbid	禁止する
B	enable	可能にする
C	maintain	維持する
D	adopt	採用する
E	afford	余裕がある

20【C】

rude→「無礼な」

A	radical	過激な
B	apt	適切な
C	polite	礼儀正しい
D	gentle	穏やかな
E	ideal	理想的な

21【E】

absolute→「絶対的な」

A	enormous	巨大な
B	legitimate	合法的な
C	voluntary	自発的な
D	spontaneous	自然発生的な
E	relative	相対的な

22【A】

ancestor→「祖先」

A	descendant	子孫
B	parents	両親
C	citizen	公民
D	grandchildren	孫
E	relative	親族

23【D】

negative→「否定的な」

A	aggressive	攻撃的な
B	passive	消極的な
C	sensitive	敏感な
D	affirmative	肯定的な
E	indecisive	優柔不断な

24【B】

hostile→「敵意のある」

A	plain	わかりやすい
B	friendly	友好的な
C	splendid	すばらしい
D	empty	空(から)の
E	noble	気高い

25【B】

face→「表」

A	lead	先頭
B	back	裏
C	front	前部
D	surface	表面
E	appearance	外見

26【A】

natural→「自然の」

A	artificial	人工的な
B	real	本物の
C	actual	実際の
D	rural	田舎の
E	universal	普遍的な

27【D】

simple→「単純な」

A	severe	厳しい
B	specific	特定の
C	valuable	貴重な
D	complicated	複雑な
E	rough	粗い

28【E】

previous→「前の」

A	last	最後の
B	usual	いつもの
C	immediate	即時の
D	recent	最近の
E	following	次の

29【C】

benefit→「利益」

A	luxury	贅沢
B	tax	税
C	damage	損害
D	fault	欠点
E	disaster	災害

30【D】

temporary→「一時的な」

A	maximum	最大限の
B	sufficient	十分な
C	infinite	無限の
D	permanent	永久的な
E	average	平均的な

31【A】

demand→「需要」

A	supply	供給
B	greed	強欲
C	shortage	不足
D	statistics	統計
E	budget	予算

32【B】

ancient→「古代の」

A	medieval	中世の
B	modern	現代の
C	archaeological	考古学の
D	industrial	産業の
E	holy	神聖な

33【D】

verse→「韻文」

A	tune	曲
B	poem	詩
C	drama	劇
D	prose	散文
E	story	物語

34【E】

despise→「軽蔑する」

A	insult	侮辱する
B	justify	正当化する
C	observe	観察する
D	prefer	より好む
E	respect	尊敬する

35【D】

timid→「臆病な」

A	clumsy	不器用な
B	profound	深遠な
C	vast	広大な
D	bold	大胆な
E	vital	生命の

36【B】

consume→「消費する」

A	increase	増加する
B	produce	生産する
C	proceed	続行する
D	prepare	準備する
E	gather	寄せ集める

37【A】

vice→「悪徳」

A	virtue	美徳
B	labor	労働
C	courtesy	礼儀正しさ
D	custom	慣習
E	progress	進歩

38【E】

ease→「安楽」

A	truth	真理
B	duty	義務
C	reality	現実
D	sin	罪
E	difficulty	困難

39【C】

optimism→「楽観主義」

A	criticism	批評
B	realism	現実主義
C	pessimism	悲観主義
D	rationalism	合理主義
E	communism	共産主義

40【D】

drunk→「酔っ払いの」

A	fair	公平な
B	earnest	真面目な
C	moderate	穏健な
D	sober	しらふの
E	selfish	わがままな

41【C】

dynamic→「動的な」

A	coarse	粗野な
B	dismal	陰気な
C	static	静的な
D	afraid	恐れて
E	female	女性の

42【A】

innocent→「無罪の」

A	guilty	有罪の
B	wicked	意地悪な
C	supreme	最高の
D	decent	上品な
E	stupid	間抜けな

43【E】

fertile→「肥沃な」

A	dense	密集した
B	domestic	家庭の
C	numerous	多数の
D	wild	野生の
E	barren	不毛の

44【B】

asleep→「眠って」

A	naked	裸の
B	awake	目が覚めて
C	foolish	ばかな
D	visual	視覚の
E	neat	きちんとした

45【C】

destroy→「破壊する」

A	invent	発明する
B	aid	助ける
C	construct	建設する
D	polish	磨く
E	store	蓄える

46【A】

union→「統合」

A	division	分割
B	conflict	紛争
C	resource	資源
D	liberty	自由
E	contract	契約

47【C】

abundant→「豊富な」

A	precise	正確な
B	tiny	ごく小さい
C	scanty	乏しい
D	distant	遠い
E	adequate	十分な

48【E】

sharp→「鋭い」

A	fair	公平な、晴れた
B	boring	退屈な
C	familiar	なじみのある
D	clockwise	時計回りに
E	dull	鈍い、退屈な

03 英英辞典

本文352ページ

1【E】

合意に達するために協議すること。

A occupy 占める
B maintain 維持する
C complain 不平を言う
D chatter ぺちゃくちゃしゃべる
E negotiate 交渉する

2【B】

痛みや苦労から自由であること。

A amusement 楽しみ
B ease 安楽
C recreation 気晴らし
D interval 休憩時間
E prospect 見込み

3【D】

自分がしてしまったこと、もしくは自分ができなかったことについて残念に思うこと。

A accuse 非難する
B justify 正当化する
C please 喜ばせる
D regret 後悔する
E doubt 疑う

4【E】

新しいものごと、考え、方法を取り入れること。

A inform 知らせる
B intend 意図する
C endeavor 努力する
D develop 開発する
E innovate 導入する、革新する

5【A】

目的を達成することができないこと。

A fail 失敗する
B mourn 悲しむ
C alter 変える
D respond 反応する
E reject 拒絶する

6【A】

非常にまずいことをしてしまったと残念に思う強い感情。

A remorse 激しい後悔
B intuition 直感
C melancholy 憂鬱
D grief 深い悲しみ
E anger 怒り

7【E】

強い願い。

A demand 要求、需要
B compassion 共感
C enthusiasm 熱中、熱狂
D grace 恩恵、優雅さ
E aspiration 熱望

04 空欄補充

本文355ページ

1【E】

stick at ～ =「～を継続してやっていく。～をやり抜く」。

A　glance at ～ =「～をちらっと見る」

B　try at ～ =「～をやってみる」

C　endure ～ =「～を耐える」。atはつかない

D　strike at ～ =「～をめがけて打つ」

2【C】

slightは「わずかな」という意味。

slight cold =「風邪気味」

3【B】

optional =「任意の」

A　required =「必要である」

C　possible =「可能である」

D　supposed =「～すると考えられている」

E　admitted =「許可されている」

4【E】

be supposed to do ～ =「～することになっている」「～するはずである」。notが入ると「～してはいけないことになっている」。

5【C】

far from ～ =「～からほど遠い」

6【D】

目的語は、空欄直後の serious damage で、orangeではないことに注意。「洪水が深刻な被害を引き起こした」と言いかえて考える。

7【B】

a piece of cakeは、「ケーキを一切れ食べるくらい簡単なこと=非常にたやすいこと」。

8【A】

A until ～は「～まで(ずっと)」。**B** のby～と**C**のbefore ～は「～までに」。**D** since～と**E** from ～は「～から」。すべて時間を表す言葉。

9【B】

look into ～は「調査する、検討する」。

A　look like ～ =「～に似ている」

C　look out ～ =「～に気をつける」

D　look down to ～ =「～を軽蔑する」

E　look after ～ =「～の世話をする」

05 誤文訂正

本文359ページ

1【D】

「D where」は、正しくはwhich(直後のisの主語となる主格の関係代名詞)でなければならない。be brought upは、「育てられる」。be known as～は「～として知られている」。

2【B】

「～と同じ…」の表し方に間違いがある。「B same」は、正しくはthe same。「the same ～as…」で「…と同じ～」。

3【A】

「A slightest」は「the slightest(形容詞の最上級なのでtheが必要)」。as to～は「～に関して」。whether ～or notは「～するかしないか」。workはここでは「うまくいく」の意。

4【C】

informationは不可算名詞なので、複数のsはつけない。

5【D】

「～する能力」の表し方に注意。「D to doing」は正しくはto do。ability to do～で「～する能力」。to show that～は「～であると見せる」。by oneselfは「自力で、独力で」。

6【B】

「B just now」は「たった今(近過去)」もしくは「ちょうど今」の意。現在完了ではjust nowを用いることができないため、just now→just。

7【D】

過去に関する仮定を述べた仮定法過去完了の文。「D has left」は正しくはhad left(過去に関して事実に反する仮定を述べているので、仮定法過去完了)。avoid～は「～を避ける」。on timeは「時間通りに」。

8【E】

「E to handle」は正しくはin handling。have difficulty in ～ingで「～するのに苦労する、なかなか～できない」。文意は「そのティーンエイジャーには近頃ほとほと手を焼いている」。

9【D】

「D while」は正しくはduring。whileは接続詞なので直後に“主語＋動詞”が来なければならない。「～の期間内に」を表す前置詞はduring。recommend～to do…は「～に…するよう勧める」。stayはここでは名詞で「滞在」。

10【D】

「D good time」は a good time。have a good timeで「楽しい時間を過ごす」。time は基本的には不可算名詞だが、「ひととき」というように概念上限られた期間には不定冠詞aがつく。thanks to～は「～のおかげで」。

11【B】

「B have lived」は正しくはlive。used to+動詞の原形で「かつて～していた」。outlive～は「～より長生きする」。

12【D】

「D to sing」は、正しくはsingまたはsinging。hear+〈人〉＋動詞の原形で「〈人〉が～するのを聞く」、またはhear+〈人〉+現在分詞で「〈人〉が～しているのを聞く」。be moved to do～は「～して感動する」。Carpenters' は複数形の名詞の所有格。語尾のsの直後にアポストロフィー(')がつく。例:students「学生たち」→students'「学生たちの」。

13【C】

「C most」はalmost。almost all of～で「ほとんどすべての～」。most of～でも同じ意味。

14【C】

「C nothing」はnone。none of your businessで「あなたには関係のないこと」。have nothing to do with～は「～には関係ない」。

15【A】

「A more greater」は much greater。比較級に「ずっと」の意味を加えて強調するにはmuchを用いる。この文中のthatは同一文中での名詞(population)の繰り返しを避けるために用いられているもの。any other～は「ほかのどんな～」という意味で、"～"の部分は名詞の単数形。

16【B】

「B student」はstudents。one of+名詞の複数形で「～の1つ」。

17【C】

「C his wife has」は has his wife。副詞のneitherが前に出ているので、has his wifeと倒置される。have never been to～は「～に行ったことがない」。

18【D】

「～をどう思うか」の定型文は「how you feel about～」または「what you think of ～」。なので、「D what」→how。enclose～は他動詞で「～を同封する」。

19【C】

「C another」→the other。2つのものを「一方は～、もう一方は…」と表現する場合は、oneとthe otherを用いる。both of～は「(2つのものの)両方」。every timeは直後に"主語+動詞"をとり、「～するたびに」の意。

20【C】

「C exciting」→excited。excite～は他動詞で「～を興奮させる」の意味なので、「人が興奮した状態で」は過去分詞のexcitedで表す。so ～ that…は「たいへんに～なので…」。can't help ～ingは「ついつい～してしまう、思わず～してしまう」。shout at～は「～に向かって叫ぶ」。

21【E】

「E will be」→am。このif節は〈条件〉を表す副詞節なので、未来のことは通例現在形で表す。

22【C】

「C laying」→lying。lay～は他動詞で「～を横にする」。「横になる」はlie。call out for～は「～を求めて叫ぶ」。

23【C】

「C turning」→to turn。「～することを忘れる」は、forget to do～で表す。forget ～ingは「～したということを忘れる」。be in a hurryは「急いでいる」。turn off～は「(電気・テレビなど)を消す」。

24【B】

pantsは常に複数表記が正解なので、「B is」→are。その他にjeans、glassesなども常に複数。if you ask meは「言わせてもらえば」。a formal placeは「正式な場所」。

06 和文英訳

本文364ページ

1【C】
Cのdrop～a lineは厳密には「～に（短い）手紙を書く」の意だが、文意としては最も適切。

2【D】
「延期になる」は、be postponed、be put off。Cのcalled offは「中止になる」。Eは「もし大雨だったら延期する」。

3【E】
Cは「この自動販売機は何か様子がおかしい」で故障しているとは限らない。
Dのbe breaking downは「壊れつつある」の意。

4【B】
「飛ぶように売れている」はbe selling like hot cakes。

5【D】
Aは「（止みそうにないが）夕方には雨が止めばいいのになあ」。Bは「残念ながら夕方には雨は止むだろう」。Cは「夕方は雨が降らないだろう」。Eは「幸い今日の夕方は雨の予報は出ていない」。

6【B】
AとCは「電気をつけてから寝床に入った」。Dは「就寝時には電気がついていた」。Eは「電気をつける前に寝てしまった」。

7【D】
EのYou liar!は「このうそつき！」と相手を罵るときに用いる表現。「うまい話」は字面に引きずられないように考える。too good to be trueは「本当であるにしてはあまりによすぎる」、つまり「話がうますぎて本当であるとは思えない」。

8【A】
Aのno less ～than…は「…に劣らず～」。Bは「せいぜい…と同じくらい～」。Cは比較級の否定で「…より～というわけではない」。Dは「才能と同様に努力も不可欠ではない」。Eは「…ほど～ではない」。

9【E】
「最大限に慎重を期するべき」=「どんなに慎重になっても慎重になりすぎることはない」。Aは「集中できないときは運転すべきではない」。

10【A】
「将来再建される」は〈will+be+過去分詞〉で表す。

11【B】
「～するとすぐ…」は、… as soon as～、no sooner～than…、scarcely～when…など。CとEは「～」と「…」が逆なので×。

12【E】
「見逃した」は、「認識しそこなった」という意味。Aのbe misledは「誤った方向に導かれる」。Dは「我々は、危機を乗り越える機会を逃した」。

13【B】
「～せざるを得ない」は「どうしても～してしまう」の意。Dは「何が奇跡なのか考える必要があった」。Eは「それは奇跡だと確信していた」。

14【B】
Aは「頭のいい人は成功しえない」。Cは「頭のいい人で成功した人はほとんどいない」。Dは「頭のいい人は絶対成功しない」。Eは「頭のいい人は成功すると確信している」。

01 構造的把握力検査【非言語】 本文373ページ

1 【A】

ア　3人の比率を出して、三女の貯金を求める。

長女：次女=3：5＝3×3：5×3＝9：15

次女：三女=3：2＝3×5：2×5＝15：10

長女：次女：三女＝9：15：10

三女の貯金は(9＋15＋10=34)のうちの10。

13600×10/34＝4000円

イ　3つの荷物の重さの比率を出して、Pの重さを求める。

P：R=9：4=9×5：4×5＝45：20

Q：R=8：5=8×4：5×4＝32：20

P：Q：R=45：32：20

Pの重さは(45＋32＋20=97)のうちの45。

194×45/97＝90kg

ウ　**兄弟2人…16000×3/(5＋3)=6000円**

弟…6000×2/(3＋2)=2400円

エ　赤：白=4：5で、赤が24なので、

白…24×5/4=30

白：紫=3：4で、白が30なので、

紫…30×4/3=40

構造が似ているのは、アとイ。

※ウも3人の比率を出して弟の額を求めることもできるが、最も似ている組み合わせはアとイ。

2 【C】

ア　1か月後から順に、9か月後まで、

4→5→6→1→2→3→4→5→6

で、No.6の棟。

イ　1トントラック1台で3機運べるので、

3×3往復＝9機

ウ　20分で60番まで通過するので、

1リフトあたり…20/60＝1/3分

5分後は、5÷1/3＝15番

1番が通過した後なので、**1＋15＝16番。**

エ　木曜から順に、来週金曜まで、**2(木)→3(金)→4(月)→5(火)→6(水)→7(木)→8(金)**

で、8班。

構造が似ているのは、アとエ。

3 【E】

ア　合計2300円からパンの分を引く。

2300－200×4=1500円

ケーキの個数…1500÷500＝3個

イ　ノート1冊をx円とすると、鉛筆1本は(x×2/5)円。30冊と30本で2100円なので、

30x＋x×2/5×30＝30x＋12x＝2100円

x＝50円

ウ　合計75000円からスーツの分を引く。

75000－20000×3＝15000円

赤のネクタイは青の2倍の値段なので、

赤のネクタイ…15000×2/3=10000円

エ　標準ボトル1本をxgとすると、徳用ボトル1本は(1.5×x)g。標準1つと徳用2つで3200gなので、

x＋1.5x×2=3200g

x=800g

構造が似ているのは、イとエ。

4 【D】

ア　**500×(1－0.1)=450円**

イ　**総額…500×8+80×6+140×2=4760円**

1人あたり…4760÷8=595円

ウ　**均等割りする金額**

…8000－4×1000＝4000円

1人あたり…4000÷10=400円

エ　**電車…6000×2＝12000円**

マイクロバス…90000÷10=9000円

差…12000－9000＝3000円

構造が似ているのは、イとウ。

5【C】

ア　ムネ肉が３割なので、モモ肉の割合は７割。合計にモモ肉の割合を掛ける。

500 × 0.7 = 350g

イ　男女比が１：４で女性が８人なので、男性は**8 × 1/4 = 2人**。男女比を同じにする、つまり男女の数を同じにするので、男性を**8 − 2 = 6人**入社させればよい。

ウ　18社が72%に相当するので、全体では**18 ÷ 0.72 = 25社**。**25 − 18 = 7社**が入居できる。

エ　青タイルと白タイルの比が１：２なので、白タイルは2/3。合計に白タイルの割合を掛ける。

60 × 2/3=40枚

全体の合計に求める割合を掛けて算出する問題。構造が似ているのは、アとエ。

6【F】

ア　１人あたりの個数を求める。

70 ÷ (9 + 8) = 4余り2

１人あたり最高で４個配ることができる。

イ　500円の参加賞が25人分なので、

500 × 25 = 12500円

ウ　1000羽以上になる日数を求める。

1000 ÷ (100 + 120) = 4余り120

4 + 1で5日目。

エ　100時間を超える週を求める。

100 ÷ (2 + 6) = 12余り4

12 + 1で13週目。

構造が似ているのは、ウとエ。

7【C】

ア　番号は４つとばしなので、

101までの間の数…(101 − 1) ÷ 4 = 25

カードの数…25 + 1 = 26枚

イ　等間隔に置くので、

4000 ÷ 80 = 50本

ウ　**120 ÷ 7 = 17余り1**

日曜日の１日後なので月曜日になる。

エ　代表的な植木算の問題。

間の数…10000 ÷ 500 = 20

案内図…20 + 1 = 21枚

構造が似ているのは、アとエ。

8【B】

ア　重い袋を多くするほど袋の数が少なくなるので、8kgのそば粉を優先して考える。

30 ÷ 8 = 3余り6

そば粉３袋と小麦粉２袋で30kgになる。

イ　利益の合計に差を加えて２で割ると、利益が高い方（和菓子）の利益が求められる。

(2400 + 600) ÷ 2 = 1500円

和菓子の個数…1500 ÷ 50 = 30個

別解▶和菓子の個数をx、団子の個数をyとする。

50x + 20y = 2400

50x − 20y = 600

x = 30個

ウ　120円のクッキーを優先して考える。

1000 ÷ 120 = 8余り40

40円では80円のクッキーが入らないので、

１個120円分を減らして7個にすれば、余り40 + 120 = 160円で80円が２個になる。

エ　全部白玉なら必要な商品券は50枚だが、74枚とは24枚の差がある。白玉と赤玉を１個入れかえるごとに２枚ずつ増えていくので、

赤玉の数…24 ÷ 2 = 12個（白玉…38個）

別解▶白玉x個のとき、赤玉は(50 − x)個。

x + 3(50 − x) = 74 →x = 38個

構造が似ているのは、アとウ。

9【B】

ア　６か月の合計を出してから６か月で割る。

(31500 × 4 + 27000 × 2) ÷ 6 = 30000円

イ　**90 ÷ 2 = 45歳**

ウ　５日間の合計を出してから５日で割る。

(140 × 3 + 130 × 2) ÷ 5 = 136㎜Hg

エ　姉妹の体重の平均は、３人の体重の合計か

ら母の体重を差し引いて2人で割る。

$(54 \times 3 - 48) \div 2 = 57$kg

構造が似ているのは、アとウ。

10【F】

ア 「組み合わせ」の問題。

$${}_6C_2 \times {}_4C_2 = \frac{6 \times 5}{2 \times 1} \times \frac{4 \times 3}{2 \times 1} = 90\text{通り}$$

イ 7枚の並べ方は、${}_7P_7 = 7!$だが、赤4枚の並び(4!)と青3枚の並び(3!)は区別しない。

$$\frac{7!}{4!3!} = \frac{7 \times 6 \times 5 \times 4 \times 3 \times 2 \times 1}{4 \times 3 \times 2 \times 1 \times 3 \times 2 \times 1} = 35\text{通り}$$

別解▶7枚のカードの位置のうち青3枚の位置を決めれば、赤の位置も決まる。

$${}_7C_3 = \frac{7 \times 6 \times 5}{3 \times 2 \times 1} = 35\text{通り}$$

ウ 9人の中から3人を選んで、順番まで考える「順列」の問題。

${}_9P_3 = 9 \times 8 \times 7 = 504$通り

エ 役割が違う3人を選ぶので、「順列」の問題。

${}_{15}P_3 = 15 \times 14 \times 13 = 2730$通り

構造が似ているのは、ウとエ。

02 構造的把握力検査【言語】

本文379ページ

1【F】

ア、ウ、オ…「数えた結果の数」。

イ、エ…「すでに決まっていた数」。

2【G】

ア、ウ、エ…原因と結果の関係で、「事実」を述べている。

イ、オ…原因と予想される結果であり、「推測」を述べている。

3【I】

ア、イ、エ…それぞれの作家を作家以外の活動によって説明している。

ウ、オ…それぞれの作家を作品の著者として説明している。

4【B】

ア、ウ…Yの応え方はXの質問に対する回答になっていない。

イ、エ、オ…Yの応え方はXの質問に対する回答になっている。

5【G】

ア、ウ、エ…Xが述べていることがらには本来複数の原因が考えられるが、Yは自分の挙げたことがらを唯一の原因であるとして述べている。

イ、オ…Xはある傾向について述べているが、Yはそれが必ず成り立つものとして述べている。

6【F】

ア、ウ、オ…新しい雑誌の内容・制作に関する課題。

イ、エ…新しい雑誌の市場に関する課題。

7【D】

ア、オ…物理的な設備、施設について述べられている。

イ、ウ、エ…利用する際に受けられるサービスについて述べられている。

8【H】

ア、イ、オ…行動しなければいけない外部的な要因と行動を述べている。

ウ、エ…自分の動機、目的と行動を述べている。

01 SPI3模擬検査▶能力検査

本文392ページ

■ **言語分野**…392ページ

❶【C】

マイク：音…マイクは「音を集める」。

ア　キリ：穴…キリは穴をあけるもの

イ　蛇口：水…蛇口は水が出るところ

ウ　レンズ：光…レンズは「光を集める」

❷【B】

書籍：文庫本…書籍は文庫本を含む。

ア　全集：単行本…全集は単行本を含むとはいえないので不適。単行本は全集の中の１冊ではなく、単独で刊行される本のこと

イ　雑誌：週刊誌…雑誌は週刊誌を含む

ウ　教科書：参考書…教科書が参考書を含むとはいえないので不適

❸【E】

奇抜：平凡…「奇抜…風変わりなこと」と「平凡…特色もなく普通、並であること」は対義語。

ア　素直：屈折…「素直…穏やかでひねくれていない」と「屈折…素直でなく複雑」は対義語

イ　意外：意表…「思いがけない」という同義語

ウ　露骨：婉曲…「露骨…むきだし。あらわ」と「婉曲…遠まわし」は対義語

❹【C】

感覚：触覚…感覚の一種が触覚。

ア　笑顔：表情…笑顔は表情の一種。向きが逆

イ　月：衛星…月は衛星の一種。恒星は「自ら光を出す星：太陽」。惑星は「恒星の周りを回る星：地球」。衛星は「惑星の周りを回る星：月」

ウ　地方自治体：県…地方自治体の一種が県。地方自治体は地方公共団体ともいう

❺【E】

「路頭に迷う」は、「生活の手段をなくして困り果てること」を意味する慣用句。路頭は道ばたの意。

❻【B】

A はがゆい…じれったい

B おもはゆい…照れくさく、気恥ずかしい

C もどかしい…じれったい

D ふがいない…情けない

E めんぼくない…恥ずかしくて合わせる顔がない

❼【D】

A 些事（さじ）…小さなこと。つまらないこと

B 雑多…色々なものが入り混じっていること

C 雑駁（ざっぱく）…雑然として統一がないこと

D 諸般…様々。いろいろ

E 諸処…様々な場所。あちこち

❽【D】

A けなげ…心がけが殊勝であること

B やみくも…見通しもなくむやみに行うさま

C ひたむき…一つに熱中するさま。いちず

D おおわらわ…なりふりかまわず懸命なさま

E てんてこまい…あわててさわぐこと

❾【D】

忙しいので<u>手</u>を貸してください…労働力、手間

A 敵と<u>手</u>をむすぶ…縁、関係

B <u>手</u>をあげる…身体の手

C 大役で<u>手</u>に余る…自分の能力

D 育児に<u>手</u>がかかる…労働力、手間

E ほかに<u>手</u>がない…手段、方法

❿【C】

一生独身を<u>通す</u>…最後まで続ける、貫く

A 客を社長室まで<u>通す</u>…導き入れる

B 法案を<u>通す</u>…通過、パスさせる

C 山頂まで歩き<u>通す</u>…最後まで続ける、貫く

D 自転車を先に<u>通す</u>…行かせる、通行させる

E 肉に火を<u>通す</u>…ゆきわたらせる

⓫【A】

頭角を<u>あらわす</u>…目につくように現れる

A 全貌を<u>あらわす</u>…目につくように現れる

B 名は体を<u>あらわす</u>…表す（表現する）

C 功績を世にあらわす…顕す（世に知らせる）
D 著作をあらわす…著す（著作する）
E 図にあらわす…表す（表現する）

⓬【E】

別れがつらい…感情、能力、希望などの対象になるものを表す
A 我らが母校…所属や所有関係を表す。「の」と置きかえられる
B 花が美しい…主体を表す。「私がやる」「風が吹く」など
C 忙しいが引き受けよう…「けれども」に置きかえられ逆説を表す
D 晴れればいいが…願望を表す
E 英語ができる…感情、能力、希望などの対象になるものを表す。「水が飲みたい」「数学が得意だ」などと同じ

⓭【E】

地球に存在する水の→「A 97.5%は海水で」→「C人間が飲用や」→「E生活用として」→「B利用できる淡水は」→「D残りの2.5%に」→すぎない。

⓮【B】

日本の家電は→「Dそこに使われている」→「E技術は高いのだが」→「B世界市場を獲得できないため」→「A国際基準では評価されず」→「Cそれがブランドの衰退を招く」→結果となっている。

⓯【A】

日本人にとっては、→「B絶対的な実在である」→「D自然との一体感が」→「A精神的な支柱で」→「E外来の文明様式は」→「C人為的な仮象に」→すぎなかった。

■ **非言語分野**…396ページ

⓰【A】

Pが渡るのに、42分かかる橋の長さは、
90×42＝3780m
Pの5.4km/時は分速で、**5400÷60=90m/分。**
Qの3.0km/時は分速で、**3000÷60=50m/分。**
PとQは2人の速度の和で近づいていく。
速度の和は、**90＋50＝140m/分**
出会う時間は、**3780÷140＝27分後**

⓱【C】

PはQに2人の速度の差で近づいていく。
速度の差は、**90－50＝40m/分**
Qが歩き始めて6分後にPが出発するので、
Qが6分間で進む距離は、**50×6＝300m**
この差が0mになったとき追いつくので、
Pが追いつくのは、**300÷40＝7.5分後**

⓲【D】

定価の2割引で売ると100円の利益なので、定価なら、「定価の2割＋100円」の利益となる。
3000×0.2＋100＝700円
別解▶定価3000円の2割引の売値は、
3000×(1－0.2)＝3000×0.8＝2400円
2400円で売ると100円の利益が出るので、仕入れ値は、2400－100＝2300円。2300円を3000円で売るので、利益は700円。

⓳【C】

定価の1割引のとき300円の利益で、定価の2割引のとき100円の利益なので、定価の1割が300－100＝200円に相当する。従って、10割である定価は2000円。1割引の1800円で売ったとき、300円の利益なので、
仕入れ値…1800－300=1500円
別解▶定価をx円、仕入れ値をy円とする。
0.9x－y＝300…①
0.8x－y＝100…②
①－②で、0.1x＝200
x＝2000円、y＝1500円

⓴【CEF】

ⅠとⅡより、1人で抹茶、2人であずき、3人でミルクを食べたことがわかる。Ⅳより、RとSのどちらか一方はミルクを食べていないので、**3本あるミルクのうち2本はPとQ**が食べている（Ⅲは自動的に満たされる）。また、条件より**Pはあずき1本**を食べている。
→（抹　あ(P)　あ　ミ(P)　ミ(Q)　ミ）
残りは、抹茶1本、あずき1本、ミルク1本。

従って、Qは、ミルクだけ、抹茶とミルク、あずきとミルクのいずれかとなる。

㉑【CF】

Rが2本（Ⅱより、3種類のうち2種類）を食べたので、Ⅳより、Sが食べたのは、Rが食べていない1種類。R（2種類）とS（1種類）なので、2人で3種類を1本ずつ食べたことがわかる。

→（抹　あ　あ　ミ　ミ　ミ）

残りはあずき1本とミルク2本。前問同様、PとQはミルクを1本ずつ食べた。よってあずき1本をPとQどちらが食べたかにより、Qが食べた可能性があるのはミルクだけ、またはあずきとミルクとなる。

㉒【BD】

①を1人部屋、②を2人部屋とする。

Ⅰ　Pの隣の隣にはTが住んでいる

…P◯TまたはT◯Pでワンセット

Ⅱ　QとUは同じ部屋に住んでいる…②

Ⅲ　3号室にはSだけが住んでいて、それより右側の部屋には2人が住んでいる…◯◯S①①

条件を組み合わせると、

②PST①　または　②TSP①

従って、**Tは2号室か4号室**。

㉓【A】

②PST①または②TSP①なので、②に入るQとUは1号室。

㉔【F】

Ⅱより、**RQ**でワンセット

Ⅲより、Sは最後ではないので、考えられる順番は次の4通り。

①**RQ－S－P**

②**S－RQ－P**

③**S－P－RQ**

④**P－S－RQ**

従って、アはあり得ない。イとウはあり得る。

㉕【B】

前問の①～④のパターンで考える。

カ　Rは1番目ではない

…②～④のどれかわからない

キ　QはSよりも早く訪れた

…①に確定できる

ク　QはPよりも早く訪れた

…①と②のどちらかわからない

従って、キだけで訪問順が確定する。

㉖【C】

1番目、3番目、5番目という問題だが、「くじ引きの公平性」より、1番目、2番目、3番目でも同じ確率になる。1人目から順に確率を掛け合わせる。くじの数が1本ずつ減っていく。

$$\frac{4 \times 3 \times 2}{12 \times 11 \times 10} = \frac{1}{55}$$

別解▶すべての組み合わせの数は、12本から3本を引くので、

${}_{12}C_3 = \dfrac{12 \times 11 \times 10}{3 \times 2 \times 1} = 220$通り…分母

4人部屋（4本）から3本を引く組み合わせの数は、

${}_4C_3 = {}_4C_1 = 4$通り…分子

従って、$\dfrac{4}{220} = \dfrac{1}{55}$

㉗【D】

最後にくじを引いた3人という問題だが、「くじ引きの公平性」より、最初の3人でも同じ確率になる。3人部屋のくじを引くのが1、2、3人目の場合の3通りある。1人目が3人部屋で、2、3人目が5人部屋を引く確率は、

$$\frac{3 \times 5 \times 4}{12 \times 11 \times 10} = \frac{1}{22}$$

2人目が3人部屋の場合、3人目が3人部屋の場合も同じ確率なので、1/22を3倍して**3/22**。

別解▶12本から3本を引く組み合わせの数は、

${}_{12}C_3 = 220$通り…分母

3人部屋から1本を引くのは ${}_3C_1$ 通り、5人部屋から2本を引くのは ${}_5C_2$ 通り。

${}_3C_1 \times {}_5C_2 = 3 \times \dfrac{5 \times 4}{2 \times 1} = 30$通り…分子

従って、30/220＝3/22

02 SPI3模擬検査▶性格検査

本文402ページ

【判定表の使い方】

① 性格検査で回答した１～４の数字を、下の判定表の対応する設問番号の右に記入する。

② 尺度ごとに６つの数字を合計して、合計点を右端に記入する。

③ 合計点が高いほどその尺度が高く、合計点数が低いほどその尺度が低いと考えられる。

④ 本紙 386 ページを参照して、マイナス評価に該当しなければ性格検査は心配しなくてよい。

▼判定表

尺度	問1						合計点
社会的内向性	1	8	15	22	29	36	点
内省性	2	9	16	23	30	37	点
身体活動性	3	10	17	24	31	38	点
持続性	4	11	18	25	32	39	点
慎重性	5	12	19	26	33	40	点
達成意欲	6	13	20	27	34	41	点
活動意欲	7	14	21	28	35	42	点

尺度	問2						合計点
敏感性	43	54	65	76	87	98	点
自責性	44	55	66	77	88	99	点
気分性	45	56	67	78	89	100	点
独自性	46	57	68	79	90	101	点
自信性	47	58	69	80	91	102	点
高揚性	48	59	70	81	92	103	点
従順性	49	60	71	82	93	104	点
回避性	50	61	72	83	94	105	点
批判性	51	62	73	84	95	106	点
自己尊重性	52	63	74	85	96	107	点
懐疑思考性	53	64	75	86	97	108	点

 お疲れさまでした。試験に合格したら、役に立った問題集を口コミで知人や後輩に教えてあげてください。

別冊 解答・解説集